histoire de la France

dynasties et révolutions
de 1348 à 1852

D0899698

histoire de la France

dynasties et révolutions de 1348 à 1852

sous la direction de
Georges Duby
de l'Académie française

17, RUE DU MONTPARNASSE - 75298 PARIS CEDEX 06

ISBN 2-03-720212-1

Ouvrage établi avec la collaboration de

Maurice Agulhon
professeur d'histoire contemporaine au Collège de France

Louis Bergeron
directeur d'études à l'École des hautes études en sciences sociales et directeur du Centre de Recherches historiques

André Bourde
professeur émérite à l'université de Provence (Aix-Marseille-I)

Noël Coulet
professeur à l'université de Provence (Aix-Marseille-I)

Jean Delumeau
de l'Institut, professeur au Collège de France

Pierre Deyon
professeur émérite à l'université Charles-de-Gaulle-Lille-III

Michel Mollat
de l'Institut

René Pillorget
professeur émérite d'histoire moderne à l'université Charles-de-Gaulle-Lille-III

André-Jean Tudesq
professeur d'histoire contemporaine et de science de l'information à l'université Michel-de-Montaigne (Bordeaux-III)

Michel Vovelle
professeur d'histoire moderne à l'université Paris-I-Panthéon-Sorbonne

Sommaire

Préface

Dans la mémoire de la plupart des Français, l'histoire de la France apparaît comme une suite d'événements dont la trame, au fil des temps, devient de moins en moins discontinue, de plus en plus serrée et complexe. C'est pourquoi les pages de ce livre sont ponctuées de dates ; les plus nombreuses situent en des moments précis certains faits politiques ou militaires ; quelques-unes ont été choisies pour marquer les charnières entre les divisions de l'ouvrage.

Il est évident, toutefois, que les batailles ou les émeutes, les crises dynastiques ou les décisions du pouvoir peuvent être généralement tenues pour une effervescence de surface, et que les ressorts profonds de l'histoire sont ailleurs, dans l'aménagement des forces productives, dans la manière dont furent réparties d'âge en âge entre les hommes la puissance et les richesses. Tous les historiens en sont aujourd'hui persuadés, et les auteurs de cette Histoire ont prêté, par conséquent, la plus grande attention aux structures politiques, aux structures sociales, aux structures économiques et démographiques. Ils ont voulu saisir les modifications lentes ou brutales qui les ont, les unes et les autres, affectées. Tous ont cherché à ce que demeurent toujours présentes à l'esprit du lecteur les relations entre les mouvements mêmes.

En outre, pour que ce lire fût vraiment neuf, il a semblé nécessaire d'en ouvrir largement les perspectives sur les deux domaines où s'est le plus récemment engagée la recherche historique. Tandis que commencent à progresser en France une archéologie de l'existence quotidienne et les approches d'une anthropologie du passé, tandis que l'on se préoccupe de définir les attitudes mentales et les comportements des contemporains de Clovis ou de Saint Louis, de Richelieu, de Robespierre ou de Jaurès, on s'est attaché ici à relier, aussi étroitement qu'il était possible, à l'histoire des événements et des structures économiques et sociales, celle des manières de vivre, de travailler, de s'établir au sein du milieu naturel, celle aussi des croyances, des pratiques religieuses, des opinions, celle de la création artistique et littéraire, celle de l'éducation, de la morale, de la pensée et du progrès scientifique. En définitive, ce que ce livre prétend offrir à ses lecteurs, c'est bien une histoire d'ensemble de la civilisation dans les pays qui forment aujourd'hui la France.

Mais une histoire continue et qui entend rejoindre l'actualité. Puisqu'il ne sert à rien, en effet, de ressusciter le passé, si ce n'est pour mieux comprendre le temps présent, il fallait bien que la lumière la plus vive fût portée sur cette tranche d'histoire que nous venons nous-mêmes de traverser ou dont nous avons pu prendre, par des souvenirs de famille, par le récit de nos proches, une connaissance presque immédiate. Une telle intention, fondamentale, rend *compte de la disposition de cet ouvrage. Des trois volumes qui le composent, l'un est tout entier consacré à cette période courte — elle dure à peine plus d'un siècle — qui prend son départ lors de la grande mutation dont la France fut le lieu sous le second Empire et qui se poursuit jusqu'à nos jours. Ici, la matière se révèle si riche et si diverse qu'il a paru préférable de dissocier l'histoire de l'économie, de la société et de la culture de l'histoire proprement politique. Dans les deux premiers tomes, au contraire, chaque chapitre correspond à l'une des phases en quoi peut être décomposée l'évolution de la civilisation française. Chacun de ces moments successifs possède sa propre tonalité. On a confié à un spécialiste le soin de caractériser celle-ci — en toute liberté, c'est-à-dire en dégageant certains traits, à ses yeux les plus originaux, en mettant, selon sa vision personnelle de la période, l'accent sur le politique, sur le social ou sur les expressions de la culture.*

GEORGES DUBY
de l'Académie française

le malheur des temps

Du milieu du XIVe siècle à celui du XVe siècle,
l'épreuve des épidémies, des troubles civils,
de la guerre et du marasme économique.

Temps de douleur et de tentation
Âge de pleur, d'envie et de tourment
Temps de langueur et de damnation
Âge mineur, près du définement

Né vers 1346, le poète Eustache Deschamps exprime les réactions de générations qui ont vu, de 1348 à 1440, les charniers de la peste noire, les ravages et les dégâts de la guerre, les enfants morts de faim sur les tas de fumier, l'amère expérience de la défaite, les révoltes sauvages du petit peuple des campagnes et les séditions du bas état des villes, la guerre civile avec son cortège de proscriptions et de massacres, la crise du pouvoir royal contesté et de l'autorité pontificale divisée. Autant de raisons pour que la virtuosité du rhétoriqueur s'adonne et s'abandonne à la réflexion nostalgique sur le thème du *ubi sunt*, rabâche que « le monde est bien près de sa fin » et cultive une conscience malheureuse du temps.

L'historiographie romantique s'est laissé prendre aux pièges de cette virtuosité et aux séductions du pathétique. Elle a, de ce fait, oublié de respecter les rythmes de l'histoire et d'en marquer les pauses, de rendre compte des discordances de mouvement et de sensibilité dans l'espace français, de discerner l'espoir et ses travaux par-delà le tragique et ses ruines. Cent ans d'hostilités, mais non une guerre de cent ans, troublent un pays, victime des malheurs du temps plus que d'un temps du malheur. La volonté de reconstruire et de revivre s'acharne à chaque répit. A défaut d'une étude régionale qui seule lui rendrait justice, mais que le cadre limité de ce chapitre interdit, il faut au moins marquer la longue pause du temps de la paix reconquise (1360-1400), âge d'or du Paris des cours et des ateliers.

I.   FLÉAUX ET DÉSASTRES 1348-1360

La peste noire

L'épidémie

L'an 1315 a ramené la famine. Le temps des hostilités s'est ouvert avec la campagne de 1341. « L'an du Seigneur 1348, le peuple de France... fut frappé par une autre calamité. » Venue des lointaines steppes d'Asie centrale par le relais des comptoirs génois de la mer Noire, la peste est un fléau neuf en Europe : elle ne l'a plus visitée depuis le VIIᵉ siècle. Mais aux yeux du chroniqueur Jean de Venette, elle apparaît d'abord comme un nouveau malheur : « En effet, à la famine et à la guerre qui existaient déjà vinrent s'ajouter dans les diverses parties du monde les épidémies et les tribulations. »

La maladie, telle qu'il la décrit, a des effets foudroyants et se propage, inexorable, par contagion directe : « Ils n'étaient malades que deux ou trois jours et mouraient rapidement, le corps presque sain ; celui qui aujourd'hui était en bonne santé, demain était mort et porté en terre... celui qui, étant sain, visitait un malade échappait rarement au péril de la mort. » Un seul symptôme, « signe infaillible de mort », retient son attention : les bubons, grosseurs qui naissent brusquement sous les aisselles et dans l'aine. Dans une lettre qu'il expédie d'Avignon, alors en proie au fléau, Louis Heilingen, chanoine de Bruges, mentionne lui aussi ces « apostèmes », mais signale en outre d'autres malaises : une infection intestinale et une affection pulmonaire accompagnée de crachements de sang. La peste noire de 1348 associe, en effet, deux formes de l'épidémie : la peste bubonique et la peste pulmonaire. Seule cette dernière est contagieuse d'homme à homme, son temps d'incubation est court et l'évolution du mal rapide ; les chances de survie sont dans ce cas encore plus faibles que dans la forme bubonique.

La mortalité

Les récits des contemporains sont davantage sujets à caution quand ils se risquent à apprécier le nombre des victimes. Ils ont encore les yeux remplis du spectacle macabre des charrettes qui, sans trêve, déversaient leur funèbre chargement sur des charniers débordant de cadavres, et traduisent l'intensité du choc qu'ils ont ressenti dans des chiffres qui ont une valeur plus symbolique que statistique. Les impressions de Jean de Venette sur l'ampleur inouïe de la catastrophe sont fondées : « Un nombre de victimes tel qu'on ne l'avait jamais entendu dire ni vu, ni lu dans les temps passés » ; mais elles le portent à risquer un taux de mortalité de

90 p. 100 : « Sur vingt habitants il n'en restait que deux en vie. » Encore s'agirait-il, ici, d'un maximum enregistré « en certains lieux ». Selon Froissart, c'est « la tierce partie du monde » qui mourut, et d'autres vont jusqu'à la moitié. Ces statistiques d'ensemble sont incontrôlables. Mais quand la vérification est possible, la part de l'exagération se révèle énorme : l'abbé de Saint-Martin dénombre à Tournai 25 000 morts, alors que la population de la ville ne devait pas dépasser 20 000 habitants avant l'épidémie.

Pour dissiper cet impressionnisme statistique, il faut recourir à d'autres sources. On peut prendre une mesure plus précise de l'épidémie dans le registre paroissial de Givry. Le curé de ce petit village des environs de Beaune avait enregistré 39 décès dans sa paroisse en 1345, 25 en 1346, 42 en 1347 ; il en note 649 du début janvier à la mi-novembre 1348, dont 615 survenus entre le 2 août et le 19 novembre. La surmortalité qu'entraîne la peste est évidente. Mais, à défaut de chiffres de population pour la localité au début de 1348, on ne peut apprécier quelle proportion des habitants a péri. D'autres documents permettent une approche de ce problème. En Provence, les archives de la Cour des comptes conservent le procès-verbal d'une enquête effectuée en juillet 1349 dans les environs d'Aix : à Rians, bourgade qui comptait, avant la peste, 300 feux, les agents fiscaux du comte n'en dénombraient plus que 213. Deux villages voisins accusent des pertes encore plus élevées : leur population passe respectivement de 92 feux à 40, et de 40 à 11. En Savoie, les relevés de perception d'une taxe levée pour l'entretien d'un pont sur l'Isère, près de Montmélian, révèlent, pour une paroisse, une chute de 100 feux en 1347 à 55 en 1349, et, pour un groupe de sept autres, une diminution de 303 à 142 feux. Dans quelques villes du Sud-Ouest, des cadastres permettent une mesure analogue : la population d'Albi a diminué de moitié entre 1343 et 1357. D'une localité à l'autre les variations du taux de mortalité sont donc considérables, mais s'inscrivent, dans l'ensemble, entre un tiers et un huitième de population.

Le choc

La soudaine apparition du fléau interrompt ou désorganise toute forme d'activité. Une récente étude l'a montré en utilisant les registres de notaires de Perpignan : au moment où la peste s'installe, les contrats de la vie quotidienne — achats, ventes, locations, fermages — disparaissent ; les Juifs, que l'on voyait consentir 20 prêts par mois en moyenne de janvier à mars, n'en accordent plus que 8 en avril et cessent de prêter entre mai et juillet. Seuls les testaments remplissent alors les feuillets : sur les 71 enregistrés pendant l'année 1348, 63 le sont entre avril et juillet. Les machines administratives se grippent et les institutions publiques cessent de fonctionner. Aucun des offices du comté de Forez n'est plus pourvu entre le 22 novembre 1347 et le 8 juin 1349, tandis que les commissaires chargés d'une enquête sur le gouvernement du pays interrompent leurs travaux le 17 août 1348, pour les reprendre en mars 1349. La paralysie n'épargne pas le grand commerce. Après la récolte de 1336, le port de Bordeaux avait exporté 16 557 tonneaux de vin ; dans l'année qui suit la vendange de 1348, les navires n'enlèvent même pas 6 000 tonneaux. Cet effondrement reflète la désorganisation des échanges, mais résulte tout autant d'un affaissement de la production agricole, elle aussi victime de la mort, de la stupeur et de la peur.

Atterré devant la catastrophe, l'homme est en quête d'une explication et de responsables. Il voit le mal se propager, tente de s'en prémunir par la fuite ou recourt à d'élémentaires mesures de prophylaxie ; mais l'idée même de contagion lui est étrangère. Le médecin cherche dans une décomposition de l'air le secret de l'épidémie. Le peuple imagine un poison jeté dans l'eau des puits ou des fontaines. Les vieilles haines désignaient des coupables : l'antisémitisme se déchaîne, notamment en Alsace, où 2 000 Juifs sont victimes d'un pogrom à Strasbourg, en 1349. D'autres discernent dans l'évènement un signe de la volonté de Dieu, un avertissement de sa colère et un appel à la repentance. Pour apaiser ce courroux et exhorter à la pénitence, tout en payant d'exemple, des confréries de flagellants déroulent leurs processions dans le nord-est de la France, battant leurs charognes bien fort, selon les termes d'un des cantiques qui rythment leur marche.

La peste installée

L'épidémie enrayée, la vie reprend ses droits : « Les hommes et les femmes qui restaient se marièrent à l'envi », écrit Jean de Venette. Le registre de Givry le confirme. Avant la peste, le curé célébrait, bon an, mal an, une quinzaine de mariages ; en 1349, il en bénit 86. Les échanges reprennent : après la vendange de 1349, 13 427 tonneaux de vin sortent du port de Bordeaux, qui ne tarde pas à retrouver le volume de ses exportations des années 1330-1340. Dans les registres de notaires de Perpignan les contrats d'apprentissage réapparaissent dès la fin décembre 1348, en très grand nombre. Leur retour est un indice de la reprise du travail, mais leur fréquence un signe des vides énormes que la peste a creusés dans la population active. Partout sensible, la pénurie de main-d'œuvre provoque une vigoureuse hausse des salaires. Les pouvoirs publics s'en inquiètent. Les conseils des communes comme le roi et ses agents tentent d'y remédier par des ordonnances qui se veulent draconiennes ; mais faute de moyens d'exécution appropriés, ils sont bien incapables de ramener effectivement le prix des services au niveau de 1347.

La mutation qui s'est amorcée dans le premier quart du siècle (voir chapitre xii) est accomplie. Le surpeuplement ne menace plus la France. Dans l'espace agricole, les conquêtes les plus téméraires retournent à la friche. La catastrophe de 1348 pourrait ouvrir une nouvelle période d'équilibre sur la base d'un optimum de peuplement enfin réalisé. Mais la peste noire n'a été que la « première peste ». D'autres suivent. En 1361, elle frappe de nouveau, dans presque toute la France. Elle ne cessera pendant un siècle de se manifester ici ou là. Ces retours de peste traduisent une évolution du fléau, un glissement de l'épidémie à l'endémie, que Ph. Wolff a décrit à partir de l'exemple toulousain : « Il ne se propage plus par grandes vagues nettement distinctes dans le temps, généralisées dans l'espace. Il est comme installé à demeure : à tout moment, en tout endroit il peut se réveiller. » Le regain de natalité du milieu du siècle ne saurait faire illusion : la France est entrée pour longtemps dans une phase de profonde dépression démographique.

La défaite

Lente reprise de la guerre

La peste et ses ravages ont suspendu les hostilités. De prolongation en prolongation, la trêve conclue pour un an le 28 septembre 1347 dure jusqu'en avril 1351. A son expiration, la guerre reprend, au gré de campagnes sporadiques et sans ampleur. Elle revêt encore, à l'occasion, les formes d'une guerre chevaleresque scandée d'exploits en champs clos, tel ce combat où s'affrontent, devant Ploërmel, en Bretagne, le 25 mars 1351, deux équipes de 30 chevaliers de l'un et l'autre parti, « très haut fait d'armes qu'on ne doit oublier », et que Froissart relate « pour encourager tous les jeunes nobles et leur donner un exemple ». Mais c'est surtout une guerre de raids faite de pillages et de rapines, telle la chevauchée du Prince Noir en Languedoc (novembre 1355) : « Après qu'il eut couru le pays de Bordeaux jusque près de Toulouse, et de là jusque à Narbonne, et brûlé, gâté et pillé tout environ, s'en retourna à Bordeaux avec tout son butin et grand foison de prisonniers. » Laconique, ce récit des *Grandes Chroniques de France* met en relief la brutale efficacité de ces expéditions. Mais les belles aventures restent sans lendemain, et les chevauchées s'interrompent « sans plus faire à cette fois ». Aucun combat n'est décisif dans une phase du conflit où les adversaires hésitent à s'engager à fond. Débarqué à Calais à la fin d'octobre 1355, Edouard III reprend la mer au bout de dix jours, après avoir en vain proposé la bataille, et l'avoir lui-même refusée quand Jean le Bon s'offrait à la livrer. Aucun des souverains n'a par-devers lui les moyens financiers d'une offensive soutenue.

Climat politique des années 50

Les campagnes de 1355 ont englouti tout l'argent dont le roi de France pouvait disposer, et au-delà. La belle saison pourrait fort bien ramener les Anglais sur les frontières du Languedoc ou sur les côtes de la Manche. Jean le Bon convoque donc les états généraux de langue d'oïl à Paris. Conscient de l'importance que l'opinion attache aux mutations monétaires, il lie sa demande de subsides à la promesse d'un retour à la bonne monnaie : « Et pour ce qu'il avait entendu que les sujets du royaume se tenaient fortement aggravés de la mutation des monnaies, il offrit à faire bonne monnaie et durable, mais que l'on fit autre aide qui fût suffisante pour faire sa guerre. » (*Grandes Chroniques de France*). Les états sont prêts à faire les frais d'un effort de guerre accru. De nouveaux impôts permettront de solder pendant un an 30 000 hommes. Mais les états entendent prendre en leurs mains le financement de la guerre. L'établissement de l'assiette de l'impôt, la levée du subside, l'arbitrage des conflits que pourraient soulever cette répartition et cette perception, l'affectation des sommes, et jusqu'à la vérification du nombre et de l'équipement des troupes ainsi soldées par des revues ou « montres » sont placés sous le seul contrôle des états, et du personnel qu'ils désigneront. Le roi et ses agents sont résolument tenus à l'écart. Au cours des débats, d'âpres critiques s'exercent d'ailleurs sur l'administration royale. Une volonté de contrôle s'affirme, en même temps qu'une méfiance s'affiche. Cette attitude trouve un écho dans les délibérations des états généraux de Languedoc, à Toulouse, au printemps 1356.

La préoccupation d'éviter les fraudes et le gaspillage dans le paiement des soldes n'était pourtant pas étrangère à Jean le Bon. Dans les premières années de son règne, il avait entrepris une réorganisation de l'armée qui en témoigne, en même temps que d'un désir d'adapter ses troupes aux nouvelles techniques de combat. De même, par la création de l'ordre de l'Etoile (1351), le souverain, tout en donnant une nouvelle expression aux modes de la chevalerie, à sa mythique et à sa mystique, ne perdait pas de vue l'efficacité militaire : il s'agissait aussi de donner un fondement religieux à la discipline des champs de bataille, de grouper autour du roi une élite de combattants bien entraînés et de « renforcer l'autorité royale par une sorte d'appropriation dynastique de la chevalerie du royaume » (Y. Renouard).

La méfiance des états, cependant, est loin d'être gratuite. L'avidité et la prodigalité d'un roi épris de fêtes et de faste suffiraient à la justifier. Mais leurs réticences s'inscrivent, en outre, dans le climat politique trouble qui entoure ce souverain. Trop d'appétits de pouvoir et de soifs de profits se donnent libre cours autour de lui, trop d'accusations de malhonnêteté pèsent sur ses conseillers, trop d'intrigues se nouent parmi ses proches pour inspirer la confiance et écarter les soupçons. La levée du subside ne s'effectue pas sans mal. La résistance est surtout vive en Normandie, où un parent du roi l'encourage : Charles, qu'on surnomme le Mauvais, petit-fils de Philippe le Bel et gendre de Jean le Bon. Sa parenté lui a valu plus de déconvenues que de profits : sa mère fut écartée du trône lors de la crise dynastique de 1316-1328, Philippe VI la priva de son héritage pour la payer en promesses ; Jean le Bon omit de verser la dot qu'il avait assignée à sa fille. Bien pis, le roi avait gratifié son cousin, favori et connétable, Charles d'Espagne, d'une des terres que revendiquait le Mauvais : le comté d'Angoulême. Le royaume de Navarre et les quelques terres que Charles possède en Normandie ne lui assurent pas une puissance à la mesure de ses rancœurs. Mais il a un certain génie de l'intrigue et aucun scrupule ne l'embarrasse. L'assassinat de Charles d'Espagne (8 janvier 1354) marque son entrée dans l'intrigue politique. Entre la France et l'Angleterre, il mène désormais un subtil jeu de bascule et monnaye chacune de ses réconciliations avec le roi de France. Le traité de Valognes (septembre 1355) avait marqué un nouveau succès de cette tactique lorsque l'agitation antifiscale en Normandie, des bruits de complot, l'inquiétude devant l'ascendant que Charles le Mauvais avait su prendre sur le duc de Normandie, fils aîné de Jean le Bon, provoquent la brutale intervention d'un roi qui ne recule pas devant la justice expéditive. Le 5 avril 1356 il fait irruption au château de Rouen, où le duc de Normandie et le roi de Navarre donnaient un festin ; il fait décapiter sous leurs yeux quatre des familiers du roi de Navarre, et jette ce dernier en prison. Pour le parti navarrais, la vengeance passe par l'alliance anglaise. L'incident contribue ainsi à relancer la guerre.

Le désastre de Poitiers

Des secours anglais ne tardent pas à débarquer en Normandie. Dès juillet, le Prince Noir entreprend une nouvelle chevauchée qui le conduit bien plus au nord : « Ils trouvaient le pays d'Auvergne, où ils n'étaient jamais allés, si gras et si rempli de tous biens que c'était merveille à voir » (Froissart). Le pillage ne perd pas ses droits, mais cette offensive répond à un plan de plus vaste envergure : opérer la jonction des deux armées anglaises au nord de la Loire. Le Prince Noir ne parvient pas à franchir le fleuve. Les ponts sont occupés ou gardés. L'arrivée d'une forte armée que conduit Jean le Bon le contraint à la retraite. Au terme d'une semaine de poursuites, les Français le rejoignent à la hauteur de Poitiers. La bataille qui s'engage le 19 septembre n'est pas sans analogies avec Crécy. Cette fois encore l'armée anglaise triomphe, en dépit d'un rapport de forces nettement défavorable. Elle le doit de nouveau à sa supériorité tactique ; le Prince Noir a choisi un dispositif de combat adapté à la configuration du terrain : « Les Anglais se logèrent en cette même place qu'on dit au pays les plaines de Maupertuis. Et se fortifièrent sagement de haies épineuses drues et fortes, et mirent ce qu'ils avaient de charroi derrière eux : et firent devant eux plusieurs fossés, afin qu'on ne les pût soudainement approcher à cheval ». Un seul accès possible vers cette position, un chemin étroit « fortifié de haies et de buissons » et flanqué d'archers ordonnés en herse. Et, comme à Crécy, la bataille témoigne d'une suprématie technique. C'est une victoire de l'archerie anglaise.

Froissart, dont on suit ici le récit, ne s'y trompe pas : « A vrai dire, les archers d'Angleterre portèrent très grand avantage à leurs gens et trop ébahirent les Français, car ils tiraient si uniment et épaissement que les Français ne savaient de quel côté entendre ». C'est ainsi que la cohue s'établit dans les rangs des chevaliers français qui s'avançaient pour « rompre la bataille des archers » : « Les chevaux, sentant les fers des flèches et devenant rétifs, ne voulaient plus avancer. Ils se tournaient, l'un de travers, l'autre de côté, et trébuchaient sur leurs maîtres qui ne se pouvaient aider ni relever ». Une fois encore, au soir de la bataille, on pleure « la fleur de la chevalerie française ». Mais alors qu'à Crécy Edouard III crut devoir interdire toute poursuite à ses gens, Poitiers s'achève par une fructueuse chasse aux prisonniers et aux rançons. Le roi Jean le Bon figure au nombre de captifs. Le lendemain, les Anglais passèrent sous les murs de Poitiers « sans approcher de la cité, car ils étaient si chargés d'or, d'argent, de joyaux et de bons prisonniers qu'ils n'avaient loisir ni intention d'assaillir aucune forteresse ». Bien traité et comblé d'honneurs, Jean le Bon quitte Bordeaux en avril 1357 pour Londres, où l'attend une captivité dorée. Le gouvernement de la France échoit à un jeune homme de dix-huit ans.

Crise politique et troubles sociaux

Vers une monarchie contrôlée ?

Au lendemain de la défaite, « le royaume de France fut durement troublé et courroucé » (Froissart). On murmure contre les nobles et on suspecte leur conduite au combat. Une complainte, notamment, les accuse : « La très grande trahison qu'ils ont longtemps couvée, fut en l'ost dessus dit très clairement prouvée. » On s'inquiète aussi, comparant le poids de la fiscalité et l'ampleur du désastre, du bon emploi de ces aides levées, en leur temps, « pour soutenir la guerre ».

Sans délai, le dauphin a convoqué à Paris les états généraux de langue d'oïl. Il attend d'eux « conseil comment le Roy pourrait être recouvré, et aussi de gouverner les guerres, et aide à ce faire. » Interprètes de ce trouble et de ce courroux, préoccupés de découvrir et châtier les traîtres, « ils dirent que le Roi avait été mal gouverné au temps passé : et tout avait été par ceux qui l'avaient conseillé, par lesquels le Roi avait fait tout ce qu'il avait fait, dont le royaume était gâté et en péril d'être tout détruit ou perdu. Aussi lui requirent qu'il voulût priver les officiers du Roi qu'ils lui nommèrent lors de tout office, et qu'il les fît prendre et emprisonner, et prendre tous leurs biens ». (*Grandes Chroniques de France.*) Ces critiques visent, au-delà de quelques fonctionnaires en vue, toute une administration, accusent une politique et débouchent sur une mise en question du régime. Les états se proposent, en effet, de désigner eux-mêmes les vingt-huit membres d'un conseil du roi rénové « qui auraient puissance de tout faire et ordonner au royaume ainsi comme le Roi ».

En filigrane se dessine une intrigue navarraise ourdie par Robert le Coq, évêque de Laon et familier de Charles le Mauvais. Sous son influence, les états réclament la libération du roi de Navarre, réparation d'un « péché » qui, selon eux, n'a pas peu contribué à attirer l'adversité sur le royaume. En contrepoint, la bourgeoisie parisienne fait sentir sa pression. Durant l'hiver 1356-57, Étienne Marcel, prévôt des marchands de Paris, et principal porte-parole des « bonnes villes » aux états, soulève le peuple contre le dernier en date des remuements de monnaie. Dans la ville, c'est la grève et une atmosphère d'émeute : « Ils firent cesser tous menestreux (gens de métier, artisans) d'ouvrer, et fit commander le dit prévôt par toute la ville que chacun s'armât. » Sans appui, sans argent, le dauphin ne peut que céder. Il retire la « mauvaise » monnaie, et se résigne à en passer par les exigences des Parisiens, puis par celles des états.

Nanties de l'acquiescement du dauphin, les requêtes des états prennent forme de loi dans la grande ordonnance de mars 1357. Des réformateurs nommés par les états procéderont à l'épuration des officiers du royaume. Les maisons royales et princières donneront, par leurs économies, l'exemple de l'austérité financière. La réduction du personnel de la Chambre des comptes, la limitation du nombre des magistrats du Parlement contribueront à cet assainissement financier. Conseillers, juges, officiers commenceront leur travail « à l'heure du soleil levant », et « n'auront garde de muser et s'en aller sans rien faire ». Le rigorisme tatillon qui s'exerce ici au détriment de l'administration procède du même esprit de « réformation » bourgeoise de l'état qui anime toute l'ordonnance. Les états lutteront contre le gaspillage, en surveillant eux-mêmes la perception des impôts qu'ils ont consentie. Ce qui prive le dauphin des moyens d'agir hors du contrôle des états, d'autant qu'il a dû promettre de ne plus remuer la monnaie pendant un an.

Troubles à Paris

Le 9 novembre 1357, le roi de Navarre parvient à quitter sa prison. A la fin du mois, il est aux portes de Paris. Il émeut les habitants, rassemblés pour l'entendre au Pré-aux-Clercs, par le récit de ses malheurs et leur démontre le bien-fondé de ses prétentions dans un long sermon qui vise le dauphin « par paroles couvertes ». Les états généraux, qu'inquiètent les difficultés de perception de l'impôt, Etienne Marcel et son entourage, que préoccupe la répugnance fermement déclarée du dauphin à rester trop longtemps en tutelle, lui font bon accueil. Le dauphin n'est pas en état de se débarrasser des « curateurs » qui lui pèsent.

Il fait donc « bonne chère » à Charles le Mauvais et consent à une réconciliation. Elle lui coûte d'autant plus que le Navarrais s'ingénie à lui donner un aspect expiatoire : ne fait-il pas tirer du gibet pour les ensevelir solennellement comme « martyrs » les corps des victimes du courroux de Jean le Bon. Il entend pousser plus loin ses avantages. Ce n'est pas uniquement pour assurer la sécurité des domaines qu'il vient de recouvrer qu'il procède à d'importantes levées et concentrations de troupes dans la région parisienne.

Ces campagnes autour de Paris sont déjà en proie aux bandes de routiers, libérées par la trêve de Bordeaux, conclue avec l'Angleterre, le 22 mars 1357, pour une durée de deux ans. Ces « brigands » pillent, rançonnent et font régner l'insécurité entre Seine et Loire : « par quoi nul n'osait aller entre Paris et Montargis » (Froissart). De son côté, le dauphin a fait à la fin de l'hiver 1357 « grande semonce de gens d'armes ». Ce cliquetis d'armes dans les environs immédiats de la ville, s'ajoutant aux difficultés croissantes de communication et à l'afflux des réfugiés, répand le trouble dans la capitale.

Le dauphin et Etienne Marcel s'emploient, chacun pour leur part, à exploiter ce malaise. Les 11 et 12 janvier 1358, Paris est le théâtre de réunions publiques, et même contradictoires. Les deux partis s'y affrontent, à grand renfort d'éloquence, et s'accusent, sans « paroles couvertes » désormais. Le 24 janvier, le meurtre d'un familier du dauphin par le valet d'un changeur parisien et la brutale vengeance qu'en tire aussitôt le dauphin sont le point de départ de manifestations d'un nouveau genre : deux cortèges funèbres parcourent les rues de Paris, le prévôt des marchands et « grand foison de bourgeois » suivent le cercueil de l'assassin, tandis que le dauphin conduit le deuil de la victime. La tension culmine avec la journée du 22 février, sanglante manœuvre d'intimidation. Convoqués en armes le matin, les gens de métier, près de 3 000 hommes, envahissent le palais. Là, dans la chambre du dauphin, et sous ses yeux, Etienne Marcel ordonne l'exécution de Jean de Conflans, maréchal de Champagne, et de Robert de Clermont, maréchal de Normandie, « faux, mauvais et traîtres », châtiés « de la volonté du peuple ». Puis le prévôt coiffe le dauphin, tremblant dans sa robe ensanglantée, du chaperon aux couleurs de Paris, signe de ralliement de ses partisans. Le lendemain, le dauphin promet d'épurer son conseil pour y introduire trois ou quatre bourgeois.

Mais à la première occasion le régent du royaume — le dauphin a désormais pris ce titre, affirmant ainsi le début d'un règne et la fin d'un simple intérim — quitte Paris pour chercher aide et conseil auprès d'autres assemblées d'états, réunies cette fois dans un cadre provincial, et préparer ainsi les conditions d'un retour en force. Devant la menace d'un siège, Etienne Marcel croit trouver le salut dans une alliance compromettante avec l'insurrection des « Jacques ».

Émotion dans les campagnes

La Jacquerie est encore mal connue. Les chroniqueurs qui la décrivent ne cachent pas leur parti pris d'hostilité. Les lettres de rémission qui confèrent par la suite le pardon du roi à certains insurgés complètent, mais très partiellement, ces récits, et en ordre trop dispersé. Un profil de la révolte se dessine avec une certaine netteté. Voici, par exemple, ce qu'en disent les *Grandes Chroniques de France* : « Le 28 mai 1358, à Saint-Leu-d'Esserent... s'émurent plusieurs menues gens de Beauvaisis... et s'assemblèrent par mouvement mauvais. Et coururent sus à plusieurs gentilshommes qui étaient en la dite ville... et en tuèrent neuf. Et, ce fait, mus de mauvais esprit, allèrent par le pays de Beauvaisis, et chaque jour croissaient en nombre, et tuaient tous gentilshommes et gentilles femmes qu'ils trouvaient, et plusieurs enfants. Et abattaient ou ardaient (brûlaient) toutes autres maisons de gentilshommes qu'ils trouvaient, tant forteresses qu'autres maisons. Et firent un capitaine que l'on appelait Guillaume Cale. Et allèrent à Compiègne, mais ceux de la ville ne les y laissèrent entrer. Et depuis allèrent à Senlis. » Au commencement donc, un mouvement spontané, et très localisé, un réflexe brutal d'exaspération que provoquent les passages de gens d'armes, tant amis qu'ennemis, le poids de leurs exigences et la multiplication de leurs exactions. Brusquement, cet effroi d'un jour et d'un lieu se transforme en flambée de révolte : l'expédition punitive contre quelques routiers enfin, surpris en position d'infériorité, tourne au massacre systématique de nobles. Anarchique dans un premier temps, l'insurrection trouve un chef, et, dès lors, semble se donner une organisation en même temps qu'un ordre de marche. Mais force est de constater que « les Jacques n'ont pas dit ce qu'ils voulaient » (G. Fourquin). On aurait tort de chercher un programme à une révolte sauvage. Retenons simplement ce cri, que rapporte Froissart : « Dire que tous les nobles du royaume, chevaliers et écuyers, honnissaient et trahissaient le royaume, et que ce serait grand bien qui tous les détruiraient. » Quel droit demeure au gentilhomme, s'il omet de remplir son office ? La question prend tout son poids pour des paysans que leurs seigneurs accablent d'exigences accrues, afin de pallier la crise des profits seigneuriaux et de s'acquitter de leurs rançons. Mais les travaux les plus récents hésitent à réduire la Jacquerie à une seule explosion de misère. La géographie du soulèvement y contredit. Les riches terres à blé ont joué un rôle qui incline à voir dans cette émotion l'effet du malaise qu'engendre dans ces campagnes la stagnation du prix du blé depuis 1315.

Étienne Marcel fournit aux Jacques un encadrement, et, en liaison avec eux, fait mettre à sac, aux abords de Paris, les manoirs des officiers royaux. Cette alliance détache un temps le Navarrais de ses partisans parisiens. Il est plus sensible aux angoisses de ses vassaux normands : « Sire, ne souffrez pas que gentillesse soit mise à néant », et prend la tête de l'armée qui écrase les Jacques à Melle (10 juin), tandis que le captal de Buch — bien qu'il fût Anglais, note Froissart (c'est-à-dire des domaines du roi d'Angleterre) — délivre les gens du régent assiégés dans Meaux. Ces réflexes de solidarité de classe préludent à une cruelle répression.

Le régent en profite pour renforcer ses troupes. Dans Paris assiégé, Étienne Marcel implore l'appui des lointaines communes flamandes. En accord avec Charles le Mauvais, qu'il a fait acclamer « capitaine général » du royaume, il ouvre Paris aux Anglais. Il se coupe ainsi du « commun » de Paris, qui, à la fin juillet, se soulève, chasse les Anglais et abat le prévôt.

La France livrée aux gens d'armes

La paix de Brétigny

Le réseau des forteresses anglo-navarraises contrôle toujours les accès de Paris. Les voies d'eau sont interdites au commerce, les routes du vin coupées, l'approvisionnement en blé est bloqué. Aucun chemin n'est sûr. Parvenus non sans mal à Paris, les délégués aux états généraux de 1359 apprennent du régent les clauses du traité que Jean le Bon vient de signer à Londres et qui cède aux Anglais la moitié de la France. « Ils répondirent au dit régent que le dit traité n'était ni passable ni faisable. Et pour ce ordonnèrent de faire bonne guerre au dit Anglais » (*Grandes Chroniques de France*).

L'effort qu'ils consentent permet de déloger les Navarrais de Melun. Charles le Mauvais, déçu par le traité de Londres, se réconcilie une fois de plus avec le régent. Mais faire bonne guerre aux Anglais est une autre tâche. Car Édouard III, le 28 octobre, débarque à Calais, dans un appareil qui laisse peu de doute sur sa détermination et sur les moyens dont, cette fois, il dispose, au dire de Froissart : « Le plus grand charroi et le mieux attelé qu'on vit jamais sortir d'Angleterre », prévu pour une campagne de longue haleine dans un pays appauvri. On y voit des moulins, des fours, des forges, et des barques de cuir bouilli pour pêcher sur les étangs. L'expédition, cependant, tourne court. Un mois de siège devant Reims, et le rêve d'un couronnement dans la cathédrale s'évanouit. Douze jours d'attente au pied des murs de Paris, et l'espoir de livrer la bataille décisive se dissipe. Au terme de cette série d'échecs, l'orage qui décime son armée en marche au travers de la Beauce, « si grand, si merveilleux et si horrible qu'il semblait que le ciel dût se déchirer et la terre s'ouvrir », prend pour Édouard III valeur de signe. Le 1er mai 1360, les négociations de paix s'ouvrent tout près de là, à Brétigny.

La guerre des aventuriers

L'accord, signé le 9 mai, écarte le danger d'invasion ; il ne libère pas pour autant le pays des gens d'armes, bien au contraire. Les armées des deux souverains sont, en effet, composées, pour une large part, de mercenaires dont la guerre est le métier, que la paix réduit au chômage et prive de leur gagne-pain. Ces petites équipes de rudes brigands (c'est alors que naît le mot, inspiré par un type d'armure, la brigandine), professionnels du combat et techniciens du coup de main, font la guerre avec efficacité, sans trop s'embarrasser des règles de la chevalerie. Leur mobilité les rend particulièrement aptes à cette tactique d'embuscades et d'escarmouches que l'état de ses finances impose au régent. Dans ces bandes cosmopolites, le rustre, voire le clerc — tel Arnaud de Cervole, surnommé l'Archiprêtre, et chef de bande illustre — coudoient le bâtard de grande maison et le pauvre gentilhomme. Car la fortune des armes compense le déclin des profits seigneuriaux : « Et devenaient les uns si riches — si l'on en croit Froissart — et en particulier ceux qui se faisaient maîtres et capitaines des autres brigands, qu'il y en avait qui avaient bien la finance de 60 000 écus. » Et le soldat à gage peut, par sa vaillance, ses exploits, sa générosité, devenir à son tour capitaine et entrepreneur de guerre. Plus d'un « pauvre garçon » eut le destin de Croquard, « qui avait été en son commencement un pauvre garçon et longtemps page du seigneur d'Ercle en Hollande. Quand ce Croquard commença à devenir grand, il eut congé et s'en alla aux guerres de Bretagne, et se mit à servir un homme d'armes. Il se comporta si bien que, à une rencontre où ils furent, son maître fut tué ; mais, pour le vasselage de lui, les compagnons l'élurent à être capitaine au lieu de son maître ; et y demeura. Depuis, en peu de temps, il gagna tant et acquit, et profita par rançons, par prises de villes et de châteaux... qu'il avait la finance de 60 000 écus. Et lui fut promis du roi de France que, s'il voulait revenir Français, le roi le ferait chevalier, et le marierait bien et richement » (Froissart).

Passages des gens d'armes

Quand la guerre s'interrompt, ces bandes sont « cassées aux gages ». Certaines trouvent ailleurs en Europe de nouveaux employeurs, et une occasion de se battre. Le captal de Buch revenait de guerroyer en Prusse le temps d'une trêve, lorsqu'il se porta avec ses hommes au secours des assiégés de Meaux. Au lendemain de Poitiers, un champ d'activité s'ouvre aux routiers désœuvrés : la Provence de la reine Jeanne, une des régions de l'espace français que la guerre jusqu'alors avait épargnée et qui n'a pas encore été pillée ni « gâtée ». Les seigneurs des Baux, qui dirigent la révolte contre Louis de Tarente, recrutent des troupes dans le Sud-Ouest, et s'assurent le concours d'Arnaud de Cervole. Pour résister à cet afflux de brigands et les déloger de leurs places fortes, le sénéchal achète à prix fort l'appui du comte d'Armagnac et de ses routiers. Les Provençaux, victimes tout à la fois des mercenaires de leur parti et de ceux qui servent leurs adversaires, englobent tous ces pillards dans la même épithète générique et parlent de « guerre des Gascons » pour désigner cette guerre civile.

D'autres bandes se dissolvent une fois la trêve signée. Mais la plupart des brigands rechignent à retrouver une existence banale et pauvre, sans aventure, sans profit et sans gloire. Puisqu'ils ne reçoivent plus de solde, il leur reste à opérer pour leur compte. Pillages, meurtres, viols, incendies de granges et de maisons, destruction systématique des champs et des vignes sont autant de moyens d'intimidation pour extorquer une rançon collective aux villages, aux bourgs et aux abbayes, et se procurer ainsi l'argent, les vivres et le fourrage dont ils ont besoin. Leur triste réputation une fois établie, leur simple approche suffit à imposer des pactes de rachat préventifs. Certaines villes versent même, pour gage de leur sécurité, des tributs réguliers, les « pâtis ». Les forteresses dont les capitaines se sont emparés pendant la guerre, et les châteaux qu'ils avaient alors en garde deviennent le siège de leur redoutable puissance. De là ils rançonnent impunément les marchands qui se risquent sur les routes des environs.

La région qu'ils occupaient lors des derniers combats est leur première victime : dès 1358 la région parisienne en fit l'expérience. Mais quand ils ont épuisé les ressources d'une contrée, ils cherchent fortune ailleurs, de préférence dans les pays que la guerre a épargnés. Au lendemain du traité de Brétigny, plusieurs de ces bandes se concentrent sur les plateaux bourguignons, « et là il y avait des capitaines de toutes nations, anglais, gascons, espagnols, navarrais, allemands, écossais et gens de tout pays assemblés ». Cette énorme cohue en armes déferle vers le Midi par la vallée du Rhône. A Brignais, au sud de Lyon, les troupes du roi et du comte de Forez tentent de leur barrer le passage. Les « Tard Venus » les écrasent sans peine, mais n'exploitent pas leur victoire (6 avril 1362). « Cette bataille fit trop grand profit aux compagnons, déclara à Froissart l'un de ces chefs de bande, le Bascot de Mauléon, car ils étaient pauvres et furent là tous riches de bons prisonniers, et de villes et de forts qu'ils prirent en l'archevêché de Lyon et sur la rivière de Rhône. » Les bandes qui formaient la « Grande Compagnie » se séparent, les unes continuent leur route vers Avignon, les autres, les plus nombreuses, se dispersent dans les régions du Centre. Comme la peste, le fléau des compagnies devient endémique.

II. LA LONGUE PAUSE
D'UNE PAIX RECONQUISE
1360-1400

La France des années 60

Dommages de guerre

Toute la France connaît désormais les désordres de la guerre et les méfaits des gens d'armes, et en porte la marque. Longtemps, en effet, les hostilités ont eu lieu en marge du royaume, en Bretagne, Thiérache ou Tournaisis. En 1346, une chevauchée pénètre pour la première fois au cœur du royaume, dans une région parisienne encore indemne. Pendant dix ans, l'Île-de-France, la Normandie, la Bretagne, le Languedoc et le Bordelais seuls supportent le poids de la guerre. En 1356, le grand raid du Prince Noir traverse les provinces de l'Ouest que le conflit avait encore épargnées. Mais la Bourgogne, le Massif central, la vallée du Rhône et les pays du Sud-Est n'ont vu ni Anglais ni routiers avant Poitiers, voire avant 1360. Les bandes qui déferlent alors sont véritablement « tard venues ».

Il ne faut pas exagérer la capacité destructrice du conflit. La guerre, on l'a vu, est intermittente : des négociations l'interrompent, des trêves suspendent les combats. Rares sont les campagnes d'envergure et les batailles rangées. Dans cette succession de chevauchées, d'escarmouches et de sièges, les effectifs engagés sont faibles. C'est avec 4 000 hommes que le Prince Noir ravage le Sud-Ouest. Les bandes de routiers dépassent rarement 50 hommes d'armes ; elles opèrent isolément et ne forment qu'exceptionnellement des « grandes compagnies ». Les conditions naturelles dictent leur itinéraire aux chevauchées, qui s'écartent peu d'étroits couloirs de circulation. Les routiers passent, « courent le pays » plus qu'ils ne s'attardent : « ils prenaient autant qu'ils trouvaient, puis s'en allaient leur chemin, chargés de pillage » (Froissart). Il est peu de régions que la guerre marque en profondeur et d'une emprise durable : celles où les combats s'éternisent, comme la région parisienne, celles où les routiers s'installent, comme la Provence.

Même fugace, le passage d'une armée ou d'une bande s'accompagne toujours de désolations. Le « dégât » n'est pas un à-côté de la guerre, mais un élément d'une tactique — celle que Froissart prête à Edouard III en 1360 : « tellement tanner et fouler les cités et les bonnes villes que, de leur volonté, elles s'accorderaient à lui ». Il contribue, par ailleurs, à ralentir la progression de l'adversaire : à l'approche du Prince Noir en 1356, Jean le Bon fortifie « les marches et frontières par où l'on espérait que les Anglais devaient passer pour leur clore le passage et leur ôter vivres et provisions, afin qu'ils n'en puissent nulle part recouvrer pour eux ni pour leurs chevaux », tandis que les Anglais, lorsqu'ils quittent les villes où ils se sont « raffraîchis », vident les greniers, « effondrant les tonneaux pleins de vin, ardant les blés et les avoines, afin que leur ennemi n'en eût aise ». Le pillage est, en outre, une nécessité d'intendance. Pour une très large part, le ravitaillement de l'armée française repose sur la « prise », la réquisition bien mal remboursée, quand elle l'est. Les Anglais n'ont d'autre ressource que de vivre sur le pays. Une fois l'intendance a suivi, en 1360 — mais « parce que le roi d'Angleterre, avant de partir de son pays, avait ouï parler de la famine et de la pauvreté de France. Il y était venu bien pourvu, et aussi chaque seigneur, selon son état, excepté de fourrage et d'avoine dont les chevaux se passaient au mieux qu'ils pouvaient » (Froissart).

Dans l'ensemble, la guerre affecte peu les villes. Certes, des quartiers entiers disparaissent : à Aix, à Toulouse comme en bien d'autres villes. Mais leur destruction est l'œuvre préventive des citadins eux-mêmes. A l'annonce d'une incursion, ils démolissent en hâte les bourgs ouverts et les couvents situés hors les murs : l'adversaire pourrait s'y loger et exploiter cette position pour s'infiltrer dans la ville. Partout, la population urbaine se tasse à l'intérieur d'une enceinte étriquée, mais régulièrement entretenue. Les chevauchées et les raids se brisent sur ces murailles. Car les systèmes de défense sont plus efficaces que les techniques de siège. A moins d'une ruse heureuse ou d'une trahison, la ville demeure imprenable ; les gens d'armes se retirent ; mais le plat pays, ravagé, garde longtemps l'empreinte des efforts qu'ils ont déployés pour affamer la ville et intimider ses habitants. En outre, l'entretien de ces remparts coûte cher : il faut accroître les tailles, multiplier les taxes indirectes et contracter de nouveaux emprunts. Pour les villes, la guerre est surtout génératrice d'oppression fiscale.

Dans les campagnes, le « dégât » rencontre moins d'obstacles. Mais les gens d'armes préfèrent s'en prendre aux bâtiments écartés, granges, cours, manoirs, bastides, plutôt que d'attaquer l'habitat groupé des villages. Après leur passage, le propriétaire noble doit relever ces ruines, remettre en état les bâtiments d'exploitation, racheter les animaux de trait qu'on lui a volés, les outils qu'on lui a brisés. Il a perdu les récoltes engrangées, ses champs dévastés ne rapporteront rien cette année-là, mais surtout les revenus des fours, moulins et pressoirs démolis ou incendiés sont anéantis pour longtemps. Le rustre s'en tire à meilleur compte : son outillage rudimentaire se remplace aisément. Mais s'il exploite quelques arpents de vignes — culture lente à reconstituer —, s'il possède un train de labour — capital onéreux —, leur destruction le rend pour de longues années à la médiocrité. La guerre dans les campagnes est un facteur de stagnation économique.

Terres vacantes et habitats désertés

La guerre, en outre, crée un climat d'insécurité qui n'incite pas à relever les ruines. A quoi bon rebâtir les granges et les fermes écartées, reconstituer les vignes saccagées si l'on peut s'attendre à voir dans un proche avenir les combats reprendre et les pillards réapparaître. Au dire d'un bailli d'Artois, dans sa circonscription de Tournehem, tous les pays « sont demeurés et demeurent dévastés et ne y pourra-t-on rien avoir, les dites guerres durant, pour ce que nul n'ose réparer ni habiter ». Il suffit de quelques routiers audacieux dans une forteresse du voisinage pour dissuader les uns de remettre en culture les terres qu'ils ont abandonnées devant le danger, et décourager les autres de prendre ces biens à bail, ferme ou tenure. De même restent longtemps vacantes, sur les limites des terroirs urbains, toutes les parcelles qui sont trop distantes de l'enceinte pour que l'exploitant puisse trouver un refuge en cas d'incursion inopinée. La guerre contribue ainsi à réduire l'espace des cultures.

D'autant que la pression démographique est moindre désormais. Après 1348, de nouvelles mortalités sévissent et s'acharnent à décimer la population : peste devenue endémique, dysenterie ou « flux de ventre », grippe et « contagions » de toutes sortes. Le Forez, par exemple, connaît deux grandes vagues de mortalité dans les années 1360-1361 et 1370-1376. Les disettes aussi reviennent périodiquement : en Languedoc, où leur chronologie a pu être établie avec précision, elles se manifestent successivement en 1345-47, 1351, 1361, 1368, 1373-75. Chaque famine fait monter en flèche la courbe de la mortalité, mais surtout leur répétition affaiblit les organismes humains et les rend plus réceptifs aux maladies contagieuses. Tous les indices dont on peut disposer accusent l'importance du fléchissement démographique enregistré dans ces années 60 du XIVe siècle. En Normandie, le total des feux de la viguerie de Coutances en 1360 est de trente à quarante fois plus faible que dans les années 1330. En Bourgogne, région plus longtemps indemne, le village d'Ouges, avec 41 feux en 1375, a déjà perdu la moitié de sa population depuis un siècle. En Haute-Provence, dans une partie du comté que les guerres civiles ont peu touchée, la petite ville de Guillaumes ne dépasse pas 100 feux en 1364, alors qu'elle en comptait 183 en 1343 et 267 en 1313. Dans le Languedoc, la ville de Castres est passée de 2 339 chefs de famille en 1340 à 1 006 en 1373.

Cette régression démographique s'accompagne d'une redistribution du peuplement à l'intérieur de l'espace habité. Car la guerre accentue la mobilité de la population. Des familles entières ont quitté leurs maisons et leurs terres sous la menace des gens d'armes. Chargées de ce qu'elles ont pu à la hâte rassembler, elles sont parties chercher l'abri des « villes closes ». D'autres quittent délibérément, dans cette période d'incertitude, les hameaux trop exposés, les villages mal fortifiés, les sites malaisés à défendre. Les livres fiscaux des villes du Sud-Ouest témoignent de cet afflux d'immigrants et de ce renouvellement de la population urbaine. L'étude attentive de ces recensements révèle l'apparition d'un très grand nombre de familles nouvelles dans les années 1340 à 1370. Dans un quartier d'Albi, par exemple, on a pu montrer qu'en 1357 la moitié des habitants portent des noms inconnus dans la ville quinze ans auparavant. Certes, ces réfugiés (une centaine de familles en ce cas) sont loin de compenser les pertes subies (ici près de 500 familles disparues en quinze ans). Il arrive même que l'immigration soit purement temporaire, et qu'une certaine alternance de la résidence s'établisse. Ainsi, dans la vicomté de Falaise, en Normandie, où un compte de 1370 signale le cas du hameau de Boisville, « qui est auprès de Sées, dont les gens se sont retirés durant la guerre à Sées, et, à présent, sont revenus à Boisville ». Mais, dans l'ensemble, un fort mouvement d'exode rural se dessine : progressivement, des villages disparaissent, tandis que d'autres se réduisent à deux ou trois maisons encore habitées, isolées au milieu des ruines.

Ces paysans en quête de sécurité ou de conditions de vie plus heureuses laissent derrière eux les terres qu'ils exploitent. Beaucoup sont abandonnées pour longtemps, et retournent à la forêt ou au taillis. Ces « héritages en friche », dont « on ne sait qui les tient », viennent grossir le lot de ces terres « en désert », « en épines », « toutes hermes » qui ne trouvent plus preneurs. Ce sont, d'une part, les terres marginales, conquises sur des sols ingrats à une époque où la surcharge démographique poussait les hommes à élargir sans trêve l'espace de leurs cultures, terroirs de tardive naissance et de difficile croissance, zones de fragilité du paysage rural qui succombent au premier choc. Ce sont aussi les terres les plus isolées, les écarts, les bouts du monde, les exploitations dont l'accès naturellement difficile devient hasardeux maintenant que tout trajet tourne à l'aventure. Ce sont enfin les terres que grèvent les redevances les plus lourdes, les cultures soumises à ces redevances à part de fruit qui transfèrent au seigneur une part de la récolte de grains ou de raisins. La défaillance démographique comme le « dégât » se répercutent au premier chef sur l'économie seigneuriale et ses profits.

Vers un nouvel équilibre ?

L'ébranlement est profond ; les années 60 sont un temps de dépression et de découragement. Elles marquent pourtant dans le conflit une pause qui est aussi un tournant. Au moment même où la crise s'affirme dans toute son ampleur, un revirement de la conjoncture politique s'amorce et des tentatives de reconstruction économique s'ébauchent.

L'un après l'autre, les foyers de guerre s'éteignent. Les hostilités avec l'Angleterre, suspendues en 1360, ne reprennent pas avant 1369.

Lentement, le traité de Calais passe dans les faits. Progressivement, non sans réticences çà et là, les provinces cédées deviennent anglaises. Le règlement de la succession de Bourgogne (1361) relance l'opposition navarraise. A nouveau déçu dans ses prétentions d'héritier présomptif — le duc Philippe de Rouvres était son cousin —, Charles le Mauvais reprend les armes. Le captal de Buch, passé à son service, « fait son amas et assemblée de gens d'armes et de compagnons partout où il les pourrait avoir » et tente de « destourber » le couronnement de Charles V en lui coupant la route de Reims ; la tactique de Duguesclin l'emporte à Cocherel (16 mai 1364) ; le Navarrais accepte une réconciliation une fois encore équivoque : il omet, à dessein, de sceller la ratification de son grand sceau. Dans le même temps, la guerre de succession ouverte en Bretagne en 1341 prend fin sur le champ de bataille d'Auray, le 29 septembre 1364 ; les deux parties, épuisées, consentent à éteindre leur querelle. Le problème est alors posé sur la présence des bandes de combattants professionnels que l'arrêt des hostilités laisse sans emploi et sans solde. Elles glissent alors vers les provinces encore riches pour les exploiter. Mais les troubles qui éclatent en 1366 aux portes du royaume, en Castille, fournissent l'occasion d'éloigner de France pour un temps les compagnies sans emploi. Le soulagement est de courte durée : l'armée que Duguesclin a constituée en drainant les bandes de routiers a vite raison de ses adversaires. Mais, après ce prompt reflux, les bandes, affaiblies, se heurtent à une résistance mieux organisée.

Affermissement d'un pouvoir

Dans ce climat de détente, des mutations s'opèrent, et d'abord un redressement politique. Après des années de crise monarchique, un pouvoir s'affirme. Jean II meurt à Londres le 8 avril 1364. Charles V ressemble peu à son père, qui était vigoureux et vaillant, mais « léger à s'informer et dur à ôter d'une opinion lorsqu'il s'y était arrêté » (Froissart). Sa santé fragile, séquelle d'une maladie de jeunesse, l'écarte des tournois et des champs de bataille : « Toute sa vie demeura très pâle et très maigre, et sa complexion moult dangereuse de fièvre... et avec, lui resta de sa dite maladie la main droite si enflée que pesante chose lui était non possible à manier. » Cet homme à l'aspect chétif n'en a pas moins un sens aigu de la majesté royale. Christine de Pisan, sa biographe, le montre attentif à « garder et maintenir et donner exemple à ses successeurs à venir que par solennel ordre se doit tenir et mener le très digne degré de la haute couronne de France ». En outre, les expériences de son temps de régence l'incitent à restaurer dans l'opinion le prestige ébranlé de la monarchie. Délibérément, il s'insère dans la continuité, la « sainte lignée » de Saint Louis ; il modèle sur lui son existence publique et exalte au profit de la couronne de France « le bienheureux Louis, fleur, honneur, bannière et miroir, non seulement de notre race royale, mais de tous les Français ». Les clercs de son entourage exploitent toutes les résonances de la cérémonie du sacre ; ils mettent en valeur les rites qui confèrent au souverain un caractère religieux et presque sacerdotal, et recueillent et diffusent les récits de miracles que cette liturgie a fait naître. On insiste surtout sur le pouvoir miraculeux qui découle de l'onction « par laquelle une telle vertu et une telle grâce sont répandues dans les rois de France que par le seul contact de leurs mains ils défendent les malades du mal des écrouelles ». Cette majesté s'exprime par la magnificence et se manifeste dans le goût du luxe, du décor somptueux, la recherche de « toutes manières de belles choses étranges ou joyaux ». Elle inspire au roi le désir de doter la monarchie d'un cadre à sa mesure : « vrai architecteur », au témoignage de Christine de Pisan, il fait édifier à l'est de Paris un « hôtel solennel et des grands ébattements », l'hôtel Saint-Paul ; il ordonne l'érection du donjon de Vincennes et de la Bastille et il apporte au Louvre aménagements et embellissements. Une des tours de ce palais abrite la « librairie » royale. Collection d'un mécène amateur de belles enluminures et curieux de savoir encyclopédique, elle est plus encore, avec ses traductions en langue vulgaire des ouvrages fondamentaux du droit romain, des œuvres d'Aristote et de *la Cité de Dieu*, un instrument de travail au service d'un roi sage. Car, pour Charles V, gouverner c'est penser. Le sens du bien commun équilibre chez lui la conscience du droit divin. Ses lectures d'Aristote et les réflexions de théoriciens politiques de son entourage (Nicolas Oresme, Philippe de Mézières) concourent à définir une conception de l'office royal qui subordonne l'exercice de l'autorité à l'intérêt de la communauté publique : « Le roi doit seigneurier au commun profit du peuple. » Le respect de cette maxime et l'attention aux sages conseils caractérisent la « bonne policie ». Charles V s'y efforce. Mais son gouvernement puise aussi à une autre tradition : celle du droit romain, et surtout de la pratique des « légistes » habiles à jouer au profit de la souveraineté royale des armes conjuguées de la loi et de la coutume. Le roi lui-même a l'esprit tortueux d'un homme de chicane : Christine de Pisan le dit « sage et visseux » (retors), et Jean de Gand le traite de « royal attorney ». Ses collaborateurs, juristes de formation pour la plupart, défendent âprement la justice du roi contre tout empiétement, mais saisissent chaque occasion de réduire les prérogatives des grands vassaux au profit du souverain.

Contre ses idées et contre sa conscience — « ce sont choses, dit-il sur son lit de mort, quoique je les aie soutenues, qui m'accablent et me pèsent au cœur » —, Charles V perfectionne la fiscalité royale. La « bonne policie » aurait voulu que le consentement à l'impôt fût régulièrement demandé. Le roi, en fait, use largement de la reconduction tacite et de la latitude que lui reconnaissent ses conseillers d'apprécier la nécessité d'instituer ou de prolonger les taxes. Sous la triple forme des « fouages » (contributions directes levées chaque trimestre en fonction du nombre de feux), des « aides » (droits sur les ventes et les boissons) et de la gabelle (taxe sur le commerce du sel), l'impôt tend à devenir permanent. Perçus avec plus de régularité, mieux contrôlés par une administration fiscale réformée, ces subsides permettent de payer régulièrement la solde d'une armée réorganisée. Les troupes soldées sont l'objet d'un contrôle plus strict dirigé contre les capitaines qui « n'ont pas tenu le nombre dont ils faisaient montre et prenaient payement » ou qui « ne payaient pas leurs gens selon ce qu'ils avaient reçu ». Elles sont soumises à une discipline plus sévère : l'ordonnance du 13 janvier 1374 pose en principe que « dorénavant nul ne sera capitaine de gens d'armes sans notre lettre et autorité, ou de nos lieutenants et chefs de guerre » et prévoit que « si les gens d'armes qui seront sous aucuns capitaines font aucune pillerie, roberie ou dommage durant leur service, les capitaines les contraindront à dresser et réparer ces dommages ».

Mutations d'une guerre

Le rapport des forces dans le conflit franco-anglais est dès lors modifié. Le paradoxe a frappé Froissart : « Le roi Charles... fut durement sage et subtil, et bien le montre tant comme il vécut : car tout coi était en ses chambres et en ses déduits, et pourtant reconquerait ce que ses prédécesseurs avaient perdu sur les champs, la tête armée et l'épée au poing. »

Le conflit rebondit sur un point de droit. Une procédure d'appel offre une possibilité d'intervenir en Aquitaine. Le prince de Galles qui gouverne cette province y a établi des fouages ; plusieurs seigneurs gascons en contestent la légitimité. L'un d'eux, le comte d'Armagnac, d'abord débouté par Édouard III, porte sa cause devant Charles V. D'autres suivront son exemple. Mais l'appel est-il recevable ? Les préliminaires de Brétigny prévoyaient que les deux rois abandonnent leur souveraineté et juridiction sur les terres qu'ils se cédaient. Mais on convint à Calais de différer ces renonciations jusqu'à la cession effective des territoires, prévue, avec trop d'optimisme, pour novembre 1361. En 1368, l'échange des territoires n'est pas terminé. De toute façon, en acceptant au titre de suzerain les appels venus de Gascogne, Édouard III a usé, en dépit du traité, de sa souveraineté. Le conseil du roi et les avis de juristes consultés jusqu'à Bologne opinent en faveur de la compétence de la cour de France. Cette décision inaugure le cycle habituel des affaires de Guyenne : sommation à comparaître, défaut de l'intimé, confiscation du duché, recours aux armes.

La guerre reprend dans l'hiver 1368, mais sous le signe d'un nouvel esprit militaire. Soucieux de ne pas « mettre sa chevalerie et son royaume en péril d'être perdus pour un peu de plat pays ». Charles V impose à ses chefs de guerre une tactique dont il a dans sa régence éprouvé les mérites : fuir la bataille rangée, n'engager le combat qu'en position de force (à cinq contre deux, s'il faut en croire Froissart), faire le vide devant l'ennemi en prenant appui sur des forteresses soigneusement entretenues et régulièrement inspectées. Cette stratégie se révèle efficace. L'une après l'autre les chevauchées anglaises tournent court. Le duc de Lancastre après une brève expédition sur la côte normande (1370), Robert Knowles au terme d'un long raid qui le conduit de Calais en Champagne (1371), Jean de Lancastre à nouveau empruntant, cette fois de Bordeaux en Limousin, les itinéraires du Prince Noir (1373), tournent bride, essoufflés, sans autre résultat qu'un copieux butin. En Aquitaine, la situation reste longtemps confuse et « les choses embrouillées : ... les villes et les châteaux étaient entrelacés les uns dans les autres, les uns aux Anglais, les autres aux Français, qui couraient, rançonnaient et pillaient sans relâche » (Froissart). Mais elle évolue au profit des Français, surtout une fois que les galères d'Henri de Trastamare, roi de Castille par le secours de Duguesclin et de ses routiers, ont anéanti la flotte anglaise en rade de La Rochelle. Ce succès facilite la reprise du Poitou, de la Saintonge et de l'Angoumois. Mais une telle guerre est cruelle pour le peuple — « le fort y foulait le faible » — et elle provoque les murmures d'une partie de la chevalerie. Froissart s'est fait l'écho de ces récriminations : elles déterminent en 1373 Charles V à examiner en conseil le bien-fondé de sa tactique. Les meilleurs généraux du roi s'en firent les défenseurs : Duguesclin (« non que je dise qu'ils ne soient combattus, mais je veux que ce soit à notre avantage ») et Olivier de Clisson (« tout considéré, de mon petit avis, je ne conseille pas qu'on les combatte, s'ils ne sont pris en mauvaise posture, ainsi qu'on doit prendre son ennemi »), l'un et l'autre en termes significatifs d'un changement de mentalité chez les combattants.

Tentatives de reprise agricole

En dépit d'une guerre qui délibérément sacrifie le plat pays, d'une fiscalité qui s'appesantit sur les villages, des routiers qui çà et là maintiennent leur emprise, des famines et épidémies qui sévissent avec intensité dans les années 1370, un mouvement de restauration se dessine dans les campagnes françaises. Là où ils trouvent des seigneurs disposés à payer par des concessions le prix de la reconstruction, des paysans entreprenants acceptent de remettre en valeur des terroirs désertés, de s'installer dans des villages détruits pour y rebâtir une maison dans le délai de quelques années. Ils s'engagent à replanter des vignes en trois ou quatre ans, et même à défricher de nouveaux espaces. Ce sont souvent des immigrés, venus d'un proche voisinage en quête de meilleures terres, mais plus encore issus de lointains pays pauvres, au gré de ce grand courant de mobilité du peuplement qui s'affirme.

Certains de ces nouveaux venus, et davantage sans doute les plus aisés des cultivateurs du pays, voient s'ouvrir un nouveau marché des terres. En effet, devant le poids accru des frais de gestion, l'élévation des salaires, les difficultés de recrutement de la main-d'œuvre, la stagnation des prix agricoles et la crise des profits seigneuriaux, des seigneurs de plus en plus nombreux renoncent à mettre eux-mêmes en valeur leur réserve. Ils peuvent de moins en moins concilier un contrôle effectif de l'exploitation, qui supposerait une présence constante, avec les exigences d'un service du roi qui multiplie les occasions de déplacement. Ils cèdent à l'attrait qu'exerce le genre de vie urbain et aussi à la sécurité qu'il procure. Ils préfèrent céder leurs terres en fermage ou en métayage, et s'assurer ainsi un revenu moindre, mais plus régulier et moins aléatoire.

Un premier après-guerre

« Au temps du trépassement du feu roi Charles V, l'an 1380, les choses en ce royaume étaient en bonne disposition, et avaient fait plusieurs notables conquêtes. Paix et justice régnaient. N'y avait fait obstacle sinon l'ancienne haine des Anglais... comme enragés des pertes qu'ils avaient faites, qui leur semblaient irrécupérables ; lesquels sans cesser épiaient et conspiraient à la destruction totale de ce royaume, et méprisaient toutes manières d'ouvertures de paix » (Jean Juvénal des Ursins).

Ouvertes en 1375, les négociations ont traîné en longueur. Aucune solution diplomatique n'est en vue. L'équilibre des forces, cependant, est favorable à la France. Les possessions anglaises sur le continent se réduisent à une étroite frange côtière que jalonnent les ports de Calais, Cherbourg (seul bénéfice durable d'une nouvelle coalition anglo-navarraise en 1378), Brest (occupée à la faveur d'un revirement du duc de Bretagne en 1373), Bayonne et Bordeaux. Elles suffisent, avec quelques forteresses en Auvergne, à lancer, de temps à autre, des chevauchées. Mais des raids français sur les côtes britanniques leur répondent désormais et font naître en Angleterre la peur d'une invasion. Non sans raisons : dans les dernières années de son règne, Charles V l'envisage et l'amiral Jean de Vienne la prépare. En outre, les Anglais n'ont plus la même ardeur à la guerre. La vieillesse d'Édouard III a ouvert un temps de crise politique et de luttes d'influence peu favorables à l'esprit d'offensive et à la continuité en politique extérieure. Sa mort (1377) laisse le royaume à un enfant soumis à des influences contradictoires. Les orientations personnelles de Richard II ne peuvent s'affirmer avant 1389. Dès qu'il commence à gouverner seul, il recherche la paix. Il veut, en effet, le champ libre en Angleterre pour asseoir une monarchie plus autoritaire. Son mariage avec Isabelle, fille de Charles VI, confirme et prolonge par une union dynastique les trêves qui viennent d'être conclues la même année (1396) et qui suspendent le conflit pour plus d'un quart de siècle. Dans les années 90 s'installe un climat d'après guerre : le divertissement succède aux faits d'armes.

Le temps des princes

La situation politique en France s'y prête. Le jeune âge du nouveau roi (douze ans en 1380), sa fragilité et son inexpérience servent l'avidité des princes qui gouvernent en son nom, mais au mieux de leurs intérêts.

Charles V, sentant venir la mort, aurait appelé « ses trois frères en qui il avait le plus confiance : le duc de Berry, le duc de Bourgogne et le duc de Bourbon, mari de sa sœur. Il laissa derrière son second frère, le duc d'Anjou, parce qu'il le sentait trop convoiteux... Mais quoique le roi de France le tînt à l'écart de son lit de mort et l'éloignât des affaires de la France, le duc d'Anjou ne resta pas à l'écart... Car il avait des messagers toujours allant et venant soigneusement entre Paris et Angers, qui lui rapportaient des nouvelles certaines sur le roi. Au dernier jour, quand le roi de France trépassa, le duc était à Paris... assez près de sa chambre. Dès qu'il sut qu'il avait les yeux clos, il saisit tous les joyaux du roi son frère, qui étaient sans nombre, et fit tout mettre en sûreté ».

Ce récit de Froissart, très inexact dans les faits — aucun des frères du roi ne fut au chevet du mourant — comme dans sa chronologie, qu'il bouscule au mieux des effets, donne néanmoins le ton de ces premières années du règne de Charles VI, tout occupées par les disputes des oncles, leurs « brouillis », leurs querelles de préséance, leur rouerie et leur avidité. On abandonne bien vite les dispositions arrêtées par Charles V pour « mener et gouverner » le jeune roi « par bonne doctrine » et pour assurer la continuité du gouvernement. Au terme de laborieux marchandages, un arbitrage répartit les profits et les honneurs entre les oncles. Le duc d'Anjou porte le titre de régent, pour quelques mois, jusqu'au sacre (4 novembre 1380), un temps suffisant pour assurer, au détriment du trésor royal, le financement de l'expédition qui le conduit, à partir de 1382, à la conquête de l'héritage de la reine Jeanne de Naples, en Provence, puis en Italie. La tutelle effective des « enfants de France » incombe à Louis de Bourbon et à Philippe le Hardi, duc de Bourgogne. Le premier, chevalier à l'ancienne mode, honnête et désintéressé, joue un rôle effacé. Mais le duc de Bourgogne a plus d'ambition, et moins de scrupules. Sa puissance, comme celle de ses frères, repose sur un apanage qu'il administre comme un État indépendant et qu'il gouverne à l'aide d'institutions calquées sur celles du royaume. Il tient du roi ce domaine, mais ce lien de dépendance, tout comme le lien de parenté, lui est moins une sujétion qu'une incitation à infléchir à son profit la politique royale. Depuis son mariage avec Marguerite de Flandre — en son temps, un succès diplomatique de Charles V (1369) —, il a l'espoir de réunir à la Bourgogne ducale la Franche-Comté, en héritant du comté de Flandre. Lorsque les Flamands se soulèvent contre son beau-père, il lui procure le secours des troupes françaises (1382). Et, pour punir les Anglais de l'aide qu'ils ont apportée aux communes insurgées, il active les préparatifs de débarquement outre-Manche. Devenu comte de Flandre

(1384), il élargit ses visées vers les Pays-Bas et les terres d'Empire, ce qui le jette dans de nouvelles et complexes intrigues, où il entraîne le roi de France, sans profit ni gloire pour la Couronne : l'expédition qu'il suscite ainsi en Gueldre (1388) s'achève en désastre. Le quatrième oncle n'eut garde d'être oublié : « Le duc de Berry, voyant que le duc d'Anjou était régent, et les ducs de Bourgogne et de Bourbon avaient la garde du roi, lui déplaisait qu'il n'avait quelque charge, et parla d'avoir le gouvernement du Languedoc et de Guyenne au duc d'Anjou son frère, lequel fut content d'en parler au roi, et de lui aider à obtenir son intention » (Juvénal des Ursins). Il ne poursuit pas de grands desseins politiques. Mais ses besoins d'argent sont énormes, à la mesure de la vie fastueuse qu'il mène. Amateur d'art et de musique, de grandes chasses et de riches soupers, « vrai architecteur » plus encore que son frère, et, par-dessus tout, collectionneur — de manuscrits, comme de bijoux, de tapisseries, d'oiseaux, d'animaux rares et exotiques, et même de nains —, il est sans cesse à court de numéraire et, sans scrupule pour renflouer ses caisses, « il ne demandait qu'à exiger argent ». Il envisage sans faveur une reprise de la guerre, et fait échouer au port d'embarquement, et au dernier moment, l'expédition que projetait Philippe le Hardi (1386).

Les rivalités des oncles impriment ainsi à la politique française une allure incohérente. A la Toussaint 1388, le roi, qui « voyait faire à ses oncles, et autres par leurs moyens, choses qui étaient plus au profit d'eux et d'autres particuliers que du bien public », remercie ses oncles et entreprend de gouverner seul. Le choix de ses conseillers, légistes de l'entourage de son père, l'œuvre législative qu'il amorce (« et s'en vint le roi à Paris et fit voir et visiter les ordonnances anciennes que ses prédécesseurs avaient faites, en les confirmant, et ajoutant où métier était, et les fit publier ») présagent d'un retour à la « bonne policie » de Charles V. Mais en 1392, dans la forêt du Mans, le roi, saisi de son premier accès de « frénésie », lance au galop son cheval pour charger son entourage l'épée levée. Des phases de prostration apathique suivent cette bouffée délirante. « Lui-même se déconnaissait ; on lui amenait la reine, et semblait qu'il ne l'eût oncque vue. » Des périodes de rémission alternent avec les crises : le roi « revient à santé », mais pour prendre douloureusement conscience de son état « et était chose bien piteuse d'ouïr les regrets qu'il faisait quand il sentait qu'il devait rechuter ». Les oncles se hâtent de renvoyer les conseillers du roi, ces « marmousets ». La France retombe sous le gouvernement des princes.

Le temps des fêtes

Les oncles font bon accueil aux ouvertures pacifiques de Richard II. La détente se confirme. « Or étaient les trêves fermées (confirmées) entre les deux rois... et allait-on de l'un à l'autre qui voulait. Et pour lors faisait-on grandes chères et ébattements comme joutes, dîners et soupers, et était toute abondance d'or et d'argent. Et régnaient en France merveilleuses pompes, tant en vêtures et habillements, que chaînes d'or et d'argent. Et combien qu'il ne fut point de guerre, toutefois levait-on toujours les aides et l'argent sur le peuple » (Juvénal des Ursins). Le temps des trêves est aussi celui des fêtes. L'emprise fiscale, loin de se desserrer, alimente la caisse des plaisirs après avoir financé le trésor des guerres. Chaque prince a sa cour et organise de somptueux divertissements dans un décor sans cesse embelli. C'est sur leur générosité, leur art de paraître, leur manière de dépenser et de gaspiller que repose, en effet, leur capacité de retenir autour d'eux les nobles en quête de profits. Leur goût des fêtes sert leur volonté de puissance. Autour du roi, on cherche à distraire Charles VI de sa mélancolie : dès que la maladie lui laissait quelque répit « lui donnait-on le plus de plaisance ». Le frère du roi, Louis d'Orléans, dont les oncles réfrènent encore les ambitions politiques, se fait l'ordonnateur de ces plaisirs. Il entraîne dans un tourbillon d'amusements une cour toute de jeunesse : le roi, en 1390, a vingt-deux ans, la reine dix-neuf et Louis d'Orléans dix-huit. On prise par-dessus tout les jeux du travesti. Le roi se divertit à suivre incognito les cérémonies qui accompagnent l'entrée de sa femme à Paris, à se laisser malmener par le service d'ordre et à s'en « farcer » le soir, au souper, devant les dames et demoiselles, avant de « caroler » jusqu'à l'aube. Une de ces mascarades, improvisée en 1393 à l'Hôtel Saint-Paul, le bal des Sauvages, faillit coûter la vie à Charles VI et contribua à ébranler sa fragile raison. Tous ces plaisirs ne sont pas innocents, à en croire la rumeur publique, qui dénonce le duc d'Orléans, et dont Juvénal des Ursins se fait l'écho : « Il se gouvernait aucunement trop à son plaisir, et faisait jeunesses étranges. »

Cette intense vie des cours fait de Paris dans ces dernières années du XIVe siècle le foyer où s'élaborent les modes, où s'inventent les rites sociaux, où se définit le style de vie et où se forme le goût de tous ceux qui, en Europe, prétendent vivre noblement. Les papes ont quitté Avignon, l'Empire pour un temps s'efface ; des marchés se ferment ainsi pour les artistes et les artisans (deux termes et deux réalités sociales encore bien mal différenciés). Ils affluent vers Paris, y trouvent leur clientèle, et font de la tête folle d'un royaume encore exsangue le grand marché européen de l'œuvre d'art et de l'objet précieux.

L'envers d'un décor

Par-delà ce brillant décor, la réalité pour beaucoup, c'est la misère, ou du moins les difficultés et les crises. Le peuple des campagnes et des villes supporte à grand-peine le fardeau des impôts. Déjà, dans les dernières années du règne de Charles V, ici et là, dans le Sud-Ouest notamment, les collecteurs des impôts ont servi de boucs émissaires à l'exaspération populaire. Le grand mouvement d'agitation sociale qui ébranle toute l'Europe des années 80 n'épargne pas la France. Comme en Angleterre et en Flandre, la révolte naît d'un sursaut de résistance devant l'accroissement des charges fiscales. La décision de Charles V sur son lit de mort — « ôter au plus tôt... ces impôts dont les pauvres gens sont accablés » — avait fait naître le vain espoir d'une fin des taxes. Il apparaît bien vite que le gouvernement des oncles n'a pas les mêmes scrupules sur la légitimité des impôts permanents. Privé des fouages, il entend se rattraper sur les aides. Il doit pourtant y renoncer devant un début de tumulte à Paris en novembre 1380. Mais, en 1382, « le duc d'Anjou et aussi les autres seigneurs et ceux de la cour, considérant que depuis que les aides avaient été mises jus (abolies) ils n'avaient pas les profits qu'ils soulaient avoir, désiraient fort à remettre sur (rétablir) les aides » (Juvénal des Ursins). A Rouen, à Paris, c'est alors l'émeute : le peuple — le petit peuple, « aucunes gens du bas état » à Paris, et à Rouen « deux cents personnes mécaniques », poussant devant lui la bourgeoisie marchande engagée de plus ou moins bon gré dans ce mouvement — s'arme, s'organise, se fortifie. Il lutte contre l'oppression fiscale : les fermiers et collecteurs des taxes sont, avec les usuriers et les Juifs, les principales victimes du courroux populaire. Il entend aussi défendre et affermir les libertés communales : les Rouennais, « pource qu'on disait ceux de l'abbaye de Saint-Ouen avoir plusieurs privilèges contre la ville, allèrent furieusement en l'abbaye, rompirent la tour où étaient leurs chartes, et les prirent et les déchirèrent ». Réprimée sans ménagement, l'agitation réapparaît dans le Midi, où la résistance urbaine à l'impôt renforce le brigandage des Tuchins, qui se cachent dans les bois et se répandent dans les campagnes.

III.   LES GRANDES DÉTRESSES
1401-1440

Les années terribles

Effacement d'un pouvoir

Le poids des taxes ne s'allège pas. C'est pour en user à leur guise que les ducs se querellent autour du faible roi. Dès 1401 Louis d'Orléans prend une part active à ces jeux et tire profit des phases de rémission de la maladie de son frère, car Charles VI ne lui refuse rien. Jean de Berry, tout à ses collections, et Louis de Bourbon, tout à ses rêves de croisade, demeurent au second plan, sauf à jouer les conciliateurs. Le conseil est un champ clos où le duc d'Orléans et Philippe le Hardi sans cesse s'affrontent, à propos de la solution qu'il convient d'apporter au schisme qui déchire alors l'Eglise et trouble les consciences, ou au sujet du candidat qu'il faut soutenir dans cet autre schisme qui affecte l'Empire. Mais leur volonté de contrôler la perception des impôts et les revenus du domaine est au cœur du débat. « Et dès lors y eut de grands grommelis et manières tenues entre eux bien étranges, tellement qu'on apercevait bien évidemment qu'il y avait haines mortelles. Et toute la principale cause était pour avoir le gouvernement du royaume et mêmement des finances » (Juvénal des Ursins).

L'opinion publique a douloureusement conscience de l'effacement d'un pouvoir. A l'année 1405, le même chroniqueur note : « Le gouvernement, comme on disait, pour lors était bien petit. Et en fut le roi, et aussi les seigneurs, par plusieurs fois avertis par propositions et autrement : mais nulle provision n'y était mise ». Ce fut l'habileté des ducs de Bourgogne, Philippe le Hardi, puis, à sa mort (1404) et avec plus de détermination, Jean sans Peur, que de reprendre à leur compte l'idéal bourgeois de « réformation de l'État ». Dès sa première visite à Paris, Jean sans Peur définit publiquement un programme qui lui vaut la faveur des marchands, du petit peuple et de l'Université : « mettre sus (restaurer) justice », « mettre sus le domaine dont les profits étaient comme nuls et mis à non chaloir et grande négligence », « assembler les trois états pour pourvoir aux affaires du royaume et aviser au gouvernement ». Ces mêmes thèmes reviennent dans la harangue que prononce Jean Petit pour justifier l'assassinat de Louis d'Orléans (les hommes de main de Jean sans Peur l'ont exécuté en pleine rue, à Paris, le 23 novembre 1407) et démontrer la nécessité morale de ce meurtre, tyrannicide salutaire. Le tyran haïssable qui exerce « seigneurie à son propre et singulier profit » n'est-il pas la négation de cette monarchie du bien commun qu'avaient voulu Charles V et ses conseillers ?

La veuve et le fils de Louis d'Orléans entreprennent de venger ce prince impopulaire. Après le mariage de Charles d'Orléans avec la fille du comte d'Armagnac, ils peuvent compter sur ces mercenaires éprouvés que sont les routiers gascons. Mais Paris tient pour les Bourguignons. Les pillages et les ravages que commettent les troupes concentrées dans le plat pays et le renchérissement des denrées qui s'ensuit renforcent dans la capitale la haine des Armagnacs. Le Bourgeois de Paris, probablement chanoine à Notre-Dame, note en son *Journal* (année 1410) : « Chacun disait que le mal qui se faisait était l'œuvre du comte d'Armagnac, tant il était plein de malfaisance : et, à coup sûr, on n'avait pas plus de pitié à tuer ces gens-là que des chiens. On disait : c'est un Armagnac ! » Et, dans Paris, le duc de Bourgogne tient le roi, inspire ses décisions, et peuple le conseil de ses créatures.

Dans ce Paris bourguignon, une force s'affirme, violente et trouble, « méchantes gens, tripiers, bouchers et écorcheurs, pelletiers, couturiers et autres pauvres gens de très bas état qui faisaient de très inhumaines, détestables et deshonnêtes besognes » (Juvénal des Ursins). La chasse aux

Armagnacs couvre d'autres vengeances et la guerre civile sert les haines de classe. Un « écorcheur de bêtes » de la grande boucherie Saint-Jacques, Caboche, qui souvent prend la tête de ces cortèges, leur donne son nom : ce sont les « Cabochiens », dont, en 1413, les bandes se mêlent aux délégués convoqués pour les états généraux de langue d'oïl. Tandis que les états, une fois de plus, dénoncent les abus et élaborent une grande ordonnance, longue et prolixe, mais sans originalité, les Cabochiens multiplient les arrestations et les exécutions de « traîtres ». Ils ont pris en main la police de la ville et lèvent même l'impôt. La terreur qu'ils instaurent détache la bourgeoisie marchande et l'Université du parti bourguignon. Victime de ces encombrants alliés, Jean sans Peur doit abandonner la capitale. Paris prend les couleurs du parti armagnac et, avec la ville, le roi change de camp.

Effondrement d'une armée

Il reste au duc de Bourgogne le recours de l'alliance anglaise. Car la guerre reprend. La politique pacifique de Richard II n'a guère survécu à sa chute (1399). Ses successeurs, Henri IV et Henri V de Lancastre, sont déterminés à reconquérir leur héritage français. Si le gouvernement des oncles échoue dans sa tentative d'exploiter contre Henri IV les troubles qui surviennent au pays de Galles (1404-1407), le roi d'Angleterre sait mettre à profit la querelle des Armagnacs et des Bourguignons. Sollicité par l'un et l'autre parti en 1412, il dirige vers la France une première chevauchée, dont les princes, réconciliés, doivent acheter fort cher le départ. Henri V (1413-1422) a de plus vastes projets. Il se pose en « cultiveur de paix », mais d'une paix juste, car « justice sans paix ne peut être ni aussi paix sans justice ». Et, comme « l'œuvre de justice est réformatif de toutes injures », il revendique la plénitude de l'héritage successivement confisqué par les rois de France : les possessions de Guillaume le Conquérant et des Plantagenêts. Il accepte les ouvertures de Jean sans Peur, mais n'en continue pas moins à traiter avec l'entourage armagnac de Charles VI. A bout de concessions, les négociateurs, qui viennent d'offrir la main de Catherine, la fille du roi, richement dotée, et l'Aquitaine en pleine propriété, refusent de céder la Normandie. C'est le prétexte de la rupture. Prête à lever l'ancre depuis des mois, la flotte anglaise quitte Portsmouth. Le corps expéditionnaire aborde en Normandie le 13 août 1415. Maître de Harfleur après un mois de siège, Henri V se dirige vers les pays de la Somme en suivant les traces d'Édouard III. Il rencontre l'armée française, le 25 octobre, près d'Azincourt. Comme à Poitiers, les généraux de Charles VI croient tirer les leçons des échecs passés en démontant une partie de la cavalerie. Mais l'archerie est toujours négligée et méprisée. Il n'est pas question d'attendre pour engager le combat l'arrivée de la piétaille, et l'on n'envisage d'autre parade au tir des archers que l'assaut de gens à cheval « qui frapperaient sur eux pour rompre leurs traits ». On ne prête pas plus d'attention à la disposition ou à la nature du terrain. Les chevaliers s'entassent en rangs serrés sur un étroit plateau. « Les Français étaient pesamment armés » (le poids de l'armure n'a cessé d'augmenter et dépasse alors 20 kilos) « et étaient en la terre molle jusque au gros des jambes, ce qui leur était moult grand travail : car à grand peine pouvaient ils ravoir leurs jambes et se tirer de la terre » (Juvénal des Ursins). Quand la bataille s'engage, ils ont le soleil dans les yeux. Sur eux s'abat la pluie des flèches, qui produit ses effets accoutumés : les chevaux lancés contre les archers renversent leurs cavaliers et se jettent sur les hommes d'armes. Jusque-là, cependant, la panique est plus grande que les dommages. « Mais quand se vint au joindre les Français étaient comme jà hors d'haleine... Finalement, les archers d'Angleterre, légèrement armés, frappaient et abattaient les Français à tas, et semblaient que ce fussent enclumes sur quoi ils frappassent... Et churent les nobles français les uns sur les autres, plusieurs y furent étouffés, et les autres morts ou pris » (*ibid.*). Au moment où s'achevait la chasse aux prisonniers, le bruit courut d'un retour offensif des Français. Pour alléger ses troupes, encombrées des captifs comme au soir de Poitiers, Henri V ordonna « que chacun tuât son prisonnier ». Mais ceux qui les avaient pris ne voulurent pas les tuer, car ils en attendaient grande finance. « Les archers se chargent de la besogne : moult pitoyable chose. Car, de sang-froid, toute cette noblesse française fut là tuée et découpés têtes et visages » (Chronique de Jean Lefèvre).

La France livrée aux Anglais

Pour Henri V, la victoire est un jugement du Ciel, « œuvre de Dieu qui leur était adversaire », explique-t-il à Charles d'Orléans et à ses compagnons de captivité. Successivement, l'empereur Sigismond, pris comme arbitre par les deux partis, et le duc de Bourgogne reconnaissent son bon droit (1416). L'année suivante, il commence à « recouvrer » son royaume. Ce n'est plus une chevauchée qui parcourt la Normandie, mais une armée d'occupation qui, avec un sens étonnant de l'organisation qui intimide les Normands, conquiert méthodiquement le pays et s'y implante. Dans les premiers mois de 1419, après la chute de Rouen, toute la Normandie est anglaise et Henri V s'avance vers Pontoise. Au royaume de France l'effacement du pouvoir se confirme. Les ducs d'Orléans et de Bourbon sont aux mains des Anglais. Le duc de Berry et les fils aînés du roi meurent en 1417. Le dauphin Charles est âgé de quinze ans. Le vrai maître du royaume est le comte d'Armagnac. Il a pris prétexte des dangers ambiants et de l'indignation que suscitent chez les gens de bien les scandales de la cour (« quelque guerre qu'il y eût, tempêtes et tribulations, écrit Juvénal des Ursins, les dames et demoiselles menaient grands et excessifs états ») pour éloigner la reine, ce qui rejette Isabeau de Bavière, privée de ressources, dans le camp bourguignon. Il tient Paris sous la terreur d'un véritable régime policier. Les rassemblements y sont interdits et, « lorsque on célébrait un mariage, il y avait obligatoirement aux frais de l'époux des commissaires et des sergents qui veillaient à ce que personne ne murmurât de quoi que ce soit » (*Journal d'un bourgeois de Paris*). Des vagues de proscriptions se succèdent. La ville affamée est écrasée d'exactions. Dans les cités qu'ils occupent, les gens du duc de Bourgogne servent leur propagande en abolissant les taxes. A la fin de mai 1418, les Parisiens, excédés, ouvrent la ville aux partisans de Jean sans Peur. La violence se déchaîne dans de nouveaux massacres (juin 1418). Fuyant la ville jonchée de cadavres armagnacs, « en tas comme porcs au milieu de la boue », le prévôt de Paris emporte le dauphin endormi dans ses bras. Devenu chef du parti armagnac, le futur Charles VII, que son père avait déjà désigné comme lieutenant général du royaume, se proclame régent (décembre 1418). Il a son Parlement et sa Chambre des comptes ; plusieurs régions se rangent dans son obédience. Il y a désormais deux gouvernements en France. Au nom du roi, qui l'a rejoint, Jean sans Peur conduit deux négociations parallèles, contradictoires, et fertiles en rebondissements, avec Henri V et avec le dauphin. Un rapprochement s'amorce entre Armagnacs et Bourguignons : le 19 juillet, un *Te Deum* à Paris célèbre leur réconciliation. Le 10 septembre, une nouvelle rencontre doit sceller ces accords, à Montereau. Le dialogue s'envenime et un serviteur du dauphin abat Jean sans Peur d'un coup d'épée. Pour venger son père, le nouveau duc, Philippe le Bon, signe avec Henri V le traité de Troyes, qui livre la France aux Anglais (21 mai 1420).

Les Trois France

Le traité laisse subsister l'autorité, toute fictive, de Charles VI jusqu'à sa mort. Henri V épouse Catherine de France et devient ainsi « fils » du roi et « droit héritier » du royaume. C'est à lui que revient la « faculté de gouverner la chose publique du royaume » en l'état d'empêchement du souverain. A la disparition de Charles VI, Henri, ou son héritier, lui succédera et « les deux couronnes de France et d'Angleterre pour toujours, perpétuellement, demeureront ensemble et seront à une même personne... qui sera en même temps roi et seigneur souverain de l'un et l'autre royaume... en gardant toutefois... à l'un et l'autre royaume ses droits, libertés ou coutumes, usages et lois, sans soumettre en aucune manière l'un des dits royaumes à l'autre ». Quant au « soi-disant dauphin », en raison de « ses énormes crimes et délits », il n'aura aucune part à cet héritage et les rois de France et d'Angleterre, comme le duc de Bourgogne, s'engagent à ne signer avec lui aucune paix séparée.

Le 31 août 1422, Henri V meurt au château de Vincennes. Une messe de Requiem célébrée à Saint-Denis précède le transfert de ses cendres à Westminster. Charles VI s'éteint le 21 octobre 1422, et sur sa tombe retentit le cri : « Vive le roi Henri de France et d'Angleterre! » Le premier souverain de la double monarchie, Henri VI, a dix mois. Le duc de Bedford assume la régence. A Mehun-sur-Yèvre, le dauphin Charles s'intitule lui aussi roi de France. Mais les riches États du duc de Bourgogne forment une troisième France dont l'arbitrage peut être décisif.

La France des Lancastre

La France « anglaise » associe des éléments fort divers par l'origine, le mode de gouvernement et la situation économique. Les uns ont été déjà reconnus au roi d'Angleterre par le traité de 1380 : Calais, conquête des premiers jours, tête de pont et colonie de peuplement, et la Guyenne, ou ce qu'il en reste depuis l'occupation française, une bande de terre assez étroite parallèle au rivage (Bordelais, Bazadais et Landes). La Normandie, agrandie du Maine, du Vexin et d'une partie du pays chartrain, est la portion de l'héritage patrimonial reçu du Conquérant et des Plantagenêts que Henri V a personnellement « recouvré » et dont le traité de Troyes a reconnu la pleine propriété au roi d'Angleterre. Le reste du royaume revient de droit à Henri VI, roi de France, mais les troupes anglaises n'occupent qu'en partie la Picardie et la Champagne, contrôlent imparfaitement l'Ile-de-France, où les partisans du dauphin s'agrippent à quelques places fortes et se cachent dans les forêts du Hurepoix, tandis que, dans les pays entre Saône et Loire, les deux allégeances s'entremêlent. « Les Anglais prenaient aucunes fois une forteresse sur les Armagnacs au matin, et ils en perdaient aucunes fois deux au soir » (*Journal d'un bourgeois de Paris*).

La Guyenne a depuis longtemps une administration propre : un sénéchal, qui représente le roi-duc, une chancellerie, qui expédie ses actes, un conseil pour le gouvernement et l'administration, une cour pour rendre la justice, et, sous les ordres d'un connétable, un Échiquier et un atelier monétaire. La Normandie a son grand conseil, sa chancellerie et son Échiquier à Rouen, sa Chambre des comptes à Caen. Bedford affecte de respecter les coutumes locales ; il flatte le particularisme normand en créant à Caen une université qui fournira les cadres du régime anglais. Il se garde d'installer des occupants en grand nombre dans le conseil et l'administration centrale, mais il réserve à ses compatriotes les commandements militaires, les charges de bailli, et confisque les fiefs des seigneurs qui refusent de jurer fidélité aux nouveaux maîtres. À Paris, il trouve en place une administration épurée au gré des occupations bourguignonnes successives et peuplée d'honnêtes administrateurs attachés à cet idéal réformateur que Jean sans Peur a pris à son compte. La propagande bourguignonne avait multiplié les promesses démagogiques d'exonération fiscale. L'occupant est loin de les honorer. La France anglaise, et en particulier la Normandie, est écrasée de subsides et d'aides levés pour maintenir les garnisons, financer la conquête et entretenir la cour du régent. « Toujours il (Bedford) enrichissait son pays de quelque chose pris en ce royaume, et quand il revenait, il n'en rapportait rien, sinon une nouvelle taille », note, en 1427, le Bourgeois de Paris, en dépit de ses sympathies bourguignonnes.

Tous ces pays sont pauvres. Les campagnes bordelaises se remettent lentement des dévastations subies à la fin du xive siècle et au début du xve. Des retours de peste, en 1415 et 1420, brisent net les tentatives de reconstruction et suscitent une grave crise de main-d'œuvre. La stagnation du commerce du vin traduit le malaise du vignoble et donne la mesure de la situation économique — « car le vin de nos vignes est notre substance », disaient, en 1416, les jurats de Bordeaux. Au temps du Prince Noir, la grande époque pour la ville, le port de Bordeaux exportait en moyenne 30 000 tonneaux de vin par an ; la moyenne des années 1400 à 1440 s'établit autour de 10 000 tonneaux seulement. Les vigoureuses offensives françaises ont dépeuplé les campagnes et provoqué l'afflux des réfugiés en ville. Le nombre des bouches à nourrir s'est dangereusement accru et contraint la ville à d'onéreux achats de blé au loin. La médiocrité des profits et des fortunes ralentit les constructions. Pour la Guyenne, comme pour le reste des pays livrés aux Lancastre, l'occupation anglaise n'est pas le temps des mécènes. Les campagnes d'Ile-de-France ont vu passer et repasser les gens d'armes de toute obédience depuis les premiers « brouillis et grommelis » entre les oncles — un sursaut d'autodéfense chez les paysans a fait naître des bandes de « brigands », que la misère transforme vite en écumeurs de route professionnels. Elles ont supporté la peste de 1418, « âpre et furieuse mortalité » peut-être à l'égal de celle de 1348, l'hiver sibérien de 1420-21, de nombreuses années de famine. Lorsque les Anglais en prennent possession, « depuis la Loire jusqu'à la Seine, et de là jusqu'à la Somme, les paysans ayant été tués ou mis en fuite, presque tous les champs restèrent longtemps, durant des années, non seulement sans culture, mais sans hommes en mesure de les cultiver, sauf quelques rares coins de terre ; le peu qui pouvait être cultivé loin des villes, places ou châteaux ne pouvait être étendu, à cause des fréquentes incursions des pillards » (Thomas Basin, *Histoire de Charles VII*).

Le royaume de Bourges

La frontière qui sépare la France anglaise de l'autre royaume de France est malaisée à définir, d'autant qu'elle est mouvante au gré d'une guerre confuse et de combats rarement décisifs. Le dauphin a ses fidèles et ses places fortes au nord de la Loire, on l'a vu. Mais, en gros, son royaume coïncide avec la moitié méridionale de la France, Guyenne exceptée. Il repose sur des possessions personnelles, les apanages de Touraine et de Dauphiné. Il tient par la fidélité des princes qui ont grossi ce noyau de leurs domaines : les ducs d'Anjou, de Bourbon, d'Orléans, les comtes de Foix et d'Armagnac. Charles d'Orléans est prisonnier des Anglais, loin du « très chrétien royaume de France » dont il fera le refrain d'une de ses rares ballades politiques. Il rime à Londres d'élégantes chansons qui célèbrent le tourment d'amour (« Je suis celui au cœur vêtu de noir »). Très à l'aise dans les contraintes formelles des genres à forme fixe, ballades et rondeaux, comme dans le style allégorique qui, depuis plus d'un siècle, prévaut en France (« la nef de Bonne Nouvelle où Espoir a chargé réconfort » et que guette le pirate Dangier), ce poète du nonchaloir, « écolier de mélancolie », les rajeunit par la sensibilité de son ton et l'élégance de ses trouvailles. Tandis qu'il cisèle ses exquis et graciles chefs-d'œuvre d'orfèvrerie poétique, son demi-frère, Jean, comte de Dunois, met sa rude vigueur au service de Charles VII. Autre prisonnier d'Azincourt, Jean de Bourbon laisse le gouvernement de l'État bourbonnais à son fils, comte de Clermont, qui laisse agir sa mère Marie de Berry. Habile politique, elle maintient les « abstinences de guerre » avec le puissant voisin bourguignon tout en ralliant le camp du dauphin. Son attitude n'est pas dénuée d'équivoque, mais le double jeu qu'elle pratique lui permet d'agrandir de l'Auvergne l'apanage des ducs de Bourbon et de marier son fils à la sœur du duc de Bourgogne. Louis III d'Anjou, toujours en quête de l'héritage napolitain de sa maison, part pour l'Italie en 1420. Bedford convoite le Maine et l'Anjou pour en faire le cœur d'une principauté qui lui appartiendrait en propre, ce qui rejette la duchesse mère Yolande d'Aragon dans le camp delphinal. Dans le Sud-Ouest, où, depuis un siècle, les comtes de Foix s'opposent aux comtes d'Armagnac, la guerre civile avait réveillé ces querelles de famille. Tout naturellement, Jean II de Foix s'est trouvé à la tête du parti bourguignon. Il exploite le mécontentement des villes accablées d'exigences financières répétées et s'institue leur protecteur contre les déprédations des routiers. Lorsque les cités chassent les Bourguignons et se déclarent en faveur de Charles VII, Jean de Foix suit le mouvement, d'autant plus aisément que le roi de Bourges a eu l'habileté de l'instituer gouverneur et lieutenant en Languedoc, Auvergne et Guyenne. Dans ces pays, les villes jouent un rôle déterminant dans le ralliement au dauphin, comme, plus au nord, à Lyon. Les partisans des ducs de Bourgogne, qui ont un temps gouverné les cités, n'ont ni supprimé ni allégé les impôts et ont ainsi ruiné leur crédit. La tension entre bourgeoisie marchande et « populaires » est ici moins vive qu'au nord de la Loire, et les classes dirigeantes n'ont aucun mal à imposer l'allégeance au dauphin.

Charles VII a sa résidence de prédilection à Bourges. Il y a établi sa Chambre des comptes. Son parlement et sa Cour des aides siègent à Poitiers. Son conseil comme sa cour sont itinérants, selon les nécessités de la guerre. Il trouve parmi les fonctionnaires que les Bourguignons ont destitués les hommes compétents et efficaces dont son administration a besoin. Il en est d'honnêtes, comme Jean Juvénal des Ursins, l'historien du règne de Charles VI, qui devient maître des requêtes de l'Hôtel à Bourges, ou Alain Chartier, notaire et secrétaire du roi. Tous deux ont été chassés de Paris par les massacres de 1418. Le poète mélancolique de *la Belle Dame sans merci*, Alain « le très noble orateur », renouvelle dans son *Quadrilogue invectif* le formalisme de l'allégorie et du genre littéraire du « jugement » par le souffle de son éloquence d'humaniste et surtout par la sincérité de ses sentiments : désarroi face aux désastres qu'a subis la France, indignation devant les luttes que se livrent les partis, et pitié pour les malheurs du peuple. Les princes qui se sont rangés dans le camp de Charles VII s'empressent de lui proposer des serviteurs pris dans leur entourage pour mieux peser sur sa politique et tirer de plus grands profits de leur ralliement. Yolande d'Aragon place ainsi Jean Louvet, qui présidait à Aix la Cour des comptes de Provence avant de diriger les services financiers du royaume de Bourges.

Plus que la personnalité du souverain, inquiet et soupçonneux, et doutant parfois de sa légitimité, la cour de Bourges est dominée par l'affrontement de clans aux intérêts contradictoires. L'esprit de parti des anciens Armagnacs, la fidélité monarchique des loyaux serviteurs s'y opposent aux partisans d'un rapprochement avec le duc de Bourgogne, tels Yolande d'Aragon et le comte de Clermont. Tantôt somptueuse, tantôt misérable, au gré de rentrées intermittentes des subsides et d'un budget mal géré, cette cour est un foyer d'intrigues. Et la politique du conseil manque de détermination.

L'État bourguignon

C'est, à l'origine, un apanage, duché passé en 1363 des ducs capétiens aux ducs valois. Déjà, on l'a vu, Philippe le Hardi a posé les bases d'un véritable État s'interposant entre le royaume de France et l'Empire. Aux terres proprement bourguignonnes, il a joint la Flandre et s'est efforcé d'élargir ses possessions septentrionales. Une habile politique matrimoniale prépare l'annexion du Brabant, du Hainaut, des Pays-Bas (Hollande et Frise) et même, plus à l'est, du Luxembourg. À la mort de Jean sans Peur, devenu en outre maître de l'Artois, Philippe le Bon hérite tout à la fois d'une vengeance à poursuivre, d'un État à organiser et d'une politique d'expansion à continuer. L'État pose, en raison de sa dispersion, des problèmes de coordination et d'aménagement du gouvernement et de l'administration. Il a fallu doubler à Lille, et parfois à Gand, des institutions qui avaient leur siège à Dijon : chambre du conseil et chambre des comptes. La politique d'expansion se heurte, en Flandre, à la résistance des autonomismes communaux et aux particularismes ethniques ; en marge de ces possessions septentrionales, elle doit affronter l'esprit d'indépendance de la principauté liégeoise, et, dans l'Empire, elle doit compter avec la personnalité de l'empereur Sigismond. Mais le duc, autant et plus que Charles VII, est bien servi, notamment par ses chanceliers, Jean de Thoisy, puis Nicolas Rolin.

Des trois France, la bourguignonne est la plus riche. Elle est restée à l'écart des opérations militaires et à l'abri des brigandages. Des malheurs des temps, les sujets du duc ont surtout connu les pestes — celle de 1399-1400 fut particulièrement grave : pendant un an, tout le personnel administratif a dû fuir Dijon pour Rouvres, et la ville a perdu, semble-t-il, un quart de sa population dans cette tourmente — et les charges fiscales. L'économie rurale est assez prospère. A l'inverse des vignobles d'Ile-de-France ou du Bordelais, les ceps ici ont peu souffert. Les ducs, d'ailleurs, protègent la viticulture. Leurs ordonnances prohibent les cépages communs à gros rendement, générateurs de « petits vins ». Propriétaires exploitant eux-mêmes à Givry, à Beaune, à Poligny, à Blandans, ils encouragent la production par leur propagande. Leurs festins et leurs cadeaux contribuent à placer les vins de Bourgogne au premier rang des vins de table, au détriment des crus du Bourbonnais, de ce saint-pourçain longtemps en honneur à la cour pontificale d'Avignon. En même temps, l'implantation bourguignonne en Flandre élargit le marché d'exportation. Les salines du Jura, celles de Salins notamment, enrichissent le Trésor tout autant que les profits du vignoble. Le duc, en effet, a le monopole de la vente du sel sur ses terres et perçoit, par l'intermédiaire de ses greneliers, un fructueux « droit de Monseigneur ». Dans cette région de passage longtemps calme, les foires de Chalon conservent une activité, réduite certes, mais à la mesure de la contraction générale du commerce français. Mais qu'est Chalon, que sont les jeunes foires que Charles VII encourage à Lyon, à côté de Bruges, rendez-vous des marchands d'Angleterre, d'Italie et de la Hanse, foyer d'intense activité bancaire où la firme des Médicis ouvre une agence en 1420, grande place de change où sont cotées en Bourse les monnaies de tout l'Occident ? Et que sont les toiles de Dijon, Chalon et Besançon face à la draperie, la sayetterie et la tapisserie de Flandre, de Hainaut et d'Artois ? C'est dans ces provinces du Nord que réside la richesse vive du duché. C'est de là que viennent la plupart des artisans et des artistes qui servent la gloire des ducs.

Car la cour des ducs de Bourgogne — la mieux ordonnée du monde au témoignage de Christine de Pisan, familière et admiratrice de Philippe le Hardi — maintient les traditions de faste des Valois et illustre leur goût de la magnificence. Philippe le Hardi a entrepris de transformer Dijon en résidence princière. Il amorce la rénovation du vieux palais ducal, symbole de puissance, forteresse qui doit être imprenable, mais aussi cadre des fêtes d'apparat qu'il faut élargir et embellir. Sa femme fait bâtir à Germolles la maison des plaisirs d'été, château de campagne et ferme modèle : Sluter y sculpte le couple princier occupé à garder les brebis à l'ombre d'un orme. Philippe le Hardi décide la construction de la chartreuse de Champmol et veut édifier, au cœur de ce monastère où les prières s'accumulent au bénéfice de sa famille, la chapelle ducale, oratoire privé et nécropole dynastique. Les ducs de Valois ont le goût du décor et le sens de la mise en scène. Ils font tendre le palais de tapisseries qui réchauffent et meublent les vastes salles tout en offrant à la méditation des hôtes l'exemple des héros de chevalerie. Ils commandent aux Pays-Bas des retables polychromes aux architectures compliquées pour orner les autels de Champmol. Ils éclairent de vitraux leur chapelle et chargent des compositeurs flamands — tel Gilles Binchois, venu de Mons — d'élaborer, dans un style hérité de Guillaume de Machaut et de l'*ars nova*, le décor musical de cet espace sacré. Les festins, avec leurs entremets, et plus encore les tournois sont ici des spectacles, ballets militaires dont les romans courtois fournissent les livrets. Les obsèques des ducs ne sont pas les cérémonies les moins somptueuses et les liturgies les moins complexes. Les tombeaux de Philippe le Hardi et de Jean sans Peur déroulent au pied du gisant la réplique du long cortège funéraire où les princes du sang, les grands vassaux, les officiers de la maison ducale défilent encapuchonnés de longs manteaux de deuil traînant jusqu'à terre (leur confection exige du Trésor l'achat de 2 000 aunes de drap noir...). Ces tombeaux, vite célèbres hors du duché, font école. C'est en Bourgogne que les sculpteurs à l'œuvre sur les chantiers de Champmol renouvellent la manière et le style des « imagiers » d'Europe. Mais, là encore, les créateurs, à commencer par Claus Sluter et son neveu Claus de Werwe, sont des Hollandais. Le duc de Bourgogne est vraiment le « grand-duc du Ponant » et le centre de gravité de cet État est situé au-delà des limites du royaume de France.

Signes du ciel

Dans les années qui suivent le traité de Troyes, la guerre entre les deux royaumes n'est qu'une succession confuse de combats douteux et de trêves sans lendemain. L'entrée en scène de Jeanne d'Arc marque le retour de la détermination et de la confiance dans le camp du roi de Bourges. Jeanne « chef de guerre » témoigne dans la conduite des opérations militaires de la même résolution qui a permis à la petite paysanne de Domrémy, malgré tous les obstacles, de rencontrer à Chinon (23 février 1429) le « gentil dauphin », qu'elle voulait atteindre, « dussé-je y aller sur mes genoux ». Au siège d'Orléans (29 avril-8 mai) comme sur le chemin de Reims, elle ne se départit jamais de cette certitude tranquille qu'elle affirmait à Poitiers aux théologiens chargés par le souverain soupçonneux de l'examiner : « En nom Dieu les gens d'armes batailleront et Dieu donnera la victoire. » Avant de quitter Blois pour délivrer Orléans, elle écrit au roi d'Angleterre : « Je suis venu ici de par Dieu le roi du ciel pour vous bouter hors de France », l'avertissant que, s'il tarde à se retirer, « il aura des nouvelles de la Pucelle qui vient vous voir sous peu à votre grand dommage ». Ce sont là le plaisir et la volonté de Dieu. Comment en douter alors que vient d'échouer ce siège d'Orléans que Bedford a déclenché, au mépris des lois de la guerre et des règles de chevalerie, contre la ville d'un ennemi prisonnier ? A cette première manifestation de la justice immanente succède un autre jugement de Dieu : à Reims, le 17 juillet, Charles VII reçoit l'onction sainte du sacre qui garantit et manifeste sa légitimité, Jeanne peut alors cesser de l'appeler dauphin : « Gentil roi, ores est exécuté le plaisir de Dieu qui voulait que je levasse le siège d'Orléans et que vous emmenasse en cette cité de Reims recevoir votre saint sacre, en montrant que vous êtes vrai roi et celui auquel le royaume de France doit appartenir. » Les efforts de Bedford et de ses conseillers universitaires parisiens pour établir, à l'aide des procédures et des procédés de l'Inquisition, que Jeanne, capturée le 23 mai 1430 devant Compiègne, et brûlée à Rouen le 30 mai 1431, était une sorcière et usait d'un pouvoir d'origine diabolique, témoignent de l'effet profond de sa mission : qui ne fut ébranlé par le « signe » dont elle avait été porteuse en faveur de Charles VII ? De même, la hâte du régent anglais à faire couronner Henri VI roi de France en la cathédrale de Paris (16 décembre 1431).

Vers la fin de la guerre

Dans les années 30, les indices d'un revirement de la fortune des armes se multiplient. Les soulèvements se font de plus en plus fréquents dans les territoires occupés : « Les Français qui se trouvaient sous la domination anglaise s'étaient, en effet, formé cette opinion des Anglais... qu'ils ne recherchaient guère le profit du pays et la tranquilité de leurs sujets... Mais que plutôt, par cette haine invétérée et pour ainsi dire innée qu'ils avaient des Français, ils voulaient les accabler et les faire périr sous le poids des misères » (Thomas Basin, *Histoire de Charles VII*). De son côté, Philippe le Bon juge que son intérêt n'est plus du côté d'Henri VI et conclut avec le roi de Bourges une paix qui est d'abord l'acte d'extinction d'une vengeance et le geste de réparation d'un crime. « Premièrement le roi dira (que la mort de Jean sans Peur) fut uniquement et mauvaisement faite par ceux qui perpétrèrent le dit cas, et par mauvais conseil, et lui en a toujours déplu et, s'il eût su le dit cas en tel âge et entendement qu'il a à présent, il eût obvié de tout son pouvoir. » Charles VII doit, en sus de ce désaveu, promettre de châtier les coupables. En implorant le pardon, il doit multiplier les gestes et signes d'expiation : célébration de messes de Requiem, fondation d'un couvent de chartreux à Montereau et érection d'une croix sur le pont qui fut le théâtre de l'incident. Le traité agrandit, en outre, les bases territoriales de la puissance bourguignonne des comtés d'Auxerre et de Mâcon et des villes de la Somme. Il transforme l'apanage en État souverain jusqu'à la mort de Philippe le Bon. Mais, en échange, le duc cesse de contester la légitimité de Charles VII.

En Normandie, la résistance s'intensifie. En 1432, un coup de main sur le château de Rouen faillit réussir. Deux ans après, les exigences fiscales anglaises suscitèrent une insurrection quasi générale de tout le pays normand. Paris, en 1436, ouvre ses portes aux Français. Depuis la mort de Bedford, le conseil d'Henri VI est un champ clos de discordes permanentes. La liquidation de la guerre est en bonne voie. Cependant, les temps n'ont pas épuisé leurs réserves de malheurs. Les routiers sont à nouveau sur les champs : en 1440, le *Journal d'un bourgeois de Paris* raconte les exploits des « écorcheurs » en Bourgogne : « A toute personne qu'ils rencontraient, ils demandaient : qui vive ? Si on était de leur parti, on était simplement dépouillé de tout ; si on était du parti adverse, on était volé et tué. » De nouveau la peste décime la population ; le même chroniqueur note en 1438 : « Quand la mort entrait dans une maison, elle emportait la plupart de ceux qui l'habitaient, et surtout les plus forts et les plus jeunes. » Et la même année, « jour et nuit les petits enfants, les femmes et les hommes criaient : Je meurs, hélas, doux Dieu, je meurs de faim et de froid! ». En 1440, la France n'est délivrée ni de la guerre, ni de la peste, ni de la faim.

« Tout se détruit »

Les malheurs du temps laissent en profondeur leur empreinte. Dans la tourmente, des structures ont cédé. Le pouvoir royal a subi, avec la folie de Charles VI, la rivalité des oncles et les débuts incertains du roi de Bourges, une longue défaillance dont de nouvelles principautés indépendantes se hâtent de tirer avantage. L'autorité pontificale, âprement disputée pendant un demi-siècle entre deux, et même trois, « contendants du papat », doit, à peine restaurée, affronter les tendances gallicanes nées de son abaissement. L'Université de Paris, qui soutient et conseille la politique ecclésiastique des rois de France, s'est affirmée comme groupe de pression politique, mais elle a perdu sa primauté intellectuelle en Europe, tandis que, en France même, les princes fondent de nouvelles écoles pour former chez eux les cadres juridiques et administratifs dont ils ont besoin.

L'ébranlement est sensible à la base autant qu'au sommet. La solidarité paroissiale se renforce, mais bien souvent au gré de litiges qui opposent les fidèles à leur curé : les querelles sur la répartition des frais de reconstruction des églises sont venues s'ajouter aux habituels conflits que suscitait la perception des dîmes ; mais surtout ces discussions prennent une nouvelle tournure, car la piété minutieuse et formaliste des fidèles s'accommode mal de la désinvolture des bénéficiers absentéistes et porte ainsi le débat sur le plan pastoral. Le seigneur aussi s'éloigne de ses hommes. Parce qu'il est nouveau venu, sans attache et sans racine au milieu d'eux, aventurier enrichi par les rançons et anobli par la fortune des armes, étranger installé par un conquérant, ou bourgeois profitant de l'endettement nobiliaire. Parce qu'il a perdu tout lien réel avec la terre et le village et laisse des fermiers diriger l'exploitation de ses domaines et des marchands lever ses droits sur les tenures et les hommes, à charge pour les uns et les autres de lui ristourner une part forfaitaire et de la lui porter dans son hôtel en ville. La guerre et l'évolution économique ont usé les fidélités. « Tout se détruit, et ne sait on comment », répète Deschamps en refrain d'une de ses ballades.

Un temps de pénitence

Cette ballade s'achève, bien moralisante, par de bons et pieux conseils : « A bien faire désormais entendons, de notre cœur aimons Dieu et servons. » C'est que le signe auquel cet âge est attentif, et qui foisonne en ce temps de misères, est moins promesse de catastrophe qu'appel au repentir. La pénitence est le maître mot spirituel de l'époque. Les prédicateurs y invitent, comme les docteurs de l'Université, qui, tel Gerson, commentent l'Écriture pour le roi et sa cour, comme les prêcheurs itinérants qui haranguent les foules enthousiastes des villes et les lancent à la chasse des vains ornements du siècle. La représentation des Passions — l'habitude s'est prise à Paris dès 1380 d'en monter une tous les ans — et les mystères que l'on joue à grand renfort de machinerie et de figuration sont une catéchèse en action pour l'édification des pécheurs « quérans avoir pardon ». Tout comme l'image de la mort, qui, de plus en plus, orne les livres d'heures, décore les murs des cimetières, surmonte les tombeaux et hante les esprits, est au service de la « bonne vie ». La macabre silhouette qui entraîne pape, chevalier et vilain dans sa ronde égalitaire, le squelette décharné et grouillant de vers qui grimace sur les sépulcres, les cadavres desséchés qui invectivent les trois rois vivants insouciants, l'agonisant qui, sur son lit de mort, se dresse dans la confiance de sa prière, l'âme que se disputent sous les yeux du mourant les anges et les démons, tous ces visages de la mort prêchent la même leçon : « Songe qu'il y aura une fin et lave-toi de tes péchés. » Cette hantise de la faute, sans cesse ravivée, installe au cœur d'une religion paisiblement objectiviste le germe d'une piété plus individuelle et plus inquiète. L'imminence de la mort, sans cesse proclamée, place au centre des préoccupations de l'homme cette vie brève et menacée, mais si riche de fragiles saveurs, et ainsi prélude à la rage de vivre tout autant qu'elle introduit à l'art de bien mourir. Des tonalités nouvelles de la sensibilité s'ébauchent qui vont trouver à s'épanouir dans le climat de la reconstruction.

la reconstruction

1440-1515 Passé les temps difficiles, un nouveau départ, depuis 1440, vers le mirage italien et les prestiges de la Renaissance.

En soixante-quinze ans d'apparente stabilité, depuis la Saint-Martin 1436, date de la libération de Paris, jusqu'au 1er janvier 1515, avènement d'un roi de vingt ans, nommé du vocable même de la patrie, la France a plus changé qu'en un siècle de drames. Or, les contrastes des générations expriment les mutations profondes d'une société mieux que les péripéties superficielles des événements.

Même les Français âgés seulement d'une quinzaine d'années lors des derniers soubresauts de la guerre de Cent Ans ne pouvaient souhaiter autre chose que la sécurité. Leurs aînés l'éprouvèrent encore davantage. A l'exception, naturellement, de ceux à qui la chance souriait dans le désordre, tous ont œuvré pour conjurer le retour du malheur et reconstruire le pays. Beaucoup ont cherché à restaurer le passé, quelques-uns à faire du nouveau, tous à vivre mieux. Dans leurs vieux jours — mais la longévité, alors, n'était pas grande —, ils connurent, enfin, la « douceur de vivre » au terme du siècle, sous Louis XII.

Cette douceur de vivre, les jeunes générations n'eurent garde de la dédaigner. Cependant, elle ne leur suffisait plus. Déjà, au temps où déclinait Louis XI, un homme de 55 à 60 ans était jugé sénile et capable d'ennuyer la nouvelle vague par les sages propos de son expérience. Aux yeux des jeunes chevaliers, une « guerre folle » valait mieux que pas de guerre du tout, car ils étaient éblouis par l'héroïsme des temps passés, dépouillé de son cortège de misères, comme plus tard la légende napoléonienne. Quant aux autres, moins soucieux de horions et de panache, mais bénéficiaires des efforts de leurs anciens, ils semblent, eux aussi, avoir éprouvé un désir de progrès, connu l'initiative, aspiré à un nouveau style de vie et de pensée.

La considération des générations successives peut donc servir de révélateur efficace des comportements individuels et collectifs de la société française et des nuances qu'elle a données à ses institutions et aux cadres de son existence, à une étape majeure de son évolution.

I.
LES TEMPS
DE LA RÉNOVATION

Trois générations de reconstructeurs

La liquidation de la guerre de Cent Ans et le relèvement de la France occupèrent trois générations. Les hommes qui gouvernèrent le royaume constituent une succession curieuse de personnages disparates, mais représentatifs de leur époque, chacun à sa manière.

La transformation du caractère et du comportement de Charles VII, à partir du moment où il reprit confiance en son destin, symbolise exactement le changement du cours de la destinée nationale. Ce n'était plus le dauphin timide et indolent. Sa personnalité, lentement, s'est éveillée. Il devint capable de courage militaire : ainsi, au siège de Montereau, en 1437, son entourage dut modérer son ardeur combative. Il était resté influençable, mais les influences avaient changé. Sa belle-mère, Yolande d'Aragon, mourut en 1442, mais Richemont demeura. Un seigneur angevin, Pierre de Brézé, eut la faveur : « Il savait manier le roy mieux que nul autre », écrit Chastellain. Paradoxalement, les aventures sentimentales du roi ne nuisirent pas toujours à l'exercice de sa fonction ; on ne peut nier que l'influence de deux de ses maîtresses, Agnès Sorel, puis la cousine de cette dernière, Antoinette de Maignelais, n'ait contribué à affermir son caractère. Le roi sut choisir lui-même — et conserver — ses conseillers : quelques grands personnages, Dunois, Jean de Bueil, Jean d'Estouteville ; surtout des hommes de moyen état, appliqués, dévoués, successeurs véritables des Marmousets. C'était Guillaume Cousinot, Jacques Cœur, Jean Jouvenel des Ursins, les frères Bureau, dont la plupart choisis parmi les « Messieurs des finances » et les parlementaires, passionnément dévoués à la cause monarchique. Leur zèle valut à Charles le surnom de « Bien servi ».

L'opposition des générations se manifesta clairement entre Louis XI et son père. Dauphin, Charles avait été indolent ; Louis fut intrigant et brouillon, impatient de régner. Il avait lié partie, en 1456, avec le complot princier connu sous le nom de Praguerie, par analogie avec les troubles de Bohême ; l'affaire ayant échoué, le dauphin dut s'exiler et solliciter l'hospitalité du duc de Bourgogne, Philippe le Bon, à Genappe. Lorsque Louis succède à son père mort le 22 juillet 1461, l'âge (38 ans) n'avait pas atténué les rancœurs. La réaction fut brutale. Le nouveau roi chassa, sans ménagements, les conseillers paternels. C'était mal commencer que de provoquer des mécontentements. D'ailleurs, le prince n'avait rien d'attirant. Son extérieur négligé et son physique disgracieux ne suscitaient pas la sympathie : petit et gras, grosse tête chauve, yeux enfoncés dans les orbites. Il passait pour égoïste et avare, dur et sournois, indifférent envers ses deux femmes, Marguerite d'Écosse, qui se rongeait, dit-on, de chagrin, puis Charlotte de Savoie. Son entourage était médiocre, sinon suspect : Tristan L'Hermite, une âme de policier, Olivier Le Dain, tantôt barbier, tantôt bourreau, des arrivistes comme Balue, ou des intrigants vénaux, mais non sans talents, tel Commynes, son historien.

Louis XI fut essentiellement pragmatiste, envers Dieu comme envers les hommes. Sans doute, sa foi religieuse semble certaine, mais sa dévotion, superstitieuse peut-être, fut un constant marchandage avec la Vierge, dont il visita et enrichit les sanctuaires, et avec l'archange saint Michel, qu'il mobilisa à la tête de l'ordre militaire fondé sous son vocable. Une fois le Ciel acheté, plus besoin de scrupules. Contemporain des tyrans italiens, tel son ami Francesco Sforza, Louis leur ressemblait par son art d'« universelle aragne » à nouer des intrigues, par son talent à redresser des situations parfois compromises par sa propre rouerie ou par ses bavardages incoercibles. Comme *le Prince* de Machiavel, il fut autoritaire, tout en prétendant à la clémence par une sorte de coquetterie, mais jugeait préférable de prévenir le crime. Louis XI ne fut pas aimé ; il fut craint, mais il fut aussi respecté parce qu'il accomplissait strictement son devoir de prince, qu'il tenait en haute estime. Ce fut un grand travailleur. Fort instruit, écrivant bien (sa correspondance emplit onze volumes), il voulut être au courant et décider de tout. Voyageur infatigable, il s'informait sur place, et de préférence auprès des gens de moyen état. Sa hâte de régner n'eut d'égal que son sens de l'intérêt de la Couronne. Il appartint à la génération en laquelle s'est éveillée la conscience française. Face au Bourguignon et à l'Anglais, qui cherchaient de nouveau à exploiter les querelles partisanes, il eut cette réplique : « Je suis France. »

Instruit par l'expérience et méfiant par nature, ne recevant que médecins, astrologues ou thaumaturges comme saint François de Paule dans sa retraite de Plessis-lez-Tours, Louis XI décida, avant de mourir, que son jeune fils, Charles, né en 1470, n'aurait pas de régent. Le véritable successeur de Louis XI fut sa fille, Anne, chargée de gouverner au nom de son frère. Le choix était heureux. Louis XI, pourtant, méprisait les femmes, mais sa fille était « la moins folle du monde, car de sage il n'y en a pas ». Cerveau froid et avisé, dominatrice et ferme, Anne était de la trempe d'Isabelle de Castille, de Marguerite d'Autriche et d'Anne de Bretagne, ses contemporaines. Son mari, Pierre de Beaujeu, cadet de la maison de Bourbon, qui avait eu la confiance de Louis XI, partagea avec elle la direction des affaires. Si Charles VIII trembla devant sa grande sœur, ce fut cependant une chance que de l'avoir pour fondé de pouvoir pendant ses jeunes années. Si les contemporains parlent surtout de « Madame la Grande », l'historien sait que les correspondances du temps disent toujours « Monsieur et Madame ». Par eux, la continuité de l'œuvre de Louis XI fut assurée.

La remise en ordre politique occupa inévitablement le devant de la scène et retint principalement l'attention des hommes de gouvernement. Pourtant, comme on le verra, cette œuvre fut celle de toute la nation et ne s'accomplit pas seule. La ruine affectait tous les domaines de l'activité sociale et le flottement régnait jusque dans les esprits. C'est pourquoi le tableau présente constamment des aspects contradictoires. En tout cas, les coupures chronologiques des règnes n'eurent aucune incidence sur l'évolution continue du pouvoir royal dans la voie de l'affermissement. Implacablement, la royauté renforce ses organes de commandement. Ainsi se prépare la France moderne.

En finir avec la présence étrangère : la fin de la guerre de Cent Ans

Pour ne plus revoir l'étranger dominer une partie du sol du royaume et éloigner les ravages d'une guerre incessante, la France commença par reprendre haleine. Depuis la paix avec la Bourgogne et la libération de Paris, Charles VII avait dégagé les environs de la capitale, pris Pontoise en 1441 et harcelé les confins normands ; il avait esquissé un mouvement offensif en direction de la Guyenne. Il n'avait pas pu aller plus avant, faute de moyens et, aussi, en raison des intrigues des princes. L'ennemi, pourtant, était, lui aussi, très affaibli, las de la guerre, divisé et affecté par l'incapacité d'Henri VI et l'impopularité de ses oncles, Gloucester et Somerset, discrédités l'un par ses aventures, l'autre par ses échecs. Les deux adversaires acceptèrent d'arrêter les frais, grâce à la médiation bourguignonne. A Tours (mai 1444), on s'accorda sur le *statu quo* territorial et, pour gage de bonne volonté, Henri VI, devenu majeur en 1442, prit pour femme Marguerite d'Anjou, fille du roi René et nièce de Charles VII.

Cinq ans de trêve ne profitèrent qu'à la France. Le trône d'Henri VI était déjà secoué par les discussions qui firent la fortune d'Édouard IV. Au contraire, les réformes financières de Charles VII, entreprises au lendemain de la libération, commençaient à porter des fruits. La gestion du domaine, si vivement critiquée au début du siècle, bénéficia de réformes ordonnées en 1438 et 1443. Les finances extraordinaires, seules, pouvaient produire des ressources suffisantes pour soutenir l'effort militaire. Les députés aux états de langue d'oïl en 1435 et 1436, du Languedoc en 1439, en voulant épargner la fréquence des voyages exigés par des réunions annuelles, permirent au roi de reconduire la levée des aides. La permanence de l'impôt autorisa la permanence de l'armée juste au moment où la trêve risquait de condamner les mercenaires au licenciement, c'est-à-dire au banditisme de l'Écorcherie. A partir de 1445 et 1446, les « compagnies de l'ordonnance du roi », comprenant cent lances de six hommes (un homme d'armes, un coutilier, un page, deux archers et un valet de guerre), furent soldées par le roi, logées chez l'habitant, astreintes au contrôle des « montres ». En 1448, pour répondre à l'infanterie anglaise, Charles VII appela les roturiers, à raison d'un homme par cinquante feux, à s'exercer au tir à l'arc chaque dimanche ; dispensés de la taille, ces soldats furent appelés « francs archers ». L'institution n'empêcha pas le roi de recruter encore beaucoup de mercenaires, surtout des Écossais. La réorganisation des effectifs s'accompagna d'une artillerie régulière. Grosses bombardes et couleuvrines de moindre calibre furent réparties en « parcs » de 24 pièces. Utilisées d'abord presque uniquement pour l'attaque et la défense des places fortes, elles firent leur apparition sur les champs de bataille lors des dernières campagnes.

Ainsi, avant même la rupture de la trêve, le roi de France disposait, à pied d'œuvre, d'une armée cohérente, adaptée aux exigences nouvelles de l'art militaire. Force modeste, il est vrai, — environ 15 000 hommes d'armes à cheval —, mais capable de contraindre l'étranger à s'en retourner chez soi.

La paix était à la merci d'un incident. Il survint en 1449 (24 mars), à Fougères. Un chef de bande, François de Surienne, opérant pour le compte du duc de Somerset, lieutenant d'Henri VI en Normandie, enleva la place au duc de Bretagne, Jean V, revenu à l'alliance de Charles VII. Le roi de France ne tergiversa pas. Une séance solennelle de son Conseil donna le départ à une offensive immédiate en trois directions : la basse Seine, le centre de la Normandie, le Cotentin. Il suffit de quelques semaines pour prendre Lisieux, Argentan, Saint-Lô et Coutances. Les habitants de Rouen ouvrirent à Charles VII les portes de la ville, et Somerset, débordé, ne put même pas y tenir le château. Le 10 novembre, Charles VII fit une entrée émouvante dans la capitale normande enthousiaste : « Estoit le roy tout armé à blanc et son cheval couvert d'ung drap d'or tout semé de fleurs de lis... Veult le roy que Mgr le Chancelier fust en habit de chancelier (avec) son manteau fourré et devant lui le sceau sur une haquenée blanche... couverte d'un drap d'or... (Ensuite venaient les conseillers du roi :) Mgr le sénéchal de Poitou, le bailly de Laon..., le bailly de Rouen, l'argentier, nommé Jacques Cœur, bien richement habillés, ...les hérauts, trompettes et ménétriers et... Mgr de Dunoys... Après le roy, chevauchaient... le roy de Sicile, M^{grs} du Maine, de Nevers, de Clermont, de Castres, de Saint-Pol, de Dampmartin et le sire de Lorraine... Hors de la ville au devant du Roy, alèrent de troys à quatre cens bourgeois, tous vestus de bleu et chapperons rouges... Et après, allèrent toutes les paroisses en procession faire la révérence au roy ès champs. Et puis s'en retournèrent en bel ordre dans la ville... A l'entrée de la ville, y avoit des personnages :... ung mouton... qui jetait vin par les cornes et les narines ; ... devant Notre-Dame, sur un échafaud, un grand cerf blanc que deux demoiselles... présentoient au roy. A la descente du roy (quatre évêques), mitres sur leurs testes. En ce point, le roy entra dans l'église... »

Peu de temps après la prise de Rouen, la chute d'Honfleur libéra l'estuaire de la Seine. En Basse-Normandie, un suprême effort, tenté avec des troupes fraîches amenées d'Angleterre, fut brisé à Formigny (15 avril 1450) par la précision du tir de l'artillerie de Richemont. Cherbourg tomba quatre mois plus tard. Il n'y avait plus d'Anglais en Normandie.

La reconquête de la Guyenne fut plus difficile en raison de la versatilité des Bordelais, attachés à l'Angleterre par des liens séculaires. En 1451, Bordeaux se rendit à Dunois (30 juin) et Bayonne céda le 20 août. Mais, soucieux d'écouler leur vin, les habitants rappelèrent Talbot et ses bandes anglaises à l'époque des vendanges. Les armées de Charles VII durent attendre un an et demi avant de rentrer en campagne : cette fois, l'opération fut décisive. A Castillon (17 juillet 1453), revanche d'Azincourt, Talbot trouva la mort, en éprouvant l'inanité démodée des charges désordonnées en face de la puissance du feu. Le 19 octobre, Bordeaux capitula. Calais et le comté de Guînes restaient entre les mains anglaises, car Philippe le Bon avait désiré qu'on n'inquiétât pas les marchands de l'étape, de qui ses sujets recevaient la laine, source de leur gagne-pain. Néanmoins, les opérations continentales de la guerre de Cent Ans avaient pris fin. L'exergue de la médaille commémorative de la libération de la Normandie (« Gloire et paix à toi, roi Charles, et louange perpétuelle. La rage des ennemis a été vaincue et ton énergie, grâce au conseil du Christ et au secours de la loi, refait le royaume qu'une crise si grave avait ébranlé ») traduit le soulagement légitime des Français.

Pourtant, rien, pas même une trêve, ne garantissait la France d'un retour offensif des Anglais. Les populations côtières des deux pays vécurent dans un perpétuel qui-vive pendant des décennies : les Français attaquèrent Sandwich et l'île de Wight, les Anglais l'île de Ré. Les corsaires se rendaient coup pour coup. C'est à peine si les Anglais pouvaient boire encore du vin de Bordeaux. Chacun des deux adversaires chercha à profiter des embarras de l'autre. Louis XI soutint le malheureux Henri VI contre Edouard IV ; ce dernier, beau-frère de Charles le Téméraire, négocia avec celui-ci, à deux reprises (1468, 1474), un démembrement de la France. Mais les temps étaient révolus, Louis XI n'était pas un Jean le Bon ; la couronne d'Edouard IV était de fraîche date ; quant à avoir Charles pour allié, cela valait-il mieux que d'être son ennemi ? En 1475, cependant, Edouard IV renouvela le geste initial de la guerre de Cent Ans et revendiqua la couronne de France. Il débarqua à Calais, mais en quelques jours l'entreprise fit long feu. La prudence conseilla aux deux rois le règlement amiable d'une opération mal commencée. A l'entrevue de Picquigny, Edouard fit honneur à la chère française. Une trêve fut signée pour sept ans. Moyennant 75 000 écus et une pension annuelle de 50 000, Louis acheta la retraite d'Edouard. Les Anglais parlèrent de « tribut », mais leur roi était trop content d'avoir de l'argent sans le demander au Parlement. Le bon sens populaire français, lui, ne s'y trompa pas ; sa joie éclata en chansons :

J'ai vu le roi d'Angleterre
Amener son grand ost (armée)
Pour la française terre
Conquérir bref et tost.
Le roi, voyant l'affaire,
Si bon vin leur donna
Que l'autre, sans rien faire,
Content, s'en retourna.

Ni Édouard IV ni son successeur n'abandonnèrent leurs prétentions au trône de France. On redouta, sous Charles VIII, Louis XII, François Ier, une descente anglaise en Normandie ou en Guyenne. Vaines prétentions, craintes sans fondements ! L'avenir avait donné raison à Jeanne d'Arc et, à quelque chose malheur étant bon, la guerre, finalement, servit les intérêts des deux peuples hostiles, en rendant l'un à sa vocation insulaire, en donnant à l'autre conscience de son unité dans le cadre d'une monarchie restaurée.

En finir avec le désordre intérieur et la turbulence des princes

Embaucher les bandes dans les compagnies d'ordonnance, ce fut un moyen de neutraliser leurs méfaits. Dieu sait ceux qu'elles avaient commis ! Les mieux organisées, celles de Vilandrando, de La Hire, de Xaintrailles, de Perrinet Gressart, sans parler des bandes anglaises, avaient contracté l'habitude de vivre sur le pays et d'imposer des compositions, les « appâtis », même à de grandes villes, comme Toulouse en 1439. La même année, on avait essayé, en vain, de rendre les capitaines responsables des violences de leurs troupes. Les Écorcheurs méritaient bien leur nom. Le dauphin Louis entraîna certains se faire tuer en Lorraine et en Suisse. Le fléau ne cessa pas du jour au lendemain et reparut, sous Louis XI, au temps des guerres bourguignonnes, dans la Région parisienne et en Picardie. Quelques provinces ne connurent la sécurité qu'au terme du siècle. La réduction des princes à l'obéissance fut une œuvre de plus longue haleine et, en réalité, plus importante, parce que l'enjeu en était l'existence même de l'État.

Intrigues partisanes

On avait pu légitimement espérer que la réconciliation de Philippe le Bon avec Charles VII, sanctionnée par le traité d'Arras (1435), mettrait un terme aux anciennes rancunes. Les intrigues princières reprirent cinq ans plus tard, avec des traits nouveaux, dans la Praguerie. Fait rare dans l'histoire de la royauté française, l'héritier du trône s'éleva contre son père. Le dauphin Louis donna inconsidérément sa caution à un complot dont l'un des affidés, le duc d'Alençon, avait pris langue avec les Anglais. Contre eux, Charles VII dut faire campagne en Poitou et en Auvergne. Une autre nouveauté, assez pernicieuse, mais tenace, puisqu'on en suit la trace jusqu'à la Fronde, fut que l'opposition au roi de France se parait des apparences — peut-être, de la bonne conscience — de la défense de l'intérêt commun. En 1440, les Princes reprochèrent à Charles VII de ne pas suivre leurs conseils, puis en appelèrent à une assemblée d'états, au cours d'une réunion tenue à Nevers en 1442. Charles VII sut déjouer l'intrigue avec vigueur et habileté. Pourtant, deux fois encore au cours du siècle, à vingt-trois ans de distance, la royauté vit se dresser contre elle des hommes qui prétendaient agir au nom du « bien public ». Tel fut, en effet, le prétexte sous lequel, par un ironique retour des événements, Louis XI, en 1465, faillit perdre Paris et fut tenu en échec à Montlhéry par une coalition princière animée par le comte de Charolais, héritier de la Bourgogne, et le duc de Bretagne, François II. Cette fois, le rôle joué naguère par le dauphin fut tenu par son frère, Charles. En fait de « bien public », « chacun tendait à son profit » personnel, ainsi qu'en témoignent Commynes et le poète Henri Baude. Il est vrai que les maladresses initiales de Louis XI avaient fait beaucoup de mécontents. Le roi dut traiter d'égal à égal avec les révoltés, à Saint-Maur et à Conflans (octobre 1465), et leur faire de grandes concessions : renouveler au profit du duc de Bourgogne la donation, faite en 1435, des villes de la Somme, annulée au début du règne à la faveur de la sénilité de Philippe le Bon ; rendre au duc de Bretagne les seigneuries d'Étampes et de Montfort-l'Amaury ; transférer la Guyenne au duc de Bourbon et constituer la Normandie en apanage pour son frère Charles. Le prix de la paix était exorbitant, mais du « bien public » il ne fut question désormais, et nul ne parla plus.

Plus exactement, on en argua encore vingt-trois ans plus tard, lors de la réaction de détente qui suivit la mort de Louis XI. « Il se forge un nouveau Bien public », écrivit alors Henri Baude. Les états généraux de 1484 avaient tourné court, et le libéralisme des princes, même celui du futur Louis XII, compromis dans l'affaire, comme autrefois le dauphin Louis et Charles de Guyenne, était trop affecté pour trouver crédit. La rencontre de Saint-Aubin-du-Cormier (28 juillet 1488) ne rappela en rien la bataille de Montlhéry. Cette fois, la guerre princière ne laissa que le souvenir d'une « folie », parce que, d'étape en étape, mais non sans mal, la royauté avait désamorcé les pièges qui lui avaient été tendus. Il nous faut donc revenir en arrière pour suivre le recul progressif des princes territoriaux, qui se terminera par une mise au pas définitive.

Plus loin, nous constaterons combien la noblesse française sortit transformée de la guerre de Cent Ans. L'évolution économique ne fut pas seule responsable. Les modifications de structure introduites dans l'armée ramenaient les chevaliers au rôle de simples combattants au service du roi ou de quelques grands seigneurs, assez puissants pour les « retenir » dans les compagnies. Les nobles voyaient surveiller leurs châteaux ; leurs droits judiciaires et fiscaux étaient limités ; leurs titres féodaux eux-mêmes, sujets à contrôle. Seuls, certains princes territoriaux essayèrent, pendant quelques décennies, de suivre une voie indépendante de la royauté.

Les derniers États princiers

Dès le règne de Charles VII, on peut discerner le sens de l'évolution des rapports entre la Couronne et les princes. Des procès retentissants sanctionnèrent les deux scandales les plus évidents. Le duc Jean II d'Alençon, oublieux de son passé de « gentil » compagnon de Jeanne d'Arc, osa inviter les Anglais à envahir le Cotentin en 1455 ; sa correspondance le dénonça ; il fallut la grâce royale pour commuer en détention la peine capitale dont la Cour des pairs, réunie en 1458, avait puni cette trahison. Le comte d'Armagnac, Jean V, quatre ans plus tard, fut banni et ses biens séquestrés par arrêt du parlement. Il avait bravé l'autorité royale par l'indépendance de sa politique, et l'autorité pontificale par l'inceste dans lequel il persistait avec sa sœur, au mépris de l'excommunication. Entre-temps, les gens du roi avaient fait entendre très haut aux ducs de Bourgogne, de Bourbon et de Bretagne, la vanité de leur prétention à détenir leurs titres « par la grâce de Dieu ». De nouveau prévalait l'adage qu'il n'y a qu'un roi en France.

Ce ne fut pas chose aisée. Les prétentions princières ne s'en tenaient pas à des titres, à des rivalités d'influence, ou à de faux-semblants de défense du bien public. Chaque principauté tendait à devenir un État jouissant de toutes les attributions de la souveraineté, sur les plans administratif, financier, militaire et diplomatique. L'institution des apanages en était arrivée à produire ses effets les plus néfastes, d'autant plus que certains princes des fleurs de lis échappaient juridiquement à l'emprise du roi par la possession de certains territoires sis hors du royaume. Il en était ainsi de la maison d'Anjou, maîtresse de la Provence et détentrice au moins du titre royal de Naples. C'était surtout le cas de la maison de Bourgogne, dont les aspirations à la sécession de fait, sinon de droit, n'étaient pas un mystère.

Philippe le Bon s'était « senti » encore français, mais on ne peut guère en dire autant de Charles le Téméraire, son fils et successeur en 1467. Il rappelait plus volontiers son ascendance portugaise et lancastrienne, en ligne maternelle, et son mariage avec une York. Une bonne moitié de ses territoires relevait non du roi, mais de l'Empereur. Au roi il devait l'hommage pour le duché de Bourgogne, le Charolais, les villes de la Somme, l'Artois et la Flandre jusqu'à l'Escaut ; mais de l'Empereur il tenait le reste de la Flandre, le Hainaut, Liège, le Luxembourg, le Brabant, la Zélande, la Hollande, la Gueldre et le comté de Bourgogne ; il chercha à joindre le tout par la conquête de la Lorraine et la tutelle des villes d'Alsace, afin d'en constituer un bloc unique rappelant l'ancienne Lotharingie. Au seigneur de tout cet ensemble il ne manquait que l'éclat de la dignité royale ; le Téméraire escomptait l'obtenir de l'Empereur.

Le fils de Philippe le Bon fut servi par bien des chances. D'abord, l'œuvre de ce dernier, grand regroupeur de terres et fondateur d'institutions, aussi bien servi que Charles VII par un personnel administratif dévoué dont le chancelier Rolin fut le type le plus marquant. Ensuite, les qualités d'intelligence de Charles, son habileté diplomatique, son art de la propagande, son éloquence, son courage militaire : homme d'État en avance sur son temps, il eut le tort de vouloir réaliser ses projets avec hâte. Autoritaire jusqu'à la violence, il exigea trop de ses sujets, moins avides que lui de gloire et de puissance et plus préoccupés de leur situation présente que de l'avenir. A la fin, la finance italienne elle-même, généralement prompte à saisir les occasions d'investissements profitables, se lassa de l'aider, à commencer par les Médicis. Pourtant, le duc Charles fut, aussi, à diverses reprises, secondé par les finasseries brouillonnes de Louis XI. Bref, il vit loin et grand, trop sans doute, et pour cette raison recueillit le surnom de Téméraire.

Ce qui eût fait la puissance de l'État bourguignon eût affaibli et troublé le royaume valois. En effet, le Téméraire fut le catalyseur de tous les mécontentements au temps de la guerre du Bien public, et celui de ses ennemis étrangers à la France, Edouard IV surtout. Le roi de France perdit la première partie, à Montlhéry, puis lors de l'humiliante entrevue de Péronne (9-14 octobre 1468). Venu imprudemment chez son adversaire, chambré ou plutôt emprisonné par lui, Louis XI dut accepter, sous la pression physique et morale, toutes les exigences de Charles, pour éviter le sort de Charles le Simple, jadis captif, au même lieu, du comte de Vermandois. Commynes a retracé en traits inoubliables la colère du duc et le sang-froid du roi. Louis s'engagea à appliquer les traités d'Arras et de Conflans, accepta d'assister à la répression du soulèvement de Liège, sa fidèle alliée, renonça, pour l'avenir, à la juridiction du parlement de Paris sur la Flandre, ce qui équivalait à l'affranchissement du comté de l'autorité royale.

Louis XI avait ployé sous l'orage, bu la honte d'une capitulation et du mépris, car ses sujets, alors, osèrent le chansonner. Cependant, il rapportait de Péronne deux atouts : la servilité de plusieurs serviteurs de Charles, à commencer par Commynes, qu'il avait corrompus ; la nullité d'engagements consentis sous l'effet de la violence. Habilement, le roi la fit constater par une assemblée tenue à Tours en novembre 1470 et, fort de ce constat, réoccupa les villes de la Somme immédiatement.

Ayant, entre-temps, financé la restauration d'Henri VI, Louis XI, l'espérant durable, escomptait soutirer à Charles l'alliance anglaise. « J'ay espérance, écrivait alors le roi, que ce sera la fin des Bourguignons. » Hélas! il n'était pas au bout de ses peines.

Après 1468, 1472 fut une année dure. Charles retrouvait l'alliance d'Édouard IV, définitivement restaurée, bénéficiait de la brouille de Louis XI avec les Couronnes de Castille et d'Aragon à la veille même du mariage des Rois Catholiques, survenu en 1474. Le Téméraire tissait les liens d'une coalition étrangère qui se ramifiait à l'intérieur auprès du frère du roi, Charles de France, et des ducs de Bretagne et d'Armagnac. Charles croyait atteindre son but ; déjà, il préparait son couronnement royal.

Cependant, la chance ne sourit pas aux seuls audacieux. La patience de Louis trouva sa récompense. Quoique sévère puisqu'elle dévasta la Picardie et le pays de Caux en 1472, la campagne bourguignonne échoua devant Beauvais, dont l'héroïsme légendaire de Jeanne Laisné, dite Jeanne Hachette, illustra la résistance. Inopinément, Charles de France vint à mourir ; des rumeurs malveillantes attribuèrent sa mort à Louis XI. Le comte d'Armagnac fut défait. Le duc de Bretagne traita séparément avec le roi. Quant à l'Empereur, Frédéric III, longtemps réticent, il finit par décevoir Charles en lui refusant la couronne royale, si ardemment convoitée (entrevue de Trèves, 1473). L'étoile du Téméraire déclinait.

La puissance bourguignonne était arrivée à la limite de ses moyens. En 1474, l'échec du siège de Neuss révéla l'affaiblissement d'une force militaire, pourtant bien dotée en artillerie et réglée, trop tard, par une excellente ordonnance inspirée des principes des condottieri italiens. Au même moment, les villes des Pays-Bas résistaient aux exigences financières du duc. C'était au tour de Louis XI de renverser à son profit les positions diplomatiques. Sans peine, il suscita à Charles de nouveaux adversaires ; Sigismond d'Autriche, les cantons suisses, les villes rhénanes, René II de Lorraine formèrent l'union de Constance (avril 1474). La défection anglaise, au traité de Picquigny, consterna le Téméraire. Pour limiter les dégâts, le duc de Bourgogne se résigna à conclure avec Louis XI une trêve à Solœuvre (13 septembre 1475).

Charles croyait pouvoir redresser sa situation et la consolider en conquérant la Lorraine et mettre à la raison les cantons suisses. S'il chassa René II de son duché, les piquiers suisses lui infligèrent une double et sévère défaite à Grandson et à Morat (2 mars et 22 juin 1476). Mortifié d'avoir été vaincu par des « vachers », Charles éprouva l'amertume de voir se soulever contre lui les paysans lorrains. Par surcroît, le condottiere napolitain Campobasso trahit Charles. Le sol se dérobait sous ses pas. Le duc n'eut plus qu'environ 2 000 hommes à opposer à René et aux Suisses à une faible distance de Nancy, le 5 janvier 1477. Le son des fameuses trompes d'aurochs des soldats des cantons d'Uri et d'Unterwalden sema la panique parmi les troupes bourguignonnes. Deux jours plus tard, on retrouva le cadavre de Charles. Au reçu de la nouvelle, Louis XI manifesta une joie indécente. Il faut dire que le royaume était libéré d'une menace mortelle.

Des deux « cornes raides » qui menaçaient le roi de France, la Bourgogne étant abattue, restait la Bretagne. Elle constituait une principauté beaucoup moins étendue, moins bien placée, malgré sa position maritime, et surtout moins riche que la Bourgogne. Le duc régnant François II (1458-1488) n'était pas de la trempe du Téméraire ; il était jouisseur et versatile, tandis que s'exerçait sur lui l'influence anglophile du trésorier Pierre Landais. Nantes, résidence ducale, était devenue le nouveau foyer des intrigues des princes, entre eux et avec l'étranger. Avant de mourir, Louis XI n'eut pas le temps d'agir de ce côté. Sa fille s'en chargea et, au lendemain de sa défaite, le vieux duc accepta (traité du Verger, 1488) d'expulser de ses États les ennemis du roi et de ne pas marier ses filles sans son consentement. La cause était gagnée par la royauté contre les grands princes territoriaux. Il n'y a plus qu'un souverain, le roi, et bientôt qu'un seul État, le royaume.

Agrandir le domaine royal

Le triomphe de la royauté sur les particularismes princiers ne pouvait être assuré définitivement que par l'union de leurs possessions au domaine de la Couronne. A cet égard, pendant la seconde partie du XVe siècle, l'extension du domaine fut aussi considérable que variées les modalités : confiscation, reprise, héritage, dotation matrimoniale, achat. Les possibilités offertes par les coutumes féodales continuèrent à être exploitées concurremment avec l'usage croissant des droits de la souveraineté. Grâce à de tels procédés, l'institution des apanages régressa aussi bien que la mouvance traditionnelle. Mieux encore, le domaine continua à s'élargir au-delà même des limites anciennes du royaume, sous l'impulsion d'une conscience de plus en plus claire des frontières naturelles de la région française.

C'est ainsi que la Couronne se saisit, par confiscation, des comtés d'Alençon, d'Armagnac et de Saint-Pol, après la condamnation de leurs turbulents possesseurs. La mort, sans héritier, de Charles de France permit à Louis XI de récupérer le Berry et la Guyenne. Mais les grandes acquisitions résultèrent de la triple succession de Bourgogne, d'Anjou et de Bretagne.

La fille du Téméraire était, au témoignage de Commynes, « la plus grande héritière de la Chrétienté ». Marie de Bourgogne n'ayant que treize ans à la mort de son père, la tutelle et la garde revenaient de droit au roi, selon la coutume. Avec plus de patience et moins de hâte, Louis XI aurait pu, sans beaucoup de mal, garder sous son contrôle la totalité de la succession. Un moment, il forma le projet de marier l'héritière de

Bourgogne au dauphin, malgré la disparité de leurs âges. Mais usant hâtivement de ses droits, le roi fit immédiatement occuper, outre le duché, l'Artois et la Picardie, le comté de Bourgogne et Cambrai, sis en terre d'Empire. Pour faire face à la contrainte et à la ruse, Marie ne pouvait plus compter de sujets fidèles qu'aux Pays-Bas et de protecteur qu'en la personne de son autre seigneur, l'Empereur. Voilà pourquoi elle accepta la main de Maximilien de Habsbourg, fils de Frédéric III (18 août 1477). Contre ce dernier, Louis XI soutint une guerre qui traîna cinq ans, sans conviction ni succès ; à la bataille de Guinegatte (7 août 1479), son premier combat, l'infanterie des francs archers se déconsidéra à jamais. En revanche, l'impitoyable châtiment d'Arras, vidée de ses habitants, débaptisée et repeuplée de nouveaux venus, donna la mesure de la rigueur du roi. Le hasard, de nouveau, servit la cause de Louis XI. Marie de Bourgogne mourut accidentellement, des suites d'une chute de cheval. Maximilien se résolut à négocier en 1482 (à Arras, 23 décembre). Il renonçait définitivement à la Bourgogne et à la Picardie en faveur du roi de France et assignait en dot le Comté, le Mâconnais, l'Auxerrois et l'Artois à sa fille Marguerite, née de son union avec Marie, et alors âgée de trois ans ; celle-ci, fiancée au dauphin Charles, fut sans délai confiée à Louis XI, pour être élevée à la cour de France. Maximilien conservait tous les Pays-Bas, y compris la Flandre de langue française. L'État bourguignon était disloqué, le domaine royal agrandi. Tout imparfait qu'il fût, le résultat couronnait l'œuvre de Louis XI et nul ne pouvait prévoir le règne de Charles Quint ni le traité de Madrid.

La succession de la Maison d'Anjou s'ouvrit également avant la mort de Louis XI. Coup sur coup disparurent, sans héritier direct, le roi René (10 juillet 1480) et son neveu, Charles du Maine (11 décembre 1481). En dehors du roi de France, seul René II de Lorraine, neveu d'Isabelle, femme du roi René, pouvait élever quelques prétentions à sa succession. Les Beaujeu, en 1484, laissèrent le Barrois au Lorrain, moyennant quoi l'apanage angevin rentra dans le domaine royal ; s'y ajoutait la Provence, hors des limites féodales du royaume, avec des prétentions, lourdes pour l'avenir, sur la couronne de Naples.

Louis XI n'aurait pas eu le temps, si la prudence lui avait fait défaut, de faire valoir ces droits en Italie ; mais il s'était inconsidérément engagé dans les complications successorales de l'Aragon, où la maison d'Anjou avait éprouvé certains déboires. Non sans maladresse, il réalisa la conquête du Roussillon (1475), au risque de poser entre les Rois Catholiques et la couronne de France un problème délicat, dont Charles VIII, partant vingt ans plus tard pour l'Italie, ne se libéra que par l'abandon de cette province.

Louis XI ne vécut pas assez pour voir s'ouvrir la succession de François II de Bretagne. Mais les Beaujeu la réglèrent comme l'eût fait leur père. Maximilien d'Autriche crut pouvoir renouveler avec la jeune Anne de Bretagne, héritière de François II en 1488, le coup qui avait réussi aux Pays-Bas. Mais la petite duchesse, une enfant de onze ans, était précocement résolue. Sans hostilité envers la France, elle ne voulait pas que la juridiction du parlement de Paris et la suffragance des évêques bretons à l'égard du siège de Tours portassent préjudice à l'autonomie du duché ; elle n'admettait pas d'autre dépendance que celle d'un hommage mal défini. Pour faire face à son suzerain, qui réclamait la « garde » du fief d'une mineure et envoyait une armée, Anne trouva l'aide des paysans bretons et les propositions intéressées des princes étrangers : Henri VII, les Rois Catholiques, Maximilien ; c'était trop tard et trop peu. Anne épousa Maximilien par procuration (1490), mais ne vit jamais ce mari fantôme, et moins encore ses troupes et son argent. Charles VIII, alors, entrait à Nantes, et la Bretagne était menacée d'annexion pure et simple, parce que le traité du Verger avait été violé. Anne accepta la solution française, conseillée par son entourage, et dans l'intérêt breton. Le mariage du roi et de la duchesse fut célébré à Langeais (décembre 1491). Ni annexion ni réunion ; simple union personnelle par contrat volontaire. La Bretagne devait conserver ses institutions et, si le mariage était stérile, Anne épouserait le successeur de son mari. C'est ce qui arriva, puisque Louis XII épousa Anne en secondes noces, et que leur fille, Claude, en 1514, devint la femme de François Ier. Par trois mariages successifs, le duché fut uni à la Couronne. « Bons Bretons et bons Français » tout à la fois, quoique fidèles au souvenir de la « Duchesse Anne », les Bretons n'étaient plus pour la royauté un motif d'inquiétude.

L'avènement de Louis XII détermina la réunion des biens de la maison d'Orléans au domaine royal ; l'étendue de ce dernier coïncida désormais à peu près avec celle du royaume. Hormis le Barrois à l'est, Albret, Foix et Comminges au sud, il ne restait plus qu'un seul grand apanage isolé au centre de la France, celui des Bourbons. La fortune des grandes principautés territoriales avait vécu et, par un singulier paradoxe, Louis XII bénéficia de l'ordre rétabli par ceux-là mêmes contre qui il avait naguère levé l'étendard de la révolte, lors de la Guerre folle. On sait que, devenu roi, il eut le mérite de vouloir « oublier les injures du duc d'Orléans ». Les institutions avaient enfin retrouvé et parfait leur équilibre.

Restaurer l'ordre dans l'Etat

La restauration de l'État ne pouvait pas être l'œuvre des partis. L'échec de l'ordonnance cabochienne en avait été la preuve et rien de sérieux n'avait pu sortir ni de la Praguerie, ni de la ligue du Bien public, ni de la Guerre folle. Une œuvre aussi considérable ne pouvait provenir que de l'autorité royale et seule une action continue, mais progressive, devait réussir. Ce qui était en jeu était, ni plus ni moins, l'exercice des attributions de la puissance publique. La mise au pas des princes n'en était qu'une condition. Et les changements de règne n'eurent qu'une influence limitée sur le cours d'une évolution liée à la nature des choses, et soutenue par l'action des « gens du roi ».

La première tâche avait consisté à rétablir la vie commune du nord et du midi de la France, entre lesquels la Loire, au temps de la guerre, avait joué le rôle de frontière. La dualité administrative d'avant 1436 posa un problème d'institutions et de personnel. Dans les régions naguère occupées par les Anglais, deux titulaires du même office se trouvèrent face à face ; le choix entre eux exigeait du discernement. Dès 1437, on avait restauré une chancellerie et des cours souveraines uniques en fusionnant celles de Bourges, Tours et Poitiers avec les éléments parisiens demeurés fidèles à Charles VII. En Normandie, il fallut résoudre le délicat problème des transferts de propriétés opérés pendant l'occupation au profit des Anglais et de leurs collaborateurs. Plus graves étaient les traditions particularistes des provinces recouvrées, Normandie et Guyenne, ainsi que les tendances régionales du Languedoc, de l'Auvergne, du Poitou, de la Champagne et même des pays environnant Paris, où l'on avait dû, pendant la guerre, tenir des assemblées locales pour le vote des aides, établir des « bureaux » pour leur perception. On avait même institué une cour des aides à Montpellier en 1439, un parlement à Toulouse en 1443. La centralisation monarchique était mise en cause.

Progrès de la fiscalité

L'œuvre commença, on l'a vu, par la récupération de l'impôt et son affermissement, ainsi que par l'institution d'une armée permanente. Désormais, le roi eut entre les mains les instruments nécessaires du pouvoir. Si, pour sa part, l'armée évolua selon les transformations de l'art militaire, les grandes lignes du nouveau système fiscal subsistèrent, de leur côté, pendant plusieurs siècles. A la vieille distinction des finances ordinaires et des finances extraordinaires, administrées dans le cadre des généralités, s'ajoutait, pour celles-ci, un régime décentralisé, mais cohérent, correspondant à leur développement. Des assemblées d'états continuèrent à se tenir dans les fiefs réunis au domaine royal ; ainsi les « pays d'états » s'opposèrent aux « pays d'élection », où les délégués royaux, les « élus », répartissaient les taxes. Le régime fiscal variait aussi selon les impôts et les régions. Les aides, affermées en certaines régions, furent, ailleurs, rachetées par les provinces, qui payaient l'« équivalent ». La gabelle était encaissée, pour le compte du roi, par les marchands fournisseurs des greniers à sel ; mais les pays producteurs la payaient moins cher. La taille, enfin, était assise soit sur les terres (taille réelle), soit sur les personnes (taille personnelle) ; mais il y eut inégalité dans l'imposition, puisque la taille, rachat du service militaire, ne s'appliquait pas au clergé, auquel il était interdit de verser le sang, ni à la noblesse, dont le métier des armes était la vocation. L'organisation fiscale, devenue cohérente, pouvait durer. La recette augmenta constamment ; sa totalité ne s'élevait qu'à 1 800 000 livres par an sous Charles VII, alors que la taille, seule, en donna 2 700 000 en 1474, 4 600 000 en 1481 et 3 900 000 en 1490. Nul souverain en Europe ne disposait, alors, librement de ressources aussi importantes.

L'ordre dans la justice

La guerre terminée, le roi affirma qu'il était maître de la justice et source de tout pouvoir. La réforme administrative réclamée depuis un demi-siècle contre la royauté fut réalisée par elle. La grande ordonnance judiciaire de Montil-lès-Tours (1454) montre l'efficacité restaurée de la volonté législative du roi. Nomination de magistrats, exercice de leurs fonctions, règles de procédure, sont fixés ; en application de l'ordonnance, la publication des coutumes de Bourgogne (1459) inaugura la rédaction du droit coutumier, oral jusque-là, par lequel les régions septentrionales s'opposaient aux méridionales, pays de droit écrit. Un heureux compromis s'établit entre la centralisation et le respect des diversités locales. Le parlement de Paris, avec ses chambres multiples (requêtes, enquêtes, grand-chambre), retrouva son prestige et son rôle de juridiction suprême, dont les décisions, en vertu d'un arrêt de 1474, furent exécutoires dans tout le royaume. Le roi, cependant, contre qui, dès le temps de Louis XI, le parlement « remontrait » l'intérêt de l'État, dut prendre soin de contrôler son recrutement et de limiter ses attributions. On borna son ressort en dotant de parlements Toulouse (1443), Grenoble (1453), Bordeaux (1462), Perpignan (1463), Dijon (1477), et en conservant l'Échiquier de Rouen et la cour d'Aix-en-Provence. On restreignit sa compétence par l'« évocation » des plus grandes « matières » devant le Grand Conseil. Pourtant, les officiers des parlements et des tribunaux inférieurs étaient des instruments zélés de centralisation aux dépens des anciennes justices féodales. Il en était ainsi, également, des « commissaires extraordinaires » chargés d'inspections temporaires. 4 000 à 5 000 officiers, 10 000 ou 12 000 subordonnés, 600 châtellenies, 88 sénéchaussées ou bailliages, 10 gouvernements provinciaux, 4 généralités, 79 élections, 172 greniers à sel, 28 ateliers monétaires, sans oublier les cours souveraines (7 parlements, 4 chambres des comptes, 3 cours des aides, 1 chambre des monnaies), tels étaient les principaux cadres d'une administration au contrôle de laquelle rien n'échappait, pas même les villes, dont la police et la gestion étaient surveillées. Tout dépendait du conseil du roi ; diverse, tempérée par ses propres agents, la monarchie tendait à la centralisation ; elle devint autoritaire sous Louis XI, absolue sous ses successeurs.

Le clergé en tutelle

Astreint par le serment du sacre à protéger les églises, le roi attendait, en retour, la fidélité du clergé. La séparation de l'Église et de l'État était inconcevable en un temps où la société civile et la communauté chrétienne constituaient un corps unique. Ayant recouvré force et prestige, le gouvernement de Charles VII, à partir de 1432, revint aux tendances gallicanes sacrifiées au temps de sa misère. Après la paix d'Arras, les bons offices du pape n'étaient plus nécessaires. Les décrets réformateurs du concile de Bâle, défavorables au pouvoir pontifical, servirent, alors, de modèle à l'assemblée du clergé français tenue à Bourges en 1438. Sans contester l'autorité du pape, la pragmatique sanction rendait au gouvernement royal le contrôle de l'Église de France, dont il avait joui lors des deux soustractions d'obédience de 1398 et de 1407. Le roi pourrait recommander ses candidats aux élections bénéficiales ; les bulles pontificales ne seraient pas publiées sans sa permission ; les appels en cour de Rome seraient limités ; les annates, réserves et expectatives supprimées ; la régale, maintenue au profit du roi. La pragmatique ayant été établie unilatéralement, le Saint-Siège lutta sans cesse pour son abrogation. Parlementaires et universitaires, gallicans, firent échouer toutes les négociations et répondirent par l'affirmation des principes conciliaires et le refus des décimes de croisade aux efforts de conciliation manifestés lors de la légation du cardinal d'Estouteville et du procès de réhabilitation de Jeanne d'Arc.

Prenant le contrepied de son père, Louis XI n'avait pas appliqué la pragmatique en Dauphiné et l'abrogea à son avènement, quitte à en rétablir par ordonnances les principales dispositions. Il était trop fin politique pour négliger l'occasion d'un bon compromis ; un concordat avec Sixte IV, en 1472, réserva le droit de présentation du roi aux bénéfices majeurs. En dépit de quelques concessions du roi, l'Église de France subissait la « lourde servitude » que Pie II reprochait à la pragmatique. Le roi n'entendait pas que son clergé s'administrât lui-même. S'il ne voulait plus des assemblées d'états, pourquoi réunir le clergé ? Il n'y eut pas de concile national après 1438, pas de concile provincial après 1467. Le synode de Sens, en 1485, fut réuni par le roi pour la réforme disciplinaire du clergé. Car il est significatif que la réforme ecclésiastique, à côté de promoteurs individuels tels que l'abbé Jean de Bourbon à Cluny et l'abbé Dumas à Chezal-Benoît, se fit avec l'encouragement du roi. Il en avait été de même pour la réforme universitaire, à laquelle est attaché le nom d'Estouteville. Pour réduire le clergé à l'obéissance, il ne manquait plus que de placer à sa tête, avec l'agrément pontifical, un homme de confiance du roi en qualité de légat : un vice-pape, choisi par le souverain, qui éviterait le recours à Rome. Charles VIII le demanda pour Balue en 1483 ; Louis XII l'obtint pour Georges d'Amboise en 1501.

Refaire la fortune des Français

Et quand Angloys furent dehors,
Chacun se mit en ses efforts
De bâtir et de marchander
Et en biens superabonder.

Expression exacte d'une ardeur confiante, ces vers d'un notaire de Laval, au XVe siècle, ne sont pas exempts d'exagération, au moins au quatrième vers. La guerre n'était pas seule responsable de la ruine, et la dépression économique commune à tout l'Occident freina la reprise pendant plus d'un quart de siècle après la fin des hostilités. Les efforts ne porteront leurs fruits qu'à la génération suivante.

Restauration des campagnes

Dès la trêve de 1444 comme à chacune des accalmies survenues au cours de la guerre de Cent Ans, les initiatives individuelles concoururent à repeupler et à remettre en culture les terres dévastées. Des ordonnances royales secondèrent ces efforts. Le temps fit le reste, et la paix, enfin rétablie, permit ce qui n'avait jamais été possible dans la précarité. Des mouvements de population, encore mal connus, installèrent dans le Bordelais des gens du nord, Bretons surtout, dépourvus d'accent et ignorant le dialecte local, que les anciens habitants appelèrent « gavaches » ; il vint aussi des Bretons en pays de Caux et entre Seine et Loire ; des Limousins et des Berrichons repeuplèrent l'Angoumois ; le roi René attira des Italiens en Provence ; il surgit des villages nouveaux en Picardie, mais beaucoup, en Ile-de-France, par exemple, ne ressuscitèrent pas. La population semble progresser ; les familles de six ou sept enfants paraissent chose commune.

La réoccupation des terres exigeait la remise des propriétaires en possession de leurs biens. Une ordonnance y pourvut en faveur des victimes de spoliations ennemies. Des documents permettent de suivre la difficile enquête qui servit à définir l'étendue des propriétés dans la Région parisienne. Pour attirer et retenir les paysans, les seigneurs leur consentirent des contrats libéraux d'un type nouveau, comportant allégement temporaire ou perpétuel des cens et des redevances, transformation des services en rentes de taux réduit, fourniture par le propriétaire du cheptel et de l'outillage, moyennant quoi le preneur s'engageait à essarter et à marner les terres. Des lots de défrichement furent accordés à des paysans isolés ou à des groupes de colons ; tel paysan de la Touraine parvint si bien à remettre en état les terres qui lui avaient été baillées à un prix très avantageux que son seigneur, trente ans plus tard, souhaita la révision du contrat. Les droits de pacage, de glandée et de ramassage du bois sur les communaux, et les usages de la vaine pâture se précisèrent. D'une façon générale, vu la médiocre valeur des terres, la durée des baux s'allongea jusqu'à celle d'une ou deux vies. Le métayage fut fréquent. Le régime seigneurial acheva de perdre ses caractères originels. Privé par la royauté du plus clair de ses attributions judiciaires et militaires, le seigneur ne fut plus qu'un « rentier du sol » ; la perception des droits féodaux, des dîmes surtout, fut affermée à un régisseur.

A en juger par quelques exemples, concernant surtout les biens d'Église, abbaye de Cluny, chapitre de Notre-Dame de Paris, abbayes de Saint-Denis ou de Saint-Germain-des-Prés, il est indéniable que l'agriculture, en général, connut un progrès. Progrès lent, cependant, comme tous les phénomènes du monde rural ; la description lamentable des campagnes au temps de Louis XI, par le voyageur anglais Fortescue, n'est pas entièrement faussée par le préjugé national. Le relèvement agricole était freiné par la médiocrité technique, prohibitive de bons rendements, par des charges fiscales excessives et croissantes, par la médiocrité des échanges, par le taux inférieur des prix des denrées agricoles.

Reprise industrielle

Il en était de même de la production des métiers. Sans doute, au lendemain de la guerre, les fabrications traditionnellement réputées se raniment assez rapidement, surtout la draperie, normande (Rouen, Montivilliers, Louviers), champenoise (Reims), picarde (Amiens), rhodanienne (Bourg, Roanne), languedocienne (Toulouse, Lunel, Cabardès). On pensa leur rendre leur ancienne prospérité en aggravant les statuts des métiers : réglementation du travail, suppression de la concurrence par la limitation de la production, surveillance des gardes des métiers, accession à la maîtrise réservée, en fait, aux fils des maîtres. Sous le seul règne de Louis XI, on publia près de 70 règlements de métiers. Le système corporatif était, à ses yeux, un instrument de domination, surtout une possibilité de mettre la richesse publique sous le contrôle de l'État. En cela, déjà, Louis XI annonce Colbert, de qui on l'a fait, parfois hâtivement, le « précurseur ».

De nouvelles industries se développèrent. Jean Gobelin pratiqua à Paris la teinture des tapisseries auxquelles il a légué son nom. L'imprimerie fut introduite en France, à Lyon et à Paris, où la Sorbonne en fut la première dotée en 1470. Dans le domaine industriel comme dans celui du commerce, nombre d'initiatives sont redevables à Jacques Cœur, même si elles ne se développèrent qu'après lui. A l'exemple des Allemands du Harz et des Autrichiens de Styrie, l'argentier de Charles VII pensa trouver dans les gisements de plomb argentifère du Lyonnais le métal précieux dont la France manquait, comme tout l'Occident ; la pauvreté des filons déçut les espérances, mais l'expérience servit de modèle. La propriété des mines étant, traditionnellement, régalienne, Louis XI promulgua en 1471 une ordonnance sur leur exploitation, dans laquelle il reprenait les règlements élaborés par Jacques Cœur ; le roi nomma un visiteur général des mines, Guillaume Cousinot, et fit faire des prospections en Roussillon. Jacques Cœur s'était intéressé à la soierie et, à Florence même, s'était inscrit à l'Art de la soie ; il y posséda un atelier, avec des associés italiens. Après lui, son principal commis, Guillaume de Varye, fut chargé par Louis XI d'introduire la soierie à Lyon, puis à Tours, en vue d'épargner l'exportation annuelle de 400 000 à 500 000 écus d'or.

Renouveau commercial et assainissement monétaire

Les faits précédents montrent combien les hommes du XVe siècle étaient sensibles à l'aspect monétaire et commercial de l'économie ; pour eux comme pour les économistes des XVIIe et XVIIIe siècles, le seul signe visible de la richesse d'un État était la possession du numéraire ; et, pourtant, sa seule forme ayant une valeur sociale restait la terre. L'éphémère fortune de Jacques Cœur illustre la génération des nouveaux riches issue de la guerre de Cent Ans. La présence de la Cour à Bourges offrit à ce fils d'un pelletier de moyenne aisance l'occasion de se faire la main en une spéculation sur les monnaies. Condamné, gracié, il devint fournisseur de la Cour en produits du Levant, dont il visita les ports d'origine. L'expérience suppléa à l'ignorance de l'aventurier. Maître des monnaies à Bourges (1435), puis à Paris, ensuite commis de l'argenterie, puis argentier (c'est-à-dire dépensier de la Cour et garde des joyaux), il pénétra au Conseil du roi. On le chargea de missions diplomatiques à Rome et à Gênes ; il correspondit avec le roi d'Aragon. Premier des hommes d'affaires qui peuplèrent le gouvernement, on a eu tort, cependant, de voir en lui un homme d'État. Il ne fut pas davantage le novateur qu'on a dit. Brasseur d'affaires, c'est comme tel qu'il considéra les offices dont il était pourvu ; commissaire royal aux états du Languedoc et visiteur général des gabelles, il contrôla un secteur lucratif des ressources fiscales, spécula sur la vente du sel dans les greniers et reçut des gratifications des villes du Midi. Son commerce fut traditionnel : la demi-douzaine de « galées » qu'il arma à Montpellier devait concurrencer les vaisseaux italiens en Méditerranée orientale et approvisionner en produits d'Orient la France et ses voisins. Peut-être, par La Rochelle, Saint-Malo et Rouen, songea-t-il à étendre ses affaires en Angleterre et en Écosse ; mais il n'a pas plus que ses contemporains perçu l'avenir de l'Atlantique. La Méditerranée resta pour lui la clef de toute richesse, et c'est pour la disputer aux Ottomans qu'il est mort à Chio, les armes à la main, en 1456. Du moins a-t-il su désigner Marseille, plus favorable que Montpellier.

Traditionnel et représentatif de son époque, Jacques Cœur le fut encore par l'importance attachée aux investissements fonciers. L'inventaire de son séquestre en montre l'étendue. Placements de ses bénéfices, achetées ou acquises grâce à des créances hypothécaires, ses seigneuries étaient nombreuses, surtout en Berry, Bourbonnais et Beaujolais. A Bourges, il fit construire le somptueux palais que l'on sait ; à Lyon, il posséda un hôtel ; il faisait édifier à Montpellier, lors de son procès, une Loge, sorte de bourse et de tribunal de commerce, destinée à rivaliser avec celle de Barcelone.

Dans le domaine financier, Jacques Cœur fut plus original. Son sens des affaires l'avertit que, seule, une circulation monétaire saine et rapide assure la vitalité du commerce, la stabilité des entreprises et le gain. On a vu à quelles fins il entreprit l'exploitation des mines du Beaujolais et du Lyonnais. On le considère comme l'inspirateur des ordonnances monétaires de Charles VII après la prise de Paris, et son nom est resté attaché à la frappe, en 1447, du «gros de Jacques Cœur». La devise célèbre de l'argentier : «A vaillans cuers, riens impossible», symbolise son esprit d'entreprise sans limites. Il avait des «facteurs» dans toutes les villes de France et à l'étranger ; ses affaires s'étendaient à Naples, Palerme, Florence, Barcelone, Valence, Bruges et Londres. Blé, sel, laine, drap, pelleterie, épices, orfèvrerie, tout l'intéressait. A l'exemple des Italiens, il formait compagnie pour une affaire ou pour un temps donné avec un associé. Il pratiquait le crédit, avança à Charles VII les fonds de la campagne de Normandie ; il fut le créancier des courtisans.

Envié par ses confrères, gênant pour ses débiteurs, il eut le sort des hommes parvenus au pouvoir par une fortune rapide. Accusé de crimes et malversations vrais ou supposés, on le condamna à une amende de 400 000 écus (1453). Il devait rester prisonnier jusqu'au paiement, mais il s'évada et mourut sur les vaisseaux du pape, tandis que l'on confiscait ses biens. L'inventaire qu'on en fit révèle qu'une des causes essentielles de l'impuissance de Jacques Cœur à rien faire de durable fut l'insuffisance de sa trésorerie. Dans une conjoncture défavorable, la pénurie monétaire brisait les initiatives, même les moins hardies, et les entreprises judicieusement mûries.

L'aventure de Jacques Cœur frappa les contemporains, et c'est à ses serviteurs et à ses émules, dont Louis XI s'entoura, que le roi dut sinon de pratiquer une «politique économique», du moins d'avoir des «vues d'économiste». Ce furent Guillaume de Varye, l'*alter ego* de Jacques Cœur, Pierre Doriole, un Rochelais, des Tourangeaux, les Briçonnet, ou encore du Prat, un Lyonnais, sans compter Rouennais et Parisiens, tous experts en affaires. Avec leur conseil, Louis XI protégea le commerce. Selon son habitude, il prodigua plus d'encouragements que de subsides pour l'aménagement des routes et des fleuves ; la «Communauté des marchands fréquentant la rivière de Loire», par exemple, assurait elle-même l'entretien des digues. La création des fameuses postes, en vue de la transmission des ordres du roi, fut l'origine d'un bon réseau routier. Le commerce extérieur était la grande affaire : avoir de l'or, vendre et ne pas acheter. Au développement de la soierie, à l'exploitation des mines. Louis XI ajouta l'interdiction d'exporter des métaux précieux. Pour conquérir le marché anglais, il envoya Beaune et Briçonnet, en 1470, présenter des échantillons à la cour d'Angleterre. Pour concurrencer les foires de Genève, il favorisa celles de Lyon et y attira les banquiers florentins ; pour ruiner celles de Bruges et d'Anvers, il fonda celles de Caen et de Rouen. Il lutta contre la concurrence monétaire anglo-bourguignonne et, décriant les espèces étrangères, émit une monnaie forte, l'écu au soleil (novembre 1475). Deux mois plus tôt, le traité de Picquigny rénovait le commerce franco-anglais, faisant suite à un accord semblable avec la Hanse. Le projet d'une « Compagnie générale de la mer du Levant » devait réaliser les rêves de Jacques Cœur. L'heure de l'Atlantique allait sonner ; tandis que Normands et Bretons nouaient des relations avec Madère, était-ce seulement pour rapporter le sang de tortue nécessaire à sa santé qu'à la veille de mourir Louis XI envoyait Georges Bissipat, d'Honfleur, aux îles du Cap-Vert ? Le commerce français reprenait une vigueur nouvelle.

L'unité de la nation

Sans le support de la conscience nationale, la reconstruction de la France eût été apparente et fragile. Un consentement tacite, mais unanime, à la vie commune fut la base et la condition du succès. La conquête et l'occupation avaient contribué à définir, par contraste avec l'étranger, la communauté des manières de sentir, de penser et d'agir. Inversement, le mot « bourguignon », qui avait d'abord qualifié un parti, en vint à désigner l'appartenance à un État devenu progressivement si étranger au royaume que Georges Chastellain déplorait, avec amertume, la divergence de ces « deux natures de nations, Français et Bourguignons ». Des réalités nouvelles s'exprimèrent dès le xvᵉ siècle, par des termes aux résonances modernes : nation, patrie.

L'unité de la langue tendit à devenir un élément de l'unité française. En Bretagne, comme dans les pays occitans, où les dialectes se différencièrent, le français fut langue officielle, comme en pays de langue d'oïl. Substitué au latin dans les actes de chancellerie vers 1450, le français gagna en étendue et en profondeur par l'action des officiers du roi, surtout dans les parlements ; dans les actes publics, c'est le texte en français, « langage maternel », qui fit loi.

Les états généraux de 1484 furent une expression de l'unité française. Représentation nationale : le terme « généraux », employé pour la première fois, convenait à l'assemblée de deux cent cinquante députés des trois ordres de tout le royaume ; seule, la Bretagne n'avait délégué que des observateurs. Les représentants des villes jouèrent un rôle prépondérant, et l'on vota par tête ; la régente n'avait-elle pas choisi pour siège de l'assemblée Tours, la ville des marchands, où Louis XI avait « fiché son affection » ? Doléances nationales : six bureaux régionaux fondirent les plaintes communes en un cahier unique, sous six rubriques générales : Église, Noblesse, Commun (et Impôts), Justice, Commerce et Conseil. Esprit national aussi : on insista sur la nécessaire rédaction des coutumes ; on demanda la liberté du commerce intérieur. N'instaurerait-on pas un contrôle des états sur le Conseil du roi ? Le chanoine rouennais Jean Masselin, à qui nous devons un compte rendu des débats, réclamait une nouvelle réunion deux ans plus tard pour les impôts. De son côté, le grand sénéchal de Bourgogne, Philippe Pot, formulait des maximes dignes de Mirabeau : « L'État est la chose du peuple ; la souveraineté n'appartient pas aux princes, qui n'existent que par le peuple... J'appelle peuple l'universalité des habitants du royaume. » De telles idées, cependant, n'étaient accessibles qu'à un petit nombre. Auprès des députés bourgeois, le libéralisme affecté des princes n'a pas plus de crédit qu'au temps du « Bien public ». Le gouvernement accepta temporairement un abattement de la taille, éluda la question d'une assemblée bi-annuelle, composa le Conseil à son gré, prodigua « promesses et faveurs », suspendit l'indemnité des députés. Contrairement à l'intention partisane de Louis d'Orléans, initiateur des états, l'assemblée se concluait, au bout de deux mois, par un renforcement de l'autorité, du consentement tacite des représentants de la nation.

C'est par cette voie que la royauté française, autoritaire sans doute, allait prendre, à la fin du XVe siècle, le caractère patriarcal qui fit le renom de Louis XII. Alors, ni la Cour ni les officiers n'élevaient entre le roi et le peuple l'écran du luxe et la barrière du nombre. Libérée des hypothèques d'un passé récent, et pas encore engagée profondément dans des aventures extérieures, la France semblait reprendre souffle et pouvait se permettre de regarder en avant.

II.   LES DÉBUTS
DE L'EXPANSION

De nouvelles jeunesses

On n'avait jamais vécu vieux au Moyen Age. La lassitude, cependant, des générations éprouvées par les guerres et les crises de toutes sortes donna à l'ardeur de celles qui recueillirent les fruits des peines de leurs anciens un caractère de juvénilité exceptionnelle. Quand Charles VIII et François Ier prirent en main les destinées de l'État, ils atteignaient tout juste leur vingtième année ; et Louis XII, qui en avait trente-six lors de son avènement, n'avait pas, tout assagi qu'il fût par l'expérience, perdu l'esprit d'entreprise du duc d'Orléans ; un troisième mariage, anglais, cette fois, contracté vers la cinquantaine, prouva — et éprouva — une vitalité bien conservée.

Les jeunesses qui saluèrent ces avènements ne pouvaient avoir aucun souvenir des malheurs passés, et le nombre de ceux qui les composaient semble avoir décuplé l'ardeur de ceux qui croyaient tout possible. En dépit de l'absence d'information statistique, les indices ne manquent pas de l'accroissement de la population du royaume. La Couronne avait acquis des régions très peuplées, comme la Bretagne, et l'œuvre accomplie depuis la guerre de Cent Ans n'avait pas eu pour seul résultat de compenser les vides. « Plusieurs lieux et grandes contrées qui souloient estre [étaient habituellement] inutiles et en friche ou en bois sont à présent, constatait Claude de Seyssel, tous cultivés et habités de villages et de maisons. » Les familles rurales étaient nombreuses et le partage successoral morcelait les terres. En beaucoup de paroisses, il fallut agrandir ou réédifier l'église, devenue exiguë. La population urbaine crût de même : Seyssel note qu'il n'y avait plus de place pour bâtir et que les faubourgs devenaient aussi grands que l'agglomération principale. Tours souffrait d'une crise du logement. Paris et Rouen construisaient sur les terrains libres dans leur enceinte, accroissaient leurs faubourgs, là à Vaugirard, ici à Darnétal. L'agglomération d'Amiens doubla en vingt-cinq ans. La population lyonnaise crût d'année en année. Si Paris avait, peut-être, 250 000 habitants, Lyon, Nantes, Rouen en avaient de 30 000 à 40 000, Toulouse environ 25 000. L'immigration étrangère se développa à partir de 1480 par la suppression du droit d'aubaine et l'octroi de lettres de naturalité : 220 entre 1483 et 1501 (dont 44 pour des Espagnols). Les Castillans étaient nombreux à Bordeaux, Nantes et Rouen. Dans les mêmes villes, mais aussi et surtout à Paris et à Lyon, les immigrés italiens, banquiers, artistes, savants, proposaient les manières d'un style de vie nouveau et attrayant.

L'attrait de l'aventure et de la gloire : les guerres d'Italie

La tradition historique ne se trompa pas en interprétant les premières guerres d'Italie comme l'un des signes des possibilités d'expansion retrouvées par la France à la fin du xve siècle. Un pays ne peut s'offrir le luxe de telles aventures — tout comme les conquêtes de la Révolution — que s'il a bénéficié de la douceur et de l'ardeur de vivre.

Vers 1490, la France semblait n'avoir plus qu'à faire mûrir les fruits de sa reconstruction. Elle jouissait de la paix intérieure et Commynes pouvait, sans trop d'exagération, conclure ses *Mémoires* par un dithyrambe en l'honneur du prestige européen procuré par Louis XI à la couronne de France. Machiavel, de son côté, citait la France comme un exemple d'État jouissant de l'équilibre d'une constitution. Aucune rivalité aiguë n'opposait la France à ses voisins ; la descente d'Henri VII à Calais en 1492 ne fut qu'une démonstration et un chantage pour obtenir le traité d'Étaples ; rien ne prouve qu'il voulût rouvrir la guerre de Cent Ans. Charles VIII régla ses difficultés avec Maximilien par le traité de Senlis (1493) et n'insista, d'ailleurs en vain, auprès de lui que pour conserver l'Artois et la Franche-Comté ; ces provinces avaient constitué la dot de la jeune Marguerite d'Autriche, fiancée naguère au roi, puis renvoyée à son père, sans préavis. A l'égard de Ferdinand d'Aragon, Charles préféra lui restituer le Roussillon (traité de Barcelone, 1493) pour ne pas demeurer en difficulté avec lui. Ces concessions eussent pu être bénéfiques si leur objet n'avait été que l'affermissement de la paix. En fait, le roi voulait avoir les mains libres pour des entreprises plus glorieuses ; finalement, Charles VIII lâchait la proie pour l'ombre.

L'attraction italienne

Anne de Beaujeu fît l'impossible pour détourner son jeune frère de mirages fallacieux. L'Italie exerçait sur lui et sur sa génération une sorte de fascination, et certaines prétentions juridiques donnaient corps à des rêves illusoires.

Aucun historien ne soutient plus que l'expansion française en Italie s'inscrivait dans la droite ligne des traditions et des intérêts de la royauté. Aucun déterminisme ne l'explique ; elle fut le résultat de la conjonction de circonstances diverses, antérieures et contemporaines. Dans le passé, une succession d'entreprises individuelles de princes français fut l'origine des prétextes de l'intervention. Louis XI avait recueilli dans la succession du roi René les prétentions de la maison d'Anjou sur l'héritage de la reine Jeanne de Naples. L'entrée de Valentine Visconti dans la famille d'Orléans avait donné à cette maison la possession du comté d'Asti et des droits sur Milan, à faire valoir aux dépens de la dynastie usurpatrice des Sforza. Gênes, sous Charles VI, avait sollicité et accepté, pendant plusieurs années, la domination française. Comme dauphin, Louis XI avait pratiqué une politique savoyarde, puis, comme roi, entretenu une correspondance régulière avec Ludovic Sforza, son « compère », sans pour autant s'engager davantage. C'est qu'en effet, du côté italien, aucun objectif concret ne s'imposait immédiatement à la politique française, et il suffisait bien à la royauté, pour sauvegarder ses intérêts religieux et économiques, de louvoyer, par les voies diplomatiques, au milieu des « combinaisons » changeantes des multiples États.

Cependant, rien de ce qui était italien ne pouvait laisser personne indifférent. L'éclat de la civilisation, à l'époque de Laurent le Magnifique, mettait à la mode tout ce qui venait de la péninsule. Venise détenait encore les clés du commerce oriental. La finance florentine jouait un rôle capital, et l'exemple de la chute du Téméraire, consécutive de peu à la liquidation de la filiale brugeoise des Médicis, soulignait l'importance de la banque italienne.

Mais au milieu du chaos politique permanent mal corrigé par la paix de Lodi, les Italiens eux-mêmes sollicitaient l'intervention étrangère. De la poussière de principautés d'inégale petitesse, cinq États se détachaient, trop faibles pour absorber les autres, trop forts pour se laisser absorber. Contre Ferdinand Ier, bâtard d'Aragon et tyran fantasque, la noblesse napolitaine invita Charles VIII à faire valoir ses droits. A Florence, Savonarole prophétisait la venue du roi de France, « nouveau Cyrus », envoyé de Dieu pour châtier les mauvaises mœurs de la Florence médicéenne et pour réunir le concile qui annulerait l'élection simoniaque d'Alexandre VI Borgia. De Milan, Ludovic Sforza, dit « le More », sollicita l'alliance de Charles VIII pour l'aider à conserver le duché usurpé à son neveu Jean-Galéas, gendre du roi de Naples.

A l'invitation italienne, tout un milieu, à la cour de France, était disposé à répondre. Charles VIII, plus généreux qu'intelligent, poursuivait avec la noblesse de son temps les rêves d'héroïsme inspirés par les romans de chevalerie et entretenus par l'éducation strictement militaire que décrit le Loyal Serviteur. Rêves de croisade aussi : n'appartiendrait-il pas au titulaire de la double couronne de Naples et de Jérusalem de venger l'insulte de 1453 et de restaurer l'empire d'Orient ? Au même moment, le prince ottoman Djem, proscrit par son frère, le sultan Bajazet, implorait de l'aide : bel atout pour brouiller le jeu des infidèles. Les Beaujeu étant écartés du pouvoir, le roi trouva d'ambitieux conseillers, disposés à flatter ses projets ; c'était, principalement, Étienne de Vesc, sénéchal de Beaucaire, et Guillaume Briçonnet, évêque de Saint-Malo et impatient d'obtenir le cardinalat. Plusieurs conseillers étaient pensionnés par Ludovic le More. C'est ainsi que Charles VIII devint son allié (mai 1492). Il suffisait d'une circonstance pour passer aux actes.

La mort du roi de Naples, en janvier 1494, fournit à Charles VIII l'occasion d'annoncer sa décision de faire valoir ses droits. Alors commencèrent les préparatifs.

Charles VIII à Naples

On besogna hâtivement. Le Trésor ne suffisait pas ; il fallut recourir, non sans difficulté, au crédit des banquiers lyonnais. Un gros effort militaire fut accompli ; la jeune noblesse française, envieuse des lauriers des vétérans des guerres anglaises, se concentra à Lyon en juillet 1494 ; on embaucha pour la première fois des *estradiots* albanais, et plusieurs milliers de ces fantassins suisses dont les victoires remportées sur le Téméraire venaient d'asseoir, pour un siècle, la réputation. C'était encore une armée toute médiévale, malgré l'importance numérique de l'infanterie et la qualité de l'artillerie. Une flotte fut concentrée à Gênes, occupée par le duc d'Orléans dès le début des opérations (juin 1494).

En cinq mois de marche triomphale, presque sans combattre, le roi de France traversa l'Italie. L'armée passa les Alpes au mont Genèvre et déboucha en Piémont au début de septembre 1494. Charles VIII rencontra Ludovic à Pavie, libéra Pise, sujette de Florence depuis 1406. A l'approche du roi, Pierre II de Médicis, très impopulaire, et Alexandre VI, craignant d'être déposés, tremblaient. Pierre traita, mais fut chassé par l'émeute ; Charles VIII fit dans la ville une entrée spectaculaire. Ensuite, précédé d'étendards timbrés des devises : *Voluntas Dei. Missus a Deo*, le roi s'avança vers la ville du pape Borgia. Rapprochement inattendu et paradoxal : Charles VIII, dont la présence à Florence venait de légitimer la « dictature », violemment réformatrice, de Savonarole, assura le trône du pontife. Le roi de France prêta obédience au pape, qui lui fit miroiter l'investiture de Naples et de Jérusalem (18 janvier 1495) ; il lui livra le prince Djem, le reconnaissant chef d'une croisade dont il publia, sans conviction, la bulle le mois suivant.

Charles VIII poursuivait la réalisation des rêves de la chevalerie qui l'entourait. Le roi de Naples, Alphonse II, abdiqua et s'enfuit en Sicile, que Charles, pour ménager l'Aragon, n'entendait pas conquérir ; son fils, Ferdinand, lutta avec honneur, sans succès, et l'occupation se fit en quelques semaines. Charles VIII entra à Naples le 22 février 1495, portant le manteau impérial et la quadruple couronne de France, Naples, Jérusalem et Constantinople. A la gloire s'ajoutèrent les profits ; les Français firent main basse sur nombre de fiefs, d'offices et de trésors. Tout souriait à l'ardente jeunesse des conquérants : gloire, richesse, plaisirs, avec, toutefois, l'inconvénient du relâchement moral, qui, renouvelant les délices de Capoue, engendra le « mal de Naples ».

Le corps expéditionnaire ne fut pourtant pas démoralisé au point de ne pouvoir tenir tête au péril qui, sourdement, se préparait. La duplicité de Ludovic le More, la complicité d'Alexandre VI, les encouragements de Ferdinand d'Aragon et de Maximilien, enfin l'adresse diplomatique de Venise se conjuguèrent pour duper Commynes, envoyé de Charles VIII en cette ville, et pour former une coalition destinée à refouler les Français. Face à l'invasion étrangère qu'ils avaient appelée eux-mêmes, les Italiens prenaient conscience de leur communauté nationale. Ce fut la « ligue de Venise » (mars 1495).

Charles VIII sut parer le coup. Il laissa à son cousin Gilbert de Montpensier la garde du royaume de Naples, et refit en deux mois le chemin parcouru naguère en cinq. L'ardeur combative de ses troupes, la *furia francese*, lui permit, en une heure, de bousculer les coalisés supérieurs en nombre, et de forcer le passage de l'Apennin, au défilé de Pontremoli, près de Fornoue (5 juillet 1495). A la fin de septembre, le roi était de retour. Gilbert de Montpensier, privé de renforts, attaqué par les Espagnols de Ferdinand d'Aragon, fit son devoir, mais perdit Naples (février 1496).

La sagesse eût conseillé de ne pas renouveler une expérience malheureuse. Il n'en fut rien. Charles VIII préparait une autre expédition, lorsqu'il mourut accidentellement à Amboise (8 avril 1498). Il projetait avec Ferdinand d'Aragon un partage de l'Italie ; ainsi traçait-il la voie à son successeur, qui, de son côté, allait apporter de nouveaux motifs à de nouvelles aventures.

Louis XII à Milan et à Naples

Louis XII porta lui-même un coup à la paix dont son règne a, cependant, conservé la réputation. Dans la question italienne, il fit preuve de vues aussi courtes que son prédécesseur. Les conceptions patrimoniales et dynastiques pesaient fort lourd et la responsabilité des entreprises outre-monts fut partagée entre le roi, son entourage et l'opinion aristocratique. Louis XII était prêt à beaucoup de sacrifices et de compromis pour dominer l'Italie, au moins dans sa partie septentrionale, voisine immédiate du royaume. Il eut affaire, il est vrai, à des adversaires redoutables, Ferdinand le Catholique et le pape Jules II, par qui il se laissa manœuvrer. Son principal conseiller, homme de grand talent, le cardinal Georges d'Amboise, lui épargna bien des faux pas, mais, comme tous ses contemporains, il avait les yeux fixés sur l'Italie et rêvait de la tiare dont, à deux reprises, en 1503, Pie III et Jules II le frustrèrent.

Dès son avènement, Louis XII rompit avec l'attitude amicale de son prédécesseur envers Ludovic Sforza et prit le titre de duc de Milan, auquel son ascendance Visconti lui donnait droit. La politique italienne du roi de France eut désormais un objectif double.

Comme Charles VIII en 1494, il s'assura la neutralité des princes, particulièrement de l'Empereur, oncle de Ludovic le More et suzerain de Milan. Un échange de mutuels services, l'annulation du mariage avec Jeanne de France, d'une part, et la donation à César Borgia du duché de Valentinois, d'autre part, assurèrent à Louis XII la complaisance d'Alexandre VI. Les cantons suisses promirent des mercenaires. Venise, toujours antimilanaise, s'allia au roi, à charge de partager les conquêtes.

Une première occupation du Milanais, réalisée en trois mois (août-octobre 1499), fut interrompue par un retour éphémère de Ludovic à la tête de renforts allemands et suisses (février-mars 1500). La Trémoille rétablit la situation. Ludovic, capturé à Novare (avril 1500), fut envoyé, dans une cage de fer, finir lamentablement ses jours au château de Loches. Georges d'Amboise, chargé d'organiser la conquête, laissa sagement aux Milanais une part de l'administration ; cela permit à la domination française de subsister, sans heurts sérieux, pendant douze ans.

La facilité de la conquête du duché de Milan et le prestige qui en résultait auprès des princes italiens firent illusion à Louis XII. Il comptait sur Venise, avec qui une flotte française tentait, dans l'archipel, un dernier effort de croisade (1499-1501). Il ne pouvait prévoir que la mort prochaine d'Alexandre VI (18 août 1503) le priverait de l'aide de César Borgia, imprudemment encouragé à concentrer sous sa loi les territoires de l'Italie centrale. Louis XII fit alors confiance à Ferdinand d'Aragon et négocia avec lui un projet de partage du royaume de Naples analogue à celui qu'il avait combiné avec Venise pour le Milanais (traité de Grenade, 11 novembre 1500). Marché de dupes. Ferdinand, déjà maître de la Sicile, ne dissimulait pas ses ambitions; son habileté diplomatique était connue. La collaboration ne dura pas longtemps. Si Louis XII détint l'acte authentique de l'abdication consentie en sa faveur par Frédéric d'Aragon-Castille, roi de Naples, Gonzalve de Cordoue, chef de l'armée espagnole, entreprit d'agrandir la part dévolue à son maître. En dépit d'un nouvel accord signé à Lyon, les escarmouches dégénérèrent en guerre ouverte. Une diversion en Roussillon, l'envoi à Naples de renforts par mer et par terre, des exploits individuels tels que la défense du pont du Garigliano par Bayard, n'empêchèrent pas la défaite. Le vice-roi, le duc de Nemours, perdit Naples; Gaète capitula. Louis d'Ars réalisa une étonnante retraite avec le dernier contingent français. L'honneur était sauf, mais Naples définitivement perdue (1504). Entre-temps, l'influence française s'était considérablement affaiblie à Rome, du fait de l'élection du pape Jules II et de l'éviction de César Borgia.

Les hésitations françaises

Louis XII perdait l'initiative de sa politique. Ses adversaires étaient plus forts et plus rusés. Gravement malade en 1504 et 1505, il voulut mettre ordre à ses affaires, mais il subissait les influences contraires de son entourage. La reine Anne, toujours déçue dans son espérance de donner un dauphin au roi, ne pouvait pas supporter la présence du jeune et brillant François d'Angoulême, héritier présomptif, que couvait l'orgueil maternel de Louise de Savoie. Jalousie de mères. L'enjeu de leur rivalité était la main de Claude de France, héritière de la Bretagne. Anne ne voulait donner au fils de son ennemie ni sa fille ni sa patrie. Ainsi, les intérêts de la Couronne, en France autant qu'en Italie, ne devenaient que des accessoires du problème, tellement la conception féodale et patrimoniale du royaume restait vivace.

L'influence d'Anne triompha d'abord. Trois traités à Blois, avec l'Empereur, en septembre 1504, promirent au roi l'alliance impériale contre Venise et l'investiture du Milanais en échange des fiançailles du petit-fils de Maximilien, Charles (futur Charles Quint), avec Claude de France, qui lui apporterait en dot la Bretagne, la Bourgogne, le comté de Blois, le comté d'Asti, le duché de Milan et Gênes.

Des circonstances imprévues déjouèrent un projet aussi funeste à l'unité du royaume et liquidèrent de façon honorable la question de Naples. Louis XII profita du désir de Ferdinand d'Aragon, veuf d'Isabelle, de se remarier avec une princesse française ; le roi espagnol épousa Germaine de Foix, à qui son oncle, le roi de France, céda ses droits sur Naples, moyennant une indemnité de 900 000 florins à la charge de Ferdinand (1505). Mieux encore, Louis XII céda à l'influence du parti d'Angoulême et rompit le projet de mariage autrichien. Claude de France fut fiancée à son cousin François, et, pour donner plus de poids à la décision, on la fit ratifier par les états généraux (Tours, 1506). Le roi expliqua aux princes autrichiens que le serment des rois de France est si fort que ce qu'ils peuvent promettre est nul ensuite, si cela est contraire au bien et à l'utilité du royaume.

Louis XII au service de Jules II : la ligue de Cambrai

Le redressement accompli en 1506 par le gouvernement français, l'énergie déployée dans la répression d'une insurrection génoise en 1507, ouvraient à Louis XII la possibilité de dominer les affaires italiennes. Ferdinand recherchait son amitié (entrevue de Savone, juin 1507) ; Jules II, malgré l'affermissement de son autorité dans les États pontificaux, redoutait la conjonction des forces franco-espagnoles, auxquelles les initiatives malheureuses de Maximilien contre Venise ne pouvaient pas faire contrepoids. Ne pouvant pas, pour l'instant, réaliser son dessein de chasser d'Italie les « Barbares », le pape résolut de les utiliser. Pour mater Venise, qui détenait certains de ses territoires, il parvint à grouper, dans la ligue de Cambrai (10 décembre 1508), la France, l'Espagne, l'Empereur. En fait, l'armée française, récemment renforcée de compagnies régionales, origine de nos régiments (ordonnance du 12 janvier 1509), porta seule le poids de la lutte ; elle eut, seule aussi, le mérite de la victoire d'Agnadel (14 mai 1509) ; le profit, cependant, ne fut que pour Jules II : Venise se soumit et fut pardonnée. Il n'entrait pas dans les vues de Jules II de récompenser les services rendus. Puissant, le roi de France pouvait être utile ; vainqueur, il devenait dangereux. Le pape voulait-il dominer l'Italie ou seulement affranchir le Saint-Siège d'un voisin qui deviendrait un tuteur ? « Les Français, dit-il, veulent faire de moi le chapelain de leur roi, mais j'entends être pape et le leur montrerai par des actes. »

Jules II contre Louis XII : la Sainte Ligue

On sait que les questions religieuses, à l'époque du concile de Pise, furent fâcheusement mêlées aux affaires politiques, trait encore spécifiquement médiéval de l'époque. L'opinion française, fortement attachée au Saint-Siège, ressentit douloureusement les sanctions canoniques dont le roi et la France entière furent l'objet. Jules II détestait Louis XII.

La guerre contre Venise à peine terminée, Jules II retourna contre le roi une coalition groupant Ferdinand, Henri VIII, Venise et les cantons suisses, dont il parvint à détourner les mercenaires de servir le roi de France. Ce fut la Sainte Ligue (5 octobre 1511) : « Le Turc qu'il veut attaquer, déclara plaisamment Louis XII, c'est moi. » L'armée française fut commandée par un chef de génie, un neveu du roi, Gaston de Foix, âgé de vingt-deux ans seulement. Une tactique d'usure refoula les Suisses dans leurs montagnes. De vive force, en hiver, Gaston rompit le siège de Bologne, entrepris par les Espagnols et les Pontificaux. Dix jours après, il reprit Brescia aux Vénitiens. Gaston de Foix trouva enfin la gloire, et la mort, sur le champ de bataille de Ravenne (11 avril 1512). Il assiégeait la ville et dut faire face à une armée espagnole venue au secours des assiégés. L'évènement montre que le combat médiéval se transformait : duel d'artillerie de deux heures, puis un mouvement tactique de Gaston. Il disposa son armée en demi-cercle, fit passer — chose absolument nouvelle — son artillerie de sa droite à sa gauche, et attaqua l'ennemi de flanc. Le corps à corps habituel s'engagea, auquel l'intervention du corps tenu en réserve par La Palice mit fin victorieusement. Les archers exploitèrent le succès en disloquant l'ennemi en déroute. La victoire de Ravenne ne procura cependant qu'un répit à Louis XII. Ses efforts se brisèrent. La Palice évacua le Milanais sous la pression des Suisses ; Maximilien Sforza récupéra le trône de ses pères et refoula la dernière tentative française à Novare, en juin 1513. Maximilien avait adhéré à la Sainte Ligue (19 novembre 1512), et Henri VIII, sur les arrières duquel Louis XII tentait de lancer les Ecossais, débarqua à Calais le 1er juillet 1513. L'invasion menaçait : Ferdinand en Navarre, les Suisses devant Dijon, les Impériaux et les Anglais dans le nord. Il fallait en finir.

La pacification

Tout le monde était las d'une guerre dont on avait perdu de vue les objectifs premiers. La disparition de Jules II (21 février 1513) et l'élection d'un pape pacifique, Léon X (11 mars 1513), contribuaient à éclaircir l'horizon. Louis XII se réconcilia avec le nouveau pape en janvier 1514. La mort d'Anne de Bretagne, survenant à ce moment (9 janvier 1514), permit la célébration du mariage de Claude de France avec François d'Angoulême ; la politique du Conseil royal se trouva clarifiée. On pouvait songer à la paix générale. Dès 1513, Louis XII avait traité avec Venise et signé une trêve avec Ferdinand ; La Trémoille avait négocié la retraite des Suisses. Henri VIII accepta de conclure paix et alliance, et même de donner sa sœur Marie en mariage au roi de France ; la guerre de Cent Ans était un lointain souvenir. Seul restait en ligne l'empereur Maximilien, encouragé par les sentiments tenacement anti-français de sa fille Marguerite.

Louis XII ne jouit pas longtemps de la paix et des charmes de sa nouvelle épouse, beaucoup plus jeune que lui. Il avait arrêté à l'extrême limite les périls qui menaçaient le royaume. Le bilan de tant de guerres et de dépenses était nul ; mais il fallait que la France fût redevenue prospère pour les avoir supportées sans dommage.

L'accélération économique

Rien ne dément le fonds de vérité des *Louenges du roy Louys XII*, où Claude de Seyssel, avec une complaisance flatteuse, attribue à son souverain tout le mérite d'une prospérité restaurée par le labeur des générations antérieures. C'est vers 1480 que l'on peut percevoir les effets de l'effort accompli depuis la fin de la guerre de Cent Ans ; c'est le moment, d'ailleurs, où la conjoncture générale, changeant de sens, devint plus favorable.

En notant que la France était le royaume le plus peuplé d'Europe, Seyssel en a très justement relevé l'une des causes, la paix, et le résultat, la richesse. Ce disant, il a par surcroît réfuté l'objection malthusienne, dont on aimerait savoir comment elle était conçue à l'époque : « Le peuple, écrit-il, par la longueur de la paix est tant multiplié que l'on ne se devrait point émerveiller si on trouvait plus de gens pauvres (que de coutume), car d'autant que les biens et l'argent se (ré)partissent entre plus de personnes, autant (en) a moins un chacun. Mais la raison est au contraire : tous labourent et travaillent ; (ainsi) avec les gens croissent les biens, le revenu et les richesses... »

Progrès de la production

L'économie est très régionalisée. Chaque province pratique culture, élevage, exploitation forestière, tannerie et tissage. Si l'on en croit Seyssel, un tiers du sol du royaume aurait été mis en culture depuis 1475-1480, et le revenu annuel des terres aurait représenté, au moment où il écrivait (vers 1508), leur valeur trente ans plus tôt. On continuait, en Bourgogne, en Normandie, en Provence, à défricher bois et marais ; le vignoble parisien fut renouvelé avec des plants du Val de Loire et de Bourgogne ; le pastel s'étendait en Aquitaine ; le blé venait « à foison » en Beauce, le chanvre était cultivé dans tout l'Ouest. On cherchait à produire mieux et à gagner davantage. Ainsi s'appliquait-on, parfois, en vue de la commercialisation des produits du sol, à adapter les cultures à la nature des terroirs, par exemple pour la vigne, le pastel, le chanvre, le lin, le blé. Telle seigneurie berrichonne, où la production du seigle égalait celle du blé en 1483, produit deux tiers de blé en 1503. De riches exploitants d'Ile-de-France purent s'offrir la nouvelle charrue, « toute de ferraille » et montée sur deux roues. Partout la production augmenta ; ainsi, la dîme d'une paroisse bourguignonne rapporta, en 1516, 18 muids au lieu de 13 en 1499 et 5 en 1469. L'abbaye de Saint-Germain-des-Prés vit croître ses revenus alors que le tarif de ses droits avait baissé. La valeur de la terre ne cessa de s'élever ; dans le sud de la région parisienne, du règne de Charles VIII à celui de François Ier, celle des terres labourables augmenta sept fois, et celle des prés et des vignes d'un tiers ; sous François Ier, dans la même région, il y avait si peu de terrain vacant que les champs ne se vendaient plus qu'en parcelles et à prix élevé.

De telles circonstances profitaient au producteur. L'époque de Louis XII vit augmenter le nombre des paysans propriétaires ; ils dotaient leurs filles d'argenterie et de robes de fin tissu, faisaient des legs aux églises. Mais, à côté des « laboureurs aisés », il y avait un nombreux prolétariat d'« ouvriers de bras ».

Pour l'ensemble de la masse paysanne, les conditions de vie restaient dures, mais beaucoup moins qu'aux temps de la guerre et de la fiscalité de Louis XI. Pour les générations suivantes, accablées par les charges de la lutte contre Charles Quint, le quart de siècle écoulé entre la régence des Beaujeu et la fin du règne de Louis XII représentait le bon vieux passé.

Les arts mécaniques, aussi, augmentèrent leur fabrication. Les textiles restaient au premier rang, mais se renouvelaient. Secouant les routines de la vieille draperie rouennaise, la nouvelle draperie des faubourgs, soucieuse de satisfaire rapidement une clientèle de moyennes ressources, utilisa la laine castillane, substitua le rouet à la quenouille, foula au moulin et non plus au pied, acheta l'alun espagnol et teignit « en couleurs joyeuses » ; elle fabriqua en trois semaines ce qui se faisait en cinq. La production surpassa les besoins locaux ; on exporta. Pour l'exportation travailla aussi la manufacture des toiles, en Normandie (Falaise), en Bretagne (Vitré, Locronan), en Poitou (les « olonnes ») et en Champagne (Troyes). Paris se fit une spécialité de la bonneterie et de la chapellerie. Tandis que Tours avait peut-être 8 000 métiers à tisser la soie, le Piémontais Etienne Turquet restaura la soierie lyonnaise, et Toulouse suivit l'exemple. Préoccupées d'exporter, elles aussi, les autres industries se caractérisèrent par le souci de la qualité. Ainsi évolua la métallurgie : orfèvrerie parisienne, coutellerie de Langres, épinglerie et clouterie normandes, armurerie de Paris, corroierie et maroquinerie de Paris, Rouen et Toulouse. L'industrie du livre bénéficia du rayonnement de l'imprimerie à partir de Lyon et Paris, et de l'exemption de taxe douanière à l'exportation accordée par Louis XII en 1514 ; la fabrication du papier, à Troyes et en Auvergne, en profita ; de même, la dominoterie fabriqua images pieuses et cartes à jouer à Paris, Rouen, Lyon et Toulouse. L'« article de Paris » connut dans tout l'Occident une vogue croissante.

D'autres signes traduisent le progrès industriel. La multiplication des forges risquait de dévaster les forêts, dont le roi dut régler l'exploitation ; la Normandie importa le charbon de Newcastle, que la métallurgie commençait à utiliser. Pour limiter les sorties d'or et d'argent qu'exigeait l'acquisition des matières premières, on prospecta le sous-sol français, dans l'espoir de réduire les importations d'alun (acheté en territoire romain), de fer espagnol et d'étain anglais.

Parmi les apports de la nature à la richesse française, le sel était l'un des principaux. Les salines du bas Languedoc et, surtout, celles des côtes atlantiques (Saintonge, baie de Bourgneuf, Guérande) permirent des gains lucratifs aux spéculateurs associés dans les « grosses bourses ». Les côtes vivaient aussi de la pêche. Les convois des « cache-marée » approvisionnaient Paris en poisson frais. A la pêche au hareng, active de la Seine à la Flandre, s'ajouta la pêche morutière à Terre-Neuve, où s'affairaient Basques, Saintongeais, Bretons et Normands ; entre 1500 et 1520, Paimpol et Fécamp inaugurèrent leur carrière.

Intensification du commerce

Parmi les aspects de la vie économique française, les progrès du commerce sont, à coup sûr, les moins mal connus. Le témoignage de Seyssel, là aussi, est édifiant : « L'entrecours de la marchandise, tant par mer que par terre, est fort multiplié... Toutes gens, excepté les nobles, lesquelz encore je n'excepte pas, tous se meslent de marchandise, et pour ung marchant que l'on trouvoit au temps dudit roy Loys onziesme, riche et grossier, à Paris, Rouen, Lyon et aux aultres bonnes villes du royaulme et généralement par toute la France, l'on en trouve de ce règne plus de cinquante... » Et, ajoute-t-il, faisant allusion au développement des relations, « sont à présent moins de difficultez d'aller à Rome, à Naples, à Londres et ailleurs delà la mer, qu'ilz ne faisoient aultreffoys d'aller à Lyon ou à Genesve, tellement que aulcuns y en a qui par mer sont allez chercher et ont trouvé terres nouvelles ».

Le réseau routier, très développé depuis Louis XI, constituait déjà autour de la capitale le réseau concentré décrit en 1552 par Charles Estienne dans son *Guide des chemins de France*. Des pèlerins allaient de Rouen à Lyon en douze jours ; un convoi de mulets faisait en un mois l'aller et retour de Lyon à Marseille. Les bateliers des quatre grands fleuves formèrent de puissantes associations ; le trafic fluvial à Paris, en 1504, fut le double de celui de 1475. Par l'Oise, Paris communiquait avec les Pays-Bas, mais la route vers Anvers prit l'avantage. Les relations transalpines s'animèrent au temps des guerres d'Italie, grâce à l'union du Milanais au royaume sous Louis XII ; elles s'enrichissaient de la route du Mont-Genèvre.

Dans l'émulation qui tournait les peuples d'Occident vers la mer, surtout vers l'Océan, la France cherchait à compenser son retard. Non que l'attention des pouvoirs publics et des marchands, fixée au sud par les guerres italiennes, ne restât fidèle à la tradition méditerranéenne. Marseille demeurait le port d'où l'on attendait épices et tissus d'Orient ; à partir de 1490, les navires des ports atlantiques, en nombre croissant, passaient d'ouest en est le détroit de Gibraltar ; les Normands surtout allaient charger l'alun à Civitavecchia ; d'autres poussaient jusqu'aux Échelles du Levant, où Louis XII, en 1511, obtint des Mameluks des facilités de trafic. Mais le courant tendit à s'établir en sens inverse ; depuis les années 1475-1480, du sucre de Madère et des Canaries, des épices arrivaient à Paris et à Lyon par les ports normands. Bordeaux, Nantes et surtout Rouen, bien placés sur le principal itinéraire du commerce occidental, entre Séville et Lisbonne d'un côté, Anvers de l'autre, prenaient leur part des affaires internationales. Leur trafic monta en flèche à partir des vingt dernières années du xvᵉ siècle ; la guerre ne l'interrompit plus que passagèrement. Le nombre des navires semble considérable, principalement en Normandie et en Bretagne ; les tonnages s'accroissaient, et le roi lui-même s'y intéressait, faisant construire la *Grand-Loyse* (800 tonneaux). La paix favorisait les échanges, et la réglementation de la course se précisa par des accords internationaux. Bordeaux trafiquait avec l'Espagne et l'Angleterre ; Nantes forma avec Bilbao une union marchande (*Contratacio*) ; Rouen, surtout, avant-port de Paris, tenait la première place. Les échanges habituels avec l'Angleterre, les Pays-Bas, l'Espagne et le Portugal s'intensifièrent. Pour la première fois en 1503, le péage danois du Sund signale le passage de navires français. George le Grec, en route vers le Cap-Vert en 1483, retrouva la voie qui avait mené Jean de Béthencourt coloniser les Canaries au début du xvᵉ siècle. Des Bretons revenaient de Madère en 1479 et 1485. Des Honfleurais allèrent à Terre-Neuve en 1506. Vers le même moment, des Français chargeaient du sucre à Agadir. On vit des Indiens à Rouen en 1509. L'expédition de Le Paulmier de Gonneville, au Brésil, en 1503, préfigura les voyages des frères Verrazani. A l'époque de Charles VIII et de Louis XII, le commerce maritime constituait l'une des ressources fondamentales du pays. Vers 1480, le fléau de la balance des échanges changea de sens ; la restauration agricole et l'essor industriel donnèrent l'avantage aux ventes sur les achats. La renaissance économique commença dès la fin du xvᵉ siècle.

Les « *Nouveaux Messieurs* »

Les bénéficiaires de la prospérité furent les familles bourgeoises, qui, en chaque ville, en ont fourni les initiateurs et les artisans. La richesse s'est concentrée entre leurs mains, pendant trois générations successives, chacune renchérissant sur la précédente. L'aïeul, marchand ou maître d'un métier, gagnait ce que perdaient nobles et clercs au flot des dévaluations monétaires de la première moitié du xvᵉ siècle ; les plus dynamiques ont surmonté la crise : ce sont les contemporains de Jacques Cœur. Surgissent les noms des Toustain, des Beaune et des Briçonnet à Tours, des Picard, des Landais et des Sesmaisons à Nantes, des Eyquem, des Camarsac et des Bernuy à Bordeaux, des Assézat à Toulouse, des Forbin, des Vento, des Romesan à Marseille, des Villars et des Peyrat à Lyon, des Hennequin, des Le Gras et des Roillart à Paris. Le fils continuait les affaires paternelles, avec plus de cordes à son arc ; il spéculait sur les rentes hypothécaires, sur la gabelle, et trafiquait de tout ; contemporain de Louis XI, il était écouté du roi, auquel il lui arrivait de prêter du sien ; en retour, le roi lui permettait d'acquérir des terres nobles, au titre des « francs fiefs ». Nous avons nommé Guillaume de Varye, Pierre Doriole, Jean de Beaune et Jean Briçonnet, Richard Le Pelletier et Guillaume Restout. Tous n'ont pas procédé du même pas. Dans le cas le plus courant, nos gens, les petits-fils, au temps de Charles VIII et de Louis XII, avaient en main les affaires les plus diverses : négoce par mer et par terre, fermes des rentes publiques ou privées, prêts, propriétés foncières. Ils possédaient hôtel à la ville, château à la campagne, car les détenteurs du capital mobilier savaient donner à leurs affaires des « bases plus fermes que les hasards du commerce, et coudre les prés aux bois et les bois aux labours » (Marc Bloch). Telle fut l'entrée en masse des bourgeois parmi les propriétaires du sol. Non contents de détenir le capital, ils mirent la main sur les institutions municipales, ils peuplèrent conseils et offices. Aux offices urbains, ils ajoutèrent en faveur de leurs enfants, les offices royaux et les bénéfices ecclésiastiques.

Ils s'illustraient dans les lettres. Pépinière de la noblesse de robe, la bourgeoisie d'affaires accéda enfin à l'entourage du roi. Quelques noms sont restés célèbres : Robertet, Gaillard, Duprat, Bohier. La carrière des Beaune et des Briçonnet est typique. Tous, d'ailleurs, étaient parents ou alliés. Guillaume Briçonnet était marchand à Tours vers 1450 ; Jean, son fils, receveur général ; parmi les enfants de ce dernier, on compte un conseiller au parlement, trois receveurs généraux et, enfin, Robert, archevêque de Reims et chancelier de France. Jean de Beaune, marchand à Tours, fut l'associé de Guillaume Briçonnet ; son fils, Jacques, pratiqua la banque ; comme Jacques Cœur, il s'enrichit à l'argenterie, devint receveur général, construisit un hôtel à Tours, acheta la seigneurie de Montrichard ; Louis XII l'anoblit ; François Ier le fit baron de Semblançay, nom sous lequel sa fortune et son infortune sont couramment connues.

Un nouveau décor de la vie

Le retour à la paix et le rétablissement économique permirent à la vie urbaine, aux mœurs, à l'art, à la littérature, d'exprimer le charme d'une existence dont les contemporains des troubles et des guerres n'avaient goûté que l'âpre saveur, avec une hâtive frénésie. Les hommes jeunes de la génération de Charles VIII croyaient en l'avenir, et la clarté italienne vint renouveler leur confiance. Mais, pour mesurer le chemin parcouru, il convient souvent de revenir un peu en arrière.

Le décor de la vie s'est transformé dans le sens du mieux-être, du confort, voire du luxe, avec un certain caractère ostentatoire. La moindre démarche humaine traduisait cette transformation. Dans le costume d'abord. Les draps lourds cédaient la place à la fine draperie, aux soieries, au linge délicat, façon de Damas ou de Venise, aux belles fourrures, par exemple dans les trousseaux de mariée des filles de moyen état, au scandale des nobles et des clercs. Les hommes aimaient les chemises bouffantes, les robes amples de velours ou de soie brochée d'or, les ceintures d'argent et les bijoux. La mode parisienne déjà faisait prime ; elle était recherchée à l'étranger, notamment par les Anglais. Les cours princières constituaient des foyers d'élégance, autour des ducs de Bourgogne et du roi René d'Anjou, qu'un goût d'esthète conduisit à dessiner lui-même des modèles et à combiner la mode de France avec celle d'Italie. Luxe de l'alimentation : abondance de viandes, plats raffinés, vins fins, fruits exotiques, sucreries. Mobilier soigné : buffets et coffres sculptés, tables en bois de cyprès, ivoires, vases d'étain, tapisseries de haute lisse à personnages n'étaient pas monopole de princes et ornaient les demeures bourgeoises.

Depuis le milieu du xvᵉ siècle, la maison urbaine s'embellit. La fièvre de construction de l'après-guerre ne s'apaise pas. Tours, Toulouse, Rouen, Paris, Troyes, Dijon, Lyon conservent nombre de ces hôtels de gentilshommes ou de bourgeois « vivant noblement ». La maison garde son pignon, mais gagne en élévation ; les pièces, plus nombreuses, sont faites pour recevoir ; la pierre, d'abord réservée aux soubassements, gagne les étages et bientôt toute la construction ; mais elle reste affaire de riche. Les villes, ainsi, s'embellissent et l'urbanisme naît. On pave les rues de pierre, on reconstruit les halles, on éloigne les abattoirs, on multiplie les fontaines. Tours, Lyon, Dijon ont de nouveaux hôtels de ville ; Rouen édifie sous Louis XII son admirable palais de justice. L'architecture civile prend son essor, mais la part de Dieu reste la plus grande. Les moindres villages ont rebâti leurs églises dévastées, et les villes marchandes ont construit à la mesure de leur richesse. Les articulations recherchées de la voûte et l'exubérante floraison sculpturale des feuillages et des choux frisés, la complication des arabesques expriment l'opulence retrouvée et la joie de vivre autant que, naguère, la psychologie tourmentée des temps troublés. Les cathédrales de Bordeaux, de Nantes, de Tours, l'église Notre-Dame d'Alençon, l'abbatiale du Mont-Saint-Michel, la tour Saint-Jacques à Paris, les églises de Troyes, surtout la floraison étonnante des églises rouennaises en restent les témoins.

Le château, en même temps, évolue. Une fois la paix revenue et en face d'une artillerie en progrès, la haute cuirasse de pierre, sans ouvertures, humide et triste, ne répond plus aux exigences de la vie. Le donjon devient un belvédère et une terrasse ; au chemin de ronde succèdent les galeries ouvertes, propices aux cent pas ; les meurtrières font place aux baies à meneaux sculptés et des gâbles ajourés les surmontent ; des rampes courent au long des toits ; la décoration n'épargne pas les cheminées ; l'alternance de la brique et de la pierre fait jouer la lumière. Terrasses, bosquets et fontaines, parterres fleuris et ménageries offrent aux habitants le cadre du nouvel art de vivre. Qu'eussent donc fait de forteresses les seigneurs mués en courtisans et les marchands déguisés en gentilshommes ? L'évolution du sens des mots « château » et « châtelain » est significative. De telles résidences, les pays de la Loire surtout ne manquent pas : Mehun-sur-Yèvre, Loches, Plessis-lez-Tours, Chaumont, Blois, véritable résumé de l'évolution de l'art français aux XVe et XVIe siècles ; Azay-le-Rideau et Chenonceaux, tenus par de grands bourgeois, Gilles Berthelot et Thomas Bohier ; et même Amboise et Nantes, que firent transformer Charles VIII et Anne de Bretagne.

Une simplification assez courante voudrait dater les débuts de la Renaissance française de l'expédition de Charles VIII en Italie. Les influences italiennes en France sont antérieures aux guerres, et celles-ci s'expliquent par celles-là. L'originalité de l'époque est d'avoir accepté l'apport italien « comme un accident », sans oublier les traditions nationales. Celles-ci conservaient leur vitalité, et le mécénat ne fut pas une importation italienne. En évoquant le roi René à Aix, la Maison de Bourbon à Moulins, les rois de France, François II et Anne de Bretagne, la Maison de Bourgogne, les hauts fonctionnaires, les évêques issus de la bourgeoisie enrichie, Ruzé, Poncher, Briçonnet et Amboise, on indique en même temps les principaux foyers de l'épanouissement de la civilisation : Provence, Bourgogne et Flandre, Ile-de-France, Normandie et pays de la Loire.

Les « sensations » d'Italie pénétrèrent lentement, surtout dans l'architecture. Le style flamboyant conserva dans le Nord et en Bretagne une vogue durable, et les apports antiques furent, d'abord, seulement des accessoires. Que ce soit, par exemple, les loggias du château de Nantes, la chapelle Saint-Hubert à Amboise, la colonnade de Blois, les pilastres, les médaillons et les marbres de Gaillon. En dépit de la présence d'artistes italiens embauchés par Charles VIII, Louis XII et Georges d'Amboise, la forme extérieure évoluait, mais l'esprit de la construction restait médiéval.

Les arts dits mineurs s'étaient déjà dissociés de l'architecture, animés, les uns et les autres, par la séduction des formes nouvelles, expression de la beauté en soi. Le régionalisme caractérise les foyers artistiques. L'école des pays de la Loire, du Bourbonnais à la Touraine, se montre plus mesurée, mieux ordonnée, plus classique ; la douce nonchalance du milieu local s'exprime dans la miniature, où Jean Fouquet est maître, et dans la grâce des tableaux du Maître de Moulins. Il y a plus de vigueur dans le réalisme équilibré des œuvres sculpturales de Michel Colombe (tombeau du duc François II, à Nantes). Mais déjà l'Italie exerçait son influence ; de leurs séjours dans la péninsule, sculpteurs et peintres rapportaient l'idéal esthétique antique, et la polyphonie se faisait plus simple au contact de la *frottola* italienne. Charles VIII attira le médailleur Giovanni Candida ; Louis XII invita Léonard de Vinci à venir en France, et Georges d'Amboise fit travailler Andrea Solario. On ne méprisait pas encore les traditions de l'art médiéval, mais les façons italiennes étaient à la mode. Rien ne pouvait mieux convenir à une génération de gentilshommes hantés par le culte du héros, et de bourgeois dont la fortune exaltait le succès de l'homme.

Prélude à l'humanisme

Dans le domaine des travaux de l'esprit, la synthèse entre la tradition médiévale et les formes nouvelles semble avoir été plus lente. Si la truculence de Villon apporte une note réaliste et sincère, la pédanterie ampoulée des rhétoriqueurs se prolongea jusqu'au-delà du règne de Louis XII ; elle engendra le « style noble » ; elle enchantait les rimeurs des concours poétiques, des chambres de rhétorique et des puys de palinods, émules de Meschinot, de Crétin, de Bouchet et de Jean Le Maire de Belges. L'histoire, même, fut gâtée ; à côté des panégyriques faussement érudits de Chastellain, de La Marche, de Molinet, de D'Auton et même de Seyssel, la langue directe et la psychologie de Commynes étonnent. Et pourtant, dans les mêmes milieux où se maintenaient les conventions allégoriques, la culture humaniste trouvait ses premiers adeptes. Entre eux, cependant, et ceux de l'humanisme pétrarquisant du début du siècle, la continuité n'est guère perceptible. Le goût des classiques se diffusait. Pic de La Mirandole ne manqua pas d'admirateurs lorsqu'il vint à Paris, et Laurent Valla y avait trouvé des lecteurs. L'hellénisme même n'allait pas tarder à recruter les siens jusque dans des villes provinciales de second rang, comme Dieppe. L'imprimerie, en facilitant la compréhension et l'imitation des Anciens, permit à Robert Gaguin et Guillaume Budé de s'initier à une érudition véritable et d'emprunter aux maîtres la forme authentique de leur style. Ils étaient en liaison étroite avec Érasme et avec leurs émules italiens. Ce furent là initiatives personnelles d'esprits spécialement ouverts, car l'École, insuffisamment réformée malgré l'effort du cardinal d'Estouteville, demeurait engluée dans le conformisme universitaire.

Renouvellement des aspirations religieuses

Lentement aussi, la pensée et la sensibilité religieuses cheminaient vers une épuration et un renouveau. La préoccupation de la réforme ecclésiastique ne fut que la manifestation extérieure d'une telle recherche. En la prenant en main, la monarchie française accomplissait une œuvre parallèle à celle des Rois Catholiques. Au nom du cardinal Cisneros répond celui du cardinal d'Amboise, à la fois Premier ministre et légat. L'œuvre ne fut pas inféconde ; le légat reprit les projets de l'assemblée de Tours de 1493 et généralisa à l'ensemble des monastères l'exemple spontané de certaines abbayes bénédictines (Chezal-Benoît) et du proviseur fougueusement austère du collège de Montaigu, Jean Standonck. Administrative, l'œuvre du légat présentait l'avantage d'être générale et méthodique, mais l'inconvénient de s'appuyer sur la puissance publique. La politique en compromit le succès, car Louis XII commit la faute de mêler la réforme religieuse à son conflit, purement politique et militaire, avec Jules II. La question de l'annulation du mariage du roi avec Jeanne de France, fille de Louis XI, et de son remariage avec Anne de Bretagne avait déjà altéré les relations de la cour de France et du Saint-Siège. Après la mort de Georges d'Amboise, Louis XII crut habile de se poser en champion de la réforme générale de l'Église dans l'espoir de briser l'hostilité de Jules II. Il s'appuya sur l'opinion, gallicane, des prélats français assemblés à Tours et à Lyon (1510-1511) et sur le concours de l'empereur Maximilien, pour convoquer, sans l'aveu du pape, un concile général à Pise (1511-1512). Ce fut un échec : le concile de Pise ne comprit que six cardinaux et vingt-quatre évêques et archevêques, dont seize français ; l'opinion française, en dépit des pamphlets des publicistes officiels, répugnait à l'éventualité d'un schisme ; enfin, le pape eut l'habileté de convoquer lui-même, au Latran, un concile œcuménique. Le concile de Pise ne survécut pas à l'évacuation française du Milanais.

Ainsi, compromise par son caractère officiel, par une certaine rudesse de méthode, par son interférence avec des préoccupations purement politiques, la réforme ecclésiastique fut très imparfaite. La plus grande confusion régnait dans le régime de la collation des bénéfices, parce que l'application du concordat de 1472 était contrariée par les pratiques issues de la pragmatique sanction. Enfin, la réforme de la discipline, trop teintée de politique, ne satisfaisait pas les âmes soucieuses de pureté. Car si la foi demeurait générale, la piété de beaucoup restait formaliste. L'inquiétude de la mort fut, jusqu'à la fin du XVe siècle, une dominante de la mentalité religieuse. Mais l'art de bien mourir supposait l'art de bien vivre ; les plus scrupuleux du rachat des péchés ne pouvaient pas se contenter de l'accumulation, très en vogue, des indulgences. Le problème de la grâce se trouvait posé. C'est ainsi que Jean Standonck fit du collège qu'il dirigeait le foyer rayonnant d'une dévotion sévère, mais intensément personnelle. Le groupe formé autour de Lefèvre d'Étaples, à Meaux, exigeait un retour à une illumination plus vive de la foi par le recours aux saintes écritures, à l'aide, notamment, de la spiritualité paulinienne. De telles dispositions, jointes aux efforts déjà accomplis, préparaient l'Église de France à affronter les drames de conscience de la Réforme, sans rupture profonde, mais avec la volonté réfléchie d'un renouvellement.

Renaissance
et discordes religieuses

Entre 1515 et 1589, le principal problème
est celui que posent la Réforme et les affrontements
politiques et religieux qu'elle suscite.

I. DES GUERRES D'ITALIE AUX GUERRES DE RELIGION

Deux paysages historiques

L'année 1559, qui vit la signature des traités du Cateau-Cambrésis et la mort tragique d'Henri II, semble apporter une césure dans l'histoire française du XVIe siècle, séparant une période de paix au moins relative à l'intérieur et d'expéditions militaires à l'étranger d'un temps de guerres civiles et d'effacement croissant du royaume des Valois sur l'échiquier européen. Plus généralement, elle nous paraît signifier le passage de la joie de vivre caractéristique de la Renaissance — du moins à un certain étage de la société — au climat de terreur et de haine engendré par les antagonismes religieux. Cette date n'annonce-t-elle pas aussi, avec le changement de ton de la littérature, le ralentissement de l'activité artistique? Une telle schématisation comporte forcément une part d'illusion qu'une histoire attentive à la vie profonde des peuples se doit de dissiper. Elle n'en est pas moins commode et assez largement justifiée. Car il est bien vrai qu'après 1559 l'existence quotidienne des Français se trouva de plus en plus perturbée — jusqu'au paroxysme final des années 1587-1593 — par la violence grandissante des guerres de Religion. Et il est encore vrai que, sur le plan international — or comment séparer la France de son contexte? — les années 1558-1563, marquées par l'avènement d'Élisabeth et la conclusion du concile de Trente, constituèrent la frontière entre deux époques. La dernière partie du XVIᵉ siècle, sensiblement plus autoritaire, plus lourde et plus majestueuse que la première en ses démarches et en son décor, vit le durcissement des oppositions confessionnelles, la solidification des frontières politiques, l'afflux en Europe de l'argent américain, l'accélération de la hausse des prix avec pour corollaire l'élargissement du fossé entre riches et pauvres, enfin le glissement vers l'esthétique baroque, plus solennelle et plus pathétique que celle de la Renaissance. Deux paysages historiques se côtoient donc sur la ligne des années 60 du XVIᵉ siècle.

Une diplomatie entreprenante

La France brillante d'avant 1559 pratique sur la scène européenne, voire au-delà des mers, une politique de présence qu'illustrent comme des tapisseries aux riches couleurs l'entrevue du Camp du Drap d'or (7 juin 1520) entre François Iᵉʳ et Henri VIII, et celle d'Aigues-Mortes (14 juillet 1538) entre le roi de France et l'Empereur. Rencontres au demeurant plus fastueuses qu'utiles, car aucun des partenaires n'y renonce à ses ambitions profondes. En 1519, François Iᵉʳ a été candidat à la couronne impériale et Charles d'Espagne a dû mobiliser tout le crédit des Fugger et dépenser quelque 852 000 florins (plus de 1 200 kg d'or fin) pour battre son redoutable concurrent. Cet échec du Valois n'a cependant pas signifié l'effacement de la France en Allemagne. A partir de 1531, les frères Du Bellay — Guillaume, sire de Langey, et Jean, évêque de Paris —, négociant outre-Rhin par l'intermédiaire d'humanistes allemands, apportent l'appui et les subsides de la France aux confédérés de Smalkalde, qui contrecarrent la politique unificatrice de l'Empereur. En 1552, Henri II ne craint pas de s'intituler « défenseur de la liberté germanique ». Si attaché qu'il soit au catholicisme, il conclut une alliance effective avec les princes protestants et pénètre avec une armée sur le territoire du Saint Empire. C'est au cours de ce « voyage d'Allemagne » qu'il occupe Toul, Metz, puis Verdun.

Bien sûr, le souverain le plus omniprésent du XVIᵉ siècle reste Charles Quint, prince sans cesse en voyage, dont la domination s'étend sur plusieurs continents et plusieurs océans. Mais il trouve en face de lui une France singulièrement mordante et entreprenante. En 1516, elle oblige les cantons suisses à une *paix perpétuelle* qui lui permet de puiser désormais dans ce réservoir de soldats qu'est la Confédération helvétique. Jusqu'en 1559, des troupes françaises combattent non seulement en Italie de façon presque permanente, mais encore en Navarre en 1521, en Écosse en 1522 et encore de 1542 à 1560. En Orient, la diplomatie du roi de France se révèle tellement active qu'elle scandalise l'Europe chrétienne tant protestante que catholique. Des *capitulations*, donnant aux commerçants français dans tout l'Empire ottoman les privilèges dont ils jouissaient déjà à Alexandrie, semblent bien avoir été signées à

Constantinople en 1536. En tout cas, sept ans plus tard, la collaboration militaire franco-turque apparaît évidente lors du siège de Nice, et une flotte ottomane vient hiverner à Toulon. Conséquence de ces bonnes relations entre la France et les Infidèles : le trafic de Marseille, qui va devenir le grand centre d'importation des épices, se développe avec les Échelles du Levant. Il connaîtra son plein essor avec la fin du siècle.

Le testament d'Adam

Il y a plus : la France, au moins par intermittence, paraît vouloir disputer aux Ibériques l'hégémonie dans les Indes occidentales et orientales. Significative à cet égard est la déclaration par laquelle François Ier notifie à Charles Quint en 1540 « que le soleil chauffe pour lui comme pour les autres et qu'il désire fort voir le testament d'Adam pour savoir comment celui-ci avait partagé le monde ». Au vrai, dès le début de son règne, François Ier, refusant implicitement la ligne de partage du monde établie en 1493-1494 par les Espagnols et les Portugais, encourage les marins français et les pilotes étrangers au service des armateurs français à « naviguer sur la mer commune ». D'où le pillage en 1523 des trésors envoyés du Mexique par Cortez et les voyages clandestins du Dieppois Ango et de ses émules sur les côtes du Brésil (1526 et 1531), à Madagascar et à Sumatra (1528-1529), tandis que des relations commerciales se nouent entre France et Maroc (1533). Mais ce que recherchent surtout les milieux maritimes français, c'est la découverte d'une route septentrionale non contrôlée par les Ibériques, qui permettrait d'atteindre la Chine — source, croit-on, de tous les trésors du monde. Ce but explique le voyage américain de Verrazano en 1524, qu'organise Ango et que subventionnent des marchands florentins de Lyon, et les trois expéditions de Jacques Cartier (1534-1543). Chargé de « descouvrir certaines ysles et pays où l'on dit qu'il doibt se trouver grant quantité d'or et autres riches choses », le navigateur malouin prend le Saint-Laurent pour un passage vers la Chine et se persuade que la terre de Saguenay touche à la Tartarie. L'échec relatif de Jacques Cartier — qui provoque un vif soulagement en Espagne — ne décourage pas les Français. En 1550, une fête brésilienne avec vrais et faux sauvages se déroule à Rouen devant Henri II qui, l'année suivante, charge Guillaume Le Testu de reconnaître la côte sud-américaine. Quatre ans plus tard, le général des galères, Villegagnon, fonde dans la baie de Rio de Janeiro une Henryville dont il espère faire la capitale de la « France antarctique ».

Les « voyages » d'Italie

Velléités plus que volonté coloniale des Valois au XVIe siècle. Car François Ier et Henri II, comme Charles VIII et Louis XII, ont constamment les yeux tournés vers l'Italie. C'est dans la Péninsule qu'ils envoient leurs plus belles armées — celle qui passe les Alpes en 1515 est forte de 30 000 hommes — et leurs meilleurs capitaines : Bayard mortellement blessé en Piémont en 1524, La Trémoille tué l'année suivante à Pavie en même temps que La Palice et Bonnivet, Monluc qui défend Sienne en 1555 et François de Guise qui entreprend en 1557 le dernier « voyage de Naples ». C'est en Italie que les Français, entre 1515 et 1559, remportent leurs plus brillantes victoires, subissent leurs plus durs revers. Au triomphe de Marignan, une « bataille de géants », obtenu notamment grâce aux 300 canons de l'artillerie royale, succède, dix ans plus tard, le désastre de Pavie. Les arquebuses à mèche des Espagnols — armes nouvelles à l'époque — y fauchent les charges folles de la cavalerie de François Ier.

Le film des descentes françaises en Italie tout au long des règnes de François Ier et d'Henri II ne laisse pas d'impressionner. Louis XII ayant perdu le Milanais en 1512, son successeur le reconquiert en 1515. Mais il doit l'abandonner six ans plus tard. Trois campagnes successives sont alors menées pour le reconquérir : en 1522 (échec de La Bicoque), en 1523-1524 (mort de Bayard), en 1525 (capture du roi à Pavie). Sorti de sa prison de Madrid et revenu en son royaume, François Ier ne songe qu'à reprendre les armes. Après le sac de Rome en 1527 par les troupes de Charles Quint, Lautrec réoccupe la Lombardie et même une partie du royaume de Naples. Mais la défection de la flotte génoise bouleverse le rapport des forces, et Lautrec bat en retraite. A la paix de Cambrai (1529), François Ier paraît, comme à Madrid trois ans plus tôt, abandonner ses ambitions italiennes. Faux-semblant. Car à la mort du duc Francesco Sforza, en 1535, il revendique le Milanais pour son fils. Charles Quint refuse, et la France occupe les voies d'accès vers la Lombardie, c'est-à-dire la Bresse, le Bugey, la Savoie et le nord du Piémont. La trêve qui intervient en 1538 entre les deux adversaires ne règle pas la question de Milan. Mais, en 1540, Charles Quint donne l'investiture du duché à son fils — le futur Philippe II. La reprise des hostilités permet une victoire — il est vrai sans lendemain — du comte d'Enghien à Cérisoles, en Piémont, en 1544. Henri II (1547-1559), contrairement à une légende tenace, est autant que son père attiré vers l'Italie. En 1551, il fait intervenir les troupes françaises à Parme contre Jules III. De 1552 à 1555, il soutient militairement les Siennois révoltés contre les Impériaux et marque sa présence en Corse par l'envoi de soldats.

Le nonce en France écrit alors que « le Roi Très Chrétien est complètement tourné vers les choses d'Italie ». Et il est probable que dans l'esprit du roi, Metz, Toul et Verdun, occupés en 1552, n'étaient qu'une monnaie d'échange contre Milan ou Asti. En 1555 encore, Henri II s'entend secrètement avec Paul IV Carafa, qui hait les Espagnols, pour chasser ceux-ci du royaume de Naples. Effectivement, l'année suivante, le duc d'Albe envahissant les États de l'Église, François de Guise est envoyé en Italie centrale avec mission d'entrer dans le royaume de Naples. Mais le désastre de Saint-Quentin (10 août 1557) oblige à le rappeler. Si les guerres de Religion n'avaient pas éclaté, il n'est pas sûr que le traité du Cateau-Cambrésis aurait marqué la fin des ambitions italiennes de la France. Certes, elle abandonnait la Corse et ses revendications sur le Milanais. Elle évacuait en principe le Piémont et la Savoie, mais gardait provisoirement cinq places fortes piémontaises, dont Turin et Pignerol, plus le marquisat de Saluces (conservé jusqu'en 1588). N'étaient-ce pas là des bases pour de nouvelles interventions dans la Péninsule ?

Primauté de l'Italie

Est-ce seulement par goût de l'aventure ou pour vivre quelque merveilleux roman de chevalerie que les rois de France cherchèrent avec passion « les gloires et les fumées d'Italie » ? Est-ce parce que la Péninsule leur parut un « paradis terrestre », que les jardins de Naples étaient « pleins de toutes bonnes et singulières choses » — ainsi s'exprimait Charles VIII — et que l'on pouvait tirer des villes italiennes de façon presque inépuisable « librairies, peintures, pierres de marbre et de porphyre » ? On a souvent évoqué le mirage transalpin auquel Charles VIII sacrifia allègrement le Roussillon, l'Artois et la Franche-Comté. Il est vrai, d'autre part, que les « voyages d'Italie » suscitèrent plus d'enthousiasme dans la noblesse belliqueuse et avide que dans l'ensemble de la population française. Au moment où l'armée se rassemblait à Lyon en 1523 pour passer au-delà des Alpes, l'avocat Nicolas Versoris notait en son journal : « Il sambla pour ung temps aux bourgeois de Paris estre destitués et delaissés de tout confort et ayde parce que lors la grant puissance de France estoit envoyée en Italie pour recouvrer Milan, ce qui affoiblissoit le royaulme. » Enfin, les expéditions au-delà des monts eurent pour résultat d'alourdir les impôts des Français. Mais il faut dire que Louis XI lui-même avait regardé du côté de l'Italie et que la Péninsule était à tous égards la région la plus riche, la plus urbanisée, la plus avancée techniquement et la plus civilisée d'Europe. Elle était un réservoir de soldats et de capitaines, d'ingénieurs et d'artistes, le point de rencontre des principaux courants économiques, le lieu géométrique où se concentraient l'argent, le crédit et les banques. Enfin, elle fournissait sa capitale à la catholicité. Qui aspirait à la puissance en Europe devait forcément chercher à s'assurer une place prépondérante en Italie.

Le tort des rois de France fut moins d'avoir nourri des ambitions italiennes que d'avoir dispersé leurs efforts. Au lieu de s'entêter à envoyer des troupes en Toscane et dans le royaume de Naples, ils auraient dû obstinément concentrer sur le Piémont et la Lombardie leurs entreprises militaires et leurs initiatives diplomatiques.

Le royaume sur la défensive

Parce que, jusque vers 1560, on ne pouvait être une grande puissance en Europe sans intervenir en Italie, le Roi Très Chrétien devait nécessairement y rencontrer Charles Quint, qui aspirait à la monarchie universelle ou du moins pratiquait une politique universelle. De fait, les guerres dans la Péninsule changent de sens à partir du moment où Charles d'Espagne est élu empereur en 1519. Considérées du point de vue de la France, elles deviennent défensives, d'offensives qu'elles étaient auparavant. Même si l'initiative vient de François Ier ou d'Henri II, il s'agit bien d'empêcher la domination par l'Empereur de l'Italie entière. Ainsi, au XVIe siècle, les Français ont changé d'ennemi héréditaire : ce n'est plus l'Anglais, c'est le Habsbourg. Certes, l'Angleterre s'est encore trouvée à plusieurs reprises en guerre contre la France — en 1544 lorsque les soldats d'Henri VIII assiégeaient Boulogne, et encore en 1555-1559 —, mais toujours comme alliée et comparse secondaire des Habsbourg. Ces conflits limités permirent, d'ailleurs, à François de Guise de reprendre Calais par surprise en 1558, et la paix du Cateau-Cambrésis confirma l'évacuation par les Anglais de la dernière place qu'ils tenaient encore sur le continent.

Combattre en Italie n'était-ce pas une façon pour les Rois Très Chrétiens d'éloigner la guerre des frontières et du sol français ? Car Charles Quint, maître des Pays-Bas, de la Franche-Comté et de l'Espagne, cherchait à encercler la France, peut-être même à la faire éclater ; la mainmise sur le Milanais accroissait encore la pression des Habsbourg. Enfin, l'Empereur, dont le français était la langue maternelle, rêva toujours de récupérer la Bourgogne, patrie de ses ancêtres. Il ne cessa de réclamer le duché « tyranniquement et indûment détenu et occupé par le roi de France ». Et on lit dans son testament, rédigé à Bruges en 1522 : « Si, à l'heure de notredit trépas notre duché de Bourgogne était réduit en notre obéissance, en ce cas nous voulons notredit corps être ensépulturé en l'église conventuelle des Chartreux (Champmol), lez notre ville de Dijon, audit duché de Bourgogne, lez et avec les corps de ceux qui furent nos prédécesseurs Philippe dit le Hardi, Jean son fils et Philippe dit le Bon, en leur vivant ducs dudit Bourgogne. » L'Empereur crut toucher au but en 1526, puisque, à Madrid, François Ier accepta non seulement de perdre le Milanais, de renoncer à sa suzeraineté sur la Flandre et l'Artois, et de rendre au duc de Bourbon ses biens et dignités, mais encore d'abandonner la Bourgogne. Mais, rentré en France, appuyé par la ligue de Cognac et les notables bourguignons, il refusa de tenir parole. Charles Quint dut s'incliner au traité de Cambrai (1529).

Durant les quarante années 1519-1559, la France fut en guerre avec Charles Quint, puis avec Philippe II, pendant au moins dix-huit ans (1521-1526, 1527-1529, 1536-1538, 1542-1544, 1552-1559). A chaque fois, des combats en France doublèrent ceux qui se déroulaient en Italie. A chaque fois, malgré des revers, la situation put être rétablie. En 1521, Bayard défendit victorieusement Mézières contre les Impériaux. En 1524, le duc de Bourbon, devenu lieutenant de Charles Quint, envahit la Provence. Mais il usa ses forces devant Marseille au lieu de remonter vers Lyon. En 1536, la Provence fut à nouveau occupée par les troupes de l'Empereur, mais elles ne purent s'y maintenir, car Montmorency fit le vide devant elles. D'où leur retraite dramatique vers l'Italie en laissant derrière elles « les chemins jonchés de morts et de malades [...], hommes et chevaux tous amassés en un tas parmi les autres [...], les mourants pêle-mêle parmi les morts ». Au même moment, les Impériaux, qui avaient pénétré en Picardie, étaient arrêtés devant Péronne. Huit ans plus tard, ils entraient en Champagne, prenaient Saint-Dizier et s'avançaient jusqu'à Epernay et Château-Thierry. Mais la résistance française obligeait bientôt Charles Quint à traiter sans son allié anglais à Crépy-en-Laonnais. On dit que c'est la brillante défense de Metz par François de Guise (1552-1553) qui, décourageant l'Empereur, lui donna l'idée d'abdiquer. L'écrasante victoire d'Emmanuel-Philibert près de Saint-Quentin, en août 1557, put apparaître comme une revanche : l'armée d'Henri II fut mise en déroute, perdit 3 000 morts et 6 000 prisonniers — chiffres considérables pour l'époque. Mais si la France connaissait alors des difficultés financières, plus grandes encore étaient celles de l'Espagne, les deux pays étant l'un et l'autre affectés par le même « creux » de la conjoncture économique qui marqua le milieu du XVIe siècle. Deux mois avant la bataille de Saint-Quentin, Philippe II s'était résigné à une banqueroute partielle. L'épuisement financier et les progrès du calvinisme en Europe occidentale interdirent donc au roi d'Espagne d'exploiter sa victoire. En France, les militaires, tels Monluc et Brantôme, s'indignèrent du traité du Cateau-Cambrésis, qui paraissait marquer la fin des ambitions françaises en Italie : « En une heure, et par un trait de plume, fallut tout rendre et souiller et noircir toutes nos belles victoires passées, de trois ou quatre gouttes d'encre. » Mais si l'on compare la France de 1559 à celle de 1515, on voit qu'elle s'est agrandie et consolidée par l'acquisition des Trois-Évêchés et qu'elle a récupéré Calais et les territoires avoisinants (Guînes et châtellenie d'Oye).

Un pays relativement paisible

Pendant la première partie du XVIe siècle, la vie quotidienne en France avait été plus paisible que celle de beaucoup de pays d'Europe. Non cependant que le calme y ait toujours été complet. En 1529 éclata à Lyon une grande émeute, ou « rebeine », qui faillit faire tomber le gouvernement de la ville entre les mains de ceux qui s'intitulaient la « povre commune » et le « povre monde ». Encore à Lyon éclatera en 1539 la célèbre grève des imprimeurs dont le nom de « tric » qu'elle reçut, déformation de l'allemand *Streik*, témoigne de la présence de nombreux typographes d'origine germanique. Entre 1543 et 1548, une importante rébellion se développa dans l'ouest du royaume, notamment en Guyenne. Paysans et nobles ruinés y refusaient les augmentations d'impôts. Le mouvement fut férocement réprimé. Toutefois, le royaume de François Ier et d'Henri II ne connut aucune révolte comparable à celle des *communeros* espagnols de 1520-1521, ou à celle des paysans qui soulevèrent en 1524-1525 la moitié de l'Allemagne. Il ne fut pas le théâtre d'une guerre intérieure telle que celle qui déchira l'Empire de 1546 à 1552, en raison du conflit entre la ligue de Smalkalde et Charles Quint. Enfin, il ne fut pas, malgré l'invasion momentanée de la Provence, de la Picardie et de la Champagne, continuellement foulé aux pieds comme l'Italie par les soldats étrangers. Relativement protégée de la guerre, la France fut donc, durant la première moitié du xvie siècle, le « pays heureusement fertile » vanté par Ronsard, qui « donne à ses filz ce qui leur est utile ».

Dégradation progressive de la situation intérieure

Pourtant, les signes avant-coureurs du drame qui ensanglanta le royaume après la mort d'Henri II n'avaient cessé de se préciser durant la période précédente. La situation religieuse dans le pays et la concorde civile s'étaient progressivement détériorées, de l'exécution de Berquin — un gentilhomme ami d'Erasme — en 1529 à celle du conseiller Anne du Bourg, brûlé le 23 décembre 1559, après avoir été étranglé, pour avoir demandé la suspension des poursuites contre les protestants. Quelques faits majeurs jalonnent cette irréversible dégradation : les persécutions qui suivirent l'affichage en 1534 de placards hostiles à la messe sur la porte même de la chambre du roi à Amboise, le massacre en 1545 de 3 000 vaudois du Luberon sur l'ordre du parlement d'Aix et avec le consentement de François Ier, enfin et surtout la législation antiprotestante mise en place par Henri II. Une « chambre ardente », créée en 1547 au parlement de Paris, rendit en trois ans plus de 500 arrêts contre l'hérésie. Puis l'édit de Compiègne (1557), sans déposséder théoriquement les cours ecclésiastiques, réserva aux tribunaux laïques le jugement des réformés, dès qu'il y aurait scandale public. Dans ce cas, les hérétiques devraient tous être condamnés à mort. Quant à l'édit d'Ecouen (1559), il ordonna d'abattre sans jugement tout protestant révolté ou en fuite. C'est contre ces mesures qu'Anne du Bourg s'éleva. Elles prouvent en tout cas que, dans la pensée du roi, le péril huguenot allait en s'accroissant. En effet, aux approches de 1560 on voit une fraction notable de la noblesse adhérer à la Réforme et suivre à cet égard l'exemple de Condé et des trois neveux du connétable de Montmorency — le cardinal Odet de Châtillon, d'Andelot, colonel général de l'infanterie, et l'amiral de Coligny. En outre, les gentilshommes que le traité du Cateau-Cambrésis laisse sans emploi sont maintenant disponibles pour toutes les violences de la guerre intérieure. Suivant leur tempérament, leurs convictions et surtout la clientèle nobiliaire à laquelle ils appartiennent, ils choisissent entre le parti de Condé et celui des Guise, car ceux-ci font déjà figure de chefs de file des catholiques intransigeants. Si Henri II n'était pas mort inopinément dans la force de l'âge, peut-être aurait-il pu contenir la vague montante des périls ? Son autorité n'était pas contestée, et on peut être sûr qu'il aurait poursuivi avec sa raideur habituelle la politique antiprotestante. Ses dernières paroles auraient été : « Que mon peuple persiste et demeure ferme en la foy en laquelle je meurs. » Mais ses successeurs — y compris Catherine de Médicis — furent des hésitants qui, faisant de la France la proie des factions, oscillèrent perpétuellement entre plusieurs conduites.

Entre la paix et la guerre

À la mort de son père, François II n'avait que quinze ans et demi. Les Guise étaient les oncles de la reine Marie Stuart ; ils s'installèrent au pouvoir. La conjuration — ou « tumulte » — d'Amboise (mars 1560), encouragée par Condé, avait précisément pour but l'enlèvement des Guise. Le complot échoua et les conjurés prisonniers furent pendus sur la terrasse du château. Agrippa d'Aubigné avait neuf ans lorsqu'il assista à cette exécution et jura de la venger. La guerre civile, cependant, n'éclata pas encore. Le décès de François II permit à Catherine d'écarter les Guise et de tenter une politique de conciliation. Aux états généraux d'Orléans (décembre 1560-janvier 1561), le nouveau chancelier Michel de l'Hospital prononça la harangue célèbre : « Il nous faut dorénavant garnir de vertus et bonnes mœurs et puis les assaillir [les protestants] avec les armes de la charité, prières, persuasions, paroles de Dieu, qui sont propres à tel combat. [...] Le couteau vaut peu contre l'esprit. [...] Otons ces mots diaboliques : luthériens, huguenots, papistes ; ne changeons le nom de chrétiens. » Catherine de Médicis avait mis beaucoup d'espoir dans un colloque qui s'ouvrit à Poissy en septembre 1561. Douze ministres protestants, dont Théodore de Bèze, y exposèrent leur doctrine devant l'assemblée générale du clergé de France. La confrontation se solda par un échec. Néanmoins, Michel de l'Hospital rédigea l'édit de janvier 1562, destiné dans son esprit à détendre la situation. Le culte réformé était pour la première fois permis en France, hors des villes closes et de jour. La création de consistoires et la réunion de synodes étaient autorisées. Les pasteurs seraient reconnus, mais prêteraient serment aux autorités locales. Cette mesure de pacification déchaîna la guerre civile. En février, le parlement de Paris refusa de l'enregistrer. Puis, le 1er mars, survint le massacre de Vassy : 74 protestants tués et une centaine de blessés sur les 1 200 qui assistaient à un prêche. L'affaire n'avait pas été préméditée et n'en témoigne que mieux de la surexcitation des esprits. François de Guise et ses gens, revenant de Lorraine, s'aperçurent que le culte avait lieu à Vassy même, et non en dehors, comme l'exigeait l'édit de janvier. Au son des trompettes ils chargèrent les protestants. Les guerres de Religion commençaient, car le massacre de Vassy provoqua une « première Saint-Barthélemy ». A Sens, à Tours, dans le Maine et l'Anjou on égorgea des huguenots. Condé occupa Orléans et les protestants s'emparèrent par surprise de plusieurs grandes villes. Aux cruautés des uns répondirent les atrocités des autres, aux excès de Monluc dans le Sud-Ouest ceux du baron des Adrets dans le Dauphiné et le Lyonnais. Le pays s'installait dans la guerre civile, insensible aux appels à la raison. Pourtant, Sébastien Castellion, un protestant indépendant réfugié à Bâle, écrivait en 1562 son *Conseil à la France désolée*, où il interpellait celle-ci en termes angoissés : « Ce ne sont pas estrangers qui te guerroyent, comme bien autrefois a esté faict, lorsque par dehors estant affligée, pour le moins tu avais par dedens en l'amour et accord de tes enfants quelque soulas. Ains sont tes propres enfans qui te désolent et affligent [...], tes villes et villages, voire tes chemins et champs, sont couverts de corps mors, tes rivières en rougissent et l'air en est puant et infect. Brief, en toy n'y a paix ne repos, jour ne nuyct, et n'y oit-on que plaintes et hélas de toutes pars, sans y pouvoir trouver lieu qui soit seur et sans frayeur et meurtre, crainte et espoventement. »

De 1562 date le *Discours sur les misères de ce temps* de Ronsard, suivi, quelques mois après, par la *Continuation du discours des misères* :

M'apparut tristement l'idole de la France,
[...] Comme une pauvre femme atteinte de la mort.
Son sceptre lui pendait, et sa robe semée
De fleurs de lis était en cent lieux entamée ;
Son poil était hideux, son œil hâve et profond,
Et nulle majesté ne lui haussait le front.

De 1562 jusqu'à l'abjuration d'Henri IV, la littérature — aristocratique ou populaire — ne cessera de s'attendrir sur la France déchirée. Dans *le Printemps* de Jacques Yver (composé vers 1570), une jeune dame noble du Poitou chante en s'accompagnant du luth une *Complaincte sur les misères de la guerre civile*. Et voici, seize ans plus tard, lorsque se précise la rébellion de la Ligue, la *Chanson du printemps retourné* :

Plus il n'y a d'amitié
Ne pitié,
Plus n'y a de cortoisye.
Il n'y a plus de support
Ne confort,
Tout n'est plus que fascherie...
Nous voyons la belle fleur
De couleur
Se changer en adventure ;
Nous voyons le beau jardin,
Au matin,
Se fenir de sa verdure.

Trente-six ans de troubles

On distingue d'ordinaire huit guerres de Religion (1562-1563, 1567-1568, 1569-1570, 1572-1573, 1574-1576, 1576-1577, 1579-1580, 1585-1598), la dernière se transformant à partir de 1595 en guerre étrangère contre Philippe II, qui avait soutenu la Ligue. Mais il s'agit là d'une compartimentation qui simplifie la réalité. En fait, la France, déjà très divisée et agitée en 1560, connut à partir de 1562 trente-six années de troubles presque continus, avec seulement deux périodes d'accalmie relative. La première se situe en 1564-1566. Elle permit à Catherine de Médicis d'entreprendre avec Charles IX, qui venait d'être proclamé majeur, un véritable tour de France afin de faire connaître le jeune souverain au pays. Un second temps de répit intervint en 1581-1584, avant la rechute dans une anarchie plus grave encore que celle qui avait précédé. Ces luttes civiles furent marquées non seulement par des massacres inspirés par les haines réciproques, mais encore par d'importantes opérations militaires. De véritables batailles tournèrent au désavantage des protestants à Dreux (1562), à Jarnac et à Moncontour (1569), et au désavantage des ligueurs à Coutras (1587), et plus tard à Arques (1589) et à Ivry (1590). Les troupes royales durent mettre le siège devant Rouen en 1562 et 1592, devant La Rochelle en 1570 et 1573, devant Paris en 1589-1590. Les principaux chefs des partis en présence moururent de mort violente. Les uns furent mortellement blessés en combattant : Antoine de Bourbon et le maréchal de Saint-André en 1562, le connétable de Montmorency en 1567. D'autres furent assassinés : Condé en 1569, François de Guise en 1563, ses fils Henri de Guise et le cardinal de Lorraine en 1588, Coligny en 1572 et Henri III en 1589.

L'anarchie intérieure permit aux étrangers de s'immiscer dans les affaires françaises, au grand désespoir des patriotes lucides. La *Complaincte sur les misères de la guerre civile* de Jacques Yver est pleine d'amertume à cet égard :

Vous tous Princes Europois
Qui jadis la ligue fistes
Pour empescher les François
D'estendre au loing leurs limites.
Vous ne les peustes ranger
Voire en pais estranger :
Mais or qu'ils sont en oppresse
Comme corbeaux acharnez,
Sur ce corps mort vous venez
Et nul de vous ne le laisse...

En 1562, les réformés français s'allièrent à Élisabeth et lui livrèrent Le Havre, que protestants et catholiques, momentanément réconciliés, durent ensuite reconquérir. En 1568, les huguenots obtinrent une paix honorable à Longjumeau, parce qu'ils avaient reçu le renfort de reîtres et de lansquenets conduits par le fils de l'Électeur palatin. Quatre ans plus tard, le même Jean Casimir ramena en France une armée allemande. Ce sont encore des troupes protestantes étrangères — suisses et allemandes — qui furent défaites par Henri de Guise en 1587 à Vimory et à Auneau. Quant à Henri IV, il dut, au début de son règne, faire appel à l'Angleterre, aux Provinces-Unies et aux princes allemands. L'intervention espagnole l'obligeait à cette démarche qui l'humiliait. Car en 1584 les Guise, en tant que chefs du parti catholique, avaient signé avec l'Espagne le traité de Joinville. Il y était convenu que le successeur d'Henri III serait le cardinal de Bourbon et que Philippe II verserait 50 000 écus par mois pour l'entretien des soldats de la Ligue. Après la mort d'Henri III, des soldats espagnols s'installèrent en Bretagne, débloquèrent Paris et Rouen assiégés et tinrent un moment garnison dans la capitale. Dans la *Satire Ménippée*, Paris est appelé « une spelonque (caverne) de bêtes farouches, une citadelle d'Espagnols, Wallons et Napolitains, un asile et sûre retraite de voleurs, meurtriers et assassinateurs ».

L'anarchie en France aurait sans doute été moindre et l'étranger moins tenté d'intervenir dans le royaume si, de 1562 à la mort d'Henri III, la politique royale avait été plus continue. Mais elle fut incohérente. Catherine de Médicis, dont l'influence fut déterminante durant toute cette période, renonça, au plus tard en 1567, c'est-à-dire au début de la seconde guerre de Religion, à sa politique de tolérance. C'est à ce moment que Michel de l'Hospital fut disgracié, lui qui avait voulu « cheminer droict en homme politique et ne favoriser ny aux uns ny aux autres, ains de servir au roy et à sa patrie ». Si par la suite la reine consentit, voire conseilla des concessions aux protestants, ce fut probablement par tactique et pour gagner du temps. En tout cas, le simple rapprochement chronologique des édits de tolérance et des interdictions du culte réformé dénonce à l'évidence l'inconsistance de la doctrine et des desseins du gouvernement. En effet, le culte protestant fut autorisé — avec des restrictions d'ailleurs variables — en janvier 1562, mars 1563 (paix d'Amboise), mars 1568 (paix de Longjumeau), août 1570 (paix de Saint-Germain), juillet 1573 (paix de La Rochelle), mai 1576 (paix de Beaulieu), septembre 1577 (paix de Bergerac suivie de l'édit de Poitiers), novembre 1580 (paix de Fleix) et avril 1589. Mais il fut interdit en avril 1562, septembre 1568 (édit de Saint-Maur), août 1572 (après la Saint-Barthélemy), juillet 1585 et juillet 1588 (dans ces deux derniers cas sous la pression de la Ligue).

Les étapes de la dégradation

Trois faits majeurs contribuèrent à la détérioration progressive de la situation intérieure française au cours des années 1562-1589 : la révolte des Pays-Bas, la Saint-Barthélemy et la mort du duc d'Anjou, frère cadet d'Henri III. En 1566, une « furie iconoclaste » se déchaîna de Valenciennes à Anvers, qui se transforma quelques années plus tard en révolte généralisée des Pays-Bas contre l'Espagne. Dès lors, les réformés français et les « gueux » ne cessèrent de s'entraider. Quant au massacre de la Saint-Barthélemy — dont Catherine de Médicis partage avec les Guise la responsabilité —, non seulement il fut un crime inutile, puisque Henri III dut le désavouer à la paix de Beaulieu, mais encore il creusa un fossé entre le pouvoir royal et les protestants, et provoqua une crise de la foi monarchique. Aussi bien ne fut-il pas limité à Paris, car sur l'ordre du gouvernement la tuerie s'étendit à tout le royaume : plusieurs milliers de réformés périrent alors, tant dans la capitale qu'en province. Duplessis-Mornay devait écrire plus tard : « L'État s'est crevassé et ébranlé depuis la journée de la Saint-Barthélemy, depuis que la foi du prince envers le sujet et du sujet envers le prince, qui est le seul ciment qui entretient les États en Union, s'est si outrageusement démentie. » Parce qu'il avait perdu confiance dans le roi, le parti protestant s'organisa dès lors plus fortement que par le passé. Il nomma un « gouverneur général et protecteur des églises réformées » — ce sera bientôt Henri de Navarre —, maintint une armée de façon presque permanente, leva des impôts sur les territoires qu'il contrôlait, mit sur pied des états provinciaux et des états généraux. Ainsi apparut en France une sorte de république protestante avec deux capitales, Nîmes et Montauban, et un grand port, La Rochelle. Le massacre de la Saint-Barthélemy provoqua encore un autre résultat : il renforça le groupe de ceux qui plaçaient l'unité de l'État au-dessus de la diversité des opinions religieuses. Ces « politiques », ou « malcontents », constituèrent un tiers parti qui gêna Charles IX et Henri III, mais permit finalement le triomphe d'Henri IV.

Malgré la Saint-Barthélemy, le calme paraissait timidement revenir en France, lorsque le duc d'Anjou mourut le 10 juin 1584. Henri III n'ayant pas d'enfant, le successeur légitime devenait Henri de Navarre, chef du parti protestant. Cette perspective affola les Français. Les catholiques les plus zélés, poussés par les Guise et encouragés par l'Espagne, reconstituèrent la *Sainte Ligue*, née en 1576 au lendemain de la paix de Beaulieu, mais tombée en sommeil. Le royaume, dès lors, sombra dans le chaos. Henri III s'efforça d'abord de neutraliser la Ligue en en prenant la tête. Il se rapprocha des Guise et déclara le Béarnais déchu de ses droits, tandis que Sixte Quint excommuniait « Henri jadis roi de Navarre », qualifié de relaps. Celui-ci fut vainqueur de ses ennemis à Coutras, mais Henri de Guise — le Balafré — défit les contingents étrangers qui venaient au secours des protestants français. Grisé par sa victoire, il se fit acclamer par le peuple de Paris, joua au maire du palais, humilia Henri III, qui abandonna sa capitale et profita de la réunion des états généraux à Blois pour faire assassiner par sa garde le duc de Guise et son frère le cardinal de Lorraine (23-24 décembre 1588). « A présent je suis roi », s'écria

Henri III après ce double meurtre. Il l'était moins que jamais. A la nouvelle des événements de Blois, Paris se souleva, et le duc de Mayenne, frère du Balafré et nouveau chef de la Ligue, en devint le maître. Aussi Henri III dut-il se retourner vers Henri de Navarre et s'allier avec lui. Mortellement frappé à Saint-Cloud par un moine fanatique (1er août 1589), le roi désigna le prince réformé comme son successeur, mais en le suppliant de se convertir. Après quelques nouvelles années de guerre civile particulièrement dramatiques, une double réaction nationale sauva le pays : les états généraux de la Ligue réunis en 1593 demandèrent un souverain catholique, mais refusèrent de donner la couronne à l'infante Isabelle, fille de Philippe II, et Henri IV, de son côté, comprit qu'il ne serait jamais accepté par son peuple s'il n'abjurait pas. Les conditions du retour à la paix civile se trouvaient enfin réunies.

II.   SOLIDITÉ
DU ROYAUME

Eloge de la France

Il faut se demander pourquoi la France a survécu aux assauts répétés de Charles Quint et de Philippe II et à la tempête des guerres de Religion. La réponse à cette question est que le royaume des Valois est alors le plus solide d'Occident. Ce n'est pas par hasard que Maximilien l'envie, que Machiavel le donne en exemple aux Italiens et que Claude de Seyssel intitule son plus célèbre ouvrage *la Grande Monarchie française*. Les ambassadeurs vénitiens, à tour de rôle, vantent l'unité d'un État où le roi est mieux obéi que partout ailleurs. Dans sa relation de 1546, Marino Cavalli est catégorique : « Il y a des pays plus fertiles et plus riches (que la France) ; il y en a de plus grands et de plus puissants, tels que l'Allemagne et l'Espagne ; mais nul n'est aussi uni, aussi facile à manier que la France. Voilà sa force à mon sens : unité et obéissance. [...] Aussi les Français, qui se sentent peu faits pour se gouverner eux-mêmes, ont-ils entièrement remis leur liberté et leur volonté aux mains de leur roi. Il lui suffit de dire : « Je veux telle ou telle somme, j'ordonne, je consens », et l'exécution est aussi prompte que si c'était la nation entière qui eût décidé de son propre mouvement. »

L'analyse si éclairante de Cavalli doit cependant être complétée sur deux points : la démographie et le sentiment national. La France est alors le pays le plus peuplé d'Europe. Dans ses frontières de l'époque, elle rassemble de 15 à 18 millions d'habitants, alors que l'Italie ne dépasse pas 12 millions, que l'Allemagne (dans ses limites de 1937) n'arrive pas à 15 millions, que la population espagnole se situe aux environs de 8 millions, celle de l'Angleterre et de l'Écosse réunies aux alentours de 5 millions.

Les contemporains ont eu conscience de cette richesse française en hommes ; témoin Claude de Seyssel, qui constatait en 1519 : « Le peuple par la longueur de la paix est tant multiplié » ; témoin aussi Ronsard, qui affirmait avec emphase :

> On ne voit point par les champs qui fleurissent,
> Errer ensemble un tel nombre d'abeilles,
> Baisans les liz et les roses vermeilles :
> Ne par l'esté ne marchent au labeur
> Tant de formiz, animaulz qui ont peur
> Qu'en leur vieillesse ilz n'endurent souffrance,
> Comme l'on voit d'hommes par nostre France
> Se remuer : soit quand Bellone anime
> La majesté de leur cœur magnanime :
> Ou quand la paix, à son rang retournée,
> Chacun renvoie exercer sa journée.

Le sentiment national

L'élément quantitatif a joué en faveur de la France jusqu'à la fin de l'époque napoléonienne. Mais la force démographique aurait-elle pesé d'un tel poids si elle n'avait pas été sous-tendue par un réel sentiment national ? Celui-ci n'est pas assurément dans l'Europe du xvie siècle une exclusivité française. Il bat aussi en Angleterre — Shakespeare l'exaltera dans *Richard II* —, dans les pays ibériques, en Bohême, dans la Suède de Gustave Vasa, et même dans l'Allemagne de Luther et l'Italie de Jules II et de Paul IV. Mais c'est en France, semble-t-il, qu'il est le plus intense. N'est-ce pas lui qui a suscité Jeanne d'Arc et permis la victoire sur les Anglais durant la guerre de Cent Ans ? Il s'agit donc d'un fait de grande conséquence auquel l'histoire des mentalités se doit d'être attentive. Au moment où écrit Ronsard, l'éloge de la France est devenu depuis déjà longtemps un thème classique de la littérature nationale. Elle est le pays heureux et équilibré que la géographie favorise. C'est ce qu'exprimait vers 1450 l'auteur anonyme du *Débat des hérauts d'armes de France et d'Angleterre :* parce que la France se trouve également éloignée des régions chaudes et des régions froides « là se repouse vertu, et y est l'air doulx et plaisant, et tous fruictz y croissent habondamment et sont vertueux et délicieux, et les gens y vivent plaisamment ». Un siècle plus tard c'est par un *Hymne de France* que le futur auteur de *la Franciade* commence, non sans quelque chauvinisme, sa carrière poétique :

> Le Grec vanteur la Grèce vantera
> Et l'Espaignol l'Espaigne chantera
> L'Italien les Itales fertiles,
> Mais moy, Françoys, la France aux belles villes :
> Et son sainct nom, dont le crieur nous sommes,
> Ferons voler par les bouches des hommes.

Et Ronsard de louer ce pays épargné par « la cruauté des vents malicieux » et où se plaît « Cérès la blonde ». « Mille troupeaux frisez de fines laines » campent dans ses plaines. Au dos de ses monts, « les grands forests verdoyent », « à leurs pieds les belles eaus ondoyent ». « Le fer et l'airain [...] sont les biens de ses riches rognons ». Maint grand vaisseau se promène en ses flots, et dedans l'enclos de ses belles cités « mille et mille arts sont exercitez ».

« Patriotisme » et chansons

Plus encore que les vers de Ronsard, les chansons du temps restituent pour nous la qualité du sentiment national tel qu'il était vécu, car elles accompagnent tous les événements qui ont alors scandé la vie du royaume. Elles exultent après la journée de Marignan (« Escoutez, escoutez tous gentils Gallois / La victoire du noble roy François ») ; elles soutiennent Bayard assiégé dans Mézières (« Le comte de Nansault / Tu es bien abusé / De nous donner l'assault ») ; elles raillent le connétable de Bourbon immobilisé devant Marseille (« Quand Bourbon vit Marseille / Il a dict à ses gens : / Vrai Dieu quel capitaine / Trouverons-nous dedans ? »). Elles déplorent la capture de François Ier à Pavie (« Quand le roi partit de France / A la malheur il partit »). La première ébauche de ce qui deviendra au XVIIIe siècle *Malbrough s'en va-t-en guerre* date de 1544, lorsqu'un capitaine de Charles Quint, René de Nassau, trouva la mort devant Saint-Dizier. On chanta alors en France : « Le beau prince d'Orange / Est mort et enterré, / J' l'ai vu porter en terre / Par quatre cordeliers. » Que les guerres de Religion aient ensuite donné naissance à d'innombrables complaintes populaires et regrets rimés sur la grande détresse de la France aide à saisir la profondeur de ce qu'il faut bien appeler du terme moderne de *patriotisme* et à comprendre pourquoi l'aspiration à l'unité l'emporta finalement sur les forces centrifuges. Cette victoire n'aurait sans doute pas été possible sans la présence au creux de l'âme française du temps d'un esprit savoureusement cocardier qui avait fait du poème sur *la Bataille de Marignan* et de la musique de Clément Janequin qui l'accompagne une sorte d'hymne national. Les gentilshommes l'écoutaient l'épée à la main, et « il n'y était celuy [...] qui ne se [haussât] sur ses orteils pour se rendre plus bragard et de plus riche taille ».

Promotion de la langue d'oïl

C'est bien la montée du sentiment national qui explique l'essor des langues vernaculaires un peu partout dans l'Europe du XVIe siècle, dans l'Allemagne de Luther comme dans le Portugal de Ferreira, dans l'Angleterre d'Ascham puis des écrivains élisabéthains comme dans la France de la Pléiade. Du Bellay, dans sa *Deffence et illustration de la langue françoise* (1549), soutient que le génie français, même dans les lettres et les arts, peut rivaliser avec celui des Italiens, « car la France, soit en repos, soit en guerre, est de long intervalle à préférer à l'Italie, serve maintenant et mercenaire de ceulx auxquels elle souloit commander ». Il déplore donc le mépris dans lequel, en France même, on tient le français : « On le réserve aux petits genres frivoles, ballades, rondeaux et autres épiceries [...] S'agit-il d'exprimer de grandes idées, on use du latin. » Du Bellay, Ronsard et les meilleurs écrivains du temps cherchent donc à hisser les lettres nationales au niveau de celles de l'Antiquité. Pour ce faire, ils retrouvent les vieux mots de terroir, emploient les termes techniques familiers aux « ouvriers et gens mécaniques », inventent à l'occasion des vocables nouveaux « moulés et façonnés toutefois sur un patron déjà reçu du peuple », créent le cas échéant des mots d'origine grecque et latine « pourvu qu'ils soient gracieux et plaisants à l'oreille », et surtout introduisent dans la littérature vernaculaire les « grands genres » imités des Anciens. Mais s'ils pillent allègrement Athènes et Rome, c'est pour « enrichir les temples et autels de France ». Au vrai, il ne s'agit pas seulement d'une promotion limitée au cercle des lettrés : l'ordonnance de Villers-Cotterêts (1539) décide que les actes judiciaires seront désormais « prononcés, enregistrés et délivrés aux parties en langage maternel françois et non autrement ». A l'heure où le toscan devient la langue de Rome et où Luther traduit la Bible en un allemand accessible à tous, un phénomène du même ordre et d'égale conséquence se produit donc en France : le français de Paris et de la Loire, substitué au latin dans les tribunaux, devient la langue nationale.

Omniprésence et autorité du roi

L'ordonnance de Villers-Cotterêts favorise une centralisation qui s'insinue progressivement dans le royaume par de multiples canaux. L'un de ceux-ci, au niveau de l'infrastructure, est l'organisation postale. Louis XI avait créé la poste royale aux chevaux, c'est-à-dire un système de relais permettant un meilleur acheminement de la correspondance gouvernementale. Et Louis XII, en 1506, avait mis ce service à la disposition du public. Sous ses successeurs, la poste du roi prend progressivement le pas sur celles de l'Université de Paris et des communautés urbaines, en même temps qu'un réseau se dessine autour de la capitale administrative — Paris — et de la capitale économique et financière — Lyon. Sous François Ier, la route postale Paris-Lyon est améliorée et sont mises en exploitation celles qui relient Paris à Boulogne-sur-Mer (1530), Lyon à Marseille (1533), à Soleure (1533), à Turin (1538). En 1561, des messagers français se rendent régulièrement à Venise et à Rome. Vingt-trois ans plus tard, l'« état des postes assises pour le service du roi Henri III en son royaume » dénombre sur les routes de France 252 relais à la charge du trésor royal, plus 13 passages surveillés pour la traversée des rivières.

Ainsi, dans de multiples domaines s'affirme chaque jour davantage l'omniprésence d'un roi dont l'autorité stupéfie l'étranger. On connaît la boutade de Maximilien : l'Empereur, disait-il, n'est qu'un roi des rois, le Roi Catholique un roi des hommes, mais celui de France est un roi des bêtes, « car, en quelque chose qu'il commande, il est obéi aussitôt comme l'homme l'est des bêtes ». C'est François Ier qui a fait progresser l'absolutisme en France de façon décisive. Au « Père du peuple » un peu bonhomme succéda celui que Louise de Savoie appelait son « César triomphant », un souverain viveur et superficiel, mais qui était cultivé et brillant. Dès le septième jour de son règne, il employa les formules lourdes de signification politique : « Car tel est notre plaisir » et « Car ainsi nous plaît-il être fait ». Les Italiens appelèrent désormais le roi de France « Sa Majesté », titre jusque-là réservé à l'Empereur. Ce vocabulaire, nouveau dans le royaume, se fondait, en outre, sur la doctrine d'une école de juristes qui favorisait alors la renaissance du droit romain. De ces serviteurs de la monarchie à la fois dévoués et avides, Duprat, premier président du parlement de Paris en 1507 et chancelier à partir de 1515, est particulièrement représentatif. C'est lui qui rappelait à ses anciens collègues des cours souveraines qu'ils n'ont « puissance sinon celle que le prince leur baille », car autrement « faudrait dire que ce royaume ne serait monarchie, ains aristocratie ».

Un halo de gloire autour du souverain

A partir de François Ier, la Cour devint un instrument de règne. Parce qu'il aimait les fêtes et les jeux, parce qu'il avait encouragé la publication du *Cortigiano* de Castiglione, le roi vécut au milieu d'une compagnie brillante. Mais ce rassemblement de nobles jusque-là attachés à leurs terres, de lettrés et d'artistes, d'étrangers accourus notamment d'Italie, enfin de dames d'honneur aux joyeux devis créa comme un halo de gloire autour de la personne royale. Quand elle se déplaçait — ce qui était fréquent — la Cour devenait une ville itinérante. Au repos, dans un château proche de la capitale, elle pouvait compter jusqu'à 15 000 personnes. D'où la nécessité de la loger dans de nouveaux et vastes palais. Les dimensions et la décoration des nouvelles demeures royales du XVIe siècle — Chambord, Fontainebleau, Louvre reconstruit à partir de 1546 — constituent des témoignages très probants sur le culte monarchique qui était en train de se développer alors en France.

Sans être le « chevalier de la Triste Figure » dont a parlé Michelet, Henri II fut plus austère que son père et sa Cour moins brillante. Il supprima bals et concerts, limita le nombre des dames d'honneur. Mais le prestige du monarque se trouva exalté autrement, notamment lors des

Entrées solennelles à Paris en 1549 et à Rouen en 1550. Tout l'arsenal décoratif que les Italiens avaient mis à la mode dans la Péninsule pour exalter le prince se trouva réutilisé en France au bénéfice de la royauté. Arcs de triomphe, statues à l'antique, pyramides et obélisques constituaient alors autour du souverain un paysage urbain digne des anciens triomphes de Rome. Le roi devenait l'*Hercule gaulois* qu'accueillaient les meilleurs poètes. En 1549 Ronsard invitait en ces termes la capitale à recevoir dignement le héros royal :

> Sus donq Paris regarde quel doit estre
> Ton heur futur, en adorant ton maistre,
> Ton nouveau Dieu, dont la divinité
> T'enrichira d'une immortalité.

Inachèvement du royaume

La fierté patriotique et la fidélité monarchique apportent, il est vrai, un contrepoids bien nécessaire à la diversité et au manque d'homogénéité du royaume. Des enclaves étrangères y subsistent : Calais jusqu'en 1558 ; le Comtat Venaissin, gouverné par le pape ; la principauté d'Orange, qui appartient aux Nassau depuis 1544, et le Charolais, possession de la maison de Bourgogne passée dans celle des Habsbourg. Si à l'intérieur des frontières le domaine royal comprend la majeure partie du territoire, certains fiefs restent jusqu'en 1589 tenus par des princes souverains qui ont titre de roi. En effet, le mariage en 1548 de Jeanne d'Albret, fille de Marguerite de Navarre, avec l'héritier de la maison de Bourbon-Vendôme, a reconstitué un puissant groupement féodal. Il comprend le duché d'Albret, la vicomté de Béarn, les comtés de Foix, de Bigorre et d'Armagnac, le Rouergue, le Périgord et le Vendômois, à quoi s'ajoute la partie française du royaume de Navarre. C'est seulement l'accession d'Henri IV à la couronne de Saint Louis qui permettra à la monarchie française de gouverner directement ce vaste ensemble territorial.

Enfin, à l'intérieur même du domaine royal, l'unification est loin d'être totale. Certaines provinces, surtout périphériques, d'incorporation relativement ancienne, telles que la Normandie et le Languedoc, ou plus récemment réunies comme le Dauphiné, la Bourgogne, la Provence et la Bretagne, gardent leurs privilèges, leurs coutumes et leurs institutions et conservent jalousement leurs états provinciaux, leur cour de justice, leur chambre des comptes ou leur cour des aides.

Remembrement territorial

Il reste qu'au cours du xvie siècle l'unification du royaume a sensiblement progressé. C'est une mauvaise querelle, fondée toutefois sur le droit féodal, que François Ier — poussé par sa mère — chercha au connétable de Bourbon au moment où la femme de celui-ci mourut sans enfants en 1521. Le roi réclama les biens apanagés, et Louise de Savoie, la plus proche parente de la défunte, les fiefs appartenant à la branche masculine de la maison de Bourbon. Le parlement de Paris fut amené à se prononcer. Mais, avant même la sentence, François Ier préleva quelques terres qu'il donna à sa mère et mit le reste sous séquestre. Le connétable décida alors de « trahir ». Pour beaucoup de contemporains Charles de Montpensier n'était pas un traître. Il en appelait simplement, conformément au droit vassalique, au suzerain des suzerains : l'Empereur. L'avocat Versoris nota dans son journal à la date du 12 septembre 1523 : « En ce temps le commun peuple de France disoit prévoir beaucoup de malheurs et de misères à cause du départ de M. de Bourbon qu'il disoit leur estre moult propice pour sa sagesse, prouesse et vertu. » Et Brantôme écrira plus tard : « Qu'eût fait M. de Bourbon, s'il n'eût fait ce qu'il fit ? Enfin, il aurait été emprisonné et on lui aurait fait son procès [...], et il en eût été déshonoré pour jamais, lui et les siens. Au lieu qu'il est mort très glorieux, ayant vengé ses injures et offenses [...]. » Mais François Ier voulut profiter de la mort de Suzanne de Bourbon pour démanteler une redoutable entité féodale ; car celle-ci constituait un bloc homogène formé de la Marche, du Bourbonnais, de l'Auvergne, du Forez et du Beaujolais. Moulins faisait figure de capitale. Ce démantèlement une fois obtenu (1527), le roi crut pouvoir restituer à l'une des deux branches des Bourbons les comtés du Montpensier et d'Auvergne, celle des Vendôme gardant le duché de ce nom, la baronnie d'Enghien et la seigneurie de Condé : concessions qui auraient encore lourdement hypothéqué l'avenir si Henri de Bourbon-Navarre n'était devenu Henri IV de France.

La donation d'apanages, qui avait été une des grandes erreurs de Jean le Bon au XIVe siècle, ne cessa pas au XVIe puisque, en 1576, le duc d'Alençon, frère cadet d'Henri III, reçut l'Anjou, la Touraine et le Berry. Aussi la mort prématurée du jeune duc fut-elle une chance pour l'unité française. Du moins, l'avènement de Louis XII en 1498 et celui de François Ier en 1515 avaient-ils fait rentrer dans le domaine royal, d'une part les duchés de Valois et d'Orléans et le comté de Blois, d'autre part le comté d'Angoulême. Enfin, un des succès de la politique unificatrice des Valois au XVIe siècle fut évidemment la réunion de la Bretagne qu'avaient préparée les mariages de Charles VIII et de Louis XII avec la duchesse Anne. En 1532, les états de Bretagne, assemblés à Vannes, acceptèrent que le duché fût définitivement intégré au domaine royal.

Structuration

« Avec François Ier et Henri II, les contemporains eurent le sentiment d'un changement dans les méthodes de gouvernement » (H. Lapeyre). Il est, en effet, significatif que les états généraux n'aient pas été convoqués de 1484 à 1560. Le nouveau style des rois de France et leur autoritarisme soupçonneux apparaissent en pleine lumière lors de procès qui font grand bruit. Connaissent ainsi les foudres de la colère royale, non seulement le connétable de Bourbon, mais encore Semblançay, véritable surintendant des Finances, accusé de concussion et de trahison et exécuté en 1527 à l'indignation de Marot, l'amiral Philippe Chabot arrêté en 1540 et le chancelier Guillaume Poyet embastillé en 1545.

Ces disgrâces brutales et ces condamnations sont l'aspect négatif d'une évolution qui organise en centralisant — mouvement profond de structuration décelable dans tous les États européens à l'époque de la Renaissance. A l'étage supérieur, du *Conseil du roi*, composé des pairs de France, des princes du sang, des grands officiers de la Couronne et d'autres personnages importants, se dégage sous François Ier un groupe restreint de conseillers qui constituent ce qu'on appelle tantôt *Conseil secret*, tantôt *Conseil étroit*, tantôt *Conseil des affaires*. Le Vénitien Michel Suriano explique en 1561 : « Ce conseil est nouveau et fut introduit par le roi François Ier, qui avait en haine les conseils trop nombreux et qui fut le premier à prendre de son chef les grandes décisions. » Sur le devant de la scène, les grands officiers de la Couronne — le connétable, chef de l'armée ; le chancelier, chef de la justice ; l'amiral de France et le grand maître de France (qui dirige la maison du roi) — occupent toujours une position avantageuse. Mais on voit s'accroître l'importance de personnages encore discrets, mais déjà efficaces : *maîtres des requêtes*, qui rapportent les affaires au Conseil du roi : *notaires et secrétaires du roi*, qui se spécialisent dans les affaires de finances. Les uns fournissent sous Henri II les premiers *commissaires départis* — futurs intendants — en Corse et en Piémont occupés. Les autres se voient conférer en 1559 le titre de *secrétaires d'État des Commandements et Finances*. Ils sont quatre et se partagent, selon des secteurs géographiques, à la fois les affaires intérieures et les relations avec les divers pays étrangers.

Finances et Justice

Parce que les Valois ont de grandes ambitions italiennes, parce que François Ier est prodigue et dépensier, mais aussi et surtout parce que, avec le développement des armes à feu, la guerre coûte de plus en plus cher, le roi de France doit accroître les impôts et ajouter de nombreuses *crues* au principal de la taille. Au XVIe siècle, dans toute l'Europe, les nécessités financières des gouvernements ont été la principale raison de la centralisation. Presque partout elles ont imposé l'absolutisme. Capitales sont à cet égard les décisions de François Ier. Il crée le *Trésor de l'épargne* (1523), qui regroupe toutes les recettes, y compris celles qui proviennent du domaine royal. Il fait éclater les quatre anciennes *généralités*, qui se révèlent trop vastes, et les remplace par seize divisions, qui collent davantage à la réalité territoriale. Il généralise la douane et la traite foraine. Henri II complète ces mesures en établissant un *contrôleur général* (1554), qui, au niveau gouvernemental, enregistre le mouvement des fonds du Trésor.

Mais, au cours des siècles antérieurs, c'était notamment par la hiérarchie judiciaire que le souverain avait fait reconnaître son autorité dans le royaume, justice et administration étant d'ailleurs indissolublement liées dans la France d'Ancien Régime. Cette évolution ne s'est pas arrêtée à l'époque de la Renaissance. Au contraire, la justice royale a été au XVIe siècle de plus en plus présente. Deux nouveaux parlements — en Normandie (1515) et en Bretagne (1554) — s'ajoutent aux six déjà existants. Celui de Paris, qui a parmi eux la prééminence et dont le ressort s'étend sur la moitié du pays, s'étoffe. Son effectif passe de 80 membres en 1499 à 150 en 1558 et deux nouvelles chambres des enquêtes y sont créées par François Ier.

Sur le plan national, l'ordonnance de Crémieu (1536) accroît les attributions des tribunaux des bailliages et des sénéchaussées, et affirme leur prééminence sur les autres juridictions locales. Quant à l'ordonnance de Villers-Cotterêts, non seulement elle impose l'unité de langue dans les actes judiciaires et prescrit la tenue de registres d'état civil, mais encore elle codifie la procédure et précise la frontière entre juridiction civile et juridiction ecclésiastique. Enfin et surtout, Henri II complète l'œuvre d'unification judiciaire du royaume par la création en 1552 de 61 présidiaux de 9 juges chacun. Ils seront jusqu'à la fin de l'Ancien Régime des tribunaux d'appel pour les petites causes et un échelon intermédiaire entre les parlements et les juridictions inférieures.

Opposants virtuels

Bien sûr, Henri II a surtout créé les présidiaux pour se procurer de l'argent en vendant des charges de judicature. D'une façon plus générale, la royauté, dont le Trésor était souvent à sec, céda constamment à la facilité en multipliant les offices. Elle en retirait un profit immédiat, mais accroissait sans cesse le volume des gages à payer. Ceux-ci passèrent de 1 200 000 livres par an en 1560 à 5 000 000 en 1585. Progressivement, les officiers se considérèrent comme propriétaires de leur charge. La vente et l'hérédité des offices s'institutionnalisèrent. De sorte que le roi se trouva, par sa propre faute, dessaisi d'une partie de son autorité au profit d'une caste de gens qu'il ne pouvait révoquer qu'en rachetant leurs offices. Politique dangereuse lorsqu'il s'agissait d'officiers aussi importants que les membres des parlements et des autres cours souveraines (chambres des Comptes et cours des Aides). Car les parlementaires de Paris et de province — ils déclaraient ne former qu'un seul corps — aspiraient à jouer un rôle politique. Au moment d'enregistrer les édits royaux, ils étaient autorisés à présenter des *remontrances*. Ils se posaient, en outre, en « conservateurs du royaume et de la chose publique ». Ils prétendaient, enfin, représenter la nation en l'absence des états généraux. C'est un fait que, durant la captivité de François Ier après Pavie, le parlement de Paris s'efforça de diriger le pays conjointement avec la régente Louise de Savoie, dont il essaya de limiter les pouvoirs. D'où la colère du roi lorsqu'il revint en France. Déjà François Ier et le chancelier Duprat étaient entrés en conflit avec le parlement de Paris lorsqu'il s'était agi d'enregistrer le concordat de 1516. L'enregistrement n'avait été obtenu qu'en mars 1518 et avait été entouré de protestations appuyées par l'Université. Aussi, recevant à Amboise, dix mois plus tard, une délégation de parlementaires, le souverain leur avait-il parlé fort sèchement, les assurant « qu'il n'y avait qu'un roi de France [...] et garderait bien qu'il n'y aurait en France un sénat comme à Venise. [...] Allez, partez demain et qu'il n'y ait faute. [...] Partez demain de grand matin ». Au retour de Madrid, François Ier s'efforça de limiter la compétence des parlements aux affaires judiciaires. « Le Roi vous défend, est-il précisé dans un édit du 14 juillet 1527, que vous ne vous entremettiez en quelque façon que ce soit du faict de l'Estat ny d'autre chose que de la justice. [...] Pareillement vous défend et prohibe toute Cour, jurisdiction et cognoissance des matières archiépiscopales, épiscopales et d'abbayes. [...] Et avec ce le dict Seigneur a revocqué et déclaré nulles toutes limitations que pourriez avoir faictes au pouvoir de Madame sa mère, et a revocqué et annullé tout ce que par vous a esté attenté. [...] Semblablement, le dict Seigneur défend à la dicte Cour de n'user par cy-après d'aucunes limitations, modifications ou restrictions sur ses ordonnances, édicts et chartres. [...] D'autre part, le dict Seigneur vous dit et déclare que vous n'avez aucune jurisdiction ou pouvoir sur le chancelier de France, laquelle appartient audict Seigneur et non à autre... »

François Ier et Henri II tinrent donc en respect les parlements. Mais il est bien évident que ceux-ci constituaient une force latente d'opposition prête à se manifester à nouveau dans les temps de crises et de troubles. Une remarque parallèle vaut pour les gouverneurs — ils étaient treize en 1547 —, dont le roi n'avait pas tort de se méfier. Tous issus de très grandes familles, ils tentaient de se constituer dans leurs gouvernements respectifs de véritables clientèles. Inquiet de leurs trop grands pouvoirs, François Ier les révoqua tous en 1542, pour les rétablir aussitôt après, mais en limitant leurs attributions. Toutefois, durant les guerres de Religion et encore dans la première moitié du XVIIe siècle, l'autorité royale se trouva plus d'une fois face à l'indépendance des gouverneurs et plus d'une fois mise en échec par elle.

Consolidation de l'absolutisme

Il reste, en dépit de ces obstacles persistants, que la concentration du pouvoir entre les mains du souverain a réalisé, au cours du XVIe siècle, des progrès décisifs. Le concordat de 1516 constitua à cet égard un remarquable succès pour la monarchie, puisque, supprimant, sauf rares exceptions, les élections épiscopales et abbatiales dans le royaume, il donnait au roi le droit de présentation aux bénéfices majeurs qui venaient à vaquer. En outre, il l'autorisait à lever sur le clergé des décimes ecclésiastiques. François Ier et ses successeurs devinrent ainsi les dispensateurs des deux cinquièmes de la richesse foncière du royaume. L'Église de France fut dans leur main. En outre, ils disposèrent désormais d'un moyen singulièrement efficace de tenir la noblesse dans le devoir en lui faisant espérer ou en lui conférant des biens qui, contrairement aux offices, ne pouvaient pas devenir héréditaires : double avantage pour le monarque. Les contemporains comprirent quel atout nouveau le concordat apportait au roi de France : « Il nomme, dit l'ambassadeur vénitien Giustiniani, à dix archevêchés, 82 évêchés, 527 abbayes, à une infinité de prieurés et canonicats. Ce droit de nomination lui procure une grandissime servitude et obéissance des prélats et laïques, par le désir qu'ils ont des bénéfices. [...] Et de cette façon il satisfait non seulement ses sujets de large façon, mais encore il se concilie une foule d'étrangers. »

Il est certain qu'après la mort d'Henri II plus de trente-cinq années de troubles entamèrent profondément l'autorité du monarque et le prestige même de la personne royale. Des théologiens protestants (Hotman, Théodore de Bèze) et des théoriciens ligueurs (Louis Dorléans, Boucher) n'hésitèrent pas à conseiller le recours aux armes contre le prince légitime qui agit en tyran. Dans Paris assiégé, en 1590, des moines firent l'apologie de l'« acte héroïque et tout à fait divin » de Jacques Clément, l'assassin d'Henri III. Rome, enfin, par la plume du jésuite Bellarmin (*Disputationes de controversiis christianae fidei...*, 1586), affirma que le pape, pour de graves raisons religieuses, peut intervenir dans les affaires intérieures des États, voire déposer des souverains indignes. Les états généraux se voulaient indispensables. L'absolutisme était ainsi contesté de toutes parts. Les gouverneurs cherchaient à se rendre héréditaires. Les parlementaires prenaient devant l'opinion une position avantageuse. En 1596, le premier président au parlement de Dijon ne craindra pas de déclarer à Henri IV que les membres des cours souveraines forment « comme une barrière entre la royauté et le peuple pour défendre ce dernier des impositions et charges extraordinaires ». En même temps, les villes recouvraient une partie de l'indépendance que la monarchie depuis longtemps s'était efforcée de leur rogner. Elles recommençaient à s'administrer elles-mêmes, à nommer leurs consuls ou échevins. Parfois, elles correspondaient directement avec des princes étrangers.

Pourtant, même durant cette période où les forces centrifuges et les courants de désagrégation paraissaient l'emporter sur les éléments unificateurs, on ne cessa de s'acheminer vers la formule louis-quatorzième de la monarchie. Catherine de Médicis et ses fils, imitant les Italiens et les Espagnols, accentuèrent à la Cour le cérémonial et l'étiquette. Un souverain aussi décrié qu'Henri III, et qui fut victime à la fois des désordres de son temps et du dérèglement de son esprit, avait la plus haute idée de son autorité. Un jour, il déclare : « Les autres ne sont rien, là où nous ne parlons point. » Plus travailleur qu'on ne le croit souvent, il fut surnommé « le Roi de la basoche », en raison des réformes administratives publiées sous son règne. La grande ordonnance de Blois de mai 1579 reprit et clarifia toute la législation antérieure sur des questions aussi diverses que l'organisation de l'Église, de la justice et de l'enseignement, la réduction du « nombre effréné » des offices, les privilèges de la noblesse, le gouvernement des provinces, la fiscalité, le commerce, etc. Deux autres édits célèbres de 1577 et 1581 constituèrent un « statut des artisans français ». Dans un dessein, il est vrai, essentiellement fiscal, ils étendaient à tous les métiers le système de la maîtrise jurée. Enfin, en 1587 parut ce qu'on a appelé le Code Henri III, c'est-à-dire un recueil « des ordonnances françoises réduictes en sommaires à la forme et modèle du droit romain ». Que cette législation n'ait été à l'époque qu'inégalement appliquée ne doit pas étonner. Mais Henri IV, Richelieu et Colbert puisèrent ensuite largement dans cet arsenal de textes. Fait symptomatique de l'enracinement de l'absolutisme dans la France du XVIe siècle : même durant les pires épreuves des guerres de Religion, les « monarchomaques » — protestants et ligueurs — ne réussissent pas à faire triompher la théorie du contrat liant le roi au peuple et le droit du pays à se soulever si le roi viole le contrat. Pour étayer cette théorie et ce droit, ils utilisent le Contr'un qu'Étienne de La Boétie avait composé dès 1548. Au contraire, c'est en 1576 que Jean Bodin, s'attachant à défendre l'autorité royale en faisant prévaloir le point de vue des « politiques », établit dans les six livres de la République sa doctrine de la souveraineté. Celle-ci, dit-il, est aussi nécessaire à l'État que la quille au vaisseau, et elle « ne peut estre ny subsister, à parler proprement, sinon en la monarchie ». Les états généraux doivent être assurément réunis et consultés : le souverain doit, d'autre part, respecter les constitutions fondamentales du royaume. Mais la monarchie a pouvoir de « donner et casser la loi ». La République de Jean Bodin contribua donc de façon décisive au renforcement des thèses absolutistes.

III.   CONJONCTURE ÉCONOMIQUE ET VIE QUOTIDIENNE

Refroidissement du climat et hausse des prix

En s'orientant vers l'absolutisme, la France du XVIe siècle ne faisait pas cavalier seul. Elle se situait, au contraire, à l'intérieur d'une conjoncture politique — et culturelle — qui entraînait dans la même évolution les monarchies ibériques, les États italiens et allemands, les royaumes scandinaves et même l'Angleterre d'Henri VIII et d'Élisabeth. Elle accueillit pareillement dans l'ordre économique et social les mouvements profonds qui, comme une large houle, affectèrent alors dans ses aspects les plus divers la vie quotidienne de l'Europe, voire celle du monde.

On s'est demandé si le climat s'était modifié à l'époque de la Renaissance. E. Le Roy Ladurie a répondu à cette question. Les témoignages concordants sur les saisons, les dates des vendanges et les dimensions des glaciers permettent d'établir qu'à partir des années 1540-1560, et jusque bien au-delà de 1600, les hivers furent moins doux que durant la période 1350-1540, et les étés moins chauds. L'abaissement de la température moyenne annuelle aurait été de l'ordre de 1 °C : modification thermique relativement modeste, mais dont les incidences ne furent pas négligeables. Les glaciers alpins atteignirent vers 1600 leur extension maximale, et une série d'étés pourris et d'hivers rigoureux compromirent plus fréquemment qu'auparavant les récoltes et l'alimentation céréalière. En France, des crises de subsistances se produisirent en 1562-1563, 1565-1566, 1573-1577, 1590-1592, 1596-1597, cette énumération chronologique ne signifiant évidemment pas que le royaume fût exempt de disettes durant la première partie du XVIᵉ siècle.

La conjoncture économique s'exprime notamment par la dynamique des prix. Or, ils connurent une certaine flambée au temps de la Renaissance. D'où ce style de « siècle pressé de vivre » qui nous paraît caractériser l'époque de François Iᵉʳ et de Catherine de Médicis. On connaît la formule de Jean Bodin affirmant en 1566 que « l'abondance d'or et d'argent a fait enchérir toutes choses dix fois plus qu'elles n'étaient il y a cent ans ». Les recherches récentes ont démontré que l'auteur de la *Response au paradoxe de M. de Malestroit*... exagérait à peine, du moins si l'on s'en tient aux prix nominaux sans considérer la teneur en métal fin de la monnaie. Les prix moyens annuels du setier de froment à Paris exprimés en livres tournois furent successivement : 0,67 L en 1460-1469, 1,57 L en 1500-1509, 6,45 L en 1560-1569, 18,59 L en 1590-1599. A l'époque où Jean Bodin répliquait à M. de Malestroit, les grains de bonne qualité étaient donc à l'indice 962 par rapport à leur niveau de 1460-1469. Ils atteignirent l'indice 2774 dans la dernière décennie du siècle. Celle-ci, toutefois, cumula mauvaises récoltes et siège de Paris. En 1600-1609 on revint au prix moyen plus normal de 9,45 L, soit l'indice 1410 par rapport à l'indice 100 des années 1460-1469, ou, si l'on préfère, l'indice 602 si l'on prend comme base la décennie 1500-1509. Faut-il pour autant parler, comme on l'a souvent fait, de « révolution des prix » ? Il importe de rappeler que les prix nominaux en France se sont enflés de 35 000 p. 100 entre 1875 et 1961, et, d'autre part, qu'au XVIᵉ siècle le grain était de tous les produits le plus sensible aux à-coups de la conjoncture, parce qu'il

était à la base même de l'alimentation. Les prix des autres articles —
alimentaires ou non — progressèrent moins vite. Il est dès lors
raisonnable de penser que le coût de la vie en France, d'un bout à l'autre
du XVIᵉ siècle, augmenta de 300 à 400 p. 100 : hausse suffisante pour
étonner et alerter les contemporains, et qui explique l'instabilité de la
monnaie sous la poussée du métal blanc. Des édits successifs de 1561,
1573 et 1577 tentèrent d'enrayer l'inflation des prix et le fléchissement
continu de la monnaie de compte — la livre. La plus importante tentative
de stabilisation fut celle de 1577, qui prescrivit qu'à partir du 1ᵉʳ janvier
1578 « tout compte, contrat, vente... au-dessus de 60 sols » devrait être
effectué en écus d'or sur la base de trois livres pour un écu. Cet essai
de monométallisme-or échoua, et le taux légal se trouva bientôt dépassé
par le taux réel. Dès 1602, Henri IV interdit le compte par écus, rétablit
le compte par livres et fixa à 65 sols le cours de l'écu.

La récupération démographique

Jean Bodin donne comme principale explication de la montée des prix
à son époque l'arrivée en Europe des métaux précieux américains.
Assurément, les incidences de cet afflux sur l'enchérissement des denrées
ne peuvent être niées, puisque, selon les calculs d'E. Hamilton,
7 440 tonnes d'argent et 154 tonnes d'or arrivèrent du Nouveau Monde
à Séville entre 1503 et 1600, compte non tenu de la fraude impossible
à chiffrer. Mais, même si l'on s'en tient à une explication quantitative
de la monnaie, l'argumentation de Jean Bodin n'est pas totalement
satisfaisante, car l'argent américain a surtout inondé l'Europe après 1560.
Il se substitua progressivement à celui des mines d'Europe centrale,
lesquelles connurent un renouveau de prospérité dans le dernier quart
du XVᵉ siècle et la première moitié du XVIᵉ siècle. Vers 1526-1535,
85 tonnes d'argent fin auraient été produites chaque année en Europe.
Le « creux » de la conjoncture économique du milieu du XVIᵉ siècle se
serait donc produit au moment où la production des métaux précieux
s'effondrait en Bohême et en Allemagne, mais n'était pas encore relayée
par celle d'Amérique.

Mais les progrès de la connaissance historique ne permettent plus
aujourd'hui de rapporter la hausse des prix du XVIᵉ siècle à la seule
injection de métaux précieux — allemands, puis américains. D'autres
facteurs jouèrent : la montée du luxe, la plus grande vitesse de circulation
de la monnaie, l'essor du crédit, l'urbanisation qui forçait certains
éléments de la population à passer d'une économie de troc à celle des
signes monétaires, le climat, qui, dans les années de mauvaises récoltes,
poussait vers le haut le prix des produits les plus indispensables, et enfin
le gonflement démographique, sur lequel il faut insister. Les disettes, les
pestes et les guerres du XIVᵉ siècle et de la première moitié du XVᵉ avaient
décimé la population de l'Europe, et notamment celle de la France. Les

années 1450-1560 (voire 1580) furent, au contraire, un temps de reconstruction et de récupération démographique. On revint progressivement au niveau des années 1320, que l'on dépassa même, comme nous avons tout lieu de croire.

Comme un essor démographique est toujours précédé d'une période d'apparente stabilité durant laquelle le mouvement se prépare et les familles se reconstituent, l'accroissement rapide de la population française se produisit surtout durant ce qu'on appelle parfois « le beau XVIᵉ siècle », c'est-à-dire les années 1480-1560. A cette dernière date, dans les campagnes françaises les ruines ont été relevées, les terres en friche remises en culture, et repeuplés le plus grand nombre des hameaux et villages jadis abandonnés.

Des immigrants ont redonné vie au Rouergue et à la Guyenne dévastés par la guerre de Cent Ans. Dans la région parisienne, pourtant gravement touchée, la reprise a été rapide, favorisée non seulement par l'immigration, mais encore par l'essor de la viticulture et le voisinage attrayant de Paris. Partout dans le royaume les forêts ont reculé, les franges pionnières se sont élargies, les emblavures ont repoussé les terrains de pâture, le blé a gagné sur la laine et la viande. Un moraliste français peut évoquer les paysans « qui chantent tous les jours aux champs et ronflent la nuit en leurs petites maisons ». De multiples témoignages attestent le gonflement démographique. En Provence, « dans le dernier quart du XVᵉ siècle, constate E. Baratier, la hausse se manifeste partout et avec beaucoup d'ampleur ; le nombre de feux s'accroît si rapidement qu'il atteint vers 1540 le triple de son niveau de 1470 ». Voici maintenant un cas typique étudié par E. Le Roy Ladurie : Gignac, dans le val d'Hérault. « Au temps des grandes guerres et des grosses pestes » des XIVᵉ et XVᵉ siècles, le village groupait environ 300 chefs de famille contribuables. « En 1519, leurs successeurs sont plus de 350. En 1541, 471. En 1544, 510. En 1559, 650. En 1569, 620. Dans le siècle qui court de 1462 à 1569, le taux d'accroissement décennal est ainsi, à peu de chose près de 10 p. cent par an dans cette communauté. A ce rythme, qu'on rencontre assez souvent, le nombre des chefs de famille aurait dans tout le Languedoc largement doublé de 1490 à 1570. Et le chercheur qui compulse les vieux registres voit littéralement bondir sous ses yeux les effectifs humains recensés par les percepteurs ou « collecteurs » des impôts. »

Une certaine urbanisation

Cette dilatation démographique, qui ne pouvait pas demeurer sans incidence sur les prix, se poursuivait encore durant la première partie des guerres de Religion. Jean Bodin parle alors de « la multitude infinie de peuple qui abonde en ce royaume ». Effectivement, la plupart des registres paroissiaux du XVIᵉ siècle qu'on a pu conserver livrent des chiffres records de baptêmes pour les années 1560-1580. Cet essor quantitatif de la population favorise naturellement l'essor urbain, encore que les indications numériques précises fassent terriblement défaut à cet égard. Pour Paris, deuxième ville d'Europe après Constantinople, et qui se distribue vers 1530 entre 500 rues et 10 000 maisons, on peut risquer l'estimation suivante : 200 000 habitants vers 1500, 300 000 à la veille des guerres de la Ligue. En tout cas, la ville se bâtit rapidement au XVIᵉ siècle — il est vrai, dans le plus grand désordre. Des lotissements inspirés par un urbanisme encore médiéval permettent d'entasser la population nouvelle entre l'actuelle rue Etienne-Marcel et les boulevards Henri-IV et Beaumarchais, dans les faubourgs Saint-Marceau, Saint-Médard, Saint-Jacques et Saint-Germain — ce dernier plus aristocratique parce que proche du palais royal. Lyon, capitale de l'imprimerie et de la banque, et Rouen, premier port de France, approchent (peut-être) vers 1560 des 100 000 habitants. Une délibération des consuls de Lyon affirme en 1542 avec quelque exagération sans doute : « (La ville) s'est accrue non seulement de moitié, mais des quatre cinquièmes, tant en nombre de gens de métier que par les maisons qu'on y élève journellement. » Se développent aussi : Le Havre, création de François Iᵉʳ ; Marseille, qui est prospère avant les troubles de la Ligue ; La Rochelle, par où les protestants du Midi commercent avec l'étranger ; Saint-Malo, où l'on ne compte qu'une centaine de baptêmes chaque année en 1500 et 430 un siècle plus tard.

Un blocage

Mais, dans les campagnes du moins — or la France d'alors est avant tout rurale —, l'essor démographique se ralentit à la fin du XVIᵉ siècle. La guerre civile y est sans doute pour quelque chose. Mais d'autres facteurs plus profonds expliquent cet essoufflement. Car à l'« élasticité dynamique » de la population s'oppose la « rigidité têtue de la production » en un temps où le progrès technique atteint peu le secteur rural. Les hommes redevenant nombreux, il faut refragmenter le sol comme aux XIIᵉ et XIIIᵉ siècles, multiplier les tenures. Et dès lors, la constante croissance du « beau XVIᵉ siècle » ne pourra que se freiner elle-même.

Un blocage intervient. La terre redevient trop peuplée. Pourtant, d'après les meilleures estimations, elle n'a guère fait que retrouver vers 1580 sa population de 1320. Nous sommes placés ici devant l'histoire proprement cyclique d'une paysannerie qui ne parvient pas à sortir du cercle où l'enferme une contraignante stagnation technique. C'est Olivier de Serres qui écrit en 1600 : « Le masnager a de quoi se contenter quand généralement son domaine, le fort portant le faible, lui rend de cinq à six pour un. » L'agronome huguenot recommande, d'ailleurs, la prudence au paysan : « Ne change point de soc pour le danger de perte que toute mutation porte avec elle. » Avant tout la stabilité !

Quelques innovations, cependant, dans le secteur agricole

Pourtant, quelques innovations botaniques et zoologiques sont à signaler. Le melon est ramené d'Italie par Charles VIII, et l'artichaut, à l'époque de la Renaissance, devient en France comme dans tout le reste de l'Europe occidentale le légume préféré de l'aristocratie. Celle-ci mange maintenant des fraises, des framboises et des groseilles cultivées — on ne connaissait à la fin du XIVe siècle que les espèces sauvages. On sait produire une carotte moins ligneuse qu'autrefois, et le chou-fleur apparaît en France au XVIe siècle. Le sarrasin, venu d'Asie Mineure, atteint la Normandie vers 1460 et la Bretagne vers 1500. Le haricot et le maïs — ainsi que le tabac introduit en 1556 par Thevet — sont, au contraire, originaires d'Amérique. Mais ce n'est qu'au XVIIe siècle que se produira en Languedoc la « révolution du maïs ». La pomme de terre ne prendra pareillement son essor qu'aux approches de la Révolution française, même si les soldats espagnols de la bataille de Saint-Quentin (1557) mangèrent des « patates » cultivées par les paysans de Picardie. L'Amérique semble aussi avoir donné à l'Europe au XVIe siècle une variété de peuplier qui s'acclimata parfaitement dans les lieux humides.

Plusieurs plantes industrielles élargissent leur domaine : le mûrier blanc, venu de Chine par l'Italie, déjà attesté en Provence et en Languedoc à la fin du XVe siècle et qui sera l'objet, sous Henri IV, de la sollicitude gouvernementale ; et plus encore le lin et le chanvre, qui apportent de plus en plus des ressources d'appoint aux paysans de l'Ouest fabricants de toiles. Mention spéciale doit être faite du pastel toulousain — l'« herbe lauragaise » —, qui suscite de 1530 à 1560 un éphémère capitalisme local et qu'on exporte en Espagne, à Rouen, à Londres et à Anvers. Il explique la rapide fortune du « mégalomane » Assézat. Mais la surproduction d'abord, les guerres de Religion ensuite, et, enfin, aux approches du XVIIe siècle, la concurrence de l'indigo américain mettent fin à la légende dorée de la « plante miracle ». A côté du secteur botanique, celui des animaux : les dindons se sont alors multipliés en France et la pintade a été ramenée de Guinée : rien de comparable, toutefois, aux transferts zoologiques qui se sont opérés dans le sens Europe-Amérique. Au total, les innovations qu'on vient de rappeler et certaines améliorations de l'outillage agricole — bêches métalliques plus nombreuses, adaptation aux charrues de la hausse de l'artillerie — n'empêchent pas le monde rural de demeurer techniquement et mentalement conservateur.

Gauchissement vers la technique

Mais en dehors des campagnes le progrès technique est sensible en France comme dans tout l'Occident. Une civilisation relativement dynamique — en tout cas bien plus que celle des Arabes et des Chinois contemporains de François Ier et de Catherine de Médicis — entraîne vers le progrès matériel la fraction riche et cultivée de la population. L'élévation du niveau de vie, les moyens financiers accrus des gouvernements, une réelle conversion intellectuelle de l'élite, qui se détourne quelque peu du « monde des essences » pour se pencher vers l'« univers expérimental » : autant de facteurs qui, à des degrés divers, expliquent ce « gauchissement » de la civilisation vers la technique et la publication à Paris d'ouvrages tels que le *Théâtre des instruments...* de Jacques Besson (1578) et les *Différentes Machines artificielles* de Ramelli (1588). Un technicien de la fin du XVIe siècle ne craint pas d'appeler la mécanique « le plus noble des arts ».

Le XVIe siècle a vu se produire en France beaucoup d'innovations qui ont progressivement modifié la vie quotidienne. Le coffre se transforme en armoire. Les vitres se substituent soit aux toiles et papiers translucides appliqués sur les fenêtres, soit aux vitraux lourds et coûteux. Les lunettes se multiplient. Chez les riches, on mange désormais avec des fourchettes, on possède des horloges, voire des montres, on utilise des carrosses parfois dotés d'un avant-train mobile et d'une suspension. Tous ces progrès sont solidaires d'une civilisation qui fait un emploi croissant du métal et notamment du fer. Celui-ci est désormais nécessaire pour l'armement — concurremment avec le bronze —, pour les parties métalliques des machines, mais aussi pour ces multiples objets domestiques — épingles, clous, rasoirs d'acier, ciseaux, fourchettes — dont la consommation augmente. En outre, avec l'accroissement de la richesse dans les couches aisées de la population, les plaques de cheminée, les portes de fer, les verrous, les serrures et les clés sont demandés en plus grande quantité qu'autrefois. D'où la multiplication des forges attestée en France au XVIe siècle et la concomitante dévastation des forêts déplorée par Ronsard et B. Palissy. François Ier, en 1543, doit ordonner une réduction du nombre des forges à fer, car « il y a en ce royaulme plus de quatre cens soixante forges. Il y en a plus de quatre cens érigées depuis cinquante ans ; par chacun an il s'en érige vingt-cinq ou trente. Item les forgerons demeurant en icelles sont les plus riches et opulans de ce royaulme. Item, combien qu'ils vivent d'art mécanique, ilz ne payent aucune ayde ou subside pour ce qu'ilz se dient avoir semblable privilège que la noblesse de France et de fait en usent ». Certaines de ces forges, surtout dans la seconde moitié du siècle, s'installent dans les régions forestières de Champagne, du Massif central et de Bretagne, à côté de hauts fourneaux disposant de souffleries hydrauliques et capables de fournir 50 tonnes de fonte de fer par an. J. U. Nef estime que, sur une production européenne de 100 000 tonnes de fer, aux environs de 1525, la France en produit 10 000 (l'Espagne du Nord 15 000, la Styrie de 8 000 à 9 000, Liège autant, l'Allemagne 30 000, l'Angleterre 6 000). Le royaume des Valois qui, par ailleurs, possède peu de mines de métaux précieux, n'est donc pas le premier pays métallurgique du continent. Il se situe néanmoins dans un rang honorable. L'artillerie française fait merveille en Italie et une manufacture d'arquebuses fonctionne dès 1516 à Saint-Étienne.

Il serait assurément excessif de parler, dans le domaine technique, de révolution en Europe et donc en France à l'époque de la Renaissance. Mais il importe de souligner la plus grande rapidité de l'évolution dans des secteurs très divers. La fabrique du tricot — de laine et de soie — se répand, et une confrérie de tricoteurs-bonnetiers apparaît à Troyes en 1505. L'imprimerie confirme sa brillante carrière d'industrie de pointe presque capitaliste, tandis que les papeteries, notamment celles de la région d'Angoulême, produisent un papier cinq fois moins cher que le parchemin. 25 000 éditions (de 1 000 exemplaires chacune en moyenne) seraient sorties des presses parisiennes au cours du XVIe siècle et 13 000 des presses lyonnaises (contre 45 000 pour l'ensemble de l'Allemagne, 10 000 pour l'Angleterre, 8 000 pour les Pays-Bas). Enfin, la marine française profite des inventions étrangères et des améliorations de la construction navale. Elle utilise les cartes de déclinaison du soleil et de l'étoile polaire, dont les premières furent imprimées à Venise en 1483. A la fin du XVIe siècle, elle se servira du loch. Le vaisseau marchand français des années 1560 ressemble beaucoup à ceux des flottes étrangères. Il porte généralement des voiles carrées au milieu et à l'avant, et une voile triangulaire au mât d'artimon. L'usage de la voile de gabie, au-dessus de la hune, se généralise, tandis qu'apparaît, dès la première moitié du XVIe siècle, la civadière, petite voile carrée suspendue au-dessous du beaupré. Sur certains navires, à partir des années 1580, les mâts de hune deviennent mobiles, afin de pouvoir être affalés par mauvais temps.

La technique des affaires

Le progrès au XVIe siècle, c'est aussi celui de la technique des affaires. La France se met en ce domaine à l'école de l'Italie, adopte l'assurance maritime — dont les polices sont généralement souscrites à Rouen et à Lyon — et la comptabilité à partie double. Dans les ports se répand la formule de la *commenda in nave implicata*, qui survivra jusqu'au XIXe siècle. Le schéma en est le suivant : un patron de navire fait appel à des prêteurs qui l'aident à supporter les frais de l'armement du bateau et l'achat d'une cargaison. Le capital est divisé en parts égales. Le patron en tant que tel est le salarié de la société, mais il peut, en outre, détenir un certain nombre de parts de celle-ci. Plus que Paris, c'est Lyon qui fait figure, au XVIe siècle, de capitale économique et financière du royaume, parce que cette ville est un lieu géométrique où se concentrent les hommes d'affaires italiens, allemands et suisses. On a provisoirement dénombré 209 sociétés de marchands-banquiers dans la France du XVIe siècle, dont 169 à Lyon et, parmi ces dernières, 143 italiennes — surtout toscanes — et 15 allemandes ou suisses. Du début du règne de

François Ier à 1589, les foires de Lyon, éclipsant celles de Genève, comptent parmi les premières d'Europe. Quatre fois par an les négociants italiens, suisses, allemands, flamands, baltiques y rencontrent les Français et les Ibériques. Durant les quinze jours de la foire, on décide des achats et des ventes, mais sans règlements en espèces. Puis, pendant les deux ou trois semaines qui suivent la clôture, les marchands comparent leurs « bilans » et procèdent aux « virements des parties ». Ceux-ci laissent apparaître des soldes payables soit immédiatement en espèces, soit avec intérêts à la prochaine foire de Lyon, de Medina del Campo ou de Francfort. En 1528, l'ambassadeur vénitien Navagero constate : « Dans les quatre foires de Lyon se font d'innombrables paiements de toute part, si bien qu'ils forment le fondement du commerce de l'argent de toute l'Italie et d'une bonne part de l'Espagne et des Pays-Bas. » A Lyon comme à Medina del Campo, comme aux foires italiennes dites « de Besançon », triomphe donc le titre mobilier, la créance devenue valeur en soi et objet d'échange. C'est la victoire du crédit. « Il est notoire, écrivent des marchands de Saint-Gall en 1596, que le plus grand trafic qui s'y fait, soit pour la banque, soit pour la négociation et marchandise, il se fait en cédules et aux assurances qui s'y donnent. En telle foire il sera négocié pour un million d'or, et, toutefois, entre tous ceux qui auront négocié, il n'aura pas été touché et manié 10 000 écus. » A cet étage supérieur de la vie économique, le papier supplée aux espèces métalliques qui demeurent trop rares malgré les arrivées d'argent américain.

En apprenant à la France de la Renaissance les jeux de la banque, l'Italie lui a également fourni les méthodes de l'emprunt public déjà pratiquées antérieurement à Florence, Venise et Gênes. Comme le recours aux « traitants » coûte cher (au moins 16 p. 100 par an), il s'agit pour l'État de se procurer de grosses sommes en faisant appel à la masse des épargnants et non plus seulement à quelques gros prêteurs. Dans ce dessein sont créées en 1522 les rentes sur l'Hôtel de Ville de Paris. Par l'intermédiaire de celui-ci, le roi emprunte alors à 8 p. 100 200 000 livres gagées notamment sur les aides et gabelles de la capitale. Les besoins s'accroissant, on aliène bientôt des ressources nouvelles. Dès 1553, elles sont perçues même hors de Paris. Puis, à partir de 1561, le clergé s'engage à payer les arrérages des rentes sur l'Hôtel de Ville. Le gonflement de celles-ci, dans la France du XVIe siècle, atteint son maximum en 1568. D'autres appels à un large public sont aussi adressés par l'intermédiaire de la place de Lyon, soit directement, soit par le truchement de syndicats de banquiers, allemands et italiens. En 1542-1543, tandis que la guerre reprend contre Charles Quint, le cardinal de Tournon, lieutenant général à Lyon, d'accord avec les banques, lance un emprunt municipal de 60 000 livres. Il veut drainer vers la France des capitaux qui risquent de fuir en Espagne, « attirer [...] les finances de tous côtés et faire fonds à l'avenir pour en frustrer les ennemis ». L'opération est couronnée de succès et permet de nouveaux emprunts. Les souscripteurs affluent de France, d'Allemagne et d'Italie. Mais quand François Ier meurt, en 1547, il doit plus de deux millions d'écus à la banque de Lyon. En 1555, le cardinal reprend sa tentative sur plus vaste échelle : c'est le « grand party ». Pour amortir la dette publique, le gouvernement emprunte aux banquiers lyonnais 2 600 000 écus remboursables en 41 foires (dix ans et trois mois) à plus de 20 p. 100 par an. En outre, le receveur de Lyon reçoit la souscription de toute personne désireuse de prêter de l'argent au roi. D'abord, on se rue « comme au feu » vers les caisses de l'emprunt. Mais la défaite de Saint-Quentin et la mort d'Henri II amènent des suspensions de paiement et bientôt l'effondrement des cours. Échec qui ne doit pas cacher le caractère moderne des formules essayées.

Les progrès du luxe

Le développement du crédit public dans la France du xvie siècle, comme dans l'Italie, l'Espagne et les Pays-Bas de l'époque, prouve une indiscutable diffusion de la capacité d'épargne. De même se produisent alors — du moins à partir d'un certain niveau social — une réelle élévation du niveau de vie, un élargissement du secteur de l'économie monétaire et une profonde pénétration à la campagne de l'influence urbaine. En témoignent les *Propos rustiques* de Noël du Fail, publiés en 1547. Ils mettent en scène des vieux paysans de la région de Rennes qui, à l'ombre d'un chêne, évoquent avec mélancolie la simplicité des mœurs d'autrefois. « Ô temps heureux ! Ô siècles fortunés ! où nous avons veu noz prédécesseurs pères de famille [...] se contentans, quant à l'accoustrement, d'une bonne robbe de bureau, calfeutrée à la mode dalors, celle pour les festes, et une autre pour les jours ouvriers, de bonne toile, doublée de quelque vieux saye [...], chacun content de sa fortune et du mestier duquel pouvoit honnestement vivre [...]. Où est le temps [...] qu'il estoit mal aysé voir passer une simple feste, que quelcun du village ne eust invité tout le reste à disner, à manger sa poulle, son oyson, son jambon ? Mais comme aujourd'huy se fera cela, quand quasi on ne permet ou poulles, ou oysons venir à perfection, quon ne les porte vendre pour largent bailler ou à monsieur Ladvocat, ou Médecin (personnes en ce temps presque incogneües), à lun pour traicter mal son voisin, pour le desheriter, le faire mettre en prison, à lautre pour le guérir dune fièvre, luy ordonner une saignée [...] ou un clystère de tout quoy feu de bonne mémoire Tiphaine la Bloye guérissoit sans tant de barbouilleries, et quasi pour une Patenostre. » Aux regrets d'Anselme le notaire répondent ceux d'Huguet, maître d'école et vigneron : « Et pource que les banquets et festins de nos antécesseurs se offrent (comme sujet de conversation), il fault penser que non moins estoyent de bonne doctrine que bien instruicts, non que je vueille mesurer la conséquence dun banquet en variété et magnifique apparat de mangeries, choses que ne congnoissoyent ces bonnes gens : car leur estoyent incogneuz, poivre, safran, gingembre, canelle, myrabolans [1] à la Corinthiace, muscade, giroffle et autres semblables resveries, transférées des villes en nos villages, quelles choses tant s'en fault quilz nourrissent le corps de lhomme quilz le corrompent et du tout mettent au néant ; sans lesquelles toutefois un banquet de ce siècle est sans goust et mal ordonné, au jugement trop lourd de lignare et sot peuple. »

La paupérisation des pauvres

Jean Bodin, regrettant lui aussi la modestie du temps passé, considère que la montée du luxe, le souci de la mode et le « degast », c'est-à-dire le gaspillage, constituent une des causes de la montée des prix : « On ne se contente pas, écrit-il, d'acoustrer les bélistres et laquais (de soie), ains on la découpe de telle sorte qu'elle ne peut durer ny servir qu'à un maistre [...]. Autant nous en prend il pour la draperie, et principalement pour les chausses, où l'on employe le triple de ce qu'il faut, avec tant de balafres et déchiquetures, que les pauvres gens ne s'en peuvent servir après que monsieur en est dégousté [...]. On a fait de beaux édictz, mais ils ne servent de rien : car pour ce qu'on porte à la Cour ce qui est défendu, on en portera partout [...]. Et de telles braveries on en vient aux meubles de la maison, aux lictz de draps d'or ou broderies exquises, aux objets d'or et d'argent, et afin que tout s'entresuive, il faut bastir où se loger magnifiquement et que les meubles soient sortables à la maison, et la manière de vivre convenable aux vestements, tellement qu'il faut garnir la table de plusieurs metz. »

Ne soyons pas dupes de ces témoignages. Noël du Fail appartient à la noblesse rurale et il parcourt une belle carrière de magistrat. Les paysans mis en scène par lui sont aisés. De même, s'il est vrai que « le grand se débordant le médiocre veut imiter », encore faut-il préciser de quel « médiocre » il s'agit. Le luxe vestimentaire n'est pas à la portée de n'importe qui. Pour singer les manières et les modes de la Cour, il faut des moyens financiers dont ne dispose qu'une petite minorité. D'où la nécessité de compléter les notations de Noël du Fail et de Jean Bodin par les recherches de l'historiographie récente. Or, celle-ci met désormais en pleine lumière ce fait social majeur : le XVIe siècle a vu s'accroître en France — et en Europe — la paupérisation et s'élargir l'écart entre le petit monde des riches et la masse de la population. Il ne s'est pas seulement agi d'un mouvement en profondeur et en quelque sorte inconscient, mais aussi d'un mépris fondamental du travail manuel et d'une volonté — typique de la Renaissance — de rabaisser le vulgaire.

1. Fruit à amandes douces des Indes orientales.

Claude de Rubys, de Lyon, appelle « sordides et déshonnêtes » les bouchers, les cordonniers, les tailleurs, et même les imprimeurs et les orfèvres. A Paris, un édit de 1569 interdit aux boulangers de porter « manteaux, chapeaux et hauts-de-chausses, sinon ès jours de dimanche et autres fêtes, auxquels jours seulement leur est permis porter chapeaux, chausses et manteaux de drap gris ou blanc et non autre couleur ». Détail révélateur : le vertugadin ne fit jamais partie de l'habillement populaire. Un peu partout se précise dans la France du XVIe siècle un mouvement qui tend à exclure des assemblées électorales des villes et des fonctions municipales les « personnes mécaniques et de basse condition ». Encore un témoignage parmi beaucoup d'autres qui pourraient être présentés ici : Olivier de Serres, qui compare ses ouvriers agricoles à l'ordure et au fumier, donne ce conseil : « Quant au salaire du mercenaire, qu'il soit le plus petit possible. »

Pourquoi l'appauvrissement ?

Les raisons de la paupérisation des paysans au cours du XVIe siècle sont maintenant connues. Après la « récupération » démographique des années 1450-1520, les hommes redevinrent trop nombreux pour une production qui plafonnait et tandis que se déchaînait la tempête des prix. Ceux-ci laissèrent loin derrière eux les salaires. Dans le Languedoc, étudié par E. Le Roy Ladurie, le travailleur des champs fut, relativement parlant, exceptionnellement heureux vers 1480. Il consommait du froment et buvait du vin rouge. Un siècle après tout était changé. Car, de 1480 à 1580, le salaire resta rigide, en dépit de l'inflation des prix. Le pouvoir d'achat du manouvrier diminua des deux tiers. Dans son alimentation, le seigle remplaça le froment et la piquette le bon vin. « Mieux : c'est très tôt dans ce siècle d'expansion — dès 1530-1540 — que se situa le Waterloo du travailleur » (D. Richet). Mais la tendance qui se précisait alors s'accentua à la fin du siècle. Les dévastations causées par les guerres de Religion, l'alourdissement des prélèvements fiscaux, le redressement de la rente foncière, l'« impérialisme accru des rassembleurs du sol » qui, autour de Paris notamment, profitèrent de l'affaiblissement des positions paysannes : autant de facteurs qui après 1560 précipitèrent la paupérisation des masses rurales.

Celle-ci ne fut pas moins profonde dans les villes, où la surpopulation des campagnes jeta une masse de miséreux et de vagabonds. A preuve la courbe des salaires des manouvriers parisiens. Le plus haut niveau se situe entre 1444 et 1476, car après les guerres, les disettes et les épidémies, la main-d'œuvre était devenue rare. Mais le décrochage est brutal à partir de 1520-1530. « Ensuite, et par-delà les péripéties conjoncturelles, c'est l'inertie, la stagnation, l'équilibre dans le plus bas niveau. » Les enquêtes conduites par l'équipe de J. Fourastié sur le cas strasbourgeois conduisent à des conclusions concordantes : à la fin du xve siècle, 60 salaires horaires, suffisent pour l'achat d'un quintal de blé. Mais en 1540-1550, la ligne dangereuse des 100 heures est franchie, et vers 1570 celle des 200 heures : la population s'installe à nouveau pour plusieurs siècles dans les temps difficiles.

Les émeutes et les grèves qui éclatèrent dans la ville la plus avancée économiquement du royaume — Lyon — et dans un des rares secteurs industriels où l'esprit capitaliste se faisait jour — celui de l'imprimerie — éclairent pour nous cette paupérisation des masses et le retour à une conjoncture de bas salaires. En 1529, c'est la « grande rebeine », à la suite d'une disette et sous l'influence des doctrines protestantes. Peu s'en faut que Lyon ne tombe aux mains de la « secte artisane ». Dix ans plus tard commencent les grèves — ou *trics* — des compagnons imprimeurs de Lyon et de Paris. Parce que les prix montent, les maîtres veulent abaisser le coût de revient des livres. Aussi s'efforcent-ils d'obtenir de leurs ouvriers un meilleur rendement tout en faisant des économies sur leur nourriture et en multipliant le nombre des apprentis, moins payés que les compagnons. Alors ceux-ci arrêtent le travail, se promènent dans les rues, « vagants et comme vagabonds », battent « le prévôt et les sergents jusques à mutilation et effusion de sang », menacent les non-grévistes de « les battre et mutiler et en outre de les expulser de la confrérie ». A travers accalmies et reprises, la crise dure jusqu'en 1571 et le parlement de Paris doit intervenir. Mais déjà l'ordonnance de Villers-Cotterêts avait renforcé la législation contre les coalitions patronales et surtout ouvrières.

Victimes et profiteurs de la conjoncture

En bref, qui s'est appauvri et qui s'est enrichi dans la France du xvie siècle, compte tenu des divers facteurs que nous avons analysés : essor démographique et surpopulation croissante des campagnes, hausse des prix, relative urbanisation, montée du luxe chez ceux qui pouvaient se l'offrir, guerres dispendieuses en Italie et ravages — inégaux suivant les régions — provoqués par les luttes civiles ? Dans un pays rural à plus de 90 p. 100, s'est d'abord et surtout appauvrie la masse paysanne, même si une amélioration de son statut juridique s'est produite par le recul continu du servage, qui n'a plus guère subsisté que dans quelques régions du Nord et du Centre. Le morcellement de la terre entre de trop nombreuses parties prenantes a accentué la médiocrité du matériel et des ressources de la plupart des paysans. Petits tenanciers dont la tenure exiguë suffit à peine à faire vivre la famille, « brassiers » qui ne peuvent cultiver leur petit lopin de terre qu'aux heures de loisir, domestiques payés à l'année, journaliers salariés à la journée, métayers dont la situation s'aggrave — en Languedoc et en Aquitaine par exemple — à cause de la concurrence croissante entre candidats au métayage : tout ce prolétariat, qui cherche dans l'industrie rurale — notamment celle des toiles, dans l'Ouest — un appoint financier, est à la merci d'une mauvaise récolte qui compromettrait son alimentation. Et il n'a pas manqué de souffrir des méfaits de la guerre civile partout où elle a sévi.

L'inflation des prix et la faiblesse de la monnaie, jointes aux dépenses en Italie et aux nouvelles habitudes somptuaires, ont durement atteint aussi les gentilshommes des campagnes, même s'ils persistent à s'environner d'« un cortège de droits prétentieux et de redevances vexatoires ». Une tendance constante depuis le XIIIᵉ siècle avait progressivement transformé les redevances en nature en cens invariables stipulés en monnaie. Ces cens, dévalués au cours du XVIᵉ siècle, ont été progressivement réduits à presque rien. D'où les nombreuses lamentations de la noblesse. François de La Noue, en 1587, plaint les gentilshommes « déchus de cette ancienne richesse dont leurs maisons étaient ornées sous les règnes de nos bons rois Louis douzième et François premier : vu que c'est une chose que peu ignorent ». Et il précise que, sur dix familles nobles, il s'en trouve huit « incommodées par les aliénations de quelque portion de leurs biens, engagements ou autres dettes ».

A qui donc a profité l'important déplacement des fortunes qui s'est opéré en France au cours du XVIᵉ siècle ? L'argent est allé à ceux qui en avaient déjà. A la campagne, il s'est agi surtout de trois catégories sociales : les laboureurs-propriétaires, paysans aisés que les actes notariés qualifient d'« honnestes personnes », qui possèdent attelage et main-d'œuvre et disposent de suffisamment d'argent pour prendre à bail, le cas échéant, des métairies nouvelles ; les laboureurs-marchands, ou « blattiers », qui font la loi sur le marché des grains, des bois et des fourrages et sont tout à la fois commerçants et exploitants agricoles ; enfin, les « fermiers-receveurs » des seigneuries qui afferment les dîmes, les droits sur les vins, le sel et les péages. Cette bourgeoisie rurale prête avec usure aux endettés et profite des aliénations de terres auxquelles sont contraintes l'Église et l'ancienne noblesse.

A la ville, c'est le commerce qui enrichit les maîtres des métiers — en particulier les membres des « meilleures » corporations de Paris —, et plus encore ceux qui parviennent à s'imposer comme intermédiaires indispensables dans les principaux circuits du commerce national et international, tel le « magnat du pastel » toulousain Pierre Assézat. Pour eux, « rien n'est trop beau : belles demeures urbaines, riches mobiliers, tableaux et sculptures de choix, poètes ou écrivains attitrés, châteaux à la campagne, seigneuries, sports, chasse, fêtes joyeuses ou les toilettes coûtent une fortune » (Fr. Mauro).

Autre catégorie sociale montante : celle des gens de justice, dénomination globale qui désigne à la fois les avocats, les juges, les procureurs et tous ces fonctionnaires royaux qu'on appelle *officiers*. L'essor des institutions monarchiques et les besoins financiers de la Couronne ont provoqué depuis 1520 une inflation considérable de la société judiciaire et du nombre des officiers, qui deviennent de plus en plus propriétaires de leurs charges. A Toulouse et à Bordeaux, les gens du parlement étaient une vingtaine en 1515 et 80 à la mort d'Henri II. Marino Cavalli assure, en 1546, que le parlement et la Chambre des comptes de Paris font vivre 40 000 personnes. La création des présidiaux ne peut que renforcer cette évolution. Or, beaucoup de riches marchands aspirent aux offices et, d'autre part, les plus fortunés des hommes d'affaires et des officiers aspirent à la noblesse, achètent fiefs et seigneuries, arrondissent leurs domaines ruraux, s'unissent par mariage à la noblesse d'épée. Ainsi l'ascension sociale provoque certes un élargissement de ce que nous appelons la bourgeoisie. Mais celle-ci ne parvient pas à se définir comme classe parce que les plus fortunés des bourgeois cherchent à devenir rentiers, à vivre « noblement », à se donner un blason. A l'époque de la Renaissance, la noblesse s'est renouvelée parce qu'elle est restée ouverte. L'âge d'or de la noblesse de robe commence. Non toutefois que l'ancienne ait toujours et partout été ruinée. Ainsi, en Gâtine poitevine la seigneurie d'épée a su à temps investir en terres ses disponibilités. D'autres nobles — parmi eux le prince de Condé — ont acheté à bon compte les biens aliénés par le clergé. Enfin, comment ignorer ceux qui ont profité de la guerre et de la Cour, sont devenus « bénéficiés du Roi et des princes », voire mignons d'Henri III, tels d'Épernon et Joyeuse ? Au total, dans la France du XVIe siècle, il y eut plus de riches et de pauvres qu'auparavant, et les riches ont été plus riches et les pauvres plus pauvres.

IV. CULTURE
ET CONSCIENCE RELIGIEUSE

Non seulement les écarts sociaux se sont accentués au cours du XVIe siècle, mais aussi les écarts culturels. Certes, les habitants du royaume ont entre eux des points communs, et l'on peut tenter une typologie du Français de la Renaissance. L'étranger le répute léger, bouillonnant, inconstant, fier et orgueilleux. Montaigne le juge moins vif d'esprit et moins subtil que l'Italien, mais moins grossier et moins lourd que le Suisse et l'Allemand. En outre, les Français, qu'ils soient nobles, bourgeois ou vilains, partagent avec l'ensemble des Occidentaux du temps un certain nombre de conceptions, de réactions et d'habitudes. Ils se meuvent dans le même univers. Leur outillage mental, même chez les plus cultivés, est encore peu apte à l'abstraction. Ils répugnent à la précision, et Rabelais fait dire à Gargantua : « Jamais je ne me suis assujetti à l'heure. » Hypersensibles et émotifs, ils passent sans transition de la pitié à la cruauté, de la joie aux larmes. Ils sont à la fois téméraires et craintifs, car ils ont souvent peur : peur des brigands, des loups, des monstres, des comètes, des éclipses, de l'inconnu et plus encore de Satan ;

d'où l'extraordinaire épidémie de sorcellerie des années 1560 et 1640. N'établissant pas de frontière nette entre nature et surnature, ils croient — A. Paré comme les autres — l'air et les « abysmes de l'onde » peuplés de « daimons ». Ils distinguent mal la chimie de l'alchimie, l'astronomie de l'astrologie. Leur religiosité, qui est ardente, est dominée par la crainte de la damnation et un profond sentiment d'impuissance devant les forces du monde extérieur. Ils ont un goût prononcé pour les spectacles — carnavals ou entrées royales — et notamment pour ceux où la mort entre en jeu : qu'il s'agisse de tournois ou de supplices. Certaines fêtes sont célébrées dans le royaume partout et par tous, en particulier celles des Innocents et de la   Saint-Jean. Enfin, certaines distractions sont communes : non la chasse, sport réservé aux nobles, mais la danse, et aussi les dés et les cartes, qui connaissent une faveur croissante. Certains « paradis artificiels » sont encore refusés aux hommes de la Renaissance, qui ne disposent ni du café, ni du thé, ni du cacao. Toutefois, à la fin du xvie siècle, l'« exquise herbe de Nicotiane » est déjà assez appréciée, et on l'utilise en prise, en chique ou en cigares de feuilles roulées. Tabac mis à part, « la gamme des adjuvants physiologiques à l'évasion est donc assez réduite : pratiquement, rien en dehors de la simple et rude ivresse du vin ou de l'alcool, — et, en tout cas, pas les douces rêveries des drogues orientales » (R. Mandrou). Autre trait commun à la masse des Français — et des Occidentaux — du xvie siècle : une agressivité sociale aiguë, qui est une des formes du point d'honneur et le négatif des nécessaires solidarités de l'époque. Des haines violentes opposent souvent les uns aux autres des villages, des sociétés de jeunesse, des compagnonnages, des confréries, des clans et déjà des classes.

Les écarts culturels

En dépit de ces dénominateurs communs, la distance n'a cessé de s'accroître, au xvie siècle, entre niveaux culturels. En cette époque d'urbanisation, une sorte d'abîme paraît désormais séparer les îlots de lumière que sont les villes, du monde rural arriéré, presque étranger à la civilisation de l'écriture. En 1574-1576, 72 p. 100 des laboureurs qui viennent à l'étude de Me Navarre, un notaire de Montpellier, pour solliciter un prêt ou contracter un bail, ne savent pas signer. Mais 63 p. 100 des artisans de la ville, clients du même notaire, signent intégralement, et 11 p. 100 sont capables d'utiliser les initiales. Cette distance culturelle entre cités et plat pays une fois mesurée, il faut aussitôt ajouter qu'un fossé sans cesse plus large sépare les lecteurs d'almanachs et de Vies des saints des familiers d'Ovide et de Plutarque. Certes, il s'est produit dans l'Europe de la Renaissance à la fois une laïcisation et un élargissement de la connaissance. Le groupe des clercs « a cessé de porter la vision du monde la plus riche et la plus élaborée » (R. Mandrou). La noblesse se convertit à l'instruction ; les fils de marchands et d'*officiers* fréquentent l'Université ; les collèges gonflent leurs effectifs d'élèves et de régents. Mais que les enfants des bourgeois côtoient à l'école ceux des gentilshommes ne prouve pas une démocratisation de la culture. C'est le contraire qui s'est produit. L'humanisme a accru la distance intellectuelle entre ceux qui disposaient de loisirs et les autres. A l'époque où l'artiste se sépare de l'artisan, une hiérarchisation brutale rejette dans les ténèbres de la médiocrité tous ceux qui n'ont pas accès aux « humanités ». Dans l'ordre de la culture, celles-ci confèrent de véritables lettres de noblesse.

Faits significatifs : en 1548, les confrères de la Passion reçoivent interdiction de jouer des mystères, tandis que la première tragédie classique française, la *Cléopâtre* de Jodelle (1553), est représentée d'abord devant Henri II à l'hôtel de Reims, puis à nouveau au collège de Boncourt, « où toutes les fenêtres étaient tapissées d'une infinité de personnages d'honneur ». N'affirmons pas, cependant, trop péremptoirement l'effacement au XVIe siècle d'une culture, sinon totalement populaire, du moins reflétant dans une certaine mesure l'existence quotidienne et le style de vie du menu peuple, surtout celui des villes. La farce évolue, mais ne disparaît pas ; les contes, si nombreux, de l'époque persistent dans une tradition réaliste ; Rabelais a parfois le « charme de la canaille » — c'est La Bruyère qui le dira au siècle suivant ; la bouffonnerie et la trivialité le réjouissent. Mais en contrepartie la farce ne devient la comédie qu'en se combinant avec la tradition issue de Plaute et de Térence. Les contes s'adressent souvent à une clientèle aristocratique, même les indécentes et vulgaires *Cent Nouvelles nouvelles*, si répandues au XVIe siècle et qui avaient été offertes en 1462 au duc de Bourgogne. Les personnages qui racontent les histoires de l'*Heptaméron* sont cinq gentilshommes et cinq nobles dames, et bon nombre des récits de la reine de Navarre se situent à la cour de France. Les *Nouvelles Récréations et joyeux devis* sortent eux aussi d'un milieu aristocratique et hautement cultivé. Leur auteur, Bonaventure des Périers, savant helléniste et latiniste, avait été nommé en 1532 valet de chambre de Marguerite d'Angoulême. Quant à la truculence de Rabelais, elle est associée à une telle ivresse de savoir et à une érudition si puissante qu'elle ne pouvait être vraiment appréciée que par des gens ayant disposé de beaucoup de temps pour s'instruire.

Le rôle culturel des cours

Couvents et universités ne sont plus, comme au Moyen Age, les principaux foyers de diffusion de la culture, mais bien les cours. François Ier, que Brantôme appelle « Père et vrai restaurateur des arts et lettres », crée la Bibliothèque royale, la Typographie royale et le collège trilingue qui deviendra le Collège de France ; il fait copier des manuscrits grecs à Venise. La cour de la reine de Navarre rassemble entre 1527 et

1549 les meilleurs humanistes et devient le centre français du néo-platonisme. A la fin du siècle, l'*Académie d'Henri III*, dite aussi *Académie du palais* (1574-1585), réunit en présence du souverain, des grands seigneurs, des dames de la Cour, des écrivains (Ronsard, Baïf, Desportes) et des érudits (Henri Estienne, Scaliger, etc.). L'indépendance d'inspiration et de style qui nous charme chez Rutebeuf, Deschamps et Villon disparaît au XVIe siècle. Le poète humaniste est le plus souvent un poète courtisan. Marot, Ronsard, Desportes et bientôt Malherbe n'échappent pas à la règle. Ce sont pareillement les souverains et leur entourage qui lancent les modes et le goût artistiques. Charles VIII ramène d'Italie ouvriers et artistes. François Ier, en 1515, invite Léonard à se fixer en France. Seize ans plus tard, il appelle le Rosso et le Primatice. Ceux-ci décorent Fontainebleau et créent une sorte d'école qui influence profondément la peinture française du temps. Et c'est encore un roi, Henri II, qui lance le style classique en confiant à P. Lescot la reconstruction du Louvre. Quant à la favorite royale, Diane de Poitiers, elle fait travailler à Anet Philibert de l'Orme, Jean Goujon et Cellini. La cour et les châteaux du souverain suscitent la naissance de cours et de châteaux satellites. Parce que les Valois ont aimé la vallée de la Loire, leurs serviteurs les plus dévoués — et les mieux pensionnés — ont construit ou embelli leurs demeures à proximité de Blois, Amboise et Chambord. Imitant les rois, les grands du royaume jouent aux mécènes : le cardinal d'Amboise à Gaillon, le cardinal de Lorraine à Meudon, le duc de Nemours à Verneuil, le duc de Montmorency à Chantilly et à Ecouen, et un marchand enrichi comme Assézat dans son hôtel de Toulouse.

Non seulement ces châteaux s'écartent physiquement du menu peuple, mais encore ils privilégient dans leur décoration ces « instruments de ségrégation » que sont l'héraldique et l'emblématique. Phénomène qui s'insère dans un contexte plus général de séparation croissante entre la culture humaniste et celle de la masse qui travaille de ses mains. Appartiennent à ce contexte le penchant pour l'ésotérisme cher aux poètes lyonnais et qui se répand avec le néo-platonisme, le barrage constitué par le latin cicéronien remis en honneur, l'emploi nouveau dans la littérature des grands genres qui supposent la connaissance des auteurs antiques, enfin l'appel à une mythologie qui envahit la poésie, la peinture, la sculpture, voire les décors temporaires des entrées princières.

Les influences italiennes

L'Italie, en raison de l'attrait exercé par sa civilisation, a été la grande responsable du progrès au-delà des Alpes d'une culture aristocratique. Le *Décaméron*, imprimé pour la première fois en France en 1483, fut réédité huit fois de 1485 à 1541, et Marguerite de Navarre suscita la nouvelle traduction d'Antoine Le Maçon en 1545. La gloire internationale de Pétrarque provoqua la fortune du sonnet, et la plupart des poètes français pétrarquisèrent peu ou prou. Le *Roland furieux* (1516) de l'Arioste fut un des plus grands succès de librairie du temps — 180 éditions au XVIᵉ siècle. Il inspirait encore sous Louis XIV les fêtes de Versailles. Quant au *Courtisan* (1528) de Baldassare Castiglione, il devint le livre de chevet et le code des belles manières des gens bien nés. On en connaît six traductions françaises de 1537 à 1592. L'arrivée de Léonard de Vinci en France avait mis l'italianisme à la mode, celle de Catherine de Médicis, en 1533, renforça un engouement qui atteignit son paroxysme vers 1570. On s'habilla, on se coiffa, on dansa, on salua, on parla même français à l'italienne. On peignit aussi à l'italienne à partir du moment où l'école de Fontainebleau eut répandu l'esthétique maniériste qui mettait des formes affinées, des couleurs acides et des cadrages étranges au service d'une sensualité inquiète et parfois d'un penchant pervers pour le sadisme.

Restauratrice des humanités, initiatrice du renouveau des études grecques et hébraïques, messagère grâce à Ficin du néo-platonisme, patrie des plus grands peintres, sculpteurs et architectes du temps, l'Italie de la Renaissance imposa à l'Occident le retour au vocabulaire et aux canons de l'art antique. Le pèlerinage aux ruines de Rome était devenu à la fin du XVIᵉ siècle l'indispensable propédeutique de l'architecte. La France, suivant en cela la démarche italienne, mais avec un certain décalage chronologique, eut successivement deux attitudes envers l'art gréco-romain. Dans un premier temps, elle lui demanda des ornements, une décoration que l'on se contenta parfois de plaquer sur une architecture gothique. Au début du XVIᵉ siècle, des grotesques s'insinuent sur le pourtour du chœur de Chartres. De 1509 date la façade du château de Gaillon, où des travées verticales sont réalisées grâce à la superposition de pilastres ornés d'arabesques. Le succès de ce type de travée est bientôt général dans les châteaux de la Loire : à Azay-le-Rideau, au Lude, à Chambord, à Blois, etc. Cette période ornemaniste de la Renaissance française bat son plein entre 1510 et 1540. En témoignent les corniches et les arcatures de l'hôtel de ville de Beaugency, les pilastres ornés de colonnettes en forme de candélabres du pavillon de chasse de Moret (maintenant cours Albert-Iᵉʳ à Paris), la polychromie raffinée de Chambord. Vers 1520, des ruines romaines avaient fait leur apparition sur les vitraux de Bourges. Moins de vingt ans après, à Moncontour, en Bretagne, l'histoire de saint Yves se trouve distribuée entre neuf tableaux que séparent des colonnes torses et cannelées et qu'égaient des arabesques, des coquilles, des *putti*, des faunes et des dauphins affrontés.

Puis — deuxième temps sensible surtout en architecture — à la fantaisie décorative succède une volonté de purisme puisée aux canons de l'art antique. L'influence de Serlio, mort à Fontainebleau, qui écrivit un célèbre traité d'architecture, la diffusion en France des œuvres de Vitruve — certaines illustrées par Jean Goujon —, l'étude systématique des monuments de Rome, à laquelle s'adonnèrent tant d'artistes, expliquent la promotion après 1540 des valeurs classiques : horizontalité, régularité, symétrie, harmonie. Au château d'Anet, Philibert de l'Orme élève un portique composé des trois ordres antiques superposés : modèle bientôt repris à l'hôtel d'Assézat, à Toulouse (1555-1560). Le tombeau de François Ier, à Saint-Denis (1552) — également de Philibert de l'Orme —, revêt la forme d'un arc de triomphe antique où l'architecte a appliqué strictement le système modulaire des Anciens. Dans la France du XVIe siècle, la réalisation maîtresse de ce classicisme, inspiré à la fois des édifices gréco-romains et des compositions d'Alberti et de Bramante, est la façade du nouveau Louvre. Tous les détails en sont antiques, et surtout l'esprit, dont les options apparaissent avec évidence dans le parti pris de symétrie, le rejet des surcharges, l'art des gradations, les effets de relief et le calcul rigoureux des proportions.

Synthèse artistique

Pourtant, la Renaissance française ne fut pas un asservissement à la culture italo-antique importée d'outre-monts. Philibert de l'Orme aimait avec passion l'Antiquité. Mais il discutait Vitruve et n'hésitait pas à louer les « beaux traits » de l'architecture gothique. Il voulait un art adapté au climat et au tempérament de la France. « Il vaudrait mieux, écrivait-il, faillir aux ornements des colonnes, aux mesures des façades qu'en ces belles règles de nature qui concernent la commodité, l'usage et profuit des habitants. » Au vrai, les traditions artistiques nationales demeuraient trop vigoureuses pour s'effacer tout d'un coup, notamment dans les églises. A la cathédrale de Chartres, la flèche nord, haute de 115 mètres, « buisson d'épines craquant au feu », date du début du XVIe siècle. L'église Saint-Eustache de Paris, commencée en 1532, garde la structure à cinq nefs, le triforium médiéval, les voûtes flamboyantes à liernes et tiercerons. Dans les édifices religieux de la Renaissance française, on retrouve le plus souvent les croisées d'ogives, les arcs-boutants et les ébrasements profonds des portails. Et combien d'œuvres sculptées restent fidèles aux traditions de rigueur, de réalisme et de probité du XVe siècle : mises au tombeau de Chaource et de Solesmes, « transi » de Ligier Richier tendant son cœur à Dieu, bas-reliefs des batailles de Marignan et de Cérisoles du tombeau de François Ier. Contrats révélateurs que ceux par lesquels Philibert de l'Orme, en 1551-1552, commande à Pierre Bontemps la décoration du soubassement de ce tombeau ! Il y est stipulé que ces bas-reliefs seront « remplis et garnis de chevaliers, gens de pied, artillerie, enseignes, étendards, trompettes, clairons, tambours, fifres, munitions, camps, pavillons, bagages, villes, châteaux et autres choses approchant et suivant la vérité historielle ». N'est-ce pas le même souci de scrupuleuse exactitude qui inspire les célèbres chansons de Clément Janequin : *Bataille de Marignan, Cris de Paris, Chasses*, etc. ?

Parce que les techniques et l'esthétique traditionnelles gardaient vie et santé, l'art de la Renaissance française se présente souvent à nous avec un visage composite. Le château de Chambord reproduit le plan de la forteresse de Vincennes. Ceux de Fontainebleau, Fontaine-Henri, Écouen, Ancy-le-Franc conservent les hautes toitures médiévales. Les charmantes lucarnes au pourtour ouvragé si caractéristiques des bâtiments français de la fin du XVe siècle et du XVIe siècle ne sont ni antiques ni italiennes, mais proprement originales. L'église Saint-Michel de Dijon adapte un arc de triomphe à un édifice qui reste gothique de plan et d'élévation. On continue un peu partout à construire des clochers élancés, mais en les couronnant de lanternons ou de petits dômes. Nulle part plus qu'en Bretagne n'éclate l'étonnante richesse de cette culture synthétique. A Sizun, par exemple, l'enclos paroissial s'ouvre par un arc triomphal (1588) que scandent de hautes colonnes classiques. Mais l'ossuaire voisin associe à la grammaire architecturale antiquisante une saisissante imagerie où des motifs celtiques côtoient des visages qui pourraient être précolombiens. L'art du vitrail, dont la France fut au Moyen Age le pays d'élection, se renouvelle à l'âge de la Renaissance. A Beauvais, à Moulins, à Brou, une technique très élaborée qui connaît le jaune d'argent, les applications de sanguine et le doublage est mis au service d'un sens déjà classique de la composition. Et ces tableaux de verre intègrent des éléments antiquisants. Dans le domaine architectural, même les esprits les plus attirés par l'art italo-antique et les plus soucieux de purisme ne reculent pas devant des alliances hardies. Ainsi, à la chapelle d'Anet, Philibert de l'Orme juxtapose deux flèches de pierre à une coupole (la première construite en France) surmontée d'un lanternon à colonnettes. Mieux, des artistes tels que Pierre Lescot et Philibert de l'Orme ont suffisamment assimilé l'art gréco-romain — revu et corrigé par la Renaissance italienne — pour être capables d'inventer dans son esprit même, créant ainsi un nouveau style classique. A preuve, tout particulièrement, les avant-corps du Louvre avec leurs colonnes engagées et leurs couronnements curvilignes, et l'attique très neuf — hautes fenêtres alternant avec des panneaux à frontons — que Philibert de l'Orme avait conçu pour le palais des Tuileries.

L'originalité française dans les lettres

Plus personnelle encore que dans le domaine des arts, la culture française, qui ne renie pas les *Quatre Fils Aymon* et le *Roman de la Rose*, s'épanouit sur le plan littéraire au cours du XVIe siècle. Certes, entre 1500 et 1600, quelque 700 poètes du royaume, selon le calcul de V. -L. Saulnier, versifièrent en latin. Et Turnèbe, lecteur au Collège royal, ne craint pas d'affirmer : « Notre langue étant pauvre et nécessiteuse au regard de la latine, ce serait errer en sens commun que d'abandonner l'ancienne pour favoriser cette moderne. » Telle est aussi l'opinion de

Budé. Il est vrai que le pédantisme fleurit à l'âge d'or de l'humanisme. Boileau reprochera à la muse de Ronsard d'avoir « en français parlé grec et latin ». On abuse de la mythologie, on pindarise et on pétrarquise à l'excès. Mais, en contrepartie, Rabelais, dans la fameuse scène de l'écolier limousin (1533), tourne en ridicule la manie des latinismes, et Du Bellay demande de ne pas imiter les Anciens sans discernement : « Je t'admoneste donc, ô toi qui désires l'accroissement de ta langue, et veux exceller en icelle, de non imiter à pied levé. » Ronsard, dans la préface de *la Franciade* (1572), « supplie très humblement ceux auxquels les Muses ont inspiré leur faveur de n'être plus latiniseurs ni grécaniseurs, comme ils sont plus par ostentation que par devoir, et prendre pitié, comme bons enfants, de leur pauvre mère naturelle : ils en rapporteront plus d'honneur et de réputation à l'avenir que s'ils avaient recousu ou rabobiné je ne sais quelles vieilles rapetasseries de Virgile ou de Cicéron ». Quelques années plus tard, Henri (II) Estienne défend la langue nationale contre l'italien dans les *Deux Dialogues du nouveau langage françois italianisé* (1578) et la *Précellence du langage françois* (1579). Ce patriotisme des écrivains permet aux lettres françaises du XVIe siècle de ne pas se laisser submerger et, malgré d'inévitables plagiats et contaminations, d'assumer leur propre destin.

Ce qui frappe dans les meilleures œuvres écrites en France à l'époque de la Renaissance, c'est la sincérité du ton et de l'inspiration, grâce à quoi sont balayés les raffinements techniques des rhétoriqueurs et les cuistreries des « Apollons de collèges ». Rappelons-nous les poèmes qui ont bercé notre enfance : églogue de Marot sur *le Printemps de* (sa) *jeunesse folle*, *Regrets* de Du Bellay, *Amours de Marie* et *Sonnets à Hélène* de Ronsard. Cette sincérité fait le charme le plus profond des *Essais* de Montaigne, le chef-d'œuvre de la littérature personnelle — un genre que l'Antiquité avait ignoré. Autre trait fondamental qui individualise la littérature française du XVIe siècle par rapport à l'italienne : elle ne craint pas d'aborder les grands sujets — la femme, la mort, le péché et la foi. Tout au long du siècle, de *la Nef des dames vertueuses* (1503) de Symphorien Champier au *Philogame ou Amy des nopces* (1578) de François Tillier, les écrivains du royaume s'interrogent sur le mariage, qui sort réhabilité de cette *Querelle des femmes*. La mort est peut-être le principal personnage de la littérature française du XVIe siècle : elle hante la poésie de Marot, de Du Bellay, de Ronsard et les méditations de Montaigne. Quant au débat sur le péché originel et la justification par la foi, il est, à l'époque de la Réforme, au cœur même des préoccupations de Lefèvre d'Étaples, de Marguerite de Navarre et de Calvin.

Deux faits majeurs permettent de mesurer la promotion intellectuelle de la France au cours de la Renaissance. Un Français, Viète, à la fin du XVIe siècle, invente l'application de l'algèbre à la géométrie et apporte une contribution décisive à la simplification et à la symbolisation de l'algèbre en y introduisant systématiquement l'usage des lettres. Avant lui, un autre Français réfugié à Genève avait ouvert à sa langue maternelle les difficiles chemins de l'abstraction théologique : dès 1541, Calvin avait tenu à traduire son *Institutio christianae religionis* dans le parler de tous les jours.

Le problème des causes de la Réforme

Si Calvin avait senti la nécessité de cette traduction (qui, par sa pureté d'expression, constitue une étape essentielle dans l'histoire de notre langue), c'est qu'il voulait s'adresser à un large public et qu'il savait l'intérêt porté par son temps aux problèmes religieux. Au vrai, toute une partie de l'élite française adhéra au protestantisme. Optèrent, entre autres, pour la Réforme, le philosophe Ramus et le musicien Goudimel, les sculpteurs Ligier Richier et Jean Goujon, le céramiste Bernard Palissy, le conteur Noël du Fail, les poètes Du Bartas et d'Aubigné, les imprimeurs Estienne et les architectes Androuet du Cerceau. Mais les idées protestantes, débordant les milieux intellectuels, atteignirent toute une partie de la population du royaume. Dans celui-ci, Coligny comptait, en 1562, 2 150 communautés réformées, et le curé de Provins affirmait vers la même époque que le quart de la France était devenu protestant.

Pourquoi ce rapide succès ? Est-ce l'effet de la vieille tradition gallicane qui s'était manifestée lors des conciles de Constance et de Bâle et qui n'attendait qu'une occasion pour élargir le fossé entre la France et Rome ? Est-ce, comme on l'a longtemps cru, à cause des « granz abuz [...] à tous si publicques » que l'on pouvait alors déplorer dans l'Église — « une prostituée », disait Savonarole, qui a « dévoilé sa honte aux yeux de l'univers entier » et dont « l'haleine empoisonnée s'est élevée jusqu'au ciel » ? Est-ce parce que la conjoncture économique a agi sur l'évolution religieuse, le retard des salaires sur les prix provoquant des mécontentements chez les pauvres, et l'enrichissement de la bourgeoisie sécrétant dans cette partie favorisée de la population un état d'esprit d'indépendance favorable au libre examen ? Ces divers facteurs ont pu jouer ensemble ou séparément, dans des proportions d'ailleurs variables suivant les temps et les lieux. Mais — recommandation capitale de L. Febvre — à révolution religieuse cherchons des causes religieuses. Les *placards* affichés en 1534 à la porte de la chambre royale à Amboise justifient cette hypothèse de travail. Car les « horribles, grands et importants abus » qu'ils dénonçaient étaient bien d'ordre théologique : il s'agissait de la conception catholique de la messe. Autre fait qui doit faire réfléchir : en France comme à l'étranger, les principaux propagandistes de la Réforme furent des hommes d'église à l'instar de Luther, de Zwingli et de Bucer. Au vrai, l'essentiel de la doctrine réformée réside dans l'affirmation que le pécheur est justifié par la foi. Si cette thèse théologique connut une telle faveur en Europe au XVIe siècle, c'est qu'elle répondait incontestablement à un besoin, à une inquiétude.

La peur de l'enfer

Depuis le début du XIVe siècle, une série de malheurs s'étaient abattus sur l'Europe : disettes, peste noire, guerre de Cent Ans, guerre des Deux-Roses et guerres hussites, Grand Schisme — le scandale des scandales —, progrès des Turcs, etc. L'Occident se sentit coupable. Et ce sentiment de culpabilité fut certainement développé par les sermons des prédicateurs, qui, dans les villes tout au moins, tels les prophètes de l'Ancien Testament, insistèrent inlassablement au cours du XVe siècle sur les péchés des chrétiens, les châtiments qui les menaçaient, l'imminence de la fin du monde, l'urgence de la pénitence. De multiples témoignages, notamment iconographiques — danses macabres, représentations de l'Apocalypse et du Jugement dernier —, permettent de diagnostiquer la peur panique qui étreignait l'homme d'Occident, à la veille de la Réforme, devant la perspective de la mort et la menace de l'enfer. Peur d'autant plus affreuse que la notion de circonstances atténuantes n'était pas familière aux Européens de ce temps. Si l'encadrement paroissial avait été solide et la pratique sacramentaire assidue, les fidèles se seraient sentis moins solitaires devant le Juge. Mais le trop fréquent absentéisme des curés — ceux-ci souvent remplacés par de médiocres desservants —, l'ignorance religieuse de ces derniers, la rareté des confessions et des communions, l'insuffisance de l'instruction religieuse provoquèrent dans la masse des chrétiens un très grave déséquilibre psychique. Se sentant coupable, on craignait la colère du Dieu vengeur, et on se demandait par quels moyens échapper à l'enfer. Il est probable que cette angoisse venue des villes — car c'est là que les prédicateurs avaient surtout exercé leur ministère — gagna progressivement les campagnes. L'insistance presque maladive, aux XVe et XVIe siècles, sur la passion du Christ, le recours à la Vierge « au grand manteau » qui protège de la maladie et de Satan, l'inflation du culte des saints, l'affolante arithmétique des indulgences si pratiquée au temps de Luther et de Calvin ne peuvent s'expliquer que par une immense peur de la damnation. Ce sentiment de culpabilité rend pareillement compte de l'antisémitisme de la Renaissance — les ghettos italiens datent du XVIe siècle — et de la recrudescence de la chasse aux sorciers et aux sorcières. On cherchait des coupables autres que soi, des boucs émissaires. A l'angoisse du chrétien, Luther proposa un remède radical : la justification par la foi. Il affirma en substance : Dieu n'est pas juge, mais père. Nous sommes coupables, mais déjà sauvés. Il suffit de croire en celui qui sauve. Pour le croyant sincère, il n'y aura pas d'enfer, pas même de purgatoire, car celui-ci n'existe pas.

Sacerdoce universel et retour à la Bible

Mais le protestantisme sur le plan théologique, c'est aussi le sacerdoce universel et l'infaillibilité de la seule Bible : deux affirmations doctrinales capables de séduire la partie la plus cultivée de la population. Une évolution continue tendait à donner aux laïcs une place sans cesse plus grande dans l'Église. En France, par exemple, le conseil royal intervenait, dès avant 1516, dans de multiples questions ecclésiastiques. D'autre part, avec l'urbanisation les confréries se multipliaient, où prêtres et laïcs se trouvaient associés, presque sur un plan d'égalité. Enfin et surtout, les écrits et l'action de Wyclif et de Huss, le courant spirituel — la *Devotio moderna* — diffusé par les Frères de la vie commune, l'*Imitation de Jésus-Christ* et les œuvres de Gerson avaient répandu dans l'élite le goût et l'habitude de la prière personnelle, développé l'individualisme religieux, provoqué une inévitable dévaluation du sacerdoce, de l'institution monastique, de la hiérarchie et de la liturgie. L'humanisme novateur — celui d'Érasme, de Lefèvre d'Étaples, de Rabelais, de Marguerite de Navarre — recueillit et amplifia ce message. D'où une convergence, à cet égard, entre la doctrine réformée et la spiritualité humaniste. Disciple d'Érasme, Rabelais se moqua des moines oisifs et inutiles qui « marmonnent grand renfort de légendes et pseaulmes nullement par eux entendus », il rejeta pèlerinages, culte des saints, indulgences (« Gaignez les pardons, coquins, gaignez! ils sont à bon marché! ») ; mais il fit l'éloge de la prière quotidienne, « louable coutume entre Christians », et donna en exemple Gargantua et Ponocrates, qui prient chaque jour « Dieu le créateur en l'adorant et rectifiant leur foy envers luy et le glorifiant de sa bonté immense ».

Humanistes et réformateurs se rejoignirent aussi dans une commune volonté de revenir à la Bible — retour aux sources d'autant plus urgent que la confiance en Rome était plus ébranlée. Le divin message, n'était-ce pas le rocher salutaire dans le naufrage ? Avant que Luther ne se soit fait connaître, Érasme avait écrit, en 1516 : « Je voudrais que toutes les bonnes femmes lisent l'Évangile et les Épîtres de Paul. Qu'ils soient traduits dans toutes les langues! Que le laboureur en chante des extraits en poussant sa charrue, que le tisserand en fredonne des airs à son métier [...]. » Sensible à ce conseil, Lefèvre d'Étaples publia en 1523 sa version française du Nouveau Testament, et en 1530 sa Bible complète en langue vulgaire qui inspira fortement la première Bible protestante en français (1535), celle d'Olivétan, cousin de Calvin.

Mais un certain humanisme — celui qui avait une coloration philosophique optimiste — ne pouvait cheminer longtemps d'accord avec le protestantisme qui désespère de l'homme pécheur. Tout un courant de pensée, où l'on identifie Valla, Ficin, Pic de La Mirandole, Érasme, More, Rabelais, Ronsard, voulait réconcilier le ciel et la terre, réhabiliter les joies d'ici-bas, croire en l'homme et en son libre arbitre sans cesser de croire en Dieu. D'où la rupture éclatante entre Érasme et Luther en 1525 — précisément sur ces questions — ; d'où l'anathème lancé par Rabelais sur Calvin dans le *Quart Livre* : « Démoniacle Calvin, imposteur de Genève, engeance d'antiphysis », d'où les attaques de Ronsard contre les « prédicantereaux et ministreaux de Genève ».

L'évangélisme

Mais la publication du *Quart Livre* ne commença qu'en 1548, et les *Discours* de Ronsard contre les protestants sont contemporains du début des guerres de Religion. Auparavant — mais surtout durant la première partie du règne de François Ier —, le royaume avait connu une période de féconde incertitude théologique, un moment privilégié d'« évangélisme » qui semblait permettre et promettre novations et conciliations. Guillaume Briçonnet, évêque de Meaux, qui réunit entre 1521 et 1524 un « cénacle » d'évangélistes — dont les uns devinrent protestants et les autres restèrent catholiques —, était lui-même orthodoxe et condamnait l'hérésie. Mais il ne conservait d'images que celles du Christ, il introduisait le français dans la liturgie, il distribuait à ses diocésains des traductions des Écritures. Ni Marguerite d'Angoulême, qui le soutint dans son œuvre de restauration religieuse, ni Lefèvre d'Étaples, son vicaire général, n'adhérèrent plus tard à la Réforme. Mais l'une et l'autre croyaient à la justification par la foi. Autre exemple éclairant : celui de Marot, qui traduisit les *Psaumes* pour Calvin, mais mourut catholique. On s'explique mieux alors, à cette époque où la réconciliation religieuse paraissait encore possible, les hésitations de François Ier et les variations de son attitude. Tantôt il opta pour la répression dont furent victimes Berquin en 1529, Dolet en 1546, et surtout ceux qui furent soupçonnés d'avoir inspiré en 1534 l'affichage des *placards* d'Amboise ; tantôt, au contraire, sur les conseils de sa sœur Marguerite — et aussi parce qu'il favorisait les protestants d'Allemagne —, il se montra indulgent pour les réformés et les intellectuels favorables à la conciliation. En 1532, il nomma évêque de Paris le cardinal Jean du Bellay, ami des humanistes et protecteur de Rabelais. Et en 1535 il suspendit les poursuites contre les hérétiques. Il est vrai, toutefois, qu'à la fin de son règne, qui coïncida avec l'ouverture du concile de Trente et l'extermination des vaudois, le gouvernement royal s'orientait vers la répression. Le temps des clarifications et des durcissements était arrivé. Les huguenots, quant à eux, étaient devenus suffisamment nombreux pour abandonner la semi-clandestinité et rejeter le « nicodémisme » que fustigeait Calvin.

Progrès du protestantisme

La diffusion des idées luthériennes dans le royaume commença très tôt. Dès 1520, on écrivait à Zwingli : « Il n'y a pas de livres achetés [en France] avec plus d'avidité que ceux de Luther. » La propagande réformée, suivant les grands axes de circulation, fila « comme une épidémie » de ville en ville, pénétrant à Bordeaux en 1523 (grâce à Farel), à Lyon en 1524 (par des imprimeurs), à Montpellier en 1526. « Inséparable d'une certaine acculturation » (E. Le Roy Ladurie), elle gagna d'abord les strates de la population qui avaient accès à la civilisation de l'écriture, donc des gens des villes : artisans, juristes, médecins, enseignants, notaires, marchands, nobles urbanisés et bourgeois divers. Dans un premier temps, le monde archaïque des cultures orales — celui des campagnes — fut peu touché par les idées nouvelles.

En revanche, les éléments citadins furent atteints dans l'ensemble du pays, comme le prouvent les listes de Français réfugiés à Genève et à Strasbourg entre 1549 et 1560.

Après 1555, un fait nouveau se produisit : beaucoup de nobles se détournèrent du catholicisme. Un agent de Philippe II écrivait en 1560 : « En toute la Guienne, la Touraine, le Poitou, le Lyonnais, l'Agenais, le Dauphiné, le Parisis, etc., il y a peu de nobles qui ne s'honorent d'appartenir à la secte. » Estimation exagérée sans doute, mais éclairante. Cette conversion à la Réforme d'une partie de la noblesse pouvait être de grande conséquence : elle risquait de faire basculer une large fraction de la paysannerie du côté de l'hérésie. D'où les alarmes des catholiques. Alarmes d'autant plus justifiées que, maintenant, le protestantisme français, non content d'élargir son audience, solidifiait son armature. Au début, les groupes hérétiques n'avaient formé que de pieuses communautés, sans organisation stricte et sans liens solides les unes avec les autres. Dans ce protestantisme de libre congrégationalisme, on se préoccupait peu des sacrements, mais on lisait avec ferveur les Écritures. Obligés à une semi-clandestinité, les premiers réformés français continuaient parfois à suivre le culte catholique. Or Calvin, qui de Genève suivait de près les affaires de France, eut à cœur de structurer le protestantisme dans le royaume et d'y « dresser » des églises qui auraient consistoire et ministre et où la cène serait célébrée. Les premières célébrations de la cène en France eurent lieu, semble-t-il, à Sainte-Foy en 1541, à Aubigny et à Meaux en 1542, à Tours et à Pau en 1545. Mais c'est surtout à partir de 1555 — la position de Calvin étant consolidée à Genève — que des pasteurs vinrent de cette ville (88 au moins entre 1555 et 1562, peut-être 120 entre 1555 et 1565) pour assumer la direction des plus importantes communautés protestantes. A la fin de 1561, il existait plus de 670 églises « dressées » sur le territoire de la France actuelle. Une première assemblée pastorale française se tint à Poitiers en 1557 (ou 1558) et un synode national se réunit à Paris en 1559, d'où sortit une *Confession*. Le protestantisme était maintenant une force dans le royaume avec épée — la noblesse ralliée à lui — et corps de doctrine.

Pourquoi l'échec du protestantisme ?

Il faut se demander pourquoi et comment cette force s'épuisa au cours des guerres de Religion, malgré la structuration croissante du parti réformé, surtout après 1572. Preuves chiffrées du recul : on ne dénombrait plus en 1598 que 274 000 familles huguenotes (environ un million d'âmes), et Paris ne comptait alors guère plus de protestants que

Nîmes (15 000). Dans un pays et à une époque où le patriotisme se confondait avec la fidélité monarchique, l'attitude de la royauté française, au cours de la crise religieuse, constitua certainement un facteur de poids. Même dans les moments où ils accordaient aux protestants des édits de tolérance, les souverains demeurèrent fermes dans la foi traditionnelle. L'attitude du roi fut donc en France déterminante, comme elle l'était dans l'autre sens dans l'Angleterre d'Henri VIII et d'Élisabeth. Deuxième fait non négligeable : si beaucoup de bourgeois d'offices et de robe et beaucoup de légistes des petites villes se laissèrent gagner par la Réforme, en revanche les milieux parlementaires lui restèrent hostiles, en particulier ceux de Paris. Or, le ressort du parlement de Paris couvrait la moitié du royaume. La répression organisée par la principale cour de justice de France est peut-être partiellement responsable du rejet à la périphérie, durant les guerres de Religion, d'un protestantisme répandu auparavant dans presque tout le royaume. D'autre part, le rôle de Paris, capitale et cité de beaucoup la plus peuplée de France, ne saurait être négligé. La ville opta massivement pour le catholicisme et marqua aux réformés une hostilité violente qui se manifesta particulièrement lors de la Saint-Barthélemy et au moment de la Ligue.

Les massacres de 1572 portaient d'ailleurs un coup très dur au parti protestant, qui sortit de cette épreuve diminué qualitativement et quantitativement. Toutes les explications ci-dessus ont leur intérêt et leur vérité. Il n'est pas sûr qu'elles atteignent le cœur du problème. Car pourquoi la royauté, les parlements, Paris et finalement la majorité du pays ne se rallièrent-ils pas à la nouvelle confession religieuse qui, vers 1560, recueillait une audience croissante et paraissait animée d'un dynamisme invincible ? La réponse à cette question fondamentale est vraisemblablement d'ordre structurel. Il faut l'avancer, cependant, comme hypothèse en attendant la confirmation de nouvelles recherches.

Si finalement le catholicisme français a tenu, c'est forcément qu'il était moins malade qu'on ne l'a dit et que l'encadrement religieux, au moins dans les villes, possédait encore une réelle consistance. C'est probablement aussi que le mouvement de renaissance — ou de réforme — catholique a commencé plus tôt qu'on ne l'enseigne d'ordinaire, c'est-à-dire avant le règne d'Henri IV. Il ne serait pas étonnant que les moines mendiants, dont se sont tant moqués Rabelais et Marguerite de Navarre, aient en réalité joué un rôle décisif dans le conflit qui opposa en France catholiques et protestants. Ce sont eux, notamment, qui fanatisèrent Paris et donnèrent à la Ligue sa mystique héroïque. Or, quand, le calme revenu, la renaissance catholique éclate au grand jour, quand se dessine une sorte de parti dévot, d'où sortent-ils l'un et l'autre ? Des milieux qui avaient été ligueurs. Sans doute le « grand siècle des âmes » a-t-il commencé en France avant Bérulle.

la France baroque

*Baroque, mais déjà tout autant classique,
tandis que, de 1589 à 1661, Henri IV,
Richelieu et Mazarin construisent l'État.*

I.   HENRI IV 1589-1610

Un royaume à conquérir

Héritier légitime, Henri IV se retrouve, au lendemain de la mort de son prédécesseur (2 août 1589), presque seul, sans sujets, sans parlement, sans argent. La promesse, faite le 4 août, « de maintenir et conserver la religion catholique, apostolique et romaine, et de se faire instruire par un légitime et libre concile » ne lui vaut l'adhésion hésitante que d'une partie de la noblesse et des princes du sang. Toutes les grandes villes et Paris se déclarent pour la Ligue et son chef, le duc de Mayenne. Des souverains étrangers, Philippe II d'Espagne, les ducs de Lorraine et de Savoie, héritiers par les femmes, se tiennent aux aguets, prêts à intervenir. Le Béarnais n'a vraiment pour lui que sa petite armée de 20 000 hommes et sa merveilleuse énergie.

Roi et capitaine, Henri IV entreprend sans délai la conquête de son royaume. Il délègue Longueville en Picardie, le maréchal d'Aumont en Champagne, et septembre le trouve lui-même en Normandie, à proximité des secours d'Écosse et d'Angleterre. Mayenne l'y poursuit avec une armée plus nombreuse. Henri le tient en échec à Arques (21 septembre 1589) et, enhardi par son succès, tente de surprendre Paris. Il doit finalement se rabattre sur l'Anjou et la Touraine, où il installe le gouvernement royal. Déjà, dans les parlements de Paris et de province, des magistrats plus nombreux se déclarent pour le roi, et opposent parlements royalistes à parlements ligueurs. La campagne de 1590 s'ouvre par de nouveaux succès. Mayenne subit à Ivry, le 14 mars 1590, une véritable défaite, et l'armée royale victorieuse peut commencer au début de mai le siège de Paris. Paris, l'adversaire essentiel, Paris que fanatisent ses prédicateurs et son clergé. Paris où le comité des Seize fait régner la terreur parmi les royalistes, Paris, qui, pour se défendre, mobilise près de 50 000 bourgeois. Le duc de Nemours, l'évêque, le légat pontifical, l'ambassadeur d'Espagne et le comité des Seize dirigent la résistance, tandis que les sermons, les processions et les exécutions maintiennent l'exaltation de la population. Dès juin, le pain commença à manquer, et il aurait fallu songer à la reddition, si Philippe II n'avait dépêché le duc de Parme et son armée pour secourir la ville. Les divisions du royaume, les projets dynastiques de Philippe rendaient inévitable cette intervention ; la guerre étrangère allait, désormais, doubler la guerre civile. Ces soldats d'Espagne contribuent à établir un nouvel équilibre des forces militaires. Aucun camp ne paraît plus capable de remporter sur l'autre une victoire décisive. Henri IV occupe Chartres et Noyon, menace Paris, qui, privé d'une partie de ses greniers, demeure dans une situation précaire ; mais l'on se bat partout dans le pays et le sort des armes est divers et changeant. Le duc de Savoie envahit la Provence, le duc de Lorraine convoite la Champagne, tandis que son cousin Mercœur cherche à se constituer en Bretagne une principauté indépendante. Le pape, enfin, fulmine l'excommunication contre les laïcs et les clercs fidèles à l'hérétique ; contre lui il lève même une armée (septembre 1591).

Les opérations de 1592 sont aussi indécises. Les royalistes assiègent Rouen, mais une armée de secours, menée par le duc de Parme, les oblige à lever le siège (fin avril). En Bretagne, en Languedoc, en Provence, la guerre civile n'aboutit non plus à aucun résultat décisif.

La situation politique, par contre, évolue. Deux faits nouveaux modifient l'état de l'opinion catholique : les divisions des ligueurs parisiens et la révélation des ambitions dynastiques des Habsbourg. La dictature semi-populaire des Seize pèse, en effet, de plus en plus à une partie de la grande bourgeoisie parisienne d'office ou de négoce. A Paris, comme dans beaucoup d'autres villes de province, la Ligue a provoqué un sursaut des milieux populaires d'artisans et de boutiquiers. Ils prétendent participer à la gestion des affaires communales et rétablir contre le pouvoir royal et les magistrats du roi les anciennes libertés municipales. Ils ont tissé tout un réseau de surveillance et d'agitation révolutionnaire ; dans chacun des 16 quartiers siègent des comités à leur dévotion. Contre eux, les modérés, les colonels de la garde bourgeoise, quelques chanoines, un ancien prévôt des marchands et des parlementaires se concertent. Ils veulent préserver pour l'avenir les droits de la monarchie, éliminer des charges municipales les nouveaux venus, « gens vils et de néant ». Ils ne pardonnent pas non plus aux extrémistes leur allégeance à Philippe II. Le conflit éclate au milieu de novembre 1591. Un conseil insurrectionnel de 10 membres fait arrêter et exécuter sommairement le premier président du parlement, Brisson, et deux autres magistrats. L'émotion est si vive dans la bourgeoisie parisienne que Mayenne doit sévir. Il fait emprisonner les principaux coupables et dénie aux Seize toute autorité dans la ville. Il y a désormais dans Paris deux partis irréconciliables, entre lesquels Mayenne aura bien du mal à maintenir l'équilibre.

Le deuxième fait nouveau, c'est le projet de Philippe II de faire monter sur le trône de France sa fille Isabelle. En échange de son argent et de ses soldats, il a obtenu de Mayenne la convocation des états généraux, mais ses intentions soulèvent l'inquiétude et les réticences. Il ne peut s'opposer au déroulement de conciliabules, puis de conférences, à Suresnes, entre catholiques de l'un et l'autre camp, et c'est à ce moment décisif que, en politique avisé, Henri IV fait annoncer par l'archevêque de Bourges sa prochaine conversion (17 mai 1593). Les états de la Ligue sont pris de vitesse. Ils veulent bien élire un prince français et l'infante Isabelle comme reine, mais ils ne peuvent laisser le choix du prétendant au roi d'Espagne, ils hésitent à violer la loi salique, symbole, en ces circonstances, du sentiment national. Le parlement rend un arrêt pour « empêcher que sous prétexte de religion, ce royaume, qui ne dépend d'autre que de Dieu et ne reconnaît autre seigneur quel qu'il soit, pour sa temporalité, ne soit occupé par étrangers ».

Profitant de la trêve, de nombreux Parisiens vont assister à Saint-Denis à la cérémonie publique de l'abjuration. Quelques mois plus tard, l'onction sacrée et le couronnement à Chartres faisaient vraiment d'Henri IV le roi de France et le « Très Chrétien » (27 février 1594). Dans la ville capitale, le parlement se déclarait nettement pour le souverain, manifestait son hostilité aux Espagnols et sommait leurs garnisons de quitter la cité. Le 22 mars, le gouverneur Brissac et le prévôt des marchands ouvraient les portes aux troupes royales. La ville fut prise sans coup férir et presque sans combat. Après cinq ans d'efforts, Henri IV, étonné et ravi, ne cachait pas sa joie. Ni poursuite, ni procès, ni vengeance ; une centaine de personnes seulement étaient éloignées de Paris ; l'indulgence du roi disait clairement son contentement et sa volonté d'apaisement.

En quelques mois, toutes les villes du royaume suivirent l'exemple de la capitale. Mais parce que manquait encore le consentement pontifical, quelques ligueurs se refusèrent au ralliement, et des moines irréductibles poussèrent encore au régicide et au supplice Barrière et Châtel. C'est en accordant enfin son absolution que le pape dissipa les derniers scrupules, leva les derniers obstacles (septembre 1595) et incita Mayenne et la maison de Lorraine à faire leur paix avec le roi.

L'intervention étrangère n'avait plus, désormais, l'ombre d'un prétexte ; les intentions hégémoniques des Espagnols apparurent au grand jour, et Henri IV put lever pour les combattre toutes les forces du royaume. L'adversaire était encore redoutable, et il fallut toute la folle audace du roi pour sauver, à Fontaine-Française, la Bourgogne envahie (15 juin

1595). Au nord, la Picardie demeurait menacée, car Fuentes tenait Doullens. Il s'emparait même de Cambrai en 1595 et, coup redoutable, entrait par surprise dans Amiens, le 11 mars 1597. L'armée royale dut assiéger la ville, occuper les tranchées six mois et repousser une armée de secours. Lorsque, enfin, la garnison espagnole rendit la capitale de la Picardie, les deux adversaires paraissaient l'un et l'autre à bout de ressources (25 septembre 1597). La banqueroute espagnole et la crise financière internationale les empêchaient de solder leurs troupes et de poursuivre les opérations. Contraints et forcés, ils négocièrent. La paix fut signée à Vervins (2 mai 1598). La France retrouvait les frontières fixées au Cateau-Cambrésis en 1559 et une autorité accrue en Europe.

Liberté de conscience ou coexistence provisoire : l'édit de Nantes

La guerre étrangère avait pris fin, il restait à éliminer les risques de guerre civile et religieuse, prétextes des interventions venues de l'extérieur. Ce problème essentiel de la coexistence pacifique des deux religions, Henri IV, au moment même où il concluait la paix de Vervins, tentait de le résoudre par l'édit de Nantes. Les protestants éprouvaient méfiance et ressentiment à l'égard de leur ancien coreligionnaire. Leur situation minoritaire et les manifestations hostiles dont ils étaient victimes les maintenaient dans un état de perpétuelle inquiétude et d'agressivité. Sans l'autorisation du roi, leurs députés s'étaient assemblés à Nantes pour « se remettre en leur distinction » (janvier 1594). Ils divisèrent le royaume en neuf grandes provinces, avec leur conseil particulier, et décidèrent de convoquer chaque année une assemblée générale pour discuter des intérêts du parti. C'était, dans la France monarchique, la constitution en fédération républicaine d'une minorité religieuse. Le danger d'une sécession et d'un nouveau conflit n'était pas illusoire ; déjà, les chefs protestants La Trémoille et Bouillon s'étaient refusés à rejoindre l'armée royale sous les murs d'Amiens. Pour éviter le pire, Henri IV engagea la négociation avec quatre représentants de l'assemblée protestante. Elle aboutit à la publication à Nantes, le 13 avril 1598, d'un nouvel édit de pacification : charte des droits et privilèges des protestants français.

Leur culte était autorisé partout où il se célébrait publiquement à la fin d'août 1597, dans deux villes par bailliage et chez les seigneurs hauts justiciers. Les réformés devaient jouir désormais des mêmes droits civils que les autres sujets du roi, avoir accès aux universités, aux hôpitaux, aux communautés de métier, à toutes les charges et dignités, être assurés enfin de l'impartialité de la justice par la création dans les parlements de chambres mi-parties, composées de magistrats des deux confessions. Ils conservaient leurs synodes provinciaux et nationaux et obtenaient même, par des articles secrets, des garanties militaires, infrastructures de leur future résistance ou de leurs rébellions. L'édit de Nantes comporte, en effet, à côté des articles généraux et particuliers, des brevets accordés par le roi et non soumis à l'enregistrement des cours souveraines. Une dotation annuelle de 45 000 écus était promise pour le traitement des pasteurs, cent cinquante lieux de refuge étaient accordés aux réformés, dont cinquante et une « places de sûreté » confiées à des garnisons et des gouverneurs protestants payés par le roi.

Compromis délicat, négocié de puissance à puissance qui créait un État protestant à l'intérieur de l'État royal et catholique ; accord fragile, car la méfiance des protestants n'avait d'égale que l'hostilité des catholiques. Le pape, le clergé, les universités condamnèrent immédiatement l'Édit. « C'est le plus mauvais édit qui se puisse imaginer », déclara le pape. Les parlements manifestèrent leur répugnance à l'enregistrer. Des prédicateurs vouaient de nouveau aux flammes de l'enfer les magistrats trop complaisants. Presque toutes les cours rédigèrent plaintes et remontrances. Le roi dut tour à tour prier et menacer, et il lui fallut deux ans pour arracher le consentement de tous les parlements. L'idée de la tolérance n'avait encore obtenu en Europe que l'adhésion de quelques intellectuels isolés : Witzel, Castellion, ou bien encore Bodin ou Coornhert. Son triomphe partiel en France est l'œuvre des circonstances et d'un grand politique, bien plus que la reconnaissance de la liberté de conscience. Même pour les politiques, la coexistence des deux religions n'est qu'un mal temporaire et l'idéal demeure : « Un sceptre, une foi. » Jusqu'en 1685 les assemblées du clergé de France ne cesseront de rappeler au « Très Chrétien » le serment du sacre et le presseront d'extirper l'hérésie. C'est la grandeur d'Henri IV d'avoir plaidé avec tant d'éloquence la cause de la paix civile et religieuse et d'avoir profité du répit pour mener à bien son œuvre de restauration monarchique et nationale.

La reconstruction

Les guerres de Religion ont, dans leur dernière phase, porté un coup sévère à la prospérité du royaume. On mesure dans les comptabilités des grands propriétaires et des décimateurs le recul de la production céréalière et le progrès des friches. Dans les villes de manufacture, les statistiques du marquage à la halle des étoffes révèlent souvent une chute de près de 50 p. 100 de la production des toiles et des draps. Le commerce intérieur, enfin, souffre des menaces de l'épidémie et de l'insécurité des chemins. Dans de nombreuses provinces, les opérations militaires et la famine ont favorisé le retour de la peste bubonique. Elle désole encore en 1596 les villes de Picardie et de Champagne et paralyse leurs relations avec l'extérieur. Les discordes intérieures ont surtout fait resurgir violemment le brigandage que l'ordre royal n'avait jamais pu totalement réprimer. Partout des soldats débandés et des officiers licenciés après le retour de la paix détroussent les voyageurs et les rouliers. Aux frontières de la Bretagne et de l'Anjou, le capitaine Guillery tient le maquis pendant quelques années, faisant la guerre aux sergents et vidant la bourse des marchands. Le Languedoc, l'Auvergne, le Dauphiné subissent les exactions de ces bandes de pillards, auxquelles se joint parfois quelque hobereau désargenté. Pour se protéger, les communautés villageoises ont organisé leur autodéfense et se sont armées pour repousser les incursions des royalistes, des ligueurs et des bandits. En 1592, les paysans du Comminges forment des « ligues » ou « campanelles », pour courir sus aux soldats et quelquefois à la noblesse. Ils refusent de payer les tailles ou exigent leur réduction. En 1594 et 1595, les « croquants » du Limousin et du Périgord contestent l'impôt royal, parfois les dîmes, et réclament la suppression des élus. Ils marchent à travers le plat pays, derrière enseignes et tambours, bravant gentilshommes et magistrats.

Le rétablissement de l'ordre suppose donc la reprise de l'activité économique et, en attendant la restauration de l'autorité monarchique, quelques mesures de circonstance pour secourir les détresses criantes et apaiser les mécontentements les plus dangereux. Henri IV avait suffisamment d'intelligence et de finesse pour comprendre la nécessité de ces concessions temporaires. Aux paysans du Massif central il accorde son pardon et la remise des arriérés d'impôts. Pour tous les non-privilégiés, Sully réduit, de 1599 à 1602, le montant des tailles. Le roi se préoccupe aussi du sort des communautés villageoises. Parce que trop d'entre elles ont dû pendant les guerres, pour faire face à de très pressants besoins, aliéner leurs communaux, on les autorise, moyennant finance, à reprendre possession de leurs usages et de leurs domaines. Enfin, le règlement général sur le fait des tailles de mars 1600 supprime la pratique redoutable de la contrainte solidaire des contribuables.

Nous aurions tort, cependant, de nous laisser abuser par la peinture idyllique de la situation paysanne qu'a peu à peu imposée l'anecdote légendaire de la poule au pot. Celle-ci est l'un des éléments de cette geste héroïque et touchante du « bon roi Henri » qui parcourt toute l'histoire de l'Ancien Régime et survit à la Révolution, tour à tour justification des fidélités inconditionnelles et des volontés réformatrices. Non, malheureusement, le règne du premier roi bourbon ne fut pas, pour les paysans français, un bucolique âge d'or. Ils payèrent moins pour les tailles, mais davantage pour les gabelles. Sans doute on tenta de remédier aux empiètements commis par les seigneurs et les notables aux dépens des communautés paysannes, mais aucun remède ne fut apporté à l'élimination d'un grand nombre de petits propriétaires paysans, ruinés par l'usure ou par les ravages des soldats, et contraints de laisser adjuger à vil prix leurs parcelles. Tous les minutiers notariaux portent témoignage de cet important transfert. C'est une conséquence sociale majeure de la crise politique et religieuse : elle a réduit dans presque toutes les provinces la part de la propriété paysanne à beaucoup moins de la moitié du sol. Par ailleurs, le rétablissement de l'ordre intérieur s'accompagne partout d'une reprise plus rigoureuse de la perception des dîmes, un moment contestées pendant le déroulement des troubles. Indifférents à la stagnation des techniques et des rendements, les fermages reprennent leur hausse et réduisent davantage encore la part du produit brut laissée aux paysans.

En dépit des pertes dues à la misère, aux épidémies et aux guerres, le royaume de France demeurait l'un des plus densément peuplés d'Europe. Cet avantage explique certainement la rapidité de sa reconstruction matérielle ; mais le pouvoir royal y contribua aussi par la clarté de ses objectifs et de ses choix. Henri IV eut la chance d'être aidé en ce domaine par un collaborateur remarquable, Barthélemy de Laffemas. Dans de nombreux mémoires, Laffemas a présenté au roi un vaste programme mercantiliste de développement du commerce et des manufactures. Nommé contrôleur général du commerce, il anima, de 1601 à 1604, les travaux de la commission du commerce, participa à l'établissement de nombreuses manufactures, verreries, tissages de toiles ou de soieries. Avec l'aide d'un autre protestant, l'agronome Olivier de Serres, auteur du *Théâtre d'agriculture et ménage des champs*, il tenta de diffuser dans les généralités de Paris, Orléans, Tours et Lyon la culture du mûrier et l'élevage du ver à soie. L'entreprise procura bien des mécomptes en Touraine et en Ile-de-France, mais réussit en Languedoc et en Dauphiné et favorisa le progrès des soieries lyonnaises et tourangelles. Le roi soutenait personnellement ces efforts, faisait distribuer à ses frais le livre d'Olivier de Serres, et contraignait certains grands marchands et financiers à fournir les capitaux nécessaires à l'établissement de manufactures privilégiées. Dotées de monopoles, aidées par des subventions et des primes, contrôlées dans leurs fabrications, ces manufactures devaient concurrencer les importations coûteuses, en provenance de l'étranger, de soieries, de draps d'or et d'argent... Ainsi, dans la maison des Gobelins, le roi installait des tapissiers flamands et entretenait au Louvre des ouvriers d'art à l'abri des tracasseries des métiers parisiens. Le gouvernement royal chercha aussi à protéger les fabrications nationales par des taxes ou des prohibitions ; il discuta pendant plusieurs années de la création de compagnies de commerce pour le trafic des Indes orientales et occidentales, et suivit avec sympathie les entreprises de Champlain et de ses compagnons au Canada. Ce sont bien là tous les éléments d'une même politique, destinée à équilibrer favorablement la balance du commerce. Il s'agissait d'attirer à l'intérieur des frontières les espèces d'or et d'argent, source de prospérité matérielle et de puissance militaire. L'Angleterre d'Élisabeth et de Jacques Ier manifeste au même moment les mêmes soucis. Richelieu et Colbert suivront les mêmes principes. En ce domaine, l'administration d'Henri IV propose donc à la France, et pour la première fois, une véritable politique économique cohérente.

Cependant, beaucoup de ces entreprises n'eurent que de piètres résultats. Trop rares furent les Français qui participèrent à cette aventure économique. Si les protestants sont si nombreux dans l'entourage du roi dans ces affaires de commerce, de manufacture et de finances, n'est-ce pas parce que la majorité catholique des élites du royaume demeurait attirée par d'autres vocations et d'autres aventures ?

Les progrès du pouvoir royal

Il n'y a pas de véritable autorité pour un gouvernement incapable de gérer la bourse publique. Ce fut le mérite de Sully, surintendant des finances, d'assurer au gouvernement les moyens de sa politique. Le Trésor était chargé des intérêts d'une énorme dette ; Sully diminua sans scrupule les taux d'intérêt, retrancha des arrérages, remboursa beaucoup de rentes à vil prix, annula celles qui lui parurent suspectes. Des impôts royaux et une partie du domaine avaient été aliénés ; il fit exercer par l'État son droit de reprise. Il augmenta le produit des parties casuelles, en instituant le droit annuel sur les offices, et regroupa en un seul contrat la ferme des aides, dont il fit augmenter le bail. Enfin, il établit un état clair des opérations du Trésor, de l'épargne, et réussit, sans génie mais à force de rigueur et d'entêtement, à équilibrer le budget de la monarchie. Il constitua même pour son roi un trésor de réserve ou de guerre.

La guerre civile n'avait pas seulement saccagé l'économie et les finances, elle avait aussi annulé pour l'essentiel les efforts que François Ier et Henri II avaient déployés pour renforcer l'autorité du roi dans les provinces et assurer un meilleur fonctionnement du gouvernement. Henri IV reprend la tradition interrompue. Il porte d'abord remède au désordre du Conseil, limite le nombre de ses membres, superpose au Conseil privé et au Conseil d'État et de finances un conseil plus étroit de cinq ou six membres. Il n'hésite pas à faire sceller par le chancelier des lettres patentes dont il n'a discuté le texte qu'avec un ou deux conseillers, substituant déjà au gouvernement « en grand conseil » un absolutisme plus personnel.

L'absolutisme suppose aussi l'abaissement ou la neutralisation des corps intermédiaires, cours souveraines, états provinciaux, échevinages, collèges d'officiers, assemblées d'ordres, qui entravaient, en province ou à Paris, l'exercice de la volonté royale. Avec les parlements, Henri IV usa tour à tour de bonhomie paternelle, de menace et d'ironie méprisante. Il ménagea celui de Paris, mais sut se faire craindre de tous. Il continua comme ses prédécesseurs à négocier avec les états provinciaux, mais quand les états refusèrent d'accorder ce qu'il demandait, il fit lever malgré eux les deniers d'impôt. Les grandes villes avaient réussi pendant les troubles à préserver et à élargir leur autonomie et leurs privilèges. Sauf exception, le roi respecta leurs institutions, mais les vida peu à peu d'une grande partie de leur signification. Les élections municipales furent soumises à sa surveillance et il désigna souvent lui-même aux suffrages les maires et consuls qu'il voulait voir élire. Parce que les villes sont autant de places fortes contre les menaces de l'étranger ou de la sédition, partout où la population ne lui parut pas sûre, il confia la garde des portes et des remparts aux gouverneurs nommés par lui.

La tranquillité de la province et sa « bonne police » dépendaient pour l'essentiel de ces gouverneurs et de la loyauté des officiers de justice et de finances. L'institution du droit annuel vint à propos fournir à la monarchie un moyen de s'assurer la fidélité des robins. Au début du XVIIe siècle, l'hérédité des offices n'était pas encore complète, puisque la résignation, pour être valable, devait précéder d'au moins quarante jours la mort du résignant. En échange d'une taxe annuelle, égale au soixantième de la valeur de l'office, le roi suspendit la clause des quarante jours. En toutes circonstances, l'office, désormais, demeurait dans l'actif de la succession, soit que l'officier ait résigné en faveur d'un héritier en âge d'être pourvu, soit, au contraire, que les héritiers en fassent à leur profit le libre commerce. Le roi se procurait ainsi d'importantes ressources : le droit annuel, affermé d'abord à Paulet, puis à un groupe de financiers en majorité protestants, rapporta plus d'un million de livres par an. Mais, surtout, l'institution du droit annuel attacha définitivement à la monarchie absolue le corps des officiers. La concession paraissait fragile et révocable ; pendant plus d'un demi-siècle, on agita périodiquement la menace de sa suppression, et la noblesse d'épée en réclama à plusieurs reprises l'extinction. En dépit de leurs traditions et souvent de leur culture, la bourgeoisie d'office et la noblesse de robe furent désormais solidaires de l'absolutisme monarchique. Elles purent gronder, fronder, mais se révolter jamais, car une réaction nobiliaire et aristocratique aurait nécessairement porté atteinte à la vénalité et à l'hérédité des offices. Les conséquences sociales et politiques sont incalculables. La bourgeoisie française va consacrer à la carrière des offices son ambition et une grande partie de ses ressources. Les profits du négoce vont s'investir dans ces charges, qui donnent honneur, privilèges et même parfois noblesse. Leur plus-value rapide donne une idée de leur prestige et de leur faveur. De 1596 à 1635, le prix moyen d'une charge de conseiller au parlement de Paris passe de 10 000 à 120 000 livres. La vénalité et l'hérédité complète des offices constituaient une garantie d'ordre et de stabilité sociale, mais aussi, pour l'économie française, engagée malgré elle dans la course à la prépondérance commerciale, maritime et manufacturière, un lourd handicap.

Restait à s'assurer de la fidélité de la noblesse d'épée. Elle avait joué un rôle souvent décisif dans le déroulement de la guerre civile, et il n'était pas facile de la soumettre complètement à l'autorité monarchique. On lui accorda bien quelques satisfactions matérielles. Beaucoup de familles s'étaient endettées pendant la guerre civile ; le gouvernement royal accorda d'abord aux débiteurs un moratoire, puis réduisit les arrérages. En 1601, il diminua même le taux d'intérêt légal des rentes constituées, l'abaissant du denier 12 au denier 16, et facilitant ainsi le remboursement à meilleur compte des engagements les plus onéreux : « Ayant recherché les causes qui plus ordinairement appauvrissent et travaillent nos dits sujets en la jouissance de leurs biens, et surtout notre noblesse de laquelle nous et nos prédécesseurs avons toujours reçu de signalés services, nous avons reconnu que les rentes constituées au denier dix et douze... ont été en partie cause tant de la ruine de plusieurs bonnes et anciennes familles, pour avoir été accablées d'intérêts et souffert la vente de tous leurs biens. Pour à quoi remédier... et même faciliter à notre noblesse les moyens de rétablir en leurs maisons, les dégâts, ruines et désordres qui leur ont été causés par les troubles, déclarons nuls et de nul effet et vertu tous les contrats de constitution de rentes à plus haut prix que le denier seize. » La réforme monétaire de 1602, qui rétablit le compte en livres tournois et consacra une diminution de la valeur or et argent de cette monnaie, allait dans le même sens d'un allègement des créances.

Cependant, autour des princes du sang, des Grands, des gouverneurs de province, la noblesse demeurait groupée en clientèles. On suivait, dans la fidélité monarchique ou dans la rébellion, celui « auquel on appartenait », car on devait à sa protection un brevet de capitaine, une gouvernance, un beau mariage, une pension ou quelque autre faveur. On lui confiait son honneur, l'intérêt de son propre lignage, on le servait aveuglément à la cour ou à la guerre, partageant ses querelles et ses passions. Pour balancer l'influence de ces clientèles particulières, Henri IV grossit la clientèle du roi. Les gouverneurs s'étaient souvent arrogé des pouvoirs politiques, financiers et de justice ; il réduit leur rôle aux fonctions purement militaires. Il nomme pour garder les places fortes importantes des hommes sûrs, dépendant de lui seul. Il retire au connétable le commandement des armées, et à d'Épernon, colonel général de l'infanterie, le choix et la promotion d'une partie des officiers. Cette volonté et cette politique l'exposent, bien entendu, aux intrigues et aux complots de la haute noblesse. Le maréchal de Biron, son ancien compagnon d'armes, organise une conjuration contre lui, lie partie avec Montmorency, le duc de Montpensier et le duc de Bouillon, sollicite l'appui du roi d'Espagne et du duc de Savoie. Le roi le fait arrêter, juger et exécuter (29 juillet 1602). Comme l'agitation nobiliaire reprend en 1605, il marche sur le Limousin, où les vassaux de Bouillon arment secrètement, puis sur Sedan, où il impose à Bouillon, prince souverain de la ville, une garnison royale (avril 1606). L'énergie et l'habileté politique d'Henri IV finissent par décourager les complots, et le pays jouit de 1606 à 1610 du calme intérieur et de la paix civile — tandis que le roi, pour marquer dans la pierre et l'espace cette souveraineté retrouvée, presse les travaux du Louvre, des châteaux de Saint-Germain et de Fontainebleau, et dessine pour sa capitale un nouveau réseau de places et de rues. Ainsi, par bien des aspects, son règne annonce et préfigure ceux de son fils et de son petit-fils. Son réalisme trace les voies où s'engageront après lui l'administration et la diplomatie monarchiques.

La politique extérieure

Les affaires de l'Europe sont celles qui sollicitèrent ses dernières réflexions, ses derniers projets et qui provoquèrent peut-être son assassinat. Il avait réglé avantageusement son conflit avec le duc de Savoie, et lui avait imposé, par le traité de Lyon, la cession de la Bresse, du Bugey, du Valromey et du pays de Gex (17 février 1601). Son arbitrage venait de contribuer à la conclusion de la trêve de douze ans entre son allié, les Provinces-Unies, et l'Espagne (avril 1609). Mais l'hostilité entre les deux maisons de Habsbourg et de France n'avait guère diminué. La succession de Clèves et de Juliers, ouverte en mars 1609, lui donna une nouvelle occasion de se manifester.

Depuis plus de vingt ans, les progrès de la contre-réforme catholique en Allemagne, soutenus par le duc de Bavière, l'empereur Rodolphe II, les archiducs Mathias et Ferdinand, inquiétaient les protestants et menaçaient l'équilibre européen. Déjà le culte protestant avait été interdit à Vienne, en Carinthie, en Carniole et au Tyrol ; il paraissait près de disparaître dans toute l'Allemagne du Sud. Pour parer au danger, les protestants avaient constitué l'Union évangélique, à laquelle les catholiques avaient immédiatement opposé la Sainte Ligue. Les deux partis paraissaient disposés à en venir aux mains, quand la succession de Clèves et Juliers, réclamée par des princes de l'un et l'autre camp, apporta à leur rivalité de nouveaux arguments. L'empereur ayant, dans l'intérêt catholique, prononcé le séquestre de la succession, Henri IV, inquiet de l'installation sur le Rhin des Habsbourg ou de leurs amis, annonça son intention de défendre « les libertés germaniques ». On se prépara à une guerre générale, l'Espagne soutenant l'Empereur, tandis qu'Henri IV reprochait aux archiducs espagnols de Bruxelles d'accueillir le prince de Condé, venu aux Pays-Bas pour mettre sa jeune femme à l'abri des assiduités du roi.

Henri institua un conseil de régence, accepta de faire sacrer la reine à Saint-Denis, et fixa le départ des troupes françaises pour Clèves dans la seconde quinzaine de mai. La passion précipitait peut-être sa démarche, mais sa politique obéissait à une nécessité stratégique et diplomatique : celle de l'équilibre européen, compromis par la puissance mieux coordonnée et plus envahissante des Habsbourg. Son intervention était peut-être la seule capable de contenir en Allemagne les entreprises de la cour de Vienne, et de préserver, sans guerre générale, les libertés germaniques et bohémiennes. L'opinion française semble cependant avoir accueilli fort mal la perspective du conflit. La préparation des armements et des équipements avait entraîné une hausse des impôts et la multiplication des expédients : ventes de nouveaux offices, « retranchements » des intérêts de la rente. La guerre suscitait surtout le trouble dans l'âme de nombreux catholiques. L'esprit de la Ligue n'était pas mort. Comment accepter une alliance avec des princes protestants contre un souverain catholique, et comment douter des préférences pontificales dans le conflit germanique ? La religion apparaissait à certains directement menacée. Pour eux, le principal responsable de ce danger, catholique douteux, prince absolu et débauché, méritait bien le nom odieux et le sort des tyrans. Pendant trente ans, en France comme à Rome, on avait plaidé la légitimité du tyrannicide. Le 14 mai 1610, Ravaillac, dans l'encombrement d'une rue parisienne, frappait de deux coups de couteau le roi et le tuait. Cette disparition rompit en Europe un équilibre précaire. De 1610 à 1634, l'orientation de la politique extérieure de la France, opposée à celle que le roi avait imaginée, laissa le champ libre aux entreprises de Madrid et de Vienne.

II.   LA CRISE
DE L'AUTORITÉ MONARCHIQUE
1610-1624

La Régence

Sollicité immédiatement après la mort du roi, le parlement de Paris déclara la reine mère régente « pour avoir l'administration des affaires du royaume pendant le bas âge du dit seigneur son fils ». La minorité de Louis XIII, qui avait à peine neuf ans, allait exposer la France à des dangers redoutables. Marie de Médicis ne possédait aucun talent politique, et l'influence qu'elle accorda à quelques membres de son entourage intime, en particulier à Leonora Galigaï et à son mari Concini, discrédita son gouvernement. Tout semblait propice à une éclatante revanche des Grands, des Condé, Guise, Nevers, Bouillon dont Henri IV avait su contenir les ambitions et combattre les intrigues. En vain, la Régente tenta d'acheter leur docilité à grand renfort de pensions, de grâces et de festivités. Guise et Condé regroupèrent deux factions opposées et se disputèrent l'influence sur le conseil du roi. En février 1614, une révolte des princes et un manifeste menaçant de Condé obligèrent le gouvernement à négocier et à promettre la réunion dans l'année des états généraux.

Les protestants, eux aussi, s'étaient agités. L'autorité d'Henri IV leur avait garanti, avec la liberté de conscience, la sûreté de leurs personnes et de leurs biens. Le roi disparu, ils se sentirent menacés par la majorité catholique du pays. Marie de Médicis eut beau confirmer l'édit de Nantes, ils s'inquiétèrent du départ de Sully, de l'influence considérable auprès de la reine du nonce apostolique et des projets de mariages espagnols pour les enfants royaux. L'assemblée générale des Églises, réunie à Saumur en 1611, renforça leur organisation politique en groupant les provinces en cercles, et en plaçant à la tête de ceux-ci des assemblées permanentes formées de membres du Tiers et de la noblesse réformés ; déjà le jeune et énergique duc de Rohan semblait prêt à diriger une révolte armée. La convocation dans ces circonstances des états généraux n'était pas dépourvue de dangers.

Les états généraux de 1614

Réunis à Paris le 27 octobre 1614, les états comptaient 140 députés du clergé, parmi lesquels figuraient les principaux prélats de l'Église de France : Joyeuse, Du Perron, Camus et le jeune Richelieu, 132 délégués du second ordre, où les partisans des princes étaient moins nombreux que Condé et ses amis l'auraient souhaité, et 192 représentants du tiers état, recrutés essentiellement parmi les officiers de justice, les membres des cours souveraines et les magistrats de quelques grandes villes. Ces députés qui parlent pour le Tiers, mais sont pour la plupart honorés du titre d'« officiers de Votre Majesté, es premières charges de vos provinces », constituent une élite nouvelle. Ils prétendent souvent à la noblesse et excitent par leur richesse la jalousie des gentilshommes. Les rivalités entre la noblesse ancienne et cette nouvelle aristocratie de fonction paralysèrent les états et sauvèrent en quelque sorte l'absolutisme monarchique. A ces parvenus du talent ou de la fortune, les députés de la noblesse ne ménagèrent, en effet, ni les affronts ni les manifestations d'hostilité, réclamant dès le début de la session l'abolition du droit annuel, la suppression de la vénalité des charges militaires, la répression des usurpations de noblesse. On lit dans le cahier général de l'ordre : « Votre Majesté sera très humblement suppliée que les états de généraux des finances, grands maîtres et maîtres particuliers des eaux et forêts soient affectés au corps de la noblesse ... que les états de premier et second président avec le tiers des états de conseillers qui sont en ces cours souveraines de parlement et chambres des comptes soient affectés au corps de la noblesse ... pour n'y être pourvus d'autres que de gentilshommes de trois races et faisant profession des armes. » Le Tiers accepta la suppression de la « paulette », mais exigea en contrepartie la réduction des tailles et des pensions « qui sont tellement effrénées qu'il y a de grands et puissants royaumes qui n'ont pas tant de revenus que celui que vous donnez à vos sujets pour acheter leur fidélité ». L'orateur de la noblesse avait évoqué « cette différence qu'il y a entre la noblesse et ceux, lesquels étant inférieurs, s'en faisaient pourtant accroire par dessus elle sous couleur de quelques honneurs et dignités où ils étaient constitués » ; le président du Tiers Miron, prévôt des marchands de Paris, riposta en exaltant la dignité des officiers, détenteurs par ordre et délégation de la puissance publique : « Nous représentons Votre Majesté en nos charges, et qui nous outrage viole votre autorité, voire commet en certains cas le crime de lèse majesté. » Une autre contestation opposait le Tiers aux membres du clergé. Le Tiers voulait insérer dans son cahier une condamnation expresse des doctrines ultramontaines. Le pape ne pouvait, selon lui, déposséder les rois de France qui tiennent leur couronne immédiatement de Dieu. La Cour ayant ordonné, sur les représentations du clergé, le retrait de cet article, le Tiers riposta en s'opposant à la réception et publication en France des décrets du concile de Trente. Ces querelles condamnèrent les états à l'impuissance. La noblesse aurait voulu continuer à siéger en attendant les réponses de la Cour et l'exécution des premières réformes, et même choisir au sein du conseil du roi ses interlocuteurs ; le Tiers se récusa. La division des ordres sauva l'absolutisme. Après de vagues et irréalisables promesses concernant la vénalité des charges et les pensions, le gouvernement put clore la session des états généraux et renvoyer les députés chez eux. Parce que la tradition française n'assignait pas à l'autorité royale d'autres limites que les vertus du prince et les commandements de Dieu, ils n'avaient pu établir leur contrôle sur le gouvernement monarchique. Les députés du Tiers, officiers et magistrats, bénéficiaient eux aussi du régime des privilèges fiscaux et juridiques ; ils n'eurent ni l'énergie ni les motivations suffisantes pour vouloir et imposer une réforme des finances et de l'impôt. Les états généraux ne devaient plus être convoqués avant la fin de l'Ancien Régime.

Concini

Au lendemain des états généraux, le royaume retomba dans l'incertitude. Le parlement de Paris, entraîné par la chambre des enquêtes, rédigea, en mai 1615, des remontrances qui constituaient un véritable plan de réformes et un programme de politique générale. Il y critiquait la politique extérieure de la reine, demandait le maintien des alliances conclues par le feu roi, l'éloignement des conseillers étrangers. Il dénonçait les concussions de certains conseillers d'État, associés aux fermiers d'impôts, les dépenses excessives de la maison du roi, la multiplication des pensions accordées aux courtisans. Condé, de son côté, dans un manifeste d'août 1615, accusait la Cour de ne pas tenir compte des cahiers des états généraux, affectait de défendre le bien public et suscitait une nouvelle levée nobiliaire en Languedoc, Guyenne et Poitou. Il fallut de nouveau négocier avec les insurgés, absoudre les rebelles, accorder à Condé le titre de chef du conseil (mai 1616). La monarchie et la personne même du roi paraissaient menacées par ce prince du sang, premier héritier de la couronne après les deux fils d'Henri IV. Pour faire face au danger, Concini appela au conseil de nouveaux ministres : Barbin, nommé contrôleur des finances, Mangot, président du parlement de Provence, nommé chancelier, et l'évêque de Luçon, Armand du Plessis de Richelieu, chargé des Affaires étrangères. L'ambition de Concini était sans mesure, mais Richelieu, dans ses mémoires, lui reconnaît une véritable lucidité politique et la volonté d'abaisser les Grands, pour sauvegarder l'autorité de l'État. En quelques semaines tout parut changé : Condé fut embastillé ; trois armées marchèrent vers la Champagne et le Nivernais, que le duc de Nevers venait de soulever ; le conseil fut réorganisé, et un conseil des dépêches chargé de toute la correspondance administrative avec les provinces. Pendant ce temps, le nouveau secrétaire d'État aux affaires étrangères reprenait le cours d'une diplomatie active et cherchait à imposer son arbitrage aux Espagnols et aux Savoyards d'une part, à Venise et à l'archiduc Ferdinand d'autre part. Le point faible de cette grande politique, c'était l'indifférence du roi et l'ignorance dans laquelle il était maintenu de tous ces projets. Jaloux de son autorité, humilié par la superbe de Concini, poussé par Charles d'Albert de Luynes, son ami et son confident, il décida l'éloignement de la reine mère et consentit à l'assassinat de Concini (24 avril 1617).

Luynes favori

Pendant quatre ans, Luynes, promu duc, pair, connétable et gouverneur de Picardie, dirigea les affaires du royaume. Il vint facilement à bout d'un nouveau soulèvement nobiliaire, favorisé par la reine mère et dirigé par d'Épernon en Guyenne et par Longueville en Normandie (août 1620). Dès la mort de Concini, il avait fait vœu de travailler à la ruine des huguenots. Sur ses conseils et à la demande du clergé catholique, Louis XIII, à la tête de ses troupes, alla en Béarn rétablir le culte, rendre ses anciennes terres à l'Église, et proclamer la réunion de la province à la Couronne (1620). Les protestants du Midi ripostant par une insurrection générale, Luynes mena contre eux l'armée royale, mais mourut au terme d'une campagne difficile après avoir échoué devant Montauban. Sa politique extérieure obéit pendant quatre ans aux mêmes impératifs religieux. En dissuadant l'Union évangélique de secourir l'électeur palatin Frédéric, il rendit possible l'écrasement des Tchèques et le triomphe temporaire de l'Empereur. Les mêmes motifs et la même incompétence laissèrent l'armée espagnole s'installer dans la Valteline et se rapprocher ainsi de son allié de Vienne.

L'arrivée de Richelieu au pouvoir

La vigueur des sentiments catholiques dans l'entourage du roi, l'action, dans le royaume, de Bérulle et des ordres religieux anciens ou nouveaux expliquent cette priorité accordée un moment aux seules considérations religieuses. Mais le développement des entreprises habsbourgeoises révélèrent bientôt la renaissance d'un danger ancien. Philippe IV venait d'attaquer les Provinces-Unies (1621), les Espagnols et les Impériaux occupaient le Palatinat (1622), et le duc de Bavière recevait avec une partie de ce territoire le titre électoral arraché au Palatin. Il était temps de concilier les intérêts de l'Église et ceux de la diplomatie française, de contenir le parti protestant en France et d'enrayer en Europe les progrès de l'Empereur et de Philippe IV. La reine mère avait réussi, en avril 1624, à faire entrer Richelieu au conseil. En quelques mois, il sut rassurer les politiques sans inquiéter les dévots. Il donna son approbation au nouveau traité conclu avec la Hollande et au projet de mariage de la sœur du roi, Henriette de France, avec le prince de Galles ; mais dans chacune de ces négociations il eut l'habileté d'afficher son zèle pour les intérêts du catholicisme en Hollande et en Angleterre. Les uns attendaient du prince de l'Église la ruine des huguenots et la punition des libertins, les autres escomptaient de l'ancien secrétaire d'État aux Affaires étrangères une lutte plus résolue contre la maison d'Autriche. Avec l'aide de libellistes à gages, Richelieu sut soigner sa popularité dans l'un et l'autre camp ; le 13 août 1624, l'arrestation de son rival La Vieuville fit de lui le chef du conseil du roi.

III. LE MINISTÈRE DE RICHELIEU ET LA GUERRE

Les premiers projets

Supérieur à son entourage par l'intelligence, par un mélange d'imagination créatrice et de bon sens, par l'ambition enfin, Richelieu arrivait aux affaires nanti déjà d'une riche expérience politique et apportait avec lui de vastes projets de réforme. A la fin de 1626, sur sa demande, le roi convoqua une assemblée de notables composée de princes, de grands seigneurs, de ministres et de membres des cours souveraines, auxquels il exposa ses plans : réforme du conseil, poursuite du renouveau catholique, réorganisation financière et attention plus grande accordée au commerce et à la marine.

On retrouve certaines de ces propositions, approuvées par les notables, dans les édits et déclarations royales, dans la grande ordonnance de 1629 en particulier. Mais déjà en 1627 il fallut abandonner le projet d'un rachat des offices et d'une suppression de leur vénalité. Les troubles intérieurs et les affaires diplomatiques et militaires empêchèrent par la suite Richelieu de consacrer à ce grand programme l'attention et les moyens nécessaires.

Les troubles intérieurs

Il eut à faire face dès le début de son ministère aux agitations des Grands et des huguenots. Pendant l'été 1626, une conspiration fut nouée entre le frère du roi, les Vendôme, bâtards d'Henri IV, le duc de Longueville, le comte de Chalais et la duchesse de Chevreuse, qui mêla la reine Anne d'Autriche à toute cette intrigue. Les conjurés préparaient l'assassinat de Richelieu, mais ils furent dénoncés, et le comte de Chalais, abandonné par ses complices princiers, paya de sa vie sa légèreté (août 1626). En dépit des prières, des intercessions, le cardinal et le roi demeurèrent inébranlables et refusèrent de faire grâce au condamné.

Ils firent preuve de la même sévérité à l'encontre de Montmorency-Bouteville et de Des Chapelles, qui avaient bravé en plein Paris les édits interdisant les duels et furent décapités le 22 juin 1627. On aurait tort de voir dans ces rigueurs la manifestation d'une quelconque hostilité de Richelieu à l'égard de l'ordre noble. Bien au contraire, il le disait « un des principaux nerfs de l'État », et on lit dans son *Testament politique*, reflet de sa pensée sinon œuvre de sa main : « Il ne faut rien omettre pour conserver la noblesse en la possession des biens que ses pères lui ont laissés et lui procurer les moyens pour qu'elle puisse en acquérir de nouveaux » ; le texte poursuit en proposant au roi divers moyens de secourir la noblesse la moins fortunée. Ce que voulait Richelieu, sensible aux vertus de courage de la noblesse, et solidaire moralement d'un ordre dont il était issu, c'était lui imposer un sens nouveau de l'État, substituer à la turbulence et à la légèreté féodales le seul service du roi.

Entraînés par Rohan et Soubise, les protestants faisaient preuve de cette même légèreté. Au moment même où Richelieu engageait en Italie, en Suisse, en Allemagne une importante opération diplomatique contre les Habsbourg, ils se révoltèrent à La Rochelle et dans le Languedoc. On traita avec eux en février 1626 ; mais l'année suivante, tandis que l'Angleterre, inquiète des projets maritimes et commerciaux de Richelieu, équipait contre le royaume une grande armada et débarquait des troupes dans l'île de Ré, les Rochelais reprenaient l'initiative des combats. Ils redoutaient le prosélytisme remuant des dévots, dont le porte-parole, le cardinal de Bérulle, poussait Richelieu à détruire la capitale protestante. Ils s'inquiétaient aussi des projets maritimes du ministre, de l'établissement de ses grandes compagnies, et du pouvoir sur le littoral que s'était arrogé Richelieu, grand maître et surintendant du commerce et de la navigation. Le siège de La Rochelle dura plus d'un an. Le roi entra le 1er novembre 1628 dans une ville ruinée, dépeuplée par la famine et l'épidémie. Paradoxe d'une France divisée, le ministre qui rêvait sa grandeur maritime avait détruit son premier port et sa principale place de course et d'armement. La guerre se prolongea encore plusieurs mois dans le Midi, et Privas, citadelle de la résistance, fut assiégée et prise. Le roi accorda alors aux rebelles, le 28 juin 1629, la grâce d'Alès. L'édit de Nantes était confirmé, mais l'édit seul et non les brevets annexés à l'édit, qui avaient accordé aux protestants des privilèges militaires et politiques. La défaite protestante entraînait donc la suppression des places de sûreté, la destruction de leurs fortifications, l'interdiction des assemblées protestantes, sauf autorisation expresse du roi. La liberté de conscience et de culte était garantie, mais dans l'esprit du souverain et de son ministre, la paix d'Alès était une étape importante sur la voie de la réunification religieuse. Le texte de l'édit souligne l'espoir du roi d'un retour prochain des réformés à l'Église catholique. Les conversions d'ailleurs se multipliaient chez les Grands ; Lesdiguières, La Trémoille semblaient montrer l'exemple à leurs coreligionnaires. En août 1629, pour sa part, Richelieu n'hésitait pas à écrire au roi : « Les sources de l'hérésie et de la rébellion sont maintenant éteintes. » Il pensait achever bientôt par d'autres moyens, pacifiques ceux-là, la liquidation d'un protestantisme isolé, désarmé et peu à peu étouffé dans une France absolutiste et catholique.

Le choix décisif, la crise politique de 1630

Fort de ces succès à l'intérieur, le cardinal pensait disposer de plus de liberté pour traiter des affaires de l'Europe. Dans un mémoire de janvier 1629, il avait exposé au roi les buts de sa politique extérieure. « Maintenant que La Rochelle est prise, si le roi veut se rendre le plus puissant monarque du monde... il faut avoir en dessein perpétuel d'arrêter le cours des progrès d'Espagne, et au lieu que cette nation a pour but d'augmenter sa domination et étendre ses limites, la France ne doit penser qu'à se fortifier en elle-même et s'ouvrir des portes pour entrer dans tous les États de ses voisins et les garantir des oppressions d'Espagne. » Politique défensive, mais nettement antihabsbourgeoise, que les victoires en Allemagne de Tilly et de Wallenstein, remportées pour le compte de l'Empereur, justifiaient davantage encore. Richelieu, cependant, souhaitait éviter le plus longtemps possible « d'allumer une guerre ouverte avec l'Espagne » ; une « douce et couverte conduite » lui semblait plus appropriée à la situation politique intérieure et aux moyens matériels de la France. Déjà, en 1624, le roi avait envoyé une petite armée en Valteline pour remettre cette vallée stratégique sous l'autorité des Grisons et empêcher qu'elle puisse servir aux liaisons entre les garnisons espagnoles de la plaine du Pô et les soldats de l'Empereur.

En 1629, Louis XIII, pour des motifs identiques, donna son soutien au duc de Nevers, prétendant à l'héritage de Mantoue et du Montferrat, que convoitaient également les Espagnols et le duc de Savoie. Il prit lui-même la tête de l'armée qui dégagea Casal. L'année suivante, le cardinal dirigea à son tour l'intervention française en Italie du Nord, et s'assura de Pignerol et de Saluces (mars-juillet 1630). C'étaient les Français désormais qui menaçaient Milan et les relations entre l'Espagne et ses armées aux Pays-Bas. Le maintien des Français à Pignerol, le renouvellement de l'alliance avec les Provinces-Unies (juin 1630) rendaient probable une reprise prochaine de la guerre avec l'Espagne, mais, sur le point de s'engager dans cette voie, la France un moment hésita.

L'entourage du roi était divisé. Le cardinal de Bérulle et le garde des Sceaux Michel de Marillac désapprouvaient la politique française en Italie. Ils voulaient poursuivre immédiatement la lutte contre le protestantisme, ils s'inquiétaient des révoltes populaires et invoquaient « les misères et afflictions du peuple de France », que la disette de 1629-1630 rendait plus cruelles encore. Au sein même de la famille royale, ils étaient assurés de l'appui de Gaston d'Orléans et de la reine mère, très hostile désormais à Richelieu. A l'automne 1630, alors pourtant que la diplomatie de Richelieu venait de remporter un double succès en ruinant à la diète de Ratisbonne les ambitions héréditaires des Habsbourg, et en assurant à Charles de Nevers la possession des duchés de Mantoue et Montferrat, ses adversaires parurent près de triompher. Les deux reines avaient profité d'une grave maladie du roi survenue en septembre à Lyon pour l'éloigner de son ministre. Le 10 novembre, au palais du Luxembourg qu'elle habitait, Marie de Médicis pressa son fils de lui accorder la disgrâce de Richelieu. L'arrivée inopinée du cardinal fit éclater la colère de la reine, elle l'accabla, et Louis XIII, bouleversé, silencieux et probablement indécis, se retira sans un regard pour son ministre. On annonçait déjà à la Cour l'arrestation imminente du cardinal. Les courtisans se pressaient au Luxembourg, entouraient et célébraient la reine. Leur méprise était totale, car déjà le roi s'était ressaisi et avait confirmé sa confiance. Le 11, il était à Versailles où Richelieu, convoqué et se croyant perdu, vint se jeter à ses pieds. Louis XIII releva son « principal ministre d'État » et lui signifia de rester. Le même jour, Michel de Marillac était destitué ; bientôt la reine mère devait partir pour l'étranger et l'exil, d'où elle ne revint jamais. La journée des Dupes constitue bien une date essentielle du règne, elle assure l'autorité de Richelieu et engage définitivement la France dans la compétition pour la suprématie européenne. Le cardinal écrit qu'il abandonna désormais « toute pensée de repos, d'épargne et de règlement du dedans du royaume ». La monarchie paraît en effet décidée à sacrifier s'il le faut projets de réforme, équilibre financier, paix intérieure à sa politique européenne et à sa gloire.

Puissance et problèmes de l'économie française

Le redoutable défi que ses dirigeants lancent à l'Espagne, la France est-elle matériellement et moralement capable de la soutenir ? Le royaume, dans ses limites de 1610, est plus peuplé que ceux d'Espagne, d'Italie et d'Angleterre réunis. La comptabilité des registres paroissiaux révèle un accroissement démographique régulier jusqu'en 1630, et souvent jusqu'au début de la Fronde. Dans les campagnes, les destructions de la guerre civile ont été réparées, les friches récupérées, et la production rétablie assure des revenus croissants aux propriétaires du sol, aux seigneurs et au clergé. La production lainière et toilière semble atteindre partout, dans la France du Nord, entre 1620 et 1640, des niveaux élevés. La croissance des villes entretient l'activité du bâtiment et favorise l'épanouissement du « style français » dont les hôtels du Marais et l'ancienne place Royale sont à Paris les plus belles illustrations. La France est assez riche pour solliciter des alliés, puis pour les subventionner. Elle est assez peuplée et assez puissante pour se battre sur quatre fronts et résister aux meilleures armées de la guerre de Trente Ans.

Cette puissance matérielle du royaume n'est cependant pas sans faiblesse. Elle tient davantage à la masse territoriale et démographique qu'à l'ingéniosité technique et commerciale. Les méthodes de l'agriculture demeurent traditionnelles et les rendements médiocres. La métallurgie paraît archaïque par rapport aux innovations liégeoises et anglaises. La marine compte trop peu de navires, l'organisation bancaire et boursière est encore inexistante, les compagnies de commerce rares et éphémères ne réunissent que des associés peu nombreux et des capitaux peu importants. Pour permettre à la France de participer au grand commerce et à l'exploitation coloniale, Richelieu a mûri un vaste projet. « Il remontra que l'Espagne n'est redoutable et ne reçoit des richesses d'Occident que par sa puissance sur mer, que le petit État de MM. des Provinces-Unies ne fait résistance à ce grand royaume que par ce moyen et que l'Angleterre ne supplée à ce qui lui fait défaut que par cette voie. Ce royaume étant destitué de toutes forces de mer en est impunément offensé par nos voisins, qui tous les jours font des lois et ordonnances nouvelles contre nos marchands... Il n'y a pourtant de royaume si bien situé que la France, et si riche de tous les moyens nécessaires pour se rendre maître de la mer. Pour y parvenir, il faut voir comme nos voisins s'y gouvernent, faire de grandes compagnies, obliger les marchands d'y entrer, leur donner de grands privilèges... » La route des épices à travers le Moyen-Orient et la Méditerranée est pour la France une des routes de la richesse ; Richelieu entre donc en négociations avec le Sultan et les pirates barbaresques. Grand maître et surintendant général de la navigation, il envoie des vaisseaux en Russie, car il espère établir dans ce pays un autre relais pour le commerce des produits d'Extrême-Orient. Il essaie de créer des compagnies coloniales pour l'exploitation du Canada et du commerce atlantique (compagnie du Morbihan, compagnie de la Nacelle Fleurdelysée, et compagnie de la Nouvelle France). Pour orienter vers l'aventure maritime l'humeur batailleuse d'une partie de la noblesse française, la grande ordonnance de 1629 autorise les gentilshommes à pratiquer le commerce de mer, sans risque de dérogeance, et promet la noblesse aux plus gros armateurs.

Cet effort du gouvernement s'est heurté cependant à d'importants obstacles psychologiques et institutionnels. Les préjugés mondains tout autant que les scrupules religieux détournent du négoce et de la manufacture de nombreux jeunes bourgeois, et l'ordonnance de 1629 n'a pas atténué le mépris des gentilshommes pour les professions mécaniques ou mercantiles. L'interdiction du prêt à intérêt, que rappellent de nombreux moralistes et théologiens de la réforme catholique, entrave le développement des compagnies, gêne la circulation des billets de commerce et des lettres de change d'une place à l'autre du royaume. La carrière des offices de magistrature attire une partie de l'élite intellectuelle. Les nouvelles créations d'offices provoquent la désertion de nombreux fils de marchands. Sa fortune assurée, la famille bourgeoise investit dans la terre, les seigneuries et les charges, et son capital se stérilise dans des dépenses de prestige et des placements usuraires. Le système des fermes d'impôts mobilise lui aussi une partie de la richesse française, et offre aux traitants des taux de profit infiniment supérieurs à ceux du négoce. Pour toutes ces raisons, l'économie française manque de dynamisme, de souplesse et de disponibilités monétaires. La guerre va la mettre à rude épreuve. Elle va interrompre partiellement le commerce avec l'Espagne et tarir ainsi les sources de l'approvisionnement en métaux précieux. Elle réduira les exportations textiles à destination de Séville, des Pays-Bas et de l'Empire germanique. Dans les provinces frontières, Picardie, Champagne et Bourgogne, la guerre va désorganiser la production agricole et les exigences du fisc, jointes à celles des propriétaires, appauvriront les paysans. Sans doute, la France ne sera pas seule à souffrir de la récession qui se manifeste à partir de 1630 dans les échanges atlantiques et dans toute l'Europe, mais, engagée à fond dans la guerre, elle va souffrir beaucoup plus que d'autres. Sa surpopulation relative l'expose particulièrement aux effets désastreux des mauvaises récoltes. La faiblesse des rendements agricoles rend catastrophique la succession de quelques intempéries. Aussitôt, les prix montent en flèche et la masse des pauvres meurt de faim. Accompagnées d'épidémies de choléra, de variole ou de typhus, les famines vont se succéder de 1642 à 1652. D'autre part, la médiocre capacité technique et bancaire du royaume le laisse démuni devant la raréfaction des métaux précieux dans tous les circuits européens. Ces circonstances malheureuses vont obscurcir la fin du règne de Louis XIII et multiplier les mécontentements et les troubles.

La lutte contre les Habsbourg

La France a tenté d'abord de faire à ses adversaires une « guerre couverte », de les combattre par personnes interposées. Son allié, le roi de Suède Gustave Adolphe, a débarqué en Allemagne en juillet 1630 ; il redoute les entreprises de l'Empereur sur les côtes de l'Allemagne du Nord et répond aux appels des protestants allemands que l'édit de restitution réduit nombreux aux abois (mars 1629). La France lui promet pour une période de cinq ans un subside annuel d'un million de livres. Pour mieux mettre en échec les projets de l'empereur Ferdinand sans compromettre trop gravement les intérêts du catholicisme, Richelieu cherche à resserrer ses liens avec l'Union catholique et à créer dans l'Empire un tiers parti ; ainsi, le 8 mars 1631, il conclut une alliance défensive pour huit ans avec la catholique Bavière. Fort de ces deux alliances, il espère se rendre arbitre des affaires allemandes. La rapidité des succès suédois d'abord, puis la mort à Lützen de Gustave Adolphe, suivie d'une contre-offensive victorieuse des Impériaux, l'occupation de l'électorat de Trèves par les Espagnols bouleversent ces plans et le contraignent à l'intervention directe. Après avoir installé ses troupes dans quelques places fortes lorraines et les plus importantes villes alsaciennes, après avoir resserré ses alliances avec la Suède et les Provinces-Unies, le roi de France déclare la guerre au roi d'Espagne le 19 mai 1635 ; il signe avec le duc de Savoie et de Parme le traité de Rivoli pour la conquête du Milanais ; l'Empereur déclare la guerre à la France en septembre de l'année suivante.

Les opérations militaires connurent deux phases successives, l'une très difficile pour la France, l'autre plus heureuse et marquée par l'avance des armées françaises sur tous les fronts. Après des opérations indécises aux Pays-Bas en 1635, le royaume dut faire face, en 1636, à une offensive concertée de ses adversaires. Les Impériaux mirent le siège devant Saint-Jean-de-Losne, les Espagnols enlevèrent Saint-Jean-de-Luz au sud et attaquèrent en Picardie. En quelques semaines, ils s'emparèrent successivement du Catelet et de La Capelle, livrés sans résistance. Corbie, assiégée une semaine, se rendit sans combattre (15 août 1636). Alors même que Paris était menacé, la province s'insurgeait. Pendant l'été, la Saintonge, l'Angoumois, le Poitou, le Limousin furent le théâtre d'une immense jacquerie antifiscale, anarchique et désordonnée. Seuls la fermeté du souverain et du cardinal, l'élan de la population parisienne, d'abord affolée puis galvanisée par leur exemple, permirent d'éviter le pire. On parvint à réunir sous les murs de la capitale une nouvelle armée de 30 000 hommes. L'allié du Nord, le prince d'Orange, prépara une grande offensive ; craignant d'être pris entre ses deux adversaires, le cardinal-infant, qui commandait l'armée espagnole, préféra renoncer à l'entreprise et se retira vers le nord. Le royaume était sauvé, mais l'expérience avait prouvé la fragilité de la frontière et l'impréparation de l'armée. Richelieu, aidé du secrétaire d'État Sublet de Noyers, entreprit de remédier à ces faiblesses. Dès 1638, le roi de France disposait de six armées en Flandre, Picardie, Alsace, Franche-Comté, Guyenne et Italie, et de plus de 150 000 hommes. Auprès de chaque armée, un intendant, parfois le même que l'intendant de la province où séjournait la troupe, s'occupait de la solde, des vivres, maintenait la discipline, contrôlait la fidélité et le zèle des officiers généraux. La flotte de guerre avait été reconstituée ; elle comptait 41 vaisseaux dans l'Atlantique et 30 galères en Méditerranée. Grâce à ces efforts, l'équilibre des forces se modifiait peu à peu en faveur de la France et de ses alliés.

Isolé de la métropole, le cardinal-infant éprouvait des difficultés à défendre les Pays-Bas. Les Hollandais avaient détruit la flotte espagnole au large de Douvres (octobre 1639), et les armées françaises et suédoises sur le Rhin et en Alsace coupaient les routes terrestres des armées d'Espagne. Les soldats de Louis XIII s'emparèrent d'Hesdin en 1639, puis d'Arras en 1640 et de Bapaume l'année suivante. Dans le même temps, la France favorisait le soulèvement des Catalans et des Portugais, avec lesquels elle concluait même une alliance. Elle put ainsi reconquérir sans difficulté le Roussillon et prendre Perpignan en septembre 1642. La victoire semblait acquise et la France en état de traiter favorablement, lorsque Richelieu, brisé par la maladie, s'éteignit le 4 décembre 1642, quelques mois seulement avant le roi (14 mai 1643).

La fin du conflit, les traités victorieux

Ces événements prolongèrent probablement la guerre. Profitant du désarroi créé par la mort du cardinal et la maladie du roi, les Espagnols tentèrent, en 1643, de prendre leur revanche. Ils se jetèrent sur la Champagne, mais leur offensive fut brisée par le duc d'Enghien et la redoutable infanterie d'Espagne perdit à Rocroi une partie de son prestige et de son assurance (19 mai). L'année suivante, Turenne et Enghien, joignant leurs forces, guerroyèrent sur le Rhin, puis Turenne, poursuivant la campagne, battit les Bavarois et les Impériaux à Nordlingen (1645). En mai 1648, la victoire de Zusmarshausen lui ouvrait la route du Danube et de Vienne. L'Empereur acceptait sa défaite, et les traités de Westphalie consacraient, le 24 octobre 1648, l'échec complet de ses projets et de ses ambitions. La paix d'Augsbourg était étendue aux princes calvinistes et la coexistence des trois religions officiellement reconnue. Les « libertés germaniques » garanties par les rois de France et de Suède assuraient désormais aux princes allemands une totale souveraineté ; l'Empereur ne pouvait rien décider d'important sans le consentement de la diète unanime ; l'Empire n'était plus qu'un fantôme d'État. L'Allemagne, impuissante, morcelée en plus de trois cent cinquante principautés et villes indépendantes, ruinée et dépeuplée par la guerre, devait consentir à l'installation des Suédois au débouché septentrional de tous ses grands fleuves et à celle des Français en Alsace. C'en était fini de l'ambition habsbourgeoise à la domination universelle.

L'Espagne, cependant, continuait seule la lutte. Une maladresse diplomatique de Mazarin lui avait permis de se débarrasser de son adversaire hollandais par une paix séparée, signée en janvier 1648, et la nouvelle des premiers troubles de la Fronde l'avait aidée à surmonter les conséquences nouvelles de la défaite que Condé lui avait infligée à Lens le 20 août 1648. La lutte entre les deux monarchies dura encore onze ans. La guerre civile française et la détresse des finances espagnoles empêchèrent les deux adversaires d'entreprendre de grandes et décisives campagnes. Il fallut à la France l'alliance anglaise pour venir à bout de son ennemie, remporter la bataille des Dunes (14 juin 1658) et forcer l'Espagnol à une négociation, qui fut longue et difficile. Mazarin et Hugues de Lionne crurent habile de limiter leurs revendications territoriales : l'Artois, le Roussillon et quelques places fortes sur les frontières de Flandre et de Lorraine, pour mieux réussir l'affaire du mariage espagnol. Philippe IV n'ayant qu'un fils, promis semble-t-il à une mort prochaine, l'infante Marie-Thérèse ne renonça à ses droits à la succession que moyennant le versement d'une dot de 500 000 écus d'or. La somme était exorbitante pour l'Espagne ruinée, et les négociateurs français escomptaient bien que leur jeune souverain pourrait rapidement faire valoir ses droits sur une partie à déterminer de l'héritage de Charles Quint (paix des Pyrénées, 7 novembre 1659). Funeste présent à l'aurore d'un règne qu'ils engageaient ainsi dans des desseins chimériques et imprécis, bien susceptibles de séduire un jeune homme pour qui « la qualité de conquérant était estimée le plus noble et le plus élevé des titres ».

Cette longue guerre de vingt-quatre ans avait exigé du royaume un immense effort. Elle avait obligé Louis XIII, Richelieu, puis Mazarin à recourir à des moyens exceptionnels de gouvernement, à instituer en certaines circonstances une sorte de dictature de guerre, à négliger les réformes nécessaires, à parer au plus pressé pour assurer coûte que coûte les rentrées de deniers. Elle avait provoqué une transformation considérable des institutions du royaume, mais aussi aggravé les abus, alourdi les impôts, multiplié les causes de mécontentement et les risques politiques. Pour mieux comprendre cette évolution de l'absolutisme français, il faut d'abord rappeler ce qu'était la constitution du royaume au début du XVIIᵉ siècle.

IV. L'ÉVOLUTION DES INSTITUTIONS. OPPOSITIONS, RÉVOLTES ET FRONDES

Les lois fondamentales du royaume

Les institutions de la monarchie française demeurent, au début du XVIIᵉ siècle, coutumières et souples. Dans l'opinion de la plupart des juristes, fidèles à la tradition romaine et aux enseignements du grand Jean Bodin, le roi jouit d'un pouvoir absolu, car il fait la loi sans avoir à solliciter le consentement de ses sujets. L'exercice de sa souveraineté échappe à tout contrôle et s'impose à tous. Les Français n'ont cependant pas le sentiment de vivre sous un gouvernement despotique, et il leur plaît souvent de comparer leur « liberté » à l'esclavage auquel sont soumis les sujets du Grand Turc ou du tsar de Moscovie. Incontrôlée ici-bas, la volonté du roi est, en effet, soumise à certaines règles. Raisonnable et paternelle, elle se doit de respecter les propriétés, les personnes et les honneurs des régnicoles. Pour certains théoriciens même, toute la hiérarchie sociale, l'existence des ordres, des corps intermédiaires, parlements, états provinciaux, communautés locales et de métiers relèvent des lois fondamentales du royaume et s'imposent à l'attention et au respect de l'administration monarchique. Chrétienne, la volonté du roi ne peut non plus violer les commandements de Dieu. Sacré par l'Église, protégé et lieutenant de Dieu, investi plusieurs fois l'an du pouvoir miraculeux de guérir les écrouelles, le roi de France est censé obéir par vocation providentielle aux lois chrétiennes. De toute son administration temporelle aussi bien que de son soutien à l'Église, à Dieu seul il devra rendre compte.

Ainsi, absolue parce qu'incontrôlée, limitée parce que soumise à une coutume juridique et religieuse, la monarchie française conservait au début du XVIIe siècle un caractère ambigu et aurait pu évoluer vers une monarchie constitutionnelle à l'anglaise ; les circonstances et les conditions politiques et sociales allaient, au contraire, contribuer au renforcement de l'autorité du souverain et à un démantèlement progressif de la constitution coutumière.

L'âpreté des rivalités internationales, puis la guerre sans merci entre les Bourbons et les Habsbourg exigent, en effet, un renforcement du pouvoir central. Il faut des soldats, de l'argent, et pour unir dans la guerre des provinces, dont certaines comme la Provence, la Bourgogne et la Bretagne viennent de rejoindre l'unité nationale, il faut un gouvernement central plus efficace et mieux représenté loin de la cour, une administration locale plus obéissante. Les prétentions, les intrigues des grands féodaux dans un royaume encerclé et menacé sont autant de dangers mortels qu'il convient d'écarter avec l'énergie sans pitié de la raison d'État. Au peuple qui murmure contre les excès fiscaux, les méfaits de la soldatesque, on impose le silence et, si besoin, un châtiment exemplaire.

Les méthodes d'un gouvernement d'exception

Comme par le passé, le roi, en son Conseil, délibère et décide, mais la composition et l'organisation du Conseil vont être progressivement transformées. Le conseil des Valois accueillait surtout des princes du sang et des grands seigneurs. Henri IV appelle à ses côtés des robins, des officiers de justice et de finances. Ils siègent au conseil des affaires en la personne de Jeannin, Sillery, Villeroy et Bellièvre. Ils peuplent encore le Conseil d'État et des finances et le Conseil privé. Dans ce domaine comme dans bien d'autres, la régence compromet un moment ces premiers résultats. Le Conseil redevient un Conseil féodal et de famille, le champ clos où s'affrontent princes et grands seigneurs. Mais l'œuvre interrompue fut reprise par Louis XIII et ses collaborateurs successifs. De 1615 à 1630, plusieurs règlements fixèrent le recrutement et l'avancement des conseillers. C'en fut fini de la confusion et du bruit qui troublaient les séances, de l'intrusion irrégulière des courtisans ou des membres des cours souveraines. Le Conseil d'en haut, qui réunissait, autour du roi, le principal ministre, le chancelier et les secrétaires d'État, devint l'organe essentiel du gouvernement et réduisit peu à peu les autres conseils à des fonctions purement administratives.

Dans les provinces, l'exécution des ordres du roi dépendait de la bonne volonté des compagnies d'officiers. Les parlements et les cours souveraines s'opposaient souvent aux décisions du Conseil ; en 1632, le roi donna au Conseil le pouvoir de casser les arrêts contraires aux intérêts du royaume et aux prérogatives de la Couronne. En 1641, une autre décision royale imposa aux parlements l'enregistrement immédiat des édits, et réduisit à deux le nombre des remontrances. L'administration financière des bureaux des finances, l'administration de la justice par les tribunaux étaient lentes et formalistes ; propriétaires sans restriction de leurs charges depuis 1604, les officiers n'obéissaient qu'avec des retards et des réserves. Leurs scrupules ou leurs négligences s'accommodaient mal aux exigences d'un gouvernement de guerre. Lorsqu'il fallut, à partir de 1635, multiplier les expédients fiscaux, poursuivre les traîtres et les défaitistes, la monarchie eut recours à d'autres agents d'exécution ; à l'administration par les officiers, elle substitua en partie l'administration par des commissaires et des intendants. Depuis le milieu du XVIᵉ siècle, elle avait coutume d'envoyer dans les provinces des maîtres des requêtes avec le titre d'intendant pour des missions d'inspection et de surveillance, le plus souvent temporaire. L'entrée dans la guerre de Trente Ans entraîna une évolution décisive de l'institution : les « intendants de police, justice et finances » devinrent, dans les généralités et les provinces, les représentants directs et permanents du pouvoir royal. Révocables à volonté, ils exécutent avec diligence les ordres du Conseil. Ils entrent, siègent et président dans les tribunaux, les échevinages, jugent extraordinairement les crimes contre la sûreté du royaume, procèdent ou font procéder à la répartition et à la levée des tailles. Leurs lettres de commission leur accordent souvent pouvoir de réformer la justice, de reconnaître les devoirs rendus par les officiers de judicature, et, au besoin, de punir les coupables. Elles leur confient encore la police des troupes, la répression des complots et des séditions. Ils sont déjà, à partir de 1635, et en collaboration avec le gouverneur, qu'ils assistent ou contrôlent, le roi présent dans les provinces. La surveillance qu'ils exercent sur les robins, les compétences qu'ils s'attribuent à leurs dépens leur valent l'antipathie des notables, tandis que leur solidarité de fait avec les exactions des traitants et fermiers d'impôts cristallise contre eux le mécontentement populaire. Dès le mois de juillet 1648, les cours souveraines exigeront et obtiendront leur rappel temporaire.

Le troisième aspect de la réforme administrative qui caractérise l'absolutisme français au xviie siècle, c'est l'effacement des corps intermédiaires. La monarchie tolère de plus en plus difficilement les institutions susceptibles d'exprimer les vœux et les doléances des sujets, groupés en corps. Les états généraux ne seront plus convoqués après la session de 1614-1615. La dernière assemblée de notables se tient en 1626-1627. On ne réunit plus les états de Dauphiné. Les états de Normandie siègent pour la dernière fois en 1655. Les états de Languedoc perdent en 1632 le droit de discuter l'impôt. Le roi surveille les délibérations de l'Assemblée du clergé et en écarte par lettres de cachet les prélats indociles. Il réduit en tutelle les échevinages, prend prétexte de leur endettement pour leur retirer toute autonomie financière, impose aux suffrages des échevins son candidat à la mairie. La police et la propagande deviennent des moyens essentiels du gouvernement monarchique. Soucieux d'entraver l'expression spontanée de l'opinion, le gouvernement cherche aussi à l'orienter, à la conditionner. Richelieu constitua un véritable bureau de presse dont les publicistes à gages menèrent contre la propagande espagnole une guerre incessante de libelles et de pamphlets, tandis que *la Gazette*, hebdomadaire de Théophraste Renaudot, qui parut à partir de mai 1631 et dont le propos était de réduire « plusieurs faux bruits qui servent souvent d'allumettes aux mouvements et séditions intestines », profitait de son monopole officiel pour diffuser les articles et les nouvelles que lui transmettaient le roi et son ministre.

Les complots

La conjonction des dangers extérieurs et intérieurs donne au ministère de Richelieu sa grandeur tragique. La raison d'État, que célèbre le cardinal, évoque avec cent cinquante ans d'avance le combat du salut public. L'ancien protégé de la reine mère, exclu du gouvernement après l'assassinat du maréchal d'Ancre, avait dû faire preuve de beaucoup d'habileté et de patience pour recouvrer la faveur du roi. Jusqu'en 1630 il dut compter au sein même du Conseil sur la présence de personnalités comme le garde des Sceaux Marillac ou le chancelier d'Aligre, peu favorables à ses projets extérieurs, car le parti dévot condamnait sa politique antihabsbourgeoise. Au sein même de la Cour, les complots succédèrent aux complots. Dans tous on retrouve la personne équivoque et légère de Gaston d'Orléans, frère du roi. Nous avons déjà évoqué la conjuration de 1626, terminée par la condamnation et l'exécution du comte de Chalais, et la crise politique de 1630, dénouée par la journée des Dupes (10 novembre). En 1632, ce fut la révolte du duc de Montmorency, gouverneur du Languedoc. On fit marcher l'armée royale contre ses troupes. Il fut arrêté, condamné et exécuté à Toulouse même. En 1636, c'est un nouveau projet d'assassinat, en 1641 un complot du comte de Soissons, et en 1642 la conspiration de Cinq-Mars qui assombrit la dernière année de Richelieu. Sa mort suivit de peu celle du jeune étourdi et de son ami de Thou. En dépit de l'incapacité politique des auteurs de ces intrigues et de ces projets, leurs relations constantes avec l'Espagne, leurs complicités dans la famille même du souverain donnaient à leurs entreprises un caractère d'exceptionnelle gravité. Le danger grandissait encore en raison de la situation intérieure du royaume et des troubles populaires incessants qui l'agitent, dans toutes ses régions, de 1624 jusqu'à la Fronde. Le risque était grand de voir tel grand seigneur se faire l'avocat des droits de sa province et l'interprète intéressé des doléances populaires. Montmorency tenta ainsi d'exploiter le mécontentement suscité en Languedoc par l'introduction d'un nouveau système de répartition fiscale.

Les soulèvements populaires

De 1624 à 1648, pas une année qui ne fût marquée par plusieurs séditions, pas une province qui ne fût agitée par un soulèvement urbain ou paysan. Jamais, semble-t-il, la chronique des insurrections populaires ne fut aussi riche que dans ce deuxième quart du siècle, préludant ainsi aux troubles généralisés et anarchiques de la Fronde. En 1624, les campagnes et les villes du Quercy se révoltent parce que le roi retire aux anciens états provinciaux l'administration de la taille. En 1630, le gouvernement ayant édicté la suppression des états de Bourgogne, Dijon se soulève à son tour. En 1631, le populaire d'Aix-en-Provence malmène l'intendant, pille les maisons des fermiers d'impôts. En 1632, les ouvriers lyonnais de la soie et des futaines protestent contre une augmentation des taxes à l'exportation. En 1633 et 1635, c'est le tour des villes de Guyenne. Puis, l'année suivante, en 1636, l'insurrection éclate en Angoumois, Saintonge et Poitou. Elle dure plus d'un an, gagne le Périgord ; son motif immédiat, c'est l'augmentation des tailles et des droits de circulation des vins ; les paysans courent sus à tous les agents du fisc. Ils s'organisent en milices, commandent aux gentilshommes de les suivre « à peine de brûler leurs maisons et de n'être plus payés de leurs rentes ». Dans le Poitou, les insurgés prévoient une répartition plus équitable des tailles, ils veulent « les imposer à ceux qui ont les biens pour les payer et soulager les pauvres de Dieu ». Les dîmes doivent demeurer à la paroisse pour l'entretien décent du desservant et des indigents. Le gouvernement, aux abois et qui doit faire face à l'invasion espagnole, ruse, promet et négocie jusqu'au moment où il confie le rétablissement de l'ordre aux soldats du duc de La Valette. Deux ans plus tard, la révolte des Va-Nu-Pieds soulève la basse Normandie, tandis que Rouen est le théâtre de sanglantes émeutes. Les paysans des régions d'Avranches et de Coutances redoutent l'établissement de la gabelle, les artisans rouennais craignent le chômage et la mévente provoquées par les taxes sur le textile et les teintures. La troupe paysanne, l'« armée de souffrance », se range sous le commandement de Jean Va-Nu-Pieds ; elle marche derrière des bannières et des images chrétiennes, et quelques petits gentilshommes, des curés se joignent aux révoltés et les encadrent. Le manifeste de « haut et indomptable capitaine Jean Va-Nu-Pieds » exalte en vers médiocres les libertés normandes menacées par les partisans et les gabeleurs venus de Paris. L'automne venu, l'armée de Gassion et le chancelier Séguier viennent rétablir l'ordre, de nombreux séditieux sont exécutés, tandis que les principaux officiers de la province, les membres du parlement, de la cour des aides, les trésoriers généraux de France, accusés de mollesse ou d'incapacité, sont interdits de leurs charges. En dépit de cette sévérité exemplaire, les troubles continuèrent et se multiplièrent après la mort de Richelieu et de Louis XIII. La noblesse des provinces méridionales s'agitait et participait davantage aux mouvements antifiscaux. De nombreux villages de l'Auvergne et du Rouergue se soulevaient en 1643 ; le Languedoc, le Dauphiné et toute la vallée du Rhône demeuraient peu sûrs. En juin 1644, la population de Marseille, affolée par la cherté des grains, s'insurgea contre ses consuls ; en août, les femmes de Valence assommèrent les collecteurs d'impôts. On n'en finirait pas d'évoquer ces troubles qui, de plus en plus fréquents et de plus en plus graves, précèdent et préparent le déclenchement de la Fronde.

Ces émotions populaires présentent toutes des caractères communs, mais leur origine et leur signification, faute de documents, ne sont pas toujours parfaitement claires. Au départ, dans tous les cas, une motivation antifiscale, le refus de l'impôt royal doublé ou triplé par les exigences de la guerre, provoque ces brusques sursauts de colère. Ce sont souvent les limites des provinces qui fournissent leur cadre géographique aux soulèvements populaires, parce que les expédients financiers et les agents du fisc ignorent les privilèges et les traditions des provinces. La protestation antifiscale rassemble facilement les catégories sociales les plus diverses contre les envoyés du pouvoir et des financiers parisiens. Manifestations éclatantes du désespoir et de la misère du peuple, les révoltes du règne de Louis XIII traduisent aussi le désarroi, le mécontentement des privilégiés. Souvent, les autorités locales, les échevins, les bourgeois, les conseillers des parlements et la noblesse locale tardent à réprimer l'émeute, la favorisent parfois, quitte à se disculper ensuite auprès du roi et à accabler la « populace ». Il est vrai aussi que ces insurgés, dressés contre l'impôt, demeurent la plupart du temps respectueux des hiérarchies sociales traditionnelles. Contrairement à leurs ancêtres du XVIe siècle, ils ne contestent ni la dîme, ni les droits seigneuriaux, ni les fermages ; leur seule audace vise le receveur ou le fermier d'impôts. Ils assomment les commis des aides, mais crient : « Vive le roi. » A l'avance, leurs soulèvements annoncent les ambiguïtés et l'impuissance de la Fronde.

La Fronde

La régence était toujours, pour l'ancienne monarchie, une période dangereuse. En faisant casser en lit de justice le testament de son mari, qui réglait l'organisation du Conseil de régence, Anne d'Autriche augmentait les risques et justifiait les prétentions des princes du sang et des cours souveraines. Elle gardait sans doute comme principal ministre le cardinal Mazarin, mais le ministériat, qui avait déjà suscité tant de critiques du vivant de Louis XIII, ne pouvait se perpétuer sans crise sous le règne d'un enfant. La guerre compliqua encore les problèmes politiques. Depuis près de dix ans, elle mettait à sac le trésor royal. La victoire du duc d'Enghien à Rocroi écarta l'invasion espagnole, mais il fallut encore cinq ans de combats aux Pays-Bas, sur le Rhin et en Bavière pour contraindre l'Empereur à signer les traités de Westphalie. Indifférente à ces succès extérieurs, la France était déjà entrée dans le tourbillon révolutionnaire.

C'est la crise financière qui mit d'abord le gouvernement aux abois. On dut recourir plus encore que par le passé aux avances des traitants, on obéra les recettes futures, on multiplia les expédients. Successivement, les édits du toisé et du rachat frappant les propriétaires d'immeubles, puis la taxe des aisés, l'augmentation des droits d'octroi et les retranchements de gages et de rentes exaspérèrent les bourgeois, les rentiers et les robins. L'archaïsme du système fiscal portait en partie la responsabilité de la crise, mais le déséquilibre des finances trouvait une autre origine dans la paralysie progressive de l'économie française, atteinte à la fois par un ralentissement des échanges internationaux et par une succession de récoltes désastreuses. Le meilleur blé froment, que l'on payait encore 10 livres le setier à Paris au début de l'année 1646, valut 17 livres en juillet 1648, et 36 livres à l'automne de l'année suivante. Au même moment, l'arrêt des manufactures textiles grossissait l'armée des chômeurs et des indigents.

Le 13 mai 1648, le parlement de Paris prit l'initiative révolutionnaire de convier les représentants des autres cours souveraines à travailler en commun à la réforme des abus de l'État : les délibérations de la chambre Saint-Louis aboutirent à la rédaction d'une liste de propositions, qui auraient consacré en France l'établissement d'une monarchie limitée par les corps intermédiaires et contrôlée par les parlements et l'aristocratie.

« Les intendants de justice et toutes autres commissions extraordinaires non vérifiées ès cours souveraines seront révoqués... ne seront faites aucunes impositions et taxes qu'en vertu d'édits et déclarations bien et duement vérifiés ès cours souveraines, auxquelles la connaissance en appartient avec liberté de suffrage... et que l'exécution des dits édits et déclarations sera réservée aux dites cours... aucun des sujets du roi, de quelque qualité et condition qu'il soit, ne pourra être détenu prisonnier passé vingt-quatre heures, sans être interrogé suivant les ordonnances et rendu à son juge naturel. » A ces principes généraux, les magistrats prirent soin d'adjoindre des dispositions plus intéressées concernant leurs gages, l'hérédité des charges et la création des offices nouveaux. La reine et Mazarin feignirent d'abord d'approuver les propositions réformatrices, puis, enhardis par la victoire de Condé à Lens, résolurent d'employer la force et firent arrêter, le 26 août, les meneurs du parlement. Comme à Londres en 1642, comme plus tard à Paris en 1789, la Fronde naquit d'une opération répressive mal calculée et mal menée. En quelques heures, Paris, en son centre, se couvrit de barricades, Mazarin dut capituler et libérer Broussel. Mais il occupa l'automne à ruser, ramenant Condé et ses troupes vers Paris, et dans la nuit du 5 au 6 janvier 1649, la Cour s'enfuit à Saint-Germain, tandis que l'armée royale entreprenait de réduire la capitale par la force et la faim. Dans la ville assiégée, l'intervention des milieux populaires neutralisa aussitôt les échevins et les magistrats fidèles au roi, et quelques grands seigneurs : le duc de Beaufort, Gondi, le trop subtil coadjuteur de l'archevêque de Paris, le prince de Conti et la belle Longueville, frère et sœur de Condé, apportèrent le prestige de leurs noms, mais aussi un faisceau d'intrigues nouvelles. Piètre état-major d'une révolution incertaine : les uns ne pensent qu'à leurs querelles familiales, à leur ambition personnelle ou à leurs aventures amoureuses, les autres tremblent de leur propre audace. Les magistrats des cours souveraines sont, par vocation intellectuelle et par intérêt, solidaires de la monarchie, ils réprouvent la « tyrannie des ministres », mais craignent la suppression du droit annuel et de l'hérédité des charges. Le droit français des offices est une création si contingente qu'une transformation des institutions monarchiques risque de lui être fatale. Jamais le parlement ne voulut convenir qu'il était en état de rébellion ; à coups de fictions juridiques et d'arguties, il feignit de ne combattre que Mazarin, pour mieux servir le roi. Les conseillers se cotisent pour lever des troupes, mais ils se désolent secrètement des ravages que les soldats de Condé exercent dans leurs belles propriétés de l'Ile-de-France. Ils sont les « pères de la patrie », les protecteurs du « commun peuple », mais ils redoutent ses mouvements désordonnés et l'inspiration sinistre de la faim dans une ville assiégée, où le setier de froment atteint, le 6 mars, le prix record de 60 livres. Les nouvelles d'Angleterre, l'annonce du sacrilège révolutionnaire : l'exécution de Charles Ier, glacent les plus résolus et les inclinent à la soumission. Leur président, Molé, conclut, le 11 mars, la paix de Rueil, qui met fin à la Fronde parlementaire.

C'est la rivalité entre Gondi, Mazarin et Condé, terminée par l'arrestation de Condé, Conti et Longueville le 18 janvier 1650, qui ouvrit la seconde phase de l'histoire de la Fronde. Les partisans des princes emprisonnés s'organisèrent dans l'Aquitaine et la région de Sedan, mais ils furent défaits par l'armée royale. Les événements confus de la Fronde des princes n'auraient guère d'importance s'ils n'avaient servi de prétexte aux initiatives collectives des deux ordres privilégiés. L'Assemblée du clergé, qui siégeait à Paris depuis mai 1650, s'opposa à la Cour et demanda la libération des princes. Elle accepta d'entrer en relations avec une assemblée de noblesse, réunie elle aussi à Paris, et, après la mise en liberté de Condé, les représentants des ordres privilégiés réclamèrent, en mars 1651, la convocation des états généraux. A cette exigence, la noblesse joignit une série de doléances et de propositions qui rappellent celles qu'elle avait formulées en 1614 : excès de la fiscalité royale, exactions des agents des gabelles, suppression de la vénalité des charges et création d'un Conseil du roi où seraient représentés les trois ordres du royaume. C'était bien d'une réforme fondamentale de l'État qu'il était question. Mais l'hostilité des bourgeois de Paris, celle du parlement, la défection des princes sous la protection desquels l'assemblée s'était imprudemment placée firent échouer ces projets. L'assemblée dut se disperser ; les divisions de la noblesse, les rivalités des clientèles concurrentes, l'arbitrage intéressé des princes condamnèrent cet effort de cohésion politique. Pas plus que le parlement, la noblesse n'était capable de mener contre la monarchie un combat efficace ; à cet égard aussi, la Fronde fut un fiasco complet.

La dernière phase de son histoire n'est qu'une sombre succession d'intrigues et de désordres anarchiques. Gondi, Mazarin et Condé continuent de s'agiter sur le théâtre de l'histoire, tandis que le pays est ravagé par les soldatesques ennemies. Le vainqueur de Rocroi s'engage comme un furieux dans la rébellion armée, soulève son gouvernement de Guyenne, et conclut une alliance avec Philippe IV d'Espagne. Battu par Turenne, il se réfugie à Paris en avril 1652, où ses partisans, manœuvrant les milieux populaires, font pendant quelques mois régner la terreur. Un moment, dans la capitale et à Bordeaux, quelques pamphlétaires hardis attaquent directement la royauté et cherchent à arracher l'extrémisme à l'influence des grands seigneurs. Mais la jonction entre ce courant « radical » et le mouvement social du peuple des villes ne se fait pas. Les artisans et compagnons fournissent les troupes de l'émeute, mais ne semblent pas capables de se donner un programme.

Même à Bordeaux, où l'Ormée prolonge jusqu'en 1653 une fronde urbaine, qui prit un moment l'aspect d'une révolution de la petite bourgeoisie, le mouvement demeure politiquement modéré. Les articles de l'*Union de l'Ormée en la ville de Bordeaux*, après avoir juré obéissance au roi et au gouverneur, se bornent à demander la participation des maîtres des métiers à l'administration municipale. La Fronde, qui ne fut pas non plus une révolution petite-bourgeoise, touche à son terme. Appelé par les marchands et les officiers de la garde bourgeoise, le jeune roi rentre à Paris le 21 octobre 1652, le cardinal le suit en février, Bordeaux capitule en août.

Le bilan politique est entièrement négatif, celui des dévastations est désolant. La guerre civile favorisa la recrudescence des famines et des « pestes » endémiques. Dans l'Ile-de-France, la Champagne, la Picardie, certains villages ont perdu dans la seule année 1652 un quart de leur population. Les registres paroissiaux donnent la mesure des perturbations démographiques : celui de Verdun-sur-le-Doubs enregistre en 1648 86 naissances et 73 décès, mais 37 naissances et 224 morts en 1652. Terrible saignée dont les répercussions sur la courbe de la natalité s'observeront vingt ans plus tard. Le commerce extérieur est désorganisé, la marine ruinée. L'absolutisme royal que les frondeurs ont contesté trouve dans l'expérience de cinq années de troubles une redoutable justification.

Louis XIV n'oubliera jamais l'humiliation et l'insécurité de sa jeunesse : « Ces agitations terribles avant et après ma majorité, une guerre étrangère où les troubles domestiques firent perdre à la France mille et mille avantages, un prince de mon sang et d'un très grand nom à la tête de mes ennemis », ces souvenirs pèseront lourd sur tout son règne et commanderont bien des aspects de sa politique intérieure.

V. FORCES ET COMBATS DU CATHOLICISME

Cette France que Richelieu a engagée dans la compétition pour l'hégémonie européenne n'est pas tout entière disponible pour ce grand dessein. Une tout autre aventure, spirituelle celle-là, sollicite aussi ses élites, et avec un retard de plusieurs décennies sur le concile, les exigences intellectuelles et religieuses de la réforme tridentine s'imposent à un nombre croissant de catholiques. Il n'y a pas coïncidence ni parfois conciliation possible entre les deux entreprises, elles paraissent même à certains égards contradictoires. L'une est enfoncée dans les contingences du temporel, de la géopolitique et de l'intérêt national, l'autre ignore les frontières et convie les princes catholiques au service de l'Église universelle et romaine.

Le renouveau catholique, le clergé

Il est animé d'abord par de petits groupes de laïques et de prêtres, progressivement imposés à la hiérarchie et à la Cour. Ainsi, à Paris, pendant le règne d'Henri IV, Mme Acarie, femme d'un conseiller à la Chambre des comptes, rassemble des mystiques et des réformateurs. Elle a subi fortement l'influence d'un capucin anglais, Benoît de Canfield, auteur de la *Règle de perfection réduite au seul point de la volonté de Dieu*. Dans son hôtel, elle accueille quelques amis : un chartreux, Dom Beaucousin, le jeune abbé Pierre de Bérulle, Marillac, le futur garde des Sceaux, un avocat au grand Conseil, Gautier, traducteur de saint Jean de la Croix, un savant docteur en Sorbonne, André du Val. On lit les œuvres de sainte Thérèse, on parle d'oraisons et d'extase, mais on prépare aussi l'introduction du Carmel en France, la réformation des monastères et du clergé régulier ; on examine et on juge la politique religieuse d'Henri IV.

Deux hautes figures dominent cette spiritualité catholique française au début du XVIIe siècle. Saint François de Sales, évêque de Genève résidant à Annecy, imitateur fidèle dans son administration diocésaine de saint Charles Borromée, ouvre aux laïques, par son *Introduction à la vie dévote* (1608), la voie de l'oraison et de la sainteté. La perfection n'est pas réservée aux gens d'Église, elle est parfaitement compatible avec l'exercice d'un devoir d'État, car elle réside avant tout dans l'amour de Dieu et du prochain : « Ô Seigneur, si je ne puis vous aimer en l'autre vie, que du moins je mette à profit tous les moments de ma courte existence pour vous aimer ici-bas. » Il réconcilie les chrétiens avec leur temps, mais son humanisme ne sous-estime jamais le rôle de la grâce. Il appelle tous et toutes aux plus hautes destinées spirituelles, sans les arracher à leur famille, à leur profession ou à leur prince. Il tente aussi d'enseigner un nouveau service des pauvres, sans cependant jamais condamner les richesses et les hiérarchies qu'elles établissent : « Je voudrais mettre dans votre cœur la richesse et la pauvreté tout ensemble, un grand soin et un grand mépris des choses temporelles... Ayons donc ce soin gracieux de la conservation, voire de l'accroissement de nos biens temporels... mais quittons donc tous les jours quelque partie de nos moyens en les donnant aux pauvres... » Son *Traité de l'amour de Dieu* (1616) est dédié à Jeanne Françoise de Chantal, qui fonde sous sa direction l'ordre de la Visitation Sainte-Marie.

Le second maître de la réforme catholique française est Pierre de Bérulle, qui découvre dans l'humiliation de Jésus-Christ le modèle de l'anéantissement du moi et de la soumission à Dieu. « Il y a deux états de singulier abaissement dans Jésus : l'un sa naissance et enfance, l'autre sa passion et sa mort. » Son *Discours de l'état et de la grandeur de Jésus...* (1623) prêche l'abnégation intérieure, l'oubli de soi dans la contemplation religieuse. Mais ce mystique est aussi un homme d'action : il participe à la direction spirituelle des carmélites déchaussées, qu'il a contribué à installer en France ; il fonde en 1611 l'Oratoire français. Cette communauté de prêtres séculiers, inspirée par l'Oratoire romain de saint Philippe Neri, travaille à la formation et à la perfection des prêtres. Pour Bérulle, plus encore que la controverse théologique, la sainteté des prêtres est la meilleure arme contre l'hérésie, et ses disciples, Charles de Condren et Jean-Jacques Olier, participeront à la fondation des premiers séminaires français. Ses oratoriens fondent aussi des collèges pour la jeunesse, organisent des missions et figurent en bon rang dans cette milice de plus en plus active et nombreuse de l'Église, car la ferveur et les considérations familiales poussent vers les couvents une fraction importante de la jeunesse noble ou bourgeoise. Des ordres nouveaux sont introduits en France : en 1594, les ursulines, qui vont s'occuper plus particulièrement de l'éducation des filles ; les jésuites, un moment interdits après l'attentat de Châtel contre Henri IV, rentrent en France en 1603. Un des leurs, le père Coton, devient le confesseur du roi cinq ans plus tard, et il exerce encore ce ministère auprès de Louis XIII, inaugurant ainsi pour son ordre une tradition flatteuse, mais redoutable. Les collèges de la Compagnie, au nombre de soixante-dix dès 1640, accueillent non seulement les enfants de l'aristocratie, mais aussi les fils les plus méritants de la moyenne bourgeoisie des villes et des campagnes. Les ordres anciens multiplient de la même façon le nombre de leurs maisons ; chaque ville moyenne voit s'installer dans ses murailles plusieurs communautés nouvelles : à Paris, en un demi-siècle, s'établissent plus d'une centaine de maisons religieuses. Les mendiants, religieux capucins, cordeliers, minimes, récollets, encadrent mieux le peuple des faubourgs et des quartiers pauvres, dont ils partagent le genre de vie et tolèrent parfois les dévotions superstitieuses. Les ordres anciens s'étaient souvent relâchés de leur discipline, beaucoup reviennent à la clôture, à la pauvreté de la table commune et aux rigueurs des offices nocturnes. Les maisons bénédictines réformées constituent la congrégation de Saint-Maur, et le pape, à la demande de Louis XIII, charge le cardinal de La Rochefoucauld de généraliser et d'imposer partout cette renaissance de la règle, tâche difficile, puisque les couvents réunissent les vocations de dévotion et celles de convenance familiale. Richelieu lui-même, après la mort du cardinal de La Rochefoucauld, se préoccupe de la vie et de la discipline des moines de Cluny et de Clairvaux, et son collaborateur, le Père Joseph du Tremblay, suscite et encourage la réforme des Filles de Saint-Benoît, à laquelle l'abbaye de Port-Royal, entraînée par la Mère Angélique Arnauld, a donné l'exemple dès 1609.

Restait la foule délaissée des curés des paroisses, souvent peu instruits ou peu édifiants. A l'appel de Bérulle, les initiatives se multiplient pour améliorer leur formation intellectuelle et religieuse. En 1618, Henri de Gondi essaie de créer, près de l'abbaye de Saint-Magloire, au faubourg

Saint-Jacques, un séminaire pour les prêtres du diocèse de Paris ; il charge aussi Bourdoise, qui dirige la communauté de Saint-Nicolas-du-Chardonnet, d'accueillir de futurs prêtres. Saint Vincent de Paul, qui connaît bien la misère morale des campagnes, fonde, en 1625, la Société des prêtres de la Mission ; il reçoit lui aussi, lors des retraites ou des conférences spirituelles, de jeunes prêtres qui se joignent aux lazaristes. Disciple de saint Vincent et de Bérulle, Jean-Jacques Olier, qui, dans son *Traité des saints ordres*, exalte le sacerdoce et l'ordinand, « image du Christ souverain et prêtre », organise à Saint-Sulpice une véritable pépinière d'enseignants et de directeurs pour les séminaires de la province (1642). Dans l'Ouest, Jean Eudes, ancien oratorien, fonde, en 1643, la Congrégation de Jésus et de Marie, dont les membres animent des missions dans les campagnes et instruisent les clercs. Ces efforts préparent l'avenir, mais leurs résultats demeurent limités ; l'Église et les prélats mesurent trop chichement les ressources matérielles de ces diverses fondations, et les séminaires ne reçoivent encore qu'une partie des futurs prêtres. Le haut clergé, recruté par le roi en vertu des dispositions du concordat de Bologne, demeure de qualité spirituelle fort inégale. Louis XIII, cependant, apporte plus d'attention et de scrupule que son père à choisir les évêques, et si l'on trouve toujours à la Cour et à la ville des évêques mondains, plus soucieux de politique et d'intrigue que de pastorale, il en est d'autres qui ne quittent plus leur diocèse et y édifient les fidèles. Nicolas Pavillon s'installe en 1637 dans un diocèse éprouvé, que la maison de Joyeuse, puis la famille de Lestang ont longtemps considéré comme un bien purement temporel. Chaque mois, dans les différentes régions du diocèse, ses vicaires forains rassemblent et chapitrent les curés, qu'il accueille aussi périodiquement pour des retraites au séminaire. François de La Rochefoucauld, lui, s'inspire, à Clermont et à Senlis, de l'exemple sévère de saint Charles Borromée. A Cahors, Alain de Solminihac organise son clergé comme une milice combattante, répartie en congrégations foraines, et ne cesse tout au long de son épiscopat de parcourir son évêché et de visiter ses paroisses (1636-1659). J.-B. Gault, évêque de Marseille, veut s'installer dans une seule chambre de l'Hôtel-Dieu, près des pauvres, qui, avec les marins, les filles débauchées et les esclaves de Tunis, sont l'objet de ses soucis permanents. Il meurt pour avoir voulu confirmer en pleine nuit et en hiver des galériens avant leur départ.

Les laïques ;
pratiques, surveillance des mœurs et assistance

Grâce à ce clergé plus nombreux, moins mal préparé à sa tâche, les laïques sont un peu plus christianisés, un peu mieux aidés et un peu mieux surveillés par l'Église. Capucins, lazaristes, oratoriens et jésuites rivalisent de zèle dans l'organisation des missions intérieures. La mission comporte toujours prêches, sermons, catéchismes pour adultes et enfants. Souvent des conférences spécialisées s'adressent aux différents groupes sociaux. On défie les pasteurs de la religion prétendue réformée, on somme les protestants de se justifier, puis on prie, chante en commun, et la mission se termine par une communion générale et une grande procession. Tandis que saint Jean Eudes parcourt la Normandie et saint François Régis le Vivarais, Julien Maunoir dirige plus de quatre cents missions en basse Bretagne. Par l'usage du dialecte, la composition de cantiques populaires, les encouragements prodigués aux dévotions sensibles et familières, il enracine le catholicisme dans tout l'Ouest armoricain.

L'effort du clergé est soutenu par de nombreuses associations dévotes : confréries et particulièrement confréries mariales, sodalités de collégiens et d'étudiants, tiers ordre franciscain, et surtout Compagnie du Saint-Sacrement (1627-1665). Il s'agit d'une société secrète, groupant des laïcs et des clercs. Parmi ses objectifs figurent, à côté de la dévotion au saint sacrement, l'assistance aux indigents, la lutte contre les protestants et la réforme des mœurs. Elle surveille les libertins, les dénonce aux autorités, suscite contre les réformés et leurs pasteurs une perpétuelle bataille de procédures et de polémiques. Elle poursuit les comédiens de sa réprobation et de ses tracasseries. La présence en son sein de grands seigneurs comme le duc de Ventadour et le prince de Conti, d'ecclésiastiques comme Vincent de Paul et le Père de Condren, de parlementaires comme le premier président Lamoignon donne à ses interventions indirectes une grande influence. Elle contribue à sa façon à une certaine épuration de mœurs, demeurées fort rudes, fait proscrire les danses publiques, régler les banquets et les fêtes des communautés de métier. Elle aide partout dans le royaume la monarchie à interdire les duels et requiert contre les blasphémateurs la rigueur des lois. Cette censure des mœurs risque d'introduire l'espionnage domestique et le conformisme hypocrite ; elle inquiète même la Cour et provoquera l'interdiction de la Compagnie.

Ces efforts missionnaires ont rapproché l'Église militante des misères populaires et suscité les entreprises charitables. « Le peuple meurt de faim et il se damne » : pour saint Vincent de Paul et ses amis, l'assistance est un préalable de la conversion et du salut. Il groupe en charités paroissiales les dames de la bonne société, elles collectent des fonds, visitent et secourent les « pauvres honteux », les amènent à se confesser et à communier, ces dévotions conditionnant toujours la continuation des secours. Bien vite, cependant, l'expérience fait voir « que les dames de condition ont difficulté de porter les vivres aux pauvres malades, de faire leur lit, de leur donner les remèdes et généralement de leur rendre les autres menus services nécessaires ». Saint Vincent réunit donc des femmes du peuple en une Congrégation des Filles de la Charité « pour s'employer aux choses plus basses, qu'il faut exercer envers les dits malades ». Le fondateur voulut pour elles la plus stricte pauvreté, mais ni clôture ni couvent. Habillées à la villageoise, elles consacrèrent leurs soins aux pauvres malades, préférant même ce service ou celui des enfants trouvés aux dévotions habituelles des autres religieuses.

La Fronde et la guerre étrangère multiplièrent encore les détresses, les mendiants peuplèrent les abords des églises, s'entassèrent dans les maisons en ruine et les caves. La charité privée, même encadrée par l'Église et les associations dévotes, parut à demi impuissante, et le problème du vagabondage et du paupérisme devint si angoissant, les dangers qu'il fit courir à la société furent si grands que la Cour et les prélats songèrent à l'enfermement des pauvres. Dans l'Hôpital général de Paris (1656), puis dans les établissements similaires établis en province, on décida de regrouper les indigents valides et de les astreindre au travail. Mais l'entreprise parut très vite démesurée et trop coûteuse : plus de 5 000 mendiants furent un moment rassemblés dans les hôpitaux parisiens, et saint Vincent de Paul, qui aurait voulu éviter la contrainte, s'inquiétait à la veille de sa mort (26 septembre 1660) de la lassitude de l'assistance privée. La répression se substituait peu à peu à la charité évangélique et la société s'accommodait plus facilement de la détresse populaire. Le bilan religieux est plus positif que le bilan social, la pratique dominicale, la communion pascale se généralisent, le catéchisme est mieux enseigné, l'instruction primaire progresse dans les villes. Il reste sans doute beaucoup à faire, la restauration religieuse demeure inachevée, mais des méthodes ont été définies, des équipes constituées ; l'effort sera poursuivi et fera de la France d'Ancien Régime un pays de pratique universelle. Pour l'instant, cependant, les progrès de l'éducation religieuse dans les strates supérieures de la société, le passage que ces progrès déterminent d'une religion de simple conformisme à un christianisme plus intensément vécu ont eu pour immédiate conséquence d'aviver les inquiétudes religieuses et de troubler en profondeur les consciences catholiques.

Le jansénisme

Au plus fort de son élan, la Réforme catholique soudain s'interroge et se divise. Le jansénisme est à la fois témoignage de force, exigence de rigueur et source de faiblesse pour l'Église. Jansénisme, oui, puisque l'évêque d'Ypres Jansen lui a donné dans l'*Augustinus*, paru en 1640, sa charte théologique. Mais le mouvement est bien antérieur et possède aussi ses origines et ses inspirations françaises. L'abbé de Saint-Cyran, le maître et le témoin du premier jansénisme, a connu Jansen à Louvain ; ensemble, ils se sont livrés pendant cinq ans, près de Bayonne, à de vastes recherches de patristique et de scolastique, et dès 1621 Jansen a communiqué à son ami sa théorie de la grâce, selon laquelle l'homme déchu ne peut être sauvé que par la grâce toute-puissante et irréfragable du Christ. Cette question de la grâce ne joue pourtant pas un rôle essentiel aux origines de la crise. Le destin de l'abbé de Saint-Cyran a été autant marqué par l'influence du cardinal de Bérulle que par ses relations avec Jansen : Bérulle qui a proposé à ses disciples une méthode d'oraison et une théologie morale fort différentes de celles des pères jésuites, Bérulle qui s'est également opposé à la Compagnie en prenant la défense de l'autorité et de la juridiction épiscopales, Bérulle, enfin, qui condamna la politique extérieure de Richelieu et mourut en relative disgrâce (1er octobre 1629). C'est l'abbé de Saint-Cyran, son ancien collaborateur, qui lui succède naturellement dans le rôle d'inspirateur spirituel du parti dévot. Il avait dès 1626 reproché aux jésuites leur humanisme, leur indulgence pour les pécheurs et leur conception molinienne de la grâce ; il continue, de 1632 à 1635, sous le pseudonyme de Petrus Aurelius, et avec l'approbation de l'Assemblée du clergé, à combattre pour la défense de l'autorité épiscopale, contre les prétentions et les exemptions des réguliers. D'autres circonstances contribuent à attirer sur lui l'attention de l'opinion et du principal ministre. Sa méthode de direction tout d'abord : il exige de ses dirigés une rupture totale avec le passé, un véritable « renouvellement », la contrition dans la pénitence, le repentir inspiré par l'amour de Dieu et non par la seule peur de l'enfer. Il les maintient donc longtemps dans la pénitence, avant de leur accorder l'absolution, et leur impose après la communion une période de retraite.

Son enseignement, par l'intermédiaire des membres des familles Arnauld et Lemaître, de Chavigny, le secrétaire d'État, de Jean-Jacques de Barillon, de Jean Bignon, de Mathieu Molé, tous magistrats des cours souveraines, se répand dans le public et suscite des polémiques. Saint-Cyran dirige aussi les religieuses du couvent de Port-Royal, et toute cette notoriété irrite le cardinal de Richelieu, qui redoute cet indocile. Il connaît son amitié avec Jansen, qui vient de publier un pamphlet contre sa politique, le *Mars Gallicus* ; il sait que Saint-Cyran condamne l'annulation du mariage du frère du roi pour raisons politiques. Il y a enfin cette lettre de démission, adressée au chancelier par Antoine Lemaître, que Saint-Cyran dirige. Dans cette lettre, Lemaître annonce sa décision de vivre dans la retraite, sans devenir prêtre ou religieux : « Je renonce aussi absolument aux charges ecclésiastiques qu'aux civiles, je ne veux pas seulement changer d'ambition, mais n'en avoir plus du tout. Je suis plus encore éloigné de prendre les ordres de prêtrise et de recevoir des bénéfices, que de reprendre la condition que j'ai quittée. » Pour le cardinal, cette lettre sonne comme un défi personnel. Admirateur de Machiavel et prince de l'Église, il devait concilier chaque jour les devoirs religieux et les intérêts de la politique profane. Dans son *Traité de la perfection du chrétien*, il avait rappelé que Dieu n'appelle que le plus petit nombre à la vie de méditations et de prières, et que tous les autres doivent remplir leurs devoirs d'état et les obligations de leur condition. Le défi d'Antoine Lemaître était d'autant plus inquiétant que le jansénisme naissant comptait beaucoup de ses sympathisants dans les milieux où se recrutaient les cadres de l'Église et de l'État. Lemaître semblait fidèle à l'enseignement de son maître spirituel.

Il y a bien, en effet, chez Saint-Cyran, une intransigeance prophétique, un extrémisme qui menace tout l'équilibre de la société temporelle. Saint-Cyran jette sur l'Église et le siècle un regard si pessimiste qu'il semble par moment condamner toute activité dans le monde, nier la légitimité des liens familiaux, des activités professionnelles et des devoirs politiques. Avec lui, la Réforme catholique risquait peut-être de s'enfermer dans une impasse, et tout mouvement de rénovation religieuse porte toujours en lui, comme une option extrême, ce refus de composer avec le monde, cette volonté de le révolutionner ou de le nier. L'arrestation de Saint-Cyran, opérée le 14 mai 1638, ne surprend donc guère. Mais elle en fait un martyr, elle condamne l'Église de France aux divisions et crée dans le royaume une force nouvelle d'opposition. En soutenant contre l'arbitraire ministériel les droits de la conscience individuelle, Saint-Cyran devient malgré lui un peu le champion des autres libertés, et un héros pour tous ceux qui souffrent dans leurs intérêts ou leur prestige des progrès de l'absolutisme.

Lorsqu'il sort de prison, pour mourir quelques mois plus tard (octobre 1643), le jansénisme en tant qu'Église dans l'Église est déjà constitué. La publication de l'*Augustinus* (1640) et de *la Fréquente Communion* d'Arnauld lui a donné une théologie et une doctrine des sacrements. Entre les deux camps, les escarmouches se multiplient tout au long de la Régence, puis, en 1649, la Faculté de théologie de Paris est appelée à examiner cinq propositions, censées résumer la doctrine de l'*Augustinus*. Quatre-vingt-cinq des membres de l'Assemblée du clergé décident de les soumettre au Saint-Siège, qui les déclare hérétiques le 31 mai 1653. Loin de s'apaiser, la bataille rebondit et les dix-huit *Provinciales* de Pascal apportent à une opinion alanguie depuis l'échec de la Fronde de nouveaux motifs d'agitation et de curiosité (1656-1657). Elles passionnent les laïcs pour une querelle de théologiens, et réussissent à discréditer en quelques mois la morale accommodante des casuistes. Sur le plan ecclésiastique, cependant, elles n'évitent pas au jansénisme une seconde défaite. Les cinq propositions furent de nouveau condamnées par Rome et expressément attribuées à Jansen (octobre 1656), tandis que l'Assemblée du clergé prescrivait à tous les clercs la signature d'un formulaire qui allait soumettre une partie de l'élite catholique à de douloureux débats de conscience. Les hasards de l'histoire allaient faire des partisans d'un retour aux rigueurs de la primitive Église, des adversaires de l'humanisme et de toute culture laïque, les héros de la libre conscience persécutée.

L'intolérance militante

Le renouveau catholique s'est exprimé aussi par des dénonciations, des polémiques, des persécutions à l'encontre des libertins, des protestants, des magiciens et des sorciers. Contre ces adversaires, considérés à des titres divers comme les jouets et les agents du démon, les catholiques, divisés par la querelle de la grâce, se retrouvent unis, leur zèle dans ce combat valant même en certaines circonstances brevet d'orthodoxie. L'intolérance mesure encore au XVIIᵉ siècle le dynamisme des grandes Églises chrétiennes.

Les plus cruellement persécutés appartiennent à cette communion du sacrilège et des compensations illusoires : la sorcellerie. Depuis le milieu du XVᵉ siècle, cette maladie de l'âme ravage les milieux populaires d'Europe occidentale. La crise des Églises, leurs querelles, l'abandon spirituel où furent laissés longtemps les humbles ont favorisé ses progrès. Partout on traite le mal avec la même sauvage cruauté. Les suspects sont déjà condamnés, la torture arrache les aveux les plus invraisemblables, et les rétracter suppose un courage surhumain. Les exorcismes, les sentences et les exécutions publiques rendent crédible l'imaginaire. Les hommes les plus cultivés, les plus doux, cèdent à cette hantise : Satan et ses créatures, présents toujours et partout parmi les hommes. Marescot, médecin d'Henri IV, ayant émis des doutes à propos des révélations d'une possédée, Marthe Brossier, Bérulle n'hésite pas à le réfuter dans son *Traité des énergumènes*. Rares sont les esprits lucides, prêts, comme Montaigne, à administrer l'ellébore aux sorcières, et qui se refusent, comme Cyrano, à croire toute chose d'un homme, car un homme peut dire et imaginer toute chose : « Non, je ne crois point de sorciers, encore que plusieurs grands personnages n'aient pas été de mon avis, et je ne défère à l'autorité de personne, si elle n'est accompagnée de raison. » Trois scandales, survenus à Aix en 1609, à Loudun en 1633 et à Louviers de 1633 à 1643, contribuent cependant à l'évolution d'une partie de l'opinion éclairée en général, et des magistrats parisiens en particulier. Dans les trois affaires, des religieuses hystériques accusent des prêtres, des confesseurs. L'abbé Gaufridi à Aix, l'abbé Urbain Grandier à Loudun paient d'affreuses souffrances et de leur vie le zèle des exorcistes. Mais entre les trois affaires la contagion et l'imitation sont si évidentes qu'elles commencent à faire réfléchir et préparent les décisions salutaires qui seront prises en 1672 et 1682 par Louis XIV et Colbert.

Le schisme protestant, lui non plus n'a jamais été admis par l'Église catholique, pour qui l'édit de Nantes n'est qu'un mauvais et provisoire compromis. Face à cet adversaire plus dynamique, l'Église réformée de France paraît maintenant douter d'elle-même. Les trois insurrections de 1621-22, 1625-26, 1627-29, puis l'édit de grâce d'Alès l'ont indirectement affaiblie. Sans doute rien n'est modifié aux libertés religieuses, garanties depuis 1598 par l'édit de Nantes, mais les places de sûreté sont détruites ou confiées à des gouverneurs catholiques, les assemblées politiques interdites. Le coup est rude, parce que, dans la France monarchique, la cause du protestantisme est liée au maintien du provincialisme, des particularismes féodaux et à l'existence des corps intermédiaires. Les querelles théologiques à propos de la prédestination, l'opposition entre les académies de Saumur et de Sedan constituent une autre source de faiblesse pour une minorité pressée de tous côtés. Le corps pastoral paraît ébranlé, de nombreux ministres vouent un culte ambigu à la gloire du monarque catholique, d'autres se prêtent à des tentatives d'accommodement, suscitées par Richelieu et une partie de l'épiscopat français. Le nombre des conversions dans la haute société huguenote, la désertion des Condé, de Lesdiguières, celle du fils de Sully témoignent de la gravité de la crise et de la force de conviction et de contrainte du catholicisme tridentin.

Les libertins, ces réfractaires aux règles intellectuelles et morales du christianisme, en éprouvent également les rigueurs. On compte parmi eux de simples épicuriens, jeunes gens à la mode, hardis au sacrilège, joyeux vivants de salon et de Cour. Théophile de Viau est un peu leur poète, et Sorel, dans l'*Histoire comique de Francion*, leur chroniqueur. Mais il existe aussi des libertins d'érudition et de philosophie : les uns, héritiers de l'humanisme érasmien, conservent du christianisme les dogmes essentiels, mais veulent le débarrasser des superstitions dont la religion, pensent-ils, s'est peu à peu encombrée ; d'autres, avec La Mothe Le Vayer, s'interrogent sur la diversité et les contradictions des religions, tandis que Cyrano de Bergerac réunit le matérialisme atomiste antique et le naturalisme padouan. Pour les libertins de pensée comme pour les libertins de débauche, la condamnation et l'arrestation de Théophile de Viau marquent le début de la prudence et de la clandestinité (1625). Contre eux, le Père Garasse fulmine sa *Doctrine des beaux esprits de ce temps...* Mais ils comptent aussi des adversaires plus prestigieux : Mersenne, Descartes et Pascal s'attachent à les réfuter ou à les convaincre. La qualité des contradicteurs dit assez la crainte qu'inspiraient le libertinage et l'incroyance, et par conséquent la vivacité d'un mouvement de pensée qui chemina dans l'ombre sous les rigueurs du contrôle monarchique. Par leur défi, les libertins contribuent au mouvement contemporain de la philosophie et de la science ; par leur enseignement, ils entretiennent une réflexion qui se manifestera de nouveau au grand jour avec Bayle, Fontenelle, Montesquieu, puis Voltaire.

Les ambiguïtés du cartésianisme

Mersenne, avant Descartes, a songé à combattre les libertins en scrutant l'ordonnancement mathématique du monde et de la matière, et il a publié en 1624 et 1625 l'*Impiété des déistes...* et la *Vérité des sciences contre les sceptiques ou pyrrhoniens*. Pour lui, la nature n'est pas animée par des forces mystérieuses, mais ordonnée et déterminée. La structure mathématique de l'univers est un reflet de l'éternelle raison créatrice de Dieu ; le seul vrai et grand miracle est celui de l'Incarnation et de la Rédemption chrétiennes.

Les intentions de Descartes ne paraissent pas, au départ, très différentes de celles de son ami. Il conçoit en 1619, et sous la forme d'une illumination dont il veut rendre grâce à Notre-Dame-de-Lorette, le projet de sa recherche : appliquer la raison mathématique à tous les phénomènes de l'univers et trouver le fondement métaphysique de cette efficacité de la raison. C'était reconstituer un système du monde, et répondre aux inquiétudes de son temps. La Renaissance, en effet, avait ébranlé la scolastique sans lui substituer un ensemble cohérent, et les travaux de Copernic, Kepler et Galilée, la découverte de l'univers infini et de l'héliocentrisme révélaient de façon plus criante encore l'insuffisance d'Aristote et de saint Thomas d'Aquin.

En juin 1637, Descartes publie à Leyde le *Discours de la méthode pour bien conduire sa raison et chercher la vérité dans les sciences, plus la dioptrique, les météores et la géométrie, qui sont des essais de cette méthode.* Le doute méthodique de Descartes, point de départ de sa reconstruction, respecte un certain nombre de postulats : la valeur de la raison humaine et mathématique comme souverain juge du vrai, la vérité des idées innées conçues clairement : conscience de soi, notions mathématiques de mouvement, d'étendue et d'infini. La force contraignante de ces idées prouve suffisamment l'existence de Dieu, car ces notions dans l'esprit d'un être fini et imparfait ne peuvent venir que d'un être infini et tout-puissant. Dieu parfait ne peut être trompeur, c'est le fondement de la religion cartésienne et de la vérité mathématique : « Toute la philosophie est comme un arbre dont les racines sont la métaphysique, le tronc la physique, et les branches qui sortent de ce tronc sont toutes les autres sciences... » A la matière réduite à l'étendue, Dieu a donné le mouvement initial, une quantité immuable de mouvement et l'univers tout entier n'est que cette immense mécanique, où l'homme seul possède une âme et son libre arbitre. Formulé dans un langage clair et accessible à tous, le cartésianisme reçut d'enthousiastes adhésions ; ce fut un succès mondain et savant, mais aussi le point de départ de nouvelles polémiques.

Il y a d'abord dans l'audacieuse construction scientifique de Descartes des points faibles et des affirmations prématurées. Même parmi ses amis, ses théories de la matière subtile, des tourbillons et des esprits animaux étaient loin de faire l'unanimité. Puis vinrent les objections théologiques de la Compagnie de Jésus, des universités et de l'Église, attachées à un aristotélisme moribond. Déjà la condamnation de Galilée par le Saint-Office, en 1633, laissait mal augurer de la réconciliation souhaitée entre la science et le dogme. Descartes s'était installé dans la bourgeoise et protestante Hollande pour poursuivre en sécurité ses travaux et sa correspondance, mais il aurait souhaité l'approbation de l'Église. Il n'obtint que des réserves, des mises en garde et, finalement, après sa mort, l'inscription à l'Index de ses œuvres et l'interdiction dans l'enseignement de son système. Le cartésianisme possédait, il est vrai, un dynamisme qui dépassait les intentions primitives de son auteur ; le doute méthodique, même provisoire, le silence même respectueux sur la politique et la théologie constituaient autant de dangereux précédents. Nulle part le péché, le Christ, la rédemption n'étaient présents dans ce système, et le Dieu de Descartes, froid géomètre, ne parlait guère au cœur. Pour certains, le cartésianisme menait directement au déisme et à l'agnosticisme religieux. Pascal le lui reproche durement : « Je ne puis pardonner à Descartes ; il aurait bien voulu dans toute sa philosophie se passer de Dieu, mais il n'a pu s'empêcher de lui faire donner une chiquenaude pour mettre le monde en mouvement », et, moins confiant dans la raison humaine, il imagine pour sa part une tout autre apologétique. Mais, approuvé, discuté et bientôt condamné, le cartésianisme contribue à laïciser la pensée européenne et à l'engager dans une nouvelle recherche, celle de la conquête de la nature et de ses secrets.

VI.   LE MOUVEMENT ESTHÉTIQUE.
RICHESSES BAROQUES
ET CHEFS-D'ŒUVRE CLASSIQUES

La France a traversé de 1589 à 1661 des épreuves exceptionnelles et se retrouve au début du règne personnel de Louis XIV politiquement transformée. A l'incertitude politique, aux frondes et aux complots succède un ordre nouveau, celui d'un absolutisme solennel et administratif. Au travers de cette aventure mouvementée, elle a réussi à assurer son indépendance et son hégémonie en Europe. Mais l'aventure n'est pas seulement politique et militaire, la vie culturelle et artistique du pays révèle aussi une étonnante richesse, une diversité qui souvent décourage ou déconcerte les classifications érudites. De 1600 à 1660, tout semble se jouer ; en un moment important de l'unification nationale, bien des traits durables de la culture française se dégagent et s'imposent. Baroque et classicisme, l'opposition comporte une large part d'arbitraire, mais elle a le mérite de souligner l'évolution rapide de l'esthétique littéraire et artistique.

Groupes sociaux et niveaux de culture

Une minorité seulement de la population française peut entrer en contact avec la culture livresque et savante. La moitié des hommes au moins et les trois quarts des femmes ne savent ni lire ni écrire. La tradition populaire transmet de veillée en veillée dans les campagnes, de cabaret en cabaret dans les bourgades, tout un corpus de légendes, de superstitions, de préceptes moraux ou de recettes techniques. Des colporteurs vont vendre de village en village les mêmes romans mythologiques ou burlesques, les mêmes contes féeriques. Le merveilleux semble enchanter l'âme populaire, les vies de saints sont des successions de miracles, et les exploits fantastiques de Roland, d'Olivier et d'Ogier disent les vertus d'une noblesse généreuse. Sans doute, la tradition orale était plus riche, plus nuancée et moins conformiste, mais elle nous échappe et il est bien difficile de la retrouver à travers les quelques contes que nous a transmis le folklore.

Ceux qui avaient eu le privilège de fréquenter les écoles, les collèges, les académies nobles ou les universités étaient les seuls à pouvoir jouer un rôle dans l'élaboration des goûts et des modes artistiques et littéraires. Les collèges, qu'ils soient de la Compagnie de Jésus ou de l'Oratoire, forment leurs élèves par la pratique de la rhétorique latine et l'admiration des héros de l'Antiquité, et la connaissance de cette latinité revue, corrigée, ajustée aux croyances chrétiennes, artificiellement présentée dans des morceaux choisis moralisateurs est censée leur communiquer le respect des règles d'une perfection éternelle, le sens du bon goût et celui du devoir.

Les procédés de la rhétorique, et les sujets sur lesquels elle s'exerce, placent l'adolescent dans un monde idéal, étranger à la vie familière et à l'expérience vécue. Il est par l'art du discours autant que par l'enseignement religieux et la morale néo-stoïcienne appelé à sortir de lui-même, à se conformer à des valeurs universelles d'ordre, d'équilibre, et à manifester aux autorités le respect qu'on leur doit. Ainsi les succès pédagogiques des jésuites préparent les progrès d'une esthétique et d'une politique nouvelles. Tous les aspects de la vie culturelle et artistique sollicitent d'ailleurs l'intervention de l'Église ou de l'État, et la monarchie absolue cherche à exercer son contrôle sur les artistes et les écrivains et à les enrôler au service de sa gloire. Un grand règne ne doit-il pas s'inscrire dans la pierre des monuments et dans l'œuvre des poètes ?

La littérature

Henri IV, qui rêve pour sa capitale d'un urbanisme nouveau, protège aussi Desportes, Bertaut, poètes de cour appelés à célébrer en vers de circonstance la famille royale et sa chronique domestique. Il accueille et favorise Malherbe, Malherbe qui commence à définir, en dépit de Mathurin Régnier et des disciples attardés de la Pléiade, le code de la littérature classique et les règles du beau langage. Après avoir célébré Henri IV, Malherbe vit assez longtemps pour chanter les vertus de Louis XIII et du cardinal ministre, et plusieurs de ses plus fidèles disciples figurent parmi les collaborateurs de Richelieu et les premiers membres de l'Académie française.

Peu d'hommes politiques ont eu autant que Richelieu conscience de l'importance des écrivains dans le gouvernement de l'opinion. Depuis 1631, *la Gazette* de Théophraste Renaudot diffusait dans le public les plaidoyers que le ministre ou le roi lui communiquait. En 1634, ayant appris par Boisrobert qu'un groupe de gens de lettres et de beaux esprits se réunissait chez Valentin Conrart, il leur proposa de former une académie, officiellement reconnue et privilégiée. Il voulait que l'Académie s'occupât de porter à la perfection la langue française et préparât un dictionnaire, une grammaire, une poétique et une rhétorique, où seraient formulées les meilleures règles. Mais il attendait davantage encore. L'Académie reçut l'ordre de célébrer les victoires des armées du roi et de fournir des polémistes à gages dans la guerre de propagande que le gouvernement livrait aux gouvernements des Pays-Bas et de Madrid.

L'intervention d'un organisme officiel et d'un ministre tout-puissant dans le domaine de la critique comporte bien des risques. Les jugements sévères des académiciens à propos du *Cid* affectèrent et irritèrent fort Corneille, qui devinait trop, derrière les critiques de Scudéry et d'Aubignac, les réserves du cardinal. Toujours au nom du bon goût, Chapelain et ses collègues prétendirent exercer une critique aussi rigoureuse sur la poésie, et leur pédantisme devint si abusif que Racan osa le dénoncer en pleine Académie. Peu à peu, en dépit des protestations, certains courants de cette riche littérature du début du XVIIe siècle furent ainsi discrédités ou étouffés. Théophile de Viau, Racan, Saint-Amant n'eurent vraiment ni disciples ni continuateurs, et on ne retrouva plus avant longtemps ce sens de la nature, de sa description imagée et colorée, ni ce ton élégiaque qui caractérisent leurs œuvres.

Le roman, expression privilégiée de l'esthétique baroque, fut exposé aussi aux dénonciations des directeurs de conscience et aux critiques du pédantisme académique. Pour les uns, c'était un genre mineur, irréductible aux bonnes règles, car n'y sont peintes que des situations extravagantes ; pour les autres, une lecture moralement dangereuse. Le roman eut heureusement la faveur du public, qui partagea ses préférences entre le roman satirique et burlesque et le roman chevaleresque ou précieux. L'*Histoire comique de Francion* trahit chez Sorel l'influence du roman picaresque espagnol (1622). Sorel, qui condamnait le purisme de Malherbe, écrit dans une langue riche et savoureuse ; il nous donne une peinture réaliste de milieux très divers, la Cour, les salons, les collèges, les lieux de débauche, mais il nous propose aussi une philosophie peu orthodoxe, si peu respectueuse même des valeurs établies qu'après l'arrestation de Théophile de Viau, Sorel prit peur, et dans son édition de 1626 allégea son roman des phrases les plus scandaleuses. Il y a plus d'audace encore, mais moins de grivoiseries dans les deux romans de

Cyrano de Bergerac : *les États et empires de la Lune* et l'*Histoire comique des États du Soleil*. Sa fantaisie drolatique se donne libre cours dans la description des préparatifs du voyage et la peinture des mœurs des habitants de la planète, mais l'aventure astrale est aussi un prétexte pour critiquer l'orthodoxie religieuse et les croyances en l'immortalité de l'âme ; à mi-chemin entre Rabelais et Voltaire, Cyrano a réussi « à nous donner une version baroque du conte philosophique » ; encore faut-il ajouter que ses romans ne furent publiés qu'après sa mort et après avoir été prudemment expurgés.

L'autre courant du roman baroque soulevait moins de problèmes et moins de scandale, et *l'Astrée* d'Honoré d'Urfé connut un immense succès (publié de 1607 à 1624). Ce roman pastoral et sentimental a transmis à tout le siècle un idéal d'amour courtois et chevaleresque. Imité des anciens romans de chevalerie et d'autres modèles espagnols ou italiens, il mêle aux aventures galantes des récits de cape et d'épée. Les héros de La Calprenède ou de Mlle de Scudéry (*le Grand Cyrus* [1649-1653], *Clélie* [1653-1661], comme ceux de l'Arioste et du Tasse, affrontent, dans des décors pseudo-historiques, tempêtes, pirates, ennemis innombrables. Mais leurs auteurs veulent peindre aussi la société aristocratique de leur temps, et des signes de reconnaissance permettaient à Condé et aux jeunes gentilshommes, fréquentant entre deux campagnes les salons parisiens, de se retrouver et de s'admirer. Ce roman noble et baroque reçut un coup sévère de l'échec de la Fronde et du développement de la Cour, qui concentra la vie de société. L'évolution du goût littéraire n'admettait plus aussi facilement l'emphase, les invraisemblances et toutes ces successions d'enlèvements, de méprises et de reconnaissances.

Les progrès des formes, du style et de l'esprit classique, qui ont été favorisés par le renouveau catholique et l'absolutisme, correspondent aussi à un mouvement spontané de la civilisation et de l'esthétique. Aux valeurs représentatives du baroque : la mobilité, la richesse de l'ornementation et de l'image, la maîtrise des métamorphoses, se sont partiellement substituées des qualités nouvelles d'ordre, de clarté et de discrétion dans l'expression. Les épreuves subies par le pays et l'ambition du projet monarchique, en grandissant l'orgueil national, ont contribué aussi au discrédit de certains genres d'origine étrangère. Ainsi, la pastorale et la tragi-comédie, imitées de Lope de Vega et du Tasse, et qui avaient connu dans les années 20 du siècle un immense succès, perdent peu à peu leur monopole théâtral. Une réaction, encouragée par Richelieu et Chapelain, se dessine à partir de 1634 dans les œuvres de Rotrou et de Mairet. Corneille, pour sa part, dans cette querelle entre les défenseurs de la liberté et les partisans des règles académiques, figure d'abord dans le camp des modernistes : *le Cid* qu'il rédige en 1636 est encore un chef-d'œuvre de la tragi-comédie. Cependant, à partir de son modèle espagnol, Corneille a élagué, simplifié l'intrigue et donné une vraisemblance psychologique à ses personnages. Par un mouvement naturel, indépendamment de tout esprit dogmatique, il a réussi à développer l'effet dramatique en resserrant l'action. La querelle du *Cid*, son désir de plaire à Richelieu, mais aussi l'inspiration de son génie précipitèrent son évolution. *Horace*, en 1640, est un modèle de perfection classique, non pas tant par l'observation des règles que par son unité, sa densité, son rythme haletant, cette progression intérieure qui mène Horace jusqu'au meurtre de sa sœur. La pièce renvoie aussi un écho de son temps et nous livre un témoignage sur les débats et les enjeux politiques de la fin du règne de Louis XIII : *Horace* ou l'affrontement des attachements familiaux et des intérêts de la raison d'État. Quatre ans plus tôt, *le Cid* et le combat contre les Maures avaient fait vibrer Paris, l'année même de l'invasion espagnole. Bientôt, *Cinna*, dans un royaume menacé par les conspirations des Grands, posera les problèmes du salut public, ceux de la répression nécessaire ou de la clémence raisonnable. Œuvres d'histoire, mais certainement pas de circonstance : les personnages échappent, en effet, aux identifications contemporaines. A travers l'histoire, Corneille a poussé si loin l'analyse de ses personnages qu'il a atteint l'homme dans l'universel de ses passions et l'intemporalité de son destin. Ce désir de connaissance et de vérité psychologique donne son sens et son unité à la littérature française du milieu du xviie siècle. L'intensité des préoccupations morales ou religieuses inspire sans doute cette recherche de la vraie nature de l'homme. Elle fait la valeur de *l'Astrée* tout autant que de la tragédie cornélienne, et Descartes essaie dans *le Traité des passions de l'âme* de lui trouver de nouvelles justifications et de nouveaux moyens d'investigation (1649).

Ce souci de la vérité humaine et religieuse incite à la clarté et détermine l'évolution des règles du discours. Alors que ses contemporains ne concevaient jusque-là l'éloquence qu'embarrassée de rhétorique savante, le Pascal des *Provinciales* (1656-1657) ne veut que convaincre et toucher. En géomètre, en savant, il recherche l'objectivité des démonstrations et des citations ; en chrétien, il s'alarme ou s'indigne. Sa passion préserve sa composition rigoureuse de toute sécheresse géométrique. Son éloquence se moque de l'éloquence traditionnelle. La rhétorique élevait une barrière à la communicabilité, elle isolait des initiés et des privilégiés. L'éloquence de Pascal n'a pas d'âge et appartient à tous. C'est bien sans doute dans le jaillissement de la production littéraire, dans la recherche d'un langage clair, direct, capable d'exprimer de nouvelles interrogations sur la condition humaine, que se laissent le mieux saisir la vitalité du premier xviie siècle et tant de ressources accumulées dont va s'emparer l'ordre louisquatorzien pour en constituer l'ornement de la grandeur monarchique.

*L'architecture française
dans la première moitié du XVIIe siècle*

Rien ne serait plus faux que d'imaginer dans la France de cette époque le combat de deux écoles ou de deux styles. L'opposition baroque-classique n'avait pas de signification claire et consciente pour les contemporains. En architecture, le premier baroque a conservé en France une retenue qui a facilité les transitions et l'affirmation précoce d'une originalité nationale. Il ne s'affirme vraiment que dans la profusion du décor et de l'ornementation. Sur les murs de l'hôtel de Sully, construit par Jean du Cerceau (1624-1629), il dresse de grandes figures allégoriques, surcharge les fenêtres de frises et de tympans, alourdit les lucarnes de volutes et de masques. Les églises nouvelles, qu'édifient la richesse et la ferveur d'un catholicisme en plein renouveau, introduisent en France les façades à la romaine : colonnes jumelées, frontons triangulaires et circulaires, volutes et tables au-dessus des portes. Salomon de Brosse pour Saint-Gervais de Paris imagine une élévation en trois registres des trois ordres superposés (1616). Pour l'église Saint-Paul-Saint-Louis, le Père Derand s'inspire à la fois de Saint-Gervais pour l'équilibre des masses, et de Saint-Charles d'Anvers pour la richesse de la décoration : façades illustrées de festons, de niches, de balustrades et surmontées par un haut fronton interrompu au sommet. Mais dans l'un et l'autre cas, l'avancée de la partie médiane est peu marquée et les lignes orthogonales charpentent solidement la haute façade. Rien ne rappelle ici les ondulations des édifices romains de Boromini ou de Pierre de Cortone. Le baroque français conserve au XVIIe siècle un caractère sévère et géométrique. Les réalisations de Salomon de Brosse, le Luxembourg (1615), le château de Blérancourt, le palais de justice de Rennes (1618), sont plus remarquables par l'équilibre des masses que par le mouvement des façades. Le baroque n'a triomphé sans réserve en France que dans des constructions provisoires : pompes funèbres, arcs de triomphe dressés dans les villes à la réception d'un prince, théâtres de verdure, décoration de théâtre, et dans le mobilier, les autels et les gloires des églises. La France du XVIIe siècle hésite à inscrire dans la pierre ces décors d'un soir, ces fontaines et ces exubérances de rêve qui font le charme de certaines places romaines, et les travaux d'urbanisme entrepris par Henri IV à Paris n'ont rien des ordonnances et des fastes baroques et s'inspirent d'un esprit politique ou mercantile. La place Dauphine et la place Royale n'alignent que des maisons uniformes et bourgeoises ; aucun palais, aucune église ; le projet de la place de France dispose autour d'une demi-circonférence des bâtiments publics et des marchés, entre lesquels débouchent des avenues au nom des provinces du royaume ; elles convergent comme les rayons d'une roue vers le centre : symbole de l'unité monarchique. Sur les façades, le rythme des chaînages d'angle et des cordons de pierre alternant avec les surfaces de brique constitue le seul élément décoratif. Louis XIII n'a pas repris les projets urbanistiques de son père, et les architectes travaillent surtout pour l'Église, pour Richelieu, pour les Grands et les financiers, ces fastueux parvenus. Les trois plus grands, Jacques Lemercier, François Mansart et Louis Le Vau, développent les leçons de Salomon de Brosse et définissent peu à peu un style nouveau. Lemercier collabore aux projets du cardinal, à Rueil, à Richelieu même, rêve d'une ville géométrique autour d'un château princier, à Paris enfin, où il édifie la Sorbonne et son église (1626), le futur Palais-Royal (1633) et le Val-de-Grâce. Comme lui, son collègue et rival Mansart paraît plus sensible aux leçons de Palladio et de la Renaissance qu'à celles des maîtres italiens ses contemporains. François Mansart est le véritable créateur du style classique français. Dans le château de Blois, il construit pour le duc d'Orléans un monument d'équilibre, aux arêtes vives, où la succession verticale des ordres introduit quelque fantaisie dans le jeu régulier des fenêtres rectangulaires, des colonnes et des pilastres doubles. Il affirme sa maîtrise au Val-de-Grâce (1645). L'église est construite sur un plan circulaire à coupole centrale et trois absides ; il imagine pour entrée un portique en avancée soutenu par huit colonnes, fixant ainsi sur la façade un puissant centre de gravité, une bouche d'ombre, qui donne par opposition au large second étage une élégance inattendue. Au château de Maisons, construit l'année suivante (1642-1648) pour René de Longueil, il réussit à combiner clarté et subtilité plastique. Avec les mêmes qualités, Le Vau construisait dans le quartier du Marais et de l'île Saint-Louis les hôtels d'Aumont, Tambonneau, Lambert et Hæsselin, avant d'entreprendre pour Fouquet le château de Vaux-le-Vicomte, que Le Brun décora et dont Le Nôtre dessina les jardins. Les travaux s'y terminaient quand le surintendant donna la grande fête qui scella son destin et annonçait le temps venu des fastes versaillais.

L'apogée de l'école française de peinture

L'histoire de la peinture française au XVIIe siècle demeure difficile à ordonner, en raison de l'incertitude de certaines attributions, de la disparition de nombreux tableaux et de l'existence d'écoles provinciales encore mal connues. Aucun grand nom de peintre pour illustrer le règne d'Henri IV et de la Régence. C'est un Flamand, François Pourbus le Jeune, qui fait figure à la Cour de peintre officiel, et les artistes qui constituent la seconde école de Fontainebleau, Ambroise Dubois, Toussaint Dubreuil et Martin Fréminet, ne sont que de petits maîtres qui achèvent de décorer les châteaux royaux dans l'esprit du Rosso et du Primatice. Cette médiocrité rend d'autant plus éclatante la révélation successive après 1630 d'un certain nombre de très grands peintres qui font du deuxième tiers du XVIIe siècle une des périodes les plus fécondes et les plus originales de la peinture française. L'attention du roi et de

Richelieu, secondés par Sublet de Noyers, surintendant des Bâtiments, encourage les artistes. Ils leur passent des commandes, leur accordent des pensions. Mais surtout se crée peu à peu un public de connaisseurs parisiens. Une correspondance internationale de marchands et d'amateurs s'institue entre Rome, Paris, Anvers, Londres et Amsterdam, qui assure la renommée et l'indépendance relative des plus grands artistes. L'Église catholique, enfin, grande bâtisseuse en ce siècle de ferveur religieuse, propose aux peintres de décorer ses nouveaux autels et d'illustrer ses grandes fêtes liturgiques.

L'arrivée à Paris de Simon Vouet, retour de Rome, donne une nouvelle vie à la peinture française qui s'attardait dans un maniérisme alangui. Vouet, qui fut célébré comme le premier peintre du royaume, introduisit en France les leçons de la grande peinture italienne. Entre les traditions de Michel-Ange, de Raphaël et de Titien, entre le style classique déjà des Carrache, et celui plus tourmenté du Caravage, lui-même hésitait, comme hésitait Vignon, peintre brillant, mais peut-être superficiel.

A l'opposé de cet éclectisme, les cinq grands de la peinture française au milieu du XVIIe siècle, La Tour, Philippe de Champaigne, Le Nain, Poussin et Claude Gellée, ont cherché et trouvé chacun le style personnel approprié aux hautes ambitions de leur peinture.

La Lorraine, encore indépendante, a vu naître au XVIIe siècle trois artistes de réputation universelle : le graveur Jacques Callot, les peintres Claude Gellée et Georges de La Tour. Callot illustra la société contrastée de son temps de faste et de pauvreté, et décrivit de façon presque cinématographique *les Misères de la guerre* (1633). Georges de La Tour, lui, a certainement subi l'influence du Caravage, mais il s'en dégage peu à peu et ses chefs-d'œuvre, comme *la Nativité* de Rennes et *le Martyre de saint Sébastien* (1650), ne ressemblent à rien de ce que l'on avait peint jusque-là. Ce très grand peintre, longtemps méconnu, réduit les formes et les silhouettes à leur essence géométrique, et compose ses toiles presque cubistes de façon monumentale. Par l'élimination de tous les détails, de toutes les anecdotes, par la retenue des gestes, il grandit et concentre l'émotion, et l'immobilité silencieuse de ses personnages crée une atmosphère recueillie et religieuse.

Peintres du silence et de l'intimité méditative, Louis Le Nain et Philippe de Champaigne le furent aussi dans leurs plus achevés chefs-d'œuvre. Nés à Laon, les trois frères Le Nain ont certainement recueilli, outre la tradition nordique de la peinture de genre et de bamboche, l'enseignement du caravagisme. Mais leurs grandes scènes paysannes, plus particulièrement attribuées à Louis, *la Grande Famille* et *le Repas de paysans* du musée du Louvre (1642-1644), ne reconnaissent aucun modèle : des campagnards silencieux, attentifs, vrais mais dignes, et, en présence du pain et du vin de leur repas rustique, une méditation, sans exemple à l'époque, sur le travail et la charité, le spirituel et le profane, et où s'expriment les vraies conquêtes du nouveau christianisme.

Au profane, Philippe de Champaigne a consacré ses nombreux portraits ; au spirituel, après sa rencontre avec Port-Royal en 1643, il a voulu consacrer l'essentiel de son œuvre. Cette influence austère écarte davantage encore cet artiste d'origine bruxelloise du baroque des Pays-Bas et de Rubens. Dans le choix de la couleur et la composition, lui aussi s'impose progressivement un dépouillement, une économie de moyens qui l'aident à exprimer dans le fameux *Ex-voto pour la guérison de sa fille* (1661), l'intensité mystique de l'oraison. Il est certain que Champaigne, Le Nain, La Tour possèdent en commun, en dépit de la diversité de leurs personnalités, un sens de la composition statique et claire, et manifestent un intérêt identique pour la vie intérieure de leurs modèles et la connaissance des âmes. C'est déjà avec eux une esthétique toute différente de l'esthétique baroque qui s'affirme. Mais il appartenait à Claude Gellée et à Poussin de porter le style classique à une sorte d'apogée et de perfection lucide. La plupart des peintres du XVIIe siècle ont fait ou désiré faire le voyage de Rome. Poussin et Claude Gellée ont voulu y demeurer pour vivre et travailler. Claude Gellée a peint la beauté sereine de la campagne latine, le jeu de la lumière sur l'eau des ports. Dans des compositions aussi ordonnées que celles de son ami Poussin, il a réussi par de simples gradations de couleurs à rendre la poésie de la nature et l'infini de l'espace. Claude Gellée était un intuitif et un poète, Poussin (1594-1665), un intellectuel, dont l'œuvre si diverse témoigne d'une longue recherche artistique. L'œuvre de Poussin revêt tant de discrétion, d'équilibre et de mesure qu'on oublie souvent de la situer au premier rang de la peinture européenne. L'artiste a laissé dans sa correspondance et ses notes quelques éléments d'une théorie de l'art qui éclairent l'évolution de son esthétique. Pour plaire à la clientèle romaine et à son protecteur, le cardinal Barberini, il a commencé à peindre selon le goût italien tantôt des compositions baroques (*Martyre de saint Érasme, le Massacre des Innocents*), tantôt des scènes élégiaques, empruntées au Tasse ou à la mythologie païenne, dans une lumière vénitienne et sensuelle. A partir de 1633, sa composition se fait plus simple, plus conforme à l'enseignement de Raphaël (*l'Empire de Flore*). Il choisit ses sujets de prédilection dans l'Ancien Testament (*l'Adoration du veau d'or, les Israélites ramassant la manne*). Sa peinture devient plus sculpturale, plus marmoréenne, mais elle s'attache à rendre la richesse d'expression des visages qu'elle présente au spectateur comme autant de livres ouverts sur le secret des âmes et des passions. Son retour à Rome, après l'échec relatif de son séjour à Paris, ouvre en 1643 une nouvelle période dans l'histoire de sa peinture. « Mon naturel, dit-il, me contraint à chercher et aimer les choses bien ordonnées, fuyant la confusion, qui m'est contraire et ennemie. » Il ajoute encore : « Il faut que le sujet et la matière soient grands comme seraient des batailles, des actions héroïques et les choses divines... Il faut que le peintre s'éloigne des minuties pour ne pas contrevenir au décor de l'histoire, parcourant d'un pinceau hardi les parties magnifiques et grandes, pour négliger celles qui sont vulgaires et de peu de poids. » Ses compositions deviennent plus statiques, parfois simplifiées à l'extrême, ses paysages plus calmes, ses personnages plus souvent immobiles. La coloration stoïcienne de sa philosophie donne à ses tableaux une grandeur méditative (*les Sept Sacrements, les Bergers d'Arcadie, les Cendres de Phocion* et *les Funérailles de Phocion*). La nature, la végétation forestière envahissent certains de ses tableaux mythologiques ou bibliques, une nature féconde, incontrôlable, presque sauvage, mais qui n'altère pas la sérénité panthéiste de l'artiste (*les Quatre Saisons, le Grand Paysage avec Orion*). Dans ses dernières œuvres, le temps, l'action et tout mouvement semblent suspendus (*Apollon et Daphné* du Louvre, *la Sainte Famille* de Leningrad), l'expression des visages est réduite au minimum, mais rien n'altère l'impression d'harmonie calme et triste. C'est bien le terme de cette longue recherche d'une beauté incorporelle, cachée dans la création, d'une harmonie profonde de la nature que l'on pourrait traduire aussi en figures géométriques ou en compositions musicales.

l'âge classique

1661-1715 Le « siècle de Louis XIV »,
où tout se trouve ordonné
autour de Versailles et du Roi-Soleil.

Après 1661 et pendant cinquante ans environ, la France connaît la gloire militaire et exerce en Europe une prépondérance plus évidente que ne l'avait été précédemment celle de l'Espagne et que ne devait l'être par la suite celle de l'Angleterre. L'éclat de sa civilisation lui confère un prestige appelé à durer bien au-delà du temps des victoires. En outre, une immense tentative de rénovation administrative et d'équipement économique est entreprise à l'intérieur du royaume. En dépit de circonstances très défavorables, Louis XIV exige un immense effort de ses sujets. Ces quelques décennies offrent le spectacle du rassemblement de toutes les forces de la nation, sous la direction d'un prince qui, tout à la fois, l'incarne et la dirige. A cause du courage et de l'indomptable volonté que montrèrent alors les Français face à l'adversité, à cause du véritable défi que, dans différents domaines, ils opposèrent à une conjoncture tragique, à cause, enfin, de l'éclat de certaines de leurs réalisations, il est juste de donner à cette époque le nom de Grand Siècle. Mais il n'est pas moins équitable de la nommer Siècle de Louis XIV, car le célèbre mot de Voltaire : « Non seulement il s'est fait des grandes choses sous son règne, mais c'est lui qui les faisait », contient une large part de vérité.

I.   PRESTIGE
              ET VICTOIRES DU ROI 1661-1684

Louis XIV et ses conceptions politiques

Que sa valeur et son rôle aient été l'objet de jugements très divers, c'est là le sort ordinaire des grands hommes. Mais ces contradictions s'estompent, au moins dans une large mesure, si l'on prend soin de distinguer entre les phases de sa vie, et de voir, dans leurs justes couleurs, le Louis XIV que modèle avec verve Bernin, vers 1665, celui de la maturité que peint Mignard, couronné par la Victoire, et enfin celui de la vieillesse tel que nous le montre la célèbre cire d'Antoine Benoist. Il possédait la majesté et la grâce, reconnaît Saint-Simon — qui pourtant ne l'aimait guère —, « un visage parfait avec la plus grande mine et le plus grand air qu'on ait jamais vus ». A vingt-deux ans, en 1661, il ajoute à la beauté la force corporelle et l'ardeur de la vie. Homme d'intelligence moyenne, il joint à son grand bon sens une grande maîtrise de soi, une extrême prudence dans ses propos. Son caractère sérieux et réfléchi, sa robuste santé lui permettent d'assumer, durant cinquante-quatre ans, sans faillir, un labeur écrasant — il fait, avec ponctualité, son « métier de roi » —, ainsi qu'une étonnante vie de représentation. Mais ses grandes qualités et son constant contrôle de soi cachent un orgueil inné, des rancunes tenaces, un égoïsme foncier et presque naïvement exprimé, enfin une grande sensualité.

Son éducation a été plus pratique que livresque, et c'est à l'expérience de sa minorité, ainsi qu'aux leçons de Mazarin qu'il doit sa solide formation politique. Ses conceptions sont arrêtées dès avant 1661, et se ramènent à un absolutisme réfléchi. On lit dans ses *Mémoires pour l'instruction du Dauphin* : « Celui qui a donné des rois aux hommes a voulu qu'on les respectât comme ses lieutenants, se réservant à lui seul le droit d'examiner leur conduite. Sa volonté est que quiconque est né sujet obéisse sans discernement. » L'autorité royale doit être absolue et sans partage : en plein accord avec l'opinion publique de l'après-Fronde, Louis ne veut pas de Premier ministre. Mais cette puissance du roi implique de lourdes contreparties : souci du bien public, obligation de ne pas sacrifier l'État à ses passions, travail assidu : « C'est par le travail que l'on règne, c'est pour cela que l'on règne. » Enfin, respect de la loi : sa souveraineté ne permet pas au roi absolu de violer les privilèges, c'est-à-dire les droits de ses sujets. Au contraire, elle doit en être une garantie. Il existe une sphère des droits du souverain, une sphère des droits du sujet, et il n'est pas permis d'empiéter de l'une sur l'autre ; les plus précieux des droits des sujets étant leurs *libertés* — conçues comme privilèges d'ordres, de corps ou de personnes. Cette doctrine, qui reprend bien des thèmes anciens, est connue et universellement admise dans toute l'Europe, catholique ou protestante. Elle est mise en forme par Bossuet, entre 1670 et 1679, dans un livre qui n'est publié qu'en 1709, sa *Politique tirée des propres paroles de l'Écriture sainte*. Il insiste fortement sur les droits du souverain. Et lorsqu'il écrit : « Quelque mauvais que puisse être un prince, la révolte de ses sujets est toujours infiniment criminelle », il exprime l'opinion unanime de ses contemporains. Les foules voient alors leur salut dans la concentration de tous les pouvoirs entre les mains d'un seul homme. Pour elles, le roi constitue une sorte d'image de Dieu.

On avait écrit, bien avant 1661 : « La puissance souveraine du prince est un rayon et éclat de la toute-puissance de Dieu. » La comparaison avec le Soleil venait d'elle-même. Louis XIV, en l'adoptant pour emblème — *Nec pluribus impar* —, à l'occasion de la fête dite du Carrousel, en juin 1662, ne fait qu'insister sur un symbole monarchique déjà ancien.

Le cadre monarchique

Sans doute Paris lui rappelle-t-il la Fronde et l'autorité royale battue en brèche : durant les vingt premières années de son règne personnel, la Cour est itinérante. Elle séjourne au Louvre, aux Tuileries, mais aussi à Fontainebleau, et le plus souvent à Saint-Germain. Mais Louis a pris à Vincennes — résidence de Mazarin qui annonce Versailles par le mélange des bâtiments nouveaux — le goût sincère et réfléchi des belles constructions. Il a été frappé par Vaux-le-Vicomte, résidence du surintendant Fouquet. Avec Colbert, il pense « qu'au défaut des actions éclatantes de la guerre, rien ne marque davantage la grandeur et l'esprit des princes que les bâtiments ». Ils parlent pour eux à la postérité, parce qu'ils « arrêtent avec respect les yeux des peuples ». Il fait travailler un peu partout, à Chambord, à Paris, où naît le jardin des Tuileries, à Saint-Germain, où l'on construit l'admirable terrasse. Mais, en même temps, il fait commencer la transformation d'un hameau perdu dans les bois et les étangs, où son père, qui y aimait chasser, avait bâti un petit château en brique : Versailles. Le site semble prédestiné : deux rangées de collines, entre lesquelles s'enfuit la vue, séparées par une dépression où s'assemblent les eaux. Les travaux commencent dès 1661 et durent plus d'un demi-siècle, le roi suivant une idée qu'il ne découvre que peu à peu pour éviter qu'on lui fasse des objections. Il rassemble autour de lui ceux qui avaient constitué l'équipe artistique du surintendant Fouquet : l'architecte Le Vau, le peintre Le Brun, le jardinier Le Nôtre, l'ingénieur des eaux Franchine, ainsi que d'autres hommes de valeur qui ont travaillé occasionnellement à la décoration et à l'ameublement de Vaux. Et grâce à ce rassemblement de talents naît la plus grande réussite artistique des Temps modernes. Elle impose à l'Europe, pour un siècle, la supériorité de l'art et du style de vie français. Et elle est peu à peu complétée par Trianon, par le Grand Canal, par Marly, surtout, merveilleuse retraite dans la verdure, qui comprend une résidence pour le roi, et douze maisons très petites pour des invités de marque.

« Ce qu'il y a de plus beau, *d'un prix médiocre*, est ce que j'aimerais le mieux » : cette phrase est du roi lui-même. Il n'a pas dépensé sans compter. Le coût des constructions royales n'en a pas moins été élevé : jusqu'en 1683, de 3 à 5 millions par an — sur un budget de 100 à 120 — et plus tard davantage. Il s'explique par le fait que Versailles ne constitue pas seulement le haut lieu du mécénat royal, mais qu'il est également l'expression d'une pensée politique. Devenu résidence principale du roi en 1682, en dépit de son inachèvement, il constitue le cadre monumental où se déroule quotidiennement une sorte de culte monarchique. Autour du roi, la Cour, régie par une étiquette minutieuse, connaît une vie harassante, où la splendeur des fêtes contraste avec les incommodités du château et avec les âpres rivalités des coteries. Il y a des courtisans professionnels. « Un homme qui sait la Cour, écrit La Bruyère, est maître de son geste, de ses yeux et de son visage ; il est profond, impénétrable... Il sourit à ses ennemis, contraint son humeur, déguise ses passions, dément son cœur... » On touche là à un fait politique de première importance, lourd de conséquences sur le plan social : l'autorité royale étant désormais très forte, la noblesse, si elle ne se résigne pas à demeurer sur ses terres, doit venir quémander pensions, bénéfices et commandements à la Cour, et se laisser réduire, peu à peu, à un état de domesticité dorée. « Il est Dieu — écrit de Louis XIV sa cousine, la Grande Mademoiselle —, il faut attendre sa volonté avec soumission, et tout espérer de sa justice et de sa bonté, sans impatience, afin d'en avoir plus de mérite. » L'aigre Saint-Simon lui-même est heureux de jouir du privilège d'une étroite mansarde sous les combles de Versailles. On implore, à mi-voix, sur le passage du monarque : « Sire, Marly ? »

Avec les années, Versailles et ses fastes évoluent. Durant la première partie du règne personnel, ils sont marqués par la gaieté et la licence. La reine est une personne pieuse, bonne et effacée, à qui le roi témoigne les plus grands égards, tout en lui étant très infidèle. C'est alors le temps des grandes favorites : Mlle de La Vallière, Mme de Fontanges, Mme de Montespan — qui, au demeurant, ne jouent aucun rôle politique. Ce n'est qu'après la mort de la reine, survenue en 1683, que la Cour change de ton et se fait dévote. Louis, qui a alors quarante-cinq ans, épouse secrètement Françoise d'Aubigné, marquise de Maintenon, veuve du poète Scarron. Il est alors « Louis le Grand ». Il se trouve à l'apogée de sa puissance, après de multiples succès diplomatiques et militaires.

La politique étrangère : buts et moyens

La politique extérieure française est alors profondément marquée par les conceptions et par le tempérament de Louis XIV. Le désir de gloire constitue sa passion dominante. Et d'ailleurs, pour lui-même comme pour ses contemporains, faire la guerre et vaincre font partie de la vocation royale. On peut, dans sa politique, discerner trois objectifs : affirmer la prééminence de sa couronne sur celles des autres souverains ; préparer la succession de son beau-frère Charles II, qui règne sur l'Espagne à partir de 1665, afin d'en tirer le profit maximum ; enfin, assurer à la France, au nord et à l'est, une bonne frontière stratégique. Les moyens de cette politique sont, pour l'époque, très puissants. Le roi est servi par des diplomates de valeur : Hugues de Lionne, neveu d'Abel Servien et fidèle collaborateur de Mazarin ; Simon Arnauld, marquis de Pomponne, spécialiste des relations avec la Suède, qui remplace Lionne, décédé en 1671 ; plus tard, enfin, Jean-Baptiste Colbert, marquis de Torcy, neveu du grand Colbert et qui, gendre d'Arnauld de Pomponne, a été formé par lui. C'est toute une famille qui se consacre avec ardeur au perfectionnement et au développement de l'armée : Michel Le Tellier, secrétaire d'État à la Guerre, puis chancelier, initiateur des grandes réformes (1603-1685) ; son fils François Michel, marquis de Louvois (1639-1691) ; son petit-fils Louis François,marquis de Barbezieux (1668-1701). Et la continuité d'action des deux premiers de ces trois hommes est si remarquable qu'il est difficile de discerner leurs parts respectives dans l'œuvre commune. Les effectifs deviennent énormes, en une époque qui ne connaît guère que des armées de métier. Ils passent de 72 000 hommes en 1667 à 120 000 en 1672, 290 000 en 1688, pour atteindre près de 400 000 en 1703. Mais ce n'est pas dans cette croissance que se situe la véritable révolution dont l'armée est alors l'objet. Elle était devenue une entreprise privée, monopolisée par la noblesse : Le Tellier et Louvois la rendent au roi. La noblesse n'en est pas exclue ; bien au contraire, elle continue à en fournir les cadres. Mais une concentration d'autorité est opérée, là comme ailleurs, au profit du roi. Toute une administration civile, de recrutement bourgeois, est créée, et — tâche de longue haleine, mais finalement menée à bien — la noblesse d'épée lui est subordonnée. De graves défauts subsistent : on ne peut supprimer la vénalité des grades de colonel et de capitaine. Louvois sévit au moins contre l'absentéisme des officiers, renforce la discipline, fixe la hiérarchie des grades et de l'ancienneté par l'*ordre du Tableau* (1675), crée des grades non vénaux pour les officiers pauvres, entre ceux de capitaine et de colonel : major et lieutenant-colonel — et celui de brigadier au-dessus de colonel. C'est également dans un dessein disciplinaire qu'est généralisé le port de l'uniforme par régiment, déjà usité dans la Maison du Roi, et qu'est fondé l'hôtel des Invalides, destiné à héberger les vétérans estropiés. En outre, la technique militaire est perfectionnée par l'organisation de corps nouveaux : les dragons, sorte d'infanterie montée ; par l'adoption d'une arme nouvelle : la baïonnette à douille, inventée par Vauban ; par le développement d'une intendance digne de ce nom, par la création de casernes et d'arsenaux, de magasins à vivres et à fourrage. Enfin, par l'organisation de la guerre de sièges et par l'aménagement d'une frontière militaire de places fortes en profondeur. Là encore, il faut citer le nom de Sébastien Le Prestre de Vauban (1633-1707), combattant, ingénieur, économiste, aussi grand penseur qu'homme d'action. Et Colbert est l'homme de la marine de guerre aussi bien que de celle de commerce. De 18 vaisseaux en 1661, il la fait passer à 276 en 1683. Il favorise les corsaires — l'arme du pauvre —, organise le système des classes, ébauche de l'inscription maritime, rénove les arsenaux et les ports de guerre.

En dépit d'un certain nombre de faiblesses, Louis XIV dispose donc des moyens indispensables à toute grande politique étrangère.

Les actes de magnificence

Affirmer la prééminence de sa couronne sur celles des autres souverains : ce dessein est atteint par les seules voies diplomatiques. Louis XIV s'affirme le premier souverain d'Europe. A la suite d'une querelle de préséance entre son ambassadeur à Londres et celui du roi d'Espagne, il fait un éclat, et exige de son beau-père Philippe IV , qui vivait encore, une déclaration publique selon laquelle ses représentants devraient désormais s'abstenir de disputer le pas aux envoyés de France. « Je ne sais si depuis le commencement de la monarchie, il s'est jamais rien passé de plus glorieux pour elle », écrit le jeune roi. « C'est une espèce d'hommage de roi à roi, de couronne à couronne, qui ne laisse plus douter à nos ennemis mêmes, que la nôtre ne soit la première de toute la Chrétienté. » Il n'obtient pas aussi rapidement satisfaction du pape Alexandre VII. A la suite d'un incident survenu entre l'ambassadeur de France, Créqui, et la garde corse du pape, il faut deux ans de négociations pour obtenir la dissolution de cette dernière, l'envoi d'un légat chargé de faire des excuses, ainsi que l'élévation à Rome d'une pyramide commémorative. Autre œuvre de prestige, le roi obtient — même des Anglais — la primauté du salut à son pavillon sur mer. Enfin, il sait que le Turc est toujours la terreur de l'Europe centrale, et que celui qui remporte des victoires sur lui acquiert du prestige dans toute la Chrétienté. C'est pourquoi il envoie un contingent défendre Candie et un autre servir en Hongrie aux côtés des Impériaux. Six mille Français, commandés par La Feuillade et Coligny, participent à la victoire du Saint-Gothard. Et la même année 1664, le duc de Beaufort opère une descente sur la côte nord-africaine, à Djidjelli, descente qui tourna court et fut endeuillée, au retour, par le naufrage d'un navire et de 1 200 soldats au large des côtes de Provence.

La guerre de Dévolution ou de Flandre (1667-1668)

Parallèlement à cette politique de prestige, Louis XIV songe à exploiter la clause du traité des Pyrénées par laquelle son épouse, l'infante Marie-Thérèse, a renoncé à la succession d'Espagne, moyennant le versement — jamais effectué — d'une dot de 500 000 écus d'or. Ce « moyennant » constituera l'argument de base de la diplomatie française, décidée à faire valoir en temps opportun les « droits de la reine ». En attendant la mort de son beau-père, Philippe IV, Louis prépare avec Lionne l'isolement de l'Espagne et prend quelques précautions du côté de l'Empire. Il resserre ses liens avec son cousin Charles II d'Angleterre — dont son frère Philippe, duc d'Orléans, a épousé la sœur — et il lui achète Dunkerque et Mardyck. Il conclut avec les Provinces-Unies, voisines septentrionales des Pays-Bas espagnols, une alliance défensive (1662). A l'est, il tente de se faire céder la Lorraine par son duc, occupe Marsal et renouvelle la ligue du Rhin, alliance avec des princes rhénans, dirigée contre l'Empereur et l'Espagne (1663).

Lorsque meurt Philippe IV et que son fils, Charles II, monte sur le trône d'Espagne, en 1665, Louis entame une guerre juridique et fait publier un *Traité des droits de la reine*. Arguant du droit privé brabançon de « dévolution », étendu abusivement au domaine international, il demande pour son épouse, fille issue d'un premier mariage de Philippe IV, certaines provinces des Pays-Bas, aux dépens de Charles II, né d'un second mariage. Grâce à Louvois, à Vauban et à Turenne, la campagne qui s'ouvre au mois de mai 1667 est brève. Charleroi, Tournai, Douai, Cambrai, Lille et Alost sont pris, et la Franche-Comté est occupée en deux semaines par Condé. Mais le roi, en se plaçant lui-même à la tête de l'armée qui opère dans les Pays-Bas, semble avoir provoqué l'effroi de ses voisins. Armateurs et négociants d'Amsterdam craignent que, bientôt maître d'Anvers, il ne rouvre les bouches de l'Escaut à la navigation commerciale et ne les ruine rapidement. Les Hollandais, alors en guerre avec les Anglais à propos de questions coloniales, traitent précipitamment avec eux à Breda. Jean de Witt et William Temple mettent sur pied la Triple Alliance de La Haye (23-24 janvier 1668). Les Provinces-Unies, l'Angleterre et la Suède proposent, c'est-à-dire imposent, leur médiation entre la France et l'Espagne. Louis XIV n'en tire pas moins de substantiels profits de ses victoires. Le 19 janvier 1668, il signe avec l'empereur Léopold Ier le traité secret négocié à Vienne par Grémonville, qui convient d'une attitude commune en cas de décès du jeune Charles II : c'est un premier traité de partage de la succession d'Espagne. Et le 2 mai 1668, par le traité d'Aix-la-Chapelle, son royaume se trouve agrandi d'une douzaine de places, parmi lesquelles Lille, Tournai, Douai et leurs dépendances — c'est-à-dire autant d'avancées pour une attaque ultérieure.

La préparation de la guerre de Hollande

Il n'y a pas que de la rancune à l'égard des Provinces-Unies dans la décision prise par le roi d'entreprendre une nouvelle guerre : l'expérience a prouvé que l'amélioration de la frontière Nord ne pourrait se faire que contre elles. En outre, Colbert souhaite que soit abattue — ou annexée — la première puissance économique de l'Europe, celle dont les navires font les quatre cinquièmes du commerce mondial, et qui a presque monopolisé le trafic maritime du royaume. Entre les deux pays, une guerre des tarifs douaniers a d'ailleurs commencé en 1667. Hugues de Lionne dirige une brillante préparation diplomatique. Par le traité secret de Douvres, Madame Henriette obtient de son frère Charles II un actif appui anglais, et même, contre argent, la promesse secrète de favoriser le catholicisme (1670). Lionne s'assure soit l'alliance, soit la neutralité d'un certain nombre de princes : l'Électeur de Brandebourg, l'évêque de Münster ; l'archevêque-électeur de Cologne, qui est également évêque de Liège, et qui a pour ministre un actif agent français, Guillaume-Egon de Fürstenberg ; l'Électeur de Bavière ; l'Électeur palatin, qui marie sa fille Charlotte Élisabeth à Philippe d'Orléans, en 1671, un an après le décès subit de Madame Henriette ; la Suède, enfin, grâce à Pomponne, qui y est ambassadeur. En Allemagne, il existe bien un courant francophobe, qu'anime le Franc-Comtois Lisola, et un courant « irénique » — on dirait aujourd'hui neutraliste —, représenté par l'archevêque de Mayence Jean Philippe de Schönborn, le « Salomon allemand ». Mais ils ne peuvent rien ni contre le prestige ni contre l'or, généreusement dispensé, de Louis XIV.

Les opérations (1672-1678)

La guerre qui commence en avril 1672 est pourtant plus longue et plus difficile qu'on n'aurait pu l'envisager. Le Tellier et Louvois acheminent l'armée à pied d'œuvre à travers l'évêché de Liège et les électorats de Cologne et de Trèves, en utilisant les magnifiques voies d'eau que sont la Meuse et la Moselle. Louis XIV et Condé passent le Rhin au gué de Tolhuis, le 12 juin — haut fait chanté par Boileau. Des villes capitulent, et les Hollandais font des offres de paix — la rive gauche de la Meuse et 10 millions — que le roi commet l'erreur de ne pas accepter. Les difficultés ne tardent pas à surgir : on doit s'arrêter devant l'inondation, déclenchée à partir des écluses de Muyden. Une révolution éclate à La Haye. La république bourgeoise, où la France conservait des amis, est renversée, et le stathoudérat — en fait, la dictature — est conféré au jeune Guillaume d'Orange, chef du parti populaire, militaire et protestant fanatique (2-8 juillet 1672). Cet adversaire acharné de Louis XIV réussit à édifier une coalition antifrançaise, tandis que le roi et Vauban sont occupés à assiéger et à prendre Maëstricht (30 juin 1673). L'Angleterre signe une paix séparée avec les Provinces-Unies. En Allemagne, une violente campagne antifrançaise est orchestrée par Lisola. Elle n'est que peu représentative de l'esprit public allemand, mais elle influe fortement sur lui. Et s'il est excessif de situer cette année-là, comme l'ont fait certains, la naissance de l'antagonisme entre France et Allemagne, on peut cependant constater la montée d'un authentique patriotisme allemand. L'indignation née des premiers incendies allumés par les Français entre la Sarre et le Rhin ne fait que l'accroître. L'enlèvement de Fürstenberg par les Impériaux et son emprisonnement en Autriche sont hautement approuvés : on le jugeait un traître. Ce sont des princes rhénans qui sont les premiers à réclamer la rupture de la Diète avec la France, qui a lieu en mai 1674. Seuls, le Hanovre et la Bavière se tiennent à l'écart de cette guerre, la première dans laquelle l'ensemble des Allemands se trouve uni contre la France. L'Espagne, qui a conservé quelque rancune de sa défaite antérieure, et même l'Angleterre, où le parlement impose sa volonté au roi, rejoignent également le camp des Provinces-Unies. Enfin, en 1675, la Suède, alliée de la France, est battue à Fehrbellin par Frédéric-Guillaume de Brandebourg, le « Grand Électeur », qui a abandonné l'amitié française, semble-t-il, par sympathie pour le sort de ses coreligionnaires calvinistes des Provinces-Unies.

Mais un effort extraordinaire — accompli sur le plan économique et fiscal comme sur le plan militaire — permet à la France de surmonter la crise et de vaincre. Condé est victorieux du prince d'Orange dans les Pays-Bas, à Seneffe. Le roi conquiert la Franche-Comté. Turenne, à la suite de sa très belle campagne d'Alsace et de sa victoire de Turckheim (janvier 1675), rejette les envahisseurs hors du royaume et passe par le Rhin. Tué en juillet à Salzbach, il est remplacé par Condé, qui dirige alors sa dernière campagne. Les opérations traînent ensuite, sur le Rhin avec Créqui, et aux Pays-Bas avec Montmorency-Bouteville, duc de Luxembourg. Mais un très beau succès est remporté sur mer. Près d'Agosta, en Sicile, la flotte de Vivonne et de Duquesne bat l'escadre hollandaise de Ruyter, et acquiert la maîtrise de la Méditerranée. Louis XIV peut traiter brillamment à Nimègue.

Le congrès de Nimègue (1678-1679)

L'Espagne fait les frais de la guerre. La France lui rend quelques places annexées antérieurement, mais trop avancées : Gand, Oudenarde, Charleroi ; mais elle acquiert la ligne Cambrai-Bouchain-Valenciennes-Condé-Maubeuge, complétée par Saint-Omer, Cassel et Ypres, et surtout une province entière : la Franche-Comté. A l'est, elle garde une place située au-delà du Rhin, Fribourg, capitale du Brisgau, porte d'entrée de la Forêt-Noire. Elle rend la Lorraine à son duc, moins Nancy, Longwy et quatre routes stratégiques vers l'Alsace. Mais comme le duc n'accepte pas les conditions qui lui sont faites, l'occupation française est maintenue. En somme, si la France a renoncé aux Pays-Bas, elle a, du moins, consolidé sa frontière au nord et à l'est. Et Vauban ne tarde pas à s'y mettre à l'œuvre. Chose curieuse, les Provinces-Unies, que la guerre avait pour dessein de briser, sont traitées avec bienveillance : elles recouvrent toutes leurs places, et obtiennent même l'abrogation du tarif douanier prohibitif de 1667.

Louis XIV apparaît l'arbitre de l'Europe. Il peut, à la suite d'une campagne de Créqui en Allemagne du Nord, imposer sa paix à tous les ennemis de la Suède — Danemark, duc de Zell, etc. — et même son alliance au plus redoutable d'entre eux, le Grand Électeur, par le traité de Saint-Germain (1679). Il marie le Dauphin à la sœur de Max Emmanuel de Bavière, sa nièce Marie-Louise d'Orléans avec Charles II d'Espagne. Il renoue avec l'Angleterre. Et en Allemagne, il obtient même des promesses de voix pour lui ou pour le Dauphin en cas d'élection impériale. Il est « Louis le Grand ».

La Déclaration des quatre articles (1682)

Lorsqu'on fait, du côté français, le bilan de cette guerre européenne de six ans, l'actif apparaît hautement satisfaisant. Mais il existe aussi un passif, dont l'un des éléments est constitué par un redoutable conflit avec le chef visible de l'Église. Concernant les relations de ce dernier et du pouvoir royal, Louis XIV a des conceptions qui participent de celles des évêques et surtout des parlementaires de son royaume. Il est gallican. Roi de droit divin, ne tenant son pouvoir que de Dieu seul — sans l'intermédiaire du pape —, il estime avoir des droits sur les biens de l'Église. En 1673, pressé par les impérieuses nécessités de la guerre, il étend de son propre chef la *régale* aux cinquante-neuf diocèses, surtout méridionaux, qui en sont exempts. C'est-à-dire qu'en vertu d'un droit éminent de propriété il pourra, en cas de vacance, y toucher les revenus du temporel jusqu'à l'installation du nouvel évêque. Deux prélats seulement protestent ; deux jansénistes convaincus : Pavillon, d'Alet, et Caulet, de Pamiers. Et l'assemblée du clergé, réunie en 1675 — ainsi qu'il est d'usage tous les cinq ans —, ne souffle mot de cette affaire. Mais Caulet, condamné par son archevêque, voit son temporel saisi, et, paradoxe pour un janséniste, il en appelle à Rome. Or, le pape Innocent XI (1676-1689), prélat austère, éprouve peut-être quelque sympathie à l'égard du jansénisme. Quoi qu'il en soit, lorsque l'affaire de la régale est portée devant lui, il défend avec ardeur ce qu'il pense faire partie des droits inaliénables de l'Église. De son côté, le roi recherche l'appui du clergé. En 1680, son assemblée fait cette grave déclaration : « Nous sommes si liés à Votre Majesté que rien n'est capable de nous en séparer », ce qui éveille quelque inquiétude à Rome. Une assemblée extraordinaire du clergé est convoquée pour le mois de novembre 1681. Adroitement, le roi, dans son conflit avec Rome, s'abrite derrière le haut clergé français. Et ce dernier, où abondent les parents et les amis des ministres, se montre d'une remarquable servilité à son égard.

Bossuet tient le rôle le plus apparent dans cette assemblée, mais Harlay de Champvallon, archevêque de Paris et véritable valet du pouvoir, y manœuvre plus discrètement et plus efficacement. Le 19 mars 1682, l'assemblée vote la *Déclaration des quatre articles*, qui a été rédigée par Bossuet en des termes qui ne sont pas exempts d'obscurités — sans doute volontairement, dans le dessein d'éviter l'irréparable. Le premier article affirme que l'autorité du Saint-Siège ne saurait être que spirituelle, que « les rois et les souverains ne peuvent être soumis par ordre de Dieu à aucun pouvoir ecclésiastique dans les choses temporelles, ni déposés directement ou indirectement par l'autorité des chefs de l'Église, ou leurs sujets dispensés de foi et obéissance, et déliés de leur serment de fidélité ». Le deuxième affirme que le concile est supérieur au pape et déclare le pouvoir du pape limité par les conciles et la coutume. Le troisième présente une rapide défense des libertés de l'Église gallicane. Le quatrième nie l'infaillibilité pontificale, et subordonne, même en matière de foi, les décisions du pape à l'approbation de chaque Église. Ces doctrines doivent être enseignées dans les facultés et les séminaires, et le roi leur donne valeur de loi. Louis XIV fonde donc une sorte d'Église nationale, indépendante, rattachée au pape par un simple lien de déférence. Hors de France surtout, beaucoup de catholiques le considèrent comme un téméraire, comme un rebelle, presque comme un schismatique. Louis XIV appliquait la vieille théorie gallicane fondée sur la distinction du Christ entre ce qui est à César et ce qui est à Dieu.

Le temps des réunions

L'excès de confiance en soi lui fait alors perdre sa prudence et sa mesure naturelles. Les États européens semblent alors si absorbés par leurs problèmes propres que l'on peut penser qu'il sera possible de réaliser un nouveau projet : résoudre par voie d'autorité — on dirait aujourd'hui unilatéralement — les menus problèmes ou les vieilles querelles territoriales qui subsistent entre la France et ses voisins. Mais, sous l'influence de Louvois, le roi veut davantage : améliorer largement, à partir de prétextes juridiques, la qualité stratégique de la frontière du royaume. Un remaniement ministériel significatif est opéré : Arnauld de Pomponne, jugé trop prudent, est remplacé par Colbert de Croissy, qui a été intendant d'Alsace et connaît fort bien les problèmes frontaliers. On se met donc à exploiter le caractère imprécis des traités qui ont, dans le passé, cédé des villes ou des territoires « avec leurs dépendances ». Trois tribunaux sont chargés d'étudier les textes et de rechercher en quoi consistent exactement ces « dépendances » : le Conseil supérieur de Brisach, pour l'Alsace ; le parlement de Besançon, pour la Franche-Comté ; enfin, une chambre spécialisée du parlement de Metz, dirigée par le conseiller Ravaulx, pour les marges de la Lorraine. Mais il est évident que les recherches juridiques ont été orientées par les nécessités militaires. La grande majorité des lieux revendiqués en Alsace et sur la Sarre, par exemple, a une valeur stratégique de premier ordre. A mesure que, de Metz ou de Brisach, les arrêts sont lancés, des détachements de cavalerie sont chargés de les faire exécuter ; ils se rendent dans les localités réunies et apposent les armes royales sur le fronton des monuments publics. Le serment d'hommage des villes et seigneuries d'Alsace est exigé, afin de rompre leur « immédiateté d'Empire » ; il l'est également du margrave de Bade et du duc de Deux-Ponts pour leurs possessions alsaciennes. La principauté de Montbéliard, qui dépendait du duché de Wurtemberg, est peu à peu annexée. Il en est de même de nombreux territoires situés entre Rhin et Moselle, qui deviennent la « province de la Sarre ». Les comtés de Chiny et de Luxembourg sont revendiqués, sous prétexte qu'ils relevaient au Moyen Age de l'évêché de Metz, dont la paix de Westphalie avait reconnu la souveraineté à la France quelque trente ans auparavant... L'implantation française semble devoir être durable : Vauban fortifie Sarrelouis, et élève, à proximité de Trarbach, dans un méandre de la Moselle, la forteresse de Mont-Royal.

Le premier moment de surprise passé, des clameurs et des protestations s'élèvent de toutes parts. Le roi de Suède, duc de Deux-Ponts, et le roi d'Espagne font entendre les protestations les plus véhémentes. En outre, l'ambassadeur de Louis XIV à Ratisbonne signale le « désespoir » et la « fureur » de la Diète. Le roi en tient compte. Il accepte de soumettre à des commissaires des deux pays les arrêts qu'on incrimine. Mais, en septembre 1681, alors que les diplomates se réunissent à Francfort, éclate la nouvelle d'une autre provocation à l'Empire et à l'Europe : l'armée française a occupé Strasbourg, sans que l'opération soit justifiée par le moindre motif juridique. Elle est inspirée par de pures considérations d'ordre militaire. Elle s'explique par la nécessité de tenir le pont sur le Rhin : durant la guerre précédente, les Strasbourgeois l'ont deux fois livré aux Impériaux. Elle est réalisée sans violence et facilement acceptée par la population. Elle n'en apparaît pas moins comme la preuve que le roi est décidé à abuser de sa force et elle déchaîne l'indignation des Allemands. Car Strasbourg, ville d'Empire, ville libre, leur est particulièrement chère. Et l'on apprend peu après que le jour même où les troupes françaises l'ont occupée, d'autres troupes sont entrées dans Casal, capitale du Montferrat, que le duc de Mantoue a secrètement vendue à Louis XIV.

La trêve de Ratisbonne

Mais la diplomatie royale, combinant la séduction et la menace, sait utiliser toutes les circonstances favorables. Elle réussit d'autant plus facilement à dissocier la coalition qui s'ébauche que l'Empereur est alors aux prises avec les Turcs de Kara Mustafa, arrivés sous les murs de sa capitale. Et l'Espagne, qui est résolue à défendre la forteresse de Luxembourg, indispensable à la sûreté des Pays-Bas, en est réduite à déclarer la guerre seule (1683). Une armée française pousse donc une pointe en Catalogne ; une autre envahit les Pays-Bas, prend Courtrai, Dixmude, Luxembourg, Adenarde. La guerre est, du côté français, menée très durement. Louvois recommande d'épuiser l'adversaire économiquement, en détruisant le plus possible, en bombardant les villes. Il écrit à l'un de ses subordonnés : « Je vous prie de ne pas vous lasser d'être méchant, et de pousser les choses à cet égard avec toute la rigueur possible. » Et comme la république de Gênes a fourni des galères à l'Espagne, une flotte française commandée par le marquis de Seignelay, fils aîné de Colbert, vient lancer sur la ville dix mille bombes incendiaires qui la détruisent à moitié (19 mai 1684). Et le doge n'en doit pas moins venir à Versailles présenter les excuses de la république.

Le roi ayant décidément la force pour lui et les chances d'une coalition semblant toujours aléatoires, les Provinces-Unies — toujours intéressées au maintien du *statu quo* dans les Pays-Bas — offrent leurs bons offices. Après de rapides négociations, une trêve de vingt ans est conclue à Ratisbonne, le 15 août, entre la France, l'Espagne et l'Empereur. Elle comprend deux traités. Le premier établit avec l'Empereur et l'Empire un armistice de vingt ans, pendant lequel le roi conservera les territoires annexés par « réunion » jusqu'au 1er août 1681 — ainsi que Strasbourg et le port de Kehl, qui ont été conquis après cette date. Le second reconnaît à Louis XIV Luxembourg, Beaumont, Bouvines (près de Dinant), Chimay et leurs dépendances, contre la restitution de Courtrai et de Dixmude démantelées. Trêve illusoire. On se garde bien, de part et d'autre, de passer à l'exécution de ces traités, c'est-à-dire de fixer la limite des territoires reconnus à la France. Louis tient à conserver les mains libres pour de nouvelles entreprises. Léopold Ier — le plus constant de ses adversaires, avec Guillaume d'Orange — ne songe qu'à éviter un règlement général qui l'obligerait à remettre les forces de l'Empire sur le pied de paix, car il se tient pour le seul héritier légitime de la succession d'Espagne.

Cette année 1684 constitue, sur le plan de la politique européenne, le point culminant du règne de Louis XIV. Son royaume est plus étendu qu'il ne l'avait jamais été. Que l'on songe que certaines « réunions » avancées ne sont situées qu'à quelques lieues de Coblence et de Mayence... Ces deux dernières places exceptées, la France domine alors toute la région rhénane supérieure et moyenne, par une série de puissantes forteresses.

Mais l'avenir est gros de menaces. Les rancunes se sont accumulées. L'impossibilité de vivre assurées du lendemain, et sans avoir à redouter quelque entreprise de la France, apparaît clairement aux autres nations. Elles s'alarment de constater qu'elle a acquis depuis la paix de Nimègue plus que plusieurs prédécesseurs de Louis XIV n'avaient acquis par une guerre. La trêve de Ratisbonne, au lieu d'ouvrir une ère de paix définitive, ne fait que prolonger un provisoire lourd de multiples dangers.

II.   LA FRANCE
DE LOUIS LE GRAND

Louis XIV n'est pas seulement redouté par l'Europe, il est aussi admiré et même vénéré par son peuple. Héros et prince victorieux, il a répondu à l'attente de nombre de ses sujets. Mais la gloire ne constituait pas, vers

1661, la seule, ni sans doute la principale aspiration des Français. Dans le royaume, comme dans toute l'Europe, le xviie siècle est marqué par une crise qui affecte toutes les activités humaines : économiques, politiques, religieuses, scientifiques, artistiques. Des tendances contradictoires s'affrontent au plus profond de l'homme. Partout, les Églises, les États, les groupes sociaux, les individus luttent pour rétablir en eux l'unité, l'ordre, la stabilité. Chez beaucoup de Français, les difficultés de la conjoncture générale entretiennent d'une manière latente — et parfois aiguë — un sentiment d'angoisse. Le souvenir de la Fronde leur fait horreur. Ils acceptent et même souhaitent le renforcement du pouvoir royal, qui a su entamer la lutte contre la crise dès ses premières manifestations.

Le Conseil du roi

Les organismes gouvernementaux constituent les premiers moyens d'action de l'autorité royale. Louis XIV est aidé par son Conseil. Il en précise l'organisation par les règlements de 1670 et 1673. Son unité de principe est maintenue. En fait, le nombre de ses sections, dont chacune, dans la pratique, est, elle aussi, appelée « conseil », est accru. Il faut distinguer les conseils de gouvernement, tenus en présence du roi, et qui prennent toutes ses matinées, et les conseils de routine administrative et de justice.

Il y a trois conseils de gouvernement. Le *Conseil d'en haut* ou *Conseil secret des affaires*, qui se réunit deux ou trois fois par semaine, et dont les membres sont ministres d'État à vie : on n'en compte que seize, à raison de trois, quatre ou cinq à la fois, durant tout le règne personnel. Le *Conseil des dépêches*, où siègent, en particulier, les quatre secrétaires d'État, est spécialement chargé des affaires intérieures. Enfin, le *Conseil royal des finances*, ou simplement *Conseil royal*, institué par règlement du 15 septembre 1661, conseil technique très restreint, s'occupe de tout ce qui concerne les revenus du roi, le budget de l'État et l'économie du royaume.

Les conseils de justice et d'administration sont groupés sous l'appellation de *Conseil d'État privé, finances et direction*. Le roi en est absent, mais son fauteuil vide domine les réunions. Ce Conseil tient des séances distinctes. Dans les unes, il siège en tant que Conseil privé : c'est ce que l'on appelle le *Conseil des parties*. Dans les autres, il siège en tant que *Conseil d'État et des finances*. Mais le même personnel participe à toutes les séances : chancelier ; ministres et secrétaires d'État ; et surtout conseillers d'État — dont le nombre, après l'inflation consécutive à la Fronde, est limité à 33, puis à 30 ; intendants des Finances ; maîtres des requêtes ordinaires de l'Hôtel du Roi. Et ce sont les mêmes bureaux qui préparent le travail. Enfin, il existe un *Conseil de conscience*, très différent des précédents, sorte de ministère des Affaires ecclésiastiques, qui comprend l'archevêque de Paris, le jésuite, confesseur du roi, et un ou deux prélats.

La monarchie administrative

Louis ne veut pas de Premier ministre. Il concentre les rouages gouvernementaux autour de sa personne : « Il était nécessaire de partager ma confiance et l'exécution de mes ordres, *sans la donner entière à pas un*, appliquant ces diverses personnes à diverses choses, selon leurs divers talents, (ce) qui est peut-être le premier et le plus grand talent des princes. » Il ne veut pas de grands seigneurs ni même de gentilshommes dans les hautes fonctions gouvernementales. La « vile bourgeoisie » qui les exerce se pare, pour la forme, de titres et de noms de terres. Elle n'en conserve pas moins l'état d'esprit de son milieu d'origine.

Au début, c'est une « triade » qui gouverne, trois conseillers expérimentés de Mazarin : Le Tellier, Lionne, Fouquet. Ce dernier, le célèbre surintendant des Finances, est arrêté dès 1661, et emprisonné à vie pour malversations — et complot — après un procès retentissant. Il ne tarde pas à être remplacé dans la « triade » par son ennemi Jean-Baptiste Colbert, bourgeois rémois rude et bourru, mais d'esprit clair et doté d'une prodigieuse puissance de travail. Il devient contrôleur général des Finances, le titre de surintendant ayant été supprimé. Il le cumule avec d'autres charges : surintendant des Bâtiments, secrétaire d'État à la Maison du Roi et à la Marine. Pratiquement, il s'occupe de tout, sauf des Affaires étrangères et de la Guerre — domaine réservé de Le Tellier et de son fils Louvois. Colbert a une nombreuse famille, qu'il introduit dans les affaires : son oncle Pussort, son frère Colbert de Croissy, son fils Seignelay, son neveu Torcy. La lutte, bien que sourde, est très âpre entre les deux clans Le Tellier et Colbert. Elle ne déplaît pas au roi, qui y gagne en sûreté et en zèle. Il témoigne de sa faveur tantôt aux uns, tantôt aux autres. Mais à mesure que la politique étrangère devient plus dure, Louvois gagne en influence, et, après la mort de Colbert, en 1683, il semble tout-puissant durant quelques années.

Mais, au fond, bien plus que le gouvernement, c'est l'administration qui change, en France, à partir de 1661. La lassitude de la nation au sortir de la Fronde fait que le pouvoir est bien mieux obéi qu'il ne l'avait jamais été. Le rôle de Colbert, à cet égard, est capital : il est le créateur de la monarchie administrative. Les intendants, ces commissaires recrutés parmi la bourgeoisie du Conseil et multipliés par Richelieu, avaient été supprimés pendant la Fronde, puis rétablis subrepticement. Ils conservaient un caractère itinérant, un rôle d'inspecteurs ou d'enquêteurs plus que d'administrateurs. Entre 1661 et 1666, Colbert leur confie deux tâches. L'une, délicate : la répartition de la taille. L'autre, énorme : la vérification et la liquidation des dettes des communes. Leur pouvoir s'en trouve très accru. Et leur seconde attribution, très lourde, les fixe pour des années dans leurs circonscriptions, qui sont les mêmes que celles des recettes générales, les *généralités*. Nommés par le roi, par commission toujours temporaire et révocable, pourvus d'appointements fixes, ces agents dociles et dévoués du pouvoir central gagnent en importance, progressivement, aux dépens des collèges d'officiers, propriétaires de leurs charges, rétribués bien plus par des épices que par leurs gages.

Les gouverneurs de province — grands seigneurs ou maréchaux de France — se trouvent peu à peu confinés dans un rôle de représentation ; ils n'ont plus de troupes personnelles, et leurs attributions militaires passent peu à peu aux mains des lieutenants généraux du roi. Les parlements et les autres cours — qui ne sont plus dénommées souveraines, après 1665, mais supérieures, appellation beaucoup plus modeste — n'ont plus la direction de la province en cas d'absence du gouverneur : elle passe à l'intendant (1667). Et les remontrances de ces cours — en vertu de lettres patentes de 1673, renouvelant un édit de 1641, qui n'avait pu être appliqué — ne sont susceptibles d'être prises en considération qu'après vérification préalable des édits royaux. Du coup, le parlement de Paris préfère ne plus présenter de remontrances et enregistre les décisions royales. Il en est de même des parlements de province.

Avant 1661, les rois s'étaient assez peu soucié d'administrer. Ils avaient laissé les communautés, villes ou villages, et les collèges locaux d'officiers régler un grand nombre d'affaires. Durant le règne personnel de Louis XIV, les corps d'officiers se trouvent réduits au rôle de simples exécutants. Ils ne sont plus les conseillers et les collaborateurs de jadis. Car beaucoup de problèmes sont traités soit sur le bureau de l'intendant, soit même à Paris. Surchargé de travail, l'intendant développe ses bureaux, prend des adjoints : les subdélégués. Comme un seul homme ne peut examiner tous les dossiers d'une généralité, il en arrive à donner à de simples commis le pouvoir d'administrer. Bien souvent, les pièces ne sont plus communiquées à l'intendant que pour signature.

Non seulement la monarchie, désormais, administre, mais elle légifère d'une manière plus précise. Un Conseil de réformation de la justice, où Colbert et son oncle Pussort exercent une grande influence, rédige une série de six codes, dont l'ordonnance civile, ou code Louis, l'ordonnance des eaux et forêts, l'ordonnance criminelle, l'ordonnance commerciale. Mais, en fait, la législation et l'administration ne peuvent exercer une action efficace que dans une mesure très variable.

L'intégration des provinces conquises

On peut mettre à l'actif de l'administration française d'alors une incontestable réussite : l'intégration morale des provinces récemment conquises (Alsace, Artois, Roussillon, Flandre wallonne, Franche-Comté). Elle se garde bien de détruire d'un trait de plume les institutions en place. Simplement, le roi se substitue à l'ancien souverain. C'est l'intendant qui travaille ensuite à introduire les lois et les habitudes françaises, mais avec prudence, avec lenteur, avec scrupule, avec tact, et en faisant de nombreuses concessions aux coutumes locales. Si le roi proclame à plusieurs reprises qu'il n'existe qu'une seule langue officielle dans son royaume, il n'est pas question de l'imposer. Le Conseil d'Alsace se sert indifféremment du français, du latin et de l'allemand. Il existe, dans cette province, des établissements d'enseignement de langue française et d'autres de langue allemande. Pour ne pas froisser les habitants des territoires encore récemment soumis à la domination espagnole, l'édit de Nantes n'y est pas appliqué. L'ordonnance civile est, en principe, destinée à tout le royaume, mais elle n'est que tardivement introduite en Roussillon, et la Flandre conserve ses usages traditionnels. Grâce à la bonne qualité de l'administration et de la justice françaises, grâce à l'habileté d'intendants de la valeur de Colbert de Croissy et de La Grange pour l'Alsace, ou de Chauvelin pour la Comté, grâce aussi au prestige du roi et à l'attirance exercée par Versailles, la politique d'intégration des provinces nouvelles est un plein succès. Les meilleurs agents qu'y trouve la cause française en sont originaires : ainsi le bailli des états du Tournaisis, Michel-Ange de Vuoerden, ou, à Perpignan, l'intendant Raymond de Trobat, un Catalan. Très vite, les populations participent à tous les aspects de la vie du royaume, parfois brillamment. Le Roussillon donne à la France le peintre Rigaud ; la Flandre, le corsaire Jean Bart ; la Comté et l'Alsace, des centaines d'officiers de valeur, et d'une inébranlable fidélité. Aux heures difficiles de la guerre de Succession d'Espagne, Français « anciens » et Français « nouveaux » se sentent non seulement sujets du même roi, mais membres de la même nation.

L'emprise de l'État sur la nation

Il est une autre réussite du gouvernement et de l'administration royale qui répond pleinement au vœu des populations : l'ordre règne. Il n'est plus possible ni aux grands ni aux corps d'officiers de s'opposer à la volonté royale ni de soulever contre elle leurs fermiers ou leurs clients. Il n'est plus question d'états généraux ni d'assemblées de notables qui puissent présenter au roi des doléances d'ensemble. De même, les ordres sont pratiquement mis en tutelle — en particulier les assemblées du clergé de France. Il n'est plus question, pour la communauté protestante, de se révolter contre le pouvoir royal. Depuis l'édit de grâce d'Alès, elle ne dispose plus de places de sûreté. Ses assemblées et ses conseils politiques disparaissent. Les derniers tribunaux mixtes, les chambres « mi-parties » de Languedoc, de Guyenne et de Dauphiné, sont supprimés en juillet

1679. Et après 1659, date de celui de Loudun, les synodes nationaux ne peuvent plus être réunis. Bien avant la révocation de l'édit de Nantes, la communauté protestante ne représente plus une force d'opposition. Il n'est plus question, pour aucune province, de tenir tête à l'autorité royale. De nombreux états provinciaux ont disparu, très souvent dans une quasi-indifférence. Ils ne sont pas officiellement supprimés : le roi cesse simplement de les convoquer. Ainsi, les états du Dauphiné, de Normandie après 1655, de la Basse-Auvergne après 1672, du Quercy et du Rouergue après 1673, d'Alsace après 1683, de Franche-Comté après 1704. Et le roi ne réunit plus les états de Provence depuis 1639. Il se contente d'une simple *assemblée des communautés*, où les prélats et les gentilshommes ne disposent que d'une représentation très réduite, et qui, de ce fait, se montre docile.

D'une manière générale, les villes se trouvent bien plus atteintes que les campagnes par l'action de l'administration. Paris est pratiquement soumis au lieutenant général de police, La Reynie, de 1667 à 1697, homme particulièrement efficace. Partout, dans les villes, les élections municipales sont orientées soit par l'intendant, soit par le lieutenant de police. Puis on vend des offices de maire, et cette fonction échappe donc à l'élection — à moins que la ville ne rachète la charge. Et depuis les lettres patentes de juillet 1658, c'est, à Paris, le procureur du roi au Châtelet — et depuis 1667, ce dernier conjointement avec le lieutenant général de police — qui doit présider à l'élection des jurés de métiers. En province, cette responsabilité incombe aux juges de police et aux intendants. Colbert s'efforce d'ailleurs d'encadrer le plus d'artisans possible dans les jurandes ou corporations. Mais beaucoup y échappent, préférant les confréries — simples sociétés d'entraide à caractère religieux — ou les compagnonnages — associations illicites, ne groupant que des compagnons et point de maîtres.

L'action de l'administration est beaucoup moins sensible dans les campagnes. Cela tient au fait que le « quadrillage administratif » demeure très lâche : en 1665, on compte, pour 24 généralités, 8 648 magistrats de judicature, 4 968 magistrats de finance (trésoriers généraux de France, élus, etc.), 4 245 receveurs, payeurs et leurs contrôleurs, 27 327 officiers ministériels (huissiers, sergents, etc.) et 1 059 officiers domaniaux, soit un total de 46 047 officiers royaux. Soit un officier pour 380 habitants, si l'on admet, avec Vauban et Saugrain, que la France comptait alors 17 millions et demi d'habitants. Mais si l'action de l'administration est beaucoup moins sensible dans les campagnes que dans les villes, c'est aussi, tout simplement, à cause de la lenteur des communications et de l'insuffisance des routes. Il appartient à l'administration royale de lutter contre toute menace de famine. Mais il est difficile à l'intendant — et à plus forte raison au ministre — d'être informé sûrement et rapidement ; à plus forte raison, de secourir efficacement une province en détresse. Aussi les administrés ne se dessaisissent-ils pas facilement de leurs réserves de grains, quand ils en ont. Certes, le paysan français jouit d'une position matérielle et morale sans doute très supérieure à celle de tous les autres paysans d'Europe. Il lui arrive fréquemment de plaider contre son seigneur — et de gagner son procès. Mais le seigneur demeure puissant. Il peut être âpre, surtout lorsqu'il s'agit d'un noble de robe ou d'un bourgeois acquéreur récent de la seigneurie. L'autorité royale n'intervient d'elle-même que lorsque se présente un cas d'oppression particulièrement scandaleux. Ainsi en Auvergne, où les Grands Jours, juridiction exceptionnelle, frappent durement des seigneurs qui maltraitaient leurs paysans (1665-66). Mais il arrive aussi que des magistrats, parfois alliés à eux par des mariages, laissent vivre en paix sur leurs terres des nobles condamnés à mort. Il arrive qu'ils n'appliquent que mollement les édits royaux qui les gênent. Des faux-monnayeurs jouissent parfois d'une impunité scandaleuse. Dans les provinces éloignées des grands centres, des nobles, tyranneaux locaux, sont maîtres des élections municipales dans les communes rurales. Ils les font opprimer par leurs hommes de paille, en faisant exempter de taille leurs fermiers et surcharger les autres habitants. Avec zèle, les intendants luttent pour la justice fiscale et pour une universelle obéissance au roi. Ils remportent des succès considérables. Mais il leur arrive de ne pouvoir qu'entamer la puissance locale des seigneurs.

L'État et la vie économique : le colbertisme

Sur la vie économique, l'emprise de l'État est aussi partielle que sur la vie sociale. L'économie française présente alors un certain nombre de défauts « structurels », qui sont d'ailleurs communs à la plupart des pays d'Europe occidentale : faible productivité de l'agriculture, transports lents et aléatoires, techniques défectueuses. Son état permanent d'instabilité se trouve aggravé par la conjoncture, qui est alors caractérisée par une baisse prolongée des prix, masquée parfois par des mouvements cycliques de faible ou moyenne amplitude, ainsi que par de violentes oscillations saisonnières. La tendance séculaire à la baisse a pour conséquences le ralentissement de la production et l'affaiblissement de l'esprit d'entreprise. La vie économique semble stagner. En outre, le pouvoir royal la prive de tout stimulant inflationniste : il continue la politique de stabilité monétaire de Louis XIII et de Richelieu. La livre tournois conserve jusqu'en 1689 la valeur à laquelle elle a été stabilisée en 1641 : 8,33 grammes d'argent fin. On a souvent reproché aux idées dont Colbert a poursuivi l'application vingt-deux ans durant d'être fondées sur un principe faux : le chryshédonisme, c'est-à-dire la confusion de la richesse et du métal précieux. Jean Meuvret a fait remarquer qu'il n'était pas indifférent, dans les conditions commerciales alors régnantes, de s'assurer une bonne circulation de monnaie métallique. Or, la France, ne possédant pas de mines d'argent, ne peut y parvenir qu'en tirant les conséquences de l'échec espagnol et des succès néerlandais et britannique. L'or et l'argent d'Amérique ne font que transiter à travers l'Espagne, pays qui dépense trop et ne travaille pas assez. Ils affluent, par contre, dans les pays industrieux qui vendent plus qu'ils n'achètent. La balance des comptes — qu'on réduit à la balance commerciale — doit présenter un solde positif. Pour obtenir ce résultat, on peut essayer d'agir directement sur elle, en chargeant de gros droits d'entrée les marchandises étrangères et en favorisant l'exportation des produits nationaux. De là les tarifs douaniers élevés de 1664 et surtout de 1667. Mais, pour conquérir des marchés, rien ne vaut de bonnes marchandises, et d'ailleurs, pour réduire les importations étrangères, n'est-il pas nécessaire de créer ou de fortifier les industries qui, à l'intérieur du royaume, peuvent fournir des productions aussi valables que celles que l'on fait venir de loin, à grands frais ? Au-delà de ces déductions simples s'est fait jour un autre thème de réflexion : le fait que le travail productif est une richesse en soi. Indépendamment de la préoccupation du commerce extérieur, il faut travailler le plus et le mieux possible, et la production doit être encouragée. Sans théorie savante du « plein emploi », comme on dirait aujourd'hui, Colbert a le sentiment instinctif de cette nécessité, qui correspond, d'ailleurs, à son tempérament. Offrir à tous des moyens variés de subsister et même de gagner quelque chose, tel est peut-être, selon Jean Meuvret, le trait le plus frappant de son effort en de multiples directions. Si sa pensée s'inscrit dans le sillage des contemporains d'Henri IV — Montchrestien, Laffemas —, son action reprend des tentatives du temps de Richelieu : tentatives coloniales, afin d'éviter les achats de produits tropicaux étrangers ; efforts pour créer des entreprises industrielles, avec l'aide de techniciens étrangers et de capitaux fournis par l'État et, si possible, par l'épargne privée. Colbert constitue ainsi des manufactures de deux sortes : les manufactures « du Roi », ateliers d'État comme les Gobelins ; les manufactures « royales », entreprises privées, encouragées soit par des subventions ou des exemptions fiscales, soit par un monopole de fabrication et de vente. Comme, pour exporter, il faut maintenir la qualité, une réglementation tatillonne est instaurée, assortie d'un corps d'inspecteurs et de sanctions. Ces manufactures, qu'elles soient « royales » ou « du Roi », visent avant tout à fabriquer des produits de luxe : soieries à Saint-Maur-les-Fossés ; tapisseries à Beauvais ; dentelles à Reims et à Alençon ; verreries à Saint-Gobain, afin d'améliorer la balance commerciale avec l'Italie, en dépassant la réputation des ateliers vénitiens de Murano. Et pour améliorer la fabrication dans les entreprises autres que les manufactures, Colbert développe et renforce le régime corporatif, conçu comme un auxiliaire de l'autorité de l'État. Les syndics et gardes jurés de la corporation surveillent le travail et contrôlent l'exécution des règlements. Mais l'édit de 1673, qui oblige, tous les artisans à faire partie d'une jurande, n'est, en fait, appliqué que pour les métiers les plus importants. Cependant, au prix d'une dure discipline imposée aux fabricants et aux ouvriers, Colbert réussit à libérer la France d'un certain nombre de coûteuses importations étrangères.

Les préoccupations commerciales

Avant tout autre secteur d'activité, Colbert fait porter son effort sur l'industrie. L'agriculture n'est pas totalement absente de ses préoccupations. Mais, pour aider les paysans, il se contente, quand il le peut, de diminuer la taille. Les échanges intérieurs ne tiennent qu'une place secondaire dans son système, parce qu'ils n'apportent aucune richesse supplémentaire au royaume. Il s'efforce cependant de faciliter la circulation des grains de province à province, en cas de mauvaise récolte, et surtout il donne à la France une certaine unité douanière, en groupant un certain nombre de pays dans les limites des « cinq grosses fermes », en dehors desquelles demeurent les régions dites « étrangères ». Il s'intéresse surtout, cela va de soi, à la fiscalité, qui a une portée économique. Il maintient — réaction contre la prépondérance hollandaise, parallèle à l'Acte de navigation des Anglais — la taxe de 50 sous par tonneau, instituée par Fouquet sur tout navire étranger qui n'apporte pas en droiture des marchandises de son pays. Mais ce n'est là qu'un élément négatif dans un vaste programme. Il est aisé, dans la réalisation de ce dernier, de discerner l'échec de la réussite. Échec au moins relatif pour les compagnies, dotées du monopole du trafic dans une région donnée, Nord, Levant, Indes occidentales, Indes orientales, Sénégal, Guinée. Il n'est que partiellement fondé d'opposer ces compagnies à leurs modèles anglais et hollandais, en prétendant que ces derniers étaient le fruit de l'initiative privée, tandis qu'en France c'était le gouvernement qui se trouvait à l'origine de leur fondation. Les compagnies anglaises et hollandaises étaient, elles aussi, des compagnies « à charte », auxquelles les autorités publiques concédaient un privilège dans des conditions précises. La grosse différence, c'est qu'en Angleterre et en Hollande les capitalistes s'y engagent avec confiance, tandis qu'en France la réclame officielle nuit à ces entreprises plus qu'elle ne les aide. On se défie de tout ce qui vient du pouvoir en matière économique : on y soupçonne une opération fiscale. En outre, on sait que les compagnies étrangères ne font plus les bénéfices spectaculaires de la première moitié du siècle, et l'on ne voit pas bien l'intérêt d'en créer en France.

L'expansion coloniale

Liée en partie à ces efforts, mais aussi, pour une part, spontanée, l'expansion coloniale a abouti tantôt à préparer l'avenir, tantôt à des résultats immédiats. Des jalons sont posés dans l'Inde et à Madagascar. Et les résultats les plus certains sont acquis au Canada et aux Antilles. Le peuplement de la Nouvelle-France — terre paysanne et seigneuriale française, province avec gouverneur, évêque et intendant — est l'œuvre personnelle de Colbert. Il y favorise l'immigration. En outre, il est partisan convaincu de l'intégration de la population indigène. Il voudrait qu'elle composât avec les colons « un seul peuple ». Les Antilles se seraient, de toute façon, développées elles-mêmes. Mais il existe toute une politique sucrière de Colbert, qui s'inspire des principes de ce que l'on a appelé plus tard le « pacte colonial ». On attend des plantations de cannes qu'elles fournissent la matière première à des raffineries, réservées à la métropole. Ce système réussit assez bien, combiné avec la traite, qui fournissait la main-d'œuvre africaine. Le Code Noir peut paraître d'une grande dureté à nos contemporains : il n'en a pas moins eu le mérite de protéger l'esclave contre les abus les plus criants, et d'assurer sa survie.

L'effort maritime

Mais la plus grande des œuvres de Colbert est, sans conteste, le relèvement et le développement de la marine. La construction de navires de commerce est encouragée par le droit de 50 sous par tonneau et par des subventions. L'effort est particulièrement poussé en ce qui concerne la marine royale. Et la vie économique du royaume profite de cette source d'activité qui lui est offerte. La construction navale progresse. On doit protéger les forêts, qui fournissent le bois et le goudron ; on doit encourager la culture du chanvre, pour les voiles et les cordages, ainsi que la métallurgie, d'autant plus que les navires de commerce eux-mêmes doivent alors emporter des armes. Enfin, des travaux considérables sont exécutés dans les ports : à Brest et à Sète, sous la direction du chevalier de Clerville, le maître de Vauban ; à Rochefort, sous celle d'un cousin du ministre, Colbert du Terron ; à Dunkerque, à Marseille, où l'intendant des galères, Arnoul, double la superficie de la ville. Plus qu'à toute autre époque, marine de guerre et marine de commerce s'apportent un appui mutuel. Il est certain que le trafic maritime français a reçu, au temps de Colbert, une impulsion décisive, en dépit de la conjoncture défavorable. Comme Richelieu et bien d'autres, Colbert a été qualifié de *mercantiliste*, c'est-à-dire de tenant d'un système économique qui, littéralement, exalte le développement des activités et de la mentalité marchandes. Mais, comme pour l'action de Richelieu, le but recherché n'est pas, en soi, la prospérité, le bien-être des Français, mais la puissance de l'État. Le politique prime l'économique.

Finances et fiscalité

Pour que le roi soit puissant, il faut qu'il ait de bonnes finances. Or, les qualités de comptable de Colbert sont indéniables. Il vise avant tout à établir un véritable budget de l'État et à comprimer les dépenses le plus possible. Mais il ne peut que régler les « acquits au comptant », ordres du roi d'avoir à fournir immédiatement une somme jugée indispensable, et c'est là une pratique qui bouleverse toute prévision. Il poursuit les financiers concussionnaires, fait la chasse aux faux nobles, qui s'exemptaient de la taille. La recette susceptible d'être accrue le plus facilement est alors l'impôt indirect sur les produits de consommation courante : gabelles, traites (douanes intérieures), aides (sur les boissons). La levée en est faite par des « fermiers », entrepreneurs privés, qui passent un contrat avec l'État, lui remettent une somme forfaitaire, et qui la récupèrent, assortie d'un bénéfice, sur les contribuables, avec l'aide d'une armée de commis. Colbert hausse peu à peu le chiffre du bail de chaque « traitant » ou « partisan ». Mais, en contrepartie, il met la maréchaussée à leur disposition, et le roi apparaît solidaire des financiers. Le *Parallèle des trois rois Bourbons* évoque leurs statues dans Paris : celle du bon roi Henri, sur le Pont-Neuf, au milieu du peuple ; celle de Louis XIII, sur la place Royale, parmi les gentilshommes ; et celle de Louis XIV, place des Victoires, au milieu des financiers. Colbert établit de nouvelles taxes indirectes, toutes affermées : l'enregistrement, l'estampille des métaux précieux, la marque des cartes à jouer, le papier timbré, surtout, qui déchaîne une violente révolte en Bretagne et en Guyenne, accompagnée, en certains points, d'une jacquerie paysanne (1675). Mais Colbert ne peut équilibrer le budget. En 1683 — l'année de sa mort —, il prévoyait 103 millions de dépenses, sans les acquits au comptant, et seulement 97 millions de recettes. A vrai dire, en une période particulièrement défavorable, marquée par la déflation générale, Louis XIV et Colbert imposent à la nation deux tâches surhumaines : une politique extérieure de guerre quasi continuelle, une grande tentative d'industrialisation. Le progrès économique de la France apparaît aussi indéniable que ses conquêtes territoriales, et la valeur de la monnaie demeure inchangée. Mais il ne peut être question d'équilibre budgétaire.

Le gouvernement de l'esprit et des arts

Louis XIV est arrivé au trône en un temps où la conjoncture économique était franchement mauvaise, mais où le mouvement littéraire, artistique et scientifique offrait d'incomparables promesses. Et sachant que sa gloire, établie par les succès militaires, en recevrait un nouveau lustre, il a voulu le stimuler et l'ordonner. Il aime d'ailleurs les fêtes éclatantes et les décors magnifiques. Dans la foule des talents qui se révèlent, Colbert s'emploie à discerner ceux qui peuvent être utilisés pour servir le prestige royal, ainsi qu'à faire prévaloir une orientation officielle ; une préférence très nette est accordée aux tendances que l'on a, par la suite, appelées « classiques » : contrôle de l'art par la raison, discipline des forces créatrices, souci de l'universel — au détriment de l'esthétique dite « baroque », art du mouvement, manifestation de désordre intérieur, expression d'une angoisse, en même temps que moyen de la fuir.

Surintendant des Bâtiments, Colbert élargit son rôle très au-delà de la direction, du contrôle et de la comptabilité des travaux effectués dans les demeures royales. Cet homme dont la vie est dévorée par le labeur administratif, se fait ministre des Arts, des Lettres et des Sciences. Il n'a lui-même qu'une culture sommaire. Il sait, du moins, s'entourer des conseillers que, de son temps, l'on pouvait juger les plus sûrs. Jean-Baptiste Lully, surintendant de la musique du roi de 1661 à 1687, est constitué régent de tous les théâtres, académies et écoles de musique. Charles Le Brun, premier peintre du roi jusqu'en 1690, exerce sur le monde des artistes une sorte de dictature, pour laquelle le qualifient ses compétences quasi universelles : les sculpteurs Coysevox, Girardon, Caffieri, les graveurs Audran et Leclerc travaillent d'après ses dessins, et les maîtres tapissiers d'après ses cartons ; Van der Meulen exécute les paysages des tableaux qu'il a esquissés, et d'autres en peignent les personnages. Il dirige tout, surveille tout, fournissant les uns et les autres en idées et en croquis. Comme conseiller littéraire, Colbert a choisi Chapelain, que la plupart des contemporains estiment un grand poète. Enfin, Charles Perrault, futur auteur des *Contes de fées*, frère de l'architecte du Louvre, est directement employé à la réalisation des deux premiers projets conçus par le ministre pour honorer et attirer les talents : la distribution de gratifications et l'organisation — ou la réorganisation — des Académies. Les récompenses en argent ne sont pas prodiguées seulement en France, mais également à l'étranger. Car Colbert s'efforce, comme il le faisait pour les hommes de métier, de soustraire aux pays étrangers les savants ou les artistes d'une valeur exceptionnelle : le Bernin ; le physicien Huygens, qui demeure vingt ans en France, et y compose sa *Dioptrique* ; l'astronome italien Cassini, qui dirige l'Observatoire de Paris. Les Académies, sociétés de spécialistes, sont susceptibles soit de fournir d'utiles renseignements en cas de besoin, soit de collaborer à la gloire du roi. Celles qui existaient déjà sont placées sous une tutelle royale plus étroite. Colbert devient « vice-protecteur » de l'Académie française. Les élections sont guidées, et le jeton de présence est institué pour activer le travail. Elle doit rendre les Français, « par une meilleure connaissance de la langue, plus capables de travailler à la gloire du roi ». Et Jean Racine écrit : « Tous les mots de la langue, toutes les syllabes nous paraissent précieuses, parce que nous les regardons comme autant d'instruments qui doivent servir à la gloire de notre Auguste Protecteur. » L'Académie de peinture et de sculpture se voit offrir un logement, un statut, ainsi que le monopole de l'enseignement de ces disciplines. En outre, Colbert organise et façonne à son gré les nouvelles Académies fondées par lui : Académie des inscriptions et belles-lettres (1663), des sciences (1666), d'architecture (1671), de musique (1672) ; enfin, institution d'un caractère différent des précédentes, l'Académie de

France à Rome, où de jeunes pensionnaires étudient les chefs-d'œuvre des Anciens.

Une puissante impulsion est ainsi donnée à un art monarchique dont Versailles constitue la principale, mais non la seule réalisation. Paris doit au Grand Siècle un certain nombre de ses aspects les plus caractéristiques. Ses boulevards sont alors transformés en promenades, ornées d'arcs de triomphe : les portes Saint-Denis et Saint-Martin, destinées à célébrer les victoires du roi. Le Louvre est complété, et reçoit sa colonnade. Libéral Bruant élève l'église de la Salpêtrière, au milieu d'un hôpital qui constitue une véritable ville en plein Paris, et construit l'hôtel des Invalides, que Mansart couronne d'un dôme harmonieux et léger. Mansart aménage aussi la place Vendôme et la place des Victoires, destinées à servir de cadre à des statues du roi. Enfin, dans les foyers artistiques de province, il est des créateurs qui, même s'ils donnent ailleurs l'essentiel de leur œuvre, et même si des traits « baroques » y subsistent, n'en sont pas moins appelés à travailler pour les bâtiments ou pour les vaisseaux du roi : ainsi, le Provençal Pierre Puget.

On a parfois opposé à l'art *Louis XIV* la littérature *classique*, et affirmé que les écrivains gravitaient alors moins étroitement que les artistes autour de la personne royale. Ce n'est que partiellement exact. En fait, les grands auteurs ont tous, à un degré quelconque, bénéficié de la bienveillance ou de l'appui du roi. Que l'on songe — c'est le fait le plus connu — à l'auteur de *Tartuffe*, soutenu contre de redoutables ennemis par le patronage du prince. Les écrivains bénéficient de l'impulsion donnée par le pouvoir à tout ce qui est manifestation de grandeur. Certains aspects de leurs œuvres sont, en outre, étroitement liés au style des premières années du règne. Longtemps, la critique a fait peu de cas des comédies-ballets de Molière : *Mélicerte, le Sicilien ou l'Amour peintre* — ainsi que des intermèdes musicaux ou chorégraphiques qu'il plaçait dans d'autres de ses pièces. Elle n'y voyait qu'une concession faite aux exigences de la Cour. Antoine Adam a fait remarquer que Molière, au contraire, attachait un grand prix à ces tentatives ; qu'il rêvait d'une fusion des arts, où la musique et la danse s'associeraient à la poésie, et qu'il trouvait normal que l'une de ses comédies s'intégrât dans l'ensemble des fêtes royales. Par ailleurs, on trouve d'éclatantes louanges du roi sous la plume des plus grands écrivains du temps. Certaines sont obligées ; d'autres, intéressées. Mais la plupart d'entre elles sont certainement sincères, et expriment non seulement l'enthousiasme de la nation à l'égard du héros, du conquérant, mais aussi la reconnaissance de leurs auteurs à l'égard du protecteur des arts et des lettres. Les Français commencent alors à se persuader que le siècle n'a rien à envier à ceux de Périclès, d'Auguste ou des Médicis. Un académicien, l'abbé Paul Tallemant, exprime une opinion assez généralement répandue lorsqu'il se réjouit d'être né au cours de « l'une de ces périodes merveilleuses de l'Histoire » qui se sont trouvées préparées par un « amas brillant de génies admirables dans tous les arts, et par de nouvelles lumières ». C'est dans un climat de juste fierté nationale que sont nés, entre 1660 et 1680, les grands chefs-d'œuvre de Racine et de Molière, plusieurs des plus belles oraisons funèbres de Bossuet, la quasi-totalité des *Fables* de La Fontaine, un grand nombre de *Lettres* de Mme de Sévigné, *l'Art poétique* de Boileau, les *Maximes* de La Rochefoucauld, ainsi que l'admirable roman de Mme de La Fayette. Ces vingt années constituent la plus magnifique période de la littérature française. Parler d'une « école de 1660 », et surtout présenter Boileau comme son chef, serait une erreur. Il faut cependant reconnaître que quatre des plus grands écrivains de ces années prestigieuses, Racine, La Fontaine, Molière, Boileau, partagent les mêmes goûts, les mêmes admirations, les mêmes hostilités. Même attachement à la « vérité » ou à la « nature », comprise comme le contraire de ces éléments baroques que sont l'artifice, l'outrance, l'excessive subtilité. Même admiration des Anciens. Même hostilité à l'égard du goût dominant, de la poésie coquette de l'abbé Cotin, du roman héroïque de La Calprenède, ou de la tragédie galante de Quinault. En outre, un certain nombre des plus grandes œuvres de ce temps présentent en commun un second caractère qui les distingue de toutes les œuvres françaises antérieures : elles impliquent — cette remarque est également d'Antoine Adam — « une même image de l'homme, et cette image est tragique ». L'homme n'apparaît plus, comme au temps de Pierre Corneille, un être essentiellement raisonnable, lucide, libre, mais comme un chaos de passions. C'est ce qu'expriment les *Maximes* de La Rochefoucauld, « œuvre clef pour comprendre notre littérature classique ». Elles osent dire que nos passions déterminent notre conduite et qu'elles ont une racine commune, l'amour-propre, l'incurable égoïsme qui ramène toutes nos actions à notre intérêt. Il démontre que l'amour est passion de posséder et de dominer — et que, de ce fait, il ne se distingue guère de la haine. Cette image de l'homme, on la retrouve dans l'univers intérieur de Racine, monde cruel où se déchaînent des passions impitoyables ; dans les *Lettres de la religieuse portugaise* (1668), dont l'auteur est un ami de Racine et de Boileau, Guilleragues ; enfin, dans *la Princesse de Clèves*, de Mme de La Fayette (1678). Passant par-dessus des siècles de christianisme, ces auteurs retrouvent une conception grecque de l'homme. Leurs œuvres correspondent « à cette exigence de dure vérité, à cette noblesse aussi dans le pathétique » que l'on rencontre dans toutes les formes de la vie artistique ou intellectuelle de l'époque. Mais elles blessent les goûts non seulement des talents ou des caractères médiocres, mais aussi de tous ceux qui admirent les réussites de la France de Louis le Grand.

Les Anciens et les Modernes

De cette opposition naît, vers 1670, une querelle dont les antécédents étaient assez lointains, celle des Anciens et des Modernes. Les Modernes, ce sont ceux qui estiment que des valeurs authentiques se trouvent réalisées avec la courtoisie, le raffinement et le luxe qui règnent dans la bonne société ; qui estiment qu'avec la floraison des chefs-d'œuvre récents et la création d'une nouvelle langue, il n'est plus possible de s'en tenir à la traditionnelle imitation des Anciens ; qui lient, enfin, en termes exprès, leur attachement à la France et leur goût pour ses productions littéraires récentes. Ils ont pour chefs de file Charles Perrault et Desmarets de Saint-Sorlin. Leurs manifestations se multiplient. Ils réussissent à gagner la grande majorité des gens de lettres et de la société mondaine, les femmes en particulier, l'Académie de peinture et de sculpture, puis l'Académie française. Et il est un événement artistique qui correspond exactement à l'idéal qu'ils se sont forgé. Lorsque, le 27 avril 1673, *Cadmus et Hermione* — musique de Lully, livret de Quinault — est joué devant le roi, l'opéra remporte en France un succès définitif. Les Modernes y voient alors la forme d'art suprême de la France, l'équivalent de la tragédie dans la Grèce antique. Dès 1674, Charles Perrault défend cette thèse, mais de latente la querelle devient aiguë le 27 janvier 1687, jour où il lit à l'Académie française son poème *le Siècle de Louis XIV* qui illustre son point de vue. Les Modernes, ces « beaux esprits de Paris », s'opposent non seulement aux plus grands écrivains de leur temps — à Racine, à Boileau, à Bossuet —, mais encore à tous ceux qui, fidèles au passé, ne partagent pas leur confiance dans le progrès des « lumières » ou des mœurs. La querelle est aigrie par des inimitiés personnelles. Elle dégénère en polémiques de détails. Les uns dénoncent le mauvais goût d'Homère, les autres le défendent avec intransigeance. Les uns réclament pour le poète épique le droit de faire intervenir des anges ou des diables, les autres veulent que l'on s'en tienne aux divinités de l'Olympe. Avec des alternances de léthargie et de réveils, avec des épisodes ridicules et des moments passionnants, la querelle dure jusqu'à la fin du règne.

La « culture populaire »

Elle ne s'étend pas au-delà de cercles assez restreints : gens de lettres, ecclésiastiques lettrés, salons, hôtels princiers. L'« honnête homme », si souvent analysé et vanté, se révèle relativement rare. Et si le public des grands classiques apparaît plus large, il ne fait pas de doute qu'il est, numériquement, beaucoup moins important que celui de La Calprenède, de Madeleine de Scudéry ou de Thomas Corneille. Ce sont ces noms — et non les leurs — qui représentent le mieux le goût dominant de l'époque. Une pièce absurde, le *Timocrate* de Thomas Corneille, connaît une vogue extraordinaire, et le succès de son « chef-d'œuvre », *Ariane*, balance celui du *Bajazet* de Racine (1672). Mais les deux publics réunis — celui des « classiques » et celui des « baroques » — ne constituent pas, et de loin, la majorité des Français. Celle-ci, en particulier dans les campagnes, ignore aussi bien les chimères romanesques que les chefs-d'œuvre classiques ; pourtant, elle a sa culture, elle aussi. Une culture très différente de celle de l'« honnête homme ». Une culture dont les thèmes sont hors du mouvement des idées et des arts de l'époque. La sculpture rustique, par exemple, perpétue des motifs de la Gaule paléochrétienne. Le métier de l'imagier populaire n'a guère varié depuis le xve siècle — taille sur bois de poirier ou de cerisier, impression à la main plus souvent qu'à la presse, coloriage au pochoir —, et si ses thèmes ont traversé les siècles, c'est qu'en profondeur l'âme populaire a peu varié. Comme à la fin du Moyen Age, ces estampes sont diffusées par colportage. Et il en est de même de ces petits livres de quelques pages, destinés à être lus à la veillée, qu'à retrouvés Geneviève Bollème à Troyes, leur grand centre de diffusion. Cette « Bibliothèque bleue » a le mérite de nous faire connaître les lectures des milieux modestes, plus spécialement ruraux. Elle comprend des calendriers, des almanachs, des guides de voyages, des livres d'arithmétique et de médecine ; des récits participant de la mythologie et du merveilleux païen : contes de fées, contes du loup, histoires de Gargantua, de Till l'Espiègle ; de courts romans, exprimant des traits d'affectivité, comme *la Patience de Grisélidis*, venue tout droit de Boccace ; des adaptations de romans de chevalerie (*la Belle Heleine de Constantinople, Pierre de Provence et la belle Maguelonne*), ancêtres du roman-feuilleton sentimental ; des chansons à boire et des chansons d'amour, parmi lesquelles on discerne un double courant : mariage chrétien et tendances libertines ; des livrets d'éducation ; des mythes historiques, où la croisade et surtout Charlemagne occupent une large place ; enfin, de nombreux ouvrages de piété, en particulier des vies de saints très divers. Dans cette littérature « d'évasion », l'ordre social est indiscuté, accepté tacitement, ne fût-ce qu'à cause de la prudence des auteurs. Et comme elle est faite pour répondre aux goûts et aux besoins du public « populaire », elle est révélatrice de sa mentalité : elle montre, en particulier, la place éminente que tiennent, dans sa vie, la foi chrétienne et l'Église catholique.

L'Église catholique et la vie de la nation

On naît alors « Français et chrétien », comme le dit La Bruyère. L'état civil est tenu par le clergé. Et quelle que soit la place de ce dernier dans la vie de la commune — elle est variable selon les provinces —, la pratique revêt un caractère obligatoire. Ne pas paraître aux offices ou travailler le dimanche, différer le baptême d'un enfant ou l'appel du prêtre auprès d'un malade constituent des fautes susceptibles d'entraîner l'intervention de l'officialité, voire l'appel au bras séculier. Aussi compte-t-on à peu près autant de « communiants » que de paroissiens adultes. Les processions, le culte des reliques, les pèlerinages exercent un grand attrait. Il en est de même — ce qui est plus significatif d'une piété sincère — des confréries de pénitents, des associations charitables, ainsi que de ces congrégations dont les jésuites ont la spécialité, et qui s'étendent à des milieux sociaux très variés. Enfin, la pratique de la communion fréquente et l'habitude de faire une retraite annuelle connaissent une faveur accrue. Certes, il existe un « envers du Grand Siècle », dans le domaine religieux comme dans les autres. Très généralement croyants, les hommes n'en sont pas, pour autant, vertueux. Le jésuite Bourdaloue et le doctrinaire Fléchier dévoilent et attaquent leurs vices sans complaisance. Mais il est des tares particulières au temps. On croit toujours à la sorcellerie, contre laquelle les poursuites ont pourtant cessé, par voie d'autorité, entre 1672 et 1682. D'autres superstitions, allant jusqu'à la tentation du sacrilège, subsistent, même dans les milieux sociaux les plus élevés : l'Affaire des poisons, où la messe noire est mêlée au crime, rejaillit sur l'entourage même de Louis XIV (1676-1679).

Mais, en dépit de ces ombres, l'Église recueille, en France, le fruit des efforts antérieurs, ceux de Bérulle, de Vincent de Paul, d'Olier. Le nombre des séminaires s'accroît, la valeur des prêtres s'élève. La vie monastique gagne, elle aussi, en qualité. Si le règne personnel est moins riche en fondations que les décennies précédentes, les réformes d'ordres et de couvents, par contre, y sont nombreuses, et vont dans le sens d'une spiritualité exigeante. La Trappe, avec l'abbé de Rancé, en représente, à partir de 1662, l'exemple le plus célèbre. Réveils d'un esprit chrétien qui n'était qu'en sommeil, des « conversions » éclatantes ont lieu : celles du duc et de la duchesse de Longueville, celle du prince de Conti, celle de Seignelay, qui prend Fénelon pour directeur. Enfin, les laïcs des villes s'intéressent bien davantage qu'autrefois aux grands débats théologiques.

L'Église ne se borne pas à une action purement religieuse : assurer le culte, diriger la vie spirituelle et morale des fidèles. Elle assume également la lourde tâche de l'assistance publique, bien que les interventions gouvernementales tendent à se multiplier dans ce domaine à partir de 1662, date de l'édit prescrivant l'ouverture d'un hôpital général dans toutes les grandes villes. On rencontre le souci permanent des pauvres aussi bien dans l'œuvre de Bossuet, qui a consacré un célèbre sermon à leur « éminente dignité », que dans des milliers de documents du temps, par exemple dans les procès-verbaux des réunions de la Compagnie secrète du Saint-Sacrement. En outre — mis à part les îlots de dissidence —, la nation française est tout entière façonnée par l'éducation que dispense l'Église catholique. Les communes, lorsqu'elles recrutent leurs maîtres d'école, soumettent leur choix à l'avis ou à l'approbation de leur curé. En outre, il est des prêtres qui comprennent que pour pouvoir assurer non seulement son enseignement, mais le simple service du culte, le christianisme, religion savante, exige impérieusement au moins un minimum de culture. Trois d'entre eux entreprennent de remédier directement à l'ignorance du « menu peuple » : Charles Démia, fondateur des Sœurs de Saint-Charles ; le minime Nicolas Barré, fondateur des Dames de Saint-Maur ; Jean-Baptiste de La Salle enfin, qui, venu de Reims à Paris, fonde, vers 1680, les Frères des écoles chrétiennes. Ces trois pionniers de l'enseignement populaire s'attaquent au problème essentiel : celui de la formation des maîtres, et ils entreprennent une réforme hardie des méthodes en cours, condamnant notamment celle qui consistait à faire lire les enfants en latin avant de les faire lire en français.

Quant à l'enseignement secondaire et supérieur — que l'on ne distingue guère l'un de l'autre —, il est entièrement du ressort de l'Église, et il appartient en droit à l'Université, corps autonome. Mais cette indépendance à l'égard de l'État et ce monopole se trouvent atteints l'un et l'autre. Le roi ne réalise pas les projets de Colbert, qui souhaiterait réduire le plus possible l'enseignement classique et multiplier les écoles techniques. Mais, traitant l'Université comme un corps laïque, et prenant prétexte des dissensions qui troublent ses assemblées, il la réforme (1667) et, par la suite, désigne ses dignitaires. D'autre part, il favorise ses concurrents, les collèges fondés par les grandes congrégations. Sa protection apparaît éclatante lorsqu'en 1682 il autorise les jésuites à donner le nom de *Louis le Grand* au collège de Clermont, situé à Paris, rue Saint-Jacques. Les établissements fondés par les grandes congrégations connaissent d'autant plus de succès que les vieilles universités, qui conservent le monopole de la collation des grades, sont en décadence un peu partout. Les oratoriens font alors la réputation de Juilly. Les doctrinaires ont pour domaine le Languedoc et la Provence. Les jésuites ont, en France, 70 collèges et plus de 30 000 élèves. La quasi-gratuité de leur enseignement, établie grâce à un système de fondations, leur permet d'y faire accéder des jeunes gens originaires de milieux sociaux beaucoup plus divers qu'on ne l'a cru généralement, ainsi que l'ont montré les travaux du R.P. de Dainville.

En tout temps, il est malaisé de dire dans quelle mesure une école forme ou reflète l'état d'esprit d'une société donnée. Mais une certaine unité, une certaine cohésion morale et politique de la nation, entre 1660 et 1715, ne peut s'expliquer sans tenir compte de l'action éducatrice des collèges, en particulier de ceux des grandes congrégations.

L'État et la vie religieuse

Cette unité, Louis XIV et beaucoup de ses contemporains la voudraient totale. Or, il existe des îlots de dissidence. Au sein du catholicisme, tout d'abord : la « secte » janséniste. En 1661, les polémiques battaient leur plein et, en 1664, l'archevêque de Paris a lancé l'interdit sur Port-Royal. Un compromis plein d'équivoques, la « paix de l'Église » ou « paix clémentine », est accordé par le pape Clément IX (1667-69). Mais après la paix de Nimègue, la persécution reprend. 1679 marque également pour ceux qui sont séparés de l'Église catholique le commencement du drame. Se trouvant en conflit aigu avec le pape à propos de la régale, Louis XIV semble vouloir prouver son zèle catholique en éliminant l'hérésie de son royaume. Il est d'ailleurs encouragé dans cette voie par une partie importante de ses sujets. Beaucoup de catholiques n'ont pas admis l'édit de Nantes, et c'est alors un principe très communément admis, même par les membres de la « religion prétendue réformée » (R.P.R.), que la pluralité des confessions « défigure l'État ». Depuis longtemps déjà, de nombreux officiers royaux appliquaient l'édit d'une manière restrictive, et déployaient toutes les ressources de la chicane pour faire démolir les temples. Les ecclésiastiques croient à la puissance de la controverse, Bossuet ayant d'ailleurs réussi, de cette manière, à convertir Turenne. Mais le colloque qui le met en présence du pasteur Claude, en 1678, n'aboutit à rien. On use, parallèlement, de moyens moins évangéliques : la Caisse des conversions, dirigée par l'académicien Pellisson, qui ramène à l'Église catholique un certain nombre de pauvres hères. Mais quand la cour devient dévote le zèle convertisseur s'accentue. Les chambres mi-parties disparaissent. Une série d'arrêts interdit aux réformés l'accès des offices, des professions libérales, de nombreux métiers. Ces mesures légales sont conjuguées avec, dans certaines régions, la pure violence militaire. Des soldats sont logés chez l'habitant, « missionnaires bottés » dont les atrocités entraînent des résultats rapides : la célèbre « dragonnade » de l'intendant Marillac, en Poitou, opère 30 000 conversions dès 1680. Il y en a d'autres : celles de Foucauld en Béarn, de Lamoignon de Basville en Poitou et en Languedoc. Dans quelle mesure Louis XIV, à qui l'on présentait d'extraordinaires listes de conversions, a-t-il connu ces violences ? Le fait qu'il ait cru sincèrement à la prochaine extinction de l'hérésie contribuerait à expliquer l'acte désastreux de 1685.

La révocation de l'édit de Nantes

Mais cette décision a surtout des motifs de grande politique. Depuis 1683, l'empereur Léopold, vainqueur des Turcs devant Vienne, fait figure de champion de la chrétienté, en dépit du fait que le roi de Pologne a largement contribué à ce succès. En outre, il appuie les efforts du franciscain Spinola, qui collecte des adhésions de princes régnants à un projet d'union des Églises. Pour se poser, lui aussi, en champion de la chrétienté, Louis XIV ne peut se contenter de faire bombarder Alger par Duquesne, comme il le fait en 1682, 1683 et 1684, de libérer des esclaves chrétiens et de purger la mer de la piraterie. Il veut réussir là où Charles

Quint a échoué en Allemagne : éliminer l'hérésie ; montrer ainsi que lui seul peut conserver sa splendeur à l'Empire, et préparer son élection comme roi des Romains. C'est en vain que les protestants, sentant venir le coup de grâce, lui adressent une « dernière requête », qui l'assure de leur loyalisme. Les grands zélateurs de la révocation sont l'archevêque de Paris Harlay de Champvallon, Louvois et le chancelier Le Tellier, qui la rédige. L'édit de Fontainebleau, du 18 octobre 1685 — enregistré le 22 — révoque l'édit de Nantes, bannit les pasteurs, interdit aux ex-religionnaires de s'enfuir, sous peine des galères, décrète la fermeture de leurs écoles, le baptême des enfants de « nouveaux convertis » (N.C.), ainsi que la démolition des derniers temples. Il considère donc tous les protestants comme des « N.C. ». L'opinion, dans l'ensemble, approuve chaleureusement, Bossuet, Mme de Sévigné, La Fontaine et La Bruyère en tête. Les conséquences de la révocation sont pourtant multiples et tragiques. Le fait essentiel est l'exode, en dépit d'une terrible chasse aux fugitifs. Quelque 300 000 protestants réussissent à quitter la France. Il y a parmi eux des représentants de tous les milieux sociaux, des cadets de famille, des marchands, des paysans, une véritable élite de techniciens et de chefs d'entreprise qui émigrent vers Genève, vers la Hollande, vers Berlin — vers autant de *refuges* qui deviennent des foyers d'hostilité à la France et à son roi.

III. LE ROI ET LA NATION
FACE À L'ADVERSITÉ 1685-1715

Durant la plus grande partie des trente dernières années du règne de Louis XIV, la France se trouve en guerre avec la plupart des États voisins, ce qui entraîne l'exigence d'un effort fiscal accru. En outre, plusieurs accidents, générateurs de souffrances inouïes pour la population, marquent la conjoncture économique. Enfin, ces nouvelles difficultés entraînent une réaction contre les doctrines qui ont semblé jusqu'alors d'utiles remèdes à la crise du siècle : pouvoir absolu, mercantilisme de type colbertien, esthétique classique, rigoureuse orthodoxie catholique. Guerres, famines, crise intellectuelle et morale : autant de drames, qui se déroulent dans un cadre plus vaste que celui du royaume de France — et même, parfois, que celui du continent européen.

La coalition antifrançaise

De l'Angleterre à la Suède, la révocation soulève la conscience protestante, et les récits enfiévrés des réfugiés portent l'indignation à son comble. Une véritable solidarité religieuse s'esquisse entre pays du Nord, tandis que l'Espagne et l'Empereur, et le pape lui-même, semblent mieux disposés envers les princes protestants. Louis XIV n'en continue pas moins sa politique d'intimidation. Il soutient hautement les droits de sa belle-sœur à l'héritage de l'électeur palatin. Il place d'autorité son candidat, Guillaume-Egon de Fürstenberg, sur le trône archiépiscopal de Cologne. Il pousse ainsi ses ennemis à s'unir. Le 9 juillet 1686, l'Empereur, l'Espagne, la Suède, la Bavière et les princes du cercle de Franconie forment contre lui la ligue dite d'Augsbourg. Elle ne l'intimide pas. Lorsqu'un nouveau conflit l'oppose au pape à propos des « franchises » dont jouissait, à Rome, le quartier de l'ambassade de France, il saisit Avignon et le Comtat Venaissin. Puis il fait occuper Cologne et le Palatinat. C'est dans une atmosphère de véritable haine anti-française que l'on apprend, en Europe, le coup de théâtre qui y modifie profondément les rapports de forces : la révolution anglaise de 1688, qui détrône le Stuart francophile et catholique, Jacques II, pour le remplacer par sa fille Marie et par son gendre, le pire ennemi de Louis XIV, Guillaume d'Orange. A la fois stathouder aux Provinces-Unies et roi en Grande-Bretagne, Guillaume III dispose des ressources des deux grandes puissances capitalistes du temps. Les hostilités débutent en septembre 1688, et sont aussitôt marquées par un acte atroce : la dévastation systématique du Palatinat, décidée par le roi à l'instigation de Louvois, dans le dessein de couvrir l'Alsace. Une alliance plus large que la ligue d'Augsbourg est constituée autour de Guillaume. Mais, à vrai dire, cette coalition n'a été formée que pour des raisons très étrangères l'une à l'autre, et d'importance très inégale. Si les Allemands font la guerre contre l'expansion française en Rhénanie, les Espagnols pour reprendre Luxembourg et les Savoyards pour satisfaire les appétits territoriaux de leur duc, l'enjeu de la lutte franco-anglaise est d'une tout autre importance. En 1672, Louis Jolliet et le Père Marquette, partis de Nouvelle-France, ont descendu le Mississippi jusqu'à son confluent avec l'Arkansas. En 1682, Robert Cavelier de La Salle a atteint le golfe du Mexique et proclamé français, sous le nom de Louisiane, tout le bassin du Mississippi. Les colonies britanniques de la côte, dont l'expansion n'a pas dépassé la barrière boisée des Alleghanys, se trouvent virtuellement enveloppées. Aussi, détruire l'empire français d'Amérique constitue-t-il, à Londres, le principal dessein du parti de la guerre.

La guerre de la ligue d'Augsbourg (1689-1697)

Alors que la coalition souffre gravement d'un manque d'unité de direction, Louis XIV exerce une véritable dictature de guerre. Seignelay et Louvois, disparus coup sur coup en 1690 et 1691, sont remplacés par Louis Phélypeaux de Pontchartrain aux Finances et à la Marine, et par Barbezieux à la Guerre. Ils ne valent pas leurs prédécesseurs, et le roi se réserve de plus en plus tout examen et toute décision concernant les problèmes qui se présentent à lui. Turenne et Condé sont morts, mais deux chefs militaires apparaissent, d'un génie parfois aussi éclatant : le maréchal de Luxembourg et Catinat. Enfin, la flotte est confiée à un marin de premier ordre, Tourville.

Sur la défensive du côté de l'Empire, les Français prennent l'offensive sur trois autres fronts. Aux Pays-Bas, où Luxembourg est vainqueur à Fleurus (1690), à Steinkerque (1692) et à Neerwinden (1693). En Italie, où Catinat force l'entrée de la Savoie à Staffarde (1690) et écrase le duc Victor-Amédée à La Marsaille (1693). Sur mer, la flotte tient en respect, à Bévéziers, Hollandais et Anglais. Mais elle est, en mai 1692, gravement endommagée par un ennemi supérieur, et presque anéantie par la tempête à la Hougue. Par contre, dans les eaux américaines, d'Iberville et les Français d'Acadie portent de rudes coups aux Anglais. Et la paix résulte de la conjonction de deux facteurs. D'une part, l'épuisement des belligérants, qui tient à un effort de guerre sans précédent, conjugué avec les difficultés de la conjoncture. Depuis la fin du XVIe siècle jusqu'à la Fronde, on n'avait pas connu, interrompant le mouvement général de baisse des prix agricoles, des mouvements cycliques d'une très grande ampleur. Les « pointes » n'atteignaient jamais 80 p. 100 de plus que les minimums antérieurs, et variaient entre 55 et 72 p. 100. Après les difficultés des années 1661-1665, les prix ont connu une vingtaine d'années de relative tranquillité. Mais, en 1693 et 1694, plusieurs mauvaises récoltes entraînent une crise d'une extraordinaire violence. Entre le minimum de 1687-88 et la « pointe » de 1693-94, la hausse nominale des prix agricoles est de 500 p. 100 — en valeur argent, d'environ 400 p. 100. Si l'on songe que la consommation de pain absorbe, en année normale, 60 p. 100 au moins des dépenses d'une famille du « menu peuple », on peut se faire une idée des souffrances de ce dernier. En outre, par des incidences en partie psychologiques, la crise se transporte sur un plan général. Tous ceux qui vivent des revenus de la terre restreignent leurs achats de textiles et d'outillage. La mévente frappe les boutiquiers et les artisans. Le chômage apparaît dans les villes. Enfin, directement ou indirectement, la disette provoque des hécatombes. Dans ces conditions, les belligérants ne peuvent plus mener la guerre avec les mêmes ressources ni la même énergie. Le Pelletier, ancien contrôleur général, écrit en 1697 : « Personne n'était plus convaincu que moi qu'il fallait la paix, qu'on ne savait plus et qu'on ne pouvait plus faire la guerre, qui ne se soutenait que par des miracles. Le dedans et le dehors de l'État avaient un besoin indispensable de repos. » Second facteur — décisif — qui amène l'ouverture de négociations : la modération de Louis XIV. Dès 1693, il se réconcilie avec Rome, où règne un nouveau pape, Innocent XII. En échange de l'extension de la régale à tous les évêchés du royaume, il renonce à prescrire l'enseignement des Quatre Articles. Puis, en 1696, il réussit un coup de maître : moyennant la cession de Pignerol, il détache la Savoie de la coalition. Espagnols et Impériaux, menacés dans leurs positions italiennes, retirent alors leurs troupes du Milanais.

Enfin, il promet de reconnaître le résultat de la révolution anglaise de 1688.

La paix de Ryswick (1697)

Il montre la même modération lors des négociations qui préludent à la paix générale. Il songe certainement à l'ouverture, qu'on juge prochaine, de la succession d'Espagne. Il rend la Lorraine à son duc, Luxembourg à Charles II, aux Impériaux tous les territoires réunis, sauf Strasbourg et Sarrelouis. Il fait quelques concessions commerciales et surtout stratégiques aux Provinces-Unies : une ligne de places belges recevra des garnisons hollandaises. C'est la *Barrière*, mesure de défiance antifrançaise. Et surtout, clause humiliante, il reconnaît Guillaume III, roi protestant de Grande-Bretagne, roi constitutionnel, et promet de ne plus soutenir les Jacobites, partisans des Stuarts et catholiques. Les Français ne comprennent guère cette modération, après une guerre gagnée. Vauban écrit de cette paix : « Je la tiens plus infâme que celle de Cateau-Cambrésis. » Et le peuple la chansonne. Il n'a plus la même admiration pour son roi qu'en 1679.

Le problème de la succession d'Espagne

Louis XIV n'examine le problème de la succession d'Espagne que dans un esprit conciliant. Il sait que l'Europe ne tolérera pas l'union des deux plus puissantes couronnes sur la même tête. Il envisage donc un partage. Mais, comme l'empereur Léopold n'est disposé à aucune transaction et se flatte d'emporter tout l'héritage en faveur de son fils, l'archiduc Charles, il s'efforce de s'entendre, en dehors de lui, avec Guillaume III d'Angleterre. Comme les « puissances maritimes » — Grande-Bretagne et Provinces-Unies — sont avant tout soucieuses d'écarter la France des Pays-Bas et de l'Amérique espagnole, et que Louis XIV y consent, un traité secret de partage est conclu (1698). Il réserve l'essentiel de la succession au prince électoral de Bavière, Joseph-Ferdinand, neveu de l'archiduc Charles. La solution semble parfaite pour la majorité des cabinets européens, qui ne veulent pas plus de l'hégémonie des Habsbourg que de celle des Bourbons. La France recevra quelques-unes des possessions italiennes du roi d'Espagne, susceptibles d'être échangées plus tard. Mais la mort du petit prince de Bavière nécessite un second traité de partage (1700). Il est prévu, cette fois, que l'archiduc Charles aura l'essentiel de la succession, à condition de renoncer à son héritage autrichien ; des échanges pourront amener la France à recevoir la Lorraine, Nice, la Savoie. Mais le secret est divulgué, et les Espagnols se refusent à tout démembrement de leur empire. Charles II écoute les grands de son royaume, et, un mois avant de mourir, le 1er novembre 1700, il signe un testament excluant tout partage et léguant toutes ses couronnes, en première ligne, à Philippe, duc d'Anjou, second fils du Dauphin — l'archiduc Charles n'y étant mentionné qu'en troisième position. Après un Conseil demeuré célèbre, Louis XIV accepte le testament et présente son petit-fils à la cour en ces termes : « Messieurs, voici le roi d'Espagne. » Devenu Philippe V, le jeune prince est d'ailleurs accueilli très favorablement par ses nouveaux sujets. En prenant sa décision, Louis a été sensible au prestige dynastique. Et de toute façon, comme le pense Torcy, l'Empereur eût fait la guerre pour les droits de son fils : il n'acceptait ni un partage ni un Bourbon à Madrid. Rester passive eût signifié, tôt ou tard, pour la France, la reconstitution de l'empire de Charles Quint, c'est-à-dire l'encerclement. Philippe V est reconnu par de nombreux États. Mais une excessive confiance en soi, venue avec l'âge, porte Louis XIV à toute une série d'imprudences. La possibilité d'une réunion ultérieure des deux couronnes sur la même tête n'est pas exclue : les droits de Philippe V à la succession de France sont maintenus. Les places belges de la Barrière sont occupées au nom du roi d'Espagne, et les garnisons hollandaises expulsées. L'Europe a le sentiment que Philippe V n'est pas réellement indépendant de son grand-père, et que sa monarchie est devenue, tout entière, ce que l'on appellerait, de nos jours, un satellite du royaume de France. Louis XIV, en outre, commet l'erreur de reconnaître le prétendant Jacques III Stuart comme roi de Grande-Bretagne. Et, fait capital, il fait concéder par l'Espagne à la Compagnie française de Guinée l'*asiento*, monopole de la traite négrière dans le Nouveau Monde (27 août 1701). C'est provoquer l'hostilité immédiate des « puissances maritimes ». Guillaume III, appuyé par les intérêts menacés de Londres et d'Amsterdam, conclut la Grande Alliance de La Haye en septembre 1701, peu de mois avant sa mort. Dès juillet, justifiant les craintes de Torcy et de Louis XIV, l'Empereur a fait envahir le Milanais.

La guerre de succession d'Espagne (1702-1713)

La coalition est menée par un triumvirat : le prince Eugène de Savoie, général impérial, le duc de Marlborough, et le Grand Pensionnaire de Hollande, Heinsius. Au début du conflit, Louis XIV tente de frapper fort et de prendre des avantages. Avec les ressources de la France, de l'Espagne et des Indes, avec l'alliance de la Bavière et de la Savoie — utiles bases d'opérations contre l'Autriche —, ses chances paraissent au moins égales à celles de la coalition. Villars franchit le Rhin, opère sa jonction avec les Bavarois sur le haut Danube. Mais dès 1703 la balance des forces s'infléchit au détriment de la France. La Savoie change brusquement de camp. Le Portugal s'allie à l'Angleterre par le traité de John Methuen. Une audacieuse manœuvre de Marlborough, quittant les Pays-Bas pour tendre la main aux Autrichiens du prince Eugène, lui permet de battre les Bavarois et les Français de Tallard à Hochstädt-

Blenheim, en Souabe (13 août 1704). La même année, Gibraltar est saisi par surprise et demeurera britannique. La Catalogne se soulève et acclame « Charles III ». La conjonction de cette révolte avec la guerre portugaise permet à l'archiduc Charles d'occuper Madrid quelques jours (1706).

Les Français se trouvent donc refoulés des Pays-Bas et d'Italie du Nord, et la guerre se trouve ramenée aux frontières du royaume. En outre, une grave révolte intérieure oblige d'en distraire une armée. En juillet 1702, l'abbé du Chayla, archiprêtre de Mende, est massacré par des paysans, puis, entre Gard et Lozère, le pays protestant prend feu. Un valet de bergerie, Jean Cavalier, organise une bande très mobile, qui tient en échec les troupes royales. Il faut faire venir Villars et des forces importantes. Par la négociation autant que par le combat, le maréchal amène Cavalier à cesser la lutte (juillet 1704). Mais l'insurrection des « Camisards » ne s'apaise pas totalement. Des poussées sporadiques de révolte, accompagnées de prophétisme, se produisent jusqu'en 1710, tandis que des assemblées recueillies continuent à se tenir au Désert.

Après un temps d'arrêt en 1707, l'ennemi remporte de nouveaux succès sur les frontières. Marlborough est vainqueur à Oudenaarde, et le prince Eugène prend Lille, en dépit des héroïques efforts de Boufflers (1708). Puis survient le drame qui marque le point central de cette guerre, comme la crise de 1693-94 a marqué celui de la précédente. Drame plus brusque et d'une ampleur encore plus prononcée. Le début de l'hiver a été pluvieux. Et brusquement, le 5 janvier 1709, survient une extraordinaire baisse de température. Quatre jours plus tard, la Seine est prise de Paris à son embouchure. Le gel persiste. Et après deux adoucissements successifs, il se produit deux retours offensifs du froid, fin janvier et fin février. Ce Grand Hiver, l'un des plus rigoureux dont on ait gardé le souvenir, a d'atroces conséquences. Tout ce qui a été semé se trouve gelé dans le sol. Dans le Midi, les oliviers sont perdus. En outre, le gel des cours d'eau paralyse les transports. La hausse des prix est gigantesque. A Rozoy-en-Brie, le setier de blé, qui valait 5 livres 10 sous en février 1708, et 8 livres 10 sous en juillet, atteint 58 livres à la fin du Grand Hiver... La misère des paysans est plus cruelle que celle des citadins. Comme chaque fois qu'il se présente une menace de mauvaise récolte, les autorités de chaque ville ont fait convoyer vers l'agglomération tout le blé qu'il leur a été possible de trouver dans le plat pays. Ils ont empli les greniers publics, constitué des stocks. Et lorsque la crise est survenue, les producteurs de céréales ont très souvent manqué de pain. La Bruyère, écrivant des paysans : « Ils épargnent aux autres hommes la peine de semer, de labourer pour vivre, et méritent ainsi de ne pas manquer de ce pain qu'ils ont semé », a exprimé cette situation paradoxale que l'on discerne lors de toutes les crises de cette époque. En 1709 comme en 1693 ou 1694, un mouvement général porte les éléments les plus déshérités du plat pays vers la ville, où, en travaillant et en mendiant, il leur est tout de même possible de se procurer un peu de pain. Et les émeutes de la faim qui surviennent alors doivent être le plus souvent mises en rapport avec ce débordement du monde rural sur le monde urbain.

Défaites, disette, mortalité accrue, grosses dépenses pour secourir les populations, impôts qui rentrent mal, nécessité de dégrèvements, action insidieuse, enfin, d'un parti de la paix à tout prix, pour toutes ces raisons, Louis XIV tente de négocier. Torcy lui-même est envoyé en Hollande. Villars et Boufflers arrêtent une invasion à Malplaquet, en septembre 1709, mais Béthune, Aire et Douai tombent l'année suivante. Aux négociations de Geertruidenberg, dans le sud des Provinces-Unies, on envisage à la fois le retour de la France aux frontières de 1648 (moins l'Alsace) et l'élimination de Philippe V. Et Heinsius, aveuglé par la haine, exige même, au cas où ce dernier refuserait de s'effacer, que Louis XIV le fasse détrôner par ses armées (juin-juillet 1710). Par un manifeste à son peuple, le roi fait alors connaître l'outrage que l'ennemi prétend lui infliger : « J'aime mieux faire la guerre à mes ennemis qu'à mes enfants. » Un redressement franco-espagnol ne tarde pas à suivre : le duc de Vendôme est vainqueur à Villaviciosa (10 décembre 1710). Une circonstance fortuite joue en faveur de Louis XIV : à la mort de son frère, Joseph Ier, le prétendant au trône d'Espagne devient l'empereur Charles VI (1711). En Angleterre, on prend conscience du fait que, devenu également roi d'Espagne, il serait infiniment plus dangereux pour les « puissances maritimes » qu'une France affaiblie et séparée d'une Espagne réduite à la péninsule et à ses colonies. Le gouvernement de la reine Anne abandonne donc froidement son allié autrichien, et signe avec Louis XIV les préliminaires de Londres (8 octobre 1711). Les Provinces-Unies s'y rallient après la très belle victoire remportée par Villars sur le prince Eugène à Denain (24 juillet 1712). Ils sont précisés au congrès d'Utrecht (1713) et Charles VI se résigne à traiter un peu plus tard à Rastatt (1714).

Des quatorze conventions que l'on englobe sous la dénomination de « traités d'Utrecht et de Rastatt », il ressort deux faits principaux. Tout d'abord, Philippe V est maintenu à Madrid, mais il doit céder à Charles VI les Pays-Bas — où les Hollandais tiendront garnison dans les places de la Barrière — et toutes les possessions italiennes de son prédécesseur : Milanais, Naples. Il en éprouve un vif ressentiment. Second fait, l'Angleterre obtient de considérables avantages : sur le plan économique, l'Espagne lui concède l'*asiento*, et entrouve ses colonies à son commerce ; sur le plan territorial ou stratégique, elle tient Minorque et Gibraltar, la France lui cède Terre-Neuve, l'Acadie, la baie d'Hudson, et une île à sucre, Saint-Christophe. Les grands travaux exécutés par Vauban à Dunkerque seront démantelés. Sur le plan moral, enfin : Louis XIV reconnaît la succession protestante. Au prix d'une humiliation politique et d'abandons limités à des possessions lointaines et peu peuplées, il a sauvegardé les frontières stratégiques constituées au cours de son règne. Au nord, celle de 1678, à peu près l'actuelle. A l'est, celle du Rhin : il rend Kehl, Philippsburg, Fribourg, situées au-delà du fleuve, mais acquiert Landau. Au sud-est, la crête des Alpes : s'il renonce à Nice et à la Savoie, il garde Barcelonnette. Après avoir tenté de développer sa puissance à la fois sur le continent et outre-mer, la France s'est trouvée contrainte d'opter entre les deux lignes directrices de son action. Et le roi a préféré sauvegarder les fruits de l'effort continental.

Guerre dynastique en apparence, cette longue lutte constitue peut-être la première guerre nationale entre États européens. Elle en a eu la grandeur et l'acharnement. L'Empire a combattu pour l'Alsace, et deux forces ont sauvé les Bourbons au bord du gouffre : le petit peuple de Castille, vivement hostile aux Catalans et aux Portugais, et les milices formées de paysans de France, appelées à renforcer l'armée, et fortes de quelque 200 000 hommes. Cette lutte qui déborde le cadre du continent présente également — trait apparu, déjà, lors de la guerre de la Ligue d'Augsbourg — un aspect économique, primordial sur les mers et en Amérique. D'ailleurs, les deux guerres peuvent être considérées comme deux épisodes d'un même conflit, séparés par une assez courte trêve. En tout cas, la seconde ne fait que développer les conséquences des mutations apportées par la première dans la vie et les idées des Français.

L'économie de guerre (1688-1714)

Ces deux guerres sont menées dans des conditions difficiles. De nombreux témoignages évoquent, en particulier, un sentiment unanime des contemporains : la conviction que la quantité de monnaie alors en circulation est insuffisante. De fait, le siècle a, dans son ensemble, connu une certaine hausse globale de la production. Mais les conditions monétaires n'ont pas suivi. La France, comme d'autres pays, manque d'une circulation de numéraire adéquate à ses besoins. Jusqu'en 1689 le souci majeur du pouvoir a été de maintenir la stabilité de la livre tournois. Il y est parvenu. Il n'a procédé à un accroissement de la masse monétaire en circulation que dans la mesure où il pouvait y procéder au moyen de bonnes monnaies d'or et d'argent. Il s'est refusé à fonder toute une politique sur une inflation de monnaie de cuivre, ainsi que l'avaient fait jadis l'Espagne et la Suède. Il a même interdit la circulation des pièces de mauvais billon, soit étrangères, soit originaires des principautés enclavées dans le royaume, et il a fait fermer plusieurs des ateliers monétaires de ces dernières : Orange, Trévoux, dans les Dombes, Avignon. Il a constamment amélioré la qualité de ses propres pièces, réussissant à faire reculer le faux-monnayage. Mais, par voie de conséquence, il a accentué l'atonie économique due à une phase de baisse prolongée des prix. Après 1689, l'état de guerre a pour conséquence l'apparition de faits nouveaux dans les pratiques monétaires françaises. D'abord, la fin de la stabilité de la livre tournois. A partir de cette date, des mutations en série, dévaluations que ne compensent pas quelques « renforcements », aboutissent à faire passer l'unité monétaire de la valeur de 8,33 g d'argent fin, à celle de 5,53 g en 1715. Les dévaluations sont de vraies banqueroutes déguisées : elles profitent à l'État, débiteur, qui paie ses créanciers en monnaie déyaluée. Quant aux réévaluations, elles sont opérées de telle sorte que l'Etat reçoive un plus grand poids de métal lors du paiement des impôts.

C'est également à partir de 1689 que l'on voit apparaître d'ingénieuses tentatives de papier-monnaie. La circulation des lettres d'assignation données par les différents organismes de l'État se développe, et l'on n'hésite pas à les négocier. En raison de sa vitesse de circulation, utiliser ce papier équivaut à multiplier les moyens de paiement. Mais son usage demeure, dans l'ensemble, localisé. Il faut attendre 1701 pour assister, avec la création des « billets de monnaie », à un essai réalisé à l'échelle du royaume. Billets dont les uns portent intérêt et les autres non, ce qui entraîne une certaine confusion dans le public et contribue à l'échec de la tentative.

La fiscalité évolue, elle aussi, durant ces années difficiles. L'État utilise de nombreux expédients : emprunts, vente d'innombrables offices et de lettres de noblesse, augmentation des impôts indirects, désormais affermés par un syndicat de financiers, les fermiers généraux. Mais il est aussi des réflexions et des initiatives qui vont loin. Boisguillebert publie son *Détail de la France*, puis son *Factum de la France* ; Vauban, sa *Dîme royale* (1707). Leurs idées, qui sont loin d'être toutes réalisables, n'en portent pas moins quelques fruits. Mis à part le médiocre Chamillart, les contrôleurs généraux — Pontchartrain, Desmaretz, surtout — ont d'ailleurs été des hommes de valeur et ils ont su choisir de bons collaborateurs : d'Aguesseau, Amelot de Gournay. Une révolution fiscale est tentée, dans le dessein de remplacer le vieil impôt de répartition par un impôt de quotité. En 1695 est créée la capitation, taxe par tête, frappant les contribuables en fonction de leur rang social. En 1710, le dixième, impôt proportionnel à tous les revenus. Mais, faute d'un équipement administratif suffisant, et devant la résistance de la noblesse et du clergé, le poids en retombe surtout sur les taillables. Le déficit budgétaire demeure très lourd.

Les responsables des finances et de l'économie françaises sont tous dans la filiation intellectuelle de Colbert, et ne renient pas ses principes. Mais ils sont convaincus de la nécessité absolue de les assouplir. Opinion qui rencontre celle, plus radicale, des négociants et des armateurs, qui font entendre leurs voix par l'intermédiaire de leurs chambres de commerce. Ils sont, eux, franchement hostiles à la réglementation, aux monopoles, aux grandes Compagnies privilégiées, et ils estiment vivifiantes la concurrence et la liberté du travail. Ainsi s'amorce une politique de semi-libéralisme, ou plutôt de dirigisme mitigé. Elle se manifeste par différents efforts pour utiliser les possibilités que laissent ou qu'ouvrent, parfois, les circonstances politiques. On commerce de plus en plus avec l'Empire espagnol, l'Afrique du Nord, le Levant, les Antilles, l'Extrême-Orient. De nouvelles compagnies sont fondées, avec davantage de capitaux privés et moins de privilèges qu'autrefois, celles d'Afrique (1690), de la Chine (1698), des mers du Sud (1712). On assiste également à un véritable renversement de la politique industrielle. Alors qu'avant 1685 l'effort créateur était essentiellement appliqué aux industries de luxe, dans le dessein d'éviter des importations ruineuses, il est désormais orienté vers des entreprises moins artificielles, vers les produits courants : draperie, toiles de chanvre, métallurgie, bonneterie. Tentatives encore hésitantes, mais qui trouveront leur pleine justification lorsque la conjoncture sera renversée.

Conjoncture et société d'ordres

L'un des caractères essentiels de l'évolution sociale durant les deux guerres est constitué par le triomphe du groupe social des financiers. Hommes partis parfois de très bas, intelligents et dynamiques, devenus peu à peu de gros manieurs d'argent, ils assurent le succès des emprunts royaux et des ventes d'offices, et afferment les impôts indirects. Crozat, Lamotte, Berthelot, Legendre traitent d'égal à égal avec les représentants de l'État. Samuel Bernard, protestant converti, est importateur, munition-naire et grand spécialiste des opérations de change. Bourvalais, fils d'un paysan breton, a son hôtel place Vendôme et son château à Champs.

D'autre part, la société française repose toujours sur la notion d'*ordres*, dont les travaux de Roland Mousnier ont récemment souligné l'impor-tance — notion juridique et surtout psychologique. Les convenances, alors très puissantes, obligent à situer les personnes dans la hiérarchie sociale d'après de tout autres critères que la fortune. On tient le plus grand compte des privilèges ou du statut du groupe auquel elles appartiennent. On ne se mésallie point. Mais la vie quotidienne, par suite de l'état de guerre et de la dépression économique, devient difficile. Les besoins financiers interviennent d'une façon qui n'est plus exceptionnelle dans des stratifications qui, en principe, devraient ignorer l'argent. Un comportement utilitaire tend à remplacer le comportement traditionnel. De plus en plus nombreux sont les mariages entre gentilshommes pauvres et filles de riches roturiers. « Si le financier manque son coup, les courtisans disent de lui : c'est un bourgeois, un homme de rien, un malotru ; s'il réussit, ils lui demandent sa fille » (La Bruyère). En dépit des satires, ces alliances se multiplient. Et peut-être ce fait social correspond-il à une évolution de la mentalité. Peut-être a-t-on commencé à penser, entre 1661 et 1715, que les anciennes classifications n'avaient plus de valeur. Peut-être commençait-on à passer, lentement, de la société d'ordres à une société fondée sur des distinctions d'origine financière.

Des aspects éternels aux formes actuelles

Cette altération de l'ordre social traditionnel a vivement frappé les contemporains. L'extraordinaire succès des *Caractères* de La Bruyère en constitue la preuve la plus éclatante. Les dramaturges traitent maintenant des sujets liés à la « question d'argent » : Dancourt, avec ses comédies de mœurs, *la Loterie* (1697) et *les Agioteurs* (1710) ; Regnard, avec *le Joueur* (1696) et *le Légataire universel* (1708) ; enfin, Lesage, qui crée le type de *Turcaret* (1709), aventurier cynique, ancien laquais devenu fermier général. L'intrigue cesse d'être l'objet principal de la pièce, et tend à devenir le simple support d'une étude précise des mœurs contemporaines. Ce ne sont plus, comme dans la première partie du règne, les aspects éternels de l'homme qui retiennent l'attention, mais les formes actuelles de la vie. Les arts plastiques portent, eux aussi, la trace des circonstances nouvelles. Sans doute Versailles demeure-t-il une entreprise ouverte, jusqu'à la fin du règne, à la plupart des talents. Mais, faute d'argent, certains ouvrages, comme l'aqueduc de Maintenon, ne peuvent être terminés. Après la mort de Le Brun (1690), l'esthétique imposée aux arts ne peut plus être fermement maintenue. Décorateurs et peintres trouvent de nouveaux mécènes : les financiers, qui provoquent un reflux de l'esprit créateur vers Paris. Un courant artistique, jusque-là masqué par la doctrine officielle, reparaît. Il prend sa source dans le réalisme flamand, prône l'éclat de la couleur, le brillant, la verve — alors que pour Le Brun la noblesse des attitudes et le soin du dessin constituaient les qualités essentielles. Ce courant est représenté par Antoine Coypel, par Jouvenet. Et, dans l'art du portrait, les deux courants ont leurs représentants : Rigaud exécute des représentations solennelles de Louis XIV et de Bossuet ; Largillière est plutôt le peintre des milieux bourgeois. Et Watteau, reçu chez le financier Crozat — propriétaire d'immenses parcs —, donne, dès avant 1715, l'essentiel d'une œuvre qui apparaît déjà étrangère au siècle de Louis XIV.

L'opposition aristocratique

Ce ne sont pas seulement les aspects fiscaux, économiques ou artistiques de l'absolutisme qui sont remis en question durant les deux guerres. La politique étrangère du roi se trouve également l'objet d'acerbes critiques de la part d'une coterie aristocratique qui comprend, outre Fénelon, les ducs de Beauvillier, de Saint-Simon, de Chevreuse, et qui met ses espoirs dans le jeune duc de Bourgogne, fils aîné du Dauphin. Elle souhaite la paix à tout prix. Après la prise de Lille par l'ennemi, le jeune prince, élève de Fénelon, ose déclarer : « L'État n'a-t-il pas subsisté des siècles entiers sans avoir cette ville, ni même Arras et Cambrai ? » Défaitistes en politique étrangère, Fénelon et ses amis se montrent, sur le plan intérieur, des esprits profondément chimériques. Leurs idées — exprimées par le *Télémaque* (1699) et par les fameuses *Tables de Chaulnes* — sont animées d'une double haine : celle de l'autorité royale, celle de la « vile bourgeoisie ». Contre l'une et l'autre, ils dressent des plans visant à réduire le pouvoir royal, à limiter l'économie française à ses activités agricoles, à rétablir la primauté de la noblesse dans l'État et dans la société. Ils rejettent l'absolutisme, condamnent l'œuvre de Louis XIV.

Le progrès du déisme

L'Église subit alors une attaque parallèle, mais d'une tout autre gravité. Elle semble pourtant connaître une piété fervente, ainsi qu'une extraordinaire expansion pastorale : c'est le temps (1701-1716) des missions de Louis-Marie Grignion de Montfort. Le pape et le roi, désormais ultramontain, luttent ensemble contre l'hérésie. Louis obtient facilement, appuyé par Bossuet, une condamnation du quiétisme (1699), hérésie de la mystique Mme Guyon, qui ramène la religion à l'extase du « pur amour » de Dieu, et qui a bénéficié de la complaisance de Fénelon. Et plus tard, par la voie diplomatique, les bulles *Vineam Domini* (1705) et *Unigenitus* (1713), qui condamnent formellement le jansénisme. Il fait raser le couvent, l'église et même le cimetière de Port-Royal. Mais le plus éminent danger couru par l'Église, durant ces années capitales, ne provient ni de l'intérêt accru porté à l'argent ni de l'existence d'une secte en son sein. Il ne tient pas, en soi, au progrès des sciences. Il tient, et ce fait est européen, à la diffusion de la philosophie cartésienne, qui porte partout l'esprit de doute et de libre examen, et déchaîne, bien contre la pensée originale de son auteur, une vague d'incrédulité. Il tient, plus précisément, à l'expansion encore diffuse d'un système religieux qui ne compte encore d'adeptes déclarés que dans les milieux lettrés. Pour eux, Dieu existe, mais est indifférent au sort des hommes ; par voie de conséquence, il n'y a aucune raison de lui rendre un culte, et la Révélation n'est qu'une fable. Ce système, le « déisme », a pour terre d'élection l'Angleterre. Mais il existe depuis longtemps un déisme français original, celui des « libertins », représenté, entre autres auteurs, par le poète Jean Dehénault, mort en 1682. C'est précisément durant les années suivantes que se manifeste une nouvelle génération d'auteurs « libertins », plus rationalistes, plus systématiques dans leur critique du christianisme. Elle est représentée principalement par Saint-Évremond et par Fontenelle, auteur des *Entretiens sur la pluralité des mondes habités* (1686). Tous deux sortent de collèges jésuites, et ce n'est pas là une rencontre fortuite. Principale congrégation enseignante, avec 150 établissements et quelque 60 000 élèves en 1700, la Compagnie forme environ la moitié des jeunes

Français qui font des études secondaires ou supérieures. Or, presque tous les déistes notoires des XVIIe et XVIIIe siècles sont sortis de ses collèges, et, après 1715, on voit apparaître, dans l'élite sociale, une génération où sont nombreux non seulement les déistes, mais aussi les athées. Ces faits obligent à poser le problème du contenu de son enseignement philosophique. Car si le collège n'explique pas l'homme tout entier, son influence n'en est pas moins déterminante dans bien des cas. Les travaux de Jean de Viguerie, qui a notamment retrouvé des cahiers de cours professés par les Pères, fournissent d'utiles éléments de réponse. A la fin du XVIIe siècle, la scolastique connaît la défaveur des régents de collèges jésuites. Ils n'en parlent même plus. Par contre, ils sont gagnés aux thèses des philosophes contemporains, celles de Descartes, celles de Malebranche dont les ouvrages s'échelonnent entre 1674 et 1715 ; et même, parfois, à la physique mécaniste inventée par le Père Mersenne entre 1620 et 1650. Or, ces deux derniers penseurs aboutissent au même résultat. Ils répudient toute métaphysique. Ils situent, d'un côté, les phénomènes, de l'autre Dieu. C'est là favoriser le déisme. En outre, les jésuites, à la fois indulgents et curieux, ont tendance à assimiler au christianisme certaines croyances ou pratiques des peuples qu'évangélise leur Compagnie. Ils présentent, en particulier, les Chinois comme des chrétiens qui s'ignorent, sans s'apercevoir que, s'il en est ainsi, la Révélation perd de sa valeur et que le Christ devient quelque peu inutile. Dans leurs méthodes missionnaires comme dans leur apologétique à l'usage des Français, on retrouve une même démarche. Ils commencent toujours par présenter Dieu et une sorte de religion naturelle, et ils amènent ensuite une seconde partie : le Christ. La religion naturelle justifie la chrétienne, au lieu que ce soit le contraire. Ils tendent à diminuer l'importance de la Révélation, à reléguer le Christ à une place secondaire. Et par là ils favorisent le déisme. En 1706, alors que le jeune Arouet est élève à Louis-le-Grand, un jésuite déplore l'insuffisance de la formation religieuse et philosophique de la jeunesse : « Ils entrent dans le monde, comme dans un champ de bataille, où la religion est attaquée de toutes parts ; et ils y entrent sans armes ; toujours poussés, comment de jeunes gens pourraient-ils résister ? » Craintes justifiées. Depuis 1689, l'ex-oratorien Richard Simon multiplie les ouvrages d'exégèse biblique qui donnent à l'esprit critique pleine conscience de sa force. En 1697 est parue la première édition du *Dictionnaire historique et critique* de Pierre Bayle, où, sous couleur de débarrasser ses lecteurs « des doutes qui se tirent de l'histoire humaine », il apporte aux sceptiques, surtout dans le domaine religieux, un arsenal d'arguments dans lequel Voltaire ne cessera de puiser.

IV.   FRANCE, MÈRE DES ARTS,
           DES ARMES ET DES LOIS

Les dernières années du roi sont marquées de nombreux deuils, mais « cette fermeté d'âme, cette égalité extérieure, cette espérance contre toute espérance, par courage, par sagesse, non par aveuglement » qu'admire Saint-Simon leur confèrent une exceptionnelle grandeur. En 1711, il perd son fils, le Grand Dauphin. Puis, coup sur coup, la duchesse et le duc de Bourgogne, ses petits-enfants, et l'un de ses arrière-petits-fils. Enfin, deux ans plus tard, son petit-fils, le duc de Berry. Philippe V d'Espagne ne pouvant lui succéder, il n'a plus pour héritier, en ligne directe, que son dernier arrière-petit-fils, né en 1710, enfant de constitution fragile. Pour éviter que le trône ne revienne à son neveu Philippe d'Orléans — notoirement « libertin » —, le roi, par l'édit de juillet 1714, appelle à lui succéder éventuellement les deux fils que lui a donnés Mᵐᵉ de Montespan : le duc du Maine et le comte de Toulouse. Puis, par le testament du 2 août suivant, il institue un Conseil de régence dont le duc d'Orléans ne sera, en fait, que le président. Il sait que ses dernières volontés ne seront sans doute pas mieux respectées que ne l'ont été celles de son père et de son aïeul. Il a du moins la conscience du devoir accompli. Après avoir fait son métier de roi aussi longtemps que ses forces le lui permettent, il meurt, le 1ᵉʳ septembre 1715. Il donne à ses sujets l'exemple d'une fin chrétienne : ses derniers mots sont ceux d'une prière de l'Église. Et sans doute a-t-il conscience d'avoir subi son principal échec dans le domaine religieux. Il a empiété de la sphère de ses droits sur celle des droits de ses sujets, et pourtant l'unification morale de la nation ne s'en est pas trouvée plus avancée. Ni l'Église protestante ni le jansénisme n'ont été éliminés. Par contre, le spectacle des persécutions et des querelles a profondément troublé les âmes et préparé une révolution dans les mentalités. Même impression de défaite sur le plan des réalités les plus matérielles. De 1683 à 1715, la dette publique a décuplé. Elle atteint 2 328 millions de livres, et le déficit annuel est de 45 millions. Une nouvelle dévaluation est inéluctable. Pourtant, en 1715, les conquêtes du passé récent permettent d'envisager un bel avenir. Louis XIV a acquis Lille, Besançon, Strasbourg. La sécurité du royaume est assurée. Il ne sera plus envahi jusqu'en 1792. Une administration efficace et centralisée a été créée, dont les meilleurs pratiques se retrouveront dans les bureaux des préfets napoléoniens. L'économie française est en meilleur état que les finances royales : en pleine guerre, les chefs d'entreprise ont su réaliser, en général, les mutations nécessaires pour profiter de la nouvelle conjoncture qui s'esquisse dans toute l'Europe occidentale. Mais la plus grande conquête des Français, durant ce règne fertile en drames, n'est ni territoriale, ni juridique, ni économique. C'est la suprématie intellectuelle et artistique qu'acquiert alors la France, et ce fait constitue l'une des données majeures de l'histoire de l'Europe durant tout le xviiie siècle. Il n'existe pas de fatalité historique ni de déterminisme absolu. Le courage et la volonté sont toujours bénéfiques. Ces deux vertus, guidées par la raison et par le sentiment — se soutenant tour à tour et se gardant l'un par l'autre —, permettent aux nations de triompher des conjonctures les plus défavorables. L'honneur de Louis XIV et de son peuple est d'avoir réalisé une France « mère des arts, des armes et des lois » en dépit des tempêtes d'une persistante adversité.

les « Lumières »

1715-1789 Dans les fêtes galantes
et le bouillonnement des idées philosophiques,
la lente dégradation de l'Ancien Régime.

L'esprit du temps

Le XVIIIe siècle est l'une des périodes de l'Ancien Régime des plus malaisées à appréhender et à interpréter globalement. Il semble dépourvu, en effet, de la robuste unité des moments historiques à poigne, ceux pendant lesquels la vie, dans l'exaltation de l'action ou dans la soumission à un ordre imposé et voulu, semble avoir un sens.

Exception faite pour l'épisode frénétique de la Régence ou la course à l'abîme des dernières années du règne de Louis XVI, l'époque (quelque soixante-dix années) se laisse vivre, apparemment. Les agrandissements de territoire que Louis XIV a arrachés par des guerres sanglantes et ruineuses, Louis XV les cueille comme des fruits mûrs : la Lorraine, cadeau posthume d'un prévoyant vieillard, le cardinal Fleury ; la Corse, dévolution de la république de Gênes aux abois. Sur ce territoire agrandi comme par hasard règne une paix profonde (sauf en quelques points limités pendant la guerre de Succession d'Autriche ou la guerre de Sept Ans). Les menaces d'invasion étrangère ne semblent plus que de lointains souvenirs, comme d'ailleurs les « frondes » intérieures, les « réductions » de villes rebellées, les révoltes et les « émotions » parisiennes et provinciales. La « bonne machine », comme disait Louis XV, tant bien que mal fonctionne. En certaines « mauvaises » années — au reste, de plus en plus localisées —, les « peuples » çà et là s'agitent bien encore parfois, mais sans parvenir à émouvoir vraiment la sérénité de Versailles. La France travaille, en de nombreux secteurs, plus efficacement ; sa population s'accroît comme ses productions ; les affaires marchent, la rente foncière se gonfle après 1730, grâce à la hausse des prix, et jamais les rentiers — aristocrates et bourgeois — n'ont autant perçu de leurs propriétés. Malgré les grincheux ou les attardés, la mobilité sociale s'accentue, et par-dessus les barrières qui, autrefois, cantonnaient les « ordres », les passerelles, déjà nombreuses, se multiplient pour ceux qui ont de l'argent, ou du talent, ou de l'esprit. Une civilisation éblouissante (dont les masses restent largement exclues), celle des détenteurs de la richesse, de l'influence et des loisirs, si elle exprime bien le dynamisme et le goût des classes fortunées et de leurs clientèles, dissimule pourtant sous ses prestiges les lézardes qui, graduellement, ébranlent ce bel édifice politique et social.

En effet, cet ordre des choses, intact en apparence, auquel préside la monarchie absolue à partir d'un Versailles plus que jamais fastueux, est affecté dans ses profondeurs par des changements qui, transformant peu à peu les rapports des forces économiques et sociales, suscitent des tensions et des déséquilibres dont le régime ne comprendra que trop tardivement la gravité et auxquels sa nature même et son style n'auraient pu porter remède qu'en reniant un passé vieux de près de deux siècles. De la prospérité du commerce, de celle des rentiers, qui expliquent le brillant de la civilisation aristocratique, l'État ne bénéficie pas à proportion. Constamment gêné, puis finalement ébranlé par une situation financière jamais assainie, déconsidéré par une politique étrangère peu réussie, sa faiblesse et l'incohérence de ses combinaisons politiques le rendent incapable d'arbitrer — sinon, en fin de course, en faveur des aristocrates qui le contrôlent — les antagonismes qui ont grandi avec l'essor de la richesse et l'inégalité dans sa répartition. Il n'écoute guère non plus les ressentiments d'une paysannerie dont la participation à la hausse des prix reste minimale ou précaire, qui se sent menacée par les appétits du seigneur détesté et de ses acolytes campagnards. Ainsi s'accentuent les oppositions entre la campagne et les villes, dans lesquelles les rentiers déploient leur luxe et jouissent d'un confort nouveau. La ville est le foyer de la « civilisation » aristocratique ou bourgeoise ; elle est aussi le creuset où se cristallisent les idées critiques, puis meurtrières pour l'ordre traditionnel, les courants de pensée qui sont l'arsenal où puisent des ambitions contradictoires : celles de l'aristocratie nobiliaire, nostalgique de la société pré-absolutiste dont elle aurait été autrefois la charpente ; celles de la noblesse de robe, son alliée, dont les appétits politiques se développent en même temps qu'elle consolide les situations acquises, et d'abord les siennes ; celles des bourgeoisies nanties, cultivées et ambitieuses, cantonnées cependant, au physique et au moral, dans leur situation subalterne. De toutes parts, l'État absolutiste devient la cible des intérêts frustrés ou en passe de l'être, des ambitions négligées ou méconnues, de la « philosophie » nouvelle qui conteste les bases surnaturelles de sa justification, l'efficacité et la justice du fonctionnement de ses mécanismes sociaux et économiques. Avant que se révèlent les clivages qui les opposent irrémédiablement, les ambitions nobiliaires et bourgeoises se liguent contre le système politique qui préside, orgueilleux et incertain, à ces mouvements, dont il comprend mal la signification et la portée. L'aristocratie l'attaque au nom de la tradition, au nom du droit de propriété ; le tiers état, au nom d'une réforme fondamentale, dont la philosophie des Lumières propose les méthodes et désigne les champs d'application. Dans ce climat d'insatisfaction généralisé, l'esprit des Lumières, en dévoilant les plaies sociales ou politiques, accentue les irritations, dénonce les injustices, donne une voix et des armes aux rancœurs et aux colères, en même temps qu'il réclame des réformes.

Le gouvernement n'est pas hostile aux réformes et le Régent a montré qu'il suffit de vouloir pour instaurer des formes renouvelées d'administration politique ou financière ; des administrateurs plus prudents, Orry, Turgot, tenteront, par touches successives, d'améliorer certains secteurs administratifs, d'introduire plus de justice dans la perception de certains impôts. Tout cela est resté insuffisant, localisé et de médiocre portée générale. De plus en plus, les revenus se révèlent inadéquats à une politique générale restée ambitieuse et dépensière. Depuis 1750, il apparaît bien à certains dirigeants perspicaces que le rang international de la France et la survie même du système politique dépendent d'une refonte fondamentale de certaines structures et d'abord de la répartition du revenu national. Rares pourtant ont été ceux qui ont osé envisager une réforme globale remettant en cause le caractère sacré du pouvoir royal, et qui aurait instauré l'égalité dans la contribution au fonctionnement d'un État devenu la chose de tous et non plus la propriété d'une caste. Quelques esprits hardis ont essayé d'arracher le système à ses contradictions et à ses démons. Des ministres des Finances éclairés, Machault, Bertin, Turgot, ont tenté de faire prendre par l'État l'initiative d'un renversement fondamental du système en soumettant les privilégiés à l'impôt. Des hommes politiques déterminés ont même, entre 1771 et 1774, en supprimant les parlements — réceptacles de toutes les oppositions —, essayé d'ouvrir une voie nouvelle à la monarchie. Les résultats sont restés éphémères : la chance s'en est mêlée et Louis XV est peut-être disparu trop tôt. Le gouvernement de Louis XVI, plus que jamais investi par les intérêts composés de la noblesse et de la robe, est allé de capitulations en capitulations devant la coalition des privilèges. En pareille conjoncture, le roi, en d'autres temps, avait choisi l'alliance avec le « peuple » contre les « grands ». Indécis, scrupuleux, et surtout impolitique, Louis XVI choisit de soutenir « sa » noblesse. En refusant la refonte de la société des privilèges et des ordres séparés, Louis XVI et ses conseillers ont engagé le destin du régime.

I.   DILEMMES
                  DE L'ANCIEN RÉGIME

                Diversité des problèmes économiques

Les affaires

Les traités d'Utrecht et de Rastatt, qui terminent la guerre de la
Succession d'Espagne, ont mis un terme aux grandes ambitions
françaises, qu'ils pénalisent durement. Matériellement, pourtant, le solde
est moins catastrophique qu'il n'y paraît. Désastreuse pour la marine
royale, la guerre a encouragé l'entreprise privée, la « course », qui ouvre
au négoce de nouveaux horizons et de nouveaux profits. Désormais, le
commerce français étend ses champs d'action, accroît le nombre de ses
navires, modernise ses méthodes, protégé de la vindicte des concurrents
anglais par l'entente qu'inaugure Dubois, l'astucieux ministre de la
Régence, que continue le cardinal Fleury, et qui pendant vingt ans règle
les rapports entre Londres et Versailles.

Le système de Law, expédient d'État pour porter remède à la crise
financière, apparaît tout autant comme le coup d'envoi à Paris d'un essor
sans précédent du monde de la finance française et internationale, que
comme une intervention nécessitée par l'archaïsme des structures
financières et la crise endémique du trésor royal. Avec l'essor de la
Finance, c'est une nouvelle société qui apparaît, une mentalité qui
change. La production industrielle est, elle aussi, en voie de transformation, mais moins spectaculaire, plus lente. Le gouvernement veille à ses
débouchés extérieurs, distribue protections et avantages, mais réglemente
strictement la fabrication de qualité, celle des « métiers jurés » (corporations), celle des manufactures privilégiées ou royales. Par contre, dans
le domaine de la production « libre » ou courante, absorbée par le marché
intérieur, la tolérance s'accroît d'autant plus que s'affirme la capacité
d'absorption du marché français. Ainsi la vie commerciale, financière
et industrielle semble-t-elle être sortie des vicissitudes qu'elle avait
connues sous le règne précédent. C'est un secteur brillant, mais fragile
que celui-là, soumis aux aléas des transports maritimes, des places de
commerce étrangères, de la conjoncture internationale ; mais c'est un
secteur capital qui assure des débouchés aux productions spécialisées
(pacotilles, farines, eaux-de-vie), ramène des produits de luxe, mais aussi
des matières premières travaillées par les manufactures (sucres et
mélasses, par exemple) et qui, surtout, fournit le royaume de ces piastres
d'argent nécessaires aux transactions. Ainsi le secteur commercial et
industriel se développe sous la surveillance de l'État mais sans être
soumis à l'impôt, dont tout le poids, dès lors, retombe forcément sur le
secteur majeur de la production, le secteur agricole.

La campagne

La presque totalité de la terre est cultivée par des paysans (19 millions à la mort de Louis XIV), qui n'en possèdent qu'une fraction et qui ne conservent des fruits de leur travail qu'un médiocre pourcentage, ce qui reste une fois qu'ont été prélevés les droits seigneuriaux, la dîme, les loyers et la taille royale. Sur cette part, le paysan doit, en outre, retenir un tiers pour la semence des futures récoltes. Sauf dans le cas des plus riches paysans, « laboureurs » cossus ou fermiers capitalistes auxquels les dimensions de leur exploitation laissent un surplus négociable, l'immense majorité des cultivateurs ne conserve que le minimum de ce qu'il lui faut pour vivre. Le reste du revenu du sol (60 à 70 p. 100 du total) est perçu d'abord par le roi, propriétaire « éminent », puisqu'il perçoit l'impôt, puis par les percepteurs de la rente foncière, tous seigneurs ou propriétaires, ou les deux à la fois, quel que soit l'ordre auquel ils appartiennent, noblesse, clergé ou tiers. Les seigneurs sont loin, désormais, d'appartenir tous à l'ordre de la noblesse. Un grand nombre — dont la proportion ne cesse de croître — sont de riches roturiers qui, en plaçant leur argent dans une seigneurie, voient le moyen de confirmer un statut nobiliaire acheté ou d'en préparer l'acquisition. Au bas de l'échelle, cependant, on trouve des seigneurs fort pauvres, possesseurs de petites seigneuries ou de petits domaines, liés par une commune indigence à leurs locataires, d'autant plus âpres et chicaniers, et jalousement attachés aux droits honorifiques qui fondent l'identité morale de la gentilhommerie campagnarde.

Contrairement au secteur industriel et commercial, le secteur agricole reste gouverné par des structures de production et de distribution qui resteront, pour l'essentiel, inchangées tout au long du siècle. Le conservatisme agraire est conditionné par le manque de capitaux en milieu rural, les capitaux absorbés par les rentiers du sol ne lui faisant pratiquement jamais retour, les capitaux paysans étant plus volontiers affectés à des achats de terrain, ou utilisés par l'acquisition de quelque « office » administratif, pour bifurquer vers le fonctionnarisme et tous les avantages qui s'y rattachent. Dans un tel contexte, les perspectives d'une amélioration profonde de l'agriculture sont modestes.

Cette précarité continuelle d'une situation agricole dont dépend le sort de l'impôt en fait donc un secteur sensible des préoccupations gouvernementales. De mauvaises années, des hausses brutales de prix jouent au bénéfice des gros propriétaires et des marchands de grains, non à celui du paysan, qui n'a aucun surplus à négocier. Bien au contraire, des conditions adverses peuvent avoir des conséquences catastrophiques dans le monde rural et, par répercussion, sur la production industrielle à cause de la réduction de la consommation des produits de l'industrie. Aussi, surveillance et orientation marquent-elles constamment l'action gouvernementale : « police » des marchés et des boulangers; restrictions à la circulation; établissement de stocks; contrôle ou taxation du prix du pain, le pain à bon marché étant la condition du maintien du calme dans les villes, puisque le pain fait le fond de la nourriture du petit peuple et des ouvriers. Néanmoins, les nécessités politiques aboutissaient toujours à des mesures fiscales contraires aux intérêts des paysans, destinés semblait-il, par l'ordre des choses, à faire perpétuellement les frais d'une vie nationale indifférente aux problèmes agricoles et avec d'autant plus d'injustice que les contribuables riches et influents (notamment les notables campagnards) parvenaient à payer proportionnellement beaucoup moins. Aussi les paysans restent-ils constamment méfiants et violemment hostiles aux « accaparements » ou aux « greniers d'abondance », soupçonnés d'être des objets de spéculation qui contribuent à l'aggravation de leur misère.

Ce malaise va prendre une nouvelle dimension quand, vers le milieu du siècle, deux phénomènes d'ordre général vont accélérer certaines évolutions, alourdir certains problèmes. C'est d'abord l'essor démographique, dû à la fin des grandes « mortalités », et sa conséquence : une production accrue et — malgré la persistance d'une mortalité infantile élevée — l'allongement de la durée moyenne de la vie. En 1789, le nombre des paysans se serait accru de 2 millions depuis 1770 et aurait augmenté d'autant dans les décennies précédentes. Jusque vers 1750, l'équilibre est tant bien que mal réalisé entre l'économie agricole et la population : économie de survie a-t-on dit. Mais autour de 1720-1740 s'amorce enfin une « mutation », quand les rendements tendent à dépasser 5 pour 1 (6 à 7 pour 1 vers 1770), résultat de transformations agricoles multiples et complexes. Alors, la paysannerie, malgré ses charges, passe le seuil de la simple subsistance. Variable suivant les endroits, le progrès général est incontestable et se marque au moins pour les paysans par ce gain essentiel qu'est la vie. Le mieux-être ne dure que jusque vers 1770. La surpopulation relative signifie dès lors pour les propriétaires paysans l'émiettement des parcelles divisées entre des héritiers plus nombreux dont elles ne parviennent plus à assurer convenablement la subsistance et, pour les ouvriers agricoles, des salaires de misère, le chômage et finalement l'accroissement des bandes d'errants et de vagabonds.

Cette hausse des prix qui se marque de façon décisive après 1730 et qui termine la longue stagnation du « tragique » XVIIᵉ siècle introduit à la campagne d'autres modifications lourdes de conséquences. Bien plus qu'au paysan elle profite aux seigneurs, au clergé percepteur de dîmes, aux riches « laboureurs » indépendants ou fermiers. Ainsi l'écart s'accroît entre le revenu paysan et celui des rentiers ou des gros producteurs, accélérant l'essor et les ambitions des riches ruraux.

Mis en appétit, notables et seigneurs voudraient, sans bourse délier, accroître la superficie de leurs « propriétés », conserver l'intégralité de leurs récoltes en accentuant leurs convoitises, depuis longtemps déclarées, sur les terrains communaux et en prétendant restreindre les « droits d'usage » acquis aux communautés paysannes. Mais ils ne sont pas seuls à espérer de plus larges profits de la terre. Le gouvernement, qui tire de la taille levée sur les paysans et, dans le Midi, sur les terres roturières une proportion considérable de ses revenus, considère lui aussi avec un intérêt croissant l'augmentation en quantité et en valeur du produit agricole dont il entend bien faire profiter le trésor royal. Encouragé par la propagande de l'école physiocratique, il va, dans un dessein largement fiscal, susciter des « améliorations » et stimuler des profits, réalisés en fin de compte aux dépens de la majorité des ruraux. L'évolution du problème agricole dissimule, dans l'euphorie de la hausse des prix et la propagande intéressée pour une « agriculture nouvelle », de graves menaces dont le monde paysan prend une conscience aiguë. Ainsi se trouve relancé, à partir du grand « tournant » économique des années 50, ce problème de l'agriculture, fournisseur primordial de la subsistance et des revenus de l'immense majorité des habitants du royaume, qui est la base de tous les calculs gouvernementaux dans l'ordre des impôts et de la « police » (c'est-à-dire la politique générale) de l'État.

Voilà pourquoi, dans une large mesure, c'est par les humbles mécanismes agricoles et le savant et complexe détournement de leurs profits que peuvent s'expliquer tant des problèmes que, dans une incohérence apparente, l'Ancien Régime agite sur le devant de la scène française.

Ambiguïtés de la société d'« ordres »

A l'intérieur des trois ordres qui, officiellement, divisent la société française, des évolutions, lourdes de conséquences elles aussi, se précisent. Les trois sections verticales qui partagent la société sont d'importance numérique extrêmement inégale puisque le clergé compte environ 150 000 personnes, la noblesse à peine un demi-million et le tiers état — à la veille de la Révolution — les 24,5 millions restants. A l'intérieur de chaque ordre, c'est la fortune désormais qui devient le critère majeur de la différenciation. C'est elle qui répartit les membres des ordres en strates, en « classes ». Au-dessus d'une base, privée par sa pauvreté ou sa médiocrité de toute force ascensionnelle, s'étagent, aux sommets des ordres, des catégories nuancées et graduées, mais ayant en commun d'être riches. Aussi ces hautes catégories se tendent-elles la main par-dessus la barrière juridique qui continue à les distinguer.

Les nobles

Dans la noblesse, depuis longtemps le fonctionnement du cursus traditionnel fondé sur la fortune terrienne, le nom, les charges ou les grades de l'armée a été infléchi par l'arrivée en son sein d'une noblesse « nouvelle », celle des offices. Les parvenus de la « noblesse de robe », utilisant la puissance irrésistible de l'argent, se sont taillé dans l'ordre une place de choix. Propriétaires et seigneurs de terres (dont la gestion attentive et efficace témoigne de leur origine bourgeoise), ils ajoutent, à l'influence dérivée de la part substantielle qu'ils touchent désormais de la rente foncière, celle, considérable, que leur confère leur situation officielle d'auxiliaires ou de représentants de l'État. Aussi, malgré les réticences originelles de la « vraie » noblesse, l'alliance — par les mariages — entre les catégories fortunées de la noblesse est-elle, au début du XVIIIe siècle, un fait accompli, gros de conséquences sociales et politiques. D'abord, elle a contribué à confiner la gentilhommerie rurale dans l'horizon subalterne des petites seigneuries et des carrières médiocres. Ainsi délaissée, la petite noblesse provinciale devient une valeur sous-exploitée par le régime.

Au sommet de l'ordre, et même si le « ton » diffère entre les catégories anciennes et nouvelles qui s'y engouffrent, la fusion devient à peu près complète entre des intérêts qui mutuellement s'épaulent et dont le dénominateur commun est l'argent. Ainsi s'organise le « cercle magique » où se confondent nobles authentiques, anciens et nouveaux, laïques et ecclésiastiques, nobles présumés ou tolérés, et finalement roturiers fortunés. Cercle magique, en effet, qui, par les mille canaux propres à chaque catégorie, aspire vers ses hauteurs une part majeure du revenu agricole, auquel s'ajoutent les profits d'activités financières, juridiques, administratives ou commerciales, toutes activités animées par et fonctionnant pour l'avantage de cette classe dominante. Ainsi, cette haute société du XVIIIe siècle, dans laquelle l'argent égalise et unifie les « rangs » et les conditions, est-elle bien différente de l'ancien ordre nobiliaire paradant, cérémonieux et entiché de « distinctions » comme Saint-Simon, son représentant attardé. Isolée et distincte de la masse de la noblesse médiocre ou pauvre, elle est bien une *aristocratie* où fusionnent, dans un mélange fastueux, les manières que procure la naissance et l'aisance que donnent la fortune, le goût du confort élégant, le respect pour la culture.

Cette évolution confère également à la « civilisation » française au XVIIIe siècle (entendons la culture de la haute société) son caractère ambivalent. D'un côté, le grand air, le charme, le raffinement, les idéaux élevés et le style magnifique ; de l'autre, la course à l'argent, qui est la préoccupation continuelle. Et pourtant tel est le prestige de l'appartenance à cet ordre dont les distinctions « honorifiques » fascinent la bourgeoisie, qu'il aboutit, pour les nouveaux venus, à un reniement de fait de leurs origines et à leur adhésion enthousiaste à toute une série de concepts « historiques » et mythologiques entretenus avec complaisance par les nobles « authentiques », notamment la notion de « naissance » et de supériorité du « sang ». À quoi s'ajoute aussi, au lieu de la notion de « service » public et de devoir envers la communauté — telle que la définiront les philosophes — l'exaltation de la notion d'« honneur » dont Montesquieu — apôtre des droits de la noblesse — sera le théoricien. Notion qui impliquait pour le noble tout un code de manières, d'attitudes, de modes et de langage même destiné à « distinguer » les membres de cet univers des « roturiers », congénitalement « inférieurs ».

Le théâtre de la vie noble n'est plus la campagne, où, dans un manoir délabré, végète le gentilhomme rustique, avec ses notions surannées de fidélité et de loyauté, mais la ville, dont certaines fonctions principales, et souvent l'aspect, sont déterminés par les critères agréables à l'aristocratie. C'est alors que se multiplient les beaux « hôtels », les superbes demeures des parlementaires qui ornent les capitales locales, Bordeaux, Aix, Dijon. Paris, plus que toute autre, reflète cette évolution. C'est là que s'élabore la « mode », création perpétuelle de l'aristocratie. Elle investit la rente foncière qui l'alimente en hôtels, en « folies » et dans les beaux objets que les compagnies coloniales et les industries de luxe (dirigées par ses associés et pourvues de capital issu, lui aussi, de la terre) lui fournissent. C'est son « cadre » et ses goûts qui s'expriment dans un certain urbanisme, mais surtout dans ces laboratoires de la vie noble que sont les salons, la comédie et surtout l'Opéra, où elle voit transposés ses aspirations, son univers, dont elle extrait sa mythologie et souvent ses attitudes et son langage. Tous les luxes sont à son service et même l'encanaillement et le dilettantisme intellectuel, puisqu'elle considérera comme des « nouveautés » savoureuses les déclamations ou les théories qui la clouent au pilori.

Cette « douceur de vivre » a son revers. Et d'abord ce qu'elle coûte et à quoi — sauf dans le cas d'une fortune exceptionnelle ou de solides revenus issus de la finance — la rente foncière finit par ne plus suffire. C'est ce malaise, d'ailleurs, qui va faire descendre la noblesse dans l'arène économique, où elle se heurtera à la bourgeoisie et, de façon plus sourde, mais non moins résolue, à la paysannerie, qui sera la première à porter physiquement la main sur elle. Depuis longtemps aussi elle a préparé sa rentrée sur la scène politique et la Régence fut bien une explosion libératrice. Ses théoriciens, qui tous utilisent le règne de Louis XIV comme repoussoir, veulent rendre à la noblesse un rôle considérable dans l'État. Dans cette évolution, la noblesse se sert de ses alliances avec les parlementaires et les financiers, auxquels, réciproquement, elle est utile. La cour, où elle fait la loi, cesse d'être l'appareil d'État qu'elle était sous Louis XIV pour devenir l'instrument des intérêts particuliers de la super-noblesse, essaim de groupes, de « partis » et de cabales, chacun avec ses ambitions propres. Elle devient l'échiquier somptueux et profondément corrompu de toutes les intrigues et de toutes les manœuvres. Actives, mais plus feutrées sous Louis XV, contenues par l'œil d'Argus des maîtresses ou de quelques fidèles sincères, les coteries deviennent insolentes et impudentes sous Louis XVI, autour des comtes de Provence et d'Artois et de la reine. Après 1780, c'est une succession de scandales en chaîne (banqueroute des Rohan-Guémenée ; faillite du comte d'Artois ; affaire du Collier) qui éclaboussent le trône et révèlent cette association entre l'aristocratie et le pouvoir. Largement représentée aux postes clefs du gouvernement, assurée sur ses arrières par la tactique des parlements, l'aristocratie confisque peu à peu l'État. Les cours souveraines se ferment aux nobles trop récents, l'accès à la cour se rétrécit. Dans la marine, dans l'armée surtout, plusieurs édits favorisent les officiers nobles ou réservent à la noblesse l'accès à certains grades. C'étaient là les miettes que l'aristocratie entendait réserver à la petite noblesse provinciale sans autres débouchés lucratifs que des « bénéfices » secondaires ou la carrière militaire. Certes, ces mesures restrictives comportaient — comme tout sous l'Ancien Régime — de multiples exceptions et, bien qu'y parvenir fût plus malaisé, la noblesse ne formait toujours pas un monde clos. L'impression prévalut, néanmoins, qu'elle entendait écarter dans son domaine toute concurrence, au moment même où elle empiétait sur celui de la bourgeoisie.

Le système de Law, ses alliances dans la finance ont initié bien des nobles aux « affaires » qui permettent de s'enrichir sans déroger. Beaucoup engagent de l'argent dans le grand commerce colonial ; les Isles, Saint-Domingue surtout, fournissent aux grands propriétaires des revenus considérables. En France même, à la fin de l'Ancien Régime, des nobles obtiennent des concessions minières, dirigent les compagnies charbonnières, s'intéressent aux industries nouvelles, à la métallurgie, aux industries chimiques. L'aristocratie, elle aussi, prépare la « révolution industrielle ». Vers 1770, quand le reflux des prix agricoles menace la rente foncière, de toutes parts prévaut l'idée d'une « réaction féodale » menée par la noblesse associée au gouvernement.

La bourgeoisie

Ce renouvellement de la noblesse ne laisse pas de provoquer de profondes perturbations dans la bourgeoisie, dont l'ascension est, elle aussi, continue, plus tenace encore, car elle calcule plus loin sur un chemin bien moins aisé. Laborieux, économes et sévères, marqués par une certaine morale « janséniste », les bourgeois censurent volontiers le genre de vie de la noblesse gaspilleuse, jouisseuse et corrompue. La bourgeoisie rentière élabore systématiquement, au XVIIIe siècle, sa propre culture, y donne délibérément son temps dans les discussions des académies de province, des sociétés de pensée, les loges bourgeoises de la franc-maçonnerie (distinctes de celles de la noblesse), et consacre beaucoup d'argent en livres, en recherches, en expériences. Elle manifeste l'appétit de connaître. Ainsi, laissant à ses plus brillants représentants le soin de répandre ses idées dans les salons, au cœur même du monde antagoniste, la bourgeoisie pénètre en force dans les forteresses de la nouvelle pensée.

Le clergé

Les problèmes qui se posent au clergé sont de deux ordres : matériel et moral. D'abord l'attribution des bénéfices se fait dans un cadre de plus en plus aristocratique ; après 1760, tous les évêques sont nobles. C'est le haut clergé qui perçoit le revenu principal de la dîme, dont il redistribue une faible part aux curés et vicaires sous forme de « portion congrue ». Exception faite pour les ordres sévères, la vie des réguliers se relâche et les abbayes finissent par n'être plus peuplées que de quelques religieux, issus le plus souvent de la noblesse, qui jouissent ainsi de revenus considérables, utilisés pour l'édification, au cours du siècle, d'innombrables et parfois somptueux bâtiments conventuels et palais abbatiaux. Cette évolution soulève des protestations de toutes sortes. Le haut clergé, plus qu'à ses devoirs pastoraux, s'intéresse, dans la seconde moitié du siècle, à des formes d'« administration » diocésaine beaucoup plus laïques que religieuses. Les fidèles campagnards, notamment, déplorent vivement la condition de leurs prêtres, proches d'eux sans doute par leur genre de vie, néanmoins mal préparés à des charges d'assistance spirituelle. Infériorité que le bas clergé ressent avec humiliation et qui accentuera en son sein des tendances « presbytériennes ». Enfin, l'opinion publique, désorientée par une telle évolution, travaillée par les idées nouvelles, en arrivera parfois à remettre en cause le rôle des « ministres des autels », dont les fonctions semblent bien vagues et peu utiles. D'autres réclament la laïcisation de toutes les fonctions dévolues au clergé et, ne voyant plus en lui qu'un bastion d'obscurantisme et d'abus, expriment un anticléricalisme résolu.

Au XVIIIe siècle, le jansénisme est devenu l'expression religieuse de l'hostilité à l'absolutisme gouvernemental. Le raidissement de toute une fraction de la société contre la bulle *Unigenitus* signale d'abord la persistante réaction d'un gallicanisme parlementaire et populaire hostile aux ingérences romaines et désignant dans la souplesse gouvernementale à l'égard de Rome (infidèle en cela à la tradition du gallicanisme royal) l'influence néfaste des jésuites. Les manifestations populaires du jansénisme (extrémisme des milieux dévots, des convulsionnaires de Paris et de province) expriment une révolte intime contre les formules religieuses héritées de l'autoritarisme de la Contre-Réforme, ou contre la doctrine jugée, au contraire, trop « facile » des jésuites et de leurs suppôts. Mais elles expriment aussi des impatiences à la fois sociales et politiques et ce sont celles-là qui seront saisies par les parlements. En prétendant intervenir dans les dérisoires querelles des refus de sacrements, des billets de confession, en se saisissant avidement des « appels comme d'abus » des ecclésiastiques « anti-constitutionnaires », les parlementaires — eux-mêmes souvent adeptes d'une tradition religieuse plus intime et plus austère — entendent faire pièce à l'absolutisme monarchique, restaurer, par ce biais, leur propre autorité et, dans la foulée, défendre leurs propres privilèges. Mais la querelle janséniste remet en question plus que la « tradition » romaine ou monarchique. Elle sert aussi de prétexte à une contestation des cadres de pensée et de culture imposés par le monopole ecclésiastique de l'enseignement. A ce point de vue, beaucoup de ceux qui soutiennent les oratoriens (plus jansénistes) contre les jésuites (malgré leurs hardiesses pédagogiques) le font pour des raisons tactiques, dans cette querelle qui est un combat pour plus de liberté. En 1764, la destruction des jésuites en holocauste aux parlements et aux Lumières (comme d'ailleurs au pacte de Famille) entraînera, comme il se devait, la déroute corrélative des jansénistes, apparus non sans raison comme l'autre face d'une religion désormais contestée dans son ensemble. L'extinction des grandes querelles doctrinales ne signifie pas la fin de la vie religieuse. Certains signalent avec complaisance la persistance presque partout de cette « pratique unanime » issue du xviie siècle. Mille symptômes pourtant signalent que la crise religieuse est profonde : en certaines régions, le jansénisme a pu accélérer une déchristianisation peu à peu perceptible ; la pensée religieuse cède graduellement la place à une religiosité épidermique indifférente à la doctrine. Et surtout la « philosophie » fait des progrès considérables, non seulement dans le bas clergé préparé à la recevoir, mais également dans un haut clergé qui compte dans ses rangs des anticléricaux notoires et des « philosophes » avérés. Le paradoxe, c'est que l'Église de France continue, dans la logique de son rôle et sa composition de « corps » officiel, à préconiser la répression contre toutes les dissidences, et d'abord contre les protestants, farouchement hostile à cette philosophie des Lumières que certains de ses prélats patronnent dans les salons. Et pourtant, malgré les revendications du bas clergé ou les écarts de tels évêques, malgré son hétérogénéité sociale, le clergé, profondément loyaliste, reste l'un des fondements de la société d'Ancien Régime.

Les groupes marginaux

Des forces sociales, pour une raison ou pour une autre, se situent « en marge du système » et posent certains problèmes, qui, pour n'être pas immédiatement redoutables, ne laissent pas, parfois, d'être préoccupants. Il y a d'abord les « gens à talents », d'origine bourgeoise, urbaine ou rurale, oscillant de leur milieu naturel au milieu de la société riche qui les emploie ou les accueille et où ils se fondent apparemment. Pas toujours pourtant ; et il est intéressant de noter que c'est vers le milieu du siècle que devient plus précisément observable une sorte de « bohème » à laquelle Diderot appartint et dont son *Neveu de Rameau* évoque les contours : habitués des cafés, jardins et places où se débitent les nouvelles, s'agitent les idées, s'obtiennent les renseignements et se nouent certaines intrigues. Elle a joué son rôle intellectuel d'abord, et artistique, mais aussi politique. A ce monde pittoresque et vivant, il faut associer aussi les milieux d'artistes et de comédiens, de courtisanes de haut vol. Cette sociabilité particulière est nette en certaines provinces, où, aux franges des « estats » et conditions, existent des groupes très mélangés animés de leur dynamique propre : sociétés de jeunesse, « gazettes » de pénitents, « chambrées » plus ou moins permanentes ; ou ces « compagnonnages » suspects aux autorités civiles et religieuses, qui y voient, non sans raison, des organisations d'entraide et de « coalitions » et où, sous couvert d'initiations, on pense un peu trop librement ; ou bien encore ces loges de francs-maçons, aux objectifs longtemps si vagues, mais si persévérantes dans leur recrutement. Structures d'accueil pour les défections, qui se précisent avec le temps et qui, par le jeu des « doubles appartenances », permettent, de l'intérieur des anciennes structures, d'en aménager de nouvelles.

Plus en marge encore, le monde des réprouvés religieux ou sociaux. Les protestants restent longtemps persécutés et l'intransigeance du « fanatisme » reste une constante dans la société comme dans le Conseil royal, à côté du rayonnement de plus en plus contraignant des Lumières. Mais si les protestants français n'obtiennent qu'en 1787 la reconnaissance de leur état civil et donc de leur vie juridique, les protestants étrangers, par contre — les banquiers notamment —, non seulement ne souffrent d'aucune discrimination du fait de leur religion, mais sont encore soutenus et portés par la société et par le gouvernement qui persécute leurs coreligionnaires français. Au xviiie siècle aussi, peu à peu, les juifs réapparaissent avec l'intensification du commerce, l'annexion de la Lorraine, où ils sont nombreux, ainsi que toute une catégorie d'étrangers dont l'influence sur le siècle ne sera pas négligeable. Dans le système, la place des ouvriers est modeste et leur nombre relativement peu élevé au sein d'une économie où la concentration industrielle est l'exception. Les ouvriers des manufactures urbaines sont, plus encore que les compagnons des « mestiers », soumis à surveillance stricte (livret ouvrier en 1781), ce qui n'empêche pas les insurrections et les émeutes : grèves des ouvriers de la soie de Lyon en 1744, incendie de la fabrique de papiers peints Réveillon en 1789, qui annonce le début des troubles à Paris. Les ouvriers des grandes entreprises situées à la campagne, mines, fonderies, etc., sont, en fait, des demi-paysans qui ne poseront pas de problèmes physiques. Néanmoins, des esprits se penchent sur la condition ouvrière, Diderot notamment, qui la comprendra et l'opposera avec ironie aux visions idylliques des aristocratiques dialecticiens du « bonheur ». Enfin, le monde mal connu, mais certainement très vivant, de la délinquance et du vice, monde très organisé celui-là, avec ses hiérarchies, son langage, ses coutumes, ses chefs : monde de la prostitution, qui est, en certaines villes, comme Paris ou Marseille, une véritable institution à tout faire et où se recrutent aussi bien les victimes de Sade que les complices de l'affaire du Collier ; monde des bandits de grand chemin, qui défraient la chronique populaire et sont les « héros » des complaintes : Cartouche,

Mandrin, Gaspard de Besse. Aucun de ces groupes n'est assez puissant pour être véritablement une menace pour l'ordre matériel des choses. Ils ont néanmoins, parfois, préparé un climat, fourni quelques troupes quand la contestation explose à la campagne ou descend dans la rue.

Questions d'argent

Les parlements et les « libertés »

L'absolutisme avait laissé subsister les « privilèges » dont le maintien était, en effet, un aspect de ces « lois fondamentales » qui faisaient l'essence même de la monarchie. Car si la monarchie avait tenté de centraliser, elle n'avait jamais entendu niveler. Or, son évolution, justement, menaçait ce fondamental principe d'inégalité. Les « ordres », vidés de leurs justifications historiques et pratiques, ne subsistant qu'en tant que principe social, dotés de pouvoirs amoindris, avaient vu leurs privilèges encore rognés par des pouvoirs et des contraintes « extra-constitutionnels », les intendants et les impôts. Le pouvoir royal, législateur et administrateur souverain qui ne devait plus de comptes à personne — les états ayant été mis en sommeil ou supprimés —, ne pouvait être limité que par une notion fondamentale et intangible. C'est alors que les magistrats utilisèrent le droit de propriété, seul titre qui put s'opposer à la volonté royale. C'est sur cette notion que les cours de justice, restées les seuls porte-parole possibles d'une opposition, s'appuyèrent pour mettre en échec le pouvoir arbitraire du roi et les menaces directes qu'il représentait. Dès lors, toute action « organisatrice » du pouvoir, toute tentative de réformes structurelles allaient se trouver entravées sur la route des « innovations » par les résistances furieuses des « libertés » et « privilèges » auxquels la politique des parlementaires assimila les propriétés privées (offices et droits seigneuriaux) en un « mur » homogène de possessions acquises contre lequel devaient se briser les tentatives du gouvernement absolutiste. C'est là le rôle fondamental de la magistrature du XVIIIe siècle, gardienne vigilante des droits acquis et, d'ailleurs, « première intéressée dans l'affaire ». Dans cette politique dont l'alibi est la défense des « privilèges » des ordres, ce qui intéresse au premier chef les parlementaires, c'est d'abord le maintien perpétuel de la propriété des offices ; c'est aussi, contre l'impôt qui diminuerait leur part, le maintien strict des formes existantes de la rente foncière. Les magistrats vont mener contre l'absolutisme le combat des intérêts menacés et des appétits politiques qu'explique la conception nouvelle qu'ils prétendent faire admettre de leur rôle dans la monarchie.

Le parlement est populaire dans la mesure où il apparaît comme le dernier de ces « corps intermédiaires » dont l'élimination persévérante avait justement permis l'établissement de l'absolutisme, et il tient lieu, faute de mieux, de ces assemblées élues dont le tiers état a conservé la nostalgie. Il est également soutenu par la noblesse et par les riches, qui voient en lui, avec plus de raison, le rempart de leurs communs privilèges. Ce rempart, d'ailleurs, se renforce au moment où le parlement de Paris élabore la thèse de l'unité du corps parlementaire et renforce ses résistances de celles des cours de province, dont certaines, Rennes surtout, seront, entre 1763 et 1770, à la pointe du combat. La destruction des parlements par le chancelier Maupeou en 1771 et leur remplacement par de simples tribunaux n'ont été qu'un intermède terminé par la mort de Louis XV. Le vieux corps parlementaire apparaît tellement lié à l'ordre monarchique que Louis XVI le rétablit en 1774, et Turgot laisse faire, espérant par là concilier les magistrats à ses réformes, que ces mêmes magistrats le contraindront à abandonner quelques mois plus tard. Dès lors, les parlements ne cesseront de mener contre la politique fiscale du gouvernement de Louis XVI une guerre de plus en plus acharnée. En 1788, l'heure semble venue pour le parlement de s'assurer le contrôle du pouvoir royal en réclamant, avec les notables, la convocation des états généraux, où, dans les formes de 1614, domineront les privilégiés, pourvus maintenant d'une tactique et d'un corps de doctrine. C'est alors que le tiers état comprit les mobiles profonds de la robe, instrument de la réaction aristocratique, et que la scission s'opéra dans cette coalition d'intérêts si divergents. Car les magistrats n'avaient cessé de démontrer leur esprit conservateur, réactionnaire et obscurantiste, en multipliant les brûlements d'ouvrages philosophiques, en condamnant à mort La Barre, Calas, Lally-Tollendal, en s'opposant à la suppression de la torture. Cela révèle une autre contradiction, celle de l'engouement du monde aristocratique, et spécialement des magistrats, pour les idées des Lumières, dont ils ont été par leurs écrits, par leurs salons, les agents de propagation les plus essentiels. Il n'est pas douteux que leur adhésion aux idées d'une nouvelle justification des hiérarchies fondées sur l'utilité sociale et sur le talent, sur l'établissement dans la société des « droits naturels » de la liberté et de l'égalité, n'ait été sincère. Et pourtant, quand, en 1788, le moment est venu d'inscrire ces idées dans la pratique, la robe a reculé. C'est que, en fait, comme l'analyse finement F. Furet, « la mode philosophique et les équivoques du libéralisme ont effacé dans le ciel des idées les motivations profondes des groupes ». L'« aristocratie intellectuelle », qui avait combattu pour la liberté, sa liberté, ne put admettre l'égalité.

La pression fiscale

Tous les gouvernements royaux au XVIIIe siècle ont eu constamment un besoin pressant d'argent. Et l'augmentation des impôts a été très sensible au cours de cette période. La guerre d'abord a nécessité la constitution d'une armée, devenue de plus en plus nombreuse et complexe, exigeant des frais nouveaux : des casernes, des forts ; des effectifs augmentés et un corps d'officiers considérable ; l'artillerie modernisée. La guerre et la possession d'une superbe armée font, en effet, le caractère de la monarchie française, qui reste (à l'encontre des vœux des philosophes) une monarchie militaire. Militaire et navale, car la marine a eu son époque d'accroissement sous Maurepas, et surtout pendant le ministère de Choiseul (1758-1770). Par la suite, elle reste un poste très important des dépenses royales, car seule la possession d'une puissante marine peut continuer à faire de la France une puissance de premier rang. Et le rang est consubstantiel à la monarchie française. La conception de l'honneur chevaleresque et aristocratique qui règne en certains milieux du gouvernement et de l'armée pousse le gouvernement à faire des dépenses dans le secteur qui peut le mieux fournir à la noblesse un théâtre pour sa vocation naturelle. La magnificence aussi est liée à l'absolutisme monarchique. Si les constructions de prestige s'arrêtent pendant la Régence et pendant la prudente gestion de Fleury, elles reprennent sous l'influence de Mme de Pompadour. Dès lors, c'est une multiplication de travaux coûteux, certains utiles (place de la Concorde), mais souvent aussi d'une magnificence onéreuse : École militaire, Petit Trianon, église Sainte-Geneviève (Panthéon), Saint-Sulpice, cathédrale Saint-Louis de Versailles, opéra de Versailles. La cour, le « tombeau de la Nation », accroît, avec le temps qui passe, son faste extravagant : multiplication des petits appartements, plus riches encore que les grands ; fréquence et somptuosité des fêtes, en progression constante après la mort de Fleury ; entretien d'un personnel immense, et surtout distribution de pensions et de « grâces ». D'autres dépenses, mais d'importance bien moindre, concernent le traitement des fonctionnaires, les ambassades, les prêts ou dons à des villes, des provinces.

Depuis l'époque de Colbert, le gouvernement français avait parfaitement conscience que la guerre et les autres dépenses, devenues gigantesques, dépendaient de l'argent qui pourrait être levé en impôts et que ceux-ci dépendaient aussi des richesses sur lesquelles les asseoir. Des deux sources de la « richesse de l'État », agriculture et industrie, la sollicitude de Colbert et de ses successeurs, s'appuyant sur les exemples de la Hollande et de l'Angleterre, alla principalement — moins exclusivement qu'on ne le dit parfois — à l'industrie et au commerce. De là la tendance (qui prévalut pendant près d'un siècle, de 1660 à 1760 environ) à cantonner le secteur agricole dans son rôle de fournisseur de subsistances et de client pour la production industrielle ordinaire, des textiles communs notamment. Corollairement, l'État, supplantant ou dirigeant les initiatives privées, prit en main le développement et la défense des établissements coloniaux (Louisiane, Canada, Bourbon, île de France, Antilles) soumis aux ordres et aux prescriptions d'intendants nommés par Versailles. Dans ce cadre d'État, les intérêts privés trouvaient leur compte. En dépit des grandes guerres continentales et des revers essuyés par la marine de guerre, le commerce colonial et le commerce européen des produits de luxe, jamais interrompus, s'étaient vite ranimés après Utrecht. Rien d'étonnant à ce que ce secteur à la fois opulent et vulnérable ait constamment bénéficié de la sollicitude attentive du gouvernement, peu soucieux de le taxer et de décourager une activité qui fournissait au roi de la gloire, aux peuples de l'emploi et attirait en France ces richesses peu ou prou répercutées dans l'ensemble. Aussi l'impôt devait-il porter sur des richesses plus tangibles, plus faciles à cerner et à évaluer, les richesses issues de la terre. L'augmentation des impôts indirects (aides et traites portant sur les produits de consommation courante, vins et sels) se révèle par l'accroissement continu, après 1738, du bail de la Ferme générale. Par l'importance des droits qu'elle encaisse pour le roi et par l'organisation de ses services (responsabilité dont elle soulage le gouvernement), par les salaires qu'elle distribue à ses innombrables employés et le faste de ses directeurs, elle est devenue la super-puissance financière de la France. La super-oligarchie des quarante fermiers généraux, liés entre eux par des mariages, pourvus d'une influence considérable dans le gouvernement, qui ne peut rien faire sans eux (et réciproquement), forme véritablement un monde particulier.

L'impôt et l'évolution économique

Mais la part principale du prélèvement royal sur le revenu de la terre provient de l'impôt direct, la taille, qui pèse presque exclusivement sur les paysans. Sans doute les privilégiés, comme les autres sujets, se voient-ils contraints de payer la capitation. Mais ils la payent mal et le rendement en est faible. En attendant l'établissement d'un impôt foncier proportionnel aux revenus (le vingtième, instauré à partir de 1749, si longtemps contesté et si lent à rapporter, malgré la phraséologie « sensible » des déclarations officielles), la taille continue à écraser la paysannerie.

Imposée dans le cadre agraire traditionnel, la taille contribuait à perpétuer la « routine » d'une agriculture de faible rendement fondée sur des assolements rudimentaires où la jachère occupait une grande place, sur l'exploitation mal conduite d'un terroir fait de parcelles émiettées et soumises aux contraintes et aux servitudes collectives, et sur le maintien des terrains communaux, indispensable complément de cet « ancien système ». Dans ce contexte, l'intérêt d'une augmentation de la production ou de la productivité de l'agriculture n'apparaissait pas, d'autant plus que jusqu'en 1730 les prix furent bas et peu rémunérateurs. Aussi n'y avait-il pratiquement aucun réinvestissement d'une portion de la rente foncière. Jusqu'en 1750, en effet, la France suivit mal l'évolution qui, à la même époque, était en train de transformer l'agriculture anglaise et qui était fondée sur l'amélioration de l'instrumentation, le développement des prairies artificielles — donc de l'élevage et des engrais — et l'élimination de la jachère. Ainsi la campagne française, les cultivateurs et les rentiers du sol, exception faite pour les plus riches ou les plus hardis, semblaient être condamnés à la stagnation.

Cet état de choses avait de profondes répercussions dans certains secteurs de l'économie et du gouvernement. Le trop faible pouvoir d'achat de la paysannerie ne pouvait conduire, comme en Angleterre, à un développement substantiel de l'industrie courante, ni, par conséquent, à une consommation accrue de produits manufacturés. Les formes industrielles de la France — marquées par la faible concentration et par l'éparpillement des ateliers à la campagne — n'intervenaient guère dans l'accroissement de la production agricole. Et si les industries de luxe fournissaient une clientèle dont les revenus provenaient bien de la rente foncière, elles ne renvoyaient pratiquement rien à la campagne. Le commerce — exception faite pour certains terroirs spécialisés dans la production des denrées destinées à l'exportation, farines et eaux-de-vie — n'exerçait qu'une influence très relative sur le développement agricole. On n'avait guère cru jusque-là aux possibilités de transformer rationnelle-ment l'agriculture, et la recherche scientifique s'était plus volontiers appliquée aux arts « industriels ». Aux alentours de 1750, au contraire, une école d'agronomes et de penseurs appliquée à la « philosophie rurale » trouvant ses justifications dans l'expérience anglaise va montrer qu'une agriculture « améliorée » est possible en France. Elle se révèle d'autant plus opportune que la défaite militaire rend le gouvernement plus vulnérable et que, comme Quesnay le répète, la richesse — donc la puissance — de l'État dépend de son agriculture.

C'est alors qu'apparaît l'idée — fondée sur les calculs et les théories de la physiocratie — de prélever l'impôt de quotité sur le « produit net » de l'agriculture, encouragée, améliorée, réinstallée dans un circuit de liberté de production et des échanges, mise entre les mains d'une classe de « propriétaires » déféodalisée pour ainsi dire. Les paysans réduits à l'état de salariés deviendraient employés par ceux qui seraient désormais des « propriétaires » et non plus des rentiers. Principaux contribuables, ceux-ci seraient, de ce fait, associés à l'État. Cette théorie liait l'évolution agricole à l'anglaise à un gouvernement de « despotisme légal », toute féodalité ayant disparu. De cet ingénieux, mais ambitieux programme, le gouvernement retint la libéralisation du commerce des grains, la lutte contre les servitudes collectives (vaine pâture, communaux), mais non le démantèlement de la féodalité. La politique physiocratique aboutit donc à pénaliser les ruraux et à accroître, en période de hausse des prix (1760-1770), les profits des plus gros exploitants et des plus gros rentiers du sol. Entravée par la résistance du système seigneurial, la physiocratie n'aboutit qu'aux réformes de Turgot, qui n'allaient pas au fond du problème, et qu'à accroître chez les petits ruraux menacés la méfiance contre les « améliorations » et un système qui s'en faisait purement et simplement le complice.

L'absolutisme d'arrière-saison

Ainsi l'absolutisme « classique » de Louis XIV, qui avait, sous l'omnipotence du monarque, semblé agir comme un coordinateur et un facteur d'équilibre entre toutes les forces politiques et sociales naguère encore si antagonistes, perdit peu à peu, au XVIIIe siècle, ce caractère d'arbitre pour devenir comme garant, et en vérité complice, d'un ordre de choses social et moral de plus en plus déséquilibré, injuste et finalement insupportable.

Contradictions de l'absolutisme

Le gouvernement, bien qu'absolu, n'était pas arbitraire dans la mesure où les « libertés » et les privilèges compatibles avec l'exercice de la souveraineté avaient été maintenus, et où le monarque se soumettait lui-même aux « lois fondamentales ». Toutefois, en dehors de ces contrepoids — bien vagues et contingents —, c'était le roi qui était la loi, les juges n'étant que des exécutants à qui les affaires pouvaient être soustraites pour être confiées à d'autres : commissions, Grand Conseil ou intendants. Cette omnipotence — bornée seulement par les privilèges des corps — s'étendait sans limites sur les particuliers, démunis — dans cette forme de gouvernement — de toute garantie, de toute référence extérieure au souverain, puisqu'il était la loi et qu'il rendait « légal » tout ce qu'il « voulait » (« Si veut le roi, si veut la loi », disait l'adage ; « C'est légal parce que je le veux », dit Louis XVI). Aussi le roi pouvait-il, se référant à sa seule conscience et à la raison d'État, faire emprisonner et détenir qui bon lui semblait, par une simple lettre de cachet, procédé d'ailleurs parfaitement « légal » en ce sens qu'il ressortissait naturellement à tout le système du « bon plaisir ». En fait, ce système avait existé sous Louis XIV sans contestation profonde tant qu'il avait paru, en l'état des choses, le meilleur système possible, celui qui correspondait à des nécessités politiques et sociales et à une conception statique, hiérarchisée et surnaturelle de l'ordre du monde. Par contre, il perd graduellement, au XVIIIe siècle, sa force de conviction et le respect qu'on lui portait par tout un jeu de circonstances : les souverains ont incontestablement moins d'allure ; l'exercice de l'autorité se trouve étouffé par la prolifération des privilèges, par les transformations de la société et de l'économie, par le jeu de leurs forces internes, enfin par l'élaboration d'autres formules, notamment dans le système anglais, plus efficaces, moins pesantes et plus « rationnelles ».

Les privilèges

En ce qui concerne les privilèges, l'évolution du régime au XVIIIe siècle resta à la fois indécise et largement contradictoire. D'un côté, les privilèges « utiles » — et notamment ceux qui concernaient les impositions — furent soumis à une érosion continue et, en tout état de cause, remis périodiquement en question. D'un autre côté, la noblesse en conserva suffisamment pour que, ces avantages alliés aux privilèges honorifiques qui ne furent jamais contestés, elle continuât, et de plus en plus, à attirer des membres fortunés des catégories roturières de la population. C'est que, en effet, exception faite pour la gentilhommerie rurale, trop pauvre pour pouvoir aspirer à rien d'autre qu'au maintien de ses vaines « distinctions », l'appartenance à la noblesse confère plus que jamais l'accès aux échelons supérieurs de la société et aux avantages considérables qui y sont attachés : accès aux parlements, aux hautes fonctions municipales, aux hauts bénéfices ecclésiastiques et notamment à l'épiscopat, aux fonctions les plus distinguées de l'armée et de la marine : et, dans des cas plus limités, appartenance au monde de la cour, c'est-à-dire prise directe sur la source des grâces et d'avantages multiples.

Ainsi le gouvernement absolutiste du XVIIIe siècle, loin de mener contre les privilèges une lutte systématique tendant à les abolir en bloc, ne cessa, au contraire, dans des domaines apparemment secondaires, de les multiplier au point qu'ils rendirent l'exercice de l'administration pratiquement impossible par la multiplicité des dérogations, des exceptions, des exemptions. Et malgré les plaintes des administrateurs — notamment des intendants —, il dut ainsi compter avec la politique des parlements, défenseurs, sous l'étendard du droit de propriété, de l'intangibilité des privilèges les plus abusifs comme les plus « respectables ». Le pouvoir, perpétuellement à court d'argent, gêné par la guérilla contre l'absolutisme menée sous le couvert des querelles religieuses, et par-dessus tout privé, après 1740, de l'autorité et du prestige qu'aurait pu lui conférer une politique extérieure réussie, ne fit — jusqu'en 1771 — que reculer constamment devant la hardiesse croissante des parlements coalisés pour tenter de s'assurer le contrôle de l'État et, par là, de garantir à jamais la possession des « propriétés ».

L'évolution elle-même de la composition du gouvernement rendait ce dernier incapable de s'opposer efficacement aux appétits des privilégiés. Depuis l'expérience de la Régence, qui avait réintroduit la noblesse dans les hautes sphères gouvernementales, et malgré le retour apparent, après le fiasco de la polysynodie, aux « formes » antérieures d'un gouvernement géré par des techniciens de robe, le gouvernement français était resté, de près ou de loin, sous le contrôle de la noblesse, dont jamais les ambitions ne furent plus grandes. D'abord les familles administratives (Phélypeaux, Lamoignon, Fouquet, Argenson, etc., qui donnèrent tant de ministres) sont désormais à part entière des membres de la plus haute noblesse. Cette noblesse accède elle aussi au ministère : deux princes du sang (l'ex-Régent et le duc de Bourbon) furent Premiers ministres ; les plus grands noms occupèrent les secrétariats d'État : Ségur, Montbarrey, Montmorin et surtout les Choiseul. Les gouvernements de Louis XV et de Louis XVI apparaissent ainsi comme la revanche sur la « vile bourgeoisie » des ministres de Louis XIV. Rien d'étonnant à ce que — malgré les réticences des contrôleurs généraux, généralement moins huppés et dès lors moins en état de faire prévaloir leurs vues — l'exercice du gouvernement ait été monopolisé au bénéfice de l'oligarchie nobiliaire officière et financière (celle-ci, servie dans les coulisses par ses « créatures », comme Mme de Pompadour). Quand les difficultés du gouvernement l'affaiblirent, le chantage à l'absolutisme de la part du parlement trouva des alliés dans ce gouvernement lui-même. Un chancelier de France, d'Aguesseau, avait fourni aux magistrats — bien involontairement sans doute, mais de façon significative — leur phraséologie dès 1690 ; Choiseul, plus tard, apaisant ainsi à bon marché sa conscience « philosophique », y cédera en « vendant » les jésuites.

Les intendants

La contestation aristocratique de l'absolutisme n'apparaît pas moins marquée dans les provinces. Il faut en revenir sans doute sur l'omnipotence du « règne » de l'intendant, dont l'apogée se situe vers le milieu du siècle.

Ce grand corps des « commissaires départis » pour faire exercer les ordres du roi dans le domaine de la justice, de la police et surtout des finances apparaît dans l'ensemble, à travers les nombreuses études dont il a été l'objet, comme singulièrement remarquable. C'est aux intendants que les provinces doivent d'avoir été fournies au XVIIIe siècle de bien des instruments de leur modernisation : routes, bâtiments, ouvrages d'art, ports, etc. Rarement les intendants furent indifférents aux problèmes sociaux, et les projets concernant, notamment, l'« amélioration » de l'agriculture par l'abolition des usages collectifs ou le partage des communaux n'ont certes pas trouvé chez eux que des partisans. Ils ont également lutté contre la corruption ou l'injustice de certaines forteresses d'intérêts locaux, municipalités, chambres de commerce, compagnies d'agriculture ou de dessèchements, etc. Et pourtant il serait erroné de ne les considérer que comme les exécuteurs aveugles d'un pouvoir arbitraire. Non seulement ils savent comment adapter les prescriptions venues de Versailles aux réalités locales, mais ils apparaissent bien souvent comme les défenseurs de leur généralité contre l'administration centrale. Au reste, la durée parfois considérable de leur mandat les rend plus susceptibles qu'on ne le croirait à l'influence des autorités traditionnelles, parlements et états. Sans doute, des circonstances particulières et aussi leur tempérament les contraignent parfois — en tant que commissaires du roi, à qui le dernier mot, en principe, appartient — à déployer leur autorité. Aussi restent-ils évidemment la bête noire de ces corps qui s'estimèrent toujours dépossédés. Mais au fur et à mesure que s'écoule le siècle et que les principes du gouvernement central évoluent, les intendants perdent peu à peu ce caractère de vice-rois absolus qu'ils avaient un moment possédé. Souvent, d'ailleurs, il leur faut compter avec les gouverneurs issus de la haute noblesse de cour, dont la fonction retrouve partiellement le lustre et l'influence dont elle semblait avoir été définitivement dépossédée par Louis XIV.

Enfin, la fonction même des intendants va se trouver remise en question au sein même du gouvernement. Turgot, orfèvre en la matière, ne les aime guère ; Necker rogne sur leurs prérogatives et envisage de les supprimer. L'établissement des assemblées provinciales, entre 1778 et 1787, achève d'ôter à la fonction beaucoup de son lustre et de ses pouvoirs.

Le gouvernement central

Dans ces circonstances, la notion de centralisation, que l'on associe souvent à l'absolutisme, doit être, elle aussi, sérieusement réexaminée. Comme tant de choses du régime, elle est une tendance, un principe qui a, en effet, organisé ses réseaux et proclamé ses objectifs, plus qu'une réalité de fonctionnement. En effet la persistance de tout un complexe d'influences à l'échelon local s'interpose comme un frein ou un tampon entre la volonté — elle-même irrésolue, alternative et contradictoire — du gouvernement central et ses champs d'application théoriques. Ainsi, malgré intendants et subdélégués, qui filtrent naturellement les informations (celles-ci lentes à parvenir à leurs destinataires), Versailles et les bureaux ne sont-ils que très imparfaitement au fait de la vie générale du royaume. En retour, leurs prescriptions n'affectent guère une vie provinciale et des intérêts restés largement autonomes, particularistes, imparfaitement reliés les uns aux autres. En l'absence d'un fonctionnement efficace de la distribution des décisions à partir de l'échelon supérieur, en l'absence surtout de toute « constitution » organisatrice, la France — malgré les illusions de l'absolutisme centralisateur — reste, en 1789, un agrégat de peuples désunis.

Au reste, l'évaluation exacte des données sur lesquelles le gouvernement doit agir est de plus en plus difficile, en raison de la complexité croissante des réalités sociales et économiques. Tout au long du XVIIIᵉ siècle, le gouvernement français agit dans l'ignorance — celle-là absolue — des forces composantes du royaume. La plupart des contrôleurs généraux, pourtant, lanceront des enquêtes qui se veulent approfondies et auront à des degrés divers une vision exacte des vrais problèmes, du moins de leurs contours. Leur travail restera incomplet, dépendant comme il est d'informations imprécises transmises par des fonctionnaires ou des autorités sujets à caution et intéressés à ne présenter qu'un aspect des choses. Ni les titulaires du contrôle général, qui changent fréquemment après 1745, ni les bureaux qui « suivent » les affaires ne parviendront à dresser, sinon très approximativement, ces

« statistiques » dont il faut louer l'intention plus que l'utilisation qu'ils en firent. Ce n'est que tardivement — sous Terray — que des évaluations précises sur la population apparaissent. Et encore les mouvements profonds qui animent le corps social ne sont-ils au mieux que soupçonnés. Mêmes approximations en ce qui concerne la production, ses variations en nature et en valeur et sa redistribution ; d'où l'impossibilité d'aboutir à une juste répartition de l'impôt. Il faut attendre 1781 pour que, avec le *Compte rendu* de Necker — à la fois rudimentaire et incomplet, plaidoyer *pro domo* plus qu'information objective — une ébauche de budget soit rendue publique, à la stupéfaction générale et au scandale de ceux pour lesquels, on l'imagine aisément, le secret des finances était le plus jalousement gardé des secrets d'État. Hormis les responsables des finances — loin d'être eux-mêmes à l'abri de tout reproche — les titulaires des ministères « dépensiers » — Guerre, Marine, Affaires étrangères — et le roi restent superbement indifférents à toute discipline financière, dépensant en gentilshommes, « sans compter ». C'est là le reflet dans les actes de gouvernement d'une mentalité de classe aristocratique et légère.

Ainsi les méthodes absolues de gouvernement dévoilèrent-elles au cours du siècle leurs contradictions et leurs insuffisances. Comme toutes les bureaucraties, l'administration française, infiniment plus complexe et différenciée que sous Louis XIV, avait d'autant plus besoin de principes solides et de circuits d'autorité légitimes et permanents. Or, une fois Fleury, dernier Premier ministre véritable de l'Ancien Régime, disparu, ni Louis XV ni Louis XVI, extrêmement jaloux de leur autorité, n'entendirent jamais la déléguer longtemps à personne. Aucun ministre ne pouvait se croire à l'abri de disgrâces soudaines ni être assuré d'une autorité mise en échec par la rivalité de collègues souvent animés en sous-main par le monarque lui-même, ou contrecarrée par l'action de personnes sans qualité politique, maîtresses, épouses ou familiers, mais dont l'influence était grande sur le roi. Le secret était la marque même du gouvernement absolu et Louis XV et Louis XVI utilisèrent les services du Cabinet noir, qui, en violant le secret des correspondances privées, les informait — de façon d'ailleurs parfois dérisoire — de l'esprit et des mœurs de leurs sujets. En politique étrangère, le Secret du Roi (inauguré par le Régent, repris avec obstination par Louis XV et continué par Louis XVI jusqu'à l'épisode de l'armoire de fer), contrecarrant la diplomatie ostensible du ministre des Affaires étrangères, n'était pas de nature à instaurer de la sincérité dans les relations du souverain avec ses ministres ou avec ses interlocuteurs. Dans cet état de choses, les comités de ministres, multipliés pour débrouiller et régler les affaires en dehors du Conseil et sans la présence du souverain, peuvent bien apparaître d'intéressantes innovations techniques, mais sans les conséquences politiques qui marquent l'évolution en Angleterre vers le gouvernement de cabinet. Du point de vue politique, leur nature même

LES « LUMIÈRES » 1715-1789

ne pouvait leur permettre d'être beaucoup plus qu'une autre coterie de cour, temporairement plus puissante, jamais assurée du lendemain. Aussi, dans la marée montante des nostalgies, des ressentiments et des impatiences, l'absolutisme apparaît-il de plus en plus sous les traits — simplifiés sans doute, mais fort ressemblants — du despotisme arbitraire. De cette évolution, le loyalisme simpliste ou diplomatique des sujets n'entend pas rendre responsable le souverain, père des peuples, astreint à l'observance des lois fondamentales. Par contre, les intérêts les plus contradictoires s'allient naturellement pour dénoncer le « despotisme ministériel ».

Vers la crise

En fait, dans la seconde moitié du siècle, le régime en était arrivé au point où ni son style, ni l'origine de son autorité, ni sa façon de l'exercer ne semblaient plus pouvoir contenir ni empêcher, dans la société, dans l'économie, dans la religion et jusque dans l'État, la prolifération des intérêts contraires aux principes mêmes sur lesquels il était fondé. Déjà, la philosophie des Lumières, qui, à l'emporte-pièce, dénonçait les abus, mais savait aussi proposer des exemples et imaginer des remèdes, trouvait, dans la cohorte des parties prenantes du régime, des alliés séduits par l'avantage immédiat de l'affaiblissement d'un système dont l'arbitraire pouvait aussi bien quelque jour se retourner contre les « propriétés ». Aussi les plus perspicaces — souvent aussi les plus humains — des ministres se rallieront-ils, eux aussi, mais pour sauver le régime, à certaines propositions des philosophes, sans jamais pourtant pouvoir tenter beaucoup plus que des réformes partielles ou des expériences, sans jamais, en tout cas, pouvoir s'attaquer aux racines profondes du mal, à l'origine même du pouvoir absolu, c'est-à-dire en somme au droit divin.

Les réformes de l'équipe Maupeou-Terray, tout efficaces dans l'ordre judiciaire et équitables dans l'ordre social qu'elles fussent, sont justement le contraire des réformes « éclairées » dans la mesure où elles poussent l'absolutisme au paroxysme de la puissance « pure », sans aucun contrepoids. Une telle dictature du droit divin ne pouvait durer que grâce à l'entente étroite entre le roi et des ministres farouchement déterminés et des peuples qui eussent trouvé à cette forme de gouvernement assez d'avantages et de supériorité sur le régime antérieur pour l'appuyer sans réserve. La mort de Louis XV (1774) et l'arrêt brutal de l'expérience ne permettent guère d'imaginer quel sort lui eût été finalement réservé. On a peine à imaginer que des solutions durables eussent été trouvées au problème fondamental, qui dépassait les individus, d'une autorité sans freins ni contrepoids.

Enfin, et ce n'est pas là la moindre contradiction de l'époque : l'inaptitude des souverains à comprendre, sinon en termes simplistes, la signification profonde de leur métier de roi. Établi dans Versailles, au centre d'un univers artificiel qui l'isole des réalités, le roi est prisonnier d'un mode de vie et de pensée archaïque. Il est difficile de croire que la priorité dans l'emploi du temps royal donnée à la chasse, aux cérémonies et aux affaires étrangères — activités éminemment « chevaleresques » — ait laissé beaucoup de place à l'approfondissement des problèmes techniques du gouvernement. Ni Louis XV, d'esprit plus délié et personnalité plus complexe malgré de graves défauts caractériels, ni Louis XVI, apathique et d'une singulière naïveté politique, n'ont l'instruction ni les aptitudes intellectuelles pour exercer des responsabilités devenues aussi complexes et aussi graves à pareille époque. Ni séduits ni même intéressés par l'exercice du pouvoir — sinon de façon rudimentaire — et pourtant hautement conscients de leur responsabilité suprême à l'égard de la couronne que Dieu leur a confiée, ils s'obstinent à maintenir intacts leurs droits. Attitude non sans grandeur, mais qui relève, une fois encore, d'une élégance morale — à l'antique — plus que d'une leçon politique assimilée. Ce n'était pas avec de fières attitudes que pouvait être endigué le flot montant des critiques qui, de tous côtés, assaillaient le régime. Ce ne pouvait être non plus avec la force ; et, en 1789, Louis XVI apprit à ses dépens que le loyalisme aveugle n'existait même plus dans l'armée, le suprême argument des rois.

II. LE RÈGNE DES IDÉES

La recherche du raisonnable

Les Lumières

Les Lumières ne sont pas, à proprement parler, une philosophie, si l'on entend par là une philosophie systématique, cohérente et exclusive. Autant de « philosophes », autant de philosophies, pourrait-on dire. Fontenelle est un mécaniste, Voltaire un théiste inquiet ; Helvétius est un matérialiste « égoïste », Diderot un matérialiste hyper-moral. Buffon est un naturaliste, La Mettrie est un médecin, d'Alembert un géomètre et Montesquieu un juriste. Pourtant, tous ont en commun une certaine attitude d'esprit inspirée de la méthode scientifique et cherchant dans l'investigation empirique des choses leurs corrélations jusque-là obscurcies par les « préjugés », pour parvenir à des explications nouvelles et plus profondes. Les Lumières sont une « intelligence » renouvelée, un « éclairage » nouveau. L'agent de cet éclairage n'est plus la foi, mais la raison véritablement illuminatrice, d'où leur nom. Au XVIIIᵉ siècle, cette raison est ambiguë. D'un côté, la raison cartésienne justifiait les idées innées, les principes axiomatiques de la nature humaine ; de l'autre, la raison expérimentale, qui chemine parallèlement, l'une et l'autre s'éclairant mutuellement. Le rationalisme cartésien a donné le climat intellectuel des milieux de pensée et de culture. Quels qu'aient pu être, d'autre part, les correctifs qu'y apporte l'expérimentalisme de Newton et de Locke, les penseurs des Lumières resteront attachés à la forme de raisonnement généralisateur du cartésianisme. La philosophie des Lumières, en effet, avec toute sa passion du concret, n'est pas ennemie des thèses et postule volontiers l'innéisme des nouveaux universaux en majuscules, la Nature, le Progrès, le Bonheur, la Liberté, aboutissant ainsi souvent à une nouvelle « orthodoxie », un nouveau conformisme, auxquels les faits furent censés se plier. Cette attitude d'esprit, qui se traduisit, en effet, par une brillante manipulation d'idées, une virtuosité intellectuelle séduisante, fit, bien évidemment, une partie de la fortune mondaine de la philosophie. Mais les conséquences de ce « cartésianisme » furent bien plus profondes. En substituant partout la raison comme moyen et l'évidence comme garant de la vérité, l'argumentation philosophique, ruinant l'empire des dogmes, des traditions et de la « métaphysique » abhorrée, recherche la vérité dans le monde physique, dans le monde pratique avant tout. Dans ce monde concret des hommes et des choses qui est son domaine de prédilection, la vérité se confond à la limite avec l'utilité. Le cartésianisme « empirique » ainsi entendu propose donc une morale dont l'intention et la justification sont indépendantes du dogme. Ainsi, les philosophes des Lumières sont raisonnables — et raisonneurs — plus que véritablement raisonnants (dans l'acception scolastique du terme) et on a pu dire que l'âge des Lumières n'est pas l'âge de la raison, mais l'âge de la révolte contre le rationalisme.

Les philosophes croient que le savoir est préférable à l'ignorance ; que les problèmes sociaux peuvent être résolus par des actions raisonnables fondées sur la recherche et l'analyse plutôt que sur la prière, le renoncement, l'abandon à une toute-puissante Sagesse ; que la discussion est préférable au fanatisme, et que tous les arguments d'ordre religieux ou traditionnel, les objections d'une philosophie dogmatique sont, en fait, des entraves à la connaissance et des fauteurs d'obscurantisme. Mais si la vérité, ou du moins la légitimité, des choses s'éclaire des démonstrations impartiales de la raison, elle procède aussi — et plus directement encore, diront de plus en plus les philosophes — de ces lumières intérieures que sont les impératifs de la nature, l'instinct, une sensibilité en éveil et un cœur droit. Voltaire, Diderot, Rousseau accorderont au cœur et au sentiment une valeur bien plus grande encore qu'à la raison pour appréhender, justifier ou orienter la réalité. D'autre part, et bien que la philosophie applique pour les faits concernant l'homme et l'existence les règles jusque-là appliquées à la matière, bien que certains philosophes, Helvétius, Diderot, d'Holbach, reconnaissent qu'un grand nombre de phénomènes humains sont déterminés par la matière — sont de la matière en action —, beaucoup n'iront pas jusqu'au bout de leurs prémisses et resteront attachés à un déisme plus ou moins affirmé. L'athéisme est le fait des « mécaniciens » comme La Mettrie ou des « expérimentalistes » comme Helvétius, Diderot, d'Holbach ou des plus hardis dans leur recherche d'un homme « total », Diderot encore. Les autres, parce qu'ils restent imparfaitement libérés des conventions sociales ou surtout parce que leur conception de la raison est plus morale, sociale ou utilitaire que rigoureusement scientifique, conserveront pour la plupart à Dieu une place minimale.

Car il s'agit de renouveler l'univers, du moins d'en renouveler la vision en l'organisant non plus autour de la tradition, et surtout de la révélation chrétienne — obscure, incompréhensible, historiquement incohérente, néfaste, indéfendable en un mot — mais autour de l'homme raisonnant et raisonnable dans sa liberté reconquise. L'homme dont il s'agit n'est plus « créature » théologique ou « sujet » d'institutions et de groupes traditionnels, expliqué dans son essence par des dogmes métaphysiques, ou déterminé et contraint par la tradition politique et sociale, mais il fait partie de la « nature », physique, matérielle, mesurable dont il est issu, dont il partage les droits imprescriptibles. Cette nature, c'est non seulement l'ordre inéluctable des choses tel que Newton l'a révélé, mais c'est aussi ce qui reste, ce sont ces origines — fondamentalement bonnes — que l'on retrouve, quand on laisse derrière soi les siècles condamnés de la « barbarie », des « préjugés gothiques », du « fanatisme imbécile », pendant lesquels la plupart des institutions politiques et sociales seraient nées. L'homme doit donc, utilisant raison et nature, les appliquer aux réalités immédiates, matérielles, morales, politiques, sociales, en un mot aux objets pratiques qui le concernent et qui concernent la société, afin de les soustraire à l'autorité du dogme tel que le présentait l'Église et de la tradition historique telle que la présentait l'État. Ainsi, la critique des Lumières — fondamentale ou appliquée — aboutissait à détruire l'autorité des « conventions » et bientôt celle des institutions les plus vulnérables. Réduits à la défensive, réduits à combattre avec des armes émoussées, les deux adversaires inexpiables du primat de la raison, l'argument théologique et l'argument historique, durent faire place à une redéfinition des justifications fondamentales. Cette libération à l'égard du « fanatisme » ou des « préjugés » ne va pas sans un certain scepticisme nuancé de pessimisme, voire de résignation stoïque. Cette dernière attitude n'est pas absente, loin de là, du mouvement des Lumières, trop de « clartés », comme chez Voltaire, s'achevant en tristesse, sinon en amertume.

Le progrès

Mais au moment de l'apogée des Lumières, vers 1750-1760, l'attitude « philosophique » est plus optimiste. Elle est la croyance — chez certains une foi — dans le pouvoir de la raison pour montrer le chemin vers l'amélioration des choses et des êtres ; elle est la croyance dans le progrès possible. Cet optimisme n'a duré qu'un temps ; la désillusion a remplacé la confiance ; et le suprême hymne au progrès est écrit par Condorcet, bientôt victime d'un nouveau fanatisme. Puis l'optimisme reste toujours tempéré par la conscience aiguë des obstacles opposés au triomphe de la raison par des infirmités peut-être inhérentes à l'homme. Humanisme tragique des Lumières, a écrit P. Gay. Cette lucidité du regard, cette volonté de n'être pas dupe, cette conviction de « servir » sans récompense surnaturelle, difficiles et souvent douloureuses comme elles sont, font de l'attitude philosophique avant tout peut-être un courage. Il est aisé de se moquer de la vie quotidienne des philosophes ou des gens éclairés, qui furent rarement, en effet, de l'étoffe dont on fait des martyrs, Rousseau excepté. Tous sont des aristocrates ou des bourgeois amis des aises et du confort, s'adressant à l'humanité à travers des catégories sociales où ils ont leur place — souvent leur place d'honneur — et qu'ils entendent servir sans s'exposer témérairement. Nombreux, pourtant, furent ceux qui furent poursuivis, persécutés par un régime qui pouvait toujours réserver de mauvaises surprises. Mais enfin, même si on admet qu'il n'y eut pas — malgré les exils, les embastillements, les brûlements de livres, les tracasseries — de philosophes « maudits » (et d'autant moins qu'eux-mêmes n'étaient guère tendres les uns pour les autres), il n'en reste pas moins que la volonté d'accéder à une grande aventure de l'esprit, de remettre en question tant de données intellectuelles et spirituelles qu'il eût été souvent plus confortable de conserver, de secouer tant de conventions, fut, à un moment donné au moins, un courage.

Les incertitudes, les insuffisances, les scories ne manquent pas dans un mouvement d'une telle ampleur. Il n'importe ; grâce à lui, l'époque cherche, se démène, avance les yeux ouverts vers l'avenir. Optimisme ou pessimisme, raison ou sentiment, quête du bonheur ou foi dans le progrès, ce ne sont là que les modalités de forces qui se conjuguent pour saper les conventions, les usages, les institutions que ne sanctionnent ni la nature, ni l'utilité, ni la justice. Et c'est à ce titre que l'intelligentsia, minoritaire, mais très influente, des philosophes et de leurs partisans a élaboré les lignes de force autour desquelles s'ordonnent graduellement certains des aspects majeurs de l'époque.

Vers les Lumières

L'évolution qui, au début du xviiie siècle, remit ouvertement en cause les antiques explications fournies par l'Église ou les soumissions exigées par l'ordre social et politique traditionnel avait des origines lointaines et des racines profondes. Beaucoup, depuis longtemps, refusaient ou mesuraient leur adhésion intellectuelle, voire spirituelle ou politique à des cadres de pensée et d'existence que les conditions d'un monde en transformation rapide avaient cessé, semblait-il, d'expliquer et de justifier.

Toutes ces tendances furent accélérées, mais aussi profondément infléchies par les apports de la pensée anglaise, plus marquée que la pensée française par le raisonnement inductif à partir des techniques d'observation et d'expérimentation. De Newton et de Locke, le XVIIIe siècle français hérita une foi invincible dans la raison et le droit naturel et, en même temps, une confiance absolue dans l'expérience et dans les sens.

Nature, bonheur, lois, progrès

L'empirisme expérimental préconisé par Locke eut sur le développement de la pensée des conséquences de la plus grande portée. Il contribua dans les domaines les plus divers à transformer les attitudes intellectuelles encombrées par les traditions et eut, de ce fait, une influence capitale sur la naissance d'un véritable esprit scientifique, combinaison de la vieille tradition de recherche érudite et de la pensée d'outre-Manche. La science découvre d'immenses horizons qui stimulent l'élan de l'esprit, le conduisent à l'idée d'une amélioration de la condition humaine par l'application des découvertes qui s'enchaînent. Pas de progrès sans progrès scientifique. La floraison, qui s'accroît au cours du siècle, de centres expérimentaux publics et privés, de laboratoires, de cabinets, de périodiques, de correspondances, de missions de recherche et d'investigation, de bureaux, d'académies, de sociétés à Paris et en province, contribue à faire pour la science ce que le combat philosophique entendait faire pour l'esprit et la vérité. Même les sciences exactes — relativement autonomes — sont touchées par le développement des sciences d'observation, dont l'influence est nette, par contre, sur la mise au point des inventions nées dans le climat nouveau d'expérimentation qui marque le siècle. De cela encore, la pensée de Locke, par l'entremise de ses continuateurs comme Condillac — dont le rôle dans l'élaboration de la méthode scientifique est considérable —, fut directement responsable. Mais son influence fut déterminante sur les sciences expérimentales et naturelles dans lesquelles persistaient tant de postulats scolastiques ou mythiques (la chimie jusqu'à Lavoisier restera empêtrée dans la théorie du « phlogistique »). De même, la physiocratie, ou gouvernement fondé sur les forces de la nature, qui repose, du point de vue scientifique, sur une physiologie de l'agriculture, relève de cette attitude, et Quesnay, qui fut le chef de file du mouvement, était un médecin. L'agriculture elle-même devient « expérimentale ». Mais de tous les sujets d'observation et d'expérimentation, ce fut naturellement l'homme qui fut le principal. L'étude de l'homme physique fut la préoccupation constante de la philosophie « appliquée », et c'est à elle que sont dus les progrès effectués dans le domaine de la médecine et de la physiologie, par exemple, marqués par la prédilection pour l'observation clinique à travers l'analyse des caractères (telle que la systématisera Lavater) et par l'étude des « cas » qui donneront à la littérature une dimension nouvelle ; ainsi Rousseau décrivant son masochisme, Resti son fétichisme, Laclos disséquant la perversion morale et Sade dressant un catalogue des monstruosités de la nature. Cet accent mis sur le fondement physique des caractères aboutit à l'idée que le moral dépend du physique, d'où l'intérêt pour la médecine, qui agit sur l'un à travers l'autre, pour l'éducation, qui agit de façon analogue. Idées qui vont modifier même les conceptions de l'art telles que Diderot les développe dans le *Paradoxe sur le comédien* ou dans les *Salons*, dont l'influence sur la peinture sera considérable. A l'analyse des caractères s'ajoute tout naturellement l'analyse des mœurs, traitées par tant de pièces et tant de peintures de genre dont l'ensemble forme comme la « comédie humaine » du siècle, qui eut la passion du théâtre. Les études de mœurs qui forment également l'objet principal de tant de romans de Lesage, Prévost, Duclos, Rousseau sont aussi l'alibi des romans érotiques et le fondement de travaux juridiques, depuis la théorie des climats de *l'Esprit des lois* jusqu'aux constitutions de Rousseau pour la Corse et pour la Pologne, ou économiques, comme les études sur le luxe qui posent le problème de la relation entre les mœurs et la morale.

Sous la variété des comportements, exprimée au travers de cette phénoménologie de la nature humaine, les philosophes soulignèrent ou découvrirent certaines structures profondes susceptibles d'éclairer le problème de la nature fondamentale de l'homme. Certains, plus sentimentaux ou plus optimistes, y découvrirent la sympathie naturelle. D'autres, en plus grand nombre, retrouvent l'idée de Hobbes que l'homme, création de la nature, est motivé dans ses actions par l'instinct de conservation (toute une théorie du gouvernement en découle) dont la raison définit les utilisations optimales. Mais si sympathie et instinct forment bien le noyau irréductible de la nature humaine, par contre l'instinct de conservation n'est qu'une partie seulement d'une force humaine plus vaste, la recherche du bonheur.

Le bonheur

Cette idée que le bonheur est le bien suprême signalait à la fois une attitude d'esprit et, corollairement, la négation d'idées traditionnelles comme celle, chrétienne, de la purification par l'épreuve ou la souffrance ou comme celle, nobiliaire et militaire, de la prééminence des vertus héroïques. L'idée de bonheur en tant que principe d'existence et en tant que style de vie impliquait une analyse, menée dans un esprit scientifique, des conditions du bonheur et en même temps un réexamen systématique des situations existentielles — selon les individus et selon les groupes sociaux — envisagées sous l'angle du bonheur. Par-delà ses implications affectives ou littéraires, par-delà ses ambiguïtés, il reste que l'idée de bonheur a ouvert à la philosophie un champ immense d'observations allant de l'hygiène à la psychologie et à la sociologie, et lui a donné une conscience « sociale » accentuée. Même s'ils ont été incapables de voir dans l'attitude chrétienne autre chose qu'un alibi de domination sociale, en soulignant l'importance du bonheur et le droit nouveau à l'acquérir, les philosophes ont contribué à poser en termes concrets les problèmes émouvants et redoutables du bonheur terre à terre.

Le ressort moral principal des actions humaines fut ainsi analysé par beaucoup en termes d'amour-propre (amour de soi-même, ou recherche par l'homme de son propre intérêt). Constatation axiomatique qui, pas plus que la nature humaine ou la nature de l'univers, ne pouvait comporter de jugement de valeur et qui accentuait la séparation de la morale et de la religion. Ainsi, toute l'organisation humaine, le droit, le gouvernement, échappant à la création divine, se trouvait être une conséquence de la raison humaine à la recherche du bonheur. Et Montesquieu pouvait écrire que le droit est « la raison humaine en tant qu'elle gouverne les peuples de la terre ».

L'une des plus immédiates objections à cette idée générale consistait à se demander comment des millions d'individus vivant en société pouvaient rechercher chacun son bonheur propre et son propre intérêt sans entrer en conflit avec les autres. La réponse — quelles qu'en fussent les modalités — fut fournie par la théorie d'un contrat social par lequel les hommes à l'« état de nature » s'entendent pour former un corps civil, ou société, et se soumettre à un ensemble de lois qui seraient communes à tous. Que les motifs en fussent la crainte de la destruction mutuelle, comme chez Montesquieu, ou la volonté d'améliorer, par l'action collective, la condition de vie de chaque individu, comme chez Rousseau, les théoriciens du XVIIIe siècle s'accordent pour penser qu'un contrat originel a été formé, grâce auquel la vie sociale peut se développer au bénéfice des individus qui la composent. Les philosophes, néanmoins, diffèrent profondément les uns des autres quand il s'agit des bases pratiques de la coopération humaine. Montesquieu, puis Rousseau et ses disciples, d'accord en cela avec les moralistes anglais, tendent à croire qu'une sympathie instinctive et innée envers le prochain existe en chaque individu, ainsi incliné par la nature à coopérer avec les autres ; et Bernardin de Saint-Pierre ira jusqu'à faire de cette sympathie la finalité même de la nature. La majorité des penseurs, toutefois, comme Voltaire, Condillac, Helvétius et d'autres, affirment, au contraire, que la coopération n'est, en réalité, qu'une série complexe d'exploitations mutuelles, fondées sur l'égoïsme individuel, mais dont les conséquences générales se révèlent socialement utiles et finalement bénéfiques. Quoi qu'il en soit, tous s'accordent sur l'idée que la loi et le gouvernement, qu'ils soient établis pour mettre en œuvre une coopération positive ou simplement pour contrôler et éventuellement freiner la compétition individuelle, doivent justifier leur caractère et leur existence selon le critère de leur contribution au bonheur humain.

Tous ces changements, ces bouleversements des attitudes spirituelles, intellectuelles, concrètes et matérielles à l'égard du monde, de ses explications et de ses acteurs, s'accompagnaient, par-delà les résistances et les inquiétudes, de la conscience du dynamisme impressionnant des temps nouveaux, de la possibilité d'y puiser d'autres forces pour renouveler, voire reconstruire selon d'autres normes le vieil édifice social. La certitude qu'une amélioration était possible, qu'une meilleure vie terrestre était accessible, désignait la raison fondée sur l'expérience comme l'instrument principal. Telles étaient pourtant les résistances aux forces nouvelles que le climat politique et moral qui eût pu à la fois en augmenter l'efficacité et en diminuer la virulence leur fut souvent refusé, et notamment la tolérance. Ainsi assiste-t-on, au sein des milieux de gouvernement, à la coexistence de l'intolérance persécutrice (contre les protestants en 1724, 1752, 1762, et constamment, jusque vers 1770, contre les écrits philosophiques) et de courants de pensée plus réalistes acquis à la sécularisation de la pensée et de la politique, impliquant la diversité des opinions. Une telle attitude n'était pas aisée à faire prévaloir au sein d'un système dans lequel le pouvoir absolu se devait de conserver sa liaison avec l'ordre religieux traditionnel. Beaucoup continuaient à penser que l'unité de la société civile et de l'ordre politique était intimement liée à l'unité de croyance. Pour que d'autres, au contraire, aient approuvé la tolérance, il fallait bien qu'ils eussent plus ou moins rejeté la révélation comme explication totale du monde et qu'ils eussent, en revanche, accepté la possibilité d'accéder à la connaissance par d'autres moyens.

Restait pourtant une dernière difficulté. Si le monde social était bien une création de la raison humaine destinée à fournir des solutions aux problèmes de l'homme — donc destinée à accroître la somme de bonheur humain —, comment était-il possible d'expliquer la persistance de tant de misère et de tant de malheurs dans le monde ? Ce fut pour répondre à cette question, qui les hantait, que les philosophes entamèrent la critique de la société française. Tous leurs ouvrages dénoncent comment l'ignorance, exploitée par la supercherie, a, dans le passé, créé des institutions et des croyances inapplicables, ou plutôt directement opposées à une existence heureuse et harmonieuse pour tous. A peu près aucun, sans doute, ne contestait que l'humanité, au cours de sa longue histoire, n'eût progressé vers le bonheur : aucun ne prétendait que le progrès eût commencé avec sa propre époque. Mais tous restaient convaincus que ce qu'il pouvait y avoir eu de progrès antérieur avait été lent, hésitant et bien souvent purement accidentel. Tous, même Voltaire, finissent par admettre que la raison humaine peut errer ou être mal conduite. Beaucoup — Montesquieu, Voltaire, Rousseau — ne se défendent pas d'un certain pessimisme — fondé sur leur propre expérience et sur la connaissance de l'histoire — propre à tempérer les perspectives optimistes d'une amélioration rapide de la condition humaine. Même Condorcet, dont la méditation sur le progrès dans le *Tableau historique des progrès de l'esprit humain* est la plus systématisée, ne conclut qu'à un progrès relatif, et le coup d'œil qu'il jette sur l'humanité de son temps se traduit par une volonté d'espérance qu'on ne peut guère appeler optimisme. Tous les philosophes, cependant, font dépendre l'amélioration de la condition humaine de la diffusion des idées philosophiques dans la société.

A ce point de vue, les religions révélées, le christianisme en particulier et l'Église catholique spécialement, leur apparaissent non seulement comme l'obstacle permanent et fondamental à la propagation de la nouvelle doctrine, mais encore comme ayant toujours, au cours de l'histoire, accompli une fonction essentiellement obscurantiste. La classe des prêtres, que ce fût par insuffisance intellectuelle, par zèle exagéré et mal entendu ou par simple avidité, a toujours utilisé les espérances, les craintes, l'ignorance des hommes afin d'entraver les progrès de l'esprit humain et afin de perpétuer son autorité intellectuelle et ses intérêts de caste, sociaux, économiques et politiques.

Lutte contre l'Église de France

Aussi, aucun accommodement ne semblait possible avec l'Église de France, dont la situation officielle, les vastes pouvoirs de censure et de direction de l'opinion, l'influence écrasante sur tant de catégories sociales étaient autant d'obstacles à l'expansion des idées philosophiques. De fait, l'Église — quels que fussent, par ailleurs, ses propres divisions, le nombre ou l'importance de ses transfuges, l'édulcoration même de sa théologie — ne manquait pas d'utiliser tous les éléments de sa prééminence politique ou sociale pour s'opposer vigoureusement à une telle expansion.

Nul ne poursuivit avec plus de persévérance la destruction de l'autorité ecclésiastique, l'écrasement de l'« Infâme » que Voltaire, qui y consacra, au cours de sa longue carrière, des centaines d'écrits de tout genre. C'est lui qui — adaptant au goût du jour et à sa propre personnalité littéraire tant de thèmes déjà développés par les libertins — mit au point la technique satirique et mordante destinée non seulement à ridiculiser le clergé, sa bigoterie, son fanatisme aveugle, ses tares sociales, mais aussi l'irrationalité de la foi chrétienne, l'inconsistance des textes bibliques, l'obscurantisme des pratiques. Ses émules et ses disciples, comparant eux aussi les religions du monde, tentèrent de démontrer qu'elles pouvaient se réduire à quelques principes simples de morale qui eussent aussi bien pu se déduire des lois naturelles et sans la nécessité de cérémonies coûteuses, de rituels, de dogmes et de clergé, toutes additions qui faisaient des religions organisées un fardeau pesant pour l'humanité. D'autres encore — Montesquieu surtout — attaquèrent plus spécialement l'influence politique de l'Église et, utilisant à la fois leur expérience et les enseignements de l'histoire, dénoncèrent l'influence insidieuse de l'Église dans la vie sociale.

Mais si les méthodes et les points de vue diffèrent, tous s'accordent pour réclamer la tolérance à la fois religieuse et intellectuelle. Ainsi, l'Église qui barrait le chemin à la pensée libre — telle que l'interprétaient les philosophes — resta désignée, du commencement à la fin, comme le premier et le plus implacable des ennemis à combattre. Or, si l'Église devait être domptée, éclairée, purifiée, il fut rarement question, pendant longtemps du moins — sauf chez quelques penseurs radicaux, presbytériens ou démocrates à la Rousseau —, de supprimer cette composante essentielle de la structure socio-politique française.

Les antiphilosophes

Une étude, aussi brève soit-elle, sur le mouvement des Lumières doit faire sa place aux antiphilosophes. Nonnotte, Palissot, Fréron, Moreau avaient pour la « cabale philosophique » une horreur quasi physique, qu'elle leur rendait au centuple. Leur histoire réciproque est marquée de ces antipathies qui font la trame de tout mouvement d'idées vivantes. Mais, plus encore que les questions de personnes, ce sont les conséquences morales et politiques de la philosophie que les antiphilosophes redoutent, ce sont les outrances de raisonnement et surtout les attaques contre la religion. Fréron n'était pas une non-valeur parce qu'il restait catholique. Son *Année littéraire* est un des périodiques importants de l'époque, plein de comptes rendus remarquables et d'articles agiles. En fait, les antiphilosophes ne sont pas opposés aux Lumières. Tous ils en représentent un certain aspect. Moreau, au moment où il combat la philosophie, dirige la collection des chartes sous l'égide du ministre Bertin et organise les recherches de paléographie médiévale. Il rejoint par là les préoccupations de l'Académie des inscriptions, qui, au moment où le « gothique » avait mauvaise réputation, groupait autour de Lacurne de Sainte-Palaye et de Bréquigny une équipe d'historiens remarquables, animateurs de chercheurs bénédictins dont le travail sur les sources de l'histoire de France est une des grandes aventures intellectuelles du siècle, au même titre que les études orientalistes organisées par le même Bertin. Il y avait beaucoup de gens éclairés en dehors des Lumières officielles.

En fait, le rationalisme qui règne dans les salons et les milieux lettrés n'a pas éliminé un courant de pensée persistant depuis la fin du XVIIe siècle. Les idées de « philosophie », de vertu attachées aux valeurs primitives, de bonheur, d'innocence naturelle avaient été développées par un grand nombre d'écrivains, mais dans un cadre resté à la fois marqué par l'admiration pour les Anciens et attaché au christianisme. Ce courant antiphilosophe apparaît comme le complément moins tapageur de la philosophie. Beaucoup de ses thèmes se retrouveront chez Rousseau et, au-delà, dans le néo-classicisme et le préromantisme, ces enfants dénaturés des Lumières.

L'« Encyclopédie »

Tous les aspects de la pensée des Lumières sont rassemblés dans l'*Encyclopédie*, dont on a dit qu'elle fut un « acte » autant qu'un livre. L'énorme entreprise, commencée en 1750, prétend dresser un tableau et faire le point des connaissances acquises en ce milieu de siècle, bien plus complètement que le *Dictionnaire* de Bayle ou la *Cyclopaedia* de Chambers, récemment parue alors en Angleterre. En tant qu'œuvre de science, l'*Encyclopédie* est imparfaite, souvent peu à jour ou très conservatrice. C'est la conséquence du peu d'homogénéité d'une équipe de collaborateurs nombreux, où les plus grands noms — Rousseau, Montesquieu, Voltaire, Turgot, qui ne donnent que peu d'articles — sont doublés de plus modestes tâcherons. Mais le propos général de l'œuvre est exaltant. Elle démontre la maîtrise possible de l'homme sur l'univers dont il dépend. Diderot et d'Alembert y exhortent leurs lecteurs à penser par eux-mêmes, à chercher la vérité dans la science et l'histoire et non plus dans la Bible ou la doctrine de l'Église. La nouveauté de l'entreprise consistait à montrer que le bonheur humain est entre les mains de l'homme lui-même, capable de tout entreprendre et de tout réaliser, à condition d'être libéré de ce qui, jusque-là, avait entravé son progrès. Bien que la contribution de Voltaire y fût mince, tout y respirait son esprit d'enquête et de critique. Dès sa parution, l'*Encyclopédie*, qui avait atteint le chiffre considérable de 4 300 souscripteurs malgré son prix élevé, fut violemment attaquée par l'Église, et un moment supprimée en 1759. En 1765, les dix derniers volumes parurent en bloc, suivis jusqu'en 1772 par 10 volumes de planches, documents incomparables sur les « arts » et techniques de l'époque. D'Alembert avait abandonné en 1758. Mais Diderot bénéficia du soutien de Mme de Pompadour et surtout de celui de Malesherbes, alors directeur de la librairie. Au reste, la persécution accrut le succès de l'œuvre, qui devint une grosse affaire commerciale.

Le credo encyclopédique est exposé dans le célèbre *Discours préliminaire*, rédigé par d'Alembert, qui est comme la formule de la nouvelle attitude : « Il faut tout examiner, tout remuer sans exception et sans ménagement ». L'optique morale est fondée sur le thème de l'harmonisation nécessaire de l'intérêt général et des intérêts particuliers, de l'utilité publique liée à la responsabilité des individus et de la nécessité de la vertu. Le bonheur est lié à la sécurité et à la liberté des individus, travaillant en tant que « citoyens » à la prospérité générale sous un gouvernement stable et éclairé. Ces « citoyens » que présente l'*Encyclopédie* — comme d'ailleurs la majeure partie des philosophes — sont des gens « éclairés » et « sages », pourvus d'instruction, des bourgeois, somme toute. Malgré l'évolution qui se fera sentir sur le tard dans la pensée de Voltaire — devenu plus sensible aux besoins du peuple —, malgré l'instinct et les sympathies populaires de Diderot, le peuple, trop grossier, doit être écarté de l'exercice direct du pouvoir. Même Rousseau estimera que l'ordre le meilleur est que « les plus sages gouvernent la multitude ». Il n'y a donc pas d'attaques directes contre une structure sociale que les encyclopédistes envisagent de façon très conservatrice. Il en est de même pour les idées concernant le gouvernement. La forme monarchique traditionnelle est conservée, c'est celle qui convient le mieux à la France. Les lois doivent être le contrepoids à la « force des choses » qui fait dégénérer tout gouvernement. C'est, en somme, l'idée d'une monarchie « à l'anglaise » qu'exprime l'*Encyclopédie* qui, néanmoins, définit aussi, plus fortement parfois que Rousseau, l'inaliénabilité des droits de la nation et de ses représentants. En somme, si le programme intellectuel de la philosophie était susceptible de développements indéfinis (et beaucoup de philosophes seront eux-mêmes effrayés et surpris des conséquences que tirèrent de leurs débats les révolutionnaires), leur programme de réformes était très modéré et aboutissait à réclamer une ouverture plus grande du gouvernement, l'arrêt des persécutions religieuses et la tolérance pour les minorités ; enfin, avec les articles de Quesnay, une réforme — fondamentale celle-là — de la production agricole.

La cité des Lumières

Les philosophes ont rêvé d'une cité idéale. Le siècle a été fertile en utopies de nature et d'importance variées, mais suggestives. Sans parler de celles qui continuent la tradition du *Télémaque* et de Salente (dont les thèmes sur l'organisation sociale, la dignité de l'agriculture, l'importance du commerce et de l'industrie, l'établissement de la justice et de la concorde résonnent à travers le siècle), il faut rappeler l'épisode des Troglodytes dans les *Lettres persanes* et même l'évocation du Taïti de Diderot, où les habitants ne sont gouvernés que par les lois de nature. Le *Discours sur l'inégalité* développe, en fait, plus le thème du regret de l'innocence perdue qu'un programme concret, sinon de vie simple et pastorale. Mais le *Contrat social*, avec toute sa rigueur déductive, ne conduit-il pas à une forme inaccessible, donc utopique, de société ? Malgré la superficialité de leur information anthropologique ou géographique, ou même la persistance dans leur raisonnement de bien des attitudes héritées de l'École, les philosophes ont indiqué des directions et défini un climat de morale sociale sans rien de systématique. Ils détestent tous les abus, la misère des uns, le luxe des autres, les privilèges injustifiés qui écrasent le peuple et le despotisme qui fait des âmes d'esclaves. Certains, comme Voltaire, prônent le luxe qui donne du travail aux manufactures et est le couronnement d'une civilisation ; d'autres, comme Diderot, le souhaitent modéré ; rares sont ceux qui souhaiteraient une austérité spartiate. Ils sont également pratiques en matière religieuse et leur idée est qu'il faut bien une religion, non pas pour le peuple, mais pour un peuple, religion éminemment sociale et exutoire psychologique, et que dans tous les cas il faut éviter de faire sortir les prêtres du domaine religieux et ne jamais les associer à l'État.

Critiques

Dans cette cité idéale où la liberté garantie par les lois fait des hommes « citoyens », où le droit de propriété — maintenu dans de justes bornes, mais absolument « pur » — est, sauf chez Rousseau, Mably, ou Morelly, absolument conservé, le problème de l'esclavage a été abordé de façon timide, sauf par le véhément abbé Raynal.

En même temps que les autres « préjugés » les philosophes — excepté l'aristocratique Montesquieu — critiquèrent âprement les valeurs militaires et « féodales » héritées du Moyen Age (et d'ailleurs intimement liées aux valeurs chrétiennes, courage, austérité, dévouement et esprit de sacrifice) qui faisaient de l'armée et de l'Église des « professions » complémentaires, parallèles et égales en dignité. L'antimilitarisme de la philosophie est naturellement un aspect de son hostilité aux valeurs traditionnelles de la noblesse. Mais il est aussi le résultat d'une analyse souvent pertinente — chez Voltaire notamment — de la méconnaissance des vraies priorités par le gouvernement. Aussi cet antimilitarisme apparaît-il non pas comme un manque de patriotisme, mais comme une protestation politique et comme l'idéal d'une France pacifique et « éclairée », au lieu d'être belliqueuse et traditionnelle.

Propositions

Toutes ces critiques, ces comparaisons ne forment pas un « programme », si l'on entend par là un ensemble cohérent de réformes fondamentales. Quant à savoir quelles réformes constitutionnelles étaient les plus souhaitables, la position des philosophes sur ce point est également nuancée. La plupart tendent à accepter la formule politique existante plus ou moins aménagée. Voltaire est un « absolutiste constitutionnel », comme le sont, pour la plupart, les autres philosophes, qui estiment impossible de trouver une alternative réaliste à l'absolutisme monarchique. La noblesse est trop égoïste et les masses sont trop ignorantes. La monarchie doit être utile ; elle a les moyens d'un bon gouvernement, à condition d'être contenue par l'affirmation des droits individuels, le respect de l'opinion publique et l'observation des « lois fondamentales ». Position conservatrice dans la tradition d'une monarchie forte, améliorée par le recours au bon sens. La deuxième position, exposée avec plus de cohérence par Montesquieu, est celle d'une monarchie aristocratique dans laquelle le pouvoir royal serait sujet à des contrôles concrets de la part de la noblesse et des « corps » aristocratiques. Traditions, ici, du féodalisme impénitent, de l'orgueil de la robe et du « patriotisme » opposé au despotisme.

La troisième position, et en son époque la plus contestée, est représentée par le *Contrat social*, de J.-J. Rousseau, où est exposé avec une rigueur « cartésienne » le problème fondamental : « Trouver une forme d'association qui défende et protège de toute la force commune la personne et les biens de chaque associé, et par laquelle chacun, s'unissant à tous, n'obéisse pourtant qu'à lui-même, et reste aussi libre qu'auparavant. » En cherchant la formule qui réconcilierait complètement la liberté des individus et les impératifs de l'organisation sociale, Rousseau développe la doctrine de la souveraineté populaire et de la démocratie politique par laquelle le gouvernement n'est que l'organe administratif de la volonté populaire générale et complètement sujet à son contrôle. L'essentiel, qui fut senti par les révolutionnaires, c'est l'idée capitale que le peuple est le seul légitime souverain, que les droits de l'État représentant la souveraineté sont supérieurs à ceux de l'individu et que la religion ne saurait être indépendante. De non moins grande conséquence fut l'importance donnée par Rousseau à l'émotion et à la sensibilité, base psychologique essentiellement différente pour le nouvel ordre des choses.

L'illusion physiocratique

La seule doctrine qui fut méditée par le gouvernement français est celle de la physiocratie, surtout parce qu'elle suggérait une solution à la crise financière. A partir du droit naturel de propriété — propriété privée —, les physiocrates réclament le droit de disposer librement de la propriété et de la faire servir à l'avantage de son propriétaire par le droit d'acheter et de vendre dans le cadre d'un marché libéré. Or, seule l'agriculture (et accessoirement les mines et la pêche) fournit un produit réel ou net qui accroît la richesse. L'industrie transforme simplement la forme du produit brut que le commerce redistribue. De ces postulats découle que toutes les relations d'échange foncières et commerciales doivent être rendues aussi libres que possible, l'accent étant mis significativement sur le commerce des grains, ce qui contribuerait à l'accroissement en valeur de la production d'une agriculture améliorée et, en combinaison avec l'arrêt des subventions gouvernementales aux diverses branches de l'industrie et du commerce, aboutirait à un système économique plus équilibré, plus naturel et plus prospère. Les « propriétaires », principaux bénéficiaires du nouveau système, en seraient aussi les contribuables principaux et, de ce fait, seraient associés à l'État. Dans le cadre mercantiliste et protectionniste de la politique française, ces propositions, fondées non seulement sur les investissements agricoles, mais aussi sur la liberté des échanges, impliquaient le renversement de la politique économique française. Mais les physiocrates, étudiant comment leurs réformes pourraient réellement être mises en œuvre, n'envisagèrent pas de transformation fondamentale du gouvernement monarchique tel qu'il existait. Au contraire, seule l'unique autorité du monarque pourrait trancher dans l'inextricable complexe des privilèges des « corps », des intérêts particuliers et des principes économiques irrationnels destinés à disparaître si la physiocratie s'établissait. Aussi les physiocrates parlent-ils de « despotisme légal », c'est-à-dire d'autorité absolue du souverain libéré des pressions égoïstes des groupes, mais sous le contrôle, qu'il s'impose à lui-même, de principes de droit, « éclairés » par l'infaillible nature. En somme, le despotisme éclairé.

La diffusion des idées neuves

Même si leur pensée contient en germe les principes d'une révolution, les philosophes ne sont en rien des révolutionnaires. Les audaces de leur pensée restent tempérées par les normes du milieu auquel ils appartiennent, pour lequel ils écrivent ou déclament. Les philosophes ne sont ni un groupe, ni un parti, ni une secte. Peu nombreux, si on ne considère sous ce vocable que les penseurs importants, ils sont légion si on leur adjoint leurs disciples, commentateurs et imitateurs, si on entend par « philosophes » les gens « éclairés » et « sensibles » du monde aristocratique et bourgeois dans lequel la philosophie restera cantonnée pendant la plus grande partie du siècle.

Il n'est aucun philosophe, aucun homme de lettres important qui ne soit passé par les salons. C'est, en effet, par les salons, où se coudoient gens du monde et hommes de lettres, que se mettent au point les formes de l'expression philosophique. Le souci d'atteindre vite et de dire bien des vérités efficaces et relatives plutôt que de disserter sur des vérités absolues, le goût des problèmes d'actualité plus que des problèmes éternels, donnent le ton de la philosophie. Il s'agit avant tout d'intéresser, d'« accrocher », de plaire. L'aspect de propagande ne peut, en effet, être séparé de ce règne des idées, qui est aussi celui du livre. Le livre, qui fait la fortune des éditeurs, qui contribue à rendre les écrivains indépendants du point de vue matériel, donc intellectuel, accentue chez certains leur « bourgeoisisme », où le goût de la sécurité s'accompagne des impatiences à l'égard de l'ordre politique et social.

Approches d'une révolution

Vers 1760 tout, ou à peu près, a été dit. L'œuvre de Montesquieu, les principales productions de Voltaire, de Quesnay sont toutes antérieures à cette date. La publication de l'*Encyclopédie* s'achève ; les trois œuvres majeures de Rousseau — *la Nouvelle Héloïse*, l'*Émile* et le *Contrat social* — sont publiées, les unes après les autres, entre 1761 et 1762. C'est alors, dans le quart de siècle qui suit, la diffusion en profondeur de la philosophie des grands auteurs. Elle gagne des secteurs influents de la noblesse, du clergé, du gouvernement, conscients de la crise de l'État, dont le prestige est ruiné après le traité de Paris. Les regards, qui se tournent de plus en plus vers l'Angleterre de Pitt, découvrent chez le peuple de « penseurs » les vertus politiques et sociales dont Montesquieu et Voltaire avaient parlé. Duclos, secrétaire perpétuel de l'Académie française, puis d'Alembert, qui lui succède, font de leur compagnie un bastion de la philosophie. Les idées nouvelles pénètrent à tous les niveaux, de la bourgeoisie jusqu'aux humbles catégories des curés de campagne ou des maîtres d'école. La multiplication des éditions des grandes œuvres (l'*Encyclopédie*, notamment), leur diffusion dans les milieux lettrés de la province, l'accueil que réservent les bibliothèques des particuliers aux œuvres audacieuses et violentes de Raynal, d'Holbach, la popularité de l'œuvre de Rousseau sont des symptômes d'un changement d'attitude intellectuelle. Dans les périodiques, journaux et revues, la proportion croissante des articles scientifiques — législation, économie rurale, économie politique — révèle bien le progrès des Lumières. Enfin, c'est un regard nouveau jeté sur le monde qui s'exprime à travers d'innombrables témoignages : indifférence religieuse ou vague de déisme dans les jeunes générations de la bourgeoisie ou de l'aristocratie ; goût pour les discussions hardies — même dans les milieux provinciaux, plus volontiers conservateurs, comme les académies ou les cercles — ; phraséologie « éclairée » ou « sensible », peu à peu adoptée par tous les milieux et toutes les conditions sociales. Les modes, sous Louis XVI, marquées par l'influence anglaise ou par le retour à des ajustements plus « naturels », ou bien par leur hardiesse provocante, témoignent d'une opposition grandissante aux critères de la cour et de l'aristocratie conservatrice. Dans l'enseignement, les méthodes changent, les études « modernes » et françaises font du chemin, et chez les religieuses même on parle de « l'égalité des hommes et du mépris des vaines distinctions ».

Ordre social et autonomie individuelle

Certes, les résistances sont vigoureuses. Résistance des traditions, de la paresse et de la routine, résistance du goût, résistance de certains milieux sociaux, des évêques, des intendants, des autorités locales. Au sein du gouvernement, sous Louis XVI, la « réaction » est nette. Pour un Turgot, un Malesherbes ou un Necker (tous vite renvoyés), combien de Maurepas, de Miromesnil, de Breteuil, de Barentin. Il n'importe. Par mille canaux, la pensée nouvelle se propage, remodèle les esprits et les mœurs. Les jeunes aborderont la Révolution avec un vocabulaire, des lectures, un état d'esprit « philosophique » qui mènent d'ailleurs aussi bien vers le déisme sentimental que vers le républicanisme. La philosophie n'est pas une révolte, c'est une pente. Dans l'ordre politique, les chances d'une conversion profonde se sont graduellement estompées. Mme de Pompadour, amie des philosophes, meurt en 1764 ; Choiseul (dont le rôle est d'ailleurs superficiel) tombe en 1770 ; la tentative de despotisme éclairé de Maupeou avorte en 1774 ; les ministres libéraux, Malesherbes et Turgot en 1776, Necker en 1781, ne parviennent à rien transformer et leur échec est significatif. Mais le changement d'humeur générale après 1760, s'il provient de circonstances extérieures, économiques, politiques, culturelles, provient plus encore et à un niveau plus profond des implications lentement développées des principes des Lumières. Long-temps, les philosophes avaient conservé leur loyalisme envers la monarchie, leur croyance en l'existence d'un Dieu unique (différent de celui du catholicisme, mais un Dieu tout de même) et leur conviction que les distinctions sociales étaient choses naturelles et nécessaires. Mais la philosophie des Lumières ne pouvait guère, au fond, se concilier avec les idées dominantes sur lesquelles l'Ancien Régime était fondé. Les institutions françaises ne pouvaient — sous peine d'une révolution à peine envisageable — que rester appuyées sur l'autorité et la tradition garanties par l'Église, et non pas se voir soumises à des critères rationnels ou utilitaires. Le vieil idéal d'une société d'« ordres » pyramidale et organique ne pouvait pas, en somme, s'harmoniser avec les nouveaux concepts d'une société composée d'individus autonomes. Aussi, la philosophie après 1760 devint-elle de plus en plus consciente des différences irréconciliables entre les implications des Lumières et les principes fondamentaux de l'Ancien Régime. Et l'attitude des aristocrates le révéla bien en 1788, quand, jetant bas le masque, ils refusèrent l'égalité inscrite dans cette philosophie des Lumières dont ils avaient été, au cours du siècle, les agents les plus essentiels.

III.

PROBLÈMES D'ÉTAT
ET DE
GOUVERNEMENT

1788 : le régime en crise aiguë

En 1788 s'ouvre manifestement, pour la monarchie, une crise d'une extrême gravité. Depuis 1778, les fluctuations de l'économie, le trouble qui s'empare de la société et des esprits sonnaient le tocsin.

La France s'est engagée dans la guerre d'Amérique sans argent, et Necker doit financer le conflit à coups d'emprunts qui pèseront lourd sur les finances, à bout de souffle ; des calamités agricoles — pléthore du vin, puis sécheresse de 1785 — accentuent les effets d'une récession perceptible depuis 1770 ; au malaise paysan s'ajoute le malaise industriel, qui en découle et qu'aggravent encore les conséquences du traité de commerce franco-anglais de 1786, qui semble favoriser les produits britanniques, mais qui révèle encore plus le poids des taxes sur le prix des produits français. C'est en plein marasme que reparaît, en 1786, une vive hausse des prix, génératrice de faillites et de difficultés, avec, par surcroît, deux années de sérieux déficit agricole et de troubles agraires.

Au même moment, dans l'ordre politique s'opère un regroupement symptomatique des forces. La noblesse voit poindre le moment de sa revanche sur l'absolutisme : les notables refusent d'aider Calonne ; le parlement refuse les édits fiscaux de Loménie de Brienne et apparaît comme l'âme de la résistance à un pouvoir arbitraire et déconsidéré. Croyant bien jouer, il réclame les états généraux comme en 1614, c'est-à-dire sans doublement du tiers, en maintenant la séparation des ordres et la prééminence des privilégiés. Soudainement apparu comme le pilier de la réaction et des privilèges, il se déconsidère à jamais auprès de l'opinion, et ses membres vont renforcer la coalition aristocratique face à laquelle se cimente le bloc du tiers état, rallié par les grands bourgeois, qui n'ont jamais été vraiment acceptés par la noblesse. C'est la combinaison des trois problèmes, économique, social et financier, qui donna à la crise de 1789 son caractère de crise fondamentale. La monarchie absolutiste, qui avait prétendu les contrôler et les résoudre seule, se révélait maintenant incapable de le faire. Ce n'était donc plus à une vicissitude ordinaire que l'on assistait avec le « déficit », mais bien à une crise de régime. L'aristocratie et la bourgeoisie le comprirent ainsi et chacun se prépara fébrilement à la grande explication.

Héritages d'une politique extérieure

La banqueroute de 1789 n'était pas l'effet d'une crise soudaine. Mis à part dix années de stabilité financière sous le ministère d'Orry (1730-1745), le trésor royal s'était débattu dans des difficultés constantes. La guerre de la Succession d'Autriche avait accentué le malaise, aggravé encore par la guerre de Sept Ans et les banqueroutes en chaîne (1762, 1770), quoique dissimulées, qu'elle avait entraînées. Les événements de 1788 furent en grande partie le résultat de la discordance constante entre les objectifs de la politique française et les moyens dont elle disposait pour les mettre en œuvre. Le secteur de dépenses le plus important de la monarchie, bien au-delà de celui de la cour, qui ne représentait qu'une faible partie du « budget », était celui de la politique étrangère et de la guerre, dont le coût était considérable si l'on ajoute à l'entretien de grandes armées et de la marine les intérêts des dettes provoquées par les conflits antérieurs. Une proportion énorme des ressources (74 p. 100 des dépenses totales en 1786 — époque pacifique — et peut-être plus encore dans les grandes guerres du milieu du siècle) était ainsi absorbée par les dépenses militaires. Or, à cette époque, ce qui comptait dans un conflit, c'était moins la richesse intrinsèque du pays que la possibilité de financer rapidement les armées et les opérations. Le grand moyen restait l'emprunt. Si le gouvernement anglais trouvait facilement à emprunter, le gouvernement français, dont la solvabilité inspirait moins de confiance, était dans une situation plus difficile. Si l'on ajoute à cela la médiocrité du commandement, les options fluctuantes du Conseil, le Secret, en face desquels se dressaient des adversaires résolus comme Pitt et les marchands de la City ou Frédéric II, on comprendra la faiblesse et parfois la nullité de la politique extérieure française, avec ses corollaires, l'affaiblissement du prestige de la monarchie et la ruine graduelle de ses finances.

La politique coloniale

Or, ces gouvernements si faibles eurent une politique étrangère ambitieuse, héritage direct et comme nécessaire de celle de Louis XIV, même si les gouvernants par eux-mêmes étaient animés de tendances pacifiques — ce qui accentue encore ce trait politique fondamental de l'époque, d'un gouvernement partagé entre les tendances les plus contradictoires. La Régence, Fleury, Louis XV, Louis XVI furent tous amenés à engager le royaume dans des conflits moins incohérents qu'il ne semble et qu'explique cette « deuxième guerre de Cent Ans » ouverte entre la France et l'Angleterre lors de l'accession au trône britannique du Hollandais Guillaume III en 1688. C'est dans la politique coloniale des deux pays qu'il faut chercher l'origine de cette immense contestation. Depuis l'époque de Colbert, un secteur capital de l'économie française vivait du commerce et des manufactures, dont les fournisseurs et les marchés principaux se trouvaient dans ces territoires d'outre-mer où Anglais et Français s'étaient établis côte à côte, en Amérique, aux Antilles, en Inde. Pendant longtemps, les meneurs de jeu aux colonies avaient semblé être les Français — et il n'est pas douteux qu'au XVIIIe siècle les craintes exprimées par la City dénonçant le péril français étaient très réelles. Depuis la fin du XVIIe siècle, la Louisiane, c'est-à-dire le bassin entier du Mississippi, tendait la main au Canada par la vallée de l'Ohio, semée après 1748 de forts français destinés à bloquer l'avance vers l'intérieur des colons anglais de la côte, afin de réserver au roi la perspective d'un immense empire nord-américain. Le partage à peu près égal des territoires et des forces dans la mer des Antilles aboutissait à transporter la compétition en Afrique pour l'approvisionnement des « Isles » en esclaves, cependant que le déclin de l'empire espagnol pendant la première moitié du siècle entretenait à Madrid une rivalité continuelle entre les influences anglaises et françaises. En Orient, la Compagnie française des Indes, qui avait survécu au naufrage du système de Law, quoique moins puissante que la Compagnie anglaise, était cependant en assez bonne position pour commencer, vers 1740, une politique expansionniste. A quoi il faut ajouter le réveil très net du commerce français dans le Levant, grâce aux « capitulations » renouvelées avec la Porte en 1740. Toutes ces causes latentes de conflit étaient aggravées sur les lieux par les différends des colons ou des négociants, les passions politiques et religieuses, les atrocités qu'ils s'infligeaient mutuellement jusqu'au point où la complète élimination de l'un par l'autre sembla être la seule solution. Ainsi le comprirent bien les découvreurs français de l'Ouest américain, les colons de la Nouvelle-Angleterre et les agents des compagnies en Inde, Dupleix et Clive.

Pourtant, l'évolution des deux antagonistes transforma peu à peu les structures de la compétition. En effet, si la France, au cours du siècle, accroît ses ressources en hommes et en productions que valorise la hausse des prix, le trésor royal ne bénéficie pas — la taxation étant ce qu'elle est — en proportion de cette augmentation. D'autre part, la France continue à manquer, et c'est là la plus grave des conséquences du système de Law, d'un grand instrument de crédit que tous les banquiers de la capitale — eux-mêmes parasites du régime — ne pouvaient pas remplacer. En Angleterre, au contraire, l'expansion économique plus rapide, l'action de la Banque d'Angleterre, le crédit dont jouit le gouvernement britannique auprès des prêteurs — à quoi il faut ajouter la sécurité du territoire — permettaient la mobilisation de ressources rapides, à un moindre taux d'intérêt que le gouvernement français. Ce qui permettait au gouvernement anglais, avec pourtant de moindres revenus, de dépasser les dépenses militaires de la France et de maintenir constamment, à partir de 1740 environ, des flottes équivalentes à celles de la France et de l'Espagne réunies.

Mais il y a plus grave encore pour la France. Tant que, sur ses frontières continentales, n'existaient que des rivaux faibles et divisés, susceptibles d'être influencés par la diplomatie ou les subsides, la France avait pu donner une attention presque équivalente à l'Europe et à l'outre-mer, à quoi avait aidé la longue période de paix avec l'Angleterre. Au contraire, quand le conflit commercial et colonial reprend avec force entre la France et l'Angleterre, des transformations capitales se sont produites en Europe centrale, où la France doit désormais compter avec des puissances militaires nouvelles, la Prusse et l'Autriche. Après 1748, la possibilité d'une hégémonie française en Europe disparaît, au moment même où l'expansion commerciale et coloniale française devient véritablement inquiétante pour l'Angleterre, notamment en Inde, où, après 1748, Dupleix entreprend de conquérir l'Inde méridionale, menaçant ainsi d'étouffer le commerce anglais. En même temps, en Amérique, les incidents se multiplient dans la vallée de l'Ohio. Aux craintes exprimées par Londres répondent celles de Versailles et des commerçants français. Pourtant, alors que les affaires maritimes sont, par la force des choses, la préoccupation majeure du gouvernement anglais, le gouvernement français, de par la situation géographique de la France et les traditions de la monarchie, s'intéresse surtout aux affaires du continent, auxquelles il subordonne les questions commerciales et coloniales.

Les guerres

En 1740, avec la mort de l'empereur Charles VI et l'accession de Marie-Thérèse, la France semblait enfin en mesure de ruiner à jamais la puissance de la maison d'Autriche — ce mythe tenace — en organisant sous son égide, autour de la Bavière, une ligue de princes allemands, Frédéric II au premier chef. Or, l'Angleterre ne pouvait accepter pareille rupture de l'équilibre européen qui aurait permis à la France, en contrôlant l'Europe, de se retourner complètement vers le domaine colonial et de régler rapidement leur compte aux Anglais. Pour ces derniers, des alliances européennes étaient indispensables, afin d'empêcher par ce moyen la France de se consacrer tout entière à la guerre coloniale. Il était de l'intérêt de la France d'empêcher cet aspect du développement de l'influence britannique en Europe et, pour cela, il fallait, comme l'avait senti Louis XIV dans ses dernières instructions diplomatiques et, à sa manière, comme avait essayé de le faire Fleury, abandonner toute prétention à l'hégémonie sur l'Europe.

C'est ce que ne comprit pas le parti antiautrichien de la cour. Manœuvrée par les intérêts militaires de la noblesse, projetant dans un contexte différent les grands souvenirs et les grandes appréhensions du XVIIᵉ siècle, cette coalition d'intérêts courtisans lança la France dans des guerres lamentables. Accrochée et battue partout en Europe, ses escadres surclassées par une marine britannique plus nombreuse et mieux équipée, la France perd le Canada en 1760, puis, entre 1760 et 1763, les Anglais raflent les points principaux de la puissance coloniale française et espagnole. Soumettant même les neutres à son contrôle, l'Angleterre apparaît au traité de Paris, en 1763, comme la maîtresse incontestée des mers avec une influence prépondérante en Europe. Cependant, elle rendit toutes ses conquêtes à la France, sauf le Canada — coûteux et difficile à gérer —, que Choiseul céda pour récupérer les Antilles, chères aux négriers et aux grands propriétaires de Saint-Domingue. Du point de vue commercial, le traité n'était pas une catastrophe ; la reprise sera rapide et le commerce français restera florissant dans l'Atlantique et l'océan Indien. Le plus grave, c'était que la monarchie française avait subi une humiliation désastreuse et avait perdu tout crédit auprès des autres nations.

Vergennes voulut rendre son lustre international à la monarchie en menant contre l'Angleterre, à la première occasion, une guerre de revanche. L'occasion se présenta quand les colonies anglaises d'Amérique se révoltèrent. Plus habilement que ses prédécesseurs, Vergennes sut faire prévaloir la paix en Europe, ce qui permit à la France de concentrer son effort sur le front maritime et américain et, grâce à des officiers nouveaux et excellents, de gagner la guerre américaine. Pourtant, la victoire arriva à un moment où la France n'était plus en mesure de continuer son intervention dans les affaires européennes ou mondiales. Ce dernier épisode du long duel franco-anglais sous l'ancienne monarchie avait achevé la désorganisation financière du royaume. Dans le contexte économique et social régnant alors, cette séquelle classique des guerres d'Ancien Régime devait avoir d'incommensurables conséquences. Elle ajouta encore à l'instabilité financière, source de mécontentement aigu parce qu'elle laissait prévoir de nouveaux impôts. Et surtout, peut-être, cette guerre, engagée par la monarchie absolutiste pour aider des insurgés à se libérer de leur souverain, avec toute la propagande en faveur de la liberté et de l'égalité ramenée d'Amérique par les officiers libéraux — et leurs troupes —, contribua dans une grande mesure à renforcer en France l'attaque contre le régime et ses privilégiés.

Finances et politique

Le problème financier était le second des grands problèmes d'État. Étant donné le système de gouvernement existant, ses besoins et ses ambitions, comment adapter l'impôt et comment — en accroissant les « facultés » des peuples — pouvoir lui faire rendre toujours plus. La dynamique de l'improvisation des dépenses et la dédaigneuse méconnaissance des contingences financières sous Louis XIV avaient amené l'État à un point tel qu'il ne pouvait être question de continuer des acrobaties épuisantes consistant à compléter substantiellement les ressources de l'« ordinaire » (les impôts), dévoré à l'avance, par des ressources « extraordinaires » (ventes d'offices, mutations monétaires, banqueroutes partielles ou déguisées) et surtout des emprunts qui avaient mis l'orgueilleux monarque sous la coupe de financiers et de traitants de basse extraction, comme Bernard, Crozat ou les frères Pâris.

La Régence mit en œuvre divers moyens pour pallier la crise politique et économique ouverte par la mort de Louis XIV. Dans l'euphorie de la « délivrance » — encouragée en haut lieu comme dérivatif à des questions plus graves — le Régent prit successivement des mesures importantes. En échange de la cassation du testament de Louis XIV qui limitait ses pouvoirs, il rendit au parlement le droit de remontrances. Il associa la noblesse aux responsabilités du gouvernement en l'introduisant dans les conseils (gouvernement de la Polysynodie) ; il fit « rendre gorge » aux traitants ; mais surtout, d'expédients en expédients, il effectua une banqueroute partielle. En même temps, le rapprochement avec l'Angleterre (alliance de La Haye, 1716) permit de se garer des ennemis extérieurs et intérieurs. La noblesse donnant la preuve de son incapacité dans les conseils, la démonstration par l'absurde se termina en 1718. C'est alors que put s'engager la grande expérience de Law, qui la préparait depuis 1716. Les actions des Indes et du Mississippi montent en flèche, drainent des fortunes vers la Banque royale. Mais Law émet trop de billets. La spéculation, les manœuvres, la fragilité même du système en provoquent l'effondrement en 1720. Il y eut, certes, des changements de condition chez les perdants et chez les gagnants, mais finalement pas de bouleversement majeur et surtout un coup de fouet donné à l'économie et la possibilité de liquider une partie de la dette. Libéré d'un souci majeur, le Régent rétablit le régime de style louisquatorzien, impose la bulle *Unigenitus* (1720) et rend leur influence aux frères Pâris.

La Régence a été comme la boîte de Pandore d'où se sont échappés sur le XVIIIe siècle les démons qui avaient commencé à agiter le soir du règne de Louis XIV. Avant tout, c'est la réaction contre ce que le Régent appelait les « antiquailles », la vieille cour, ses « maximes », ses principes. Les mœurs, débridées, courent vers la liberté, les « nouveautés » comme les modes, la musique de Campra, la décoration rocaille. Les idées lancées par Fontenelle, par les Modernes, par Voltaire, voltigent entre le Temple, le Palais-Royal, le café Procope. Paris retrouve, contre Versailles, un moment délaissé, sa prééminence politique, mondaine et culturelle. La noblesse a cru un moment triompher de l'absolutisme bureaucratique détesté. Le parlement a repris un rôle politique. Les jansénistes relèvent la tête et les jésuites sont honnis. L'argent, plus que jamais, semble être la mesure de tout, comme le but de tout est le plaisir, le luxe, la jouissance immédiate. Deux banqueroutes partielles en quatre ans et le système ont ruiné irrémédiablement le crédit gouvernemental et toute perspective de mettre sur pied un grand instrument de crédit. L'État, dès lors, dépend plus que jamais du bon vouloir des financiers.

Le duc de Bourbon, prince du sang, succède au Régent, mort en 1723, et la finance, à qui il doit beaucoup, reprend le contrôle occulte du pouvoir. L'absolutisme doucereux du vieux Fleury, créé cardinal, se traduit pendant son long gouvernement (1726-1743) par une administration de prudente autorité destinée à assurer dans tous les domaines une tranquillité dont le pays a besoin. Sa mort (29 janvier 1743) remet le pouvoir effectif entre les mains de Louis XV, dont la bonne volonté est certaine. Malgré des crises d'énergie sans lendemain, le roi se révèle surtout indolent et sceptique, esclave d'une sensualité exigeante qui le livre à l'influence de ses favorites. Après la faveur de l'énergique Mme de Châteauroux, la maîtresse en titre devient Mme de Pompadour, charmante, fine et cultivée, mais avide et prétentieuse, dont le rôle politique est néfaste. Issue de la finance, dont elle garantit les intérêts, elle est bien vue des philosophes, qu'elle flatte, et des artistes, qu'elle protège, mais l'opinion lui reproche les dépenses auxquelles elle entraîne le roi et surtout son ingérence dans les affaires. Appuyée sur une coterie d'intrigants, elle provoque la chute d'Orry (1745), le renvoi de Maurepas (1749), celui du comte d'Argenson (1757). C'est dans une France agitée par les troubles et alors que commencent à se faire sentir les effets de la diffusion des idées philosophiques que se produit l'attentat de Damiens (1757) qui met le comble au désarroi politique et financier.

L'avilissement du pouvoir politique continue sous le ministère de Choiseul (1758-1770), absorbé par la guerre et la diplomatie. La rébellion aristocratique menée en Bretagne contre le gouverneur, le duc d'Aiguillon, les incidents violents qu'elle provoqua et auxquels le parlement de Paris s'associa sans mesure provoquèrent alors un raidissement tardif du roi. Louis XV renvoie Choiseul et instaure un ministère de combat. Le « Triumvirat » Maupeou-Terray-d'Aiguillon, appuyé par le roi, excédé, frappa alors plusieurs coups et joua le va-tout de l'absolutisme. Mais le roi, alors tombé sous l'influence avilissante de Mme du Barry, disparut, emporté par la petite vérole, le 10 mai 1774. Louis XVI, monté trop jeune sur le trône, pensa bien faire en rétablissant l'ordre antérieur. Il renvoya le ministère détesté et confia le contrôle général à Turgot, grand homme de bien et « philosophe », qui tenta de mettre en œuvre un programme généreux de réformes sans abandonner la recherche d'un impôt plus équitable. Une fois de plus, les intérêts coalisés firent interrompre l'expérience et c'est dans un marasme financier que rien ne semblait pouvoir enrayer que s'ouvrit la guerre d'Amérique.

Parmi les multiples raisons qui, après 1748 environ, conduisirent la monarchie à sa ruine, dans l'ambiance paradoxale d'un pays en plein essor économique, d'un gouvernement dont les départements techniques améliorent leurs méthodes, leur esprit et leur rendement, dans l'épanouissement au sommet d'une civilisation éblouissante dans les domaines de la pensée, des arts et de la vie de société, c'est évidemment à l'impossibilité de trouver une solution durable à la crise financière qu'il faut donner la première place. Une telle solution était-elle possible dans le contexte des relations sociales existantes et surtout dans la nature du pouvoir telle qu'elle était conçue ? Pour améliorer la situation financière et éviter le spectre de la banqueroute totale qui hanta les dernières années de la monarchie, le remède ne pouvait venir que de cette refonte globale de toutes les institutions politiques et sociales qui devait être l'œuvre de la Révolution.

Les tentatives de réformes et l'échec final

Pourtant, les esprits réformateurs et perspicaces ne manquaient pas au gouvernement. Les plus grands, dans la tradition autoritaire d'une monarchie attachée à contenir les privilèges, s'attaquèrent à ceux de la noblesse, seule détentrice de revenus imposables, dès lors qu'il était manifestement impossible d'accroître indéfiniment la taille, qui, même lorsqu'elle était « réelle », finissait toujours par retomber sur la paysanne-rie. L'impôt proportionnel des vingtièmes et de leurs succédanés inauguré par le rigoureux Machault et continué par ses successeurs, Silhouette, Bertin, Terray, Turgot, frappa donc surtout les « privilégiés », à l'exception du clergé « abonné ». Malgré le concert de récriminations qui accompagna la levée des vingtièmes, malgré les reculades tactiques et malgré l'aggravation de l'agitation politique, le gouvernement n'abandonna jamais sa tentative et, non sans détermination, parvint à soumettre nobles et propriétaires à l'impôt. Pourtant, les injustices de la perception, les inégalités flagrantes de quote-part (tant était difficile une évaluation exacte de la richesse) dans toutes les régions provoquèrent chez les « victimes » des protestations curieusement analogues à celles de la paysannerie, et il n'est pas douteux qu'en bien des cas la « ruine » dont se plaignaient tant de détenteurs de fortunes médiocres n'était pas qu'une formule de style, étant donné leur train de vie, qui, en temps « normal », les empêchait déjà souvent de joindre les deux bouts. La contribution des catégories plus riches fut naturellement beaucoup plus élevée, mais resta limitée, d'abord par le faible nombre des privilégiés très fortunés (1 à 2 p. 100 de la population totale) et, ensuite, parce que la nature de l'impôt — proportionnellement plus lourd pour les fortunes médiocres que pour les grandes fortunes — et la forme de sa perception, plus douce pour les puissants que pour les faibles, laissaient des secteurs entiers de richesses en dehors des circuits de perception, notamment les revenus industriels ou commerciaux. Enfin parce que les grandes fortunes (celles des fermiers généraux, des financiers ou des courtisans) étant étroitement associées à l'État et partie intégrante du système, il était pratiquement impossible d'y toucher. Ainsi, les résultats financiers concrets restèrent très au-dessous des besoins, tout en contribuant à accroître les tensions à l'intérieur de la noblesse, à renforcer chez les privilégiés leurs résistances à ces attentats au droit de propriété ainsi que leurs tentatives de « réaction féodale » pour compenser leurs pertes.

La solution ne pouvait résider, en partie, comme tous les ministres des Finances l'avaient senti et notamment Turgot, que dans une réduction des grands secteurs de dépenses et — bien plus que celles de la cour, dont les retranchements ont surtout valeur symbolique — des économies d'ordre militaire. Elle résidait encore plus, comme l'explique lucidement Calonne à l'Assemblée des notables, dans une réforme fondamentale de la société de privilèges qui permettrait à chacun, particuliers, ordres et états, provinces, libérés par ailleurs de toutes les entraves mises à la production, de contribuer proportionnellement aux ressources de l'État. Le désordre de l'administration financière elle-même (l'absence de budget général, les dépenses désordonnées de chaque département, la multiplicité des caisses subsidiaires qui ne laissaient au Trésor que la gestion de la moitié au plus des fonds publics, l'impossibilité d'établir des « priorités » et, finalement, le gaspillage inconsidéré et imprudent) n'était pas la moindre cause de la crise et de l'impuissance du gouvernement.

Une refonte générale des structures du système étant inconcevable, les administrateurs en furent donc toujours réduits à des combats d'arrière-garde par des retouches de détail. Les Lumières avaient désigné l'un des vices fondamentaux de la société de leur temps : l'« empire de l'habitude », les « préjugés ». Les ministres éclairés, sans bien voir que ces « habitudes » étaient l'essence même du régime, tentèrent de s'y attaquer. Ce fut, dans le domaine industriel et commercial, la doctrine de Gournay, « laissez faire, laissez passer », au reste incomplètement appliquée : les inspecteurs des manufactures subsisteront jusqu'à la fin, comme les douanes intérieures, comme les jurandes et corporations, un bref moment abolies par Turgot, mais rétablies aussitôt après lui. Au reste, cette lutte contre ces homologues industriels des servitudes collectives agricoles était sans objet en ce qui concerne la « grande industrie », accaparée par la noblesse et la haute bourgeoisie. De toute façon, ce secteur opulent de la richesse française, s'il servait les intérêts de l'État, échappait largement à son contrôle. L'agriculture, une fois de plus, matière éminemment taxable et source fondamentale de tous les revenus, servit de champ d'expérience dans la lutte d'inspiration physiocratique contre la « routine ». Dans la perspective d'une régénération « à l'anglaise » des terroirs préconisée par les agronomes et les sociétés d'agriculture fondées par Bertin, la lutte contre les « usages » et la « vaine pâture » s'engagea sous forme d'édits autorisant la clôture et le partage de certains communaux. Ces transformations, qui ne devaient, en fait, profiter qu'aux plus gros propriétaires ou aux seigneurs, provoquèrent de sérieux troubles agraires et répandirent dans la masse paysanne des craintes et des ressentiments qui s'exprimèrent, avec bien d'autres, en juillet 1789. Conscients d'ailleurs des graves implications d'une telle « amélioration », les administrateurs, Bertin notamment, ne s'engagèrent jamais qu'à demi dans la voie d'une « révolution agricole » dont l'échec condamnait à la révolution politique. Ce ne fut qu'alors que se produisit le soulèvement de la paysannerie, dont la situation s'était suffisamment améliorée, malgré tout, pour n'avoir jamais donné lieu à des rébellions de type XVIIᵉ siècle, non plus qu'à des soulèvements comme en connurent à la même époque la Russie ou la Bohême.

La Révolution fut donc le fait des « privilégiés », noblesse et bourgeoisie, dont la conscience politique s'était aiguisée au contact avec la philosophie, désormais assez proches du gouvernement pour en connaître les faiblesses et pour désirer d'y participer. Jusqu'en 1788, quand se produit le grand divorce entre les ambitions concurrentes de la noblesse et de la bourgeoisie, la lutte contre l'absolutisme avait été le fait des « corps », soutenus à la cour par les cabales et menés devant l'opinion par le grand corps hybride des parlements, tous unis en une opposition commune au « despotisme ministériel », l'adversaire en principe tout-puissant, mais en fait solitaire. Dans la lutte contre l'absolutisme, l'action des privilégiés avait trouvé un allié paradoxal dans la philosophie des Lumières, pourtant ennemie mortelle des « corps ». Autant qu'à la « tradition » religieuse, les philosophes étaient, en effet, opposés aux « privilèges » politiques et sociaux, « précédents », « traditions », « usages », mais surtout en tant que « distinctions » et avantages injustifiés et abusifs. Mais ils ne l'étaient pas moins au pouvoir arbitraire ; et leurs déclamations, outre le climat de révolte qu'elles contribuèrent à créer, fournirent à chaque groupe les armes propres à défendre leurs intérêts particuliers. Et pourtant telle était la puissance et le nombre des privilèges qu'aucune action partielle ne semblait plus pouvoir en réduire le nombre ou la nocivité.

La réorganisation indispensable ne pouvait venir des « corps » eux-mêmes pour lesquels l'avantage de chacun était lié à l'existence d'avantages analogues pour les autres, quels que fussent par ailleurs les jalousies et les mépris qu'ils se portaient réciproquement. La nature même du pouvoir absolu l'empêchait de les détruire ; les méthodes « éclairées » démontraient leurs insuffisances. Dans l'impuissance de l'autorité traditionnelle et l'impossibilité d'aboutir à un large consensus, le régime se révélait incapable de se réformer lui-même par des moyens légaux et pacifiques. En se proclamant Constituante le 9 juillet 1789, l'Assemblée nationale dépouillait le roi de sa souveraineté, et en la transférant aux représentants accomplissait enfin cette « révolution » fondamentale dont tout esprit éclairé avait depuis longtemps senti l'inévitabilité, mais que l'absolutisme ligoté ne pouvait entreprendre.

IV. LA CIVILISATION DES LUMIÈRES

L'aisance

Pendant la plus grande partie du règne de Louis XV, et malgré les déboires politiques du régime, la France fait belle figure. Au niveau de la création des richesses, l'euphorie est incontestable. Sans doute, tous les milieux n'ont pas également bénéficié de la prospérité. La masse paysanne demeure prisonnière de la « routine », accablée par l'impôt et les redevances, empêchée de réaliser des profits substantiels ou durables. Dans la mesure, cependant, où le développement industriel mesuré et d'ailleurs contrôlé n'a pas été une « révolution », il n'y a pas eu — comme c'est alors le cas en Angleterre — bouleversement des structures sociales et, de ce fait, les équilibres traditionnels persistent, la masse paysanne n'a été touchée ni par les expropriations massives ni par l'émigration forcée. Avec toutes ses lacunes et ses insuffisances, l'encadrement de cette société renforce, dans l'image qu'on peut se faire de ce long palier de prospérité, l'impression d'une belle époque. Au reste, si le règne de Louis XVI voit le retour d'une situation économique malaisée — misère dans l'agriculture et dans le monde ouvrier — et surtout l'aggravation des tensions politiques et sociales, l'impression d'une grande vitalité se poursuit. Chacun dans leur domaine propre, les serviteurs du régime, ministres, grands commis, intendants, fonctionnaires, ingénieurs, sont véritablement animés du sens de l'État royal, de la dignité de la nation et de l'utilité publique. Les réalisations en tout genre : équipement du territoire, routes, canaux ; aménagement urbain ; grands travaux et grands projets signalent, en effet, que l'époque fut laborieuse, curieuse et active, sachant utiliser la richesse et voir grand, assoiffée de création autant que de savoir.

Dans ce cadre matériel prestigieux s'épanouit aux sommets de la société une civilisation d'une abondance, d'une diversité, d'un brio et d'une séduction incomparables. L'impulsion, le mouvement sont donnés, après le coup d'envoi de la Régence, par le grand mouvement intellectuel des Lumières, par cette remise en question perpétuelle des normes et des traditions, des idées et des goûts, par l'élaboration de climats divers de sensibilité, de nouveaux critères qui attisent le feu de la création littéraire et artistique, l'amenant à présenter ses mille facettes diverses dans un mouvement où la joie de créer se nuance et s'enrichit, aux deux franges extrêmes de la période surtout, d'un charme fugace et comme inquiet. Cette avidité touche-à-tout multiplie les domaines de l'expression, les tentatives, les essais, les ébauches. Elle suscite et enhardit les talents, les encourage, les force à se révéler, à se proposer, dès lors que le gouvernement impérieux de la pensée et de l'art n'existe plus, dès lors que tant de catégories sociales nouvelles forment une clientèle, un public avides d'expérimenter, de connaître, de jouir.

La conversation

Dans le milieu élégant des salons, où la femme est reine, où le temps se passe en divertissements souvent futiles, où les âmes sont vides, mais les manières extérieurement irréprochables et la langue fine et acérée, la conversation est l'art suprême. Conversation parlée, mais aussi conversation écrite ; échange incessant de billets, de messages, de lettres griffonnées ou dictées à l'emporte-pièce, qui ont, en effet, créé un style de l'expression, agile, clair, net, sans lourdeur ni développements inutiles. Dans ce milieu si caractéristique d'une époque, les hommes de lettres ou de pensée, les philosophes font l'intérêt ou l'ornement de ces réunions qu'il faut évoquer.

La duchesse du Maine (1676-1753) dans son château de Sceaux avait donné l'exemple de ces rassemblements mondains — bien oubliés depuis le temps des Précieuses — où les fêtes, les divertissements s'accompagnaient des raffinements de la littérature. Les salons tenus par des dames de moindre rang seront plus simples, mais d'une qualité intellectuelle encore plus relevée. Celui de Mme de Tencin (1682-1749) rassemble des gens de cour comme d'Argenson ou Bolingbroke et des intellectuels comme Fontenelle, Helvétius, Montesquieu, Marivaux, d'Argental, Marmontel. Seul, d'Alembert, son fils naturel, n'y paraît pas. Mme Geoffrin (1699-1777), bourgeoise, femme d'un riche administrateur de Saint-Gobain, donnait deux dîners hebdomadaires. Le lundi, elle recevait les artistes (Van Loo, Boucher, Vernet, Soufflot, Lemoyne) ; le mercredi, des hommes de lettres (d'Alembert, Marivaux, Marmontel, Morellet, Saint-Lambert, d'Holbach). L'atmosphère de ces réunions était libre et aisée, mais la conversation ne devait pas dépasser certaines limites dans la hardiesse, et la maîtresse de maison savait discrètement y mettre le holà. Le salon de Mme du Deffand (1697-1780) était plus aristocratique. La dame du logis, ancienne beauté de la Régence, spirituelle, mordante, désabusée, cherchait dans la compagnie des hommes de talent un divertissement et un apaisement à son incurable ennui. Elle reçut Choiseul, Montesquieu, d'Alembert, Voltaire, qui lui resta toujours attaché, le président Hénault, son fidèle, et Horace Walpole, qui ranima les cendres de son vieux cœur. Mlle de Lespinasse, sa lectrice, se sépara d'elle en 1764 et ouvrit aussi son salon, plus simple, mais plus cordial, aux meilleures têtes de la philosophie, qui y remuèrent beaucoup d'idées nouvelles. D'autres cénacles s'étaient organisés autour des arts, comme le salon du fermier général La Popelinière, fastueux mécène de la musique, dont l'influence sur l'évolution du goût sera grande. Des hommes mariés comme Helvétius, d'Holbach, « maître d'hôtel de la philosophie », plus tard Lavoisier et Condorcet eurent également leur salon où les conversations étaient plus soutenues, plus sérieuses, de véritables laboratoires de l'esprit philosophique. La province aussi a ses salons, moins huppés sans doute que ceux de Paris, mais qui jouent leur rôle dans le raffinement des mœurs, la diffusion des goûts et des idées en vogue. A. Young trouvera à Dijon et en nombre de villes parlementaires des maisons où l'esprit est moderne et la conversation excellente. Au reste, chaque salon a son style propre ; ici les brillantes réceptions gravées par G. de Saint-Aubin ; là, les réunions plus intimes où la liberté du ton et des manières est plus grande, que les aquarelles de Carmontelle font revivre. Mais, toujours, ce qui séduit, c'est le plaisir de se retrouver entre gens d'esprit, sans étiquette contraignante, et de pouvoir se livrer à ces discussions, à ces reparties, à ces réflexions piquantes, à ces médisances aussi, qui font le style de cette bonne société et qui, si elles n'ont sans doute pas eu une influence déterminante sur les idées, ont cependant marqué de leur tour la façon de les énoncer et de les répandre. Il est d'ailleurs des réunions plus sérieuses où les conversations et les discussions sont plus suivies et plus approfondies. Ainsi, le club de l'Entresol, de l'abbé Alary, qui réunit une vingtaine des plus forts esprits du temps en une sorte d'académie libre où se discutent les problèmes les plus variés et à qui l'abbé de Saint-Pierre présente ses idées humanitaires et ses plans ingénieux de réformes. Inquiet des hardiesses qui s'y débitaient, Fleury le fit fermer en 1731. Le propos est analogue, souvent plus compassé et moins hardi, dans les académies de province et dans les sociétés de pensée qui se multiplient jusque dans les plus petites villes et qui fournissent néanmoins à la philosophie un public et des adeptes. Il y a enfin les cafés, innombrables depuis la Régence à Paris et en province, où se rassemblent, toutes classes mêlées, publicistes et gens du monde, où la tenue est plus libre et où, malgré les « mouches » de la police, les nouvelles, les anecdotes, les idées se répandent avec vivacité et hardiesse.

Le goût du jeu

L'esprit frondeur, brillant, narquois, l'art de la repartie, de l'allusion, du sous-entendu qui marque ces multitudes de petits ouvrages, d'opuscules, de « pièces », de « morceaux » au travers desquels s'expriment les idées et les goûts de cette société et dont, comme la littérature, la philosophie utilise les formes et les méthodes, révèle un certain goût du jeu qui a, en effet, marqué le siècle. Chez beaucoup d'auteurs et d'artistes, la maîtrise d'une certaine tactique d'expression dissimule la minceur du propos. Pourtant, ce goût de l'époque pour l'improvisation rapide, les esquisses, les pochades, les ébauches a incontestablement favorisé la « finesse » d'esprit et de cœur ; elle marque les fortes œuvres, qui sont souvent des œuvres courtes. Dans le domaine intellectuel et littéraire (mais les mêmes qualités se retrouvent dans celui des arts), cette gymnastique, enfin, a permis de mettre au point l'instrument de la création et l'arme de la pensée, c'est-à-dire la langue du XVIIIe siècle, langue dépouillée, nerveuse, concise et par-dessus tout empreinte de cette élégance dont elle ne se départit jamais, que ce soit dans la formule ramassée, la boutade de Voltaire, la période majestueuse de Buffon ou les harmonies enivrantes de Rousseau. Les exceptions ne manquent pas, sans doute, à ce schéma d'un art sans embonpoint. Le XVIIIᵉ siècle a eu ses prosateurs pesants ou adipeux, ses poètes rocailleux, ses ouvrages fumeux et soporifiques, surtout à l'époque des effusions. Les bonbons acidulés de la première moitié du siècle deviennent volontiers de la guimauve dans la seconde. Les catalogues de bibliothèques recèlent bien souvent des monceaux de productions affligeantes qui sont la menue monnaie des grandes œuvres. Mais si leur intérêt est parfois très grand (pensons à l'immense production physiocratique ou janséniste) on peut difficilement en faire les témoignages exemplaires de l'époque. Il faut donc bien reconnaître que la culture de la haute société et de ses émules se caractérise par cette perfection du « métier » mondain, littéraire et artistique, par cette homogénéité — dans la diversité des productions et des moments — d'un goût fait de justesse de ton, de bienséances et d'élégance dans la forme et dans le paraître. On comprend, cependant, pourquoi ce règne implacable du goût qui marque la civilisation de l'aristocratie, des salons et des boudoirs a pu lasser les contemporains. Mais on ne peut se défendre de la séduction, parfois un peu irritante, de cette époque de la « douceur de vivre », de ce « temps si aimable », aux manières si élégantes, à la politesse calculée ; siècle de ces portraits de personnages attifés, rengorgés, campés ou nonchalants, au teint fleuri, aux traits estompés et animés d'un sourire spirituel et satisfait ; siècle de ces costumes aux teintes chatoyantes, de ces décorations délicates où s'entremêlent les dentelles du rococo, puis les roses, les carquois, les perles et les colombes, tous ces accessoires de la mythologie aristocratique. Il est bien vrai que, toute superficielle, frivole, égoïste et sceptique qu'elle soit, cette société brillante de la cour et des salons a su donner à l'art de vivre un style si parfait et un ton si élégant qu'elle a séduit l'Europe et qu'elle continue à séduire à deux cents ans de distance. Légère, chevaleresque, amoureuse du plaisir, elle ne saurait laisser insensible, et d'autant moins qu'elle a aussi été un écrin pour la femme, pour la « jolie femme », cette création du XVIIIᵉ siècle.

On a souvent souligné le rôle des femmes dans la naissance de l'esprit nouveau. Les femmes avaient soutenu les Modernes contre les Anciens ; elles soutinrent la philosophie. Elles sentent, comme le remarque finement Van Tieghem, qu'une philosophie libératrice justifie leur conduite et que l'adoption des idées d'avant-garde est la consolation de l'âge mûr. En même temps, elles dictent les formes du style, de l'exposition des idées, et exigent que les sujets les plus austères se parent de séductions et de galanteries. Leur influence, d'ailleurs, dépasse les salons et se fait sentir dans la politique, dans l'art, même parfois dans l'économie (des femmes de la bourgeoisie ou du peuple réussissent dans les entreprises les plus variées, sont parfois chefs d'industrie). Que ce soit à Versailles ou dans les jardins du Palais-Royal, dans les salons ou dans les boutiques de modes, les femmes ne sont pas que l'ornement du siècle, elles en sont aussi l'aiguillon.

La culture bourgeoise

Mais l'époque des Lumières ne se réduit pas aux salons. Voici que se précise peu à peu l'aspect longtemps négligé de la culture populaire non seulement à travers l'étude d'un décor matériel — mobilier, faïences, costumes —, mieux connu des folkloristes, mais à travers la littérature de colportage, almanachs, contes, féeries, « écœurante littérature d'évasion » au service d'une « mise en condition » des classes populaires, pour les uns, ou plus simplement « part du rêve » pour les autres. Ce petit peuple des campagnes et celui des villes, les clients des guinguettes, les domestiques, les artisans, n'ont pas été négligés par l'époque. Chardin n'est pas seul à peindre les humbles ; une Françoise Duparc, en Provence, laisse le témoignage que les artistes pouvaient découvrir les secrets de l'âme populaire. Plus qu'aux paysanneries fabriquées de Greuze, il faut s'attacher, pour connaître le peuple, aux gravures, illustrations d'ouvrages techniques qui bien souvent fournissent à l'improviste des échappées parfois très belles sur le monde populaire, si différent du monde de l'aristocratie. De même, on trouve, dans le domaine littéraire, chez Prévost, chez Restif de La Bretonne, chez Rousseau, cette sympathie profonde avec les simples, les petits, qui complète la dimension d'une civilisation qu'on croirait autrement trop exclusivement aristocratique. La culture bourgeoise, dont l'importance devient prépondérante dans la seconde moitié du siècle, reflète sans doute, mais en les tempérant, certains traits de la culture aristocratique, surtout dans les catégories les plus riches de la bourgeoisie ; mais de plus en plus elle adopte ses propres normes, qui, bien plus que celles de la cour, vont faire la charpente culturelle du siècle. La bourgeoisie qui travaille, invente, crée, dirige la plupart des grandes entreprises modernes, dispose de beaucoup d'argent qu'elle met au service d'un style de vie confortable et intelligent. C'est à ce nouveau public qu'elle représente, à ces nouveaux et nombreux clients que s'adressent désormais hommes de lettres, artistes, artisans. Des maisons, des meubles plus simples, mais admirablement exécutés, une atmosphère plus familiale, une forme de vie plus réglée, plus « vertueuse », mais où les arts d'agrément sont activement cultivés, ainsi que les plaisirs de la lecture, du théâtre ou du concert, voici ce qui caractérise une certaine bourgeoisie aisée, révélée dans sa simplicité « janséniste » par Marivaux ou par Chardin, ou dans son confort cossu et sa rondeur sentimentale par Rousseau, Boilly ou Debucourt. C'est cette bourgeoisie cultivée que Diderot présente comme exemplaire, que l'opéra-comique et la comédie sentimentale mettent désormais en scène. C'est elle qui applaudira le changement du goût en musique, en peinture, en littérature. C'est à elle, finalement, que le meilleur de l'époque s'adressera. D'ailleurs, comme l'aristocratie, la bourgeoisie a ses duretés et ses inconsciences. Elle n'est pas tendre pour ses ouvriers, pour ses « compagnons » ; et à Bordeaux et à Nantes, c'est la traite des nègres qui fait sa prospérité. Ses manipulations financières sont moins innocentes que sa bonne conscience et elle déteste moins l'argent que les idoles philosophiques. Mais ce qu'elle est, elle le doit à son mérite et ses valeurs ne peuvent pas être celles de l'aristocratie.

L'envers du rationalisme

A feuilleter le siècle, on tombe bien souvent sur certains « envers » de ses idéaux ou de son rationalisme qui ne manquent pas de piquant. Même s'ils furent de très intéressantes inventions, saluons le fauteuil « trémous-soir » de l'abbé de Saint-Pierre, le clavecin optique du P. Castel, les projets d'Ebaudy de Fresne qui, pour rendre des chevaux à l'agriculture et les ôter aux carrosses et aux fiacres de Paris, songe à remplacer les rues de la capitale par des canaux... comme à Venise. Dans la serre chaude des bienséances, où la société comme il faut cultive ses conventions et dissimule ses fredaines, des individus courageux ont cassé quelques vitres. Les polissonneries de Crébillon fils ou de La Morlière ne gênent personne, surtout quand elles sont bien écrites, et d'autant moins que leur érotisme galant ne remet pas en cause la société qui les suscite et les consomme. Par contre, Diderot — dont les manières effarouchaient Mᵐᵉ Geoffrin — témoigne, comme Helvétius d'ailleurs, d'une approche véritablement renouvelée à l'égard des problèmes sexuels, non seulement en harmoniques de la critique sociale (comme dans *la Religieuse*), mais en tant que revendication déterminée de la dimension génitale du bonheur et de l'identité de l'être humain. Problème que l'œuvre de Rousseau évoque dans *les Confessions*, mais surtout dans *la Nouvelle Héloïse*. D'autres auteurs refusent d'être aussi « sublimes » que Jean-Jacques : Restif de La Bretonne et surtout Sade, dont la première caractéristique, malgré tout, est celle de la boulimie sexuelle.

La puissance n'est pas absente d'une époque qu'on veut trop souvent simplement jolie ou spirituelle. Sous ses ornements et ses grâces, elle a des jarrets d'acier, aussi bien dans le mouvement monumental d'une volute de Germain, l'orfèvre, que dans un trait fulgurant de Rameau. Le grand et parfois le gigantesque ne déplaisent pas au « siècle Pompadour », qui applaudit un moment l'œuvre « atroce » de Crébillon père et ses tragédies sanglantes. L'art ne fut pas que délicat ou charmant. En peinture, un « grand goût » — fort intéressant — persiste, illustré par A. Coypel, Cazes, Restout, de Troy, Natoire (et jusqu'à Fragonard avec sa *Callirrhoé*), dont les vastes compositions théâtrales, avec leurs attitudes maniérées de tragédie ou d'opéra et leurs mimiques emphatiques, se déroulent sous l'agitation des draperies, rendues souvent d'ailleurs avec brio et de belles couleurs. C'est là, en peinture comme en littérature, la manifestation de l'estime qu'on continue à accorder au genre noble et qui fait admirer avec obéissance les homologues peintres de Crébillon, de Campistron, de J.-B. Rousseau, de Lefranc de Pompignan. Ce « grand » de convention s'essouffle, d'ailleurs, dans la peinture après 1770 environ. Mais il est relayé par l'immense en architecture avec ces colossaux morceaux de grande prose que sont le Panthéon et la façade de Saint-Sulpice. À la même époque, l'influence de Piranèse inspire les projets mégalomanes de Peyre (*Œuvres d'architecture*, 1765), de Boullée, qui rêve d'une architecture « sentie », caractérisée par l'immense et le magique. Dans ses constructions réelles, C.N. Ledoux est plus pratique. Mais ses projets sont aussi souvent à la limite de l'onirique. Le siècle de la raison est bien aussi celui du fantastique, reçu avec droit de cité dans la société, les lettres et les arts. C'est alors que s'élabore le rituel des initiations maçonniques, où tant d'« épreuves » et « imprécations » évoquent une fois de plus le monde de l'opéra, corsé d'apports orientaux et égyptiens par Cagliostro. Fantastique de pacotille, celui que vend, non sans succès, le fameux comte de Saint-Germain, qui se dit contemporain des pharaons. Ces goûts qui s'accroissent dans la seconde moitié du siècle révèlent, au travers de la vogue pour les séances de Mesmer, la multiplication des rose-croix et des adeptes de Saint-Martin, la persistance — déjà révélée avec les convulsions jansénistes — de tendances mystiques ou du moins de la conscience des insuffisances de la religion traditionnelle, mais aussi de la raison. Dans le domaine littéraire toute une littérature de l'imaginaire et du fantastique signale le goût du dépaysement et l'espoir que tout n'est pas l'univers mécanique de Fontenelle.

Mais ce n'est là qu'un des aspects, tangible et rudimentaire, du fantastique. En art, le style rocaille est, à bien des égards, l'expression de cette tendance profonde, recherchant les « effets bizarres, singuliers et pittoresques, leurs formes piquantes et extraordinaires, dont souvent aucune partie ne répond à l'autre ». Symptomatiquement, ce goût pour le « genre pittoresque », qui exprimait une sorte de rébellion contre l'ordre rationaliste, se tarit vers le milieu du siècle. Cochin signale bien pourquoi quand, à son propos, il parle de « désordre », c'est-à-dire d'une remise en cause des fondements de l'État, de la société et de la culture.

la Révolution

De 1789 à 1799, la Révolution,
« temps légendaire de notre histoire ;
plus grand que celui de Louis XIV ;
moins flou que celui de Saint Louis ». A. MALRAUX.

La Révolution française tient une place à part non seulement dans l'histoire nationale, mais dans l'histoire du monde. On insiste aujourd'hui sur son environnement : il est vrai qu'elle s'insère dans le flux des « révolutions atlantiques » qui, de l'Amérique au Royaume-Uni, à la Flandre ou à la Suisse, marquent la période qui va de 1770 à 1800, ... mais ces rapprochements, loin de la rapetisser, lui donnent, au contraire, son ampleur véritable ; un rayonnement inégalé sanctionne l'importance à la fois matérielle et idéologique d'une des secousses majeures qui ont constitué le monde moderne.

La Révolution est un mouvement : il faut en suivre la marche, sous peine d'en perdre le fil. Et l'historien mesure à cette tâche la difficulté de l'idéal que lui fixait Georges Lefebvre : ne point oublier que la science historique est aussi un art du récit. Au-delà de cet enchaînement, il convient de tenter un bilan des apports, fugitifs ou durables, de l'épisode révolutionnaire ; moyen, peut-être, d'en mesurer l'impact sur les destins français.

I.   LA RÉVOLUTION EN MARCHE

Pourquoi la Révolution ?

La crise du vieux monde

Les révolutionnaires ont voulu abattre, ils l'ont dit, la « féodalité » : dans son purisme, le vocabulaire historique actuel conteste, ou du moins rectifie, le terme, dans la mesure où il renvoie au système précis des liens vassaliques médiévaux. Mais les juristes révolutionnaires savaient bien ce qu'ils voulaient : dans le système social global auquel ils se sont attaqués, on reconnaît les traits caractéristiques du mode de production féodal, ou *féodalisme* au sens moderne du terme. La France de 1789 en offre une illustration démonstrative, assortie toutefois de caractères spécifiques qui expliquent largement les traits de la Révolution française.

Le féodalisme, c'est tout d'abord l'ancien système économique d'une France dominée par le monde rural : les paysans forment 85 p. 100 à peu près de la population française, et la vie économique tout entière reste dominée par les rythmes oppressifs d'une économie de subsistance. Les crises de ce monde sont crises de sous-production agricole : le secteur industriel reste second et dépendant de ces réalités majeures, même si le XVIIIe siècle économique a vu régresser les famines des siècles précédents. Une technique agricole traditionnelle renforce la lourdeur d'un monde rural qui pèse de toute son inertie ; les rapports sociaux à la campagne reflètent encore l'importance du système seigneurial qui fut le couronnement de ce mode de production précapitaliste. La noblesse, en tant que groupe, possède une part importante du terroir français, près de 30 p. 100 peut-être ; le clergé, autre ordre privilégié, disposant de 6 à 10 p. 100 du sol, c'est plus du tiers du total qui revient à ces corps que l'on ne se prive pas de dire parasitaires. Surtout, et c'est là, sans doute, la survivance essentielle, en dehors même du domaine des privilégiés la terre est grevée des droits féodaux et seigneuriaux qui rappellent la propriété éminente du seigneur : du *complexum feudale* émergent les droits universellement perçus — comme les cens — et, beaucoup plus lourdes, les diverses formes du champart, prélèvement d'une fraction de la récolte. Saisonniers ou occasionnels, en argent ou en nature, en travail ou en obligations, lods et ventes, hommages, aveux, banalités, corvées... rappellent diversement les anciens liens de dépendance.

Sans doute, cette évocation, nécessairement sommaire, amène-t-elle cependant à insister sur l'originalité de la France dans la crise du féodalisme européen. Il est devenu traditionnel, mais non peut-être superflu, d'opposer le régime agraire français à celui d'une Angleterre émancipée, où une agriculture déjà capitaliste s'est installée, comme à celui de l'Europe centrale et orientale où l'aristocratie, maîtresse de la majorité des terres, dispose de la corvée de paysans dépendants dans leur personne. A mi-chemin entre ces deux systèmes, la France présente un système seigneurial d'autant plus lourdement ressenti dans son durcissement qu'il est moribond ; une paysannerie suffisamment pourvue et diversifiée pour tenir dans les combats à venir une place importante et peser aux côtés de la bourgeoisie dans les luttes contre une noblesse moins incontestée dans son primat économique et social que dans l'Europe au-delà de l'Elbe. Par référence, inversement, aux sociétés

« atlantiques », parmi lesquelles on insère l'Ancien Régime, les subsistan-ces du système « féodal » donneront à la Révolution française un caractère social beaucoup plus marqué qu'ailleurs.

Les réalités économiques ne sont point tout : on l'a dit naguère avec une extrême insistance, en opposant à la société de classes que le XIXᵉ siècle voit s'affirmer, la société d'« ordres » d'Ancien Régime. A l'importance de l'aristocratie foncière répondrait ainsi la place des ordres privilégiés, noblesse et clergé, et l'organisation officielle d'un monde hiérarchisé suivant la pyramide des honneurs. La France, en 1789, c'est le défilé des états généraux : le clergé, premier ordre, lui-même coupé en deux par le clivage entre haut et bas clergé ; la noblesse, puis la masse noire et anonyme du tiers état. Cette hiérarchie est loin d'être pure façade : le terme de *privilégiés* dit bien ce qu'il veut dire. Les privilèges fiscaux, qui exemptent presque totalement la noblesse et le clergé, sont les plus évidents : ils ne sont pas les seuls. Clivages, coupures, tabous affirmés et ressentis témoignent de la force du système, et ce n'est point, croyons-nous, mesquiniser la réaction bourgeoise à l'attitude nobiliaire que de rappeler telle insulte subie au théâtre, à Grenoble, par la famille de Barnave, ou la petite Manon Roland envoyée manger... à l'office par telle bonne marraine aristocratique. Ces choses ne sont point mineures, et le terme de « refoulé social » qui a été attribué au bourgeois français du XVIIIᵉ siècle couvre beaucoup plus qu'une explication psychologique marginale. La hiérarchie psychosociale des honneurs est d'autant plus ressentie qu'elle est devenue fausse, dans une société qui, derrière la fiction des ordres, laisse apparaître sans voiles sa structure de classes.

L'absolutisme est la troisième des vérités fondamentales de l'ancien monde. Pas plus, sans doute, qu'entre féodalisme et société d'ordres, il n'y a convergence mécanique et sans nuances entre société d'ordres et absolutisme : nous le verrons sous peu. Il reste que le roi tout-puissant, loi vivante qui pour la France de 1789 a les traits sans grandeur de Louis XVI, demeure au sommet de la pyramide sociale, garant d'un ordre fait pour les privilégiés. Après l'Espagne, le royaume de France est apparu depuis le XVIIᵉ siècle comme l'exemple type d'un système étatique, où le roi en ses conseils dispose d'une autorité sans contrepoids réels : il a imposé la centralisation d'une administration dont les intendants dans leurs généralités furent les agents, l'effacement des « corps intermé-diaires », cependant réticents, à l'imitation des parlements. Dans ce système des idées-forces de l'ancienne monarchie, le droit divin est, d'une certaine façon, la clef de voûte : oint du Seigneur, roi thaumaturge, le roi est un personnage sacré, une image du père. Il cautionne à ce titre également le monolithisme spirituel d'un État qui, malgré l'esprit du siècle et quelques brèches tardives, ne reconnaît qu'une religion, dont il impose la pratique à tous ses sujets.

En 1789, ce vieux monde est en crise : au-delà même de causes immédiates qu'il nous faudra reprendre, il révèle des tares flagrantes.

Les plus voyantes, qui ne sont pas forcément les plus mortelles, touchent le système étatique de la monarchie absolue dans son inachèvement. Les manuels de notre enfance nous ont appris l'enchevêtrement des circonscriptions administratives, judiciaires, fiscales : des provinces aux généralités, aux bailliages et sénéchaussées, aux pays de grande, petite ou moyenne gabelle. On sait aussi le point faible des absolutismes classiques, l'organisation d'une fiscalité d'État inégalement répartie, déplorablement perçue. Cette lourdeur d'un héritage séculaire n'est pas, par définition, nouvelle, mais elle est plus lourdement perçue. Pourquoi ? On l'a dit, « parce que la volonté réformatrice de la monarchie se tarit », parce que la force créatrice de l'absolutisme centralisateur se relâche. Quel que soit le poids de l'argument, il renvoie plus largement, croyons-nous, à la crise d'une société.

Le déclin de l'aristocratie nobiliaire peut s'apprécier en chiffres absolus comme en valeur relative. Dans l'absolu, toute une partie de la noblesse apparaît fragile dans ses revenus insuffisants à soutenir un train de vie disproportionné ; la remarque vaut pour une certaine moyenne noblesse de province, parfois ancienne, comme pour la haute noblesse de cour dont le parasitisme est quasi institutionnel. On pourrait penser toutefois que la noblesse, fraction importante de la classe propriétaire, a profité de la hausse, de ce « flux » de la rente foncière qui couvre la majeure partie du XVIIIe siècle ; à ce titre elle entre dans le groupe des bénéficiaires de l'essor du siècle. Il faut cependant regarder au-delà : figée dans son oisiveté rentière, la noblesse ne peut être qu'en déclin relatif par rapport à la bourgeoisie active et conquérante.

On peut réagir différemment à un déclin collectif : la noblesse à la fin de l'Ancien Régime connaît des refus individuels en forme de déclassement explosif ; chacun à leur manière, Sade ou Mirabeau en sont des exemples. Mais c'est en termes de durcissement que la réaction de groupe s'exprime avant tout. On la trouve au niveau du village, où les seigneurs qui font renouveler leurs registres et plans « terriers » s'efforcent de percevoir plus exactement les droits anciens. Cette réaction seigneuriale se double d'une « réaction nobiliaire » au niveau des structures de l'État et de la société. La monarchie, lors de l'affirmation absolutiste, n'avait point dédaigné le recours à la « vile bourgeoisie », pour reprendre l'expression de Saint-Simon... ; en s'avançant, le XVIIIe siècle voit, au contraire, le monopole aristocratique se renforcer : Necker, ministre bourgeois, apparaîtra comme une éclatante exception à la règle. La vérité vaut à tous les échelons de la société : elle devient officielle. Des édits ferment l'accès des grades d'officiers militaires aux roturiers, renforcent le monopole aristocratique dans l'armée et la marine. Chérin, généalogiste éminent, est l'homme le plus redouté d'une cour qui compte par quartiers de noblesse. C'est se leurrer que de faire d'une noblesse libérale, tournée vers les investissements productifs, le pivot d'une nouvelle « élite ».

Réaction seigneuriale et réaction nobiliaire : deux faces d'une même attitude, origine de blessures profondes tant dans la mentalité bourgeoise que paysanne. La collusion de la monarchie absolutiste avec l'aristocratie nobiliaire apparaît, d'autre part, flagrante dans les édits militaires de la fin du règne. Ce fut un des aspects, cependant, de cette crise de l'ancien monde que de révéler en forme d'opposition politique les tensions internes qui opposent au monarque absolu une noblesse, « sa noblesse », dont il se sentira cependant solidaire au cœur de la Révolution. On a risqué le terme de révolution aristocratique, à tout le moins peut-on parler de révolte des nobles : lorsque le ministre Calonne, en 1787, convoque une Assemblée de notables pour résoudre le problème financier, il se heurte au refus de ces privilégiés ; on fit le procès de l'absolutisme, on attenta aux pouvoirs du roi et à l'autorité des ministres, on voulut faire passer Calonne en justice. Lorsque son successeur, Loménie de Brienne, se tourne vers les parlements pour le même motif, il rencontre chez ces autres privilégiés une opposition qui sait se faire un temps populaire, fût-ce par équivoque, et qui lancera une idée-force explosive : la convocation des états généraux. Derrière un libéralisme de façade, l'affrontement sur la fiscalité, indiquant le prix qu'attache la noblesse à la défense de ses privilèges, révèle les tensions internes à l'intérieur de l'Ancien Monde.

Les forces d'attaque

La Révolution française est-elle une révolution de la prospérité ou une révolution de la misère ? Pour être devenue exercice de style, où, à travers les ans, Michelet et Jaurès se répondent, la question n'en pèse pas moins lourdement sur l'interprétation générale du mouvement.

Lorsqu'il évoque le paysan français dans sa misère (« couché sur son fumier, pauvre Job... »), Michelet n'a sans doute point tort d'attirer l'attention sur la précarité du sort de la majeure partie des paysans français : ceux qui, du journalier sans terre au manœuvrier parcellaire ou au médiocre métayer entrent dans la catégorie de ce qu'on a appelé la paysannerie « consommatrice ». Pour ceux-ci, le XVIIIe siècle n'a rien de glorieux, et la hausse des prix dont profite la paysannerie vendeuse pèse lourdement sur ce monde de consommateurs. N'ont-ils rien gagné en ce siècle ? On a dit qu'ils y avaient au moins gagné la vie, par l'espacement et la régression des grandes crises mortelles de subsistances qu'avaient connues les âges précédents. Il n'en reste pas moins que cet équilibre nouveau, dans des structures de production agricole inchangées, reste précaire ; pour emprunter là encore une métaphore à l'historiographie classique, on songe à la suggestive image de Taine comparant le paysan à celui qui passerait à gué une rivière où il aurait à peine pied : qu'un trou d'eau se présente (et c'est — représentée en creux — une flambée de disette), le voici qui suffoque et perd pied. Révolution, donc, de la misère ? Encore convient-il de nuancer au niveau même de ceux — petit peuple rural ou urbain — qu'un malaise social va mobiliser ; si légitime qu'il soit d'insérer les mouvements populaires dans le flux des rébellions qui depuis la Ligue et au-delà ont agité villes et campagnes françaises, la participation populaire et singulièrement rurale à la Révolution sera beaucoup plus que l'association fortuite de rébellions primitives au flux constructeur d'une révolution bourgeoise, qui serait celle de la prospérité. Cette prospérité sanctionne l'essor d'un siècle de progrès économique. Un long mouvement de hausse des prix débute vers 1730, couvre et déborde le XVIIIᵉ siècle ; non sans accidents, sans doute, crises brutales ou fléchissements de longue durée, mais le schéma d'ensemble est sans ambiguïté. Une population croissante, fruit de l'explosion démographique de la seconde moitié du siècle, confirme l'importance d'un État de 26 millions d'habitants, l'un des plus peuplés d'Europe.

Le groupe bénéficiaire de ce mouvement, nous l'appelions la « bourgeoisie » : on nous dit aujourd'hui, chez les historiens d'outre-Atlantique, qu'elle n'existe pas, du moins en 1789. Le mérite de ce qui semble surtout une querelle de mots sera peut-être de nous contraindre à préciser plus fermement les contours de cette réalité. Cette bourgeoisie, nous ne l'attendons ni triomphante ni monolithique. Le monde des villes, où elle se concentre principalement (mais non exclusivement), ne représente qu'un sixième de la population française ; le capital foncier l'emporte encore très largement sur le capital mobilier, et l'honorabilité vient aux bourgeois en achetant des terres, ou des offices anoblissants, ce qui est un autre moyen d'entrer dans les anciennes structures. Multiple, cette bourgeoisie, au sens moderne du mot, ne se confond que très minoritairement avec ce que le vocabulaire d'époque appelle le « bourgeois », vivant de ses rentes, ou, comme on dit, « noblement ». Elle est essentiellement productrice, mais à ce titre englobe la foule des détaillants et partiellement de l'artisanat, petite bourgeoisie de producteurs indépendants, aux frontières indécises, puis s'élève au monde du négoce, qui s'épanouit dans les milieux portuaires — à Nantes, à Marseille ou Bordeaux — enrichis par le grand commerce des Iles, et au monde de la banque parisienne ou lyonnaise. La bourgeoisie industrielle, déjà présente, reste seconde dans un monde où les techniques de production évoluent encore lentement et où le capitalisme commercial coordonne le travail de multiples ateliers, urbains ou ruraux.

Mais la bourgeoisie, c'est aussi tout un monde d'avocats, de notaires, de procureurs, médecins aussi parfois, en un mot membres des professions libérales, que le rôle qu'ils vont jouer dans la Révolution met en vedette. Bourgeoisie des services, au cœur cependant de la revendication du tiers état, leur attitude parfois étonne : ne devrait-on pas trouver, chez les hommes de loi du moins, les chiens de garde de la tradition et de l'ordre ancien ? Mais qui dit dépendance économique ne dit pas forcément dépendance idéologique.

La bourgeoisie prouve sa réalité par la cohésion d'un programme qui, pour elle comme pour les autres défavorisés de l'Ancien Régime, va incarner l'avenir. Minoritaire, multiple dans ses statuts, dépendant idéologiquement d'une bourgeoisie qu'il côtoie et avec laquelle il se mêle sans heurts encore majeurs dans « l'échoppe et la boutique », le salariat ne représente pas une force autonome. Si hiérarchisée qu'elle soit par des clivages tant économiques que culturels, la bourgeoisie représente la force qui donnera à la Révolution son sens et son programme. La philosophie des Lumières divulguée, monnayée en idées-forces simples, lui fournit son programme, le poids nouveau d'une opinion qui révèle sa force, se concrétise tant dans le flux d'une littérature que dans des structures d'accueil dont les loges maçonniques sont l'exemple le plus connu. « Le bonheur est une idée neuve en Europe », dira Saint-Just : de combien d'autres idées-forces, les libertés, l'égalité, ne pourrait-on en dire autant ? La pression qu'elles représentent trouve dans la crise de 1789 les conditions d'une réalisation.

L'explosion

La crise économique va servir de catalyseur aux mécontentements enracinés et tenir dans les causes immédiates de la Révolution une place majeure. Le monde rural en manifeste les signes dans les années 80 : stagnation des prix du blé et, plus encore, grave crise de surproduction viticole provoquant l'effondrement des cours sensibilisent le monde rural, cependant que le traité de commerce franco-anglais de 1786 n'est pas sans affecter l'industrie, touchée par la concurrence. En 1788, une récolte désastreuse substitue aux années de stagnation des prix la brutale flambée d'une disette : villes et campagnes s'émeuvent. A Paris, en avril 89, une émeute violente soulève le faubourg Saint-Antoine contre un manufacturier, Réveillon ; en province, des soulèvements éclatent. Dès ce moment, la guerre sociale amplifie une crise politique dont le déficit a été la cause immédiate la plus déterminante.

Il était aussi vieux que la monarchie : l'absolutisme a vécu d'expédients. Mais le malaise financier se trouve amplifié au point de devenir le révélateur de la crise du régime. Il est vrai que, depuis la guerre d'Amérique, le déficit s'est accru ; il est certain aussi que le peu de prestige et d'initiative du monarque a pesé d'un poids qui n'est pas nul au niveau des causes immédiates. On a tout dit sur le tempérament de Louis XVI, que sa médiocrité et ses limites rendent très inférieur aux circonstances, sur le tempérament, aussi, de Marie-Antoinette, par l'intermédiaire de qui s'exerce en bonne part l'influence du redoutable groupe de pression de la Cour ; mais trop de pesanteurs majeures, dont nous avons tenté de rendre compte, s'exercent par ailleurs pour que le poids — ou l'inconsistance — d'un homme aient pu changer grand-chose à la trame de l'histoire. Deux ministres, Calonne, puis Loménie de Brienne, ont vu échouer en 1787 et 1788 leurs projets réformateurs en matière d'impôt devant l'opposition des privilégiés de l'Assemblée des notables, puis la coalition des parlements.

Bien au-delà de sa revendication initiale, qui est toute de nostalgie nobiliaire, cette « prérévolution » déchaîne un mouvement qui la dépasse largement : en Béarn, en Bretagne, à Vizille en Dauphiné, la réclamation des états généraux prend une portée proprement révolutionnaire. Le roi cède en août 88 à cette exigence collective, en même temps qu'il appelle Necker au ministère.

Les succès d'une révolution bourgeoise

L'année 1789

On a parlé des « trois révolutions de 1789 » : une révolution parlementaire, une révolution des villes, une révolution des campagnes. Si l'on veut bien garder à l'esprit l'indissolubilité des trois visages d'un mouvement qui reste un, l'expédient garde son utilité pour exposer dans sa richesse l'histoire de 1789.

Le 5 mai 1789, les États généraux sont solennellement ouverts à Versailles par le roi ; moins de trois mois plus tard, le 9 juillet, ils se déclarent Assemblée nationale « constituante », et, dans les jours qui suivent, le triomphe populaire parisien du 14 juillet sanctionnera de fait un acquit irréversible. Que s'est-il passé entre-temps ? Le désuet cérémonial de l'ouverture des États ne pouvait d'entrée masquer la maturité d'une situation explosive. Les Français avaient, pour la première fois, massivement reçu la parole : ils en avaient profité en rédigeant ces *cahiers de doléances* qui, élaborés ou naïfs, demeurent un impressionnant témoignage collectif. En posant le problème du vote « par ordre » ou « par tête », le tiers état entend dès les premières séances imposer à une noblesse réticente dans sa majorité et à un clergé divisé la reconnaissance de son poids dans la nation : le 20 juin 1789, le Serment du Jeu de Paume voit les députés des communes jurer de « ne jamais se séparer [...] jusqu'à ce que la Constitution fût établie », cependant que la séance royale du 23 juin, où le roi tente de reprendre l'initiative, éprouve la solidité du tiers, qui répond par la bouche de Bailly que « la Nation assemblée n'a pas à recevoir d'ordres ». Devenu, courant juin, Assemblée nationale par la réunion progressivement opérée des trois ordres, le nouveau corps découvre, au contraire, sa fragilité aux préparatifs de réaction royale que les rassemblements de troupes à Paris laissent deviner, que le renvoi de Necker révèle le 11 juillet. Mais déjà l'initiative revient à la rue, à une population parisienne qui réagit et s'organise : la tension croissante dans les premiers jours de juillet conduit à la situation insurrectionnelle des 12 et 13 juillet, à la prise de la Bastille le 14.

A vrai dire, la mobilisation populaire, à Paris comme en province, ne débute pas à ce haut fait symbolique. Dès la fin de juin, la bourgeoisie parisienne, utilisant les assemblées électorales des États généraux, a mis en place de nouveaux pouvoirs de fait : les journées qui ont précédé la prise de la Bastille ont placé aux mains du peuple parisien des armes qui lui resteront jusqu'en l'an III ; ainsi révélé, le dynamisme populaire se manifeste encore en juillet par le meurtre de l'intendant de Paris, Bertier de Sauvigny, comme il se manifestera au début d'octobre dans l'expédition des Parisiennes et Parisiens sur Versailles pour en ramener la famille royale : « le boulanger, la boulangère et le petit mitron ». De tels épisodes aident à définir les liens qui unissent la révolution parlementaire, expression supérieure de la révolution bourgeoise, et la révolution populaire : que dans certains aspects de la violence populaire, comme dans les caractères d'une revendication sociale où l'inquiétude pour la subsistance joue un rôle important, la bourgeoisie ait peine à se retrouver est évident. Mais de l'une à l'autre révolution il y a, d'évidence aussi, beaucoup plus que coexistence inquiète ; c'est de l'intervention populaire que la révolution parlementaire tire la sanction de ses succès : le 14 juillet contraint, dès le 16, la royauté à capituler en rappelant Necker, et, recevant la cocarde tricolore, à reconnaître symboliquement la révolution faite ; les journées d'Octobre, répondant aux provocations des milieux de la Cour, évitent à l'Assemblée nationale la menace d'une contre-révolution qui n'a rien d'illusoire. La pression populaire n'est plus à cette date exclusivité parisienne : les villes de province, suivant l'exemple parisien, ont fait dans ces mois leur révolution municipale, tantôt pacifiquement en profitant de l'éclipse des anciennes autorités, tantôt au prix d'affrontements violents (à Bordeaux ou à Strasbourg entre autres).

La révolution paysanne se déroule, sinon en marge des révolutions urbaines, du moins apparemment suivant ses rythmes propres et en réponse à des revendications spécifiques. Prolongeant les soulèvements du printemps 89, la révolte agraire a déjà touché Hainaut, Bocage normand et Bretagne, haute Alsace et Franche-Comté, Mâconnais enfin : des châteaux brûlent, et plus souvent les titres seigneuriaux, dont on fait des feux de joie. Cette révolte, violente (très rarement homicide), va se muer dans la seconde quinzaine de juillet en un mouvement beaucoup plus vaste — il touche plus de la moitié du territoire français —, mais différent, et à première vue déroutant : la « Grande Peur ». On sait depuis Georges Lefebvre les formes et les chemins de cette panique collective — écho de la révolution urbaine répercuté dans les campagnes, quitte à y être déformé. Le schéma, simple dans sa diversité, voit les villageois s'armer à l'annonce d'un danger imaginaire : Piémontais dans les Alpes,

Anglais sur les côtes..., « brigands » partout ; on est vite détrompé. Entre-temps, cependant, l'annonce court la poste, la nouvelle se transmet ailleurs ; si bien que la peur se propage en quelques jours d'un bout à l'autre du royaume. Elle relance parfois — c'est le cas en Dauphiné — la révolte agraire et le pillage des châteaux, en tous lieux elle anime et mobilise la paysannerie. Cette panique paysanne, qu'on dirait, si l'on voulait parler comme Michelet, « sortie du fond des âges », risque de nous déconcerter comme elle a déconcerté la bourgeoisie révolutionnaire de 1789. Lorsque le 3 août l'Assemblée se saisit de la question, ce sont des orateurs du tiers — Target ou Dupont de Nemours — qui prônent le retour à l'ordre..., mais la faille, réelle et qui ira s'accroissant entre révolution bourgeoise et révolution paysanne, ne doit pas masquer l'unité d'un mouvement que l'on voit parfois rayonner, spectaculairement, de la ville sur la campagne : indiscipliné, inattendu et déroutant, le mouvement paysan reste, jusqu'à nouvel ordre, contrôlé et dirigé par une bourgeoisie qui organise sa révolution.

Stabilisation, Constitution, Fédération...

Il y a quelque abus à isoler, de la fin de 89 aux premiers mois de 91, une révolution « constituante » qui serait celle des constructions paisibles, révolution bourgeoise et sans larmes : en un mot, la vraie Révolution. D'abord, parce que les plus importantes de ces conquêtes, celles qui touchent au plus profond de l'ordre social, se font à chaud : c'est le cas pour la destruction de la féodalité, en août 89 ; ensuite, parce que l'élaboration du nouveau système politique, loin de se faire sur la base d'un compromis amiable, révèle et accentue des tensions de plus en plus explosives ; que de bonnes récoltes relâchent la pression du malaise socio-économique..., alors, il faut en profiter.

La destruction du vieux monde s'est, en théorie du moins, vivement opérée : répondant à la Grande Peur, la nuit du 4 août voit un groupe de nobles libéraux — vicomte de Noailles ou duc d'Aiguillon —, en donnant l'exemple de la dénonciation de la féodalité, déclencher un mouvement collectif d'abandon des droits et des privilèges qui détruit, en une nuit, tout l'édifice de la féodalité au sens le plus large du mot. On pourrait — comme on l'a dit pour la Grande Peur, à laquelle l'épisode fait écho — s'interroger en termes de psychologie collective sur ce comportement : l'abandon ici n'est que passager, et le décret définitif, tout en proclamant que « l'Assemblée nationale détruit entièrement le régime féodal », distingue soigneusement entre les droits personnels supprimés et les droits réels déclarés rachetables. Malgré cette interprétation restrictive, la nuit du 4 août fait naître un nouveau droit civil bourgeois. Dans les mois à venir, les paysans en improviseront eux-mêmes, faute de textes satisfaisants, les décrets d'application, en supprimant de fait et sans indemnité les anciens droits seigneuriaux.

Restait à construire sur ces bases nouvelles : la discussion de la nouvelle Constitution, qui domine les séances de l'Assemblée nationale, verra, malgré l'initiale proclamation que représente le 26 août 1789 la Déclaration des droits de l'homme et du citoyen, son cours traversé d'épisodes inattendus et décisifs : dès les premières semaines, un style de vie politique nouveau s'est mis en place, dont la Révolution tout entière restera marquée, et qui n'est point sans doute la moindre des créations de cette période « constituante ». De l'agrégat des élus aux États généraux, une classe politique est née, qui se différencie en partis, en groupes tout au moins : aristocrates, « monarchiens », « patriotes », les uns et les autres dominés par les personnalités en vue : Cazalès ou l'abbé Maury à droite, Mounier, Malouet chez les monarchiens, tandis que les patriotes, tiraillés entre l'éloquence déjà suspecte de Mirabeau et la nullité influente de La Fayette, cherchent à gauche une direction plus sûre — un temps auprès du « triumvirat » : Barnave, Duport, Lameth. Progressivement, les leaders de la gauche de demain — Grégoire ou Robespierre — s'affirment eux aussi dans leur personnalité.

L'élaboration d'une Constitution devait être le couronnement de cette activité politique, aussi l'Assemblée nationale et ses commissions y consacrèrent-elles la plus grande part de séances, où les débats sur le droit de paix ou de guerre, ou sur le droit de veto restent les affrontements majeurs et décisifs. Mais avant même l'achèvement du texte constitutionnel, la pression des besoins financiers, entraînant la Révolution dans l'expérience monétaire de l'assignat fondée sur la nationalisation des biens du clergé, amenait la Constituante à donner par la Constitution civile du clergé un statut nouveau à un monde ecclésiastique fonctionnarisé : les réactions en chaîne à cet ensemble de mesures devaient se révéler immenses. La décision, le 2 novembre 1789, de mettre à la disposition de la nation les biens du clergé peut apparaître moins révolutionnaire qu'on ne l'a dit, dans ses motivations : elle s'insère, il est vrai, dans toute une tradition que la politique gallicane n'avait pas ignorée. Mais elle est révolutionnaire dans ses conséquences : la transformation, à partir du printemps 1790, de l'assignat, gagé sur ces biens nationaux, en un véritable papier-monnaie préludait à une aventure inflationniste qui devait peser sur toute la période. Inversement, la mise en vente des biens du clergé, devenus biens nationaux, représente dans cette phase d'une révolution qui cherche sa consolidation un des éléments majeurs : par cette expropriation massive qui touche près du dixième du territoire national, la révolution bourgeoise s'attache par des liens extrêmement forts le groupe de ceux que l'on voit, au feu des enchères en 1790 et 1791, profiter de l'aubaine.

Consolidation d'un côté, cassure de l'autre : la nationalisation des biens ecclésiastiques est inséparable de la fonctionnarisation qu'entreprend la Constitution civile du clergé, votée le 12 juillet 1790. Devenus fonctionnaires élus dans le cadre des nouvelles divisions administratives, évêques et curés doivent prêter le serment civique. L'hostilité du pape Pie VI, sa condamnation formelle des « jureurs » en avril 1791 introduisirent dans un monde révolutionnaire qui s'efforçait de sauvegarder le mythe de l'unanimité nationale une irrémédiable faille. Entre jureurs et réfractaires, un clivage apparaît verticalement : le haut clergé fut rarement jureur (7 évêques sur 130), le clergé paroissial fut beaucoup plus partagé : la carte du serment constitutionnel oppose ici des régions de serment massivement prêté (le quart sud-est, une partie du Bassin parisien et de l'Aquitaine) aux zones réfractaires (Ouest, Nord-Est, est du plateau central). Cette cassure devait, dans les mois et les années à venir, être de grande importance dans une opinion populaire dont le facteur religieux sera un élément de polarisation. Mais en ces mois où la Constituante achève de mettre en place avec la Constitution de 1791 les lois fondamentales du nouveau régime, on peut croire un temps encore à l'achèvement de la Révolution : dans ses thèmes comme dans ses fréquences, l'iconographie du temps nous le prouve, qui donne aux fêtes des fédérations une importance extrême.

L'idée était venue des sections parisiennes, de célébrer au Champ-de-Mars l'anniversaire de la prise de la Bastille, mais elle était dans l'air, et dans toute la France des fédérations locales célébrèrent la fin des anciennes provinces et l'unité nationale éprouvée. A Paris, malgré la pluie, l'impréparation (palliée par le travail volontaire de milliers de citoyens) et surtout le serment sans chaleur de Louis XVI, la fête de la Fédération (14 juillet 1790) est la manifestation ultime d'une Révolution qui veut croire encore à sa parfaite unanimité.

Le dépassement

Un an plus tard, la scène a changé : ce que l'iconographie révolutionnaire nous présente à la date du 17 juillet 1791 en grinçant rappel de la Fédération, c'est la fusillade du Champ-de-Mars. Animés par le club des Cordeliers, les pétitionnaires parisiens réclament la déchéance du roi. Bailly, maire de Paris, La Fayette, commandant la garde nationale, font proclamer la loi martiale et tirer contre les manifestants : cassure définitive entre la révolution populaire et une certaine révolution bourgeoise. Comment est-on arrivé là ?

L'interprétation n'est pas simple, de ce tournant de la Révolution qui, débutant en 1791, conduira, à l'été 92, à la chute de la royauté : dépassement inévitable et dans l'ordre des choses, ou gauchissement accidentel d'un processus qui eût fort bien pu en rester là ? Une brillante synthèse, en lançant le thème et le terme de « dérapage », a offert de cette seconde interprétation une formulation fort nette, même si son auteur (F. Furet) semble, depuis lors, s'être détaché de cette thèse. L'intervention des masses populaires, venant à la traverse du « droit chemin » d'une révolution bourgeoise quasi achevée, ne répondrait pas à une nécessité historique : une peur de type ancien s'incarnant dans le mythe du complot aristocratique, les réticences et maladresses aussi du monarque constitutionnel et de ses appuis intérieurs et extérieurs auraient amené, en relançant une révolution radicalisée, l'échec du compromis réalisé et la cassure du front des élites possédantes.

Séduisante, cette reconstruction ne nous semble pas tenir compte suffisamment des réalités d'une Contre-Révolution qui n'a rien de mythique. Une optique trop exclusivement parisienne empêche de voir l'état au vrai d'une France où la Révolution est loin d'avoir cause gagnée. Commencée dès l'été 89 avec la fuite des princes du sang, comte de Provence et comte d'Artois, grossie ensuite du flot d'un premier exode nobiliaire puis ecclésiastique, l'émigration ne resta pas longtemps thème de caricature gouailleuse : organisée autour du prince de Condé, comme du comité de Turin, elle tente sans succès de faire évader le roi (conspiration de Favras), mais trouve dans une partie de la province des structures d'accueil favorables à ses complots. C'est le cas dans toute une partie du Midi, où hostilités sociales, politiques et confessionnelles répondent aux mêmes clivages de Montauban à Nîmes. Entre Ardèche, Gard et Lozère, le camp de Jalès offre dès 1790 l'exemple de concentrations armées contre-révolutionnaires : jamais l'impression de fragilité d'une révolution juvénile, d'agressivité d'anciennes forces qui n'ont pas dit leur dernier mot, il s'en faut, n'apparaît plus vive que dans les troubles urbains de 1791 à 92 dans le sud de la France. Impression méridionale, dira-t-on ? Voire ! A Nancy, au mois d'août 1790, le marquis de Bouillé, en réprimant férocement la « rébellion » de soldats dont le tort essentiel est d'être patriotes, expérimente d'une façon que beaucoup eussent souhaitée exemplaire les méthodes d'une reprise en main contre-révolutionnaire. Dans ce contexte, l'attitude de la famille royale, du roi lui-même, est moins maladroite ou incertaine qu'on ne l'a dit : n'ayant jamais accepté de cœur le bouleversement révolutionnaire, lié par une correspondance secrète aux cours étrangères, il navigue entre les avis intéressés et rivaux des donneurs de conseils — Mirabeau, très tôt acheté et vendu, La Fayette, puis Lameth et Barnave —, mais va en fait son chemin ; le 20 juin au soir, la famille royale s'enfuit des Tuileries sous un déguisement ; elle est reconnue en chemin, arrêtée à Varennes et ramenée le 22 dans Paris, stupéfait et indigné.

A cette date, on peut dire que déjà toute une partie des masses urbaines les plus politisées, démystifiées, sont entrées dans la lutte : ce que l'on va appeler la « sans-culotterie » s'élabore entre 1791 et 1792. Comme en 1789, la pression économique joue son rôle dans le malaise populaire : mauvaises récoltes, dans une partie du moins du pays en 1791, accaparements ailleurs, hausse des prix partout, en relation avec la chute de l'assignat. Au-delà de ce stimulus immédiat, le malaise social se gonfle à la campagne de revendications plus profondes. Dans l'histoire sociale de la révolution paysanne, la période qui va de l'hiver 1791 à l'automne

1792 est marquée par une poussée de jacqueries paysannes dont l'ampleur ne le cède qu'à celle de la Grande Peur : tantôt taxations itinérantes de marché en marché (entre Seine et Loire), tantôt pillages et incendies de châteaux affectant par contagion des zones considérables (tout le Sud-Est méditerranéen). Ce dynamisme populaire renouvelé trouve dans le contexte de 1791 et 92 des cadres où s'insérer : l'essor des clubs et sociétés fraternelles couvre alors la France d'un réseau parfois étonnamment dense de sociétés populaires. A Paris, le club des Cordeliers, où parlent Danton et Marat, déborde, par son recrutement plus populaire, le club des Jacobins, qui reste, pour le moment, plus fermé.

Contre-Révolution ou révolution populaire, à tout le moins à participation populaire ? C'est là le dilemme auquel les cadres de la révolution bourgeoise se trouvent confrontés, et l'on peut dire que c'est en fonction de la réponse qu'ils y donnent que s'effectue le reclassement des forces politiques, lorsqu'au lendemain de la fuite de Varennes, du massacre du Champ-de-Mars et de la promulgation définitive de l'Acte constitutionnel par un souverain dont les députés ont voulu maintenir la fiction de l'enlèvement, se réunit la nouvelle Assemblée législative (1er octobre 1791). Pour les uns, tel Dupont de Nemours qui veut briser la « machine à insurrections », il faut arrêter la Révolution : ce seront les Feuillants, dont le nombre (263 sur 745 députés) ne masque pas les divisions en coteries, La Fayette d'un côté, le « triumvirat » de l'autre (Barnave, Duport, Lameth). Les autres, que l'on va appeler « brissotins », du nom d'un de leurs leaders, Brissot, ne sont sans doute pas moins tiraillés entre un groupe où Vergniaud, Guadet, Gensonné, Condorcet se détachent, et quelques démocrates avancés, Chabot, Merlin, ou Carnot. Mais avant que les dissensions n'éclatent, il peut paraître qu'ils font leur la formule par laquelle Jérôme Pétion, le maire de Paris, réfute à l'avance la théorie du « dérapage » : « La bourgeoisie et le peuple réunis ont fait la Révolution. Leur réunion seule peut la conserver. » Pour nombre des hommes de gauche (à part Marat, ou Robespierre aux Jacobins), le mariage dont il s'agit est un mariage de raison : on le voit à la manière dont les brissotins condamnent un mouvement populaire, qu'ils ne comprennent pas, dans ses revendications économiques ou sociales.

Très vite, la guerre, en ajoutant aux tensions internes le poids du danger extérieur, précise et durcit les attitudes. Cette guerre, on la sentait venir : inquiétude conservatrice et solidarité dynastique avaient amené en août 1791 les souverains étrangers, Empereur et roi de Prusse, à lancer à Pillnitz un appel à la coalition monarchique pour rétablir Louis XVI dans sa souveraineté. En France, l'affrontement fut souhaité par une étonnante convergence, on n'ose dire coalition, de groupes de pression disparates : le roi et la Cour, qui, jouant délibérément la politique du pire, souhaitent la victoire des coalisés ; La Fayette, à la recherche du succès qui ferait de lui l'homme indispensable ; les Girondins, enfin, au ministère depuis le printemps 92, et qui rêvent, pour leur part, du conflit où se démasquerait le roi. Seule — ou presque — la voix discordante de Robespierre aux Jacobins dénonce les périls de l'aventure extérieure.

La guerre déclarée le 20 avril au « roi de Bohême et de Hongrie » semble d'entrée justifier l'analyse prospective des brissotins, dans la mesure, du moins, où elle force à se démasquer une royauté qui refuse de sanctionner les décrets de l'Assemblée (un camp de « fédérés » sous Paris, notamment) et congédie ses ministres girondins. Elle ne semble pas non plus contredire les projets du roi et de ses amis, puisque les premiers engagements sont désastreux pour une armée française en pleine mutation, désorganisée par l'émigration de ses officiers. Dans ces conditions, pourquoi s'étonner d'un aveuglement contre-révolutionnaire qui conduira au célèbre manifeste de Brunswick, lancé le 15 juillet, par lequel les coalisés menacent de « livrer Paris à une exécution militaire et à une subversion totale » ? Moins attendue, au moins dans ses formes, son ampleur et sa maturité, est la réaction populaire à cette situation nouvelle : encore semi-improvisée, la journée du 20 juin, où les manifestants parisiens envahissent sans succès les Tuileries, prélude à une mobilisation plus grave. De province arrivent adresses demandant la déchéance du roi, et « fédérés » — dont les célèbres Marseillais — venus défendre la capitale, et la patrie que l'assemblée proclame « en danger » le 11 juillet.

En cet instant crucial où le trouble est partout, le front de la bourgeoisie révolutionnaire se scinde au contact d'un mouvement populaire qui, de force seconde qu'il était, passe au premier plan du dynamisme révolutionnaire ; complices passifs du 20 juin, les Girondins, pour la plupart, basculent dans le camp de l'ordre. Mais l'initiative leur échappe pour passer à la Commune insurrectionnelle de Paris, aux militants sectionnaires, aux Cordeliers et, parmi les cadres politiques confirmés, à quelques éléments en flèche : Robespierre, Marat, Danton... Le 10 août, sectionnaires et fédérés prennent d'assaut les Tuileries, désertées par la famille royale, après une meurtrière bataille contre les Suisses qui les défendent. L'Assemblée vote la suspension du roi, la réunion d'une nouvelle Constituante, une « Convention », dont l'élection se fera au suffrage universel : prélude symbolique à une révolution démocratique.

Il ne faut point chercher à dissocier les deux images sur lesquelles s'achève cette phase de la Révolution : Valmy et les massacres de Septembre. La bataille de Valmy, le 20 septembre 1792, brise l'offensive prussienne en Champagne : redressement inespéré après les premières défaites, engagement médiocre a-t-on dit, si l'on s'en tient au nombre des morts ; mais la jeune armée française à demi improvisée, sans expérience du feu, a contraint à la retraite les redoutables troupes prussiennes ; au niveau des idées-forces, c'est la Révolution qui vient de battre l'Ancien Régime européen. Pour comprendre les massacres de Septembre, il faut revenir au paysage intérieur d'une France qui, en province comme à Paris, vit sous la menace de l'invasion, dans la peur qui souvent n'a rien d'illusoire de complots aristocratiques. L'éclipse de l'autorité — le roi incarcéré au Temple, c'est un Comité exécutif dominé par Danton qui assure l'intérim — facilite le geste panique qui, du 2 au 5 septembre, porte sur les prisons parisiennes une foule décidée à se faire justice elle-même : ecclésiastiques, aristocrates, simples détenus parfois tombent victimes de cet épisode d'une révolution « des profondeurs ».

La Révolution populaire

Quatre-vingt-treize

Nous avons entendu Pétion, en 1792, déclarer que seule l'union « du peuple et de la bourgeoisie » pourrait sauver la Révolution. Le même Pétion s'écrie, au printemps 93 : « Vos propriétés sont menacées! » Dans ce retournement d'un homme qui se chercha entre Gironde et Montagne s'inscrit la cassure confirmée de la bourgeoisie française au tournant du 10 août.

Deux bourgeoisies : l'une pour laquelle, désormais, le péril social est devenu premier, le retour à l'ordre essentiel ; l'autre pour laquelle la défense d'une révolution contre l'aristocratie intérieure et étrangère suppose l'alliance avec le mouvement populaire, quitte à satisfaire une partie de son programme social et à recourir, sur le plan politique, à des moyens qui ne sont point ceux de la démocratie bourgeoise. N'y aurait-il entre ces deux bourgeoisies que l'épaisseur d'un choix différent, que l'opposition de deux étiquettes « girondins » et « montagnards » ? Il y aurait, croyons-nous, légèreté à y voir des équipes interchangeables, de même extraction bourgeoise, même si la sociologie des groupes parlementaires ne présente pas de différenciation massive : il faut tenir compte des troupes partout où l'étude peut être menée en profondeur ; en attendant, la simple géographie électorale peut déjà définir girondins et montagnards par l'origine de leurs « mandants » : la province, celle du capitalisme commercial des milieux portuaires, a délégué ces Girondins, tels Vergniaud, Guadet et Gensonné, qui sont parfois... languedociens ou provençaux : Rabaut, Barbaroux ou Isnard, ce dernier très représentatif dans son comportement de négociant grassois. Fortement enracinée dans le jacobinisme parisien, la Montagne offre de son côté une brillante galerie de portraits où les leaders connus — Robespierre, Danton, Marat — s'adjoignent des nouveaux venus tel le jeune Saint-Just.

C'est par rapport à une troisième force que se définissent ces deux bourgeoisies, qu'il serait aussi vain d'opposer en fonction de clivages mécanistes que d'uniformiser dans l'impression d'équipes incertaines. Cette force est celle des masses auxquelles les sections et les sociétés populaires assurent un encadrement, une formation, des structures. Des chefs ou de simples porte-parole sortent du groupe : des « enragés » — représentants du petit peuple dans sa revendication économique quotidienne, Varlet, Jacques Roux, « le prêtre rouge » — au groupe moins « pur » peut-être qu'animent autour de la Commune parisienne Hébert, Chaumette et beaucoup d'autres, semi-anonymes, que l'histoire actuelle découvre. De l'automne 92, où la jacquerie antinobiliaire du printemps précédent marque en province une nouvelle poussée lors des élections à la Convention, aux troubles de subsistances urbains du printemps 93, le « petit peuple » est dans la rue, plus politisé qu'il ne l'a jamais été et bien souvent ne le sera d'ici à la fin de la Révolution.

Procès du roi, victoires puis défaites extérieures, guerre civile en Vendée, tels sont les épisodes majeurs qui, au fil d'une année cruciale, vont rythmer les phases de l'affrontement Montagne-Gironde. Le procès du roi débute le 11 décembre 92 : la question, dès auparavant, avait opposé les deux partis. Les Girondins, partisans de la clémence et multipliant les tentatives au cours du procès pour éviter une condamnation capitale (pourquoi pas le sursis, la déportation, l'appel au peuple ?...), s'opposent aux Montagnards, qui, en des termes différents mais souvent remarquables chez Robespierre, Saint-Just ou Marat, démontrent la nécessité de la mesure pour le salut même de la Révolution. La mort votée (par 387 voix sur 718), le sursis rejeté, Louis XVI fut exécuté le 21 janvier 1793. En accomplissant cet acte de « providence nationale », les conventionnels étaient pleinement conscients de l'irréversibilité du tour qu'ils donnaient à la Révolution, d'avoir, comme le dit Cambon, dont on n'attendait point ce lyrisme, abordé une île nouvelle et brûlé le navire qui les y avait conduits.

La mort du roi relance la guerre, qui avait, depuis Valmy, pris pour les armes françaises un tour favorable. Les préoccupations des puissances y étaient sans doute pour quelque chose, qui s'occupaient alors à dépecer la Pologne. Mais l'impulsion avait été donnée aussi par la Convention girondine : Jemmapes, en novembre, ouvre les Pays-Bas autrichiens, Nice et la Savoie suivent, et la rive gauche du Rhin où tombent Francfort et Mayence. Guerre de propagande, sur le thème « guerre aux châteaux, paix aux chaumières », ...bientôt guerre d'annexion : Danton donne à cette attitude ses justifications théoriques sur le thème des frontières naturelles. L'exécution du roi, en offrant aux souverains (Naples, l'Espagne, les princes allemands) raisons ou prétextes pour entrer dans l'alliance antifrançaise, fournit à la coalition ainsi formée son animatrice pour plus de vingt ans : l'Angleterre de William Pitt, inquiète de l'expansion française en Flandre. Le retour est rude après l'hiver conquérant de 1793 : la défaite de Neerwinden chasse Dumouriez de Belgique. La trahison s'en mêle, et le général équivoque passe à l'ennemi, cependant qu'à l'est la rive gauche du Rhin perdue enferme dans Mayence de précieuses troupes françaises.

L'insurrection vendéenne éclate en ces semaines, le 10 mars, pour plus de précision. Elle touche la région de Saint-Florent et de Cholet, le Marais breton : villageoise au début, et animée par des chefs d'origine populaire (Stofflet ou Cathelineau), elle s'étoffe très vite et se donne des cadres nobiliaires (d'Elbée, Charette, La Rochejaquelein) ; un temps îlots de résistance, les villes du bocage sont submergées au printemps. Il semble qu'on ait tout dit sur la guerre de Vendée, et pourtant que de problèmes encore... On sait depuis longtemps qu'aux origines de l'insurrection la levée des 300 000 hommes, décidée par la Convention, pesa sans doute plus qu'un sentiment monarchiste ou religieux réel, mais non premier. Mais pourquoi la Vendée ? Les études actuelles des structures sociales de l'Ouest nous aident progressivement à sentir les raisons du réflexe antibourgeois et antiurbain qui sécrète la Contre-Révolution.

En position de force lorsque se réunit la Convention, puisqu'elle formait le groupe le plus nombreux et, avec Roland, Clavière et Lebrun, détenait la direction du gouvernement, la Gironde ne résiste pas aux échecs successifs que représentent pour elle le procès du roi, le fiasco extérieur, puis la menace aux frontières, la guerre intérieure enfin. Il y a plus, dans la chute de la Gironde, que la sanction d'un échec politique : l'impossibilité pour cette fraction de la bourgeoisie, qui avait à son tour rêvé de clore la Révolution tout en poussant imprudemment à l'expansion extérieure, à assumer ses propres contradictions et à mettre sur pied un véritable gouvernement révolutionnaire. Quel contraste entre les débuts de la Législative, où la Gironde, sûre de sa force, attaque violemment les « Triumvirs », Danton, Marat, Robespierre, qu'elle accuse d'aspirer à la dictature, et ce mois d'avril 93 où Marat, décrété d'accusation, est triomphalement acquitté par le Tribunal révolutionnaire !

Par la force des choses, une nouvelle pratique et même une nouvelle légalité révolutionnaire s'élaborent dont les organes majeurs sont le Tribunal criminel extraordinaire (10 mars), les comités de surveillance dans les communes et, à partir du 6 avril, un premier Comité de salut public dominé par la personnalité de Danton. Éliminés d'une révolution qui leur échappe, les Girondins tentent des combats en retraite, dont la création d'une Commission des douze — machine de guerre contre la Commune de Paris — ou le procès Marat ne sont que des épisodes ; à ce que l'on a appelé le « manifeste de Brunswick girondin », le discours imprudent et célèbre par lequel Isnard menaçait la capitale (« Paris serait anéanti... Bientôt on chercherait sur les berges de la Seine si Paris a existé... »), le peuple parisien répond à sa façon : une première manifestation échoue le 31 mai ; cernée le 2 juin par les gardes nationales parisiennes, la Convention accepte de voter l'arrestation de 22 députés, les têtes du parti girondin. La Montagne triomphe.

Le gouvernement révolutionnaire

Amer triomphe : la République, comme le dit Barère à la Convention, n'est plus qu'une grande ville assiégée. Valenciennes est aux mains des Autrichiens, Mayence pris par les Prussiens, Dunkerque investie par les Anglais, tandis qu'Espagnols et Piémontais pénètrent les frontières. En France même, les chouans, devenus « armée catholique et royale », victorieux à Angers et Ancenis, échouent de peu devant Nantes.

La chute des Girondins fait éclater la révolte de la province contre Paris : Lyon, qui guillotine le montagnard Chalier, se soulève ; dans le Midi, l'insurrection fédéraliste couvre une partie du Languedoc, la Provence occidentale autour de Marseille, puis de Toulon, le Sud-Ouest bordelais ; Nantes est elle aussi touchée à l'Ouest ; en Normandie, enfin, partent à la fois de Caen la seule marche armée contre la « dictature » parisienne, troupe aisément dispersée près de Vernon, et Charlotte Corday, isolée de la Contre-Révolution dans son opération suicide, qui s'en va à Paris poignarder Marat.

Face à cette conjonction des périls, l'alliance se renforce entre la bourgeoisie montagnarde des jacobins, de la Convention, bientôt du Comité de salut public, et les masses populaires, surtout parisiennes, unies dans la sans-culotterie. Pouvait-il en être autrement ? La question se pose et a été posée en ce qui concerne du moins le mouvement populaire. Dans l'action de ces masses tenues en haleine depuis le printemps 93 par les Enragés, dont progressivement l'hébertisme prend le relais, on a voulu voir l'amorce d'une autre révolution, non plus démocratique et bourgeoise, mais proprement populaire, qui par le dynamisme propre d'une révolution permanente contenait en germe le dépassement des conquêtes bourgeoises. Dans cette optique, l'alliance dont nous parlons devient mystification et reprise en main de la part d'une bourgeoisie robespierriste qui utilise à ses fins le dynamisme des masses... On objecte à cette thèse qu'il n'est point bon de tirer sur les brins d'herbe pour les faire pousser et de prêter une conscience de classe à ce qui n'en est pas une. La sans-culotterie, les études de Soboul l'ont montré, dans un monde où l'entreprise capitaliste et le salariat qu'elle sécrète sont largement minoritaires, reste un agrégat composite où dominent les petits producteurs indépendants de « l'échoppe et la boutique » dont l'égalitarisme ne saurait déboucher sur un programme autonome. Cela ne veut pas dire que ce mouvement des masses populaires ne soit pas, en cette fin de 1793, une pièce maîtresse et comme le moteur du jeu politique : par une pression constante et efficace, il impose la mise à l'ordre du jour et l'application effective de plusieurs de ses mots d'ordre : le maximum des denrées (11 et 29 septembre), la Terreur (5 septembre), la loi des Suspects. Mais la poussée de septembre 93, dont ces mesures sont le résultat, est peut-être la dernière grande victoire du mouvement populaire.

La Montagne élabore, dans ces mêmes semaines, les éléments d'un gouvernement révolutionnaire qui n'est point conforme à l'idéal de démocratie directe fondée sur la spontanéité des masses dont avaient rêvé les militants sectionnaires. Le texte constitutionnel achevé en juin 93, au lendemain de la chute des Girondins, et proclamé après vote par les assemblées primaires le 10 août 93, ne sera jamais appliqué puisqu'un décret d'octobre 93 en suspend la mise en place en décidant : « Le gouvernement provisoire de la France est révolutionnaire jusqu'à la paix. » Né dans l'été 93, mis en forme en décembre (14 frimaire an II), le gouvernement révolutionnaire veut répondre aux circonstances exceptionnelles : « La Révolution est la guerre de la liberté contre ses ennemis. » Pièce maîtresse du système, le Comité de salut public, émané de la Convention, réunit, à partir de l'été 93 et pour un an, les mêmes membres ou à peu près. Galerie de portraits qu'on ne peut guère esquiver, et c'est justice, eu égard au rôle historique de ces héros révolutionnaires. Robespierre, « l'Incorruptible », Saint-Just, à vingt-six ans en pleine maîtrise de sa juvénile maturité, Couthon : cette triade majeure risque de rejeter dans l'ombre des personnalités qui n'ont rien de second et qu'il est un peu arbitraire de classer sous des étiquettes commodes. Techniciens ? Sans doute. Mais il y a beaucoup plus que cela chez Carnot, « l'Organisateur de la victoire », Jean Bon Saint-André ou les Prieur. Pareillement, la personnalité plus fluide d'un Barère, ou celles des deux « hébertistes » du Comité, Collot d'Herbois et Billaud-Varenne, sont loin d'être de second plan. Par son incessant travail, par une cohésion qui ne s'effritera que dans les derniers mois, le Comité de salut public coordonne et anime l'impulsion révolutionnaire. Son importance éclipse les autres organes centraux — ministres devenus de simples exécutants —, et même le Comité de sûreté générale, chargé des mesures contre les suspects.

Les rouages de transmission de l'influx révolutionnaire se sont mis en place progressivement : agents nationaux au niveau des districts, comités de surveillance dans les villes et bourgs. Entre le Comité et les instances d'exécution, les représentants en mission ont joué un rôle à la mesure de la réputation qu'ils ont gardée devant l'histoire. Une histoire qui, aujourd'hui, a l'impression de les connaître à la fois très bien et fort mal. Quel parti une historiographie aujourd'hui dépassée n'a-t-elle pas tiré de ceux de ces « proconsuls » que leur intransigeance ou leur cruauté mit en valeur : Carrier à Nantes, Lebon dans le Nord, Fouché, de la Nièvre à Lyon, Fréron et Barras dans le Midi..., et quelle aubaine lorsque l'événementiel — prenant figure féminine — infléchit à Bordeaux les rigueurs d'un Tallien. L'histoire actuelle s'interroge sur l'influence réelle, l'environnement et les moyens d'action de ces agents de la Terreur. Récemment étudiée, l'armée révolutionnaire apparaît, sous la forme de l'armée parisienne ou de ses imitations provinciales, avoir été l'un de ces « instruments de la Terreur dans les départements » que le gouvernement révolutionnaire doit tolérer un temps comme l'une des créations semi-spontanées de sa phase constructive, et qu'il s'applique ensuite à réduire progressivement, puis à éliminer le moment venu.

Un mot d'ordre : la terreur, dont les applications dépassent de beaucoup la simple répression. Celle-ci est effective, et le Tribunal révolutionnaire, animé par l'accusateur public Fouquier-Tinville, verra par la loi du 22 prairial an II, prélude à la « Grande Terreur » de messidor, son activité renforcée. Mais la terreur se fait aussi économique, pour faire passer dans la pratique la revendication spontanée des masses populaires urbaines : la taxation des denrées est imposée par la loi du maximum général (29 septembre), qui l'étend aux salaires. Recherche des stocks, cours forcé de l'assignat, autant d'éléments qui, dans les vicissitudes révolutionnaires, font de la période un épisode relativement favorable aux catégories populaires urbaines.

Le fruit de cette tension des énergies collectives s'affirme en bilan spectaculaire de victoires. Victoires intérieures : le fédéralisme vaincu dès les premiers mois ; Lyon repris en octobre 93, Marseille dès septembre, Toulon, enfin, le 19 décembre après un siège où l'on remarque le jeune capitaine Bonaparte ; l'insurrection vendéenne est sinon abattue, du moins condamnée en décembre, par les victoires du Mans et de Savenay, à régresser au stade de la guérilla. Aux frontières, l'armée nouvelle des soldats de l'an II auxquels la pratique de l'« amalgame » apporte une nouvelle cohésion, et que porte l'enthousiasme révolutionnaire sous la conduite de jeunes généraux sortis du rang, mène hardiment une stratégie offensive et victorieuse : Hondschoote et Wattignies en Flandres, Wissembourg et Landau à l'Est préludent à la grande offensive de printemps qui conduit à la victoire de Fleurus (26 juin 1794), fille de la bravoure plus que de la stratégie, et par laquelle la Belgique est de nouveau française.

Fleurus : c'est un mois avant le 9 thermidor, et l'on peut être tenté de lier la chute à l'excès même de victoires qui « s'acharnaient sur Robespierre » (pour reprendre les propres paroles de Barère), ou du moins reconnaître que le régime de la Terreur, fait pour les circonstances exceptionnelles, ne pouvait leur survivre. Mais la contradiction est plus profonde : depuis un temps déjà, la Révolution était glacée.

« La Révolution est glacée »

La phrase célèbre de Saint-Just exprime avant tout le divorce entre dynamisme populaire et gouvernement de Salut public. Les sans-culottes avaient pu en septembre 1793 imposer une partie de leur programme : c'est des milieux de la sans-culotterie que naît, dans les mois suivants, le mouvement de la déchristianisation que connaissent dès brumaire certaines régions (la Nièvre), puis Paris, et qui s'étend à l'ensemble de la France. On sait depuis longtemps que cette onde déchristianisatrice, loin d'être la suprême invention du gouvernement révolutionnaire, comme l'ont dit les vieux auteurs, a été très tôt dénoncée par Danton, par Robespierre, et suspectée d'être une machination contre-révolutionnaire propre à éloigner le peuple de la Révolution. Elle n'est ni l'un ni l'autre, mais étonne à mesure qu'on la découvre par son caractère massif. Les déprêtrisations, dont l'évêque de Paris Gobel avait donné l'exemple, en témoignent dans nombre de régions, aussi bien que des manifestations qui vont de la mascarade antireligieuse, souvent très populaire, aux fêtes célébrées en l'honneur de la Raison dans les églises transformées à cet effet. Dérivatif des passions populaires, comme on l'a dit, plus encore élément d'une impatience qui trouve sur le plan politique ou économique d'autres aliments, la déchristianisation désavouée est un des éléments de la reprise en main du dynamisme des masses. La permanence des sections abolie depuis septembre, les sociétés populaires dénoncées dans leur foisonnement excessif, les armées révolutionnaires dissoutes, la Commune de Paris domestiquée... Toutes ces mesures, malgré une flambée d'agitation populaire qui culmine en ventôse, conduisent au procès, puis à l'exécution, le 4 germinal an II, d'Hébert et des hébertistes. Plus vulnérables encore, les Enragés avaient été liquidés dès l'hiver. Le mouvement sans-culotte « professionnalisé » n'offre plus ni résistance ni appui véritable désormais.

Il avait fallu pour cela s'appuyer sur le clan des Indulgents qui, autour de Danton ou de Camille Desmoulins (qui lance son « Vieux Cordelier »), regroupait une coalition parfois équivoque où des affairistes comme Fabre d'Eglantine trouvaient place. C'est donc contre eux que se tourne désormais le groupe robespierriste : il amalgame, en avril 1794, en une même fournée, les dantonistes et leurs amis, proches ou lointains.

De cette période où, tragiquement, le cercle se resserre autour de l'équipe jacobine au pouvoir, datent cependant quelques-unes des tentatives les plus étonnantes de ces hommes qui ont rêvé de bâtir sur la vertu un univers nouveau, pour reprendre prise sur un monde qui leur échappe. En contrepoint avec l'élimination des hébertistes, les décrets de ventôse, qui confisquaient les biens des suspects pour en faire distribution aux patriotes indigents, représentent à la fois la pointe extrême de la politique sociale jacobine et témoignent de ses limites. Redistribution importante dont un Grand Livre de la bienfaisance nationale devait fournir la base, elle restait, dans son égalitarisme, respectueuse d'un droit de propriété intouché. En contrepoint avec la déchristianisation, le culte de l'Être suprême, que le déisme robespierriste oppose au culte de la Raison, donne l'occasion d'une imposante célébration collective, le 20 prairial an II, où certains virent l'apothéose de Robespierre.

Contre lui et ses amis, la coalition se forme, dont la lassitude — on est au fort de la Terreur, que les lois de prairial ont accentuée — n'est qu'un élément. A la Convention, le groupe composite de ceux qu'on appellera les « thermidoriens » associe « indulgents » et « terroristes » repentis ou équivoques : Fouché, Tallien, Barras ; au Comité de salut public même, l'équipe dirigeante se dissocie et se heurte durement.

Le discours que prononce Robespierre le 8 thermidor, en forme de réquisitoire contre les « fripons », loin de paralyser les conjurés, les mobilise. La journée du 9 thermidor voit la Convention mettre en état d'arrestation les robespierristes. La mobilisation de la Commune de Paris en leur faveur est un semi-échec qu'accroissent les hésitations de Robespierre et de ses amis. L'Hôtel de Ville repris par les troupes de la Convention, Robespierre, Couthon, Saint-Just et dix-neuf de leurs partisans sont guillotinés le 10 thermidor.

Rentrée dans l'ordre

Les thermidoriens

Thermidor — si nous nous plaçons au cœur même des faits — comportait plusieurs possibilités de lendemains. Cela aurait pu, certains l'avaient pensé, être le retour à une révolution attentive aux masses populaires, mais à direction collégiale, débarrassée simplement de l'emprise robespierriste. Ce rêve, qui fut sans doute celui de Barère, de Collot d'Herbois ou de Billaud-Varenne, s'évanouit le premier. Le procès puis la déportation des trois membres du Comité de salut public, la poursuite et l'exécution de Fouquier-Tinville, Carrier et d'autres boucs émissaires du régime terroriste, en témoignent très vite, de même que le démantèlement des structures du gouvernement révolutionnaire et l'ouverture des prisons. La Convention secoue le joug importun des comités ; les jacobins, hiérarchie parallèle du système révolutionnaire, sont neutralisés puis dispersés.

Ce n'est point, cependant, que manquent les conditions virtuelles d'une reprise de dynamisme populaire : l'an III puis l'an IV aiguillonnent par la famine des masses urbaines ou rurales, qui touchent le fond de la misère. De mauvaises récoltes y sont pour quelque chose ; le retour à la liberté des prix, aggravé par l'inflation du papier-monnaie, rend la crise tragique. Le spectacle d'une richesse qui s'étale désormais sans pudeur et sans frein accroît la rancœur des pauvres. Mais cette sollicitation ne suffit point ; entre le mouvement populaire, qui reste armé mais qui a perdu ses cadres et ses structures d'organisation, et l'état-major désorienté d'un groupe montagnard qui s'effrite, il ne peut plus y avoir que coalition de deux faiblesses. La sanction tragique de cette situation nouvelle est donnée par les journées parisiennes des 12 germinal et 1er prairial an III, où les sans-culottes envahissent la Convention pour réclamer « du pain et la Constitution de 1793 », associant mot d'ordre économique et revendication politique. Le prix de l'échec est dur : le faubourg Saint-Antoine désarmé, c'est la mort du mouvement populaire ; le dernier carré des Montagnards fidèles, les « crétois », éliminé, c'est la réaction politique facilitée.

Ces journées de germinal et de prairial, plus encore peut-être dans leurs épisodes provinciaux que parisiens (Toulon), sont combats en retraite devant le triomphe de la Contre-Révolution. Et c'est ici sans doute qu'on doit se demander pourquoi Thermidor n'a pu être ce que la majorité des thermidoriens souhaitait qu'il fût : le retour à la normale d'une révolution bourgeoise, un temps déviée de son cours. Plus encore que le mouvement populaire, le triomphe de la Contre-Révolution en ces jours rend illusoire l'espoir des stabilisations paisibles. Elle règne à Paris, où Fréron, terroriste repenti, organise les bandes de la « jeunesse dorée » recrutée parmi les « muscadins » ; elle s'affirme en province, dans un Midi où, de Lyon à Marseille, les bandes des « Compagnons de Jéhu » ou « Compagnons du Soleil » font une chasse féroce aux jacobins, aux prêtres constitutionnels, aux acquéreurs de biens nationaux. La complicité active des nouveaux représentants en mission accentue souvent la dureté de cette réaction. Sans doute faut-il, pour l'apprécier totalement, tenir compte du contexte de psychologie collective des lendemains de la tension terroriste, dans un monde où notables et nouveaux riches, vivant au jour le jour, étalent agressivement une étonnante fureur de vivre. Cette réaction n'est pas cependant, il s'en faut, toute de défoulement spontané. La Vendée, un temps pacifiée en apparence, se réveille pour appuyer le débarquement des émigrés à Quiberon (été 95) : sanglant fiasco sans doute, mais propre à rappeler les buts de guerre d'un royalisme que le nouveau prétendant, Louis XVIII, réaffirme dans son intégralité par la déclaration de Vérone.

Entre deux périls, l'étroit chemin, comme l'on dit, de la révolution bourgeoise se révèle bien malaisé. Montagnards repentis, Girondins revenus se regroupent, non sans heurts ni tiraillements, autour de ces conventionnels de la Plaine ou du Marais, dont c'est enfin le jour. Sieyès, Boissy d'Anglas, Daunou incarnent le type du thermidorien, plus peut-être que l'inquiétant Barras, homme de toutes besognes.

D'une répression à l'autre, des violences que l'on dirige à celles que l'on tolère ou que l'on encourage, il y a place pour les mesures réalistes qui définissent une politique : telle cette liberté des cultes décrétée en février 1795, qui établissait — anticipation audacieuse — la séparation de l'Église et de l'État. Aux tentatives de pacification intérieure répond l'idée de pacification européenne. Elle exploite les nouvelles victoires que, sur leur élan de l'an II, viennent de remporter les armées révolutionnaires : la Hollande conquise par Pichegru, la rive gauche du Rhin reprise par Jourdan, l'Espagne pénétrée. Signés avec la Prusse, la République batave et l'Espagne, les traités de Bâle et de La Haye (avril-juillet 1795) disloquent la coalition contre-révolutionnaire, reconnaissant à la France la Belgique et la rive gauche du Rhin. Choix ambigu, sans doute, que cet annexionnisme limité qui refuse encore l'aventure militaire, mais entretient les germes du conflit avec l'Autriche et l'Angleterre.

De cette recherche malaisée, et qui n'est pas toute d'opportunisme, se dégage un bilan politique impressionnant. Sans doute est-il gonflé, dans nos souvenirs d'école, par l'attribution abusive à la Convention thermidorienne de tout un ensemble de réformes juridiques, administratives, scolaires surtout, dont l'élaboration et le mérite reviennent bien souvent à la Convention montagnarde de l'an II. Mais s'il est une œuvre qui appartient en propre aux thermidoriens, c'est la Constitution bourgeoise et républicaine de l'an III, par laquelle ils voulurent clore la Révolution.

Le retour à l'orthodoxie de la pensée bourgeoise s'exprime dans la « Déclaration des devoirs » dont on a tenu à doubler la déclaration des droits, comme dans les déclarations d'intentions de certains : « Un pays gouverné par les propriétaires est dans l'ordre social », affirme Boissy d'Anglas. Et, de fait, c'est à quelque 200 000 électeurs censitaires que revient la désignation d'un législatif en deux tronçons : Conseil des Anciens et Conseil des Cinq-Cents. Au niveau de l'exécutif, la collégialité des cinq directeurs vise pour sa part à écarter le danger de pouvoir personnel. Dans ce système apparemment tout d'équilibre, tout semble avoir été ménagé pour établir le règne de la liberté (bourgeoise) victorieuse et paisible : il se trouve que la Révolution n'est ni victorieuse ni apaisée. Les thermidoriens en ont si claire conscience qu'ils imposent, par le « décret des deux tiers », leur reconduction, leur pérennisation majoritaire dans les nouvelles assemblées. Frustrés d'un succès escompté, les royalistes passent à Paris à l'action violente, en soulevant les sections conservatrices de la capitale : le 13 vendémiaire, les insurgés, mitraillés par les troupes conventionnelles, sont mis en déroute. Sous les ordres de Barras, le commandant des troupes s'appelle Napoléon Bonaparte : nous le retrouverons. Il reste pour l'instant que la Révolution bourgeoise, qui a secoué l'encombrante tutelle du mouvement populaire et, par la Constitution censitaire de l'an III, exclu le petit peuple de la scène politique, ne peut plus compter pour défendre sa légitimité nouvelle que sur la force militaire. C'est un lourd héritage pour le Directoire.

Palinodies du Directoire

Le Directoire laisse le souvenir d'un temps décrié, sans grandeur, temps de l'incertitude et de la corruption, où l'échec final apparaît comme une sanction méritée. On a fait tout un livre sur les « coups d'État du Directoire » : cette image du coup d'État institutionnalisé, et pour tout dire annuel, n'est-elle point le souvenir le plus clair qui reste aux Français, de cette période ? En faisant la part des injustices de l'histoire, d'un jugement rétrospectif souvent sommaire où la légende consulaire et impériale s'est dotée d'un repoussoir commode, on doit se demander si l'échec — flagrant — était inévitable.

Dès l'époque, on y vit la conséquence d'une fatalité interne au régime, d'un vice inhérent à la Constitution de l'an III. Les législateurs l'avaient tout entière conçue dans un esprit d'équilibre, dans la crainte d'une dictature émanée de l'exécutif ou de la représentation ; ils n'avaient prévu en cas de conflit entre les pouvoirs aucune procédure légale : le coup d'État s'en trouvait virtuellement inscrit dans la Constitution. L'explication n'est pas sans valeur ; elle reste formelle. D'autres régimes ont su pallier, par la pratique, de tels vices de fabrication. C'est en termes d'affrontements ou de soutiens sociaux que les contradictions du Directoire se présentent et s'expliquent. Les hommes du pouvoir sont plus qu'un groupe de pression, malgré les apparences et même les réalités d'une vie politique en milieu fermé. Hommes de 89 et de 91, thermidoriens reconduits par eux-mêmes, les gouvernants du Directoire expriment le programme et les besoins de la bourgeoisie révolutionnaire : « se consolider ». Le terme apparaît sordide au niveau de l'aventure individuelle d'un Barras ; il trouve sa justification au niveau des attitudes collectives d'une classe qui entend défendre sa révolution politique et sociale. Face à une Contre-Révolution qui est loin d'avoir désarmé, et que le régime censitaire privilégie, la bourgeoisie révolutionnaire minoritaire devra se chercher des appuis : la pression populaire redoutée et refusée (déclinante aussi depuis prairial), c'est vers l'armée et ses chefs que l'on se tournera de plus en plus.

Des données économiques conjoncturelles ont pu peser sans doute sur le cours des choses. Le premier Directoire voit l'agonie et la mort de l'assignat, malgré une éphémère résurrection sous forme de « mandats territoriaux ». A l'inflation délirante des derniers mois du papier-monnaie, le retour au numéraire oppose les réalités de prix stagnants ou en baisse dans la majeure partie de la période, conséquence dans le monde rural de bonnes récoltes répétées. L'État souffre le premier, et tout particulièrement, de ce marasme. Régime aux caisses vides, le Directoire doit utiliser la guerre de conquête pour l'argent qu'elle rapporte. Dans cette escalade où le thème thermidorien des « frontières naturelles » se trouve dépassé, la dépendance s'accroît à l'égard des initiatives d'un pouvoir militaire qui « tient », financièrement, le pouvoir civil.

Sur ce canevas des lignes de force ou des constantes de la période, l'histoire oppose souvent un « premier » Directoire, qui dure jusqu'au 18 fructidor an V, au « second » Directoire, qui s'enfonce dans la pratique du coup d'État. Le premier Directoire, où l'équipe dirigeante associe cependant, avec Carnot, Reubell, Letourneur et Larévellière-Lépeaux, des visages bien contrastés du nouveau monde, tente de maintenir le difficile équilibre entre les oppositions démocratique et royaliste. Anciens jacobins montagnards, tel Lindet, républicains du club du Panthéon, babouvistes regroupés autour de Gracchus Babeuf constituent le premier danger... et la première cible. Le mouvement fut porté sans doute par la crise de l'an IV. Il dépasse, cependant, de beaucoup l'ampleur d'une simple réponse à la conjoncture. La personnalité de l'ancien feudiste, celles de plusieurs de ses compagnons tel Buonarotti, donnent à la conjuration des Égaux mise sur pied en 1796 un relief particulier. La nouveauté d'un système communiste pour la première fois affirmé, cherchant par la voie insurrectionnelle sa réalisation, confirme cette importance historique. Mais des Enragés à Babeuf, si l'histoire des idées enregistre le saut qualitatif d'une prise de conscience historique, l'histoire conjoncturelle enregistre pour sa part la retombée du mouvement populaire. Cadres sans troupes, les babouvistes annoncent un mouvement révolutionnaire qui sera, pour longtemps, conspirateur. L'échec du soulèvement du camp de Grenelle, le procès des babouvistes et l'exécution de Babeuf disperseront les derniers cadres du mouvement populaire.

Porté par une partie de l'opinion des notables qui triomphent aux élections de l'an V, le danger royaliste impose à son tour au Directoire — cependant disposé à nombre de compromis — une politique de répression. Derrière le paravent de groupements officiels, club de Clichy et Institut philanthropique, s'abritent les réseaux de la Contre-Révolution conspiratrice, s'affrontent aussi les « jacobins blancs », partisans de la réaction intégrale, et les royalistes constitutionnels. Quelles que soient les ambiguïtés du mouvement, c'est son succès même qui provoque sa perte : majoritaire aux Conseils, complotant avec Pichegru une restauration monarchique, le parti royaliste contraint le Directoire à prendre les devants par le coup d'État du 18 fructidor an V, qui casse les élections et envoie en Guyane — la « guillotine sèche » — royalistes et prêtres réfractaires. La réalisation technique du coup d'État a été confiée au général Augereau, délégué par Bonaparte : avec Fructidor le coup d'État militaire entre définitivement dans les mœurs. Politique de bascule, ou lutte sur deux fronts, l'an VI voit en floréal le Directoire ostraciser une partie des élus de gauche que le renouveau jacobin né de Fructidor avait amenés en abondance ; l'an VII, au contraire, amène une révolte des Conseils contre la tutelle du Directoire. Une poussée jacobine confirmée et accentuée aboutit à un renouvellement du Directoire favorable aux néo-jacobins : Ducos, Gohier, l'obscur général Moulin y représentent une majorité de gauche qui suscite dans le pays un regain de mesures révolutionnaires sinon terroristes. Tardive et inefficace poussée : à cette date, le régime directorial est déjà condamné sans appel.

Il l'est de l'intérieur, par le déclin de l'autorité d'un gouvernement sans moyens, par ailleurs inconstant. Sans doute l'histoire corrige-t-elle la légende de l'anarchie directoriale en rappelant les mesures d'assainissement financier d'un Ramel, la politique économique de François de Neufchâteau. Mais les années du Directoire sont, dans toute une partie de la France, l'époque du brigandage des « chauffeurs » de pieds : qu'ils attaquent la richesse circulante des diligences ou investie des fermes isolées, qu'ils soient des *primitive rebels* sans arrière-pensée ou des épaves de la Contre-Révolution armée, ils témoignent de la faiblesse de l'État révolutionnaire. Mais autant que de l'intérieur, le Directoire est miné, paradoxalement, par l'enchaînement des victoires extérieures, d'où sortira le césarisme.

Vers le césarisme

C'est avec le Directoire que la guerre prend, dans l'histoire révolutionnaire, le pas sur les événements intérieurs. Ambitions ou génies personnels y sont pour quelque chose et, dans une aventure qui se confond en bonne part avec l'ascension de Bonaparte, il serait sans doute injuste de minimiser la part des individus et des événements. Mais l'événementiel n'explique pas tout. Plus qu'un avatar accidentel de la politique du Directoire, la guerre, devenue nourricière, répond à un besoin du régime et, en retour, elle contribue à en vicier le fonctionnement. Etroitement subordonnée en l'an II, l'armée s'érige aux échelons supérieurs en caste militaire, se transforme dans sa masse en troupe dépendant du chef qui la fait vivre. L'armée nationale de l'an II subit ainsi une évolution qui la rend propre à servir de moyen de pression privilégié sur un gouvernement faible et divisé.

Carnot avait établi pour 1796 les plans d'une campagne destinée à réduire l'obstination autrichienne. L'offensive devait, par l'Allemagne, menacer Vienne, un rôle de diversion étant dévolu à l'armée d'Italie. On sait qu'il en alla autrement : l'échec de l'offensive d'Allemagne fut compensé par les victoires du général Bonaparte, qui avait reçu le commandement de l'armée d'Italie. Vainqueur du Piémont (Millesimo, Mondovi), des Autrichiens, qu'il chasse du Milanais puis défait autour de Mantoue (Arcole, Rivoli), il s'ouvre au printemps 97 la route de Vienne, en prenant Venise au passage. Les préliminaires de Leoben, et plus encore le traité de Campoformio (17 octobre 1797), révèlent à la fois l'indépendance et les ambitions d'un général qui tranche à sa guise, et le nouveau cours qu'il imprime à l'expansion révolutionnaire : la création de républiques italiennes (Ligurienne, Cisalpine, Cispadane...) et l'octroi de Venise à l'Autriche font éclater les mythes contradictoires sur lesquels la guerre révolutionnaire avait jusqu'alors vécu (frontières naturelles et émancipation des peuples). Les mois suivants devaient voir le mouvement s'accentuer : républiques Romaine, Parthénopéenne et Helvétique complètent le réseau des « républiques sœurs ».

Officiellement dirigée contre l'adversaire anglais, mais, selon l'optique dans laquelle on l'envisage, première tentative de Bonaparte pour réaliser son rêve oriental, ou moyen pour le Directoire d'écarter un ambitieux, la campagne d'Egypte, entreprise au printemps 98, apparaît dans ce schéma comme une curiosité gratuite et exotique. Le succès de la bataille des Pyramides assure le contrôle du pays ; mais les Français s'y trouvent prisonniers après la bataille navale d'Aboukir, où Nelson détruit la flotte qui les y avait conduits. La meurtrière campagne de Syrie, qui vient buter sur Saint-Jean-d'Acre, consomme un échec dont Bonaparte prend son parti. La seconde coalition, formée entre-temps par l'Angleterre, l'Autriche, la Russie, Naples et la Turquie, avait à nouveau ramené la guerre en Europe. L'Italie perdue et les républiques sœurs envahies, défaites en Allemagne et en Suisse devant les Austro-Russes, débarquement en Hollande : tous ces revers avaient placé la France dans une situation un temps tragique dans l'été 99. Lorsque Bonaparte, de retour d'Égypte, débarque en France, la situation avait cependant été en partie rétablie par les victoires de Masséna sur Souvorov (Zurich, septembre 99). C'est plus dans le cadre d'une situation intérieure confuse que pour rétablir la position militaire de la France que s'impose l'homme providentiel. La poussée jacobine de l'an VII suscite, dans les milieux de la bourgeoisie directoriale, une réaction dont Sieyès, devenu directeur à la place de Reubell, est l'interprète et qu'il s'attachera à organiser. Aux projets de révision de la Constitution dans un sens autoritaire dont il rêve, il faut l'appui d'une participation militaire. Bonaparte est choisi pour en être l'agent. Un complot soigneusement préparé, médiocrement réalisé, tel apparaît le 18-Brumaire. Au Directoire, gagné ou complice à l'exception de Gohier et Moulin, aux Conseils transférés à Saint-Cloud sous prétexte de la découverte d'un complot « anarchiste », au ministère comme dans certains milieux d'affaires, des appuis ont été recherchés. A demi réussi le 18 brumaire, le coup d'État manque échouer le lendemain devant les Conseils. La présence d'esprit de Lucien Bonaparte, l'intervention armée des troupes assurent le succès de la journée. Trompant ceux qui ont cru être ses mandataires, Bonaparte pose les bases de son pouvoir personnel.

Une autre aventure commence. Prolongement ou gauchissement de l'époque révolutionnaire ? N'anticipons pas : il est temps ici de tenter, en forme de bilan, d'évoquer la civilisation de la Révolution française.

II. CIVILISATION RÉVOLUTIONNAIRE

Pour certains, la Révolution n'aura été qu'un mauvais souvenir ; et non seulement pour ceux qui n'y ont « rien appris et rien oublié ». Au niveau très humble des délibérations d'une municipalité de taille médiocre, on mesure parfois l'impact réduit de cet ébranlement universel. On y sent le passage de la Grande Peur en 89, puis, bien souvent, tout rentre dans l'ordre, à quelques épisodes près, tels le départ des volontaires ou les réquisitions de l'an II. La Révolution française n'aurait-elle été qu'une Grande Peur ou une grande fête, traumatisante mais passagère ?

Elle comporte certainement cet aspect. La crise, en elle-même, affecte trop de manifestations spectaculaires — même si elles furent éphémères — pour qu'on puisse les passer sous silence. Mais, plus encore, la Révolution française, par l'importance comme par l'étendue de son message, apportait au monde les règles et les schémas de la démocratie bourgeoise. Ces affirmations se trouvaient expérimentées dans le cadre d'une France bouleversée, à laquelle 1789 donnait son visage moderne. Au-delà même des certitudes acquises, c'est sur tout un ensemble de promesses, d'espoirs parfois déçus, d'insatisfactions aussi, que se termine la Révolution française, portant en elle les germes de son dépassement.

L'éphémère

Le grand remue-ménage, ou Révolution et démographie

Un grand remue-ménage : telle est l'image que laisse de la Révolution une première vision, volontairement naïve, sans être pour cela superficielle. On a entrepris d'étudier l'influence de la crise révolutionnaire sur les démographies, tant urbaines que rurales. Elle apparaît considérable. Des contemporains, souvent hostiles, avaient vu la Révolution comme facteur de stagnation, voire de dépeuplement ; les approches directes permettent de nuancer cette image. La Révolution est une époque de mariages ; villes et campagnes les voient se multiplier. On en devine sans peine les motivations : rupture de structures sociales anciennes et plus encore, peut-être, conséquence des levées d'hommes qui pèsent sur les célibataires. Si les causes sont événementielles, les conséquences n'en sont pas moins sensibles ; la natalité suit la courbe des mariages, alors que la mortalité est gonflée pour sa part par l'impact des crises de subsistances (la crise de l'an III), des épidémies et de la guerre. Le bilan global confirme l'impression non d'un recul, mais d'une croissance ralentie. La natalité, d'évidence, n'a pas suivi totalement les suggestions de la courbe des mariages. A travers les sources démographiques, prospectées localement, l'idée d'un contrôle accru des naissances s'impose.

Au-delà du bilan général, inévitablement schématique, que de réajustements et d'évolutions contradictoires ! A l'encontre de l'image de l'« exode » des villes vers la campagne, qu'une histoire encore récente nous impose, certaines villes se gonflent — réaction d'« ancien style » — par l'afflux de toute une population rurale déracinée, qui s'entasse dans leurs murs. Sur la route des frontières ou des zones troublées, des centres urbains s'hypertrophient momentanément ; d'autres, au contraire, et c'est, semble-t-il, le cas dans nombre de villes du Midi, perdent une part sensible de leur population. Là où les villes, dans leurs réactions différentes, se révèlent malgré tout secteurs économiquement préservés, les campagnes, dans leur évolution démographique, témoignent de leur sensibilité à une conjoncture dominée par le problème des subsistances : la Révolution s'était annoncée par une crise sévère en 1788, l'an III en retrouve l'équivalent ; pour nombre des errants courant les plaines de grande culture, à l'époque du brigandage directorial, il reste, dans les interrogatoires, l'année du « Grand Hiver » qui a vu leur déracinement.

On nous en voudrait sans doute, et à juste raison, de ne pas insérer dans cette étude le poids de la Terreur : quantifié, il se trouve, selon que l'on voudra, mesquinisé ou réduit à ses justes proportions. L'élimination physique des ennemis de la Révolution a touché de 35 à 40 000 personnes : c'est beaucoup et c'est peu (moins de 21 p. mille de la population française). Leur répartition sociale contraint à nuancer les idées reçues. 31 p. 100 d'ouvriers de métiers manuels, 28 p. 100 de paysans : la part des privilégiés est minoritaire parmi les victimes : il est vrai que la ponction, sur les effectifs de la catégorie, est beaucoup plus sensible. Le contraste majeur que révèlent les statistiques est sans doute celui de régions assez sévèrement touchées, par opposition à celles où la Terreur fut pratiquement inconnue : 16 p. 100 des condamnations capitales sont parisiennes, 71 p. 100 se répartissent entre l'Ouest vendéen (52 p. 100) et le Sud-Est insurgé (19 p. 100). Le chiffre total, dans sa sécheresse, doit être complété et nuancé par la statistique des emprisonnements (de 300 à 500 000 personnes au plus fort de la période). L'équité imposerait d'y ajouter l'estimation des victimes de la Contre-Révolution, cette première Terreur blanche de l'an III : dans le Midi provençal, elle se révèle aussi meurtrière que la Terreur jacobine. Dans l'image du « remue-ménage » qui a servi de point de départ à ce bilan démographique de la Révolution, l'émigration ne doit pas être sous-estimée. Dans les premiers mois de 1794, elle semble avoir atteint son point culminant avec quelque 60 000 personnes. En tenant compte du flux global, où retours et nouveaux départs se relaient, le total est sans doute inférieur à 100 000 personnes. Comme en ce qui concerne la Terreur, le poids de l'émigration et du brassage qu'elle entraîne ne saurait se mesurer uniquement aux effectifs intéressés : le choc a été d'un autre ordre et d'une autre nature.

Le temps des assignats, ou crise économique et crise inflationniste

La Révolution française s'est ouverte sur une crise économique. Sans cesse réamorcé, le malaise économique représente une des composantes majeures d'une période qui, pour beaucoup, restera le « temps de la cherté ». L'image d'un marasme économique dramatique et persistant surprend non pas ceux qu'une tradition ancienne au ras des témoignages accoutume à voir tout en noir dans les convulsions de la période, mais ceux que l'idée de ce grand xviiie siècle économique couvrant de sa hausse séculaire des prix la période 1730-1817 amènerait à voir dans la révolution économique un accident. Mais l'accident est majeur, et l'on en sait, dans le contexte français, les composantes principales. Il y a d'abord, dans un monde dominé par le souci des subsistances et par la crainte de la famine, les agressions nouvelles de mauvaises récoltes réitérées : en 1791 et 1794 notamment, des récoltes insuffisantes ramènent la famine, et la crise de l'an III comme celle de 92 marquent les moments les plus tragiques pour la subsistance populaire.

Les aventures de l'assignat donnent à ces éléments de tradition les dimensions d'une crise inflationniste spectaculaire : un milliard et demi de livres en circulation à la fin de 1791, 3 au milieu de 1793, 6 à la veille du 9-Thermidor, un peu plus de 34 au début de 1796. La dépréciation de l'assignat, que l'inflation provoque, scande les phases du mouvement. Assez sage jusqu'à la fin de 91, la courbe traduit une première chute brutale à l'articulation de 1792, puis à nouveau dans les six premiers mois de 93 ; après le coup d'arrêt provisoire qu'apporte alors le gouvernement révolutionnaire, la chute reprend sans appel de 1794 à la fin de 95. Hausse des prix et déclin du pouvoir d'achat répondent au schéma ainsi esquissé ; sans doute, les premières années de la Révolution — jusqu'à 91 — avaient-elles connu une chute des prix liée aux bonnes récoltes ; superposé aux crises des subsistances comme au malaise urbain, le torrent inflationniste entraîne ensuite une évolution précipitée.

C'est sur fond de cette courbe générale que la crise des économies urbaines peut s'apprécier pleinement. Sans doute, les villes apparaîtront-elles parfois préservées par des gouvernements modérés, ou jacobins, qui savent les risques du trouble dans la rue. Mais elles connaissent aussi des phases tragiques où la disette et la cherté s'installent : en 1792 ou l'an III, par exemple. Touchées en tant que consommatrices par la disette et la cherté inflationniste, les classes populaires urbaines le sont en tant que productrices ; l'émigration d'une part, la réduction du train de vie de bourgeoisies et aristocraties urbaines réduites « à conserver, à suppléer, mais à ne plus acquérir », d'autre part, affectent toute une partie des professions artisanales, et pas seulement dans le cadre des industries de « luxe ». Le bâtiment et le textile, ces deux activités-tests de la vitalité économique des villes du xviiie siècle, languissent ; le chômage sévit, et les essais de production dirigée, pour les besoins militaires, mis sur pied sous la Terreur n'ont fourni qu'un palliatif momentané et insuffisant. A la crise liée à la réduction du marché de consommation national, sensible à Paris, à Lyon, à Rouen et en bien d'autres villes, la rupture des ouvertures extérieures du grand commerce superpose, à partir du printemps 93, un autre élément de marasme. Dans les grands ports de la façade atlantique ou méditerranéenne, c'en est fait de l'insolente prospérité du xviiie siècle épanoui : des formes de reconversion ou d'adaptation à la crise voient un commerce de cabotage relayer partiellement (Marseille) le trafic lointain. Pour ces fronts pionniers du capitalisme commercial, le prolongement que l'Empire donnera à cette interruption élargit le malaise des années révolutionnaires en une crise beaucoup plus profonde : c'est la fin d'une prospérité séculaire dont on ne retrouvera l'équivalent qu'au cœur du xixᵉ siècle.

La crise sociale exprime les conséquences de la crise économique. En milieu rural, c'est pour la petite paysannerie consommatrice que la période est la plus dure. Le développement de l'errance, dans les rangs de laquelle l'insécurité et le brigandage prennent naissance, est la matérialisation du déracinement de la fraction la plus fragile de la paysannerie. En ville, les fluctuations numériques traduisent imparfaitement les modifications sociales momentanées de salariats, où le prolétariat flottant, venu de la campagne, se gonfle au détriment des catégories productives spécialisées.

Feu de paille que tout cela ? Oui et non. Il en restera au moins un souvenir, un traumatisme collectif dans les mentalités urbaines. Au niveau des images d'une révolution que l'on s'efforce d'appréhender d'abord par ce qu'en ont ressenti et vu les contemporains, le poids de la conjoncture économique ou démographique sous-tend et alourdit ce qui pour beaucoup est apparu comme un drame majeur, dans lequel, foule anonyme ou participants directs, ils ont engagé toute leur existence.

Foules et héros : la Révolution est un drame

De la participation collective à la Révolution, l'histoire n'a longtemps retenu que les foules. Encore ne les flattait-elle pas. Historiens conservateurs du xixᵉ siècle, hantés par l'image de la Commune de Paris, ou sociologues durkheimiens, ils nous ont légué l'image, en forme de reconstruction anthropomorphique, d'une foule, être collectif aux réactions irrationnelles, puériles, ou plus encore comparable à l'homme ivre dont parle Taine dans un célèbre morceau. Depuis Georges Lefebvre, qui posa les principes d'une étude scientifique des foules, on a appris, non point à réhabiliter des comportements collectifs qui n'ont pas à être jugés, mais sans doute à les mieux comprendre. À les hiérarchiser d'abord : de la coalescence spontanée, qui en période de famine se forme à la porte des boulangers, jusqu'à la réunion préparée d'une foule combative mobilisée sur des mots d'ordre précis. De l'une à l'autre, le paysage de la rue se modifie ; la foule, largement féminine dans le premier cas, fait prédominer dans le second les cadres artisans ou petits-bourgeois de la sans-culotterie en action. Ces foules, où l'on ne retrouve que très minoritaires, voire inexistants, les malfaiteurs et repris de justice dont la tradition historique les composait, sont sans doute par leurs mobiles, leurs comportements, dans la tradition des explosions populaires que Paris connut, de la Ligue à la Fronde, à travers l'Ancien Régime. Ne nous y trompons pas, cependant : la maturation comme l'encadrement révolutionnaire en font des éléments majeurs et non point semi-inconscients du drame auquel ils participent.

Foules et héros : la dialectique héritée du romantisme est trop simple, et par là même injuste, pour désigner les participants de l'action. L'attention se porte aujourd'hui sur les cadres organisés que la Révolution, premier mouvement de masse de type moderne, suscite et dont l'anonymat, et plus encore l'inexact signalement, sont désormais dépassés. Nous connaissons les sans-culottes parisiens, groupant, autour du massif noyau des cadres de l'échoppe et de la boutique, une part d'éléments de la petite et moyenne bourgeoisie, du salariat le plus évolué également. Sur les traces des armées révolutionnaires « instrument de la Terreur dans les départements », comme localement dans le recrutement des sociétés populaires, nous apprenons à découvrir sans-culottes, voire « enragés » provinciaux. La vieille image d'une Révolution toute parisienne, opposée à l'apathie provinciale, s'efface derrière les réalités d'une politisation souvent avancée. N'exagérons rien, sans doute. Dans le dénombrement de ses participants actifs, la Révolution reste phénomène de minorité agissante : dans les sections de Marseille, les poussées les plus massives de participation populaire n'ont jamais amené plus du quart des adultes masculins du quartier aux assemblées sectionnaires, que ce soit à l'été 92 ou au printemps fédéraliste de 93. Si l'on passe au dénombrement des « militants » véritables, le groupe actif se réduit encore plus. Du moins, de cette élite révolutionnaire des physionomies commencent-elles à se détacher ; une mentalité révolutionnaire s'esquisse : le fossé se comble entre les masses révolutionnaires et les héros du drame.

A vrai dire, le temps n'est plus où une vision biographique de l'histoire révolutionnaire semblait réduire le conflit à un affrontement dans les nuages. « Dantonistes » derrière Aulard, « robespierristes » derrière Mathiez représentent une approche de la Révolution qui n'est plus la nôtre, mais dont nous aurions assurément tort de sourire. Au demeurant, la notion que certains nous proposent aujourd'hui, d'« équipes » de dirigeants ou de meneurs révolutionnaires, est-elle toujours beaucoup plus satisfaisante ? Reste, quelle que soit la méthode d'approche, l'étonnement toujours renouvelé devant la fécondité en tempéraments comme en personnalités exceptionnelles de la France révolutionnaire. Il faut se garder du lyrisme, lui aussi passé de mode, comme de l'imagerie romantique d'une Révolution, telle Saturne, dévorant ses enfants..., toujours assurée, toutefois, de les remplacer. Lorsqu'on passe, dans telle rue provinciale ensommeillée, devant la maison où Brissot, Pétion, Sieyès se réunissaient, dit-on, avant 89 pour discuter de la réforme du royaume, et ce dans une ville médiocre qui donna, en outre, à la Révolution le général Marceau, on reste frappé de la richesse d'une période humainement exceptionnelle. Parce qu'elle avait substitué à une société close une société ouverte, dont on ne sentait pas encore les limites, parce qu'elle représenta, dans son dynamisme parfois sanglant, parfois héroïque, une offre massive de carrières exceptionnelles, la Révolution, printemps de la bourgeoisie française, représente une des périodes de vie collective la plus intense de l'histoire nationale. Cette vérité première n'est peut-être pas le moindre des aspects d'une période que nous avons jusqu'alors traitée en termes de « crise ».

La fête révolutionnaire

L'expression paraîtra grinçante à ceux qui n'y ont vu qu'une fête de la mort. Loin de nous l'idée de glisser dans une vision idéalisée et univoque sur les formes sanguinaires du défoulement collectif, rarement gratuit et injustifié, d'ailleurs. Les problèmes de psychologie collective de groupes que l'on voit passer, sans transition, de la mise à mort et de la mutilation à la farandole spontanée (meurtre du major de Beausset à Marseille en 1790) sont loin d'être élucidés. Mais quoi ? On a trop longtemps insisté sur la griserie de la guillotine, et présenté le spectacle révolutionnaire en termes de tricoteuses au pied de l'échafaud, pour qu'il ne soit pas nécessaire de réhabiliter ces fêtes que tant d'auteurs ont dit de conformisme et de convention ; de récentes études y engagent.

Les admirables gravures de Prieur, celles de ses contemporains livrent une documentation iconographique qui n'est pas académique. A feuilleter ces images, on voit s'organiser les types de la fête révolutionnaire : des grandes manifestations d'unanimité de 1790, dont la fête de la Fédération a fourni le type, à celles par lesquelles la Révolution proclame les nouvelles vérités (proclamation de la Constitution, 14 septembre 91) ou célèbre ses précurseurs (translation des cendres de Voltaire ou de Rousseau). L'unanimité a peine à défendre ses fictions dans l'année 92 où, coup sur coup, la fête de la Liberté célèbre les Suisses patriotes de Châteauvieux, et la fête de la Loi le maire d'Étampes, Simoneau, héros de la conservation sociale ; plus combatif, un nouveau style se dégage au gré des circonstances, dont la proclamation de « la Patrie en danger » en juillet 92 et la fête en l'honneur des morts du 10 août expriment la tension. L'an II, dans un clivage révélateur, oppose un cérémonial semi-spontané dans les cérémonies de la phase déchristianisatrice (fête de la Liberté et de la Raison en brumaire an II à la cathédrale de Paris) à une mise en forme officielle dont, peut-être, la fête de l'Être suprême, le 20 prairial an II, offre l'exemple le plus achevé. A une iconographie élaborée, il conviendrait d'apporter la confirmation d'une imagerie populaire prolixe qui en confirme les thèmes. A cette courbe ascendante, arrêtée en thermidor, la période thermidorienne et directoriale fournit un prolongement qui n'a rien de médiocre. Enfin, la province, dans son conformisme comme souvent dans ses innovations, se révèle en harmonie avec le monde parisien. Qu'il suffise ici de reconnaître à quel point la Révolution a mis, en tous temps et en tous lieux, la fête à l'ordre du jour.

Feu de paille ou révolution de la sensibilité ?

Le propre de la fête est d'être éphémère, mais aussi peut-être de laisser des souvenirs durables. Dans quelle mesure la fête révolutionnaire correspond-elle à un tournant de la sensibilité collective et, plus encore, dans un mouvement dialectique, l'a-t-elle hâté par une prise de conscience accélérée — à chaud pourrait-on dire — dans le creuset révolutionnaire ?

L'histoire de l'art ou de la littérature répondent, à première vue, négativement à l'enquête. On a dit que la Révolution française n'avait rien créé, et pour beaucoup la stérilité artistique emporte condamnation de l'époque qui a immolé un poète en la personne d'André Chénier, un savant en la personne de Lavoisier. Si l'on veut aller au-delà des stéréotypes commodes sur le thème « la République n'a pas besoin de savants », on fera remarquer avec bien d'autres que la brièveté de la période, que la hiérarchie des urgences aussi expliquent que la Révolution ait laissé peu de restes : ce n'est pas essentiellement dans la pierre que construisent les révolutions. Au-delà de cette justification, elle-même sommaire, il est évident que la Révolution, en désorganisant le marché ancien de consommation des œuvres littéraires et artistiques, ne put, d'entrée, en improviser un nouveau. Il est bien assez remarquable, déjà, de noter l'explosion d'une littérature populaire, non point nouvelle, mais combien élargie par le journal, le pamphlet, les feuilles volantes, une iconographie qui des gravures aux faïences envahit tout le quotidien. A ce niveau, c'est d'évidence dans les secteurs marginaux de la production — mais en sont-ils moins nobles ? — que l'on doit chercher l'originalité de la production révolutionnaire.

Que l'on se tourne vers l'éloquence, et la Révolution offre, dans un domaine tout nouveau, d'éclatantes affirmations. Des discours de Mirabeau à la chaleur d'un Vergniaud, d'un Danton, on passe à l'étonnante rigueur des discours et rapports de Saint-Just ou de Robespierre. A travers eux, la Révolution française a su mettre en forme un message à sa mesure. Le journal, considéré comme œuvre littéraire, fournirait, à travers les meilleurs articles de Desmoulins ou de Marat, autant de pièces qui dépassent l'événement par leur tenue. Pourquoi faut-il qu'une tradition héritée du siècle passé, mais en faveur chez nombre d'historiens contemporains, fasse de Marat, dont la violence la plus extrême reste toujours digne, voire pompeuse, un journaliste à la plume relâchée ? Peut-être faut-il incriminer un amalgame abusif avec Hébert, « le Père Duchesne », dont la violence et la verve populaire méritent d'ailleurs, elles aussi, considération. Chénier enfin, André du moins, dans un monde où l'élégie n'a pas sa place (mais où il sut manier l'ïambe) ; Marie-Joseph , frère ingrat selon la tradition romantique, mérite sans doute un nouvel examen ; et peut-être l'approche la plus valable de sa poésie académique est-elle de l'aborder en musique.

C'est à travers *le Chant du départ*, mis en musique par Méhul, et plus encore peut-être dans les œuvres de Gossec (*Marche lugubre, Hymne à l'Être suprême*, ou l'admirable *Peuple éveille-toi*) que l'on peut mesurer le renouvellement d'un art qui cherche et trouve une expression révolutionnaire. Morceaux de plein air, où les bois s'effacent devant les cuivres, remarquables par l'emploi audacieux d'imposantes masses chorales, la musique, comme le disait Gossec, « s'est donné des moustaches ». Encore ne pouvons-nous l'apprécier pleinement, sortie du cadre de spectacle total qu'ont représenté les grandes fêtes révolutionnaires. Travaillant dans l'éphémère, la Révolution ne nous laisse que l'image — parfois — de grandioses mises en scène.

L'art du décor ramène, cependant, à l'échec relatif de la Révolution française dans la recherche d'une expression picturale adaptée au dynamisme des temps nouveaux. L'affirmation est brutale. David n'est-il pas, par sa participation à la Révolution militante, le type même du peintre engagé, par son œuvre l'un des maîtres de la peinture française au tournant du XIXᵉ siècle ? Ce fut peut-être son malheur, et celui de l'art français de la période, que la peinture ait fait, par sa grâce, sa prérévolution en imposant le néo-classicisme : *le Serment des Horaces* triomphe en 1785 ; la bourgeoisie française, nourrie d'humanités classiques, reconnaît dans cette « illusion héroïque » l'expression qui convient à la tension morale qu'elle oppose à la frivolité aristocratique. C'est en « oripeaux de Romains » que se dérouleront les fêtes révolutionnaires, en périodes à l'antique que s'expriment à la tribune des assemblées de nouveaux héros de Plutarque..., et c'est à travers une fiction académique que la Révolution cherche son art. Pas toujours, heureusement. Les portraits que nous laissent David et ses contemporains révolutionnaires perpétuent, sans convention, la grande tradition du portrait français. Mais, dans la peinture officielle, si l'ironie du destin seconde parfois l'académisme du peintre en poignardant le héros dans sa baignoire, l'échec d'une peinture véritablement révolutionnaire s'exprime dans l'esquisse que laissa David du jeune Bara : corps d'éphèbe, serrant sur son cœur son seul vêtement, une cocarde tricolore. Il faudra Géricault pour entraîner un art véritablement révolutionnaire au galop de son *Officier de chasseurs à cheval*. Pour s'être reconnue dans l'héroïsme néo-classique, la Révolution française n'apparaît pas, sur ce plan du moins, comme un tournant de sensibilité collective. Mais peut-on changer le cadre de la vie en dix ans ?

Peut-on changer les hommes en dix ans ?

De ces sollicitations visuelles, de ces éléments de crise superposés n'est-il resté que le souvenir, massif peut-être, obsédant, mais stérile ? La Révolution, traumatisme collectif, entraînant les êtres dans un dynamisme nouveau, a-t-elle changé les hommes ? Avant de passer aux modifications profondes que les aspects spectaculaires de la crise ne sauraient masquer, on ne peut écarter cette question en forme de bilan des aspects psychologiques de la Révolution.

L'expérience — et l'échec — des cultes révolutionnaires semble, sur ce plan, négatif. Il y eut le culte de la Raison, que les Parisiens découvrent en brumaire an II, que la province, soit spontanément, soit à l'initiative de représentants en mission, imite dans les mois qui suivent ; après les attaques des Indulgents, une reprise en main robespierriste substitue à ce foisonnement semi-spontané le conformisme éphémère du culte de l'Être suprême ; enfin, la période thermidorienne, puis le Directoire seront peut-être, malgré les apparences, les temps les plus fastes pour les fêtes civiques du culte décadaire. Que reste-t-il de toutes ces innovations qui n'ont duré que le temps d'un calendrier : ambitieuse et étonnante tentative de remodeler les rythmes du temps hérités des siècles à laquelle Fabre d'Églantine avait donné son vocabulaire ? Il faut éviter de conclure trop vite à l'éphémère. La question se pose du moins — et elle a été posée —, de savoir dans quelle mesure la crise révolutionnaire n'a pas opéré une déchristianisation « à chaud » par des filières parfois étonnantes ; que l'on songe à ces mystiques révolutionnaires et populaires qui trouvent leur aliment dans le culte des martyrs de la liberté : « O Cor Jésus, O cor Marat », entend-on en 1793... C'est à tort que l'on croirait la province en retard : elle a connu ses cultes révolutionnaires, même si sainte Pataude, la sainte aux ailes tricolores, reste une curiosité de la Vendée patriote. Cet aspect de l'explosion révolutionnaire ne devait pas être oublié.

Pas plus qu'on ne saurait esquiver le problème du tournant plus général qu'a pu représenter la Révolution française dans ces attitudes devant la vie, auxquelles on s'attache à juste titre aujourd'hui et dont elle a rompu les données séculaires. Mais la crise révolutionnaire est ici loin d'être une. Deux versants s'y distinguent qui proposent successivement deux images de l'homme nouveau. L'homme nouveau, selon la révolution jacobine, c'est peut-être dans le portrait du sans-culotte tel que nous le décrit Albert Soboul qu'on peut le chercher. Il n'est pas adolescent : il a trente-cinq ans, il est marié, il a des enfants. Il rêve d'un monde égalitaire, mais non point collectiviste, où chaque petit producteur indépendant disposerait de ce minimum d'aisance qui est pour lui l'idéal.

> Il faut raccourcir les géants
> Et rendre les petits plus grands,
> Tout à la même hauteur
> Voilà le vrai bonheur...

S'est-il libéré, en ce qui le concerne, de ses propres préjugés ? Il a du mal à considérer sa compagne comme une égale véritable, en politique du moins, s'il parvient parfois, dans sa vision individuelle du monde, à la conception d'une union libre, de caractère rousseauiste. Il commence à se libérer, certaines études le suggèrent tout au moins, du poids d'une fécondité naturelle qui rythmait jusqu'alors la vie et l'équilibre de la famille ; mais il faudra l'Empire pour confirmer la tendance.

Sur l'autre versant de la Révolution, le muscadin fait pendant au sans-culotte. Il exprime en d'autres termes une libération tout individuelle. Il est plus jeune et se soucie peu de famille, pour l'instant du moins. Il n'a pas exorcisé l'image du père en guillotinant un roi ; on s'en est chargé pour lui. Son appétit de vivre et de profiter s'extériorise dans la recherche vestimentaire de tenues extravagantes, où l'impudeur affichée des femmes prend allure de provocation ; sa liberté n'est que pour lui, c'est celle de l'argent revenu, d'une mobilité sociale que les circonstances rendent exceptionnelle. Il n'a que faire de la liberté du sans-culotte et de l'égalitarisme dont il tient à se distinguer par l'excentricité du langage. Deux portraits, deux images. Laquelle vaut pour la Révolution ? On serait tenté d'exclure la révolte muscadine de la jeunesse bourgeoise, défoulement de classe d'âge en lendemain de crise. Mais l'image du sans-culotte est faite, de son côté, d'autant de rêve que de réalités, l'*homo novus* est tourné autant vers le passé que vers l'avenir.

Il est temps de dépasser ces images de la crise révolutionnaire qui, tragiques ou brillantes, n'y sont que l'écume des jours, pour tenter de l'appréhender dans ses affirmations comme dans ses réalisations historiques.

Les valeurs sûres

Proclamations révolutionnaires

A cette Révolution qui la première a tenté de modeler le réel sur un idéal formulé en termes d'universalité, il convient de laisser la parole pour proclamer les nouvelles vérités. Les textes majeurs prennent corps dès les premiers mois de la Révolution. C'est le 26 août 1789 que l'Assemblée adopte le texte de la Déclaration des droits de l'homme et du citoyen. La Constitution de 1791 donne à ce texte de portée universelle prolongements et schémas d'application. Tout est-il dit ? Non sans doute, et la Constitution montagnarde de 1793 apporte à cet ensemble plus que des retouches : des vérités et un esprit nouveau, et c'est à ce titre que nous nous réservons d'en parler plus loin. Mais la Constitution de l'an III, version défensive du système de 1791, n'apporte que des confirmations et des nuances à l'apport massif de la Constituante. Cela ne veut pas dire que la puissance créatrice de la Révolution se soit immédiatement tarie. Le message s'enrichit et se précise constamment : au feu des affrontements sur les droits des Noirs et des mulâtres, durant la Constituante, s'affirme chez certains la vocation émancipatrice de la Révolution ; de

Condorcet à Saint-Just ou à Lakanal, un idéal pédagogique s'élabore ; au détour d'une mission dans les Alpes-Maritimes, Grégoire affirme une théorie de la langue nationale. Malgré les discontinuités d'inspiration et de réels clivages, un message homogène s'affirme dont l'importance doit être soulignée. Dans cette ère des révolutions, il y avait eu d'autres proclamations. Jamais, cependant, affirmations nouvelles n'avaient revêtu telle force, ni telle universalité.

L'Égalité

« Les hommes naissent et demeurent libres et égaux en droits ; les distinctions sociales ne peuvent être fondées que sur l'utilité commune. » L'Ancien Régime avait eu ses libertés, qui ne sont point celles dont la Révolution proclame le caractère absolu ; fondé sur les structures d'une société d'ordres, il était, par essence, inégalitaire. C'est ce qui fait, dans le passage du féodalisme aux sociétés libérales et capitalistes du monde contemporain, l'importance de cette affirmation par la Révolution bourgeoise.

Elle s'apprécie d'abord négativement par l'importance des destructions opérées : fin de la société d'ordres, destruction de la noblesse dans ses privilèges séculaires, abaissement non seulement social mais économique du clergé, libération à la campagne du réseau des servitudes du régime seigneurial, en ville de tous les monopoles, de ceux du régime corporatif à ceux des compagnies de commerce privilégiées. Sur cette table rase, où la Révolution s'affirme avant tout comme révolution sociale, les formes proclamées de l'égalité montrent jusqu'où la bourgeoisie entend aller.

L'égalité civile ne pose pas de problème majeur. Réalité ou fiction, l'égalité des chances au départ est nécessaire au nouveau monde qui s'élabore : l'accès de tous à tous les emplois est proclamé. Sans doute, des blocages et des réticences révélatrices apparaissent-ils très vite. Le problème de l'esclavage aux Antilles révèle, dès la Constituante, les limites qu'une partie des cadres révolutionnaires entendent donner à l'égalité civile ; il faudra la Convention montagnarde pour trancher, de façon éphémère d'ailleurs, dans le sens émancipateur. Corollaire de la liberté de pensée proclamée par ailleurs, l'égalité de tous les citoyens intègre définitivement dans la communauté ceux que leur religion excluait du monde de l'Ancien Régime, protestants, puis israélites.

On sait, cependant, les limites que la Révolution bourgeoise a données à l'égalité qu'elle proclamait. Elles sont flagrantes dans le domaine politique. La distinction qu'introduit la Constituante entre citoyens actifs et passifs exclut, sur un critère économique, du tiers à la moitié de la population ; l'obligation censitaire du « marc d'argent » pour être éligible fait remarquer aux adversaires de ces restrictions que Jean-Jacques Rousseau n'aurait pu siéger à la Législative. Ces limitations politiques sont en fait des limitations sociales. On a fait sans doute remarquer que les différents régimes censitaires de la Révolution restaient, dans la fraction de la population qu'ils appelaient à voter, beaucoup plus libéraux que les régimes censitaires du XIXe siècle, et ce dans un monde où le suffrage universel ne s'impose pas encore comme un besoin collectif (voir les énormes pourcentages d'abstentions des scrutins révolutionnaires). Il n'en reste pas moins que la bourgeoisie constituante puis thermidorienne a entendu donner les limites de la démocratie qu'elle instaurait. Dans la triade révolutionnaire devenue plus tard classique : liberté, égalité, fraternité, on sait bien que le troisième terme n'est venu qu'ensuite. Sûreté et propriété passaient en premier pour la bourgeoisie révolutionnaire.

La Liberté

De toutes les idées-forces que la Révolution lance dans le monde, la liberté conquise est la plus populaire. On ergotera longtemps encore sur les conditions matérielles de la prise de la Bastille : la signification symbolique et historique du geste collectif est sans ambiguïté. Avec cette citadelle, c'est tout l'arbitraire de l'Ancien Régime qui s'écroule : l'an I de la liberté commence.

Aussi la liberté personnelle est-elle la première et la plus indiscutée des conquêtes de la Révolution. La Terreur, puis l'autoritarisme impérial en altéreront l'application, non le principe. La Constituante ne va pas jusqu'au principe d'un *habeas corpus* strictement défini à l'anglaise ; du moins proscrit-elle, par tout un ensemble de garanties, arrestation et détention arbitraire. Poursuivi par la justice, le citoyen cesse d'être gratuitement maltraité. Dans la voie de l'humanitarisme des lumières, qui avait imposé la suppression de la torture, la Révolution s'efforce de supprimer toute cruauté inutile dans la punition des coupables : avant d'être instrument répressif, la guillotine se présente comme une réaction contre la barbarie des supplices de l'Ancien Régime. Dans la tradition de l'historiographie conservatrice du XIXe siècle, il est devenu banal de sourire à l'humanité du docteur Guillotin ou de la proposition d'abolir la peine de mort du constituant Robespierre. Plus sereine, l'histoire actuelle peut faire la part des choses et concilier les contradictions d'une Révolution humanitaire et sanglante.

La liberté d'opinion semble le prolongement naturel de la liberté physique de la personne ; dans ses dernières années, l'Ancien Régime l'avait soupçonné en restituant l'état civil aux protestants (1787). La nouveauté était loin, cependant, d'avoir gain de cause, et le groupe que David place au centre du *Serment du Jeu de Paume*, où l'abbé Grégoire et dom Gerle donnent l'accolade au pasteur Rabaut Saint-Etienne, symbolise l'égalité nouvelle autant que la fin souhaitée des affrontements séculaires. Il s'en faut que le législation et, plus encore, la pratique se conforment sans heurts à l'idéal. Et si l'égalité des protestants est d'entrée proclamée et complète, les délais et les relatives réticences dans l'octroi de l'égalité aux israélites témoignent du caractère proprement révolutionnaire du principe. La fin du monopole de l'Église catholique dans la direction des consciences, conséquence implicite de la liberté de conscience proclamée, devait être un des éléments du fossé qui se creusa entre l'Église et la Révolution. Au fil d'un divorce accentué, la Révolution thermidorienne en vint à la mesure de séparation de l'Église et de l'État, qui peut nous apparaître aujourd'hui comme le prolongement naturel de la laïcisation de l'État, suite de la liberté de conscience. Mesure éphémère. Doit-on s'en étonner ? Ce serait manquer d'esprit historique envers une époque qui mesure son audace en proclamant : « Nul ne peut être inquiété pour ses opinions *même* religieuses. »

Corollaire de la liberté d'opinion, la liberté d'expression représente pour les révolutionnaires l'une des conquêtes les plus « précieuses » — et les plus redoutées. « Tout citoyen peut [...] parler, écrire, imprimer librement, sauf à répondre de l'abus de cette liberté » ; la liberté comporte son correctif incorporé dans la loi, témoignage d'une attitude ambiguë qui se prolongera en s'aggravant jusqu'à la monarchie censitaire. La Révolution prouve, du moins en la matière, le mouvement en marchant ; et le foisonnement de la presse révolutionnaire, vigoureuse et polémique, montre assez qu'une nouvelle force vient sinon de naître, du moins de s'organiser.

Au-delà des libertés de la personne, le nouveau monde posait, avec les libertés politiques — et de façon moins voyante, mais aussi efficace, avec la liberté d'entreprise —, les fondements de la société libérale. Souveraineté du peuple, principe électif en tous domaines, régime représentatif fondé sur la séparation des pouvoirs, tels sont les thèmes que proclame la Déclaration des droits, qu'adoptent les Constitutions de 1791 et de 93, que reprend en bonne part, parfois en les exagérant (la séparation des pouvoirs), la Constitution de l'an III. Certains d'entre eux ne devaient pas survivre à l'épisode révolutionnaire ; et les retours de la centralisation, à partir du Consulat, ont fait considérer avec une condescendance amusée un régime qui rêva d'élire ses juges, voire ses prêtres. Mais la souveraineté du peuple, comme la notion, héritée de Montesquieu, d'une liberté politique fondée sur l'équilibre des pouvoirs devaient, à travers toutes les restrictions et vicissitudes ultérieures, demeurer les idées-forces majeures du libéralisme politique, en France et ailleurs.

L'iconographie pieuse de la Révolution française est plus gênée pour introduire ici, au rang des libertés conquises, la liberté économique. Le siècle suivant devait montrer les ambiguïtés d'un tel acquis et combien la libre entreprise pouvait être difficilement conciliable avec l'idéal d'une société qui donne des chances égales à tous. Par la loi Le Chapelier, la Révolution constituante avait prohibé toute coalition comme tout monopole ; elle avait placé la liberté d'entreprise au rang des vérités fondamentales ; dès l'époque, ces éléments essentiels au nouveau monde bourgeois soulevèrent de fortes résistances. Non point tellement de salariés, encore trop minoritaires, que de consommateurs, ruraux et urbains, affolés, sur la base de réflexes séculaires, par la libre circulation des subsistances. Mais liberté économique et propriété sont trop précieuses aux vainqueurs véritables de l'affrontement révolutionnaire pour subir plus que des atteintes momentanées.

Naissance de la France moderne

Il est facile, mais non superflu, de superposer ou de confronter la nouvelle carte de la France révolutionnaire, divisée en départements, aux cartes multiples des instances administratives, fiscales ou judiciaires de l'Ancien Régime : la nouvelle France se présente à nous dans un cadre renouvelé et simplifié. Quatre-vingt-trois départements, davantage ensuite, se sont substitués aux anciennes divisions. Leur forme et leur structure témoignent, chez les membres du Comité de division de la Constituante qui en ont établi le découpage, d'une méthode et, plus encore, d'une option consciente. On a souhaité effacer le passé dans ses incohérences comme dans les lourdeurs d'un héritage collectif importun ; c'est pourquoi on a arbitré tant de nostalgies provincialistes, tranché tant de querelles de clocher d'une ville à l'autre. Mais, inversement, la Révolution évite la table rase. Non qu'elle n'y ait songé, puisqu'un découpage « à l'américaine » en étendues quadrangulaires équivalentes fut proposé. La solution retenue témoigne à la fois de soucis pratiques dans l'équilibre des distances et du respect relatif des réalités imposées par la géographie et l'histoire. Dans son harmonie, le résultat ne doit pas cacher l'âpre lutte de groupes de pression locaux, que parfois le tracé des districts et des cantons révèle sur le terrain ; mais la compensation statistique, au niveau national, sauvegarde l'harmonie générale.

A cadres nouveaux, institutions nouvelles. Le retour de bâton du centralisme consulaire et impérial limite ici l'héritage d'une Révolution qui n'a pas été suivie dans son idéal décentralisateur, ni dans l'application du principe électoral aux fonctions administratives, judiciaires ou religieuses. Il ne manque pas de traces importantes, cependant, des nouveautés révolutionnaires. Dans sa structure unifiée et rationalisée, l'organisation judiciaire en témoigne. Il pourra sembler dérisoire de voir dans la fiscalité nouvelle dont le XIXᵉ siècle hérite un des apports majeurs des réformes institutionnelles. L'égalité devant l'impôt, qu'elle sanctionne, est cependant l'une des preuves les moins équivoques de la destruction de l'Ancien Régime social. Les « quatre vieilles » contributions que connaîtra encore la France contemporaine : la foncière, la mobilière, les patentes et la contribution des portes et fenêtres, valent ainsi par leur institution même, au-delà des vicissitudes que le malheur des temps devait apporter, tout au long de la crise révolutionnaire, dans leur recouvrement.

On voudrait, dans ce bilan, éviter l'inévitable palmarès, en termes de succès ou d'échecs, de ce qui demeure de la Révolution française dans les institutions. A l'échec du calendrier, répond le succès du système métrique, langage commun dans la mesure ; à l'étonnante réussite séculaire du nouveau découpage administratif répond l'inévitable inachèvement des innovations judiciaires ou pédagogiques, pierres d'attente dont la brièveté de la phase étudiée justifie les limites, encore que le mérite soit grand, pour l'époque, d'avoir émis l'idée de la gratuité et de l'obligation de l'enseignement primaire. Mais au-delà de ces cadres nouveaux de la vie nationale, peut-être importe-t-il plus encore de voir dans quelle mesure, de l'intérieur, la France a été profondément transformée.

Une société nouvelle

A passer de l'universalisme des proclamations aux réalités de la nouvelle France dont la Révolution offre l'image, on risque une déception : la Révolution n'a pas tout changé, et sans doute faut-il se défendre de la double tentation, à laquelle le XIXe siècle a souvent cédé, d'y voir un universel cataclysme ou, au contraire, un simple incident confirmant les tendances antérieures de l'évolution sociale d'Ancien Régime.

Au niveau du capital foncier, alors prépondérant, elle est loin d'être une complète redistribution. Il suffit qu'elle ait représenté pour une part non négligeable du territoire français, 15% peut-être, un des transferts les plus importants et les plus brutaux de l'histoire sociale du pays. Il convient de tenter le bilan de l'expropriation massive qu'est la vente des biens nationaux ; l'élimination économique du clergé, par la vente des biens de première origine, fut intégrale : c'est 6 à 10% du territoire national qui changeaient ainsi de mains. L'attaque de l'autre corps social privilégié, la noblesse, fut, dans ses résultats, beaucoup moins convaincante. Tous les nobles n'ont pas émigré, tous les émigrés n'ont pas perdu leurs biens. L'expropriation est donc très loin, pour eux, d'être intégrale. Pour éviter, inversement, de la sous-estimer, il faudrait apprécier plus largement, en comparant l'implantation nobiliaire avant et après la Révolution, le bilan des ventes volontaires, souvent importantes, qui témoignent de la lourdeur de la crise collective que la Révolution a fait peser sur le groupe tout entier. Le recul excède souvent de beaucoup ce que les ventes des biens de « seconde origine » permettraient d'escompter. Il conviendrait surtout de mesurer le poids de la suppression de la féodalité et des redevances seigneuriales. Lourde tâche si l'on considère les difficultés techniques de l'entreprise ; du moins ne peut-on omettre, au rang des modifications majeures de l'ère révolutionnaire, cette amputation majeure du revenu nobiliaire, cette ponction évanouie sur le revenu paysan. Chantier ouvert pour la recherche actuelle.

Cela vaut pour les perdants. En limiter le groupe au clergé, comme à la noblesse amoindrie, serait sans doute pécher par défaut. La débâcle de l'Ancien Régime social entraîne des formes archaïques de revenu, comme les rentes foncières, que nombre de bourgeois possédaient par dizaines. Déclarées rachetables, on les voit se volatiliser en quelques semaines, en l'an III, quand l'assignat ne vaut plus rien. Rentiers de l'État ou possesseurs de rentes foncières, tout un groupe social est éliminé, ou du moins affecté dans sa fortune, par la Révolution. Mais il s'en faut que ce soit définitivement : sous une forme identique ou modifiée, il resurgit immédiatement pour tenir une place importante dans la France du XIXᵉ siècle. Dans le monde des rentiers, la Révolution se traduit beaucoup plus par une mobilité accrue des personnes que par un changement des structures.

De cette nouvelle donne, quels ont été les bénéficiaires ? La question se pose essentiellement en ce qui concerne les biens nationaux. On est loin d'y avoir répondu de façon complète. Des deux parties prenantes majeures, bourgeois d'une part, paysans de l'autre, de grandes études pionnières, comme *les Paysans du Nord* de G. Lefebvre, donnaient la seconde comme victorieuse. Discontinues mais nombreuses, d'autres études monographiques ont amené parfois à nuancer considérablement le tableau de cette relative émancipation paysanne. Capitales régionales ou simples bourgs-marchés ont pu, par l'âpreté de bourgeoisies avides de terre, réduire à la portion congrue la paysannerie locale. L'étude de cette rivalité inégale, menée dans le bocage sarthois, a fait apparaître la victoire de la bourgeoisie révolutionnaire des villes dans la conquête de la terre comme un des éléments majeurs qui ont pu tourner vers la chouannerie une paysannerie locale déçue. Peut-on porter un jugement d'ensemble ? Les bourgeoisies parisiennes ou provinciales ont absorbé moitié, et parfois plus, de l'héritage foncier du clergé et d'une partie de la noblesse. Pour la paysannerie française, l'opération se solde, malgré tout, par un gain net. Si l'on veut parler en termes de rapports ville-campagne, on constate inégalement, suivant les régions, une émancipation partielle du monde rural à l'égard d'une colonisation extérieure. Mais de quelle paysannerie ? On songe d'entrée, en plaines de grandes cultures, aux gros paysans, « coqs de village », naguère fermiers généraux des nobles ou du clergé, que l'on ne s'étonne pas de rencontrer au feu des enchères sur les biens nationaux. Une paysannerie plus humble a pu, localement, profiter elle aussi de cette migration foncière durant la période montagnarde. Des coalitions paysannes, et plus encore la revente après morcellement par des acheteurs et spéculateurs bourgeois, ont, en plus d'un lieu, permis également une redistribution de seconde main aux ruraux. On s'explique ainsi que, dans nombre de cas où l'on peut suivre, de l'Ancien Régime au XIXᵉ siècle, l'évolution d'une communauté paysanne, la Révolution voit un gonflement sensible des effectifs des propriétaires. Tournant décisif ou simple épisode ? Tout dépend des lieux, et la grande panique des propriétaires, dont on retrouvera l'écho chez Balzac dans *les Paysans*, d'un terroir national pulvérisé à la suite de ce premier ébranlement n'est qu'inégalement justifiée. Dans les plaines de grandes cultures, le gonflement de la paysannerie parcellaire ne résistera pas au mouvement de concentration du siècle suivant ; ailleurs (nous songeons aux plaines de la France méridionale), il prélude à l'émiettement à venir. A travers la diversité des gains de la paysannerie sous la Révolution, c'est tout le problème des réajustements de la société française dans la période qui s'esquisse. La vente des biens nationaux, pour en être l'élément sans doute le plus spectaculaire, n'est pas tout, et d'autres migrations majeures doivent être, à leur tour, enregistrées.

La plus importante, sans doute, est la formation du groupe des « propriétaires », dont le vocabulaire social des actes officiels ou de documents fiscaux atteste la naissance. Sans doute n'est-il pas né de rien ; on peut sans peine en reconnaître les éléments constitutifs. Embourgeoisée, la noblesse, à mesure de la rentrée des émigrés, reprend parmi les détenteurs du capital foncier une place qui est souvent la première ; mais elle se trouve rejointe par d'autres éléments. Les « bourgeois » — quasi-noblesse de l'oisiveté roturière — s'intègrent sans heurt dans le groupe, sur la base d'effectifs gonflés par de nouvelles recrues. Chez nombre de négociants, notaires, membres de professions libérales, la Révolution s'est traduite par un passage des activités productives à l'oisiveté du propriétaire ; les achats de biens nationaux ont facilité une ascension beaucoup plus rapide que dans la période antérieure. Parmi les groupes sociaux qui se fondent sous l'étiquette « propriétaires », la migration des officiers royaux d'Ancien Régime est trop massive pour n'être pas notable ; dans bien des cas, on les voit cesser leur activité pour vivre de leurs rentes. Ils laissent ainsi la place au groupe tout différent des fonctionnaires. C'est sous l'Empire qu'il recevra ses structures et sa physionomie définitive ; la Révolution en pose les éléments. Bureaucrates parisiens ou fonctionnaires provinciaux, ils sont bien différents des cadres des services publics d'Ancien Régime qu'ils ont remplacés, par leur statut social généralement moindre, une plus grande mobilité socio-géographique aussi. C'est parmi eux, cependant, qu'une partie des nouveaux venus de la Révolution n'ont réussi à trouver une position sociale. Le plus représentatif des groupes nouveaux, peut-être parce que c'est le seul où une démocratie pleinement ouverte ait fonctionné dans le cadre de la révolution bourgeoise, c'est l'armée de la Révolution. Par son recrutement de masse, par les conditions nouvelles d'un avancement rapide, par l'ouverture aussi d'un débouché massif, l'armée révolutionnaire présente les cas les plus spectaculaires de percée sociale ; sans doute, le groupe des généraux de vingt ans — les Hoche, les Marceau ou Kléber — ne survivra-t-il pas à la Révolution, les survivants seront encadrés dans les structures de l'Armée impériale. Il y a plus, cependant, qu'un feu de paille : l'armée, foyer de libéralisme au niveau de ses cadres moyens et inférieurs, telle qu'on la rencontrera jusqu'au tournant de 1848, qui prélude à l'option conservatrice de la fin du XIXe siècle, est bien un héritage révolutionnaire.

Ces réajustements, ces migrations où s'élabore le nouveau visage d'une société, on les trouvera finalement limités : on en a senti les limites dans la France rurale, elles sont plus nettes encore dans le monde urbain. Dans la ville, qui reprend à la fin de la période sa physionomie antérieure, les structures de la production comme les rapports sociaux dans la masse de la population n'ont pas sensiblement changé. La fin des corporations, la libération de la production ne sont encore qu'éléments virtuels d'une autre révolution — industrielle — à venir. La constitution du groupe des « propriétaires », régularisation plus que révolution, présente l'équivalent imparfait d'une *gentry* à l'anglaise, mais où, plus qu'en Angleterre, le capital foncier affirme dans la nouvelle bourgeoisie française une prépondérance encore écrasante. Là encore se retrouve le décalage de deux révolutions : la Révolution française, révolution sociale de la bourgeoisie qui conquiert les bases objectives de nouveaux rapports sociaux, la révolution industrielle des années 1830 qui en exploitera les virtualités. Dans l'entre-deux, il est encore de beaux jours pour les propriétaires qui vont devenir les notables de l'Empire, les électeurs censitaires de la monarchie restaurée ; le règne de cette bourgeoisie de transition durera, incontesté, au moins un demi-siècle, plus encore dans la province. Il s'en faut de beaucoup, toutefois, pour que le bilan global de la Révolution française s'en tienne à cette constitution d'une nouvelle bourgeoisie ; « dérapage » ou élément organique de la Révolution française, l'épisode violent qui en forme le centre laisse dans la société française un clivage majeur, qui divise le groupe même des notables, pour longtemps ; par-delà la physionomie de la nouvelle société française, la Révolution a agi comme révélateur d'options dans les attitudes collectives, qui vont peser durablement, parfois même jusqu'à nos jours.

De la société aux attitudes collectives : unité et contrastes français

Dans la France d'Ancien Régime, l'unanimité des comportements officiels risque de masquer la diversité socio-géographique du pays. Pour n'en prendre qu'un exemple, l'unanimité relative de la pratique religieuse, en pays de catholicisme officiel, rend très difficile l'établissement d'une carte de la pratique ou de la ferveur, que l'on peut déjà soupçonner. A plus forte raison, si l'on passe des attitudes religieuses à ce que l'on n'ose même pas encore appeler attitudes politiques. Inversement, cette ancienne France apparaît, dans le langage même des cahiers de doléances, tout encombrée de provincialismes. Vraie ou fausse diversité séculaire et qui risque de tromper.

Au-delà des aspects d'une crise éphémère, la Révolution représente, sur ce plan, un tournant dans la sensibilité française. Elle traduit, en langage et en contrastes modernes, les anciennes diversités. Dans cette dialectique, l'unité nationale éprouvée est la première étape ; la révélation que la nation en eut se fit en plusieurs étapes : du mouvement des fédérations entre 1789 et l'apothéose du 14 juillet 1790, à l'épreuve sanglante de l'invasion, de la levée en masse et de la résistance victorieuse, dont Valmy, médiocre engagement devant la polémologie, grande date devant l'histoire, est le symbole. C'est dans la violence de l'été 92 que se confirme la constitution de la nation française. La démonstration n'est pas sans faille ; les trois contradictions majeures s'appellent l'émigration, cosmopolitisme de l'internationale aristocratique, le fédéralisme, bourgeoisie provinciale contre bourgeoisie nationale, la Vendée, enfin, rébellion primitive et contre-révolution populaire. Le combat victorieux de la Révolution contre ces forces centrifuges témoigne de la maturité d'une unité nationale, que la lutte renforce encore.

A chaud, cependant, se révèle une nouvelle image de la France, où une diversité toute moderne des options se manifeste. En veut-on une démonstration ? Si les consultations électorales de l'époque ne fournissent que très imparfaitement les éléments d'une cartographie des attitudes politiques, des approches indirectes mais évocatrices le permettent parfois. Ainsi, une carte de l'importance de la toponymie révolutionnaire à travers la République révèle, dans ses inégalités, beaucoup plus, semble-t-il, qu'une carte des succès et des échecs de la déchristianisation. Dans l'homogénéité d'attitudes régionales individualisées, des comportements s'affirment : à l'ouest du Massif armoricain, massivement réfractaire à l'innovation, répond symétriquement le quart nord-est et, partiellement, le nord de la France. Inversement, la France de la déchristianisation poussée, et en même temps du jacobinisme rural, s'organise en aires cohérentes : elle rayonne largement autour de Paris, dans les plaines de grandes cultures, au sud de la Loire ; elle dessine autour du Plateau central une courbe qui, du Morvan au Quercy ou au Périgord, englobe Berry, Nivernais, Limousin. Elle se prolonge jusqu'au pied des Pyrénées par une percée aquitaine qui couvre les pays de la moyenne Garonne ; enfin, le Sud-Est provençal et languedocien se révèle, dans ses contradictions, jacobin plus que réfractaire. Sans doute de flagrantes exceptions (la Vendée militaire ou la Lozère) sont là pour rappeler le poids de l'événementiel révolutionnaire, des situations locales comme des initiatives individuelles dans ce « flash » cartographique des attitudes en l'an II. Toutefois, si l'on compare un tel document à ceux que la sociologie électorale, ou religieuse, propose pour le XXᵉ siècle, on ne peut manquer d'être frappé des constantes massives qui s'y révèlent.

Sans doute, ces constantes sont-elles accentuées par des cartes qui, les unes et les autres, privilégient le monde rural et sous-estiment le phénomène urbain ; sans doute doit-on remarquer aussi les discontinuités qu'offre l'histoire : l'épisode blanc du Sud-Est de 1815 à 1848, ou le Nord-Est un temps à gauche, inversement. Toutefois, l'apport de tels documents permet de discerner une France aux tempéraments politiques déjà formés. On ne saurait dès lors esquiver le problème de la place véritable de la Révolution dans la naissance des options de la France moderne : simple révélateur d'attitudes déjà mûres ou, plus précisément, traumatisme collectif où ces clivages ont pris naissance ? La réponse n'est pas unique. On soupçonne des régions où la Révolution n'a fait que confirmer des cassures antérieures, des traumatismes historiques pesant de toute la force d'inertie des structures mentales collectives ; ce pourrait être le cas du monde languedocien et cévenol, par exemple, où la rencontre des affrontements sociaux, politiques et confessionnels était déjà bien enracinée. Dans d'autres cas, au contraire, c'est la crise révolutionnaire qui tient la place du tournant historique décisif où se prennent les options durables ; c'est du moins ce que suggère une étude récente sur les origines du tempérament conservateur du bocage sarthois, où l'épisode de la Révolution semble avoir été déterminant.

Simple révélateur ou tournant majeur, la Révolution française apparaît ainsi comme un moment essentiel, au niveau des attitudes collectives inconscientes. A fortiori, il est inutile, peut-être, d'insister sur l'importance de la coupure, ressentie et structurée en forme d'idées-forces (les biens nationaux, la féodalité, la monarchie) autour desquelles va se cristalliser la vie politique française pour longtemps. La province balzacienne, d'*Une ténébreuse affaire* aux Paysans, témoigne d'un monde où chacun reste encore connu par sa fiche d'une époque révolutionnaire, qui a distribué les rôles de façon durable.

Expérimentations et promesses

Autant une tradition historique séculaire mit l'accent sur les aspects précurseurs de la Révolution, autant cette attitude semble aujourd'hui malvenue ; par peur de faire dire aux faits ce qu'ils ne signifient pas, on préfère se placer au cœur du « procès » révolutionnaire et fermer les yeux (ou faire semblant) sur ce qui est arrivé ensuite. La réaction est explicable et, d'une certaine façon, justifiée. Dans son épisode central, toutefois, la révolution populaire comporte tout un ensemble d'expérimentations, de formulations théoriques nouvelles qui font son originalité dans le flux des révolutions « atlantiques ». Que ces nouveautés, qui s'appellent la pratique du gouvernement révolutionnaire, l'idée de démocratie populaire, l'idée enfin de démocratie sociale, n'aient pas eu de lendemains immédiats, ne veut pas dire pour cela qu'elles soient des erreurs de parcours, voire des curiosités. On préfère conserver le titre d'« anticipations » qui leur a été donné.

La pratique révolutionnaire :
spontanéité des masses
ou gouvernement de Salut public

La force des choses ou, pour être précis, les nécessités de la lutte, ont amené la Révolution à dépasser le schéma libéral du régime représentatif, régime de la « liberté victorieuse et paisible ». Entre 1792 et 1794, deux découvertes essentielles à l'histoire politique se sont faites : le mouvement populaire dans son organisation spontanée, le gouvernement révolutionnaire dans ses structures. Il se trouve que les deux réalités devinrent antagonistes. La Révolution jacobine en fut « glacée », mais les idées-forces et les expériences restèrent vivantes.

Le mouvement populaire s'est organisé tout au long de la phase ascendante de la Révolution. Clubs et sociétés se sont ouverts à partir de 1792, surtout à des recrues populaires ; la garde nationale fut un élément de mobilisation efficace des masses ; dans les villes, les assemblées sectionnaires, qui, à partir du tournant de 1792, siègent en permanence, furent l'élément majeur de cette mise en forme dont les armées révolutionnaires servirent d'agent de propagation en province. C'est dans ces cadres souples, semi-officiels le plus souvent, voire franchement spontanés, que la sans-culotterie, dont on a vu le recrutement composite, a su se trouver dans la pratique révolutionnaire une base idéologique commune en forme de mots d'ordre massifs. Des théoriciens ont aidé à cette maturation ou à cette mise en forme. Marat, avant les Enragés, les hébertistes ensuite, ont joué ce rôle ; Marat mis à part, ils sont plus peut-être des échos que des guides.

De leur programme, finalement très simple, le premier thème qui se dégage est un idéal de démocratie directe, fondé sur une interprétation de la souveraineté populaire. Là où le peuple est réuni dans ses sections ou dans ses assemblées, il se considère investi de la souveraineté, de l'initiative qu'il va manifester pacifiquement par pétitions, par voie d'action directe aussi, lorsque le besoin s'en fait sentir. *Vox populi, vox Dei,* cette souveraineté, exprimée de bas en haut, suppose une forte dose de défiance envers les organes du système représentatif, et le thème maratiste du « contrôle des élus par leurs mandants », entraînant surveillance et révocabilité, découle de la première affirmation. De même peut-on voir, dans l'introduction de la sanction populaire des textes législatifs par voie de référendum, une des voies par lesquelles la Constitution montagnarde de 1793 reflète partiellement, en le mettant en forme, cet idéal de démocratie directe de la Révolution jacobine. L'importance de l'initiative populaire comporte une autre conséquence et, pourrait-on dire, une autre découverte : celle du rôle de la Révolution. L'affirmation semble paradoxale : dans la bourgeoisie qui en était principale bénéficiaire, l'idée se développe que la Révolution est unique et achevée. Marat, au contraire, exprime là encore la pensée populaire lorsqu'il déclare que « c'est des feux de la sédition que naît la liberté ». N'avait-il pas, dans *les Chaînes de l'esclavage*, publiées en 1774, formulé, avant même les sanctions de l'expérience, une théorie du processus révolutionnaire ? Dynamisme des masses entretenu, révolution sans cesse réamorcée et pour tout dire « permanente » (Engels). L'idée, là encore, fera du chemin.

Pour l'instant, elle se heurte à son contraire : la mise en place des structures du gouvernement révolutionnaire. De son côté, l'institution qui s'instaure, en 1793, représente un dépassement ou du moins une négation des structures en place de la démocratie bourgeoise. Elle reste sans doute issue de la Convention, assemblée représentative, qui en garde le contrôle théorique. Mais le gouvernement de Salut public est beaucoup plus qu'un comité exécutif. Si l'on s'en tient aux thèmes généraux des décrets comme des rapports constitutifs, décrets du 14 frimaire an II, rapport de Saint-Just du 10 octobre 93, ou de Robespierre du 25 décembre 93 « sur les principes du gouvernement révolutionnaire », et aux traits généraux des institutions, le gouvernement révolutionnaire se présente comme une structure de lutte, chargée de mener la « guerre de la liberté contre ses ennemis ». A ce titre, il est étroitement centralisé. Les deux comités de Salut public et de Sûreté générale détiennent, en fait, tout le pouvoir exécutif ; les représentants en mission sont investis dans l'aire qu'ils contrôlent de pouvoirs quasi illimités. Dans la lignée d'une pensée politique où Marat retrouve là encore un rôle de précurseur, le gouvernement révolutionnaire se reconnaît comme une dictature collective pour la sauvegarde de la Révolution : il revendique la « force coactive » sous la forme de la Terreur. Mais la dictature du Salut public n'est rien sans le soutien, et plus encore l'engagement de tous les révolutionnaires ; et c'est pourquoi la « vertu » est si essentielle au système. Techniquement, et pour faire triompher de façon durable une révolution populaire, cette dictature se devait d'organiser les groupes dont elle tirait son soutien. Elle n'y parvint pas. Sans doute le réseau des sociétés populaires et l'appui des jacobins évoque, dans son implantation, le parti sur lequel eût pu s'appuyer la Révolution montagnarde. Il ne masque pas, dans son conformisme croissant et « glacé », le divorce qui va s'augmentant avec le dynamisme populaire des masses.

Le hiatus entre dynamisme des masses et gouvernement révolutionnaire, dont mourra la Révolution montagnarde, est dans la nature des choses, non point au sens d'une fatalité éternelle, mais d'une insertion dans une situation historique concrète. Il reste de cet échec deux inventions, deux anticipations majeures sur les voies et les moyens de la révolution populaire. Le siècle suivant ne devait pas les oublier.

L'espoir d'une révolution sociale

De la révolution bourgeoise, on a vu les conquêtes sociales majeures : la destruction de la société d'ordres, l'affirmation complémentaire de l'égalité (civile) et de la propriété qui en restreint sensiblement l'étendue aux besoins d'une société où la libre entreprise va être une des formes majeures de la liberté conquise. Sur ces dogmes, la pensée officielle variera peu, et la formule célèbre proférée à la veille du 18-Brumaire : « Il me faut un roi, parce que je suis propriétaire », en révélant le prix que la nouvelle bourgeoisie des notables attache à un régime social, plus important encore pour elle que les conquêtes politiques, laisse peu de jeu apparemment aux espoirs d'un bouleversement social intégral.

Ce n'est point, cependant, que la révolution populaire n'ait connu ses lames de fond, en forme de mouvements sociaux spectaculaires. Dans les campagnes, c'est la Grande Peur, et plus encore peut-être la série des jacqueries et rébellions paysannes qui, jusqu'à la fin de 1792, ont parachevé la destruction du régime féodal, sans remettre en cause, toutefois, un régime de la propriété où le bourgeois, dans la moitié des cas, relaie l'ancien propriétaire par l'achat des biens nationaux. En ville, de même, le mouvement social, sous la Révolution, offre dans ses traductions d'évidentes limites. L'agitation sociale du temps, on l'a souligné, est beaucoup plus le soulèvement de salariés et d'artisans « consommateurs » contre la cherté du pain que la coalition ouvrière pour le relèvement des salaires. L'équilibre du budget populaire, où le salaire représente une quasi-constante comparé aux oscillations brusques du prix des denrées, explique l'importance de cette attitude de consommateurs. Les conflits du travail de type moderne ne furent pas inconnus d'une révolution urbaine qui s'ouvre à Paris sur la mise à sac de la fabrique de papiers peints du manufacturier Réveillon. A travers des documents très directs, comme la pétition que les ouvriers maçons de l'église Sainte-Geneviève font parvenir à leur ami Marat, on en trouve l'écho très précis. Il n'en reste pas moins que les conditions d'une lutte des classes de type moderne ne sont pas réalisées dans un monde, en bonne partie, précapitaliste. L'image que donnait Mathiez du maître de forge franc-comtois Louvot, manufacturier jacobin qui emmène ses ouvriers voter pour la Montagne au son de la clarinette, lors des élections de la Convention, trouverait sans peine nombre d'homologues. On songe aux frères Duval, verriers de Montmirail, qui courent à cheval les marchés à la tête de leurs ouvriers pour y taxer le grain. Dans ces conditions, on s'étonne moins de l'immaturité et de la pauvreté relative d'une revendication spontanée dont la taxation du prix des denrées est la première formulation ; c'est l'un des thèmes majeurs de la revendication des Enragés de 1792, qui ont le mieux exprimé les aspirations populaires. Au-delà se développe, au fil de la montée du dynamisme révolutionnaire jusqu'en 1794, une agressivité croissante contre les riches, à la ville comme à la campagne, jugés dans leur égoïsme. Elle ne put guère aller, dans sa formulation théorique, au-delà de l'égalitarisme du sans-culotte parisien, pour lequel la généralisation du statut de producteur indépendant, dans sa médiocrité, se confond avec un idéal humain.

Il serait trop simple, dans ces conditions, de s'étonner des limites d'une législation jacobine même avancée, comme des incertitudes théoriques des plus grands révolutionnaires. Les lois de ventôse an II, pointe extrême de la politique sociale de la bourgeoisie montagnarde, représentaient sans doute, par la mainmise sur les biens des suspects, la plus grande expropriation qu'ait projetée la Révolution française ; le principe de répartition envisagé, par morcellement, entre les paysans les plus déshérités, auquel devait répondre l'établissement du Grand Livre de la bienfaisance nationale, eût représenté, au plus, l'application marginale et limitée du partage agraire, transposition dans le monde rural de l'idéal égalitaire de producteurs indépendants des sans-culottes parisiens. L'idée de la « loi agraire », qui devait fournir à toute une tradition conservatrice, formée dès l'époque, l'image du « partageux », n'a été celle d'aucun des grands montagnards — de Saint-Just, pourtant précis dans ses vues (partager les exploitations plutôt que les propriétés), à Marat, si proche cependant du « petit peuple » qu'il découvrit progressivement, qui n'y fait qu'une allusion unique dans toute son œuvre.

Et, cependant, c'est la Révolution française qui devait voir formuler, pour la première fois, l'idée d'une révolution sociale à caractère communiste, dans le cadre de la conspiration des Égaux. Le XVIIIe siècle des Lumières avait connu des utopies communistes, de Morelly à Mably ou au matérialiste dom Deschamps. Dès le début de la Révolution, les œuvres de Sylvain Maréchal et d'autres assuraient l'insertion de ce courant dans la pensée révolutionnaire. On étudie attentivement aujourd'hui les œuvres qui, de Lange à Dolivier, le collectiviste curé de Mauchamp, apparaissent comme la formulation la plus élaborée de ce qu'on peut appeler, en schématisant beaucoup, la pensée sociale des Enragés. Il revient à Babeuf et aux Égaux d'avoir su, à la rencontre des utopies du siècle des lumières et de la pratique souvent idéologiquement pauvre du mouvement populaire, exprimer une doctrine et en envisager la réalisation révolutionnaire. « Communisme de la répartition » (G. Lefebvre), la théorie de l'ancien feudiste dépasse le socialisme partageux de la loi agraire pour prôner une organisation collective du travail du sol, fondée sur la communauté des biens et des travaux. Moyen de parvenir à ce bonheur commun qu'assure l'« égalité des jouissances ». On n'insistera pas sur les limites d'un système enfermé dans les servitudes historiques de l'époque qui l'a vu naître. Dans sa nouveauté, au contraire, la conjuration des Égaux, en 1795-96, se présente par ses méthodes comme la première des conspirations révolutionnaires, telles que le XIXe siècle les connaîtra. La constitution d'un noyau conspirateur, appuyé sur un réseau plus large d'adhérents et escomptant l'appui des masses, fournit l'idée d'une minorité agissante qui, par Buonarotti, passera jusqu'à Blanqui et aux théoriciens des révolutions contemporaines. Au-delà de la sympathie que l'on peut porter à Babeuf, aux conjurés du camp de Grenelle et aux accusés du procès de Vendôme, l'histoire recueille un héritage essentiel.

Voies détournées de l'avenir

Dans les milieux de l'émigration, dans la pensée contre-révolutionnaire, d'autres mutations de la sensibilité et de l'idéologie prenaient naissance qu'il n'est pas, peut-être, abusif d'insérer dans les dépassements dialectiques de la Révolution par elle-même. Parmi ceux qui n'ont rien appris et rien oublié, ou qui, tel l'abbé Barruel, forgent en termes de complots maçonniques de sécurisantes fables, il est des émigrés qui, au contact d'une réflexion collective européenne de Burke à Joseph de Maistre, vont tirer de l'étude de la Révolution française les éléments d'une remise en cause de la philosophie des Lumières qui dépasse de beaucoup la simple polémique. À l'universalité de la Constitution de 1791, Bonald (1796, *Théorie du pouvoir politique et religieux...*) oppose la réalité sociale dans sa diversité à l'individualisme, le poids des groupes sociaux à l'intemporalité, l'importance de l'histoire. Chateaubriand, dans l'*Essai sur les révolutions*, esquisse une véritable approche sociologique de la réalité collective qui s'est imposée à son époque. L'apport de cette pensée contre-révolutionnaire apparaît ainsi dans son ambiguïté. Figée aujourd'hui dans une condamnation sans appel en forme de systèmes monolithiques (Bonald), elle pourra, quand l'histoire et la sociologie qu'elle découvre lui auront été ravies par la pensée révolutionnaire du siècle suivant, contribuer paradoxalement aux cheminements de nouvelles philosophies de l'histoire.

Au risque d'encourir le reproche d'utilisation abusive, ne pourrait-on placer dans ces voies détournées de l'avenir l'empreinte de la Révolution française sur une sensibilité romantique qui lui devra tant ? Sans doute, on n'ignore pas qu'elle précède, dans ses apparitions européennes, le choc révolutionnaire. Et l'on sait que l'évasion romantique, dans la majorité de ses formes européennes, se voudra longtemps contre-révolutionnaire : le préromantisme français n'est-ce point alors Chateaubriand ? Mais il existe, dès lors, plus dans une Europe ébranlée par le choc révolutionnaire que dans une France qui reste néo-classique, des rencontres essentielles entre les valeurs de libération que recèle la Révolution française et celles d'un romantisme qui s'affirme : le message beethovénien de la *Troisième Symphonie* en est la traduction magistrale. Il faudra, en ce domaine aussi, un long détour pour que le romantisme européen redécouvre et adopte pleinement la Révolution française. Mais on n'en finirait pas, à prospecter les voies directes ou indirectes par lesquelles cette commotion a pesé sur le XIXᵉ siècle, comme elle continue à peser sur nous.

l'Empire

1799-1815   En quinze ans,
Napoléon extrait de l'héritage révolutionnaire
la charpente rigide de la France moderne.

I.   LA FRANCE NAPOLÉONIENNE :
L'ENVELOPPE POLITIQUE
ET IDÉOLOGIQUE

Le héros et son temps

Général de l'armée d'Italie, vainqueur sans scrupule de la fragile république des Directeurs, empereur restaurant les rites du sacre et les fastes de la Cour, triomphant à Austerlitz ou écrasé par l'hiver russe, Napoléon Bonaparte a tenu ses contemporains — et il en avait conscience — sous le charme. Construisant lui-même sa légende au rythme de ses succès et jusqu'au milieu de ses revers, il est entré dans la postérité comme il l'avait souhaité, auréolé de gloire. La plume médiocre de pamphlétaires oubliés, celle, géniale — mais malhonnête en la circonstance —, d'un Chateaubriand écrivant en 1814 *De Buonaparte et des Bourbons*, n'ont prévalu ni contre les écrits de Sainte-Hélène, ni contre les images séduisantes ou émouvantes élaborées par la mémoire collective et par un siècle et demi d'historiographie napoléonienne. Ce n'est pas effacer la France derrière Napoléon, ni davantage céder à l'illusion du rôle conducteur des grands hommes dans l'Histoire que de s'arrêter d'abord sur une individualité d'exception et sur les raisons objectives qui lui permettent d'exercer une fascination si durable.

Napoléon Bonaparte n'était pas beau ; cet homme petit, sec et brusque, dont le corps vieillira mal en s'empâtant, manquait de prestance. Toutefois, le masque, le profil, le regard étaient de ceux qui passionnent les artistes ; Jacques Louis David, le plus grand peintre du règne et le plus bonapartiste des anciens révolutionnaires, a dit son admiration pour cette figure de médaille antique. L'homme n'était pas aimable non plus ; il eut peu d'amis, peu de familiers, et vécut, avec les années, de plus en plus seul au milieu de la foule de ses fonctionnaires, de ses officiers ou de ses courtisans ; sa rudesse dès l'abord, le peu de cas qu'il paraissait faire de ses interlocuteurs, ses exigences à l'égard de tous ceux qui le servaient, sa redoutable pénétration psychologique aussi, avaient de quoi faire trembler ou, au mieux, déconcerter ses partenaires. Mais Napoléon Bonaparte s'imposait à l'admiration par un ensemble de qualités insolites à la fois par leur éclat et par leur convergence. Qualités, par-dessus tout, intellectuelles : non pas celles qui naissent d'une immense culture ou du raffinement du goût personnel, mais bien un ensemble d'aptitudes fondamentales permettant de résoudre les problèmes les plus divers. Une forte mémoire, une grande rapidité d'assimilation, une extraordinaire capacité d'analyse du rapport des forces — qu'elles fussent militaires, politiques, spirituelles — jointes à un talent particulier pour extraire d'une énorme masse d'informations les éléments d'une doctrine personnelle, plaçaient Napoléon très au-dessus de ses collaborateurs les plus zélés et lui permettaient d'agir comme le centre unique de diffusion d'une pensée politique, comme le seul foyer de l'impulsion gouvernementale. L'efficacité de cet homme, dont le cabinet était la pièce la plus importante dans toutes ses résidences, se trouvait décuplée par sa puissance de travail comme par le soin qu'il apportait à faire exécuter rapidement et exactement ses ordres, payant de sa personne sur les champs de bataille comme dans les voyages d'inspection, et à se tenir au courant quand il ne pouvait être présent sur les lieux. Tout cela, perceptible clairement aux échelons supérieurs de l'administration civile et militaire, ne l'était sans doute pas au même degré pour la masse de la nation, principalement sensible à la force du personnage. Lors du retour des cendres, en 1840, Lamartine dira : « Je ne me prosterne pas devant cette mémoire ; je ne suis pas de cette religion napoléonienne, de ce culte de la force que l'on veut substituer dans l'esprit de la nation à la religion sérieuse de la liberté. » Les succès militaires et diplomatiques, le fait d'avoir clos à son profit la longue liste des coups de force politiques de l'époque révolutionnaire, la réussite de son arbitrage national ont sans doute contribué de façon essentielle à reporter sur Napoléon, « roi de la Révolution », tout le crédit que le dernier Bourbon aurait pu trouver auprès de ses sujets s'il avait su allier à un grand prestige international l'exercice d'une autorité réformatrice à l'intérieur. Napoléon flattait à la fois la vanité nationale et le goût de l'ordre, aussi répandus dans le peuple que dans la bourgeoisie.

Si, à distance, on tente d'évaluer à nouveau les séductions de ce grand homme, il apparaît qu'elles sont de deux ordres. Il y a celles du destin individuel, du conquérant aux ambitions quasi fabuleuses, de l'homme de guerre qui a peu à peu confondu son aventure personnelle, secrète et déroutante, avec les nécessités de la politique extérieure de son pays.

Mais on peut préférer, à l'histoire du héros romantique, celle de l'homme d'État rationaliste, et insister sur la réussite d'un règne dont l'œuvre politique et sociale a répondu aux exigences du moment avec une justesse qui constitue, à proprement parler, le génie napoléonien.

La France prête pour Bonaparte

Au 18-Brumaire, la bourgeoisie révolutionnaire, après des années de ce qui, à ses yeux, n'avait été qu'outrances égalitaires et terroristes, et devant le spectacle de l'impuissance du Directoire à consolider une République modérée, restait anxieuse de trouver les voies de la paix et de la stabilisation intérieure. Comment préserver l'égalité civile, l'inégalité naturelle, le gouvernement représentatif, la propriété privée et toutes ses acquisitions, à la fois contre les partisans de l'Ancien Régime, qui n'ont désarmé ni en France ni à l'étranger, et contre les risques d'une renaissance de l'esprit de 93 ? Le plus frappant, dans l'attitude de cette bourgeoisie de 1799, c'est sans doute l'altération profonde de son optimisme par rapport à 1789. Les hommes des lumières étaient alors en position d'attaque, prêts à provoquer la rupture de la société d'ordres. Tout en se défiant, dès la pré-Révolution, de l'action désordonnée de classes populaires, qu'ils jugeaient inaptes à élaborer et à exprimer convenablement leurs revendications propres, tout en défendant la conception d'une réforme de l'État et de la société conduite par les classes éclairées, seules détentrices de la science politique, ils entretenaient alors l'illusion que ces classes populaires, préfiguration grossière d'une bourgeoisie à naître, collaboreraient à l'établissement d'un État dont les notables guideraient le progrès idéologique et social, et s'y incorporeraient progressivement par l'éducation : conception remarquablement stable dans l'histoire de la France, de Condorcet à Jules Ferry. En fait, le développement autonome de la révolution populaire devait conduire la bourgeoisie révolutionnaire à se replier sur des positions défensives, sur une philosophie politique qui serait celle d'une classe seulement. Quel dessèchement, de l'enthousiasme du tiers état de 1789 à proposer des solutions au nom de la nation tout entière, à la dureté craintive des brumairiens de 1799 qui attendent d'un pouvoir fort qu'il enraye définitivement les conséquences nuisibles du mouvement révolutionnaire! Les hommes de 1789 ne sont plus que des révolutionnaires assagis, mais, aussi, affaiblis et limités dans leurs possibilités de manœuvre politique par l'échec de l'entente qu'ils avaient toujours recherchée avec les monarchistes modérés. Brisée en 1791-92 par la fuite à Varennes et la déchéance du roi, cette entente n'a pu se reconstituer sous le Directoire. La bourgeoisie, qui a cessé d'être révolutionnaire, est dans l'attente de l'homme qui saura enraciner les réformes et figer la Révolution. Faut-il préciser que ces subtilités de la pensée politique ne sortent pas des limites du cercle des « idéologues », comme on appelle maintenant les épigones

des « philosophes », des écrits de Mme de Staël ou de Benjamin Constant ?
La masse de la bourgeoisie, elle, aspire simplement à jouir des fortunes
acquises et des places conquises. Comme le dit Lannes à Bonaparte :
« Ceux qui vous aiment de cœur, hommes qui vous idolâtreront si vous
donnez la paix, sont les paisibles, les propriétaires, la masse de la nation. »
Mais si le recours à la force du sabre paraît désormais inévitable, il est
aussi saut dans l'inconnu. Bonaparte, par compréhension personnelle
comme par sens politique, est certes en mesure de devenir le dictateur
d'une bourgeoisie satisfaite. Mais l'aventure vient se loger dans la marge
considérable que la résignation de cette bourgeoisie laisse nécessairement
à la libre invention de celui qu'elle se choisit pour « despote éclairé ».

Éclipse du parlementarisme, apogée du pouvoir personnel

La Révolution avait été un affrontement, libre jusqu'à la violence, des
forces politiques. Le Consulat et l'Empire en ont voulu être la négation.
Les idées révolutionnaires sont périmées, les idées réactionnaires sont
haïssables. Les jacobins, les républicains seront frappés en masse après
l'attentat de la rue Saint-Nicaise (24 décembre 1800) ; mais Cadoudal et
le duc d'Enghien viendront s'inscrire au martyrologue des royalistes.
L'extinction des passions politiques ne peut être obtenue que par
l'anéantissement de leurs moyens d'expression. Aussi les assemblées et
leurs débats sont-ils rejetés dans l'obscurité. Le Tribunat de la Constitution de l'an VIII, où avait trouvé refuge l'aile pensante du républicanisme, subit une épuration en 1802 et disparaît en 1807. Le Corps
législatif, qui traversa toute la période, mènera la plus pâle et la plus
intermittente des existences. Les vraies assemblées, mais qui n'ont
d'assemblées que le nom, ce sont le Sénat — dont les membres titrés
et prébendés se bornent à répondre docilement aux suggestions du
pouvoir — et le Conseil d'État, organe essentiel du travail législatif, qui
reconstitue l'ancien Conseil du roi, amputé seulement de ses fonctions
judiciaires. Bonaparte y appelle les cinquante meilleurs techniciens du
droit, de l'administration et des finances, y recueille des avis exprimés
avec une relative indépendance, y préside à l'élaboration de tous les
grands textes. Un tel régime porte donc en lui les germes, tout à la fois,
de l'antiparlementarisme et de la technocratie. Il retarde durablement
le développement de l'expérience du régime représentatif et de l'exercice
des droits politiques. Le plus important de ces derniers, le droit de
suffrage, est vidé de son contenu, par étapes, au bénéfice d'un système
à plusieurs degrés dans lequel on ne procède qu'à la désignation de
notabilités candidates à des sièges de muets. La liberté d'expression est
brutalement réduite ; dès le début de 1800, 60 journaux parisiens sur 73
sont supprimés, et les survivants ne doivent pas publier d'articles
« contraires au pacte social, à la souveraineté du peuple et à la gloire

des armées » : au reste, plusieurs d'entre eux — *le Moniteur, le Journal des débats* — sont des feuilles « inspirées ».

Aux « factions », Bonaparte oppose l'idéal d'une nation réunifiée autour de sa personne, d'une nouvelle légitimité datant du coup d'État et s'exprimant par l'allégeance individuelle ou par le ralliement massif des plébiscites. Ainsi, le bonapartisme crée le pouvoir personnel, amalgame de tradition monarchique et de simulacre démocratique. Le Premier consul gouverne et règne à la façon d'un souverain éclairé qui concéderait au fait accompli de la Révolution de s'entourer de formes républicaines. Mais il crée ainsi une situation fort ambiguë. La monarchisation progressive de son pouvoir, du rétablissement d'une vie de cour, dès le Consulat, jusqu'à la proclamation de l'Empire héréditaire et au couronnement, est bien sûr la matérialisation d'un rêve de pouvoir absolu allant jusqu'à revêtir les formes d'une domination universelle, jusqu'à ressusciter des archaïsmes — Napoléon se prenant pour un nouveau Charlemagne. Mais, en même temps, la proclamation de l'Empire et les perpétuels renforcements du pouvoir personnel sont autant de moyens de consolider l'acquis de la Révolution en France et de défier la Contre-Révolution européenne : le sacre, dans cette perspective, s'interprète moins comme une mascarade autour d'un parvenu, comme un reniement qui rattacherait les Napoléonides aux rois de France, que comme un acte politique singulièrement audacieux par lequel la Révolution reprend leurs propres armes à ses adversaires.

Le ralliement national : prestige ou contrainte ?

La réconciliation nationale, même incarnée par le général Bonaparte, a d'ailleurs demandé des mois, des années. Dans le premier plébiscite, si l'opposition est minime l'indifférence est aussi forte que l'approbation. L'autorité, devenue plus pesante, doit fournir aux passions politiques des dérivatifs suffisamment puissants. La guerre est le premier d'entre eux : « L'héroïsme militaire, la gloire, écrit René Rémond, ont pris la relève des luttes politiques sous la Révolution. Différente de nature et dans son objet, la tension qui en résulte est peut-être aussi forte : en tout cas, elle périme les passions politiques. Par comparaison, les débats des assemblées pâlissent... »

L'orchestration des victoires et, quand le besoin s'en fera sentir, le travestissement par Napoléon lui-même ou par ses collaborateurs des défaites en brillants faits d'armes, jouent un rôle essentiel dans le développement d'un chauvinisme qui plonge ses racines dans la récente tradition révolutionnaire. La guerre, à la longue insupportable et détestée, est en même temps acceptée comme inséparable d'une France forte et du triomphe des idées de 1789 ; elle justifie en tout cas la concentration des pouvoirs, l'obéissance toujours plus absolue.

Autre dérivatif : la vanité. L'étoffement des administrations centrales et locales, l'importance de l'armée, la noblesse impériale permettent au régime napoléonien d'offrir en grand nombre les places, les traitements, les titres, les possibilités d'avancement. Tout se passe comme si les notables avaient accepté, momentanément, de renoncer à leurs prérogatives politiques à condition que le pouvoir fort — trop fort, même — leur facilitât l'installation dans les fonctions administratives et sur les échelons de la hiérarchie sociale. Mme de Staël l'a noté sans tendresse, mais non sans humour : « La grande force des chefs de l'État en France, c'est le goût prodigieux qu'on y a pour occuper des places [...]. Tout ce qui distingue un homme d'un autre est particulièrement agréable aux Français ; il n'est pas de nation à qui l'égalité convienne moins ; ils l'ont proclamée pour prendre la place des anciens supérieurs ; ils voulaient changer d'inégalité... »

Et de railler la manie des costumes, « depuis les huissiers jusqu'aux consuls » : « Le dernier des commis avait alors en France un petit filet d'or ou d'argent pour se distinguer des simples concitoyens. »

Nul doute, encore, que Napoléon ait compté, pour séduire, amuser, distraire, impressionner, sur l'étalage d'un luxe princier. S'installant dès 1800 aux Tuileries, le Premier consul y dépense en deux ans plus d'un million de francs, sur sa cassette personnelle, pour faire remeubler le palais, notamment par les soins des premiers ébénistes de Paris, les Jacob père et fils. Hors de Paris, Bonaparte aménage ou remeuble à son gré les palais de Saint-Cloud, Fontainebleau, Compiègne, et fait travailler dans dix autres palais situés dans de grandes villes hors de France. Les projets sont peut-être encore plus imposants que les réalisations : celui d'un palais impérial dans l'île de Perrache, à Lyon ; celui du palais du roi de Rome sur la colline de Chaillot. La volonté d'ostentation s'exprime encore par bien d'autres moyens, et l'emprise sur les arts, chargés d'émouvoir l'opinion et de célébrer le chef de l'État, est totale. En architecture, Napoléon n'a pas su rencontrer le génie de Claude Nicolas Ledoux, qui vécut jusqu'en 1806 et aurait pourtant voulu lui consacrer les derniers élans de son génie ; du moins a-t-il été servi par le dévouement et l'honnête talent de Percier et de Fontaine, et par ceux des directeurs des travaux de Paris, qui ont activement poussé la modernisation de la capitale. La sculpture se fait solennelle et héroïque sous l'inspiration de l'académisme canovien. Mais c'est avec la peinture que la direction officielle des arts atteint au plus réel succès. Jacques Louis David, déjà grand maître de l'art officiel au temps de la Convention, mais qui pensait que les Français n'étaient « pas assez vertueux pour être républicains », est nommé en 1805 premier peintre de l'Empereur ; tous les grands peintres de l'époque sont d'ailleurs passés par son atelier. Il répond admirablement aux vœux de son souverain, qui se disait « en droit d'attendre que le génie français produise des chefs-d'œuvre ». C'est dans la célébration de l'Empire, pour la naissance duquel il reçoit commande de quatre grandes compositions, qu'il trouve l'occasion d'atteindre au sommet de son art, évitant magistralement de tomber dans la froideur et la convention que le genre eût pu comporter avec d'autres. Son ancien protecteur, Vivant Denon, le premier vulgarisateur de l'art de l'Égypte ancienne, entre non moins brillamment dans les vues officielles quand, dans un rapport à l'Institut en 1803, il conseille à Bonaparte le style grandiose : « Il est à désirer que les gigantesques circonstances dans lesquelles nous vivons soient consacrées par des monuments colossaux. »

Nommé directeur général des musées en 1802, il fait du musée Napoléon — ou Musée national du Louvre — un prodigieux assemblage d'œuvres d'art de toutes les écoles européennes, dont les expositions attirent une clientèle internationale de visiteurs, et dont l'exemple suscite les fondations analogues du Prado, du Rijksmuseum et de la National Gallery. Déjà riche des pillages opérés sous le Directoire aux Pays-Bas, en Hollande et surtout en Italie, le Louvre de Vivant Denon, solennellement inauguré le 9 novembre 1802, troisième anniversaire du coup d'État, s'augmente encore des rafles effectuées, notamment, dans les collections de l'Électeur de Hesse-Cassel et du duc de Brunswick.

Les préfets du premier Empire

Mais la conception autoritaire des rapports entre culture et politique, il est vrai, comporte d'autres applications, stérilisantes et non point fécondes. A l'épuration du Tribunat succède celle de l'Institut. Après le contrôle de la presse viendra la censure des livres. Les institutions officielles étouffent la création littéraire. Pendant tout le règne, note André Monglond, Napoléon « travaille à ramener l'admiration vers le siècle de Louis XIV. [...] Il fait distribuer par l'Université impériale la culture la plus classique. [...] Il tente d'imposer à la littérature les règles d'Aristote et de Boileau ».

En 1810, l'Institut décerne un prix décennal — institué pour commémorer le 18-Brumaire — à La Harpe, à titre posthume, ignorant délibérément Mme de Staël et Chateaubriand. Dans un rapport au Conseil d'État sur « les progrès de la littérature », Marie-Joseph Chénier persifle à propos de la poétique nouvelle de Chateaubriand et exalte l'éloquence militaire de l'Empereur. Sous les fastes de l'Empire, la réalité quotidienne est celle d'une surveillance rigoureuse des adversaires de l'État.

Un État en progrès, incontestablement, sur ses devanciers. Tout en se rattachant à la tradition des intendants d'Ancien Régime, une institution politico-administrative comme celle des préfets témoigne — au même titre que l'intensification de la propagande officielle ou du contrôle policier — du perfectionnement des moyens d'action du pouvoir central. Débarrassé de toutes autorités rivales sur le plan local, dans la dépendance directe de la faveur du Premier consul et de l'Empereur, le préfet est l'homme à tout faire sur lequel Napoléon Bonaparte compte pour pacifier les esprits et tenir en main les populations. « Vos attributions, écrit Lucien Bonaparte aux préfets, embrassent tout ce qui tient à la fortune publique, à la prospérité nationale, au repos de vos administrés. » Et encore : « Pour affermir la paix dans votre département, détournez vers les notions de l'économie politique ce reste d'agitation qui succède aux mouvements d'une grande révolution. » Le préfet doit donc être d'abord l'artisan d'un bon « esprit public », et pour y parvenir il lui revient de surveiller les anciens jacobins et terroristes, les esprits indépendants, les anciens émigrés, les ex-curés réfractaires ; de prévenir et au besoin de réprimer les troubles qui pourraient naître à l'occasion des grands épisodes de la vie provinciale et rurale : perception des droits réunis, délicate en pays de vignoble ; conscription, avec ses séquelles possibles, la désertion et l'insoumission ; crises de subsistances, aux implications politiques redoutables, comme celle de 1811-12, survenant en pleine période de préparation de l'expédition de Russie, etc. D'une façon plus positive, il revient aussi au préfet de « faire » cet esprit public, en veillant à la bonne application des grandes mesures de réconciliation, tel le Concordat ; en suscitant les candidatures les plus zélées aux emplois administratifs ; en organisant les rares manifestations de la vie politique et de l'enthousiasme populaire ou bourgeois : constitution des collèges électoraux, préparation des visites consulaires et impériales, recrutement de gardes d'honneur. Tout cela est prétexte à une immense paperasserie : le préfet napoléonien est homme de dossiers et de rapports, comme il doit devenir, sur l'ordre des bureaux parisiens, homme de statistiques à propos des aspects les plus variés de la vie économique. Pour ces tâches, Napoléon Bonaparte a presque toujours préféré, selon sa propre expression, des « enfants de la Révolution », qu'elle avait « trempés dans ses eaux » ; des hommes compétents, modérés, et dont le maître était prêt à faire la fortune s'ils lui donnaient satisfaction.

Les irréductibles et les mécontents

Dans un pays dont le chef recueille, outre les traditions de la monarchie absolue, les innovations de l'administration révolutionnaire et les leçons des temps de guerre civile, et dont les citoyens doivent compter comme jamais auparavant avec les agents du fisc, avec les émissaires de la police, avec la peur des gendarmes ou des colonnes mobiles, il reste pourtant place pour de puissants courants, pour des forces latentes qui s'opposent à ce que l'État napoléonien puisse être autre chose qu'un placage. Sa durée est fonction, à la fois, de l'incapacité de ses adversaires intérieurs à passer aux actes, et de l'illusion que l'enchaînement des victoires militaires a longtemps entretenue dans l'opinion quant à l'avenir du régime.

Paradoxalement, c'est la frange intellectuelle de l'opposition qui, en dépit de sa lucidité, est la plus inopérante. Le grand ennemi idéologique du pouvoir consulaire et impérial a été Benjamin Constant. Les réserves d'un Henri Guillemin à l'égard de sa vie privée ou publique n'enlèvent rien au fait que les écrits de Constant, dans les trois premières décennies du XIXᵉ siècle, ont fourni à la pensée libérale bourgeoise ses fondements intellectuels et apporté quelques-unes de ses plus belles pages à la défense, toujours à reprendre, des libertés individuelles. Mais les points de vue de Constant n'ont été partagés, au temps de Napoléon, que par des minorités bourgeoises empêtrées dans leurs contradictions : les libéraux n'étaient-ils point solidaires, sur bien des points, des intérêts conservateurs, et n'avaient-ils pas placé de grands espoirs dans le vainqueur de Brumaire ? Au fond, Constant manifestera une profonde unité de pensée en se ralliant à Napoléon lors des Cent-Jours : joignant le réalisme à la fermeté sur les principes, il démontrera alors que l'adhésion à l'Empire était possible — et souhaitable — dès lors que celui-ci se faisait libéral et constitutionnel. Par ailleurs, aucun lien n'existait entre ce type d'opposition et celle, par exemple, des catholiques détachés de Napoléon par le conflit renaissant entre ce dernier et le Saint-Siège ; ni, davantage, avec les manifestations intermittentes et sporadiques d'un mécontentement populaire dont les motifs étaient radicalement différents. Les bases objectives d'un « front » antinapoléonien n'existaient pas en France. La véritable menace, pour l'Empereur, résidait plutôt dans le développement de l'indifférence et de la lassitude, inséparable de l'évolution autoritaire du régime et de la prolongation indéfinie de la guerre.

II.   LA NOUVELLE SOCIÉTÉ FRANÇAISE :
RUPTURES ET CONTINUITÉS

Les hommes

La France est sortie de la Révolution avec une configuration démographique nouvelle. 1789 a sur ce plan provoqué une accentuation tellement rapide des tendances latentes à la fin de l'Ancien Régime que l'on peut considérer la fin du XVIIIᵉ siècle comme une coupure assez significative dans l'histoire de notre population.

Le phénomène le plus marquant, comme le souligne Marcel Reinhard, est la combinaison entre l'accroissement de la nuptialité et le recul de la natalité. Quatre-vingt-cinq mariages pour 10 000 habitants dans les années 1770-1784 ; 157 de 1806 à 1810 ; 171 de 1811 à 1815. Au contraire, peut-être 390 naissances pour 10 000 habitants à la fin de l'Ancien Régime, 320 seulement sous l'Empire. La contrariété de ces mouvements évoque, bien évidemment, une plus large diffusion du contrôle des naissances, sans doute pratiqué par de nombreux couples appartenant aux classes populaires des campagnes comme des villes, et pas seulement à la bourgeoisie riche. Espacement des naissances qui paraît d'autant plus évident que l'âge du mariage a dû s'abaisser et la période de fécondité légitime s'allonger d'autant. Toute une situation sociale, politique, spirituelle trouve ici son écho : facilités offertes par la législation civile, le divorce, la suppression des interdits de l'avent et du carême ; recul de l'emprise morale des prêtres sur les consciences ; levées militaires (expliquant notamment la recrudescence de nuptialité de 1809 et de 1813) ; multiplication des propriétés rurales. Le résultat, c'est une croissance désormais modeste de la population, qui passe de 27 350 000 habitants en 1801 à 30 462 000 en 1821, soit un accroissement annuel moyen de l'ordre de 0,5 p. 100 ; le XIXᵉ siècle s'achèvera sans que les 40 millions soient atteints.

Encore cet accroissement n'est-il rendu possible que par une baisse, également importante, de la mortalité. Très variable à la fin de l'Ancien Régime — de 320 à 390 pour 10 000 —, elle baisse et se stabilise tout à la fois autour de 260 à 270 à l'époque napoléonienne. Sans doute est-ce imputable, d'abord, au fait qu'il n'y a pas eu de très grave crise de subsistances pendant ces années-là. Ces chiffres montrent aussi que la mortalité exceptionnelle due à la guerre n'a pas joué de rôle appréciable dans l'évolution de notre population, contrairement à ce qui se passera en 1914-1918. On peut estimer les pertes du fait de la guerre à un million environ sur quinze ans, ce qui n'a pas été de nature à contrarier le mouvement de recul lié — comment l'expliquer autrement ? — à une amélioration du niveau de vie, particulièrement de l'alimentation, et à des progrès médicaux qui se constatent globalement mieux qu'ils ne sont connus dans le détail.

En revanche, la population française conserve des structures géographiques et sociales tout à fait analogues à celles de la fin de l'Ancien Régime. Les migrations saisonnières et temporaires sont très actives ; des villes comme Marseille, Lyon et surtout Paris en sont les pôles d'attraction pour un nombre de départements considérable. Mais l'exode rural n'est pas commencé. La population continue à s'entasser dans les plaines et les montagnes, et la misère de certains districts ruraux surpeuplés est un phénomène alors plus important que celui de la misère urbaine des ouvriers, en un temps où la révolution industrielle n'en est qu'à ses débuts. La population urbaine, estimée à 20 p. 100 de la population totale en 1789, n'atteindra encore que 25 p. 100 en 1846 ; bien plus, les grandes villes ont, du fait de la conjoncture politique ou économique, perdu une part notable de leur population pendant les années de la Révolution, et consacrent les années 1800-1815 à la récupérer, avant de reprendre leur croissance : c'est le cas de Paris, mais aussi de Rouen, de Bordeaux, de Lyon, etc., qui ont pu subir une diminution momentanée de l'ordre de 20 p. 100. L'image d'ensemble de la population française est donc bien en correspondance avec celle du pays lui-même, où l'avance du mental sur l'économique est si caractéristique des années révolutionnaires et postrévolutionnaires.

Peuple des campagnes et peuple des villes

Sans doute est-ce dans les masses paysannes qu'il faut aller chercher les soutiens les plus fidèles du régime consulaire et impérial : il les tranquillise, en effet, sur le sort des ventes de biens nationaux et sur l'éventualité d'une réaction féodale et seigneuriale. Fondamentalement, les campagnes sont satisfaites, même si la société rurale se trouve plus que jamais dissociée par le fait que ses différentes classes ont pris des parts très inégales aux bienfaits de la Révolution et si certaines inquiétudes continuent à l'agiter.

Les paysans avaient souhaité acquérir de la terre, beaucoup moins en vertu de quelque partage égalitaire que chacun selon ses moyens. Ce souhait a été exaucé dans une certaine mesure par la Révolution. Les paysans ont acheté des biens nationaux dans une proportion qui oscille peut-être, selon les départements, entre 15 et 60 p. 100 des ventes. Le nombre des propriétaires fonciers s'est accru notablement, des journaliers ont accédé à la propriété, des propriétaires de 1 ou 2 hectares en ont désormais possédé 5 ou 10, de solides propriétés de bourgeoisie rurale se sont constituées. Mais il est certain que le morcellement de l'exploitation s'en est trouvé aggravé et que les catégories inférieures de la propriété se sont gonflées. La preuve en est l'extension de la viticulture aux premières années du XIXᵉ siècle : la propriété parcellaire s'accommode mieux, techniquement et économiquement, de la vigne que du blé. En Bourgogne, le gamay, cépage à gros rendement, s'insinue jusque dans les plaines à grains et les bas-fonds ; « le propriétaire que le besoin d'argent tourmente préfère la quantité à la qualité », écrit en l'an IX le préfet de l'Yonne. Il est vrai que le petit propriétaire incapable de tirer toute sa subsistance de son bien, que celui-ci soit « patrimonial » ou « national », peut toujours trouver un complément de revenu dans le travail industriel à domicile, car les structures de la production industrielle en France sont encore toutes proches de ce qu'elles étaient aux XVIIᵉ et XVIIIᵉ siècles.

Les paysans avaient aussi souhaité, avec passion et parfois avec fureur, se libérer de l'exploitation féodale et seigneuriale, du poids de la dîme, du champart et autres droits. Sur ce point, une partie d'entre eux n'a obtenu qu'une satisfaction purement verbale. Les droits ont en effet disparu du vocabulaire, mais non de la réalité économique pour tous ceux, métayers et fermiers, qui sont obligés de prendre de la terre à bail. La législation révolutionnaire, de la Constituante à la Convention et au Directoire, a, en effet, laissé, dans la pratique, le propriétaire-bailleur libre d'introduire dans les contrats des clauses de majoration transférant à son profit la charge représentée par les ci-devant redevances. Seul le propriétaire, et non l'exploitant, a donc bénéficié de leur abolition ; et comme cette situation s'est combinée avec un mouvement de hausse continue des fermages, liée au mouvement du prix des grains, on peut considérer avec Albert Soboul que la bourgeoisie des propriétaires, citadins ou ruraux, a consolidé à son profit la féodalité sous une forme économique : tant il est vrai que les éléments aisés du tiers état ont toujours conçu, consciemment ou non, la Révolution comme un transfert ou une extension de privilèges. Ajoutons à cela que, sous le Consulat et l'Empire, le retour d'un certain nombre d'émigrés sur ce qui leur restait de leurs terres et la restauration du prestige du clergé développèrent dans les campagnes, particulièrement dans l'Ouest et le Sud-Ouest, une atmosphère de réaction, une menace sourde de re-féodalisation, une pression morale du châtelain et du curé. Elles ont entretenu, dans des campagnes qui ne demandaient qu'à vivre sous un régime conservateur, un ferment d'agitation révolutionnaire que les seules apparences de l'autorité napoléonienne ne suffisaient pas à apaiser. D'autres éléments de mécontentement, dont le régime était lui-même la source, venaient d'ailleurs aigrir les petits propriétaires : inquisition fiscale, source de troubles locaux, dans les pays de vignoble pour la perception des nouveaux droits sur les boissons ; dureté du percepteur, partout, dans le recouvrement de la contribution foncière : il est courant qu'il se fasse payer en services ou en nature les intérêts des retards dans l'acquittement des cotisations, ou qu'il rappelle par l'envoi de garnisaires les plus mauvais souvenirs de l'Ancien Régime. Les journaliers souffrent de la limitation des droits d'usage, qui leur interdit, sous peine de lourdes amendes, de faire paître leur vache dans les bois taillis communaux ou nationaux, tandis que le mouvement de défrichements restreint encore les surfaces de pacage. Cependant, le mouvement de hausse des salaires agricoles a été très vif depuis la Révolution, et ne peut que constituer un facteur positif dans l'appréciation du sort des campagnes. Au témoignage d'un juge de Clamecy, signalé par Guy Thuillier, un domestique de charrue se paie, en 1814, nourri, de 260 à 300 francs par an, contre 80 à 100 en 1789 ; un toucheur ou un pâtre, 80 à 100 francs au lieu de 30 à 36. Quant à l'artisan, il aurait triplé le prix de son travail. De là une relative aisance, dont cet observateur voit la preuve dans « leur mise et leur dépense de bouche qui sont frappantes » et « au-dessus de leur état » (*sic*).

Le peuple des villes, lui, est sorti de la Révolution en état d'infériorité, désarmé tant du point de vue militaire que du point de vue politique et idéologique. Les salariés se trouvent défavorisés tant par une série de dispositions légales que par une active surveillance policière, qui les mettent hors d'état de se concerter pour la défense de leurs intérêts. Mais, en revanche, les années napoléoniennes n'ont pu apparaître qu'assez douces, relativement, à ceux qu'on appelait naguère les « sans-culottes ». La tendance à la hausse des salaires nominaux, amorcée avec la Révolution, s'est confirmée dans beaucoup de branches avec une ampleur suffisante pour qu'on puisse en déduire une hausse du salaire réel et, par suite, une meilleure alimentation populaire comportant notamment une consommation accrue de viande. Les villes n'ont pas connu de crises de subsistances et de cherté comparables à celles qui avaient rythmé les années prérévolutionnaires et révolutionnaires ; les alertes de 1801 et de 1812 ont été combattues par les autorités centrales et préfectorales avec une énergie qui empruntait, d'ailleurs, ses moyens aux administrations qui les avaient précédées, et ne reculait pas pour maintenir l'ordre devant le recours à la force armée.

L'avènement des notables

En fait, l'originalité de l'œuvre sociale napoléonienne réside dans la définition et l'organisation de nouvelles élites sociales dont la domination doit caractériser la société d'après la Révolution. Les collèges électoraux institués par la Constitution de l'an X en sont une première forme. Ces corps permanents, composés de membres à vie, convoqués au niveau du canton, de l'arrondissement et du département, dégagent de l'ancienne aristocratie et de la bourgeoisie une élite de notables selon le critère de l'imposition. Les membres des collèges électoraux de département, les plus importants puisqu'ils sont les seuls à exercer directement, lorsqu'on veut bien le leur demander, un choix de candidats aux sièges vacants dans le Sénat, le Corps législatif et les conseils généraux, doivent être choisis parmi les 600 citoyens les plus imposés du département. Pratiquement, c'est la contribution foncière qui est d'abord prise en considération — et qui, de toute façon, a le plus de poids — dans l'élaboration des listes des 600 plus imposés. Le simulacre de régime représentatif que le Consul à vie a décidé de laisser subsister en France — mais un simulacre qui est beaucoup plus chargé de signification sociale que d'efficacité politique — profite donc à une aristocratie nouvelle, celle des propriétaires, parmi lesquels se rencontrent en majorité d'anciens nobles ou des bourgeois largement possessionnés et vivant de la rente foncière, flanqués d'un certain nombre de négociants, membres de professions libérales et fonctionnaires qui se trouvent qualifiés par la possession de maisons et de terres plus que par l'importance de leurs traitements, honoraires ou bénéficces. « Le véritable peuple de France, dira Napoléon, ce sont les présidents des cantons et les présidents des collèges électoraux ; c'est l'armée », et non pas « vingt ou trente mille poissardes ou gens de cette espèce, [...] la populace ignare et corrompue d'une grande ville ». Pour lui, le principe de la propriété « est un principe fondamental qui ne déroge pas à l'égalité ». Toutefois, la fortune foncière n'est pas seule prise en considération pour le choix des membres des collèges électoraux. Il est précisé qu'ils devront appartenir « aux familles les plus considérables par leur existence antérieure et présente, par l'étendue de leurs liaisons et parenté dans le département, par leurs bonnes mœurs et leurs vertus publiques et privées ». Le notable napoléonien est donc, aussi, un homme qui s'impose par sa valeur morale et dont l'État souhaite utiliser le réseau de relations humaines. On remarquera, de plus, la commodité d'un vocable qui permet d'unifier, sous la bannière des « bonnes familles », rescapés des anciennes classes privilégiées et éléments les plus distingués de l'ancienne roture.

La reconstitution d'une aristocratie

Mais Napoléon, très vite, est allé beaucoup plus loin. Il a tenu à définir une élite sociale et politique sur une base qui ne serait ni celle de la noblesse féodale (« non sur les distinctions du sang, ce qui est une noblesse imaginaire, puisqu'il n'y a qu'une seule race d'hommes »), ni celle de la richesse, dont « on ne peut faire un titre » : « de toutes les aristocraties, celle-là me semblait la pire », dira l'Empereur à Sainte-Hélène, ayant toujours tenu — ou feint de tenir — que les diverses formes de la fortune — mobilière ou immobilière — relevaient par leurs origines du vol et de la rapine. Ainsi Napoléon, qui a su dans l'occasion user des services des anciens émigrés comme de sa popularité auprès des acquéreurs de biens nationaux, a-t-il voulu imposer à la France de son temps une hiérarchie qui ne correspondait aux intérêts ni des premiers ni des seconds. Son plan a été celui d'un monarque éclairé ; sa démarche évoque celle d'un joséphisme élevant l'État comme puissance arbitrale au-dessus des ordres et des classes. L'État et la société, selon lui, ont besoin d'une aristocratie ; la société issue de la Révolution y trouvera son point d'ancrage, le régulateur des ambitions individuelles ; l'État y cherche son prestige et ses hauts serviteurs, il l'utilise comme le relais de son autorité auprès de la nation : « Il faut que je marche, que j'agisse, que j'avance. Il me faut des yeux, des bras, des jambes. » Cette aristocratie, elle aussi, doit servir la réconcilliation de la France ancienne et de la France nouvelle. Les hommes de la Révolution y auront leur place : elle les a « trempés dans ses eaux », et ils en sont sortis, dira Napoléon à Beugnot vers la fin de l'Empire, « avec une vigueur qui ne se reproduira plus ». Mais, le génie de l'ouvrier étant « de savoir employer les matériaux qu'il a sous la main », les familles de l'ancienne noblesse y entreront aussi, car leurs « fortunes toutes faites » et leur influence doivent être mises au service du gouvernement, qui, d'ailleurs, « n'est pas assez riche pour payer tout le monde ». En deux mots, les fondements de l'aristocratie impériale seront le mérite personnel et le service rendu à l'État. « Notre époque est celle du mérite ; il faut laisser les fils des paysans monter par des talents et des services au premier rang. [...] Partout où j'ai trouvé le talent et le courage, je l'ai élevé et mis à sa place. Mon principe était de tenir la carrière ouverte aux talents. » Ainsi naîtra une noblesse « historique » et « nationale », substituant aux parchemins les « belles actions, et aux intérêts privés les intérêts de la patrie ».

Napoléon voit donc dans la création d'une aristocratie d'un type nouveau, tout comme dans l'institution d'un Empire héréditaire, non pas une réaction ou une trahison à l'égard de la Révolution, mais, au contraire, une consolidation de l'ordre nouveau. « L'institution d'une noblesse nationale n'est pas contraire à l'égalité » ; elle est « éminemment libérale » et « propre à la fois à consolider l'ordre social et à anéantir le vain orgueil de la noblesse ». Elle est l'une de ces « masses de granit » qu'il entend jeter sur le sol de France pour asseoir définitivement la république. Et dans un mélange — qui est bien dans sa manière — de vigueur dans l'affirmation des principes et de cynisme dans les moyens de leur exécution, il trouve dans le tempérament des Français la justification d'une nouvelle échelle de titres : « il leur faut des distinctions », « c'est avec des hochets qu'on mène les hommes ».

La Légion d'honneur

Dès 1802, Bonaparte paraît se replacer dans la tradition monarchique en créant un ordre, à la fois militaire et civil, avec toutes les conséquences qui en découlent : la Légion d'honneur aura ses décorations, ses uniformes, ses grades, son traitement spécial, son serment de fidélité. Lui-même entend n'y voir qu'une « égalité de gloire » promise à tous ceux qui illustrent et honorent leur pays. La formule du serment veut confirmer le caractère républicain de l'institution : le légionnaire jure, en effet, « de se dévouer au service de la République, à la conservation de son territoire dans son intégrité, à la défense de son gouvernement, de ses lois et des propriétés qu'elles ont consacrées ; de combattre [...] toute entreprise tendant à rétablir le régime féodal, à reproduire les titres et qualités qui en étaient l'attribut ; enfin, de concourir de tout son pouvoir au maintien de la liberté et de l'égalité ».

En fait, l'évolution de la Légion d'honneur devait en altérer singulièrement le caractère : le serment prêté à la personne même de l'Empereur et à sa dynastie, le recrutement militaire à 96 p. 100 accentuèrent la ressemblance avec un ordre militaire d'Ancien Régime, tel que l'ordre de Saint-Louis, et la signification politique d'un corps uni au souverain par une allégeance personnelle.

Cour et noblesse impériales

A partir de 1804 et jusqu'en 1808, c'est-à-dire de la proclamation de l'Empire jusqu'au décret sur l'organisation de la noblesse impériale, la politique sociale de Napoléon s'est développée avec une plus grande complexité, incluant la Légion d'honneur elle-même dans un système minutieusement hiérarchisé. Au sommet, la famille Bonaparte. Autour d'elle, « une organisation du palais impérial conforme à la dignité du trône et à la grandeur de la nation », selon les termes du sénatus-consulte organique du 18 mai 1804 ; entendons, une Cour à laquelle Napoléon assignait pour fonction — au total bien mal remplie — de donner le ton à la société française en offrant l'exemple, au sommet, de la fusion des élites. Au premier rang des grands officiers, dix-huit maréchaux : leur promotion signifie, à la fois, tout le prix attaché par l'Empereur aux titres acquis au champ d'honneur, et l'importance qu'il accorde à l'armée comme instrument d'élévation sociale. Quand il crée les premiers titres nobiliaires en 1807, il fait le maréchal Lefebvre duc de Dantzig : à dessein, dit-il, car « ce maréchal avait été simple soldat, et tout le monde dans Paris l'avait connu sergent aux gardes françaises ». Le seul fait d'appartenir à la Légion d'honneur confère le titre de chevalier, le plus bas dans l'échelle. Mais les services civils trouvent bien sûr leur place et leur récompense dans les quelque 1 500 titulaires (chevaliers exclus) créés en huit ans : Talleyrand est prince de Bénévent aux côtés d'un Berthier prince de Neuchâtel ; Fouché est duc d'Otrante ou Gaudin duc de Gaète parmi tant de maréchaux-ducs ; aux rangs de comte et de baron, les préfets, les maires, les conseillers généraux, les hauts fonctionnaires se mêlent aux généraux.

C'est au niveau de l'organisation de la noblesse impériale que se situent les aspects les plus équivoques de la législation sociale napoléonienne. Étant très préoccupé, en effet, de mettre « sa » noblesse en état de soutenir quant aux apparences la concurrence de l'ancienne aristocratie, et d'aboutir à une fusion des éléments, l'Empereur a incontestablement transgressé le principe de l'égalité civile et réintroduit en France certains traits de féodalité. C'est ce qui ressort notamment de l'hérédité des titres nobiliaires, de la création de grands fiefs héréditaires avec substitution du domaine et transmission du titre au fils aîné, de la distribution de dotations en rentes, de l'institution des majorats sur l'initiative du gouvernement ou sur la demande des particuliers, autrement dit de propriétés de famille inaliénables destinées à garantir à l'héritier d'un titre de noblesse une fortune suffisante pour honorer ce titre, etc. Encore faut-il remarquer que le titre le plus abondamment décerné, celui de baron, n'est pas héréditaire ; que celui de chevalier peut être attribué sur simple justification d'un revenu de 3 000 francs par an ; que les fiefs et dotations ont été le plus souvent prélevés sur les royaumes vassaux, donc en terre étrangère. Le système conserve la souplesse et l'inachèvement des œuvres brutalement interrompues.

Les valeurs sociales de la France napoléonienne

D'ailleurs, les créations napoléoniennes dans l'ordre social importent moins que l'esprit dans lequel le Premier consul et l'Empereur a conçu l'organisation générale de la société — esprit dont la marque reste visible jusque dans notre France contemporaine.

À parcourir le Code civil, il est éclatant que la société post-révolutionnaire s'établit, par la volonté commune de la bourgeoisie et de Bonaparte, sur les principes de la propriété et de l'autorité. Propriété : sa définition, sa transmission, sa garantie à l'occasion des différents types de contrats et d'obligations font l'objet de dispositions minutieuses. Sa protection se trouve complétée par le Code de commerce. Sous sa forme immobilière, elle reçoit la sanction du cadastre, dans lequel Georges Lefebvre voyait l'une des innovations les plus appréciées du premier Empire. Être propriétaire, c'est, en effet, et avant tout, être propriétaire foncier. Jaurès, qui cherchait sans doute avec quelque exagération simplificatrice les origines de la Révolution dans le développement de la propriété industrielle et mobilière, a bien vu en même temps que la Révolution avait dû son succès définitif au fait qu'elle s'était « puissamment installée dans la propriété foncière, c'est-à-dire dans la force traditionnelle de ses propres ennemis ». Propriété, terre, mots clefs d'une société dominée par des notables qui tirent pour une bonne part leur force du transfert de biens, inséparable d'un transfert de prestige auquel 1789 a donné cours.

Autorité : elle est d'abord fortement affirmée au sein de la famille, où la puissance paternelle et maritale se trouve glorifiée. Du coup, le statut de la femme se dégrade, si l'on se réfère à un XVIIIᵉ siècle relativement émancipateur et surtout à l'idéologie de la Révolution démocratique. « Nous autres peuples d'Occident, nous avons tout gâté en traitant les femmes trop bien. [...] Elles ne doivent pas être regardées comme les égales des hommes, et ne sont, en réalité, que des machines à faire des enfants. [...] Il vaut mieux qu'elles travaillent de l'aiguille que de la langue », etc. Le plan d'éducation tracé pour l'établissement d'Écouen traite les filles en cerveaux faibles ; que leur apprendra-t-on ? d'abord « la religion dans toute sa sévérité » ; puis les éléments d'une instruction primaire ; mais, surtout, on les occupera « pendant les trois quarts de la journée à des ouvrages manuels ». Dans la religion, précisément, Bonaparte reconnaît essentiellement le meilleur des auxiliaires pour le principe d'autorité, l'un des « grands éléments qui cohésionnent la société ». « Jamais d'État sans religion, sans culte, sans prêtres » : mais aussi ce puissant instrument doit-il être dans la main du gouvernement, pour « s'en servir comme d'un moyen social pour réprimer l'anarchie ». Voilà pourquoi le Concordat fut aux yeux de son auteur un acte politique majeur.

Mais, par une différence essentielle avec l'Ancien Régime, l'Église ne se trouve plus invitée qu'à fixer les croyances et qu'à justifier les injustices d'ici-bas par l'espoir de la justice dans l'éternité. Quant aux esprits, ils doivent lui échapper pour passer sous le contrôle de l'État. Voilà donc l'enseignement devenu, lui aussi, matière d'autorité. Mécontent d'une époque où « chacun peut lever une boutique d'instruction comme une boutique de drap », Napoléon aurait voulu confier exclusivement l'instruction publique à l'Université de France (fondée en 1806), corps intermédiaire, elle aussi, chargée de « diriger les opinions politiques et morales ».... « Il faut que la morale et les idées politiques de la génération qui s'élève ne dépendent plus de la nouvelle du jour ou de la circonstance du moment. Il faut avant tout arriver à l'unité, et qu'une génération tout entière puisse être jetée dans le même moule. [...] Il n'y aura pas d'État politique fixe s'il n'y a pas un corps enseignant avec des principes fixes. Tant qu'on n'apprendra pas, dès l'enfance, s'il faut être républicain ou monarchique, catholique ou irréligieux, l'État ne formera point une nation ; il reposera sur des bases incertaines [...], constamment exposé aux désordres et aux changements. »

En fait, l'enseignement primaire n'a pas été organisé par les administrations locales et, conformément d'ailleurs au vœu profond des notables, il a été repris dans une large mesure par les Frères, finalement intégrés à l'Université. C'est au niveau de l'enseignement secondaire que les principes ont reçu une application, avec la création des lycées desservis par des agrégés. Les enfants de la « classe aisée » y reçoivent, dans la discipline stricte de l'internat, une formation essentiellement littéraire.

III.　　　　LES FINANCES ET L'ÉCONOMIE D'UN PAYS EN GUERRE

Discipliner et stabiliser la société, c'était une condition indispensable de la mobilisation des énergies en vue de l'accomplissement de grands desseins, militaires et civils. Une autre condition non moins nécessaire était d'échapper au tragique destin des régimes précédents — monarchique et révolutionnaire — paralysés par l'absence de moyens financiers suffisants. « Les finances ont été l'objet constant de mes méditations. Les finances d'un grand Empire doivent offrir les moyens de faire face aux circonstances extraordinaires, même aux vicissitudes des guerres les plus acharnées. » Cette méditation s'est organisée autour de trois thèmes : développement d'un nouveau système fiscal ; création de facilités nouvelles pour la Trésorerie, hors des liens de l'emprunt ou du crédit privé ; financement de la guerre.

La fiscalité napoléonienne

« Pour gouverner un grand État, il faut beaucoup de juges, beaucoup de gendarmes, beaucoup de soldats, ... beaucoup d'écus. Est-ce avec l'impôt territorial seul que vous pourriez parvenir à prélever tout l'argent nécessaire pour faire face aux dépenses de l'État ? Non, c'est encore là une folie de vos économistes. Il faut, pour alléger le fonds des impôts, le rétablir sous toutes les formes. » Ce texte de Napoléon est de 1804 — l'année de la création des droits réunis : droits sur le tabac, les cartes à jouer, les voitures publiques, la marque des objets d'or et d'argent, et surtout sur les boissons (le droit d'inventaire, perçu chez les récoltants fabriquant des boissons alcooliques, impliquant la visite de leurs caves six semaines après la récolte). Tandis qu'il allège la contribution foncière, le régime napoléonien rétablit une fiscalité indirecte évocatrice, pour les contemporains, des souvenirs encore frais des aides et de la ferme générale, qui avaient joué dans la crise prérévolutionnaire un rôle si actif de cristallisation des revendications populaires. « Nous avons reconnu, dira le décret de 1810 rétablissant la régie du tabac, qu'il fallait un grand nombre d'impositions qui pèseraient peu sur nos peuples en temps ordinaire, parce que le tarif en serait peu élevé, et seraient susceptibles de pourvoir à tous les besoins du Trésor dans des temps extraordinaires par la simple élévation du tarif. » C'est bien ce qui s'était passé dès 1806 avec l'institution d'une taxe sur le sel, le relèvement des droits sur les boissons et la création du congé pour leur circulation ; et ce qui devait encore arriver en 1813. Le rendement de l'impôt, la rapidité de son recouvrement et de sa centralisation s'améliorent considérablement avec la mise en place d'une structure administrative qui complète et systématise l'œuvre du Directoire dans ce domaine, et dont les finances contemporaines de la France vivent encore : contrôleurs établissant les rôles ; percepteurs pourchassant le contribuable ; receveurs collectant le produit des impôts. Tous sont soumis au cautionnement.

Le « Service du Trésor »

Dans le domaine de l'administration fiscale moins encore que dans tout autre secteur de l'administration, les progrès ne peuvent être foudroyants : la résistance et les lenteurs y sont particulièrement sensibles. Aussi Bonaparte a-t-il dû faire face — et cela d'autant plus qu'il avait hérité en Brumaire de caisses pratiquement vides — au problème classique du décalage entre les besoins immédiats et les espérances de recettes. C'est ici qu'intervenait, d'une façon non moins classique, la banque privée, à la bonne volonté et aux taux d'intérêt de laquelle les gouvernements étaient ordinairement soumis. Le Premier consul n'a pu éviter de recourir d'abord aux services de grands capitalistes groupés en consortiums — « Négociants réunis », « Banquiers du Trésor public » — où tous les grands noms de la finance d'alors se retrouvent. Mais tous ses efforts ont tendu à innover dans le domaine des avances à court terme à l'État, connues sous le nom de « Service du Trésor », et à transférer ce service à des organismes publics qui mettraient fin à la peu glorieuse et très incommode dépendance du gouvernement à l'égard des hommes d'argent, dépendance qui l'avait conduit notamment à relâcher, réhabiliter et utiliser un Ouvrard après l'avoir fait arrêter et accusé de malversations. Les receveurs généraux des départements furent d'abord invités à souscrire des rescriptions correspondant au montant des sommes à recevoir, et que le gouvernement pourrait escompter. La Caisse d'amortissement, création antérieure à la Banque de France elle-même, se chargerait de rembourser en numéraire ces traites lorsque les receveurs généraux n'auraient pas les moyens nécessaires à leur paiement lors de leur présentation ; mais, aussi bien, l'encaisse de cet organisme serait-elle alimentée par les cautionnements en espèces métalliques fournis par les receveurs généraux eux-mêmes. A partir de 1806, la Caisse d'amortissement émit, en outre, des bons que l'État utilisa, comme les rescriptions, pour couvrir ses dépenses, et dont le remboursement était assuré par la vente de biens nationaux remis en échange à la Caisse par l'État (ces biens nationaux, dont il restait pour 400 millions environ en 1801, n'étant plus cédés à des particuliers depuis cette date) ; à cette opération se rattache la nationalisation, en 1813, des biens communaux et leur mise en vente par la Caisse, qui gagea alors sur eux pour 180 millions de bons. C'est en 1806 encore que l'utilisation anticipée des impôts à recouvrer fut perfectionnée, grâce à la création de la Caisse de service, d'où sortit en 1815 notre actuelle Direction du mouvement des fonds. Les receveurs généraux furent invités à y verser sans retard tout ce qu'ils devaient dans l'immédiat, et aussi des sommes payables à échéance lointaine, sous la forme de lettres de change sur Paris. Sur cette garantie, la Caisse de service put émettre à son tour des bons, très proches, cette fois, des modernes bons du Trésor.

Toutefois, l'équilibre budgétaire aurait été compromis de bonne heure — et il le fut d'ailleurs, particulièrement à partir de 1811 — si la fiscalité napoléonienne n'avait pu compter que sur des ressources internes. En effet, si les recettes ordinaires passèrent de 684 millions en l'an XIII à 987 en 1813, à la faveur de l'augmentation tirée des droits réunis, des douanes et du droit sur le sel, les dépenses, elles, s'élevèrent de 550 millions en 1801 à 1 264 en 1813 : tel fut le prix des deux principales sources d'orgueil du chef de la France, ses victoires militaires et ses grandes réalisations dans l'ordre des travaux publics et des monuments. Les dépenses militaires, en particulier, finirent par coûter près des trois quarts des recettes. La compensation fut fournie, on le sait sans pouvoir la chiffrer avec exactitude, par les contributions levées hors des frontières de l'Empire : ces recettes, dites du « domaine extraordinaire », étaient gérées également par la Caisse d'amortissement. Ainsi, deux caractères fondamentaux des finances napoléoniennes se trouvent-ils mis en évidence. Napoléon n'a pas eu recours à l'emprunt, moyen « à la fois immoral et funeste » qui « impose à l'avance les générations futures », ni davantage à l'inflation des signes monétaires, qu'il a rigoureusement interdite à la Banque de France. Celle-ci n'a jamais aidé le Trésor autrement qu'en escomptant des valeurs d'État, c'est-à-dire en lui procurant « des facilités pour réaliser, à bon marché, ses revenus aux époques et dans les lieux convenables », à partir d'obligations du Trésor plus solides que le papier du meilleur banquier. Aussi n'est-ce pas, malgré les apparences, à propos de la politique financière de Bonaparte qu'il convient d'étudier le rôle de cet établissement. Napoléon apparaît donc comme un représentant de ce que nous appelons la stricte orthodoxie financière, comme un tenant d'une circulation monétaire purement métallique. Son système ne pouvait tenir que pour autant que les guerres se déroulaient hors du territoire national et que son autorité était effective sur l'Europe. Il supposait, d'autre part, que la confiance régnât à l'intérieur, ce qui fut loin d'être constamment le cas, afin que la thésaurisation des métaux monétaires ne portât pas trop de préjudice à l'activité économique générale et laissât circuler assez d'espèces pour répondre à la fois aux ponctions fiscales et aux besoins des affaires.

Les idées économiques de Napoléon Ier

Partisan d'une gestion parcimonieuse des finances publiques, Napoléon Bonaparte avait sur l'économie des idées qui, sans remettre en cause les principes fondamentaux du libéralisme, maintenaient la nécessité d'une intervention de l'État.

Les différentes activités économiques font chez lui l'objet d'une « classification graduelle » qui maintient à la place d'honneur l'agriculture, « âme, base première de l'Empire » — moins donc en vertu de quelque prédilection physiocratique que pour des raisons politiques et sociales. Napoléon voit notamment dans le revenu des terres la mesure de ce que doit être le taux de l'intérêt. Il se préoccupe du prix des denrées, dont la modération doit être l'une des règles essentielles de l'ordre public.

Napoléon n'a jamais consenti au rétablissement des maîtrises, des jurandes, des compagnies de commerce privilégiées. Mais c'est dans le domaine industriel et commercial qu'il lui a paru le plus nécessaire de limiter les applications du libéralisme, en conformité avec les impératifs de la politique, de la stratégie ou de la moralité publique tout autant qu'avec les intérêts économiques eux-mêmes. Ainsi le développement industriel est-il conçu d'abord comme l'un des aspects de la lutte contre la prépondérance britannique et d'une politique douanière inspirée par un métallisme traditionnel. « Pour faire prospérer les manufactures nationales, il faut les protéger par des lois prohibitives : beaucoup de lois, encore plus de règlements, voilà les moyens de gouverner. » Toutefois, en se rattachant à la pratique d'administration économique de l'ancienne monarchie, Napoléon évoque aussi ce que pourra être plus tard le rôle d'un État animateur et non pas seulement gendarme de la vie économique : développer l'équipement, stimuler le crédit, mettre à la disposition des producteurs et des commerçants de bons instruments de travail et d'échanges. On ne peut ici que citer des exemples : l'application effective du nouveau système des poids et mesures hérité de la Révolution, et notamment la remise en ordre du système monétaire et de la circulation métallique ; les encouragements de toute nature prodigués à l'innovation technique; le développement des voies de communication routières et fluviales; la création de la Banque de France, banque d'escompte à bas prix pour le commerce et la banque privée, dont Napoléon, qui concevait pour elle un très grand avenir, ne réussit cependant pas à imposer le rayonnement effectif hors de la capitale.

Chaptal a pu accuser l'Empereur de n'avoir « jamais réfléchi sur la nature et l'importance des relations commerciales ». Sans doute ce jugement sévère conserve-t-il tout son fondement si l'on entend par là que Napoléon accordait par préférence son estime aux producteurs et se faisait de plus des activités économiques une conception continentale et nationale. Par tempérament comme par politique, il ne concevait pas que la France pût s'enrichir, à l'instar de sa mortelle ennemie, par la restauration et le développement d'un réseau d'échanges maritimes mondiaux dont, au fond, il ne pénétrait pas tous les mécanismes — ainsi qu'en font preuve les erreurs d'appréciation commises à l'égard de la capacité britannique d'échapper à certaines conséquences du Blocus continental — et dont les aspects spéculatifs lui paraissaient de surcroît malsains. Plus proche d'une idée carolingienne ou romaine de l'Empire que de celle qu'étaient en train d'élaborer les Anglais, Napoléon voyait la France, peuple encore nombreux et puissant, installée au centre d'une sphère d'influence européenne dans laquelle la hiérarchie des économies viendrait nécessairement se calquer sur celle des trônes. C'était supposer à l'économie française une plasticité, un dynamisme qu'elle ne possédait pas.

La lenteur des transformations agricoles

Après comme avant la Révolution, la France reste au premier chef un grand pays agricole, mais dans lequel les modifications récentes de la société et de la propriété contribuent à entretenir l'extrême lenteur du progrès technique et économique.

« De tous les secrets d'affaires, a pu écrire Ernest Labrousse, le secret de l'exploitation agricole demeure le moins pénétrable. » Et, de fait, l'on ne saurait chiffrer pour la France napoléonienne ni la production ni les rendements : incertitude peut-être en partie imputable à une insuffisante exploitation d'une riche information statistique en la matière. Ce qui reste certain, sous la forme de l'appréciation des tendances et de l'impression qualitative, c'est que la production agricole est en hausse (dans le prolongement du mouvement du siècle précédent), mais que la « révolution agricole » (entendons par là essentiellement la hausse rapide des rendements en céréales à l'hectare par la modernisation des assolements) ne s'accomplit pas pour autant dans le pays.

Hausse de la production de grains : elle se déduit aisément de deux constatations — continuation de la croissance démographique, qui soutient la pression de la consommation ; développement des emblavures, des superficies cultivées. Cette tendance a, d'ailleurs, été encouragée par la multiplication du nombre des petites propriétés. Un tel phénomène prend place dans le cadre d'une agriculture extensive, dont les rendements sont non seulement stables, mais en passe de reculer. Écoutons le duc de La Rochefoucauld-Liancourt, grand propriétaire exploitant-manufacturier, agronome éclairé, à propos de son coin de Beauvaisis : « Depuis la Révolution, les défrichements ont été poussés avec une sorte de fureur. [...] On a coupé, arraché tous les bois qui ont été vendus par la nation. [...] Les terrains que les cultivateurs instruits auraient jugés indignes d'être travaillés ont été retournés avec des peines qui ont rarement été récompensées par aucun profit réel pour celui qui les donnait. [...] Chacun a voulu être propriétaire, et la plupart, courant après l'indépendance et le bonheur, abandonnant le gain sûr que leur procurait leur travail chez les fermiers, n'ont trouvé que la misère ».

La « révolution agricole », pourtant, ne se déclenche pas. La révolution politique et sociale paraissait, certes, en avoir créé certaines conditions favorables, en confirmant, notamment, la liberté de la propriété et, en droit tout au moins, de la culture. La prolongation du mouvement de hausse des prix agricoles, l'offensive toujours vigoureuse de la propagande agronomique pouvaient en constituer d'autres. Mais le progrès agricole suppose décision et possibilité d'investir et de risquer — qu'il s'agisse de semences, d'outillage, de bétail. L'absence de progrès renvoie donc nécessairement à un certain état d'immobilisme mental et de pauvreté en capital. Cela est vrai à tous les niveaux : les riches propriétaires n'ont souvent pour seul souci que de tirer de leur bien la rente la plus élevée, en rajustant en hausse les fermages à l'occasion de baux fréquemment renouvelés, et, pour éviter d'être troublés dans la jouissance régulière de leur revenu foncier, ils interdisent de « dessoler ». Les fermiers prennent les terres en location le plus souvent, sans disposer eux-mêmes d'un capital suffisant ; ils éprouvent le désagrément d'une hausse des fermages plus considérable que celle des prix des grains. Les petits propriétaires consacrent de préférence leurs économies à tenter d'arrondir leur patrimoine — toujours menacé par la « machine à hacher le sol » que constitue l'égalité successorale. Ainsi l'ignorance, la pauvreté ou l'esprit rentier contribuent-ils à retarder l'innovation.

Ce qui n'exclut pas, toutefois, les exceptions locales. Des îlots de progrès technique dans les campagnes correspondent généralement à la présence, et à l'exemple plus ou moins contagieux dans un certain rayon, d'un propriétaire-exploitant intelligent et ouvert ; il appartient en plus d'un cas à l'ancienne noblesse, émigrée ou non, dont bien des membres se sont repliés sur leurs domaines. Ainsi, la jachère perd tout de même du terrain. Mais pour que tout agriculteur se sente contraint à l'abandonner, il faudra attendre, après le renversement de la conjoncture autour de 1817, que le profit agricole se trouve gravement menacé. Les conséquences de cette évolution encore si insensible sont graves. Peu élastique, trop orientée vers l'autoconsommation familiale, la production agricole n'est en mesure ni de bien nourrir et de bien faire vivre les habitants de la campagne, ni d'éviter les disettes imputables à l'irrégularité des récoltes. Pour les autres secteurs de l'économie, les populations rurales offrent des possibilités trop limitées d'absorption des produits fabriqués. Au sortir de la Révolution de 1789, les campagnes françaises ont acquis des traits qui se lisent encore dans leurs parties les plus arriérées au milieu du xxe siècle.

Les difficultés de l'industrialisation

Le comportement de l'industrie française à l'époque napoléonienne apparaît à première vue beaucoup plus « nerveux ». Les années qui suivent la stabilisation monétaire réalisée par le Directoire ont été marquées par un nombre considérable de créations d'entreprises industrielles : ne faut-il donc pas situer autour de 1800 le premier acte de la « révolution industrielle » en France ?

C'est vrai, incontestablement, de l'industrie textile française, et particulièrement de l'industrie cotonnière — du moins aux stades de l'impression et de la filature —, donc, précisément, de l'industrie type de la révolution industrielle à ses débuts. L'indiennage, ou impression des étoffes de coton, pratiqué dans une centaine d'entreprises françaises vers 1790, compte trois fois plus d'ateliers à la fin de l'Empire ; stimulé par une consommation bourgeoise qui préfère la toile de coton à la toile de lin en même temps qu'elle trouve dans les « indiennes », ou « toiles peintes », un substitut relativement bon marché aux traditionnelles et aristocratiques soieries décorées, l'art de l'impression atteint chez Oberkampf, à Jouy, la plus haute perfection de dessins et de coloris, la plus haute technicité aussi avec l'utilisation du rouleau de cuivre que ce manufacturier a emprunté à l'Angleterre et acclimaté en France. L'important est toutefois que cette industrie de transformation et de finition soit soutenue — et dépassée en dynamisme — par les activités situées « en amont » : la filature mécanique, curiosité dans la France des années 1780, est solidement implantée dans celle de 1814. Dès le Consulat, les filatures se multiplient à Paris, centre de consommation et marché de main-d'œuvre qualifiée ; on note une trentaine de créations de l'an VII à la fin de 1805. Dans le reste de la France, toutefois, le plein essor est plus tardif, car vers 1802-1803 la concurrence des filés britanniques, dont le prix baisse constamment et dont la finesse reste imbattable, est encore très vive. En 1806, la prohibition des importations de filés, puis celle des toiles de coton d'origine britannique ou coloniale (toiles des Indes), précédant les décrets du Blocus proprement dits, donnent le départ à une industrialisation spectaculaire dans plusieurs départements, en particulier la Seine-Inférieure, le Nord, le Haut-Rhin (pour ne parler que de la France dans ses limites de 1792, à l'exclusion des départements réunis, dont certains, tels les départements belges, connaissent une poussée industrielle encore plus nette). Les indienneurs, les manufacturiers parisiens participent d'ailleurs activement à ce mouvement, se préoccupant de faire filer et tisser à façon dans les départements du Bassin parisien pour assurer leur approvisionnement ou pour profiter de conditions de salaire plus favorables hors de la capitale ; c'est le cas d'Oberkampf, de Richard-Lenoir et d'autres de moindre volée. Oberkampf lui-même adopte, d'ailleurs, finalement la solution de se transformer en une entreprise intégrée : c'est en 1806-1810 qu'il dépense 1 500 000 francs à édifier et équiper à Essonne une filature et un tissage qui rendront ses ateliers d'impression largement autonomes. Dans l'ensemble Lille-Roubaix-Tourcoing, le nombre des broches passe de 32 000 en 1806 à 177 000 en 1810. Un matériel plus moderne est utilisé, importé d'outre-Manche, ou imité tant bien que mal. A Saint-Quentin, en 1813, on file jusqu'au n° 180 ; on tisse les calicots qui remplacent désormais, pour l'impression, les toiles communes des Indes. À la fin de l'Empire, la France possède les deux tiers de la capacité de filature mécanique de l'Europe continentale, mais les traités de 1814-15 vont lui en faire perdre une partie, et de toute façon ces deux tiers ne représentent qu'un cinquième de la capacité britannique.

C'est dire que le tableau de l'industrialisation française a ses ombres. Le retard reste grand par rapport aux Anglais, en quantité mais aussi en qualité technique. L'enracinement d'une industrie textile moderne a été facilité par le Blocus, politique où se sont rencontrés la volonté napoléonienne de faire plier l'Angleterre par la guerre économique et les intérêts des cotonniers français, auxquels il a apporté la protection indispensable à l'égard d'une concurrence britannique qui aurait eu tôt fait de rayer notre industrie textile de la carte économique en l'obligeant à vendre à perte. Mais le Blocus a aussi contraint les manufacturiers français à travailler dans des conditions de prix qui eussent été insupportables autrement que dans un système très fortement protégé : la riposte britannique au Blocus interdisant en novembre 1807 aux navires neutres — et particulièrement aux Américains — d'approvisionner les ports français en matières premières : l'embargo américain de 1808 ; l'obligation de recourir aux cotons importés du Levant par voie de terre ; la taxation du coton brut à l'entrée dans l'Empire. Toutes ces circonstances font que les industriels français s'approvisionnent à des cours supérieurs de deux à quatre fois à ceux dont bénéficient leurs collègues anglais, alors qu'ils se trouvent déjà handicapés par un niveau de salaires qui est le plus élevé d'Europe. Cette cherté se répercute, naturellement, aux stades du tissage et de la finition. Elle est doublement inquiétante : d'abord, parce qu'elle ruine les manufacturiers — dans l'immédiat, par l'onéreuse constitution de stocks ; à terme, par la perspective d'une concurrence impossible à soutenir le jour où, la paix revenue, la prohibition cessera : aussi la Restauration devait-elle se trouver contrainte à rétablir bientôt un système de droits qui furent qualifiés de « blocus en pleine paix ». Ensuite, parce que la nouvelle industrie française, différant en cela d'une manière fondamentale de sa devancière du XVIIIe siècle, travaille désormais pour un marché national et intérieur. Ce marché a beau, provisoirement du moins, avoir été dilaté aux dimensions merveilleuses d'un Empire de 130 départements, prolongé par le royaume d'Italie, comment l'exploiter rationnellement si la consommation s'y trouve raréfiée par le prix même des produits offerts ?

Des pertes sans retour

Il y a plus. L'industrie cotonnière n'est encore qu'un secteur minoritaire dans l'ensemble de l'industrie française. L'industrie lainière, elle, ne commence à se moderniser que dans les grands centres manufacturiers de Normandie, du Nord et des Ardennes ; si elle se maintient à un niveau d'activité satisfaisant parce que les commandes de draps militaires affluent jusqu'à la fin de l'Empire, elle n'en souffre pas moins de la concurrence belge et, pour la draperie rurale des régions rhodanienne et languedocienne, de la fermeture des débouchés d'outre-mer. Axée sur l'exportation vers l'Europe centrale, orientale et vers les Etats-Unis, la soierie lyonnaise connaît des hauts et des bas, et, au mieux, retrouve son niveau d'activité d'avant 1789. La toilerie de lin, enfin, s'effondre littéralement en Normandie, dans le Maine et en Bretagne. Si les difficultés de la draperie et de la soierie peuvent être considérées, dans une certaine mesure, comme une aggravation par la conjoncture napoléonienne d'une crise de structure déjà sensible à la fin de l'Ancien Régime, le cas des toiles de lin se rattache plus directement à la crise mortelle du commerce maritime et colonial de la France.

L'événement majeur, du point de vue économique, et qui dépasse en importance la constatation des prémices de la révolution industrielle, c'est, en effet, l'extinction, progressive mais radicale, du grand commerce maritime — principalement atlantique —, sur lequel s'était fondée, au siècle précédent, la prospérité des façades occidentale et méridionale de la France, non pas seulement celle de Nantes, Bordeaux et Marseille, mais celle de leurs arrière-pays : des provinces entières, la moitié du royaume peut-être. Ce n'est donc pas un négoce périphérique, le vernis brillant d'une économie principalement terrienne qui a craqué et péri : c'est, comme l'a montré François Crouzet, toute une économie associée à ce négoce, industries des ports, agriculture et artisanat rural des *hinterlands;* à 200 kilomètres des ports qui se dépeuplent, des quais assoupis entre les pavés desquels pousse l'herbe, les campagnes et les bourgs entrent eux-mêmes dans le marasme économique. Arrêt des croissances urbaines, désindustrialisation et pastoralisation : des marches de l'Ouest à l'Aquitaine et au Midi méditerranéen s'esquisse un sous-développement durable qui vient de ce que la substitution d'une économie industrielle moderne à l'ancienne symbiose avec les Indes occidentales, l'Amérique hispano-portugaise, l'Europe du Nord — avec le Levant aussi, et l'océan Indien — n'a pas pu s'effectuer. Tandis que l'axe de plus grande activité économique de l'Empire français se déplaçait vers les régions d'entre Seine et Rhin, tous les facteurs géographiques et humains défavorables à la France de l'Ouest et du Midi se précisaient : éloignement, adossement à une péninsule Ibérique appauvrie et déchue, densité plus faible du peuplement, infériorité de la dotation naturelle en sols et en ressources minérales, défaut d'une élite d'entrepreneurs.

L'exemple de Bordeaux permet de suivre ce processus, qui n'a d'ailleurs pas été celui d'une chute brusque. Sauf pendant les années 1798-99, où le Directoire avait durci sa politique à l'égard de l'Angleterre, les guerres de la Révolution n'avaient pas entravé complètement le trafic portuaire, puisque les neutres — essentiellement les Américains — assuraient des relations indirectes entre les colonies françaises et leur métropole à condition de faire une escale intermédiaire dans un port britannique. De 1800 à 1807 se rétablit une semi-prospérité coupée de crises ; en 1802, par exemple — année de la paix avec l'Angleterre —, Bordeaux arma quelque 200 navires pour les colonies, chiffre comparable à celui d'une année de paix à la fin de l'Ancien Régime, et reçut 220 cargaisons coloniales, dont 90 sur des navires français ; une tendance à la reprise de la production et des expéditions s'affirmait à Saint-Domingue, tandis que dans l'ensemble des ports français et à Paris même on s'affairait à reconstituer des sociétés de commerce colonial. La rupture de 1803 avec l'Angleterre, l'échec de la reconquête de la grande île française des Indes occidentales vinrent briser beaucoup d'espoirs, dont quelques-uns se reportèrent sur le commerce avec l'île Bourbon et l'île de France. Mais le commerce indirect reprit par les neutres (Américains et Danois), comme précédemment. C'est seulement en 1807 que la situation se détériore d'une façon irrémédiable, les mesures françaises de Blocus, combinées avec les représailles anglaises décidées par les « ordres en conseil », enfin l'embargo américain rendant pratiquement impossible l'accès des ports français au trafic neutre : 121 navires américains étaient entrés à Bordeaux en 1807, 8 seulement y entrèrent en 1808. Par la suite, le système des licences de commerce ne permit que des échanges intermittents avec l'Angleterre (1809-1810, 1812). De toute façon, les solutions de remplacement n'avaient qu'une valeur économique très faible : la navigation ne se faisait plus sur des vaisseaux français, et c'était donc la mort des constructions navales (sauf les cas de l'armement en course ou en aventure) ; le commerce favorisait surtout les importations françaises de denrées coloniales et de matières premières, mais beaucoup moins les exportations, limitées généralement à des produits agricoles (blés, vins, alcools achetés par l'Angleterre, notamment), tandis que les anciennes colonies d'Amérique et les États-Unis eux-mêmes se fournissaient désormais en articles manufacturés d'origine britannique. Les marchés d'outre-mer étaient donc perdus et les industries locales condamnées à disparaître. Les raffineries de sucre de Bordeaux passèrent de 40 en 1789 à 8 en 1809. A Tonneins, la fabrication des cordages occupait 700 ouvriers vers 1780 ; en 1811, elle avait totalement disparu. Il en fut de même à Nantes pour les indiennes, jadis fabriquées pour les marchés d'outre-mer ; à Marseille, littéralement enfermée dans une Méditerranée où la maîtrise anglaise de la mer était absolue, le marasme atteignit son comble. On s'explique que la bourgeoisie des ports ait été farouchement hostile à la prolongation de la guerre et ait fourni à l'antinapoléonisme ses appuis les plus solides.

Les illusions d'un marché européen

Les exportations de produits fabriqués, qui s'élevaient dans les années 1781-1790 à une valeur moyenne annuelle de 450 millions de francs, descendent pour 1803-1812 à 355 millions. C'est dire que les marchés continentaux n'ont pas occupé toute la place laissée vacante par les marchés coloniaux. Si les États vassaux, en effet, ont été obligés de consentir une préférence parfois exclusive aux articles français, les États allemands se sont entourés de barrières douanières renforcées pour des raisons fiscales, la Russie s'est fermée aux importations françaises à la fin de 1810 : l'Europe napoléonienne demeure hérissée de protectionnismes, et les produits français rencontrent, outre les concurrences légales qui entravaient déjà leur vente avant 1789, la concurrence illégale des marchandises de contrebande — qui peuvent être aussi bien des toiles et des indiennes suisses pénétrant dans le royaume d'Italie, que les articles anglais qui continuent à circuler dans l'Empire lui-même et dans le reste de l'Europe, supportant, grâce à un prix de départ nettement avantageux, les hausses que leur imposent les détours et les risques de la clandestinité. Au surplus, les bases techniques d'un développement des échanges entre l'Empire et le reste de l'Europe font défaut. La seule liaison fluviale servant le commerce international qui soit à l'actif du régime napoléonien est la jonction du réseau de la Seine à celui de l'Escaut, et par suite le raccordement de Paris à Anvers ; mais en dehors même de l'immobilisation de ce port par le blocus anglais, il est à noter que l'Empereur n'a jamais considéré Anvers que comme une place de guerre. Projeté, le raccordement du réseau de la Seine à celui de la Sambre et de la Meuse n'a pas été réalisé. Les travaux routiers, exécutés souvent à l'économie et vite à refaire, n'ont eu de signification que stratégique. En 1813, un projet d'aménagement de la route Paris-Hambourg par Liège et Wesel choisit le tracé Laon-Hirson-Chimay, le plus court — considération essentielle pour la marche des troupes —, et sacrifie la desserte de la région industrielle — draps et forges — des Ardennes, par Reims, Rethel et Mézières. Dans la partie péninsulaire de l'Italie, les exportations de produits textiles français cheminent péniblement, dans la lenteur et l'insécurité, en direction de Rome et de Naples. Aux foires de Francfort et de Leipzig, le grand commerce français de commission, essentiellement parisien, est peu représenté. Quand en 1811-1813 Napoléon encourage l'établissement de liaisons régulières par roulage et par caravanes entre Salonique et les Provinces Illyriennes, tant pour importer les cotons du Levant que pour prendre pied dans le marché ottoman, il échoue à concurrencer sérieusement les liaisons antérieures, qui unissent Salonique à Belgrade, Pest et Vienne, et profitent à l'Empire d'Autriche : un exemple, parmi d'autres, de cette circulation de marchandises qui, au temps du Grand Empire, s'organise solidement dans le sens méridien, loin à l'est, en dehors de la ligne des douanes françaises, et véhicule la contrebande anglaise. En tout état de cause, le blocus maritime mit un frein efficace aux échanges.

La croissance industrielle française à l'époque napoléonienne repose donc essentiellement sur le marché intérieur. Des éléments favorables s'y distinguent, d'ailleurs : étendue de ce marché — on peut penser que c'est son souvenir et son exemple qui inspireront la constitution du *Zollverein;* hausse des dépenses de l'État ; hausse, sans doute, du pouvoir d'achat des agriculteurs. Ils ne sont pas suffisamment actifs pour compenser l'effet de freinage résultant de la contraction des exportations. L'avantage revient finalement à l'Angleterre, qui continue à miser nécessairement sur une croissance soutenue par l'exportation sur tous les continents, et qui, en dépit des obstacles que le Blocus continental, dans son imperfection même, lui a effectivement opposés, voit sa production industrielle doubler entre 1789 et 1815.

IV.   LA GUERRE

C'est à elle, bien entendu, qu'il faut en revenir pour rendre compte de ce grand retournement géopolitique par lequel la France, abandonnant la compétition séculaire qu'elle avait entretenue sur mer et dans les colonies avec la puissance britannique, s'est convertie à une tentative éphémère de domination directe ou indirecte du continent européen, à la fois étrangère à sa tradition, démesurée par rapport à ses moyens et génératrice de redoutables réactions nationales.

Du coup d'État de Brumaire à la paix d'Amiens (1799-1802)

Les premiers actes de politique militaire et diplomatique de Bonaparte ne portent guère d'autres caractères que ceux de l'urgence et de la liquidation : il s'agit de consolider la situation politique intérieure par la victoire, de récupérer et de faire admettre les conquêtes du Directoire, dont l'incapacité à terminer la guerre et à faire la paix avait servi de marchepied à l'auteur du coup d'État.

La France restait, au début de 1800, sous la menace d'une double invasion autrichienne. Massées autour de Gênes et en Souabe, renforcées, grâce à l'argent anglais, de contingents bavarois, les troupes impériales pouvaient déboucher en Provence et en Alsace. Laissant Masséna résister tant bien que mal en Ligurie, dotant Moreau, sur le Rhin, des moyens nécessaires à une offensive de fixation, Bonaparte prit un risque énorme en choisissant de passer en Italie par la Suisse et le Grand-Saint-Bernard avec 40 000 hommes, 6 000 chevaux et 40 canons et leurs munitions (18-20 mai). « Sans trop de respect pour notre espèce, écrit le capitaine Gervais, il ordonna de nous transformer sur-le-champ en bêtes de somme et de trait, ce qui fut effectué comme par enchantement. [...] La prédiction des habitants du pays qui avaient prévu que nous ne passerions pas fut tout à fait fausse. » Ainsi, les troupes autrichiennes d'Italie se trouvèrent prises à revers, tandis que celles d'Allemagne ne pouvaient leur envoyer aucun secours. Bonaparte se tint pour satisfait, trois ou quatre semaines plus tard, de remporter de justesse un succès à Marengo (14 juin) : insuffisante pour contraindre l'Autriche à la paix, cette bataille écartait pourtant le danger d'une offensive vers la France méridionale, et son retentissement à l'intérieur du pays remplissait exactement l'attente du Premier consul, qui avait dû, à bref délai et avec des moyens de fortune, rechercher une victoire avant tout politique. Le congrès de Lunéville, ouvert à l'automne, traîna jusqu'à ce que la victoire de Moreau en Bavière, à Hohenlinden (3 décembre), ouvrît aux Français la route de Vienne : les Autrichiens, qui voulaient éviter de traiter séparément d'avec les Anglais, et redoutaient d'avoir trop à perdre en Italie, finirent par consentir à la paix du 9 février 1801.

Le traité de Lunéville reprend en les étendant les dispositions avantageuses de Campoformio (1797). Dispositions capitales en ce qui concerne deux régions de l'Europe :

1° Au nord et à l'est de la France, le Consulat obtient la consécration des conquêtes révolutionnaires : départements belges et rhénans annexés. La réunion de la Belgique et la frontière naturelle du Rhin — de Bâle à la République batave — étaient des points sur lesquels Bonaparte était intransigeant ;

2° En Italie, l'influence française progresse, puisque, outre la confirmation de l'existence des républiques Cisalpine et Ligurienne — et, par suite, de la dépendance étroite du Piémont à l'égard de notre pays —, l'Autriche doit accepter de perdre la Toscane, qui passe à un prince de Bourbon-Parme en vertu de promesses faites à l'Espagne.

Une telle paix ne se suffisait d'ailleurs pas à elle-même. Elle orientait à l'évidence la politique française vers de nouvelles audaces : contrôle du reste de la péninsule italienne, remaniements territoriaux profonds à l'est du Rhin pour compenser les annexions sur la rive occidentale. Ainsi — on devait bien le voir dans la période qui suivit la paix d'Amiens — se dessinaient de nouvelles menaces contre l'Autriche, tête historique d'un *Reich* dans lequel Bonaparte se préparait à tailler à sa guise, et contre l'Angleterre, qui se voyait interdire le grand port méditerranéen de Livourne, relais et point de redistribution d'une partie du commerce du Levant, et ne pouvait que suivre avec inquiétude la pénétration des initiatives françaises en direction de l'Europe centrale. La logique, ou du moins l'engrenage de l'aventure napoléonienne s'aperçoit au travers de la première paix signée par le régime : Bonaparte a besoin de succès éclatants pour s'imposer à l'admiration obéissante des Français et pour garantir les conquêtes de tous ordres de la Révolution ; mais ses adversaires ne peuvent se résigner durablement aux conditions trop dures qui leur sont faites. Pour échapper à leurs tentatives de revanche, le général-consul sera entraîné à frapper de plus en plus loin et de plus en plus fort.

On n'en est toutefois pas encore là en 1801-02. En effet, l'Angleterre accepte une trêve que Bonaparte, pour sa part, est également disposé à rechercher. L'avantage de ce dernier est évident : la paix générale lui apportera l'auréole que, déjà, il se prépare à transformer en couronne. Mais pourquoi l'Angleterre cède-t-elle ? En apparence, rien ne l'y contraint absolument. Elle vient même de surmonter un certain nombre de difficultés que le Premier consul avait su lui opposer : en bombardant Copenhague, elle a découragé les États neutres de la Baltique, soutenus par le tsar Paul Ier son ancien allié, de se liguer pour résister aux exigences britanniques du droit de visite des navires marchands ; elle a guidé en sous-main l'assassinat de ce même Paul Ier, sur le point de s'entendre avec la France ; en Égypte, le hasard qui a armé la main de l'assassin de Kléber, à qui Bonaparte avait confié le corps expéditionnaire français, sert aussi les Anglais, puisque le remplaçant, Menou, est de peu de capacités, et, privé de tout secours venant de France, se fait battre et acculer à la capitulation par un débarquement anglais. Ainsi, la première année du siècle est-elle marquée par notre éviction de l'Égypte : point de départ vraiment symbolique, à nos yeux, des longues rivalités à venir. Précisément, c'est là une position de force sur le plan militaire, et particulièrement naval, qui permet à Londres de négocier honorablement, et de compenser les signes concomitants d'un affaiblissement intérieur. Outre qu'elle a perdu ses alliés continentaux, l'Angleterre doit compter, en effet, avec des adversaires intérieurs. La récolte déficitaire de 1800, aggravée par les difficultés d'importation de grains de la Baltique, suscite des troubles ruraux et urbains, tandis que s'agite l'Irlande. Voilà le moment où la fortune déclinante de Pitt cède devant celle, ascendante, de Bonaparte.

La paix d'Amiens reflète bien le profond déplacement, au terme de dix ans de guerre, de l'équilibre de la puissance française. Celle-ci s'est effondrée sur mer et outre-mer : si l'Angleterre restitue à la France la Martinique, la Guadeloupe, les comptoirs de l'Inde, Saint-Domingue est en fait définitivement perdue, et l'Égypte, évacuée, est rendue à l'Empire ottoman. En revanche, la France fait reconnaître par l'Angleterre, après l'Autriche, sa position prédominante en Europe. Mais est-ce là un triomphe diplomatique bien satisfaisant ? La France n'est pas en état de recouvrer ses positions coloniales, et l'Angleterre n'est pas résignée à voir Bonaparte s'assurer le contrôle de régions de plus en plus étendues du continent.

La reprise de la guerre avec l'Angleterre et la marche à la guerre générale (1803-1805)

Dès la conclusion des préliminaires de paix, à la fin de 1801, la navigation commerciale lointaine avait retrouvé des conditions à peu près normales et les ports français, sortant d'une demi-torpeur, avaient songé à reprendre les armements pour l'Amérique et pour l'océan Indien. En même temps, Bonaparte avait mis en route une expédition vers Saint-Domingue, sous le commandement de son beau-frère le général Leclerc, afin de contraindre à la soumission le chef noir Toussaint Louverture, qui avait proclamé l'indépendance de l'île. Cette expédition n'était qu'une pièce d'un plus vaste projet de restauration du commerce atlantique de la France ; contre la promesse de l'État toscan pour un prince de la famille des Bourbons, Bonaparte avait obtenu de l'Espagne en 1800 la rétrocession de la Louisiane, dont les dimensions étaient alors celles d'une partie du bassin du Mississippi-Missouri. La création d'une grande colonie française sur le continent nord-américain n'aurait sans doute pas rencontré l'assentiment des Américains, qui avaient, au moins autant que les Anglais, profité de l'éclipse du commerce français dans cette partie du monde. De toute façon, elle ne fut pas menée à bien, mais, au contraire, précipitée dans le néant par l'échec de la reconquête de Saint-Domingue : à la fin de 1802, Leclerc avait accompagné 28 000 de ses hommes dans la mort (21 000 du fait de la maladie, 7 000 du fait des combats, sur un effectif total de 35 000). Cette entreprise, note le mémorialiste. Norvins, « signala sous les feux des tropiques aussi cruellement l'avènement de Napoléon que les glaces de la Russie signalèrent sa décadence ». Après une négociation menée par le diplomate James Monroe, le président Jefferson racheta la Louisiane pour 60 millions de francs (mai 1803). Dans l'océan Indien, l'envoi du général Decaen à l'île de France n'eut guère de portée non plus. Dès 1803, la reprise de la guerre avec l'Angleterre, alors que la France ne dispose pas d'une flotte, assez nombreuse, ni assez entraînée ou convenablement commandée, porte condamnation définitive des projets du Consul comme des espoirs des bourgeoisies portuaires.

Tels quels, ces projets ont certainement inquiété l'Angleterre — moins, toutefois, que les conséquences tirées par Bonaparte d'une paix qui semblait lui laisser les mains libres en Europe. En premier lieu, la paix n'apporta pas aux Anglais le rétablissement normal des courants d'échange avec le continent, c'est-à-dire, du point de vue britannique, la négociation d'un nouveau traité de commerce analogue à celui de 1786 : le libéralisme avait été répudié, depuis 1791, au profit d'un retour au protectionnisme dont la Constituante avait pris l'initiative. Il ne manquait pas, dans la haute administration, de partisans d'un tel retour au libéralisme : Chaptal, dont la compétence englobait l'ensemble des affaires économiques ; Coquebert de Monbret, agent commercial français à Londres ; Cambacérès lui-même. Sous réserve de certaines protections, une telle politique douanière eût peut-être exercé une influence tonique sur l'industrie française, tout en facilitant le maintien de la paix avec l'Angleterre. C'est dans la même inspiration que devaient puiser des projets ultérieurs, d'un modernisme audacieux et qui n'eurent aucune suite, tel que celui de profiter du Blocus continental pour réaliser une union douanière entre la France impériale et ses vassaux et alliés. Ce fut, de toute façon, la tendance inverse qui prévalut : trop de fonctionnaires se souvenaient du rôle de la crise industrielle aux origines de la Révolution de 1789, trop d'industriels du textile, et notamment de cotonniers, étaient farouchement partisans de la protection pour que le Premier consul ne se laissât aisément convaincre de reprendre, de 1803 à 1806, une politique d'élévation des tarifs, frappant notamment, et d'une façon de plus en plus forte, les produits coloniaux ne provenant pas directement des colonies françaises, les filés puis les toiles de coton. Ainsi, dès le printemps de 1806, six mois avant le fameux décret de Berlin, en était-on déjà arrivé à un blocus de fait, une tarification écrasante équivalant à la prohibition. L'Angleterre réagit très vite à cette politique mercantiliste traditionnelle — qui du côté français ne s'était pas encore chargée de toute la signification d'une guerre économique sans merci, comme ce sera le cas à partir de 1806-07 — en reprenant pour sa part la politique de blocus maritime, appliqué d'abord aux bouches de l'Elbe et de la Weser (pour répondre à l'occupation du Hanovre), puis aux ports français de la mer du Nord et de la Manche.

En second lieu, la paix fut compromise par l'inquiétante politique allemande de Bonaparte, qui était de nature à dresser contre lui non seulement l'Angleterre, pour des raisons politico-économiques évidentes, mais aussi l'Autriche, qui sentait venir son exclusion hors d'Allemagne et le coup de grâce pour les institutions impériales, et également la Russie, qui prétendait depuis quelques décennies au contrôle des affaires allemandes. Sous le prétexte d'indemniser les princes et les États lésés et dépossédés par l'annexion de la rive gauche du Rhin à la France, Bonaparte procéda, en effet, par le recès de 1803, à un très profond remaniement territorial qui, par les concentrations opérées, équivalait à créer, entre une Autriche vaincue et une Prusse d'ailleurs très largement dédommagée, une « troisième Allemagne » de petits et moyens États qui constituaient, en fait, de possibles clients de la France. La troisième coalition (1805) que Pitt réussit à constituer contre celle-ci devait reposer sur le désir des puissances continentales de contraindre l'Empereur à renoncer à l'organisation d'une « Allemagne française » — et même, dans le cas de l'Autriche, d'abolir les concessions de 1797 et de 1801 qui l'avaient chassée des Pays-Bas et de l'Italie.

L'intention de Napoléon Bonaparte était d'en finir, semble-t-il, une bonne fois pour toutes avec l'Angleterre au moyen d'un débarquement qui aboutirait à chasser le gouvernement et à faire bénéficier les îles d'un régime comparable à celui de la France, grâce à quoi s'établirait enfin entre les deux peuples une certaine compatibilité : « Le monde est assez grand pour que nos deux nations puissent y vivre. » Mais l'exécution du débarquement supposait sa protection par l'ensemble des forces navales françaises et espagnoles, dans une Manche préalablement débarrassée des escadres anglaises. De là les manœuvres complexes de l'été de 1805, qui aboutirent à l'écrasante défaite de Trafalgar. Avant même que celle-ci ne fût connue de l'Empereur, qui s'impatientait du retard avec lequel ses navires risquaient de se présenter sur le théâtre des opérations, il décida d'abandonner ses projets et de retourner l'ensemble des forces de la Grande Armée vers l'Europe centrale. Leur concentration sur les côtes françaises avait-elle, d'ailleurs, jamais eu d'autre objectif réel que d'intimider l'Angleterre et de la convaincre de traiter à nouveau ? Quoi qu'il en soit, le dispositif militaire français devait nécessairement se reconvertir pour répondre à la menace des troupes autrichiennes, une fois de plus entrées en Bavière. En octobre 1805, quand reprend la guerre générale, c'est selon les conditions voulues par les adversaires de la France.

D'Austerlitz à Tilsit (1805-1807)

Mais Napoléon dispose alors d'un instrument militaire encore excellent ; il est en pleine possession de ses moyens personnels. La troisième coalition va être disloquée, et la quatrième à son tour, par une demi-douzaine de succès français qui, pour avoir été acquis dans des conditions de plus en plus difficiles, n'en forment pas moins le faisceau le plus glorieux de l'histoire militaire impériale.

L'hiver de 1805-06 est sans doute le plus désastreux de l'histoire de l'Autriche. Successivement, elle perd à Ulm une armée contrainte à la capitulation, et à Austerlitz une bataille engagée avec ses dernières forces, et celles de ses alliés russes, sur le terrain choisi par Napoléon. La paix de Presbourg, qui consacre cet effondrement, ouvre la voie à un formidable élargissement de la politique allemande de l'empereur des Français. Celui-ci, reprenant une tradition deux fois centenaire de la diplomatie française, en profite, en effet, pour installer au cœur de l'Allemagne du Sud un État relativement puissant : la Bavière, parée du titre royal, agrandie du Tyrol, d'Augsbourg, de Nuremberg, sauvée de l'invasion et peut-être de l'annexion autrichienne par des troupes françaises qui peuvent se vanter d'être venues « assurer l'indépendance du corps germanique ». Le Wurtemberg devient aussi un royaume ; le grand-duché de Bade accède à l'électorat ; tous trois se trouvent liés par des alliances matrimoniales à la famille Bonaparte. Un grand-duché de Berg est créé sur la rive droite du Rhin, dans la région de la Ruhr. Divers autres États de l'Allemagne rhénane et moyenne sont invités (une invitation qu'appuie la présence de la Grande Armée, maintenue en Allemagne) à constituer une Confédération du Rhin, dont les membres souverains sont détachés de l'Empire germanique et placés sous la protection de Napoléon — qui, bientôt, ne verra plus en eux que des fournisseurs de contingents (63 000 hommes). C'est dans le champ de cette Confédération que va s'exercer le plus nettement, sans contrainte pour autant, le rayonnement des institutions sociales et administratives de la France révolutionnaire et impériale.

La première moitié de l'année 1806 paraît bien, avec le recul, avoir été cruciale. La négociation s'engage avec l'Angleterre, où Pitt vient de mourir, et avec la Russie. Elle échoue. Les successeurs de Pitt — Canning, en particulier — montreront bientôt qu'ils ne lui cèdent en rien quant à la tranquille volonté de vaincre à tout prix. Le blocus maritime des côtes européennes s'étend désormais de Brest à l'Elbe. Quant au roi de Prusse, il refuse d'être placé à la tête d'une Confédération de l'Allemagne du Nord, et prend finalement la décision d'entrer dans la guerre aux côtés de la Russie.

La constitution de la Confédération du Rhin avait contraint François II à abandonner le titre d'empereur d'Allemagne pour celui d'empereur d'Autriche. La double victoire française d'Iéna-Auerstaedt oblige Frédéric-Guillaume III à dépouiller l'ombre glorieuse de Frédéric II. Tous les mythes — les plus anciens, et d'autres plus récents — s'évanouissent devant la progression des armées napoléoniennes. Elle met aussi Napoléon en possession des côtes de la mer Baltique, la plus fréquentée par le commerce britannique. Ainsi, l'occupation de Berlin par les troupes françaises est bientôt suivie par le décret qui, ripostant au blocus maritime anglais, déclare l'Angleterre en état de blocus depuis les côtes de l'Europe. Ainsi se trouve annoncée — mais non encore inscrite dans la réalité — une nouvelle forme de guerre : la guerre économique à outrance, dont Napoléon fait choix pour contraindre à capituler son adversaire le plus irréductible.

L'effondrement de la Prusse porte à son extension maximale l'influence de la France au-delà du Rhin. Comme il avait dressé la Bavière sur les dépouilles de l'Autriche, Napoléon grandit la Saxe, bientôt accrue d'un « grand-duché de Varsovie », résurrection très partielle de l'ancienne Pologne, en dépouillant la Prusse. Celle-ci perd aussi, à l'ouest de l'Elbe, tout ce qui va constituer le royaume de Westphalie. La Confédération du Rhin s'étend jusqu'à l'Oder et à la Vistule. Le roi de Prusse payait les frais de la guerre.

Restait à vaincre la Russie. La campagne de Prusse orientale, dans l'hiver de 1806-07, ressemble après coup à une répétition de la funeste campagne de Russie de 1812 : déjà il a fallu à Napoléon tenir compte des distances, des difficultés à faire vivre les hommes et les chevaux sur le terrain conquis, de la nécessité de poursuivre l'adversaire pour lui imposer la bataille destructrice. Pour la première fois, l'Empereur paraît avoir été frappé par le coût de la gloire en vies humaines ; après Eylau, il écrit à Joséphine (14 février 1807) : « Ce pays est couvert de morts et de blessés. Ce n'est pas la belle partie de la guerre ; l'on souffre et l'âme est oppressée de voir tant de victimes. » Friedland (14 juin 1807 : l'anniversaire de Marengo) est plus conforme à la légende ; l'armée russe est cette fois en déroute. Trois semaines plus tard, deux empereurs, Napoléon et Alexandre, concluent à Tilsit une paix où les arrangements les plus réalistes se mêlent aux projets les plus grandioses et aux déclarations d'amitié les plus inattendues. Le réalisme est d'avoir fait payer tous les frais par la Prusse, cruellement amputée ; seule une paix légère à la Russie pouvait lui faire accepter l'extension de l'influence française jusqu'en Europe orientale. L'utopie est d'avoir cru — ou feint de croire ? — que la Russie aiderait sérieusement à l'universalisation du Blocus, alors que l'Angleterre était son premier partenaire commercial, ou qu'un hypothétique partage de l'Empire ottoman dédommagerait véritablement la Russie du formidable recul d'influence auquel elle venait de consentir en Europe. Tel quel, l'accord ouvre une période brève — un an à peine — qui est bien celle du véritable apogée de la puissance française.

Napoléon chef de guerre

L'éclat de sa gloire militaire, la facilité des succès accumulés jusqu'en 1807 tendent à estomper les caractères propres du génie guerrier du général Bonaparte et de l'Empereur. Dans le domaine militaire comme dans le domaine civil, Napoléon est avant tout l'homme de son temps, plus solidaire de traditions fort anciennes qu'anticipateur de la guerre moderne — mais, bien sûr, jouant avec une virtuosité exceptionnelle des instruments à sa portée.

Solidaire d'un passé proche, Napoléon chef de guerre l'est par tout ce qu'il a puisé dans les théoriciens du XVIIIe siècle : Guibert (*Essai général de tactique*), Bourcet (*Principes de la guerre de montagne*), du Teil (*Usage de l'artillerie nouvelle*) et bien d'autres, dont le Règlement militaire de 1791 faisait la synthèse. Solidaire d'une vieille tradition de commandement, il l'est aussi dans la mesure même où la conduite de la guerre reste, dans les premières années du XIXe siècle, un art avant tout — dans l'exercice duquel les qualités personnelles du général comptent plus que l'application de règles strictes ou l'utilisation de moyens techniques complexes. « L'art de la guerre est un art simple et tout d'exécution ; il n'a rien de vague ; tout y est bon sens, rien n'y est idéologie. [...] Les généraux en chef sont guidés par leur propre expérience ou par le génie. [...] Ce n'est pas l'armée romaine qui a soumis la Gaule, mais César. » On pourrait multiplier les citations de Napoléon qui attestent sa conception personnelle et empirique de l'art militaire. On s'explique ainsi l'isolement de Napoléon Bonaparte comme chef de guerre : toutes les décisions s'élaborent dans le secret d'une seule tête ; les états-majors n'ont à remplir aucune des fonctions qu'on leur assigne aujourd'hui : leur rôle est de simple transmission, au moment même de l'action ; Berthier a admirablement incarné l'officier d'état-major de ce temps, reflet passif de l'inspiration de son maître, dépourvu de toute initiative.

D'une façon empirique, Napoléon Bonaparte a toujours considéré que chaque bataille se présentait comme un ensemble de données originales. Néanmoins, il a toujours agi selon un certain nombre de principes dont l'application, il est vrai, s'est trouvée subordonnée à la liberté d'action plus ou moins large dont il disposait lui-même. Une campagne doit être selon lui rapide et décisive : Napoléon est l'homme des guerres de quelques semaines, bien adaptées à la mobilité de troupes peu chargées en matériel, ainsi, d'ailleurs, qu'au resserrement des moyens financiers ou aux difficultés d'approvisionnement à longue distance et de ravitaillement sur place. La décision s'obtient au moyen d'une bataille imposée à l'ennemi au terme de manœuvres destinées à disperser ses forces et sur un terrain soigneusement choisi, dans laquelle il convient d'engager le maximum d'effectifs : « L'art de la guerre consiste à se trouver en nombre supérieur sur le point où l'on veut combattre. » Action de surprise, coup de force : encore faut-il emporter le succès — et pour cela savoir garder en réserve des hommes et des canons pour l'attaque décisive — puis l'exploiter par la poursuite : « Vaincre n'est rien, il faut profiter du succès. » La guerre napoléonienne est une guerre de mouvement et de vitesse : tout y dépend de la qualité des jambes et des routes. La bataille napoléonienne est affaire de coup d'œil, d'évaluation, de gymnastique intellectuelle.

L'instrument dont disposait Napoléon Bonaparte a sensiblement évolué en quinze ans, plus sans doute que la conception même de la guerre. Ayant pris, de fait, depuis le Directoire, la forme d'une armée de métier, il est revenu à une forme proche de l'armée nationale de la Révolution lorsque la conscription a pris toute son ampleur, dans les années 1808-1814, pour perdre, enfin, une partie de ce caractère lorsqu'en prévision de la campagne de Russie l'Empereur a fait largement appel à des contingents étrangers. L'alourdissement progressif des effectifs, l'ampleur des entreprises guerrières ont fait naître des problèmes techniques inédits, qui n'ont pas reçu à l'époque de solution satisfaisante : ce sont ceux qui, aujourd'hui, sont traités par les responsables de la logistique. L'équivalent de leur action se trouve déjà chez le comte Daru, conseiller d'État, intendant général de la Grande Armée puis ministre, administrateur exigeant et de franc-parler qui avait la confiance totale de l'Empereur ; ayant participé sous le Consulat à la formation du train d'artillerie, il se voit confier l'organisation des marches et du ravitaillement lors du retournement de l'armée à la fin de 1805 ; plus tard, il crée le train des équipages, reçoit l'administration du Trésor de guerre, fait des prodiges en pays occupé pour nourrir et équiper hommes et chevaux. Le changement d'échelle de l'armée et celui de la guerre elle-même nécessitèrent d'autres innovations, notamment l'organisation d'armées ou corps d'armée distincts et autonomes : Napoléon, qui avait pourtant donné à l'École spéciale militaire, créée en 1802, installée à Saint-Cyr en 1808, un statut durable, devait se heurter ici à la rigidité de son propre système, dans lequel tout reposait sur un homme.

Le Blocus continental : théorie, pratique et répercussions

Après Tilsit, Napoléon se trouve en mesure de tourner tous ses efforts contre l'Angleterre. C'est le moment où le Blocus continental entre réellement en application. Les soldats de la Grande Armée prennent position sur les côtes septentrionales de l'Europe ; une armée française traverse le nord de l'Espagne pour aller occuper Lisbonne ; les décrets de Milan (nov.-déc. 1807) viennent renforcer celui de Berlin en précisant l'interdiction du commerce par l'intermédiaire des neutres. Au début de 1808, l'Angleterre s'inquiète sérieusement du recul de ses exportations : si elle se trouvait un jour réduite à son seul marché intérieur, comment son industrie s'adapterait-elle à une telle contraction ? Pourtant, Napoléon ne réussit pas à fermer complètement l'Europe. Au nord, la Suède se refuse à appliquer le Blocus. Le Danemark s'y est rallié, mais l'Angleterre, par un audacieux coup de main, a réussi à capturer sa flotte. La péninsule italienne est bien gardée, car le royaume de Naples est français depuis 1806, et les États pontificaux sont annexés en 1809, mais les côtes de l'Espagne restent perméables. C'est à propos de l'Espagne, précisément, que vont se nouer les contradictions. « Certain que je n'aurai de paix solide avec l'Angleterre qu'en donnant un grand mouvement au continent, écrit Napoléon le 27 mars 1808, j'ai résolu de mettre un prince français sur le trône d'Espagne. » Mais l'entreprise suppose que la Grande Armée, de nouveau, effectue une gigantesque conversion, vers la péninsule Ibérique cette fois, et du même coup dégarnisse les côtes de l'Europe du Nord, sur lesquelles va s'organiser une florissante contrebande de marchandises prohibées, à partir de bases comme Héligoland ou Göteborg, et avec la connivence d'autorités trop complaisantes. D'autre part, la guerre d'Espagne s'engage hors de la présence et du commandement effectif de l'Empereur : l'été de 1808 est marqué de deux revers — Bailén et Sintra —, dont la portée militaire relativement réduite est infiniment dépassée par le retentissement psychologique, particulièrement dans les pays germaniques et en Autriche. Enfin, l'intervention française en Espagne, dont le départ a été l'exclusion de la dynastie légitime, donne naissance à une puissante réaction de nationalisme populaire. Napoléon ne peut compter ici sur les sympathies que les principes français pourraient mettre de son côté : les phénomènes de classe, pour l'heure, ne jouent pas. Le phénomène national les dépasse. Une situation analogue se reproduira en Russie et, dans une plus faible mesure, dans les pays allemands et autrichiens. C'est là une nouveauté capitale, sans doute mal perçue par l'Empereur.

L'année 1809 est marquée par un nouvel infléchissement des conditions de la lutte franco-anglaise. D'une part, l'Autriche tente une seconde fois de prendre sa revanche — soutenue comme toujours par les subsides britanniques, encouragée par le refroidissement des relations franco-russes, stimulée par le sursaut populaire espagnol, dont les dirigeants de la monarchie habsbourgeoise tentent de susciter l'équivalent par une ample action de propagande officielle autour de l'idée de la restauration du *Reich*, patrie historique et mystique d'une nation grand-allemande encore à naître. D'autre part, à partir du printemps de 1809, les nécessités économiques françaises conduisent l'Empereur à accorder — ce que des considérations d'ordre fiscal, on l'a vu, lui dictent par ailleurs — des licences pour le commerce avec l'ennemi. Désormais, le Blocus oscille entre deux conceptions. Certes, le souci de contrôler directement la plus grande longueur de côtes possible apparaît bien encore dans la paix imposée à l'Autriche après la nouvelle défaite subie par elle à Wagram : ce qu'elle perd, cette fois, ce sont ses côtes adriatiques. L'année suivante, Napoléon s'empara du royaume de Hollande, avant d'annexer les côtes de l'Allemagne jusqu'à Hambourg. Mais, d'un autre côté, en 1810, trois décrets — Saint-Cloud, Trianon, Fontainebleau —, tout en réprimant sévèrement la contrebande, étendent le système des licences et reviennent à la méthode de la taxation draconienne pour un certain nombre de produits, en encourageant, de ce fait, l'importation.

De la démesure à l'échec (1812-1814)

Que la conception initiale du Blocus soit, toutefois, restée constamment présente à l'esprit de l'Empereur, c'est ce qui paraît évident dans sa décision d'aller forcer la Russie sur son propre sol à respecter les principes de la prohibition des marchandises anglaises. Molé a pu dire de Napoléon qu'il avait été un homme de génie incapable de voir où étaient les limites du possible. A quoi Napoléon répond lui-même dans le *Mémorial de Sainte-Hélène* : « Si j'avais réussi, j'aurais été le plus grand homme de l'histoire. » De fait, la campagne de Russie a mobilisé une armée d'une ampleur telle que les conditions techniques du temps ne pouvaient que trahir Napoléon. Mais on peut aussi penser que s'il avait pu, à la bataille de la Moskowa, remporter le succès décisif, mener la bataille de destruction qu'il recherchait, l'Angleterre aurait sans doute connu des jours beaucoup plus sombres que ceux des deux crises qu'elle traversa au cours du Blocus (1808 et 1811).

Les relations franco-russes s'étaient lentement détériorées depuis qu'en 1808 Napoléon et Alexandre avaient à l'entrevue d'Erfurt réaffirmé leur alliance. Le soutien russe avait été d'une évidente mollesse lors de la guerre de 1809 avec l'Autriche. En 1810, Napoléon avait préféré à une négociation incertaine avec la cour de Saint-Pétersbourg un mariage rondement conclu avec une archiduchesse autrichienne. A la fin de cette même année, la prohibition des importations françaises par la Russie avait été décidée. Tandis que celle-ci s'inquiétait de l'éventuelle reconstitution d'une grande Pologne sur son flanc occidental, Napoléon tolérait mal l'avance que son illustre allié prenait en direction de Constantinople à l'occasion d'une nouvelle guerre avec la Turquie. Dès 1811, Napoléon était décidé à la guerre et avait entrepris méthodiquement la constitution d'une nouvelle Grande Armée — la troisième, après celle de 1805 et celle de 1809 — et la préparation de ses bases de ravitaillement en Allemagne et en Pologne. Il semble bien que la première cause de l'échec de la guerre contre la Russie ait résidé dans un mauvais calendrier. Commencée trop tard dans la saison, la campagne traîna en longueur parce que Napoléon dut poursuivre un adversaire qui se dérobait au combat ; par la suite, il perdit encore du temps à Moscou, où son séjour fut, du point de vue stratégique, un véritable temps mort. L'hiver survint, précoce ; mais le climat en lui-même ne joua sans doute qu'un rôle accessoire. Le second écueil fut plutôt l'impossibilité de ravitailler au retour une armée en retraite à travers un pays qui avait quelques mois plus tôt été soumis à la tactique de la « terre brûlée », et que parcouraient au surplus les troupes ennemies ; les chevaux morts de faim, la troupe se trouva ralentie ou paralysée. En troisième lieu, Napoléon se heurta, en Russie comme en Espagne, à une forme de guerre à laquelle son armée était mal préparée : nombreuses furent les pertes imputables au harcèlement par les cavaliers cosaques ou par les auxiliaires paysans.

L'année 1813 fut vraiment celle de la crise du système napoléonien. Le Blocus perdit rapidement de son efficacité avec la réouverture de fait des côtes de la Baltique aux marchandises anglaises. L'influence politique de la France en Allemagne s'effondra avant même qu'elle ait pu ramener ses soldats à l'ouest du Rhin, puisque l'empereur d'Autriche, après de longues hésitations et une tentative de négociation, rejoignit le camp des adversaires de son gendre, tandis que le roi de Prusse allait jusqu'à lancer un appel à l'insurrection « nationale », tentant d'élargir en guerre de libération de l'Allemagne ce qui n'était, au vrai, pour lui qu'une guerre de restauration territoriale et dynastique. La situation devenait du même coup fort complexe en Europe centrale : la crainte de voir se reconstituer une Prusse puissante et intervenir une Russie promue par sa victoire de 1812 au rang d'arbitre européen, fut pour beaucoup dans la décision de François II, l'empereur d'Autriche, et de son chancelier Metternich, de rentrer en lice aux côtés des plus forts, afin d'avoir son mot à dire — et de sauvegarder le plus possible, d'ailleurs, du système d'États intermédiaires constitué par Napoléon, système en fait favorable aux intérêts de l'Autriche. Enfin, sur le plan militaire, si Napoléon réussit à reconstituer, au prix d'un effort de mobilisation sans précédent des jeunes classes, une armée nombreuse (mais inexpérimentée), il ne réussit pas à ressaisir la victoire. Partout où il fut présent personnellement, à Lützen, à Bautzen, à Dresde, il remporta encore de beaux succès ; mais à la grande bataille de Leipzig, en octobre, il succomba sous le nombre, victime, au reste, de la tactique de convergence des forces sur l'ennemi qu'il avait lui-même toujours adoptée. Ce désastre sans précédent contraignit les armées françaises à se replier sur le territoire national, désormais menacé par la progression résolue des Alliés, ce qui ne s'était pas produit depuis quatorze ans. En même temps s'accomplissait l'évacuation de l'Espagne, sanctionnée par la victoire anglaise de Wellington à Vittoria.

Avec les premiers mois de 1814 et le franchissement du Rhin par les Prussiens, les Russes et les Autrichiens s'ouvre une crise nationale, que le renouvellement constant des victoires et le renforcement continu du pouvoir auraient pu faire croire impossible. L'approche des troupes des puissances absolutistes, synonyme de contre-offensive du féodalisme européen, mettait à la disposition de Napoléon un capital d'énergies populaires dont il usa militairement — l'abandon et la trahison n'ont pas effleuré la conscience de ses troupes, même aux jours de la défaite finale —, mais non point politiquement, tant la conception qu'il se faisait de son pouvoir l'écartait de toute forme révolutionnaire de gouvernement, dont l'organisation aurait pu, dans l'imminence des périls, se concevoir. En revanche, le retour de fortune subi par l'Empereur encouragea contre lui les forces d'opposition latentes, ou longtemps désarmées. C'est l'heure du divorce entre l'Empereur et les notables qu'il avait installés dans son propre régime tout en les muselant ; et, même, l'heure de la solidarité défaillante jusque dans les rangs de la famille impériale ou de l'aristocratie militaire. « Je ne sache pas de corps qui doive s'inscrire dans l'Histoire avec plus d'ignominie que le Sénat », dira Napoléon à Sainte-Hélène, quelques mois après sa seconde abdication. Joseph, après avoir perdu l'Espagne, se préoccupe davantage de hâter la paix que de défendre la capitale. Les maréchaux sont las de la guerre. Napoléon, lui, paraît — après avoir donné dans la campagne de Russie des signes de fatigue physique et d'indécision — en pleine possession, à nouveau, de ses dons stratégiques. Il reste des trois mois de la campagne de France de 1814 le souvenir d'une éblouissante démonstration de ce que l'on peut faire, avec une centaine de milliers d'hommes, face à un ennemi progressant en ordre dispersé et sur un territoire hostile. Démonstration qui a permis de retarder au maximum cette progression au cours d'une série de victoires en Champagne et dans la Brie, mais qu'est venue abréger l'ouverture des portes de la capitale, sur les arrières de l'Empereur. Cette fois, ce n'est plus à l'influence française en Europe que vont s'attaquer les vainqueurs : c'est aux annexions révolutionnaires et au régime lui-même.

Napoléon après Napoléon

Un an à peine après la première abdication, le plus puissant souverain de l'Europe, devenu principicule de l'île d'Elbe, devait tenter de rétablir sa position personnelle et celle de la France — qu'il se refusait de considérer comme distinctes — au cours de l'épisode des Cent-Jours. La première Restauration, entre-temps vécue par la France, lui permit alors de se présenter au pays sous un profil différent de celui qu'on lui connaissait avant la défaite.

C'est en soldat de la Révolution qu'il débarque au golfe Juan. Au peuple français, il affirme : « Dans mon exil j'ai entendu vos plaintes et vos vœux : vous réclamiez ce gouvernement de votre choix qui est seul légitime. » A l'armée, il lance : « Arrachez ces couleurs que la nation a proscrites, et qui pendant vingt-cinq ans servirent de ralliement à tous les ennemis de la France! Arborez cette cocarde tricolore ; vous la portiez dans nos grandes journées... Reprenez ces aigles que vous aviez à Ulm, à Austerlitz, à Iéna... » Sa propre interprétation du « vol de l'aigle » insiste sur le soutien assuré du peuple et de l'armée : « Si l'Empereur eût accepté et secondé le mouvement de la population, il fût arrivé à Paris avec un million de paysan... L'Empereur arriva aux Tuileries environné par une foule immense d'officiers, de paysans... » Mais Napoléon a-t-il vraiment changé en un an ? A Sainte-Hélène, en 1816, il dira : « J'aurais été franchement le monarque de la constitution et de la paix, comme j'avais été celui de la dictature et des grandes entreprises. » En fait, il préféra tenter d'amadouer les notables en confiant à Benjamin Constant le soin de rédiger un « acte additionnel aux Constitutions de l'Empire » qui élargissait le rôle de la représentation nationale, plutôt que de faire revivre les spectres de l'an II : mauvais calcul, qui ne pouvait réussir auprès d'une bourgeoisie qui n'éprouvait nul désir de faire l'expérience d'une variante du régime déchu. Quant à la paix, eût-il réellement renoncé comme il le disait « aux idées du grand Empire » qu'elle n'eût pas dépendu de lui, mais des Alliés, à qui la restauration napoléonienne était absolument insupportable. L'empereur rentré à Paris se trouva donc, comme quinze ans auparavant, placé devant l'obligation d'une campagne victorieuse : or, ce fut Waterloo. « Journée incompréhensible! Concours de fatalités inouïes! [...] Singulière campagne où, dans moins d'une semaine, j'ai vu trois fois s'échapper de mes mains le triomphe assuré de la France et la fixation de ses destinées! » On ne saurait mieux avouer que d'un bout à l'autre de la carrière du dictateur et du conquérant la guerre était restée le ressort essentiel et fragile d'un régime d'exception.

Moderne César, ou moderne Alexandre, Napoléon Ier n'a donc fondé ni une dynastie ni une forme politique durables. Qu'on se garde de conclure pour autant qu'il ait passé comme une comète, sans laisser d'empreinte dans le ciel. Son importance est d'avoir dressé un barrage que les défaites de 1814-15 elles-mêmes n'ont pas pu bousculer, contre le reflux de l'ancien ordre social — et l'on n'abordera pas ici l'immense problème de la commotion révolutionnaire communiquée, sur son initiative, à presque toute l'Europe. L' Empire fut le régime transitoire à travers lequel la Révolution s'enracina en France. Mais, d'une façon plus positive, l'Empereur a laissé derrière lui un héritage politique et mental qui entrera en composition dans toute l'histoire de la France contemporaine, héritage dont l'élaboration se poursuivra au-delà de 1815 en même temps que prendra forme et s'enrichira la légende napoléonienne : la permanence de l'attachement des Français aux valeurs guerrières, à la personnalisation de l'autorité, au goût de l'égalitarisme tempéré par celui des hiérarchies, doit sans doute beaucoup à l'auréole de la gloire impériale.

la France romantique
et bourgeoise

1815-1848
Face à la défaite, au retour des Bourbons et des émigrés,
au gouvernement des notables,
la nostalgie de la liberté et de la gloire.

La monarchie constitutionnelle que la France a connue de 1815 à 1848 lui apporta d'abord la paix.

Tandis que persiste l'ancien régime économique, qui recule lentement devant l'économie nouvelle, illustrée par les filatures mécaniques, les chemins de fer et les banques, la bourgeoisie, minorité agissante, héritière des acquisitions révolutionnaires et gardienne de ses revendications, conquiert peu à peu un pouvoir que l'aristocratie voulut encore lui interdire sous la Restauration. C'est au sein de la bourgeoisie que s'incarne le libéralisme, que prennent naissance des habitudes politiques nouvelles, que s'élaborent les idées neuves.

Contre cette ascension bourgeoise, les réactions proviennent moins des autres groupes sociaux — en dépit des premières révoltes d'un prolétariat qui prend lentement naissance, mais qui reste tourné vers le passé — que des aspirations intellectuelles et artistiques refusant les compromissions du présent. La France bourgeoise et la France romantique sont les deux faces opposées d'une même société qui cherche son équilibre entre l'ordre et la liberté, société à prépondérance rurale et société pénétrée peu à peu par la dynamique industrielle, société hiérarchisée à relations interpersonnelles et société à relations fonctionnelles.

Le développement de la bourgeoisie, servie par l'usage des libertés et par le libre jeu des initiatives individuelles, contribue à l'expansion économique, mais celle-ci aggrave les antagonismes sociaux en même temps qu'elle fait craquer les structures sociales et mentales d'une population encore en majorité rurale. La lenteur de l'évolution économique — qui fait hésiter à parler pour la France de « révolution industrielle », même vers 1840 — contraste avec l'effervescence du mouvement des idées et du mouvement politique. La tradition révolution-naire, la centralisation napoléonienne, le développement du régime représentatif à partir de la Charte ont contribué à renforcer le rôle de Paris, qui bouscule les hiérarchies, change le régime en 1830 et en 1848, conteste par ses journaux, par ses écrivains, par ses députés, les gouvernements en place, mais consacre aussi la puissance des nouvelles catégories dirigeantes et s'identifie à la force croissante de l'État. Ainsi Paris s'affirme la capitale révolutionnaire d'une France soucieuse de stabilité.

I.   LA RESTAURATION

La lassitude de la guerre et la diplomatie des Alliés attisée par les intrigues des hauts dignitaires du régime impérial, comme Talleyrand, avaient été les principaux agents de la restauration des Bourbons en 1814. Après la seconde Restauration, en 1815, la tâche de Louis XVIII était plus difficile ; la France connaissait une défaite plus complète, des conditions de paix plus dures, l'occupation d'une partie de son territoire. La faillite de la première Restauration avait exaspéré les royalistes, et l'intermède des Cent-Jours avait réveillé les divisions d'une opinion où sommeillaient encore les souvenirs de l'époque révolutionnaire.

L'établissement du régime constitutionnel

Louis XVIII rentra le 8 juillet 1815 à Paris avec un gouvernement présidé par Talleyrand. Il lui fallut d'abord imposer partout l'autorité de ses ministres et de leurs agents ; les commissions extraordinaires envoyées en province furent supprimées, le Conseil d'État réorganisé, l'université impériale maintenue, la Chambre des pairs épurée. Une contribution extraordinaire de 100 millions sous forme d'emprunt sur les plus riches devait permettre de subvenir aux besoins financiers les plus urgents.

La Charte hâtivement rédigée au début de la première Restauration avait reconnu, en dépit d'affirmations de souveraineté rappelant les anciens temps, les principales acquisitions de la législation de la Constituante : l'égalité civile, les libertés publiques (avec des limitations), la propriété des acquéreurs de biens nationaux étaient confirmées. Elle consacrait aussi la réorganisation de la société par le Consulat en maintenant le Code civil et en faisant bénéficier le nouveau régime des instruments de la centralisation impériale. La Charte établissait une monarchie constitutionnelle sans aucun caractère parlementaire ; le roi avait des pouvoirs très étendus et pouvait même se passer des Chambres en ayant recours à l'article 14, qui lui permettait de légiférer par ordonnances dans des circonstances exceptionnelles.

A côté de la Chambre des pairs, composée de membres nommés par le roi ou héritiers du siège, la Chambre des députés n'était que médiocrement représentative. Les députés tenaient leur pouvoir de la Charte, donc du roi ; ils étaient élus selon un régime censitaire très restreint : un peu moins de 100 000 électeurs (payant au moins 300 F d'impôt) élisaient des députés qui devaient avoir au moins quarante ans et payer 1 000 F d'impôt. Sur des données aussi imprécises et précaires allait se développer néanmoins le gouvernement représentatif, au point que l'utilisation de l'article 14 entraîna finalement la chute du régime. Cette évolution constitutionnelle résulta plus de l'évolution sociale et de l'interprétation que de la lettre de la Charte ; rien ne la laissait prévoir en 1815.

La Contre-Révolution en 1815

En renouant avec la tradition révolutionnaire pendant les Cent-Jours, Napoléon avait provoqué par sa seconde abdication la victoire de la Contre-Révolution. Celle-ci apparaît partout dans le pays : exaspérées par le retour de l'île d'Elbe, des bandes royalistes, utilisant de vieilles rancunes, soulèvent la population contre les bonapartistes dans le midi de la France, à Marseille, à Avignon où le maréchal Brune est massacré par la foule, à Nîmes où les catholiques persécutent les protestants. Quand les autorités royalistes interviennent, elles sont aussi menacées, et le général Ramel est assassiné à Toulouse en voulant protéger des bonapartistes.

Dans le gouvernement, le ministère Talleyrand-Fouché, qui avait assuré le retour de Louis XVIII, prit prétexte des dures conditions imposées par les Alliés pour se retirer. En fait, ce ministère de transition était dirigé par des hommes trop équivoques pour enrayer la Terreur blanche et pour être supportés par les ultraroyalistes. Ces derniers voyaient dans la Charte une concession aux idées nouvelles, c'est-à-dire à la Révolution, et lui reprochaient de limiter le pouvoir du roi. Ils prenaient appui sur le frère de Louis XVIII, le comte d'Artois, le futur Charles X. Maîtres des élections en août 1815, ils étaient 350 sur 398 dans ce que Louis XVIII appela, non sans ironie, la « Chambre introuvable ». Ils comptaient parmi leurs chefs le comte de Villèle, venu de Toulouse ; le comte de La Bourdonnaye, un ancien officier de l'armée des Émigrés à Coblence ; le vicomte de Chateaubriand, qui écrivit l'étude la plus hostile au régime constitutionnel en 1816, *De la monarchie selon la Charte*. Ils s'inspiraient de la philosophie traditionaliste du vicomte de Bonald, concevant la société composée de groupes hiérarchisés, depuis la famille jusqu'à l'État. Le clergé et les notables ruraux donnaient aux ultras le poids de leur influence incontestée ; dans les villes du Midi, le petit peuple des artisans et des boutiquiers suivait les chefs royalistes qui avaient constitué à la fin de l'Empire tout un réseau de sociétés secrètes ; la plus importante fut celle des Chevaliers de la foi, établie sous le couvert d'une association religieuse, la Congrégation.

Les ultras firent pression sur le gouvernement pour obtenir la destitution de nombreux hauts fonctionnaires ou généraux ; les conventionnels régicides furent exilés, des conseils de guerre condamnèrent à mort les généraux qui s'étaient ralliés à Napoléon pendant les Cent-Jours ; pour le même motif, le maréchal Ney fut condamné à mort par la Chambre des pairs et fusillé le 7 décembre 1815. Dès le 31 octobre, une loi de sûreté générale suspendit la liberté individuelle ; des tribunaux spéciaux — les cours prévôtales — furent établis, près de 70 000 suspects arrêtés, et une vaste épuration atteignit le quart des fonctionnaires. Ils furent souvent remplacés par des nobles anciens émigrés.

La Contre-Révolution triomphe aussi dans la position internationale de la France, l'une des premières puissances à adhérer à la Sainte-Alliance. Le choix du duc de Richelieu, le 24 septembre 1815, pour succéder à Talleyrand et à Fouché avait été une nouvelle preuve de l'influence de la Russie, d'où revenait ce grand seigneur.

La Chambre des députés trouvait, cependant, que le ministère n'était pas assez favorable aux ultras ; sûre de son influence, elle se fait l'avocat du gouvernement représentatif avec Vitrolles, réclame le contrôle du gouvernement et la remise de l'administration locale aux grands propriétaires et au clergé. Elle voudrait une loi électorale qui élargisse le corps électoral pour neutraliser les voix de la bourgeoisie, soupçonnée de sympathie pour les idées révolutionnaires, dans une plus grande masse de voix rurales. Les journaux ultras, les seuls à paraître, font le procès des ministres. La réaction contre tout ce qui rappelle la France nouvelle issue de 1789 embarrasse le ministère et inquiète les Alliés, qui redoutent un nouveau renversement des Bourbons.

Par la dissolution de la Chambre introuvable le 5 septembre 1816, Louis XVIII, par réalisme plus que par goût personnel, mettait un terme à tous les espoirs de retour à l'Ancien Régime. Pourtant, la majorité ultra, tout hostile qu'elle fût aux idées libérales, avait infléchi l'application de la Charte de façon irréversible dans le sens du gouvernement représentatif.

Les forces de restauration

Partout, dans l'Europe de 1815, la Contre-Révolution, victorieuse de Napoléon, s'appuie sur une aristocratie foncière soucieuse de se réserver le marché national des subsistances, et sur la défense d'une tradition fondée sur l'union du trône et de l'autel.

L'Église

La tradition catholique donnait son fondement à la tradition monarchique et à la tradition familiale. La réaction religieuse, commencée dès l'époque napoléonienne, accentue donc le caractère contre-révolutionnaire. L'Église catholique, en 1815, n'est pas seulement une force religieuse, son clergé aspire à retrouver l'organisation et l'influence sociale dont il avait été privé depuis vingt-cinq ans.

Aux retours individuels à la foi religieuse — dont Chateaubriand avait été le plus prestigieux exemple à la fin du siècle précédent — se substitue la fiction officielle d'un État et d'un pays tout entiers catholiques. Ainsi, l'influence spirituelle de l'Église est mise au service non seulement d'un régime, mais aussi d'une tendance politique ; c'est en cela qu'apparaissent dans la vie politique française, de façon simultanée et complémentaire, le cléricalisme et l'anticléricalisme.

La situation matérielle du clergé s'améliore ; les églises et les bâtiments ecclésiastiques sont remis en état, le traitement des prêtres est augmenté ; dans les séminaires, le nombre des boursiers est multiplié en vue de favoriser le recrutement du clergé ; une nouvelle génération de jeunes et nombreux prêtres apparaît dans l'Église de France sous la Restauration ; leur formation intellectuelle est médiocre, mais, sous l'impulsion d'un épiscopat souvent aristocratique, des Pères de la foi (le nom sous lequel réapparaît la Compagnie de Jésus, tolérée sans être autorisée) et des Missions de France de l'abbé Rauzan, un très gros effort est entrepris pour réveiller la vie religieuse. Les missionnaires s'adressent à la sensibilité populaire, entraînent souvent la ferveur des femmes, prêchent un Dieu sévère, usent de la peur de l'enfer. A leur arrivée ils interdisent les bals et les spectacles, avant leur départ ils multiplient les cérémonies de réparations pour les outrages de l'époque révolutionnaire à l'encontre de la religion et aussi à la mémoire de Louis XVI et des victimes de la Terreur. Aussi leur passage rallume-t-il souvent les querelles à peine apaisées de l'époque révolutionnaire, ou provoque un enthousiasme qui tourne plus à l'agitation politique qu'à la conversion morale. Des associations pieuses doivent entretenir ce zèle ; des sociétés de bonnes œuvres, des réunions de piété associent à l'action du clergé des jeunes gens ou des adultes issus le plus souvent des classes supérieures de la société.

Auprès des classes populaires, c'est par les écoles que l'Église pouvait le mieux exercer son influence, mais le nombre des Frères de la doctrine chrétienne est insuffisant, et la scolarité reste faible dans les régions rurales. Pour les paysans, qui forment la majorité de la population, la messe et le sermon du dimanche restent, dans les départements de l'Ouest surtout, la principale ouverture sur la société.

L'aristocratie

Sur le monde paysan, la noblesse n'a pas perdu tout prestige, et le curé du village est encore souvent sous la dépendance tacite du châtelain. Sans caractère juridique, la noblesse, authentique ou fausse, n'en garde pas moins une existence sociale, mais son influence s'exerce d'autant mieux qu'elle peut joindre à la tradition d'un nom et d'une famille l'usage d'une fortune foncière. La confirmation de la noblesse d'Empire, les nombreux anoblissements qui récompensèrent, sous la Restauration, les dévouements aux Bourbons pendant l'époque précédente, la multiplication des titres usurpés par les cadets de familles authentiquement nobles, les usages abusifs et trompeurs de la particule « de » ont reconstitué une aristocratie dont les membres les plus récents ne sont pas les moins intransigeants sur les prétentions nobiliaires.

La tradition familiale reste très forte dans le milieu aristocratique ; elle contribue à projeter une vision idéalisée du passé (et du passé le plus lointain) sur le présent ; elle entretient d'autant plus l'horreur de la Révolution que la période révolutionnaire a le plus souvent assombri l'histoire familiale des nobles par l'arrestation, l'émigration, voire l'exécution d'un ou de plusieurs membres.

L'épopée napoléonienne avait enlevé à la noblesse son prestige le plus traditionnel, celui des armes. Mais à partir de 1815 les nobles, et notamment les anciens émigrés, pénètrent dans l'État, au Parlement et dans l'administration. La Chambre des pairs semble avoir été conçue pour eux, et ils forment 54 p. 100 de la Chambre introuvable ; la députation est uniquement composée de nobles dans neuf départements.

L'implantation de la noblesse dans l'administration préfectorale ou financière, dans la magistrature (où elle reprend une tradition d'Ancien Régime adaptée à une législation nouvelle), a d'autant plus de force que la centralisation administrative continue à progresser pendant toute la Restauration.

La noblesse joue aussi un rôle important dans la vie sociale et littéraire ; elle donne le ton à la mode, anime le mouvement romantique à ses débuts, s'entiche du vicomte d'Arlincourt (bel exemple de noblesse et de talent usurpés). Mais son influence comme la plupart de ses revenus viennent surtout de la domination qu'elle continue à exercer sur le monde rural par l'importance de sa propriété foncière, à une époque où, Stendhal le notera, jamais la grande propriété n'a été plus florissante.

L'économie agraire

Le monde paysan, qui a bénéficié dans certaines régions, comme le Nord ou l'Alsace, de la vente des biens nationaux, connaît une très grande diversité, caractéristique d'un pays qui, en l'absence de communications modernes, reste encore à unifier. Toutefois, le château reste le centre politique et social dans presque toute la France ; prédominants parmi les grands propriétaires, les nobles n'ont pas seulement reconstitué souvent leur domaine, ils l'ont rendu plus homogène. Influents au Parlement, ils contribuent à faire voter une législation favorable à l'agriculture ; la loi du 16 juillet 1819 établit l'échelle mobile sur les grains qui protégeait la production française contre l'entrée des blés d'Odessa. Les nostalgies mercantilistes occupent les esprits des grands propriétaires producteurs de blé autant que des manufacturiers ; la fonte au bois, encore dominante en France, associe pour sa fabrication possesseurs des grands domaines forestiers et maîtres de forges, parmi lesquels on trouve encore de nombreux nobles.

Les forces de progrès

Après tant d'années d'oppression et de conformisme de la pensée, l'époque de la Restauration connut une effervescence culturelle, restreinte à un milieu limité par l'étroitesse de la formation intellectuelle, mais encouragée par la liberté de penser dont la France apprit peu à peu à user après la dissolution de la Chambre introuvable.

La pensée scientifique

Le développement de la pensée scientifique s'était poursuivi sans trop subir le contrecoup des bouleversements politiques. La France apparaît jusqu'en 1840, avec l'École polytechnique, le principal foyer des études mathématiques. Leur méthode s'applique d'abord à la mécanique et à l'astronomie, puis à l'ensemble des sciences physiques. Elle s'étend aussi aux sciences naturelles, qui dépassent, aussi bien avec Lamarck qu'avec Cuvier, le stade des compilations de nomenclature pour aborder l'analyse méthodique de la substance vivante et des lois qui assurent les fonctions de la vie. Il n'est pas jusqu'aux phénomènes sociaux et moraux qui ne soient perçus par le nombre, à la suite de l'esquisse par Laplace de la théorie des probabilités et des applications, ensuite, de Charles Dupin.

Les études scientifiques, de plus en plus liées à l'évolution des techniques, n'apparaissent plus comme une activité d'amateur ou un complément des spéculations philosophiques. Elles deviennent un facteur essentiel du progrès matériel ; bien que l'aide aux grands établissements, inaugurée par la Révolution, soit quelque peu ralentie après 1815, la production scientifique est favorisée à Paris par de grandes institutions comme l'Académie des sciences, le Collège de France, le Muséum d'histoire naturelle ; elle est appuyée par les éléments les plus dynamiques de la bourgeoisie d'affaires, les Perier, les Delessert, et par l'opinion publique éclairée représentée par des revues libérales comme *le Mercure* ou *la Minerve*. Rompant avec la métaphysique, la science s'efforce de faire prédominer l'expérience ; la rupture avec les traditions, à laquelle concourent le libéralisme naissant et le romantisme à des titres divers, ouvre la voie à l'initiative individuelle.

Le libéralisme

Le libéralisme donne une justification doctrinale à la primauté accordée à l'initiative individuelle ; il s'agit, en fait, d'un état d'esprit plus que d'une idéologie. Il repose sur une interprétation de la liberté conçue en fonction de l'autonomie individuelle. Il s'est façonné à la fois contre la dictature révolutionnaire ou napoléonienne et, après 1815, contre les théories ultraroyalistes. Il est pénétré d'influences étrangères et protestantes que l'on retrouve chez Guizot et chez Benjamin Constant : « Le but des Modernes — écrit ce dernier en 1819 — est la sécurité dans les jouissances privées, et ils nomment liberté les garanties accordées par les institutions à ces jouissances » ; ces garanties, la pensée libérale croit les trouver dans des institutions politiques visant davantage, sous la Restauration, la protection de l'activité individuelle que l'organisation du pouvoir, et dans une situation économique et sociale résultant du libre jeu des initiatives individuelles à un moment où commence à s'opérer un renouvellement des techniques, commerciales d'abord, puis industrielles.

La défense des libertés individuelles est surtout le fait de la bourgeoisie, dont elles ont favorisé l'émancipation. C'est encore Benjamin Constant qui a le mieux exprimé ce caractère de « juste-milieu » en écrivant : « Par liberté, j'entends le triomphe de l'individualité, tant sur l'autorité qui voudrait gouverner par le despotisme, que sur les masses qui réclament le droit d'asservir la minorité à la majorité. »

Paris

La Contre-Révolution s'était appuyée sur la province, mais c'est Paris qui donne le ton et la puissance. La place de Paris n'est pas seulement exceptionnelle par son importance démographique avec ses quelque 700 000 habitants au début de la Restauration, sans comparaison avec Marseille ou Lyon, qui dépassent à peine 110 000 âmes. La richesse s'y concentre sous toutes ses formes ; c'est la ville lumière, ses écoles, ses académies, ses écrivains et ses journaux, qui tiennent davantage des revues que de nos quotidiens actuels, en font un foyer intellectuel et culturel qui rayonne en dehors même de la France. C'est à Paris que naissent les créations littéraires et artistiques, les découvertes scientifiques, les théories politiques qui s'élaborent autour de l'application de la Charte. Mais Paris a encore son cadre d'Ancien Régime, surtout dans les quartiers du centre et de l'est, qui accueillent le plus d'immigrants venus des départements voisins, du Nord, de l'Est, ou d'Auvergne pour la plupart. Les quartiers poursuivent leur vie originale, et nulle part les contrastes ne sont plus affirmés, bien que l'on y trouve tous les niveaux de la société, habitant parfois les étages d'une même demeure. Paris réunit toutes les forces, celles de restauration et celles de progrès, assure le gouvernement, prépare les changements et conditionne l'avenir.

L'après-guerre

La majorité des Français retrouve avec la paix la poursuite d'une vie traditionnelle qui n'est plus menacée par la crainte de la conscription. La population s'accroît sensiblement ; au lendemain de 1815 la France atteint les 30 millions de Français. La population urbaine dépasse à peine le dixième. Les paysans, qui possèdent un peu moins de la moitié du sol cultivable, représentent plus des deux tiers de la population active ; c'est encore l'Ancien Régime économique, fondé sur la prépondérance de l'économie agricole (et plus précisément sur la production des céréales) et sur l'insuffisance des moyens de transport à bas prix, qui fournit leur subsistance et leurs revenus à la majorité des Français. Les rendements sont faibles, l'alimentation absorbe plus des deux tiers des dépenses des familles populaires.

C'est sur la propriété foncière que pèsent le plus le lourd héritage des guerres et les clauses financières du traité de Paris. Or, le revenu foncier diminue au moment où les charges fiscales sont le plus lourdes ; ce fut même l'une des causes profondes de l'échec des ultras, car les conceptions agrariennes de leur politique étaient en contradiction avec la tendance de l'économie dominante.

L'indemnité de guerre imposée par les Alliés et le déficit budgétaire laissé par Napoléon contribuent à faire passer les problèmes financiers au premier rang des affaires et à donner aux banquiers une importance qui apparaît dans leur rôle politique. En 1816-17, une crise économique qui, d'Angleterre, gagne le continent et la France, opère un renversement de la conjoncture ; la baisse des prix agricoles qui s'ensuit touche à la fois l'exploitant et le propriétaire. Pour défendre la production nationale dans l'économie de concurrence qu'a ouverte le retour à la paix, le protectionnisme douanier ne suffit pas. Des défrichements, en Picardie et en Anjou, étendent les surfaces ensemencées ; dans les régions les plus riches, comme les plaines du nord de la France, des techniques agraires nouvelles , stimulées par la culture de la betterave à sucre , accroissent les rendements

L'industrie française bénéficie d'une main-d'œuvre abondante et peu chère, ce qui ne l'oblige pas — comme en Angleterre — à une mécanisation rapide. L'artisanat domine encore les principaux secteurs industriels, le bâtiment et le textile. Pourtant, sous l'impulsion d'un patronat dynamique, souvent d'origine protestante, comme à Mulhouse, quelques foyers d'industrie moderne se constituent en haute Alsace (filature de coton et impression des étoffes), dans la région de Sedan (fabrique de draps). Maisons de banque ou de commerce et manufactures restent des entreprises familiales qui tirent de leurs activités commerçantes ou industrielles un profit bien supérieur au revenu foncier. La grande bourgeoisie active, qui tient ces entreprises, a conscience de sa force et de son dynamisme et supporte mal les prétentions de la noblesse ultra à dominer la société. Son désir de voir l'État sauvegarder la libre initiative individuelle la rallie à une application libérale de la Charte.

L'interprétation constitutionnelle de la Charte

Sous le ministère du duc de Richelieu, qui obtint dès 1818 l'évacuation du territoire par les armées alliées d'occupation, les partisans des principes de 1789 et ceux qui tenaient pour acquise la reconstruction de l'État à l'époque napoléonienne s'appuyaient sur le pouvoir du roi ; les plus actifs parmi eux formaient le petit groupe des « doctrinaires », sans appui dans les Chambres, sans doctrine précise malgré leur surnom, mais soucieux d'adapter les institutions aux circonstances et à l'état social de la France. Avec Royer-Collard, Camille Jordan, Guizot, ils exercent une influence sur plusieurs ministres, sur Laîné, le ministre de l'Intérieur du duc de Richelieu, puis sur le comte de Serre, garde des Sceaux, et sur Decazes, ministre de la Police puis de l'Intérieur, qui domine le gouvernement bien qu'il ne soit en titre président du Conseil que quelques mois en 1819-20. Ils font triompher leurs idées avec la loi Laîné du 8 février 1817 ; contre les ultras, réclamant avec Villèle des élections à deux degrés et un abaissement du cens électoral, les doctrinaires défendirent l'élection directe en un seul collège par département, réunissant au chef-lieu tous les électeurs âgés de trente ans et plus, et payant au moins 300 francs de cens (patente comprise). Ce mode de scrutin favorisait la bourgeoisie, puisque les électeurs des campagnes devaient se déplacer pour voter.

La Chambre des députés, dont les membres étaient élus pour cinq ans, se renouvelait par cinquième chaque année. Dès 1817, la première application de cette loi est défavorable aux ultras et permet, au contraire, à un petit groupe de quelque 25 libéraux, qu'on appelle alors des « indépendants », de former une gauche, qui inquiète les ministres les plus modérés. La loi militaire Gouvion-Saint-Cyr, votée le 12 mars 1818, organise les conditions de recrutement par volontariat et par tirage au sort, avec la possibilité de remplacement qui sera maintenue jusqu'en 1872, ce qui satisfait la bourgeoisie ; elle règle aussi l'avancement des cadres, ce qui mécontente les ultras, car désormais un noble ne peut plus entrer directement dans l'armée comme officier.

Le refus de Decazes de s'associer à une modification de la loi électorale provoqua en décembre 1818 une crise ministérielle et le retrait imprévu du duc de Richelieu. Sous la présidence nominale du général Dessolles, Decazes, qui par son intelligence et la souplesse de son caractère avait acquis les faveurs du roi, pratiqua une politique opportuniste ; arrivé au pouvoir par la grâce royale, il chercha à s'y maintenir avec l'appui de la gauche. La suppression du ministère de la Police est un symbole de l'orientation libérale du nouveau ministère ; la destitution de préfets ultras remplacés par d'anciens fonctionnaires impériaux, la nomination de 60 nouveaux pairs qui renverse, en faveur des constitutionnels, la majorité de la Chambre des pairs et met fin aux demandes de révision de la loi électorale, le souci du développement des intérêts matériels et d'une bonne gestion financière assurée par le baron Louis rallient au gouvernement la bourgeoisie. Mais ce sont surtout les lois de Serre sur la presse en mai-juin 1819 qui consacrent l'orientation libérale du ministère. Désormais, les délits de presse (dont le nombre est réduit) sont soumis au jury composé de propriétaires plus indépendants que les magistrats des tribunaux correctionnels ; une simple déclaration suffit pour fonder un journal, avec toutefois une limitation financière, le dépôt d'un cautionnement plus ou moins élevé selon les villes et un impôt du timbre proportionnel au tirage. Ces projets, élaborés par le duc de Broglie, Barante et Guizot, ont permis un développement de la presse politique, qui fonde la vie politique française sur les relations étroites entre la presse et les élections, toutes les deux exprimant l'opinion publique. Ainsi sont formées les bases de la vie parlementaire, avant même que son fonctionnement ne soit assuré par les institutions. À Paris, mais aussi en province, se multiplient les journaux, qui profitent plus à la droite ultra et à la gauche libérale qu'au ministère.

Decazes et les doctrinaires voulaient aussi étendre le régime représentatif aux institutions locales, et ils songeaient à introduire le système électoral dans le recrutement des conseillers municipaux et des conseillers généraux. Mais les élections de 1819 amenèrent Decazes à donner un coup d'arrêt à cette politique. Ce renouvellement partiel en septembre fut marqué par un recul très sensible non seulement des ultras, mais aussi des candidats ministériels au profit de la gauche, qui enleva près des deux tiers des sièges ; l'élection à Grenoble de l'ancien conventionnel et ex-évêque constitutionnel Grégoire fit scandale tant restait grande la hantise de tout ce qui rappelle la Terreur. Dès lors, Decazes, ralliant le comte de Serre, est converti à l'idée de réviser la loi électorale, ce qui le sépare des ministres les plus libéraux et des doctrinaires et l'oblige à prendre la présidence en novembre 1819. Les vains efforts de Decazes pour présenter un remaniement de la loi électorale qui pourrait satisfaire les ultras ne font que soulever la bourgeoisie libérale. C'est dans cet état d'inquiétude de l'opinion que survient, dans la nuit du 13 au 14 février 1820, l'assassinat du duc de

Berry, le seul neveu du roi susceptible d'assurer la continuité de la dynastie.

Cet acte criminel d'un isolé, coïncidant avec le développement depuis quelques mois en Europe d'un mouvement révolutionnaire, provoqua l'effroi des milieux politiques et ruina les efforts tentés depuis cinq ans pour établir un régime constitutionnel modéré. Le roi, sous la pression de son frère, le comte d'Artois, et des ultras, est obligé de sacrifier Decazes, malgré la rupture de ce dernier avec les libéraux. Tandis que le duc de Richelieu constitue le 20 février un nouveau ministère, il n'y a provisoirement plus de place dans la vie politique française entre Contre-Révolution triomphante et gauche libérale qui se fait révolutionnaire avant de s'effacer ou de se renouveler.

L'échec du mouvement révolutionnaire (1820-1822)

La réaction qui suivit l'assassinat du duc de Berry rallia de nombreux opposants à des solutions illégales et violentes, devant l'inefficacité des réclamations en faveur des libertés individuelles ou publiques. A Paris, de jeunes manifestants, élèves des grandes écoles ou des facultés de droit et de médecine, jeunes avocats et jeunes employés de commerce, réunis devant le palais Bourbon, ovationnent les députés libéraux ou conspuent les orateurs de la droite. La mort d'un étudiant, Lallemand, tué le 3 juin par un garde-royal, développe une agitation que l'armée réprime. A Rennes, à Grenoble, à Caen, à Toulouse se déroulent des manifestations bruyantes. La censure fait disparaître les journaux les plus hostiles ; mais les pamphlets, comme ceux de Paul-Louis Courier, les chansons, comme celles d'Émile Debraux et de Béranger, circulent plus aisément malgré les tracasseries policières. La mort de Napoléon, en mai 1821, rallie une partie des libéraux à la légende napoléonienne ; bonapartistes, anciens républicains et jeunes libéraux exploitent contre le gouvernement de Richelieu ou de Villèle et contre la Sainte-Alliance le culte de Napoléon, présenté désormais par eux comme le défenseur des peuples et devenu l'expression populaire du sentiment national.

L'opposition violente s'organise en sociétés secrètes. Sous l'impulsion de Bazard, un jeune commis d'octroi, de jeunes républicains entrèrent en relation avec le général La Fayette et des notabilités ultra-libérales comme Voyer d'Argenson ou Manuel. Ceux-ci les rapprochèrent d'officiers bonapartistes partisans de conspirations militaires à la manière du soulèvement des officiers de Cadix ou des *carbonari* napolitains. L'avortement d'une conspiration fixée au 19 août 1820 — seuls des comparses furent arrêtés — permit à la droite, en grossissant·le péril révolutionnaire, de se renforcer aux élections suivantes, mais aussi fit sentir aux partisans du mouvement révolutionnaire la nécessité d'une organisation qu'ils trouvèrent dans la Charbonnerie. Organisée d'abord par des jeunes républicains (étudiants ou employés de commerce), elle comprend aussi des avocats (comme Barthe ou Mérilhou), des médecins, des professeurs comme Dubois, Jouffroy, des industriels même comme Kœchlin, de Mulhouse. Elle est composée de petits groupes, les « ventes » ; on en trouve surtout à Paris, dans l'Est et dans l'Ouest. En 1822 il y en aura dans 60 départements ; à leur tête, une vente suprême couronne l'organisation, animée par un comité plus restreint dont La Fayette est le chef, mais l'élément le plus actif est formé par des jeunes, tels Bazard, Trélat, qui poussent à l'action insurrectionnelle.

Il y a divergence entre les chefs nationaux et les ventes locales, pressées d'agir. Seuls les plus exaltés s'offrent à prendre la tête d'insurrections, qui échouent, à Saumur, à La Rochelle, à Colmar, à Belfort. Il y eut de nombreuses arrestations et douze exécutions, parmi lesquelles celles du général Berton, du colonel Caron et des quatre sergents de La Rochelle, jugés et exécutés à Paris le 21 septembre. La répression n'atteignit pas les députés de l'extrême gauche, dont on ne put démontrer la compromission dans le mouvement.

L'échec de l'action révolutionnaire provoqua la dislocation de la Charbonnerie et la liquidation de l'élément bonapartiste qui avait joué le rôle essentiel dans les conspirations. Les *pronunciamientos* militaires n'auront pas de prise sur l'évolution politique française. La lente reconstitution d'une opposition parlementaire ou légale s'appuya sur une nouvelle génération bourgeoise et libérale.

L'interprétation conservatrice de la Charte

L'assassinat du duc de Berry, l'agitation étudiante dans plusieurs grandes villes, les conjurations manquées permirent aisément au ministère et aux ultras de dénoncer une vaste conspiration révolutionnaire et d'obtenir d'une opinion inquiète les moyens d'assurer le triomphe des forces conservatrices. Le 28 mars 1820, une loi avait suspendu la liberté individuelle des individus soupçonnés de complot ; le 30 mars, la presse avait été à nouveau soumise à l'autorisation préalable et à la censure ; le 30 juin, enfin, une nouvelle législation électorale établit un double vote en faveur des plus imposés de chaque département (des grands propriétaires, souvent nobles). Ces mesures, l'épuration qui sévit dans l'armée, dans l'administration et dans l'université, l'exploitation du sentiment monarchique à la faveur de la naissance d'un fils posthume du duc de Berry, le duc de Bordeaux, surnommé « l'Enfant du miracle », contribuèrent à donner la victoire aux ultras et aux plus conservateurs lors des élections de novembre 1820. Louis XVIII et le duc de Richelieu durent ouvrir le ministère à deux chefs ultras, Villèle et Corbière, qui firent évoluer le gouvernement vers la droite sans que celle-ci fût satisfaite. Mal soutenu par Louis XVIII, vieillissant, désabusé, s'abandonnant de plus en plus à l'influence de son entourage, critiqué ouvertement par le comte d'Artois, désapprouvé par l'Adresse de la Chambre des députés, Richelieu se retira le 13 décembre 1821.

Avec le nouveau gouvernement formé sous l'impulsion du comte d'Artois, Villèle aux Finances, Corbière à l'Intérieur, le duc de Montmorency aux Affaires étrangères, c'était, en fait, le règne de Charles X qui commençait (Louis XVIII ne mourut que le 16 septembre 1824). Le comte de Villèle devait se maintenir pendant plus de six ans à la tête du gouvernement, sans toutefois s'imposer à son parti, qui le trouvait trop modéré. Pendant ce ministère, le plus long du régime, s'affirmèrent néanmoins la restauration du rôle international de la France et le renforcement de l'État.

La restauration diplomatique

Soucieux d'une politique de prestige qui placerait la France à la tête de la Contre-Révolution, décidés d'autant plus à une intervention française contre les libéraux espagnols que toute action de la Sainte-Alliance en Espagne devrait passer par le territoire français, les ultraroyalistes veulent aller rétablir l'autorité de Ferdinand VII. Au congrès de Vérone, en dépit de l'élimination de Montmorency, favorable à l'intervention à laquelle Villèle était hostile, Chateaubriand, nouveau ministre des Affaires étrangères, soutenu par une majorité parlementaire, engage la responsabilité de la France et pousse le gouvernement à rompre avec l'Espagne libérale à la fin janvier 1823. L'intervention des troupes françaises sous le commandement du duc d'Angoulême, un neveu du roi, est présentée comme une entreprise nationale et non comme une opération de la Sainte-Alliance. Les troupes pénètrent aisément jusqu'à Madrid (le 23 mai) et, après la prise du fort du Trocadéro le 31 août, s'emparent de Cadix et libèrent Ferdinand VII, qui procède à une répression sanglante. En dépit de l'opposition acharnée des députés libéraux (c'est à cette occasion que Manuel fut expulsé de la Chambre), les ultras, dominant la majorité et le gouvernement, exploitent ce succès facile des armées françaises au moment des élections générales de 1824 ; c'est la « Chambre retrouvée », dans laquelle siègent à peine 20 opposants libéraux, tandis que plus de la moitié des députés sont des fonctionnaires, soumis aux directives gouvernementales. Sans menace à gauche, Villèle n'a plus à craindre que le mécontentement des « pointus », les plus excessifs des ultras, auxquels le renvoi de Chateaubriand du ministère donne un porte-parole dangereux devant le pays.

Le renforcement de l'État

En dépit de ses plaidoyers au début de la Restauration en faveur d'une administration décentralisée, Villèle profita de la centralisation administrative pendant son gouvernement, usa des agents de l'État comme instruments de sa politique et même étendit la tutelle de l'État sur les pouvoirs locaux. Par sa compétence financière, Villèle assura à la France les finances d'un État moderne et parlementaire auquel correspondait mal le reste de sa politique. Il établit des règles budgétaires et spécialisa davantage le budget, qui entre 1822 et 1826 devint excédentaire.

Profitant de la saine gestion de ses prédécesseurs, Villèle maintint le crédit public et la bonne tenue de la rente ; la prospérité matérielle facilitait la plus-value des impôts indirects et permit de procéder à plusieurs dégrèvements fiscaux qui soulagèrent surtout la propriété foncière. Elle permit aussi de surmonter les dépenses de caractère politique provoquées par l'expédition d'Espagne et par le milliard des Émigrés.

La réaction aristocratique

La droite, qui s'était précédemment organisée à la fois sur le plan parlementaire (la réunion Piet) et de façon occulte (les Chevaliers de la foi), présente un programme social et religieux qu'elle va chercher à imposer au gouvernement de Villèle en profitant de l'effroi que les mouvements révolutionnaires avortés avaient provoqué dans l'opinion. Au préalable, elle obtient des mesures de consolidation de sa victoire politique. Une loi de septennalité, promulguée le 9 juin 1824, assure à la Chambre retrouvée une longue durée. Réclamant des fonctionnaires une soumission étroite à ses directives politiques, le gouvernement de Villèle confie de plus en plus la magistrature et les fonctions administratives à des nobles de province, qui renforcent les cadres provinciaux de l'ultracisme. Avoir émigré sous la Révolution devient alors un titre de compétence pour occuper une fonction publique.

Redoutant la liberté d'opinion, considérée comme subversive de l'ordre social et politique, le ministère réglemente plus sévèrement la presse. Dès 1822, les procès intentés à des journaux sont soumis à des tribunaux correctionnels, plus sévères que les jurys ; les poursuites contre la presse sont facilitées par les procès de tendance qui incriminent non un article déterminé, mais l'esprit dans lequel est publié un journal ; elles menacent finalement l'existence même des journaux qui ne sont pas entièrement soumis au gouvernement.

Le gouvernement s'était ainsi donné les instruments nécessaires pour briser toute opposition afin d'exécuter son programme ; il s'agissait d'abord de consolider la prééminence de la noblesse. Celle-ci ne s'était pas résignée à la perte de ses biens, confisqués pendant la Révolution, et les détenteurs des biens nationaux s'inquiétaient de ces revendications. Villèle présenta un projet d'indemnisation des Émigrés dont les biens avaient été confisqués et vendus ; après un an de discussions, on aboutit à la loi du 28 avril 1825, qui leur donnait 30 millions de rentes (ce qui représentait un capital d'environ 630 millions et non le légendaire milliard) ; cette loi accrut la valeur des propriétés appartenant aux acquéreurs d'anciens biens nationaux ; mais les nobles usèrent assez peu de ces rentes pour racheter des terres — ce qu'avait souhaité Villèle, soucieux de renforcer la grande propriété foncière, fondement de la hiérarchie sociale. Dans le même dessein, il avait déposé en 1826 un projet de rétablissement du droit d'aînesse, qui fut écarté par les pairs. Cette politique semblait menacer le nouveau régime social issu de la Révolution.

La réaction religieuse

Cette réaction nobiliaire s'appuie sur la situation prééminente donnée à l'Église catholique. L'avènement de Charles X et le sacre solennel à Reims en mai 1825 restaurent une pompe religieuse et monarchique rappelant l'Ancien Régime et réveillant les enthousiasmes populaires. Un épiscopat de grands seigneurs domine l'Église de France et renoue avec la tradition gallicane qui donne au clergé la formation et le contrôle des consciences populaires. Mgr Frayssinous, d'abord grand maître de l'Université, puis ministre des Cultes en 1824, utilise le monopole universitaire hérité de Napoléon pour replacer l'enseignement sous l'influence religieuse ; des prêtres sont placés à la tête des collèges ; les évêques, depuis une ordonnance du 8 avril 1824, peuvent accorder l'autorisation d'enseigner et ont le droit de surveillance dans les écoles primaires. Un soin tout particulier est témoigné aux petits séminaires, dont plusieurs sont dirigés par des jésuites, bien que leur congrégation ne soit pas autorisée en France.

Les affaires religieuses compromettent la stabilité politique et contribuent au pourrissement de la majorité. Le comte de Montlosier, vieux gallican, dénonce en 1826 dans plusieurs mémoires la Congrégation et les jésuites. Le vieux noble redoute les empiétements du « parti prêtre » sur la volonté monarchique.

Villèle espérait rallier par une saine gestion financière et par la prospérité matérielle l'opinion, que pouvait lui aliéner la politique contre-révolutionnaire de sa majorité. Mais une crise agricole et commerciale, en 1827, inquiète le peuple et menace les profits de la bourgeoisie, qui accueille plus aisément la dénonciation des « prodigalités » du ministère, rendu directement responsable des difficultés financières. Six ans de politique guidée par le souci de réduire le plus possible l'héritage de la Révolution aboutissent aux élections de novembre 1827, faites contre le ministère, et à la chute de Villèle, provoquée autant par la « défection » de l'extrême droite et par les intrigues de la Cour que par l'opposition libérale. En sacrifiant Villèle, bouc émissaire dont l'impopularité laissait intact le prestige royal, Charles X va désormais assumer la responsabilité directe — après l'intermède inefficace du ministère Martignac — d'une politique contradictoire aux aspirations de la France nouvelle.

II.   LES ASPIRATIONS
         NOUVELLES

L'échec final de Villèle n'était pas seulement le contrecoup de difficultés économiques et financières ou le résultat de l'usure d'un pouvoir dont l'autorité se trouvait compromise par des pressions partisanes, il montrait l'impossibilité de tout retour à l'Ancien Régime et même de tout gouvernement allant à contre-courant de l'opinion dominante.

Entre les élections de 1824 et celles de 1827, il s'opéra, dans le corps électoral et dans le milieu encore très restreint qui formait l'opinion publique, une transformation profonde ; une nouvelle génération renouvela les idées, les sentiments, et les mots pour les exprimer.

Une nouvelle génération

Dans un livre publié en 1827, Charles Dupin, un polytechnicien qui avait introduit la statistique dans l'économie politique, député libéral de surcroît, montrait que les deux tiers de la population française étaient nés après 1789, et même que, depuis 1824, le corps électoral (ne comprenant que des hommes âgés d'au moins trente ans) était composé d'une majorité, sans cesse croissante, d'individus qui n'avaient pas encore atteint vingt ans au début de la Révolution. De cette constatation démographique, il tirait des conclusions plus générales : « Ce qui caractérise les idées de la génération nouvelle, c'est le respect pour les droits et la sympathie pour les besoins de nos forces productives et commerciales. » Le sentiment d'une mutation profonde dans la société française était ressenti par des contemporains de toute tendance. Une nouvelle génération, qui n'avait pas encore atteint l'âge légal des responsabilités politiques mais qui avait parfois participé déjà, ou du moins assisté, au naufrage de l'ancienne gauche ou aux vains efforts des doctrinaires pour concilier la dynastie et une application progressiste de la Charte, arrivait à l'âge d'homme. Tandis que les générations en place projetaient sur le présent leurs antagonismes passés, elle aspirait à la liberté sans vouloir la Terreur, à l'ordre sans l'intolérance. Non pas uniforme mais diverse, elle renouvelait les idéologies, les littératures et les politiques. Minorité dérisoire, certes, si on la compare à la masse stagnante de la population, ou même à ce qu'elle représentait dans les catégories dirigeantes ou instruites de l'époque — minorité dominante si l'on considère ses aspirations, elle fit évoluer la société, malgré les pesanteurs d'une France rurale et figée.

L'effervescence idéologique

Rejetant les conformismes, la nouvelle génération — qu'elle fréquente les facultés de droit ou de médecine, ou les comptoirs du commerce — se donne ses propres maîtres ou les choisit en dehors des consécrations officielles.

Le comte de Saint-Simon (1760-1825), précurseur du socialisme moderne, prolonge le libéralisme, non celui des économistes et des libéraux français, souvent protestants, dont l'inspiration est individualiste et moralisatrice, mais le libéralisme du xviiie siècle, celui d'Adam Smith réhabilitant la valeur du travail. Il élabore un système d'organisation de la société fondé sur l'« industrialisme », pressentant la société industrielle que la France ne connaissait pas encore. Après le *Catéchisme des industriels* (1823), qui préconise le dépérissement de l'État et veut substituer l'administration par les « producteurs » au gouvernement traditionnel, son dernier livre, *le Nouveau Christianisme* (1825), se préoccupe de réformer la religion par l'introduction d'une morale nouvelle fondée sur la recherche du bien-être ; contre la Sainte-Alliance, il réclame l'association des peuples et prévoit un Parlement européen. Ses idées influencent une élite de jeunes, polytechniciens, financiers ou savants, qui lancent en 1825 une revue, *le Producteur*, et mettent l'accent sur l'organisation du travail.

Une autre publication, *le Mémorial catholique*, lancée en 1824 par deux jeunes prêtres, Gerbet et Salinis, marque le renouvellement de la pensée traditionaliste sous l'influence de l'abbé de La Mennais. A travers l'héritage révolutionnaire, celui-ci dénonce l'individualisme ; dans l'*Essai sur l'indifférence en matière de religion*, le romantisme de La Mennais oppose la foi à la raison pour la rapprocher du consentement universel ; c'est une nouvelle contre-réforme qu'il appelle, en plaçant sa confiance dans le pape et dans le peuple.

Enfin, un troisième courant dans cette jeunesse est représenté par l'organe libéral *le Globe*, que viennent de fonder en 1824 Pierre Leroux et P.-F. Dubois, et auquel collaborent Stendhal et Mérimée ; ils sont une cinquantaine qui occuperont, dix ou quinze ans plus tard, la Chambre (comme Charles de Rémusat ou Duchâtel), la haute administration ou l'Institut (comme Sainte-Beuve). Animés par une volonté commune de liberté et de progrès, ils sont sensibles au spiritualisme éclectique de Victor Cousin et à la philosophie de l'histoire de Guizot ; partisans affirmés d'une application libérale de la Charte, ils prétendent, toutefois, « ne penser sur la parole d'aucun maître » (Rémusat). C'est d'eux que devait provenir l'idée d'une réorganisation du mouvement libéral par l'utilisation des seuls moyens légaux.

Une nouvelle sensibilité : le romantisme

Dans le domaine littéraire et artistique, la réaction qui a dominé la France après 1815 n'a pas été une restauration. Le quart de siècle précédent, prolongeant sur le plan des idées le rationalisme du XVIIIᵉ siècle et, sur le plan des formes, les règles figées du classicisme, avait provoqué un tel bouleversement des attitudes de l'homme devant la société que la Contre-Révolution ne pouvait qu'être novatrice. La réaction contre le rationalisme, à la fois révolutionnaire et classique, provoqua l'apparition d'un nouveau style et d'un nouveau langage. En France, où elle se développa plus tard, on peut cependant parler, plus qu'en Angleterre ou en Allemagne, de « révolution romantique » tant la tradition classique gréco-latine avait régné en maître absolu sur la poésie, le théâtre et les arts.

Le romantisme est d'abord un état d'âme : c'est la version nouvelle du non-conformisme dans un monde inquiet. Cette inquiétude de l'homme émancipé brusquement de ses cadres traditionnels produit une littérature d'exaltation individuelle exprimant sa nostalgie, le « mal du siècle ». Annoncée par Chateaubriand et par Mᵐᵉ de Staël, la bataille romantique n'impose pas sans tumulte les goûts nouveaux : dans la peinture d'abord, avec l'exposition en 1819 du *Radeau de la Méduse* par Géricault ; dans la littérature ensuite, par la publication des *Méditations poétiques* de Lamartine en 1820 ; plus tard, en 1830, au théâtre avec la « bataille d'Hernani », où triomphe Victor Hugo, et en musique avec la *Symphonie fantastique* de Berlioz Rompant avec les règles classiques, mêlant les genres, les cénacles romantiques élaborent théories et manifestes ; le romantique ne cherche plus son idéal dans un type humain, mais dans des principes qui expriment et expliquent la société ; ainsi, Victor Hugo, dans la Préface de *Cromwell*, en 1827, lance un manifeste de la Jeune-France rompant avec le passé.

La soif d'absolu et l'imagination romantique sont d'abord satisfaites par des explications du monde transfigurant le passé le moins connu. Le Moyen Age — sous l'influence du romantisme allemand —, le « gothique », est découvert comme une époque de foi, de fantastique, d'exaltation lyrique. Le romantisme est anti-intellectualiste et, contre la raison, retrouve la puissance du sentiment, au moment où la foi religieuse d'un La Mennais s'affirme aussi anti-intellectualiste. L'hostilité des libéraux du *Censeur européen*, de *la Minerve* et surtout du *Constitutionnel* a contribué à affirmer le caractère catholique et ultra du romantisme en France à ses débuts. Mais le refus du présent, la recherche solidaire d'une vision nouvelle du beau, du vrai, du juste amènent les romantiques à exalter la liberté dans tous les domaines de la vie. La Préface de *Cromwell* marque précisément ce passage du romantisme au libéralisme sans que pour autant cessent les liens étroits entre traditionalisme et romantisme : « La liberté dans l'art, la liberté dans la société, voilà le double but auquel doivent tendre d'un même pas tous les esprits conséquents et logiques. Nous voilà sortis de la vieille formule sociale. Comment ne sortirions-nous pas de la vieille formule poétique. » Désormais, le refus romantique du présent est tourné vers l'avenir, le poète doit être le guide des aspirations populaires ; la jeunesse pensante ou artiste semble adopter la réflexion de Stendhal : « Elle n'a rien à continuer, cette génération, elle a tout à créer ». Mais le romantisme ne s'arrête pas au libéralisme ; son non-conformisme l'amène à être révolutionnaire, démocrate, patriote et socialiste après 1830. Il pénètre le roman, l'histoire, les questions religieuses et sociales ; il répand l'idée, la conviction même, que le progrès ne s'arrête pas, qu'il avance par bond, par crise, par révolution. Il donne au socialisme utopique, à celui des saint-simoniens et plus encore à celui de Fourier, son caractère mystique et visionnaire, tandis qu'il en reçoit une inspiration donnant naissance à un romantisme populaire ou populiste illustré quelques années plus tard par Eugène Sue ou Georges Sand.

Le romantisme anime toutes les idéologies de son temps, il aggrave leur antagonisme en refusant les compromis. Il donne une vision tragique de la réalité, exagère le grotesque, ridiculise le bourgeois. Il amplifie l'horreur, celle que provoquent le choléra de 1832 comme la dureté de la répression des émeutes ; que l'on songe à l'effet de la *Rue Transnonain* de Daumier. Il contribue à la prise de conscience de la misère ouvrière.

Le romantisme développe aussi la vision épique. Chateaubriand et Victor Hugo contribuent au mouvement philhellénique, ainsi que le peintre Delacroix. L'atmosphère romantique développe les sympathies pour les Polonais après 1830 et pour les peuples aspirant à une émancipation nationale. Elle favorise surtout l'épanouissement de la légende napoléonienne ; le culte de l'Empereur, célébré par les poètes, les romanciers, les chansonniers et les peintres, traduit l'expression populaire du sentiment national.

Les insurgés de 1830, admirablement figurés par Delacroix, plus tard Barbès, pour qui plaida Victor Hugo, sont des héros romantiques. Mais la jeunesse légitimiste, qui s'ennuie dans sa province après 1830, fidèle à la duchesse de Berry — dont l'équipée de 1832 ressemble à un mélodrame —, trouve dans l'expression littéraire un refus du présent ; détournée de la politique bourgeoise du « juste-milieu », une partie de cette jeunesse ne sait que se complaire dans l'« horreur de la réalité ». Mais à la veille de 1830 la jeune génération n'a pas encore usé ses enthousiasmes. Elle ne veut plus des traditions.

La tradition impossible et la chute des Bourbons

Les jeunes libéraux, animateurs de la société « Aide-toi, le ciel t'aidera », avaient joué un rôle important dans la victoire des opposants aux élections de 1827. Celles-ci donnèrent une majorité qui, suffisante pour obliger Villèle à se retirer, ne pouvait soutenir un gouvernement cohérent menant une politique plus libérale. La tentative du nouveau ministre de l'Intérieur, Martignac, pour concilier la bourgeoisie et le gouvernement de Charles X, échoua, et le roi l'élimina.

La formation, le 8 août 1829, d'un ministère comprenant le prince de Polignac — dont le nom rappelle les erreurs de l'Ancien Régime finissant —, le comte de Bourmont, qui avait abandonné Napoléon sur le champ de bataille, et La Bourdonnaye, un des plus violents ultras, fit l'effet d'une provocation. Quand le roi ouvrit la session parlementaire, le 2 mars 1830, il menaça ouvertement les députés dans le discours du trône : « Si de coupables manœuvres suscitaient à mon gouvernement des obstacles que je ne veux pas prévoir, je trouverais la force de les surmonter... » L'Adresse par laquelle la Chambre répondait traditionnellement, au début de la session, fut une riposte : « Une défiance injuste des sentiments et de la raison de la France est aujourd'hui la pensée fondamentale de l'administration, votre peuple s'en afflige. » Elle fut votée par une majorité de 221 députés. Furieux, Charles X dissout la Chambre et fait appel lui-même aux électeurs pour qu'ils désignent les candidats du ministère. Il espérait que l'amour-propre national, flatté par une expédition punitive contre Alger, lui concilierait l'opinion des électeurs. Cette intervention, entreprise à la fin mai, correspondait au désir d'un succès militaire au nom de la morale internationale contre la piraterie barbaresque.

Les élections se déroulèrent à la fin de juin et furent même retardées jusqu'au mois de juillet à Paris et dans les grandes villes. L'opposition, qui avait fait campagne en faveur des 221 signataires de l'Adresse (qui furent presque tous réélus), revint renforcée, avec une majorité de 274 députés contre 143 ministériels. C'était le ministère et non le pouvoir du roi qui était ainsi désavoué. Néanmoins, Charles X vit dans ce résultat une rébellion contre son autorité. Le souvenir des concessions de Louis XVI, la conviction — partagée par de nombreux ambassadeurs à Paris — que l'affrontement attendu entre les forces révolutionnaires et les forces de restauration avait une signification européenne, l'annonce de la prise d'Alger (prise survenue le 5 juillet) précipitèrent la décision du roi. Les rapports adressés au ministère laissaient croire à un vaste complot ; l'apparition de journaux antidynastiques, comme *la Tribune* ou *le National*, contribuait à cette inquiétude.

Les ordonnances de Juillet et les Trois Glorieuses

Le 25 juillet, précédées d'un rapport insistant sur la menace d'une révolution, sur le rôle néfaste de la presse, accusée d'être un « instrument de désordre et de sédition », quatre ordonnances suspendent le régime constitutionnel, annulent les dernières élections, modifient le régime électoral et censurent la presse. Le recours à l'article 14 faisait figure de coup d'État ; mais l'opposition parlementaire, encore dispersée par les élections, fut d'abord consternée. Quelques députés libéraux, présents à Paris, se réunirent chez l'un d'eux, le banquier Casimir Perier, sans prendre de résolution immédiate ; le 26, ce furent des journalistes, réunis avec Thiers au bureau du journal *le National*, qui élevèrent la première protestation ; dans le même local, des électeurs parisiens tiennent réunion et envisagent le refus de l'impôt.

C'est de la réaction populaire que vint la riposte aux Ordonnances : en trois journées tumultueuses, les « Trois Glorieuses », le 27, le 28, le 29 juillet 1830, l'émeute parisienne devenait révolution, forçait Charles X à l'abdication et chassait sa dynastie. La jeunesse des écoles et les ouvriers typographes encadrent les rassemblements populaires, grossis par des ouvriers, dont les ateliers ont même fermé aux premiers troubles ; parfois même leurs patrons ont promis de leur payer leur journée s'ils vont manifester. Des barricades s'élèvent dans les quartiers est de Paris, le faubourg Saint-Marceau, le faubourg Saint-Antoine, les portes Saint-Denis et Saint-Martin. La nomination de l'impopulaire maréchal Marmont à la tête des troupes avait aggravé le mécontentement ; il fallut retirer les bataillons et laisser les insurgés maîtres de Paris. Sensible à l'idéologie nationale et au drapeau tricolore que les jeunes républicains avaient arboré, l'armée de ligne avait, en effet, fraternisé avec les émeutiers, parmi lesquels se trouvaient aussi d'anciens soldats de l'armée napoléonienne.

Une révolution comprend toujours une première phase durant laquelle le régime en place s'effondre ; victime d'une insurrection parisienne, hanté par le souvenir de la première révolution, Charles X fut vite dépassé par les événements, et toutes ses concessions — retrait de Polignac, retrait des Ordonnances, nomination du duc d'Orléans lieutenant général du royaume, enfin sa propre abdication le 2 août au profit de son petit-fils le duc de Bordeaux — furent trop tardives et inefficaces. Quelque 8 000 à 10 000 insurgés avaient renversé le trône. Mais les révolutions ne sont pas toujours gagnées par ceux qui les font. La vacance du pouvoir ne fut pas comblée par les jeunes, républicains ou bonapartistes, qui avaient espéré trouver un chef dans le général La Fayette, improvisé commandant de la garde nationale. Quelques députés libéraux se résolurent, après bien des hésitations, à constituer une commission municipale avec Laffitte et Casimir Perier. L'affichage, le 30 juillet, d'un placard anonyme (en réalité rédigé par Thiers) en faveur du duc d'Orléans offrait une solution qui apparut aux députés libéraux comme une planche de salut pour éviter la république, synonyme de terreur. La commission municipale, qui constitua un véritable gouvernement provisoire, nomma le 31 juillet le duc d'Orléans lieutenant général du royaume ; le même jour, La Fayette, du balcon de l'Hôtel de Ville, présenta le duc d'Orléans à la foule. Par ce geste symbolique, renouvelant la tradition de 1789, La Fayette maintenait la monarchie en la rendant nationale et anéantissait les visées des républicains, qui n'avaient espéré qu'en lui. A l'annonce d'une marche populaire, Charles X, d'abord retiré à Rambouillet, se dirigea vers Cherbourg, d'où il s'embarqua pour l'Angleterre.

La révolution impossible et l'avènement de Louis-Philippe

Étrange révolution : les Chambres, ignorant certes l'ordonnance de dissolution, se réunissent le 3 août, à la date de convocation primitivement fixée par Charles X. Elles commencent par proclamer le trône vacant ; puis, sous la pression des plus libéraux, mais aussi de l'agitation qui persiste dans la rue, les députés se décident à une révision de la Charte, élaborée par le duc de Broglie et Guizot. Tout se passe très rapidement : le 7 août, le texte révisé et la désignation du duc d'Orléans comme roi des Français sont votés par 219 députés contre 33 (la Chambre comprenait en tout quelque 430 députés) et par 89 pairs contre 10. Le 9 août, Louis-Philippe Ier venait prêter serment de fidélité à la Charte, au Palais-Bourbon, en guise de sacre.

Ainsi, la révolution avait établi sur un trône qui n'était plus tout à fait celui des Bourbons un homme de cinquante-sept ans que les chansonniers et les caricaturistes de l'époque se plurent à représenter en bourgeois bonhomme et parcimonieux. Sa réputation de libéralisme tenait à ses origines. Son père, conventionnel régicide, avait été guillotiné avec les girondins ; lui-même avait combattu dans les armées révolutionnaires, sa participation à la bataille de Jemmapes, trop souvent rappelée, devint rapidement un lieu commun usé. Il avait dû, ensuite, s'exiler, en Suisse, aux États-Unis, à la cour de Naples, où il avait épousé la princesse Marie-Amélie. A l'écart de la politique contre-révolutionnaire de la Restauration, soupçonné, depuis que son nom avait été prononcé en 1815 dans certaines chancelleries, d'ambitions usurpatrices, sa promotion flattait la bourgeoisie, qui croyait se reconnaître dans ce « Roi-Citoyen ». Sa vie de famille, la jeunesse de ses fils, élevés dans les collèges royaux, la popularité de l'aîné (qui prit après la révolution de Juillet le titre de duc d'Orléans) pour ses aventures galantes et un goût du panache qui contrastait avec l'attitude de son père firent accepter Louis-Philippe par la bourgeoisie parisienne. Le roi avait un sens de l'opinion qui l'amena, dans les premiers temps de son règne, à faire les gestes qu'on pouvait attendre de lui. Il sut s'entourer d'abord des hommes qui avaient conservé une audience auprès des révolutionnaires, qui tenaient encore la rue à la fin de 1830 : Laffitte, La Fayette ou Odilon Barrot ; ensuite, il flatta l'amour-propre national en officialisant le culte napoléonien. Mais nous verrons plus loin que cette faculté de composer avec l'opinion devait faire plus tard sa faiblesse en devenant duplicité et en faussant le régime parlementaire.

En réalité, l'ambiguïté de la monarchie de Juillet s'est manifestée dès ses débuts. L'impuissance des légitimistes, partisans de Charles X, frappés de stupeur devant l'effondrement si rapide de leur prince, celle des républicains ou des bonapartistes, incapables d'imposer leur solution et de prendre en charge le pouvoir qu'ils avaient eu à portée de la main, ne sauraient cacher les divergences profondes qui apparaissent dès le mois d'août 1830 parmi les partisans de la nouvelle dynastie. Deux tendances, deux interprétations de la révolution de Juillet sont représentées dans le premier ministère constitué par Louis-Philippe le 11 août. Le parti de la « résistance », qui n'est pas l'ancêtre du parti de l'ordre de 1849, car il lui manque la force de l'Église et celle de la grande propriété foncière, en majorité légitimiste et hostile, reste encore imprégné de libéralisme politique ; pour lui, il n'y a pas eu de révolution en juillet 1830, mais une riposte au coup d'État que représentaient les ordonnances de Charles X. Il a pour théoriciens le duc de Broglie et Guizot, pour leader Casimir Perier, pour organe *le Journal des débats*, pour clientèle la grande bourgeoisie soucieuse de progrès rationnel, d'expansion économique et de limitation des responsabilités politiques en fonction d'une capacité qu'elle identifie à la richesse ; ce groupe a accepté Louis-Philippe « parce que Bourbon », et son programme correspond à celui de l'ancienne opposition libérale, des 221, prépondérants dans la Chambre des députés.

Pour le parti du Mouvement — du mouvement réformiste —, il y a bien eu une révolution en 1830, et les réformes de 1830 ou celles qui ont été promises ne sont qu'un point de départ vers une plus grande démocratisation de la vie publique. Il veut garder le contact avec le mouvement populaire pour éviter toute menace contre-révolutionnaire, et ses partisans sont sensibles aux aspirations nationales étrangères qui font appel à la France. Membres de la jeune génération comme Odilon Barrot, ou chefs libéraux impressionnés par les passions populaires et entraînés par leur popularité comme Laffitte ou La Fayette, ils s'appuient sur les sentiments démocratiques et patriotiques qui animent la petite bourgeoisie et la garde nationale, à Paris, dans les grandes villes et dans l'est de la France. *Le National*, avec Armand Carrel, est encore leur principal organe, et, profitant de l'essor qu'a pris la presse politique avec la chute de Charles X, ils prennent appui sur la majorité des journaux de Paris et même de province. Mais ils sont minoritaires dans la Chambre des députés, dont ils souhaitent le remplacement ; et, pourtant, lorsqu'il apparut impossible de maintenir un ministère aussi disparate, ce fut Laffitte qui devint président du Conseil, le 2 novembre. Guizot, qui avait assuré le renouvellement des agents locaux du gouvernement, Molé, qui avait renoué les relations diplomatiques, avaient facilité la reconnaissance du nouveau régime dans les départements, mais ils étaient trop impopulaires à Paris et s'effacèrent volontairement.

Forces révolutionnaires et aspirations démocratiques

La révolution n'est pas finie pour les jeunes républicains, qui n'ont pu tirer profit de leur victoire. Ils s'efforcent de rééditer la première révolution : à l'occasion du procès des anciens ministres de Charles X, d'abord en octobre, puis à la fin de 1830 ; à l'occasion du sac de l'archevêché en février 1831 ; plus tard, dans l'effervescence malsaine provoquée par le choléra, au cours des funérailles du général Lamarque, qui dégénèrent en émeute les 5 et 6 juin 1832 ; enfin, en avril 1834, lorsque les républicains de Lyon et de Paris se soulèvent contre de nouvelles lois visant les associations et le maintien plus strict de l'ordre.

Cette agitation révolutionnaire, à laquelle mettront fin le procès des accusés d'avril et plus encore les lois de septembre 1835 interdisant toute propagande républicaine, est animée par une fraction de la jeunesse bourgeoise, étudiants et jeunes commis, ouverts aux idées nouvelles pourvu qu'elles tranchent avec le conformisme et la stabilité. Ils se sont habitués à ne plus reconnaître la loi, en 1830 d'abord, puis sous le ministère Laffitte, indécis et rapidement usé. Les associations républicaines s'usent vite elles aussi, mais elles se renouvellent en mobilisant un nombre de plus en plus grand d'affiliés, à Paris, à Lyon et dans l'est de la France : société « Aide-toi, le ciel t'aidera », qui profite de son implantation avant 1830 pour se radicaliser et couvrir 35 départements ; société des « Amis du peuple », plus parisienne et pénétrée de préoccupations sociales, et surtout, à partir de 1833, société des « Droits de l'homme », se réclamant de la tradition jacobine, baptisant ses sections « Robespierre », « Babeuf », « 21 Janvier », mais pénétrée aussi des aspirations socialistes, affichées non sans tumulte par les saint-simoniens ou vulgarisées par les fouriéristes. Ainsi l'idée de l'organisation du travail, de la limitation du droit de propriété, de l'impôt progressif pénètre dans les sections républicaines qui, de l'Alsace au Rhône, rassemblent quelque 10 000 membres (autant que le reste des départements), patriotes, démocrates, attendant de Paris des mots d'ordre qui n'arrivent pas. Car les républicains ne sont unis que par un commun refus du régime de Juillet (à partir de 1832) et de la politique ministérielle ; le désaccord de leurs chefs sur les principes, sur les méthodes, sur l'organisation épuise ou neutralise l'ardeur de leurs jeunes troupes. Isolés du pays légal, de la bourgeoisie qu'ils effraient par les outrances de leurs journaux et qu'ils rejettent vers les conservateurs, isolés aussi des milieux populaires que l'imprécision ou les contradictions de leurs doctrines ne séduisent guère, les jeunes républicains de 1830, en mal d'héroïsme romantique, restent des individualistes exaltés pour qui la révolution est souvent un jeu, même s'ils en meurent. Les plus convaincus vont entretenir après 1835 et même radicaliser, dans des sociétés secrètes d'autant plus sensibles aux utopies qu'elles ne sont pas enracinées profondément dans la réalité, une flamme républicaine qui réapparaîtra en 1848, démocrate et socialisante.

L'établissement du régime parlementaire

La révision de la Charte avait donné à la Chambre des députés l'initiative des lois, qu'elle partageait désormais avec le roi, et l'extension du régime représentatif fut réalisée par plusieurs lois élaborées surtout sous le ministère Laffitte : abaissement du cens électoral à 200 francs pour les électeurs, et élection des députés au scrutin d'arrondissement, par la loi du 19 avril 1831 ; extension du régime électoral au recrutement des conseillers municipaux par la loi municipale du 21 mars 1831, qui donna à plus de 2 millions de citoyens, les plus imposés de chaque commune, le droit de vote à ce niveau ; ouverture de la garde nationale par la loi du 22 mars 1831 à tous les contribuables, qui purent désormais élire leurs officiers. Une autre loi, le 25 juin 1833, étendit le système électoral (toujours censitaire) au recrutement des conseils généraux de départements. L'abolition de l'hérédité à la Chambre des pairs, en réduisant l'indépendance de cette assemblée envers le ministère, accentuait l'importance de la Chambre des députés. Les nouveaux dirigeants souhaitaient établir un « juste-milieu » entre les opposants légitimistes, dont la tentative manquée de la duchesse de Berry (la mère de leur prétendant), en 1832, révéla à la fois l'influence et les faiblesses, et l'agitation républicaine. Les premiers avaient un programme qu'ils ne pouvaient imposer ; la seconde représentait une force, mais nous avons vu qu'elle n'aboutissait à aucune construction positive.

Le ministère Laffitte dut se débattre au milieu de difficultés de tous ordres. Il servit — malgré lui — à démobiliser une partie des forces révolutionnaires, et, en montrant l'impossibilité de mener une politique plus libérale, à rendre possible l'arrivée au pouvoir de Casimir Perier, le 13 mars 1831. Par ce nouveau ministère, puis, après la mort de Casimir Perier, par le ministère du 11 octobre 1832, qui réunissait le duc de Broglie, Guizot et Thiers, la bourgeoisie libérale s'installait au pouvoir et cherchait un équilibre entre l'ordre et la liberté. Une nouvelle génération — celle qui s'était formée dans les comités libéraux de la Restauration alors qu'elle n'avait pas encore le droit de vote — occupa les places laissées vacantes par le retrait ou l'épuration des légitimistes ; installée plus jeune que de coutume dans l'État et au Parlement, elle devait s'y perpétuer plus longtemps et faire évoluer, avec son âge, son libéralisme dans un sens conservateur. Les libéraux français conservèrent, au pouvoir, un réflexe centralisateur et continuèrent à confier à l'administration un rôle moteur ; aux difficultés du moment, ils apportèrent des solutions politiques, mais ils identifièrent les intérêts de la France à ceux du corps politique, dont la définition, censitaire, était essentiellement sociale.

La question sociale

La persistance de troubles, le malaise ressenti dans la presse, dans la littérature, dans la pensée — y compris la pensée religieuse avec la personnalité inquiète de La Mennais —, la désaffection rapide envers les institutions les plus démocratiques, la garde nationale et les élections municipales, révèlent que la solution politique apportée en 1830 n'a pas résolu les problèmes posés par l'insurrection de Juillet. D'autres difficultés, il est vrai, se sont présentées : le règlement en sa faveur du conflit qui opposait la bourgeoisie à l'aristocratie a provoqué son éclatement ; il apparut qu'elle était composée de divers éléments opposés dans leurs intérêts, leurs sentiments et leurs mentalités. Tandis que la grande et la moyenne bourgeoisie se sont réservé le contrôle politique et se disputent les fonctions de l'État, la petite bourgeoisie et la jeunesse des Écoles (bien qu'issue de la bourgeoisie) éveillent dans le peuple des grandes villes la contestation du pouvoir des notables.

Les difficultés économiques

Le chômage avait jeté sur le pavé de Paris une main-d'œuvre sans emploi qui n'avait rien à perdre dans l'émeute ; il s'accrut encore après les journées de Juillet. Partout, de province, arrivent des rapports inquiétants sur la stagnation des affaires, la fermeture des manufactures ou des chantiers de construction, le développement de la mendicité et de la misère. Le désarroi du commerce extérieur qui redoute la guerre, les faillites des banques — à commencer par celle de Laffitte — se répercutant de Paris en province, paralysant le crédit déjà précaire et l'ensemble des affaires, aggravent considérablement la crise qui semble résulter de la révolution, même si elle lui est antérieure. Le gouvernement et les municipalités durent intervenir, distribuer des secours, ouvrir des ateliers de charité, effectuer des prêts aux milieux d'affaires. Les impôts indirects sont maintenus ; comme les ressources diminuent, leur poids pèse plus lourdement.

Les troubles sociaux

Dès le mois d'août 1830, des mouvements de grève, des bris de vitres ou de machines (à Roubaix, à Nantes, à Saint-Étienne un peu plus tard), des mouvements contre les ouvriers étrangers à Lyon ou à Grenoble traduisent l'âpre défense d'un travail menacé par la concurrence de la machine ou de la main-d'œuvre étrangère. La presse, favorable au nouveau régime, incrimine l'action occulte des légitimistes ou du « parti prêtre ». Déjà, le 6 septembre 1830, les ouvriers fileurs avaient fait reculer la garde nationale à Darnetal en défendant leur salaire et la fixation de la journée de travail à douze heures, alors qu'elle atteignait jusqu'à quatorze et quinze heures.

Mais la révolte des canuts lyonnais, en novembre 1831, fut la révélation la plus tragique de la misère ouvrière et de la force d'un prolétariat qui avait pris pour devise « Vivre en travaillant ou mourir en combattant ».

Nul mobile politique à l'origine de ce mouvement, mais la revendication d'un tarif des salaires dans un milieu d'artisans de la soie, dépendants des négociants pour la fourniture de la matière première et l'écoulement de leur produit, mais encore maîtres de leur travail. Cette population travailleuse de la Croix-Rousse, constituée en société de secours mutuels, avait obtenu d'un préfet, vite révoqué, la reconnaissance d'un tarif qu'elle défendit sur des barricades ; maîtresse pendant cinq jours de la ville de Lyon, que les autorités et la troupe avaient évacuée, elle ne se livra à aucun pillage et, sans programme, sans organisation, ne fit aucun obstacle au retour des troupes. « Les barbares qui menacent la société ne sont point au Caucase ou dans les steppes de la Tartarie ; ils sont dans les faubourgs de nos villes manufacturières », conclut *le Journal des débats*, qui y vit « la lutte entre la classe qui possède et celle qui ne possède pas ». Et pourtant, ces premiers porteurs du drapeau noir agissaient moins en forçats de la faim que par un sursaut de dignité contre le ravalement de leur condition.

Le choléra de 1832

Il sévit dans une population mal nourrie depuis que se développait la crise économique, agitée et brutale comme le sont les hommes affluant trop nombreux dans des villes où ils s'entassent et comme le restent longtemps les peuples auxquels l'insurrection a montré leurs forces sans améliorer leur condition ; c'est le Paris des *Misérables*, dans lesquels Victor Hugo perçoit toutes les misères humaines. Non que le reste de la France fût préservé : Bordeaux, Lille, Marseille subirent l'épidémie et son cortège de misère et d'agitation ; mais c'est à Paris (où le choléra frappa le quartier Saint-Avoye et ses rues d'émeutiers, mais aussi le président du Conseil Casimir Périer, qui en mourut) que l'épidémie révèle le mieux, cependant, les antagonismes à la fois biologiques et sociaux qui opposent la bourgeoisie et les classes populaires. Pour la première, le choléra est un fléau supplémentaire à imputer aux ouvriers, rendus responsables du marasme des affaires consécutif à la persistance de l'agitation : devant l'épidémie, son dernier remède c'est la fuite hors de Paris. Les bourgeois ne sont que quelques centaines au début d'avril 1832 à partir ainsi de la capitale, mais cela suffit à exaspérer l'imagination populaire, cherchant des responsables, accusant les agents de l'autorité de les empoisonner, tandis que le clergé ou les gazettes légitimistes s'empressent de reconnaître la colère de Dieu et le châtiment de la révolution. Ainsi, l'incompréhension et la haine s'accroissent, l'agitation tourne à l'insurrection, comme en juin. Le choléra et les émeutes de 1832 ont accru la méfiance des bourgeois devant les classes laborieuses, qui pouvaient devenir un jour les classes dangereuses.

Le paupérisme

La France ne s'est pas encore engagée dans la voie de l'industrialisation rapide vers laquelle la poussera la construction des chemins de fer, dont nous verrons bientôt les débuts. Elle en connaît pourtant déjà l'un des revers. Le chômeur vagabond, le cholérique ou l'indigent, ce n'est plus le « bon pauvre » des œuvres de charité ; la pauvreté n'est plus l'élément, inévitable mais respecté, d'une société chrétienne ; à sa place, le paupérisme est un mal social qui inquiète la société bourgeoise et menace le budget de ses villes, parce que c'est un fait collectif. Les premiers qui prirent conscience, dans les classes dirigeantes, de ce divorce entre les progrès de l'industrie et l'appauvrissement rapide des travailleurs industriels furent souvent des légitimistes catholiques, rendant responsables du développement de la misère, matérielle et morale, l'idéologie libérale, le régime de Juillet et la bourgeoisie d'affaires ; le vicomte de Villeneuve-Bargemont, un ancien préfet du Nord sous la Restauration, publia en 1834 son *Économie politique chrétienne ou Recherches sur la nature et les causes du paupérisme en France et en Europe* ; il illustrait ce que Marx appellera le « socialisme féodal », dressant « un acte d'accusation contre la bourgeoisie ».

Pour la bourgeoisie libérale, l'extension du paupérisme était provoquée par des causes morales, et elle préconisait des remèdes moraux — le développement de l'instruction et l'éducation religieuse — qui apporteraient une solution sans ébranler le système social. Mais elle restait très attachée à la libre initiative individuelle du patronat, qu'elle combinait avec l'application stricte d'un appareil législatif et juridique assurant sa domination sur ses ouvriers. Toutefois, le prolétariat industriel était encore très peu nombreux dans la France de 1830, et sa situation à Mulhouse, à Lille ou à Rouen restait peu connue avant l'enquête du docteur Villermé. Les vieux métiers de l'ancien régime économique, et notamment les ouvriers du bâtiment, fournissaient encore l'essentiel des agitations populaires.

La paix difficile

Le gouvernement de la Restauration s'était effondré au moment où il venait de renforcer son prestige diplomatique en contribuant à la formation du nouveau royaume grec, et de flatter l'opinion, soucieuse de prestige militaire, par la conquête d'Alger. Sa chute n'en apparut pas moins comme le résultat d'une révolution autant nationale que libérale. *Le National*, tel s'était appelé, au début de l'année 1830, le nouveau journal de l'opposition libérale comptant Thiers parmi ses premiers rédacteurs. Au lendemain de la révolution, le terme de « patriote » retrouve sa vogue de l'époque de la première République : l'exemple français avait déchiré le statut européen de 1815 et poussait à l'action ceux que l'œuvre du congrès de Vienne avait mécontentés. Dès ses débuts, la révolte belge trouva un large appui parmi les révolutionnaires de Juillet.

Les déceptions des patriotes

La révolte polonaise, fin novembre 1830, et l'agitation en Italie suscitèrent en France des sympathies qui rendirent délicate la politique du nouveau régime. Louis-Philippe, dont la royauté sortait trop des barricades au gré de nombreux souverains d'Europe et surtout du tsar Nicolas Ier, avait été reconnu, cependant, par les différentes cours en raison de la persistance de l'agitation révolutionnaire dans les rues de Paris : non par sympathie, mais par crainte de voir l'avènement de la république. « L'Orléans ne sera toujours qu'un infâme usurpateur », écrivait le tsar à son frère. Louis-Philippe — qui prit dès le début une part importante dans la conduite des affaires diplomatiques — et ses ministres des Affaires étrangères, Molé, puis le général Sébastiani, s'efforcèrent de rassurer les gouvernements européens sur les intentions pacifiques de la France. Mais le nationalisme des manifestations populaires ou de la majorité des journaux parisiens n'en faisait pas moins considérer la France comme la responsable des troubles européens. Car le gouvernement français ne pouvait courir le risque de trop heurter de front les passions bellicistes qu'exploitait l'agitation républicaine ; sa politique de non-intervention dans les troubles intérieurs des autres États ne pouvait être pratiquée que dans la mesure où elle était suivie par toutes les grandes puissances, comme ce fut le cas dans la révolte polonaise. La France n'intervint pas malgré la pression très forte de l'opinion et se contenta d'offrir un asile à de nombreux insurgés émigrés ; cette émigration polonaise contribua à renforcer en France l'impopularité de la Russie tsariste et aussi à renouveler le romantisme avec le pianiste Chopin et le poète Mickiewicz.

Cependant, lorsque les Autrichiens réoccupent les Romagnes, en janvier 1832, pour réprimer l'agitation des *carbonari*, Casimir Perier (pourtant conservateur) se doit d'envoyer un corps expéditionnaire à Ancône, malgré les craintes de Louis-Philippe ; il ne s'agit pas de soutenir un mouvement révolutionnaire, mais de contrebalancer l'intervention de Metternich. Les troupes françaises étaient déjà intervenues en Belgique en août 1831, mais c'était dans le cadre d'un règlement international. Très tôt, dès la fin de 1830, une conférence diplomatique réunie à Londres, menée par le jeune Palmerston et le vieux Talleyrand, décide du sort des Belges. Louis-Philippe, qui a découragé les rumeurs d'annexion, refuse la couronne que le Congrès national belge avait offert à son second fils et accepte le candidat préféré par l'Angleterre, Léopold de Saxe-Cobourg, qui devient le gendre du roi des Français. Quand les Français pénétrèrent en Belgique pour obliger les Hollandais à évacuer

Anvers, ce fut à la fois un succès pour la cause des nationalités, chère à l'opinion libérale française, et un succès pour la paix européenne, car la question belge était résolue par les grandes puissances sans provoquer entre elles un conflit.

L'alliance anglaise

La formation de l'État belge avait été l'occasion d'un rapprochement franco-anglais souhaité par le régime de Juillet, soucieux de sortir de l'isolement diplomatique que désiraient seuls les jeunes républicains, nourris des souvenirs de l'Empire, enflammés de rêves romantiques, espérant, par la guerre et la révolution européenne, vivre et prolonger leur révolte.

Mais le rapprochement franco-anglais sous la monarchie de Juillet — on l'a même appelé parfois la première entente cordiale — était une idée politique qui ne tenait pas compte des opinions publiques des deux pays. Aussi l'alliance reste-t-elle incertaine ; des rivalités politiques et économiques continuent à opposer les intérêts français et anglais en Espagne, en Grèce, en Orient. L'épanouissement de la légende napoléonienne entretient l'animosité populaire contre la « perfide Albion », tandis que l'engouement romantique pour O'Connell et l'Irlande excite l'anglophobie. Il y eut rarement plus grande divergence entre l'opinion publique et l'opinion agissante des dirigeants conservateurs établissant un parallèle entre la révolution anglaise de 1688 et la révolution de Juillet, et souhaitant une alliance fondée sur l'analogie (relative) des régimes politiques. La raison d'État — celle des doctrinaires surtout — justifiait une politique extérieure rationnelle et libérale sans être révolutionnaire ni belliqueuse ; mais en même temps le gouvernement français courait le risque de la rompre en Algérie.

L'Algérie ou l'épopée circonscrite

Le nouveau régime avait hérité d'Alger sans trop savoir qu'en faire : « Nous y sommes restés par une sorte de sacrifice à l'esprit national », écrivit quelques années plus tard Léon Blondel, qui avait été le directeur des Finances pendant les cinq premières années de la conquête. Mais s'agissait-il de conquête ou d'occupation ? La monarchie de Juillet ne se souciait pas d'indisposer l'Angleterre, fort peu favorable à l'entreprise. Pourtant, le principal argument en faveur de la conservation d'Alger fut la crainte de voir son abandon considéré comme une concession à l'Angleterre. Il n'en fallait pas plus pour rallier une grande partie de l'opinion française à l'extension de la conquête. L'occupation d'Oran (1831), de Bône, puis de Bougie et de Mostaganem (1833) donnait une frange côtière. Il fallut, toutefois, attendre juillet 1834 pour voir la formation d'un *gouvernement général des possessions françaises dans le nord de l'Afrique*, formule encore ambiguë traduisant les hésitations des ministres et des gouverneurs militaires successifs, entre une occupation restreinte à la côte et la domination de l'intérieur.

D'autres causes, moins affectives, poussaient à la conservation : les villes françaises de la Méditerranée, principalement Marseille, en espéraient un regain d'activité commerciale ; les militaires, qui avaient mis la main dès le début sur la nouvelle conquête, y virent un lieu de bataille permettant un avancement qu'une époque pacifique rendait nécessairement trop lent à leur gré ; la présence ultérieure des fils de Louis-Philippe devait permettre à la nouvelle dynastie de tirer, de la seule guerre menée alors par les armées françaises, le prestige militaire, le seul véritable aux yeux des masses populaires de cette époque. Ce n'était pas seulement un exutoire pour les passions belliqueuses (et les ministres de Louis-Philippe furent souvent obligés de ratifier des décisions prises en Algérie de leur propre initiative par les généraux) ; l'un des premiers préfets de police, Baude, avait recruté parmi les révolutionnaires de Juillet quelques milliers de nouveaux combattants : « Ils ont tourné contre les Arabes un courage qui pouvait s'égarer dans les discordes civiles. » Le gouvernement de Juillet, en évitant de prendre une position nette, entraînait ainsi, presque malgré lui, la France dans la voie de la colonisation moderne.

III.   LES CONTRADICTIONS
DE LA FRANCE ORLÉANISTE

Les soubresauts révolutionnaires se sont calmés après 1834, hormis les attentats d'individus isolés contre Louis-Philippe et une tentative avortée, en mai 1839, par la société secrète des *Saisons*. Le régime de Juillet trouve désormais en lui-même ses principales difficultés. Issu d'une révolution, il souhaite se stabiliser en promettant la paix et la prospérité ; mais cette dernière ne peut résulter que d'une croissance économique liée à un mouvement d'industrialisation encore lent, certes, mais secouant la routine et les habitudes ancestrales. Ainsi se contredisent l'évolution politique conservatrice et l'évolution économique progressive de la bourgeoisie d'affaires, qui ne représente qu'une minorité du pays légal, mais son élément le plus dynamique.

Les contradictions politiques

L'élimination des périls légitimiste et républicain essouffla la majorité parlementaire qui avait soutenu la politique de la résistance au mouvement révolutionnaire ; les élections législatives de juin 1834, qui virent l'effondrement des républicains dans le corps électoral, donnèrent une législature composée d'éléments hétérogènes, favorables à Louis-Philippe, mais indécis sur la politique à suivre, approuvant successivement des politiques contradictoires. L'étroitesse des collèges électoraux individualise le vote et place souvent le député élu à la merci de quelques riches familles ou de l'administration préfectorale. Le nombre de plus en plus important de fonctionnaires parmi les députés fausse le mécanisme parlementaire. Avec des méthodes différentes et des ministères qui changent, mais qui se composent souvent des mêmes hommes, la politique orléaniste est surtout opportuniste. L'instabilité ministérielle (en dépit du maintien du comte Molé de la fin de 1836 à 1839), l'instabilité parlementaire (les chambres sont dissoutes avant d'avoir fait leur temps, en 1837 puis en 1839) permettent au roi de jouer un rôle trop politique pour un chef d'État parlementaire. C'est son pouvoir personnel, jugé excessif sous le ministère Molé, qui provoque contre ce dernier cette étrange coalition regroupant aux côtés d'adversaires du régime des représentants de toutes les fractions de l'orléanisme, Guizot, Thiers, Odilon Barrot ; elle triomphe aux élections de 1839 sans arriver à donner une majorité cohérente.

Car le jeu du roi n'est possible qu'en raison des conflits de personnes qui opposent les principaux ministres après la mort de Casimir Perier. L'absence de grave contestation à l'égard des dirigeants orléanistes et du régime représentatif tel qu'il fonctionne favorise, au niveau national comme au niveau local, les antagonismes personnels, qui reposent souvent davantage sur des conflits d'intérêts que sur des oppositions de principe. Quand il s'agit d'hommes comme Guizot et Thiers, associés longtemps avant de s'opposer, ils suscitent des chefs-d'œuvre d'éloquence parlementaire.

Aux susceptibilités personnelles, d'autant plus durables que l'absence de partis organisés entretient l'individualisme politique, s'ajoutent les antagonismes régionaux. La quasi-unanimité des catégories dirigeantes quant à la valeur du système social, fondé sur la complète liberté de la propriété, et la faiblesse de leurs divergences idéologiques donnent une plus grande importance à leurs divergences économiques et régionales. La bourgeoisie, dominant le corps électoral, est toutefois animée d'aspirations contradictoires ; elle est à la fois soucieuse de liberté — liberté de penser qui l'oppose à l'Église catholique, liberté d'entreprise qui l'oppose aux velléités bien modestes que l'État peut manifester (par exemple dans la lente élaboration de ce qui deviendra la loi de 1841 sur le travail des enfants) —, mais aussi soucieuse de protection contre les troubles paysans ou ouvriers, contre la concurrence étrangère et même contre les difficultés de la conjoncture en réclamant des commandes de l'État en temps de crise.

L'opportunisme du juste-milieu

Le principal représentant de la bourgeoisie orléaniste était un intellectuel qui ne sortait pas du milieu des grands notables qui dominèrent le règne de Louis-Philippe. Thiers était un « homme de Juillet », journaliste venu de Marseille, provincial sans vergogne, jouant sa réussite sur une *Histoire de la Révolution* qui lui apporta la fortune et l'engagea dans le sillage des révolutionnaires ; il avait, après 1830, soutenu à la fois Laffitte et la politique de Casimir Perier ; ministre de l'Intérieur, il fit arrêter la duchesse de Berry, ce que les légitimistes ne lui pardonnèrent jamais ; et c'est lui aussi qui fit voter les lois de septembre 1835 mutilant la presse républicaine. Pourtant, ses deux ministères, en 1836, puis en 1840, font figure de gouvernement libéral et parlementaire. Vaniteux, beau parleur mais ne s'enfermant pas dans les sottises qu'il a pu prononcer, Thiers pressent la politique de l'avenir ; il a un souci marqué de l'opinion, contrôle *le Constitutionnel* et s'efforce, quand il est au pouvoir, de se concilier les bonnes grâces de la presse. Il sait flatter le sentiment national, et ses deux ministères, marqués chaque fois par une politique louvoyante s'appuyant sur des majorités de rechange, ne furent pas renversés par la Chambre des députés, car dans les deux cas il réussit à se faire renvoyer par le roi en se présentant comme le champion de l'honneur national, sacrifié aux partisans de la paix à tout prix. Enfin, Thiers — en dépit d'un mot malheureux sur les chemins de fer à leurs débuts — eut le sens des grandes affaires et pressentit le développement du capitalisme industriel et financier. Son premier ministère, en 1836, marque la volonté de l'État de stimuler l'activité économique par une politique de travaux publics et de moyens de communication ; la loi du 21 mai 1836, qui oblige les autorités communales à entretenir les routes locales, y contribue. En 1840, cette politique de soutien à un grand capitalisme lent à naître est marquée par le renouvellement anticipé du privilège de la Banque de France, pour l'inciter à multiplier ses comptoirs en province, et par diverses lois accordant les premières garanties d'intérêts à des compagnies construisant des chemins de fer, le Paris-Orléans et le Paris-Rouen ; une ligne de navigation à vapeur fut aussi établie entre la France et l'Amérique. La défense constante du protectionnisme douanier traduit à la fois l'importance que Thiers attachait aux milieux d'affaires et l'audience qu'il avait auprès d'eux. « Monsieur Thiers », le moins romantique des Français, joue avec les passions populaires ; sous la monarchie de Juillet, il s'oppose à toute réforme électorale, mais il suscite l'émotion nationale en préparant le retour de la dépouille mortelle de Napoléon. Il joue et perd — provisoirement — en 1840, et son échec ministériel discrédite la gauche dynastique, qu'il avait compromise sans appliquer son programme. A vrai dire, il reste jusqu'en 1848 un parvenu, et la bourgeoisie, qu'il a pu par instant séduire, ne saurait déjà se reconnaître en lui ; celle-ci est encore trop proche de la terre et Thiers ignore les paysans.

La France rurale

La France de 1840 reste un pays en grande majorité rural ; les trois quarts des Français vivent dans des communes de moins de 3 000 habitants, et dans la majorité des départements (57 sur 86) les modifications sont insensibles au cours des dix années qui suivent. Le paysan français est souvent propriétaire, mais ses terres, fréquemment morcelées (il y a 11 millions et demi de cotes foncières en 1842), ne sont pas toujours suffisantes pour le faire vivre, et il exploite, comme fermier, métayer ou manouvrier à la journée, des domaines qui appartiennent à la bourgeoisie ou à l'aristocratie. Cette dernière — éliminée après 1830 du pouvoir politique — continue à jouer un rôle important dans la société provinciale, surtout dans les départements de l'Ouest ou du Bassin parisien, dans lesquels elle possède une part importante des grandes propriétés. Elle a même parfois, comme en Mayenne, renforcé ses positions par rapport à la situation antérieure à 1789, et son abstention systématique dans l'État orléaniste a amené une part importante de la noblesse légitimiste à se retirer sur ses terres et à y introduire des cultures et des méthodes nouvelles. Sur les 512 plus fort imposés de la France de 1840 (alors que la contribution foncière est de beaucoup l'impôt le plus important pour le calcul du cens), plus de 300 sont des nobles ou affichent dans leur nom des prétentions nobiliaires. A la différence du petit propriétaire, qui songe surtout à acheter de nouvelles terres, le propriétaire non paysan, disposant aussi de plus de capitaux, les investit en achat d'outils ou d'engrais. Le perfectionnement de l'outillage agricole, illustré par Mathieu de Dombasle, le chaulage des terres siliceuses, le drainage des terres trop humides, souvent pratiqués sous l'impulsion des sociétés d'agriculture et des comices agricoles, permettent un meilleur rendement des terres. La culture de la betterave à sucre joue un rôle de stimulant dans les Flandres, en Normandie et en Limagne. L'intérêt porté à l'élevage des bovins par les plus riches propriétaires, notamment en Normandie et dans le Centre-Ouest, renforçait le protectionnisme ; le futur maréchal Bugeaud, grand propriétaire et député de la Dordogne, s'était fait à la Chambre le défenseur farouche et intéressé des droits établis sur les importations de bestiaux. Mais, dans de nombreuses régions, comme le Limousin, l'archaïsme et la fidélité aux pratiques agricoles traditionnelles ne sont guère rompus que par les migrations temporaires poussant des artisans paysans vers les grandes villes.

L'industrialisation sans révolution

C'est pourtant l'activité industrielle qui s'accroît le plus rapidement, deux fois plus vite que l'activité agricole entre 1835 et 1845. Mais la croissance de la production industrielle est moins étroitement liée qu'en Angleterre à la révolution technique ; l'abondance de la main-d'œuvre, d'origine rurale, stimule moins la recherche de nouveaux procédés de fabrication ; le moteur hydraulique résiste devant la machine à vapeur et reste encore prédominant dans la métallurgie. La modernisation s'accélère après 1840, mais ne touche directement que quelques secteurs de l'activité industrielle. C'est la filature de coton qui connaît le plus grand dynamisme sous l'impulsion du patronat mulhousien : les Kœchlin, les Dollfus opèrent les premières grandes concentrations verticales, modernisant la fabrication des indiennes, construisant leurs nouvelles mécaniques et s'intéressant très tôt à la construction des chemins de fer. La région du Nord procède aussi à la mécanisation de son ancienne industrie textile dans le cadre de l'entreprise familiale. Dans la basse Seine, la modernisation passe davantage par la ruine de la fabrication rurale et domestique. Toutefois, l'industrie cotonnière, très localisée, entraîne plus qu'elle ne concurrence l'industrie lainière. Celle-ci, plus dispersée géographiquement, est aussi moins concentrée dans des manufactures. Si la filature mécanique triomphe à Elbeuf ou à Sedan, les centres lainiers, répandus dans toute la France, maintiennent une tradition souvent encore artisanale qui profite du développement du commerce extérieur ; la valeur des tissus de laine exportés double sous la monarchie de Juillet. La modernisation industrielle est bénéfique à moins de travailleurs qu'elle n'en affecte ; aussi, lors de la crise de 1839, voit-on pour la première fois en France les grèves de l'industrie textile plus importantes que celles de l'artisanat et du bâtiment, les deux secteurs qui continuent à utiliser le plus grand nombre de travailleurs du secteur secondaire.

L'archaïsme des moyens de communication et la cherté des coûts de transport ont contribué à la persistance des formes anciennes de l'industrie dans une grande partie de la France ; l'insuffisance des ressources du sous-sol aussi ; et les forges catalanes continuent à subsister dans le Midi. Toutefois, l'extraction du minerai de fer double sous la monarchie de Juillet, et le nombre des machines à vapeur passe de 2 450 en 1839 à 4 853 en 1847 ; la fonte au coke, qui ne représentait que 36 p. 100 de la fonte française en 1836, en produit 44 p. 100 en 1847. Ce développement de la métallurgie est en rapport avec la demande agricole (notamment pour les nouvelles charrues) et avec les progrès de l'outillage textile, mais surtout avec ceux des constructions ferroviaires.

Les chemins de fer ont démarré lentement en France : 175 kilomètres de voies construites en 1837, 499 en 1841, 1 900 à la fin de la monarchie de Juillet. Ce retard est dû, pour une part, à l'antagonisme qui opposa pendant de nombreuses années les banques et l'État, représenté principalement par les ingénieurs des Mines et des Ponts et Chaussées. Si la construction ferroviaire a joué dans la modernisation industrielle de la France un rôle exceptionnel, dont on vit les effets surtout sous le second Empire, c'est aussi parce que l'État jouait un rôle exceptionnel dans l'activité économique en France, en dépit du libéralisme officiel.

La bourgeoisie française a pris appui sur l'État sous trois aspects. D'abord, par une tradition ancienne, mais rendue plus vivante par la menace que la dépression, effet de la rareté monétaire, fait peser sur l'économie et sur le profit, elle réclame la protection douanière de l'État, remède classique et qui n'est pas inopérant ; c'est ainsi que les maîtres de forges et les fabricants de l'industrie textile font échouer en 1842-43 les projets d'union douanière avec la Belgique, en s'organisant en comité des intérêts métallurgiques, comité des constructeurs de machines, comité des lins, et en regroupant des députés dans la réunion Fulchiron. Mais elle profite, par contre, de l'appareil législatif et juridique rigide mis en place par tous les régimes depuis le Directoire, pour éviter toute entrave légale à la liberté du patron dans son entreprise. Cette liberté permit une compression des salaires qui rendit possibles, même dans une période de dépression relative, des profits suffisants pour moderniser l'équipement industriel et accumuler de nouvelles richesses ; l'application stricte de l'interdiction faite aux ouvriers français de se coaliser équivalait à un protectionnisme intérieur de l'État en faveur de la bourgeoisie industrielle. Mais l'État, centralisé, n'est pas toutefois le simple reflet des classes dirigeantes, par ailleurs divisées en matière économique en raison d'antagonismes de régions et de productions. L'Administration, en devenant une force au sein de l'État, en participant aussi à la direction politique par les nombreux membres du Conseil d'État ou des administrations centrales qui siègent dans les deux Chambres, joue un rôle de guide de l'activité économique. En multipliant les questionnaires auprès des préfets et des chambres de commerce, en publiant des statistiques concernant les diverses activités économiques, en introduisant dans l'enseignement supérieur l'étude de l'économie politique, en appelant dans le Conseil général des manufactures les industriels les plus dynamiques comme Talabot, l'État donne une impulsion à la vie économique, qui se manifeste surtout dans un domaine, celui des voies de communication. Par des crédits de plus en plus importants à partir de 1837, le réseau routier fut amélioré, tandis que la loi de 1836 sur les chemins vicinaux contribuait à sortir les communes de leur isolement. Le principal effort porta sur les voies navigables : 1 440 kilomètres de canaux furent construits sous la monarchie de Juillet. Quant aux chemins de fer, ils sont apparus, pour des raisons politiques, un enjeu trop important pour que leur construction fût confiée à l'État ; la Chambre des députés s'y opposa en 1837, et la loi du 11 juin 1842 trouva une solution tardive qui associait l'État et le capitalisme financier, avec une participation plus apparente que réelle des autorités locales.

Le retard de la construction ferroviaire était dû principalement à deux causes : à l'intervention de l'opinion et notamment de l'opinion parlementaire, trop sensible aux intérêts adverses et routiniers, et à l'insuffisance des capitaux mobiliers et de l'organisation bancaire. Les capitaux anglais et suisses ont joué un rôle déterminant après 1840 et ont permis la formation des grandes compagnies, Paris-Orléans, Paris-Rouen, le Nord..., qui ont drainé une partie de l'épargne française alléchée par la spéculation dans les dernières années de la monarchie de Juillet. Cet engouement tardif et désordonné provoqua la formation des premières (et éphémères) grandes banques d'affaires, comme la Caisse Laffitte, et dissocia l'action du capital de celle du grand capitaliste. La construction des chemins de fer transforma les conditions du pouvoir économique, accentua les déséquilibres régionaux au profit des départements les plus riches, et déposséda, à plus ou moins long terme, les notables de leur emprise sur l'économie locale.

Le régime des notables

Pourtant, la monarchie de Juillet et, surtout, la longue période de stabilité à partir de la formation du ministère Soult-Guizot le 29 octobre 1840 apparaissent comme l'époque au cours de laquelle s'est le mieux épanouie la domination des notables. Ceux-ci — grands bourgeois ou aristocrates — tirent leur puissance d'abord de leur richesse, et plus particulièrement de leur richesse foncière ; c'est la terre qui donne la notabilité, comme elle donne l'éligibilité à la Chambre à qui paie 500 francs de cens. Ceux qui s'enrichissent dans le négoce, dans la fabrique, dans l'activité des professions libérales achètent un domaine. Mais le notable, sous la monarchie de Juillet, n'est pas seulement un homme riche (plutôt qu'enrichi, ce qui le distingue du parvenu), c'est aussi l'homme d'une famille, et souvent d'une famille dont l'implantation dépasse le cadre local. La vitalité de la tradition familiale contribue à la stabilité sociale, professionnelle et politique. Les alliances matrimoniales y participent ; le mariage de raison est une affaire de famille dans laquelle les sentiments intimes ne jouent que rarement le premier rôle ; c'est peut-être l'une des raisons du succès romantique qui berce de rêves d'amour une réalité toute différente. Les notables qui dirigent alors la France n'arrivent qu'assez tard à l'âge des responsabilités supérieures (rarement avant quarante ou quarante-cinq ans), mais leur longue durée de vie — qui les différencie de l'ensemble de la population dont l'espérance de vie est encore faible — renforce la stabilité de leur pouvoir social. De plus, leurs origines familiales leur permettent d'arriver aux fonctions supérieures plus jeunes que les éléments issus de la petite et de la moyenne bourgeoisie ; restant plus longtemps en fonction, la longue durée de leur activité dirigeante contribue à accroître l'influence des notables et explique leur permanence au pouvoir.

Car la troisième composante est l'influence que le notable exerce sur la société en raison soit de ses fonctions à la tête de l'activité économique ou administrative, soit de son élection. L'étroitesse du collège électoral d'arrondissement, la prépondérance des influences personnelles ou familiales, l'inorganisation des tendances politiques personnalisent le vote. Les électeurs censitaires votent pour un homme mandataire de leurs intérêts plus que pour un porte-parole de leurs idées. Aussi la physionomie du notable diffère-t-elle selon les régions : entre le comte d'Andigné, député (légitimiste) de Montfort d'une part, et Nicolas Kœchlin, grand manufacturier de Mulhouse, ou Victor Grandin, fabricant et député (libéral) d'Elbeuf, d'autre part, il n'y a pas seulement une différence d'opinion politique, ils sont les représentants de deux sociétés différentes.

Si nous considérons les caractères de cette puissance qui s'exerce à la fois sur le plan régional et sur le plan national, nous pouvons constater d'abord qu'elle traduit une transition entre l'aristocratie d'une société d'Ancien Régime aux fondements juridiques (qui n'existent plus) et à prépondérance agraire (qui subsiste encore dans de nombreux départements), et le groupe des chefs d'entreprises capitalistes d'une société industrialisée telle qu'elle s'installe déjà, vers 1840, dans quelques foyers isolés. Entre ces deux types d'hommes, un comte d'Andigné ou un Kœchlin, les dissemblances ne sont cependant pas totales ; leur puissance — qu'elle s'exerce principalement sur des paysans ou sur des ouvriers — se caractérise par une confusion des pouvoirs économique, social et politique dans les mains d'hommes qui sont personnellement connus. L'autorité d'un seigneur sur ses paysans au xviiie siècle, l'autorité d'un président de grande société industrielle ou commerciale à la fin du xixe siècle n'a pas à être acceptée, elle s'impose, sans contact souvent entre celui qui l'exerce et celui qui la subit. Au contraire, le monde des notables est une société où prédominent les relations interpersonnelles, où le pouvoir est accepté, consenti par ceux qui le subissent. La conception paternaliste qui anime les rapports sociaux est partagée par ceux sur lesquels s'exerce ce paternalisme ; cette situation repose, certes, sur des rapports de forces économiques — qui sont à la fois constatées et privilégiées par les institutions censitaires —, mais aussi sur une psychologie sociale caractérisée par une conscience de classe moins développée que la conscience d'appartenir à une même communauté locale ou régionale, dont le notable est le représentant.

C'est un second caractère du notable que d'être un intermédiaire. D'abord entre l'État et les populations, c'est le cas des élus — députés, conseillers généraux, membres des chambres de commerce... —, c'est le cas aussi des magistrats et des hauts fonctionnaires, qui ajoutent à l'autorité anonyme de leur fonction l'influence personnelle attachée à leur nom ou à leur fortune : par exemple, Gaillard de Kerbertin n'est pas seulement le premier président de la cour royale de Rennes, c'est aussi un grand propriétaire, député favorable à la monarchie de Juillet, l'ancien chef du parti libéral à Rennes sous la Restauration, au moment où il était le vénérable de la loge la Parfaite Union. Le sous-préfet de Gaillac, Bermond, était aussi le fils d'un ancien membre du Conseil des Anciens, député libéral au début de la monarchie de Juillet, le frère d'un conseiller général, et sa famille était, par la richesse, la deuxième de l'arrondissement. Par ses relations, par ses fonctions, le notable peut faire entendre les revendications ou seulement l'opinion de ses concitoyens, et obtenir pour eux certains avantages. Il est aussi l'intermédiaire entre le monde rural, qui forme la majorité de la population, et la ville, qui est l'élément minoritaire, mais dynamique, de la société. Le notable n'est pas seulement l'homme qui *a*, qui a des biens, qui a une famille, qui a des relations, c'est aussi l'homme qui *sait*, et, dans certaines provinces marginales, c'est même l'homme qui sait s'exprimer à la fois en français et en patois.

C'est aussi l'homme qui vit dans un temps de longue durée, l'homme qui a un passé et un avenir. Le notable est maître de son temps, et ses revenus (surtout la rente foncière) sont soumis à des fluctuations plus lentes que celles des autres catégories sociales. Ainsi trouvons-nous, sous des aspects différents, cette relation étroite entre les conditions économico-sociales et les mentalités. Mais la confusion des pouvoirs politique, économique et social entre les mêmes mains a pour contrepartie une dispersion des influences régionales. N'étant pas directement menacés par d'autres groupes sociaux pour la direction du pays, les notables sont divisés par leur passé aussi bien que par leur vision de l'avenir ou par leurs intérêts. Les antagonismes idéologiques, géographiques ou personnels révèlent ce qui les divise sans qu'ils perçoivent ce qu'ils ont en commun. Car la société dominée par les notables correspond à une période de faiblesse du pouvoir central ; faiblesse provoquée par l'épanouissement du libéralisme qui, refusant à l'État le rôle d'arbitre dans les relations sociales, le rend solidaire des classes dirigeantes et de leurs divergences internes ; provoquée aussi par la confusion entre le pouvoir local et le pouvoir national exercés par les mêmes groupes, si bien que les influences locales pèsent à la fois sur l'administration centrale et sur les majorités parlementaires, davantage représentées par des coalitions d'intérêts que par l'accord sur un programme positif. Ainsi, le régime des notables produit un système conservateur dans une société en transition, c'est-à-dire en mouvement.

Guizot et le système conservateur

Quand un nouveau ministère fut formé, le 29 octobre 1840, sous la présidence du vieux maréchal Soult, il ne faisait de doute pour personne que la direction réelle du cabinet appartenait à Guizot, ministre des Affaires étrangères, appelé à ce poste pour empêcher la guerre sans trop heurter les passions nationales. La peur de la guerre et la crainte provoquée par les troubles sociaux et quelques banquets, au cours desquels des discours révolutionnaires avaient été prononcés, allaient faire de Guizot le leader d'un parti conservateur encore inorganisé. Cet universitaire protestant, royaliste constitutionnel, puis libéral sous la

Restauration, « doctrinaire » de la bourgeoisie, mais opportuniste dans ses alliances politiques, avait le rare mérite d'être à la fois un orateur habile à rallier l'intelligence ou les intérêts de son auditoire, et un homme politique capable de concevoir un programme cohérent et de le mener à bonne fin. Son long passé de haut fonctionnaire et d'homme politique lui donnait la double expérience des cabinets ministériels et de la tactique parlementaire. L'accusation de vouloir la paix à tout prix proférée par un nationalisme ambigu dans lequel se retrouvaient les oppositions extrêmes, légitimiste et radicale, eut pour résultat de convaincre les notabilités conservatrices que Guizot était leur meilleur guide. Contre toute attente, il sut se concilier la faveur de Louis-Philippe, à qui il laissait une part importante dans la direction des affaires diplomatiques et militaires. Ainsi, ce ministère qu'on croyait éphémère allait durer jusqu'à la fin du régime, qu'il devait entraîner dans sa chute, Guizot ne prenant la présidence officielle du conseil qu'en 1847.

Il apportait la paix, l'ordre, la stabilisation financière, trois conditions politiques du développement économique conforme à son programme. Cette satisfaction des intérêts matériels, résumée dans une phrase d'un discours — « Enrichissez-vous par le travail et par l'épargne » — ne convenait certes qu'aux classes bourgeoises. Elle servit, toutefois, à endormir les sentiments politiques du corps électoral. Les grands débats portent sur la politique extérieure, c'est-à-dire sur le domaine où l'action du Parlement se fait le moins sentir, alors que les questions économiques et techniques emportent la décision des électeurs, dépolitisent les débats parlementaires et politisent, au contraire, les décisions de l'administration centrale. L'application de la loi de 1842 sur les chemins de fer devint ainsi un moyen commode de marchandage pour le ministère ; il serait toutefois excessif de considérer qu'il donnait inévitablement la priorité aux voies ferrées des régions dont les députés votaient pour lui, comme le lui reprochait l'opposition. Plus grave était la difficulté du gouvernement de promouvoir des réformes qui heurtaient toujours une majorité attachée aux situations acquises ; l'impossibilité de mener une politique plus dynamique sans modifier la constitution du régime (et Guizot se refusa constamment à toute réforme électorale) prolongeait le ministère et transforma peu à peu la stabilité ministérielle, tant souhaitée au début, en immobilisme. Guizot sut renforcer sa majorité en utilisant les menaces qui pesaient sur le régime. Par exemple, la mort du jeune duc d'Orléans, le 13 juillet 1842, d'un accident de voiture à chevaux, provoqua de grandes manifestations de sympathie en faveur du roi au moment où des élections législatives venaient de donner une très faible majorité au ministère ; l'accord entre le souverain et l'opinion exprimée à l'occasion de ce deuil renforçait la poursuite de la politique ministérielle. C'était, toutefois, s'abuser sur le sens qu'attachait l'opinion dynastique à la monarchie de Juillet. En négligeant les critiques de plus en plus hostiles de la presse parisienne, en grande majorité opposante, Guizot eut trop tendance à confondre les symptômes d'une désaffection de plus en plus profonde envers le régime avec une polémique qui aggravait son impopularité mais qui lui était indifférente ; or, cette désaffection provint, dans une large fraction de l'opposition dynastique, de la mort du duc d'Orléans, réputé plus libéral que son père et Guizot. Désespérant de voir une orientation du régime conforme à ses vœux, après la désignation comme régent éventuel du duc de Nemours, réputé très conservateur, elle se détacha de plus en plus de la monarchie constitutionnelle.

Le ministère voulut aussi profiter de l'agitation légitimiste. Celle-ci profita de la présence à Londres, à la fin de 1843, de son prétendant, le jeune et effacé duc de Bordeaux, pour organiser en son honneur une manifestation de sympathie. Le voyage à Londres d'un millier de notabilités légitimistes soulignait ce paradoxe de la monarchie de Juillet : les adversaires les plus acharnés du souverain régnant étaient les partisans les plus convaincus du principe monarchique. Le gouvernement de Guizot souhaitait se concilier l'Église catholique en accordant une liberté de l'enseignement qui laissât à l'État un certain contrôle ; en se ralliant ostensiblement à la cause la plus intransigeante de la liberté de l'enseignement, les légitimistes entravèrent le ralliement du clergé à la nouvelle dynastie.

Guizot sous-estimait la force de l'opinion en dehors des Chambres. Certes, l'impuissance de l'opposition parlementaire se manifestait à chaque session, mais les éléments les plus dynamiques de la société, les populations des grandes villes, s'étaient détachés du régime. C'était avant tout le cas de Paris. Ville du pouvoir, Paris attire les notables et en même temps les ignore ; la majorité des journaux et aussi la majorité des députés de Paris sont hostiles à la politique conservatrice. La vie intellectuelle s'y élabore en marge du régime et en dépit des consécrations officielles que les Académies prodiguent aux hommes politiques. Les idéologies socialistes commencent à répandre, dans une fraction de la jeunesse des facultés et même dans des classes populaires, une contestation globale de la société libérale et bourgeoise que l'on retrouve aussi dans les romans de Balzac et d'Eugène Sue. Paris crée le mouvement dans tous les domaines de l'activité et renferme les passions les plus ardentes qui menacent, encore sourdement, la stabilité sociale.

Le régime de Juillet tient compte de l'opinion du seul pays légal ; or, le régime représentatif qu'il préconise est faussé par l'usure du pouvoir maintenu trop longtemps dans les mêmes mains, par les combinaisons électorales et parlementaires qui accaparent de plus en plus les préoccupations ministérielles, et par la neutralisation de ses initiatives sous la pression de groupes d'intérêts contraires.

Les élections législatives d'août 1846 contribuèrent à endormir le ministère dans une confiance excessive. Aucune chambre, sous la monarchie de Juillet, ne donna une plus forte majorité : 291 députés ministériels contre 168 représentant les différentes oppositions, qui avaient pourtant mené une campagne électorale active, organisée, s'appuyant sur la majorité des journaux.

La crise de 1846-47 et la chute du régime

La stabilité ministérielle, renforcée par le résultat des élections de 1846, était liée au maintien de l'expansion économique et de la paix. Or, la rupture de l'entente cordiale avec l'Angleterre amène Guizot, en 1846, à se rapprocher de Metternich et à pratiquer une politique contraire au mouvement des nationalités, en Suisse notamment. La France de Juillet se rapproche des monarchies autoritaires au moment où leur influence est de plus en plus difficilement supportée en Europe. Quant à la prospérité, elle s'est trouvée interrompue dès l'automne 1846 par une grave crise économique. Celle-ci a d'abord présenté l'aspect traditionnel des difficultés provoquées par de mauvaises récoltes ; déjà, en 1845, la récolte de la pomme de terre (qui dépassait généralement, en poids, celle du froment) avait été médiocre ; en 1846, les récoltes de céréales et de fourrages furent gravement endommagées, d'abord par une chaleur et une sécheresse excessives, puis, à l'automne, par des inondations qui pesèrent lourdement sur le sort des cultivateurs, à l'exception des régions méditerranéennes, préservées, et du Sud-Ouest, où le maïs put remplacer le blé. Même dans les régions qui ne furent pas directement atteintes, l'annonce de la crise frumentaire réveilla l'antique peur de la disette. La peur de manquer de grains ou l'espoir de les vendre plus cher, avec la pénurie, amenèrent de nombreux propriétaires à suspendre leur vente. Dans l'Ouest, surtout en Ille-et-Vilaine, en Mayenne, en Maine-et-Loire, les paysans entravèrent la circulation des grains, qu'ils ne voulaient pas voir partir vers les villes ; ailleurs, comme dans l'Indre, ils voulurent, au contraire, forcer à la vente les détenteurs de grains et se livrèrent à des visites domiciliaires qui tournèrent à l'émeute à Buzançais. Ainsi, la crise entretint la crise et créa dans les régions rurales une situation révolutionnaire, sans but politique.

Les ressources populaires sont accaparées par les achats alimentaires, tant a monté le prix du pain, que l'on se refuse presque partout à taxer. En contrecoup, le peuple n'achète plus de vêtements ni d'autres objets, et les travailleurs de l'industrie, notamment du textile, sont menacés par le chômage au moment où la hausse du pain rend plus urgente la nécessité de se procurer des ressources. La mauvaise récolte perturbe le commerce ; les importations de blé étranger, surtout de Russie, déséquilibrent la balance commerciale. Mais d'autres causes viennent aggraver la crise, qui persiste en 1847, l'abondance de la nouvelle récolte ne suffisant pas à ramener la prospérité. L'engouement pour les actions des compagnies de chemin de fer, bien que tardif, s'est étendu aux diverses couches de la bourgeoisie, détournant vers la spéculation des capitaux jusqu'alors utilisés plus sainement dans le commerce ou la fabrique. Le maniement maladroit des techniques de capitalisation, l'appel des fonds par les compagnies qui avaient émis des actions dont la souscription n'était perçue qu'ultérieurement, par tranches, provoquent un effondrement des cours en Bourse, notamment de l'action du chemin de fer du Nord, qui, appuyé par les Rothschild, avait fait figure de valeur guide. L'arrêt des travaux sur les chantiers de construction de chemin de fer accroît le nombre des chômeurs et détermine aussi la suspension des commandes dans la métallurgie. Ainsi s'accumulent les catastrophes : chômage, faillites, banqueroutes sont accompagnés par un cortège de misères.

Devant la crise, l'opinion cherche des responsables. L'opposition dénonce aisément le ministère, qui pendant plusieurs semaines a fait preuve d'indécision. Informé par les préfets que la récolte serait mauvaise, il a commencé par minimiser la gravité de la situation, puis il affole l'opinion en autorisant un abaissement exceptionnel des droits de douane sur les blés étrangers et la hausse du taux de l'escompte en janvier 1847. La dénonciation des spéculateurs dans la presse accentue le fossé qui sépare la petite et la grande bourgeoisie.

La crise a révélé une mentalité peu adaptée au mécanisme du crédit. L'importance exceptionnelle des phénomènes de circulation (qu'il s'agisse des grains, du numéraire ou des transports internationaux) fait apparaître la crise industrielle et financière de 1847 comme une conséquence des transformations économiques et de l'entrée — partielle — de l'économie française dans une nouvelle phase de l'évolution capitaliste. Le journal *la Presse* écrit le 25 juillet 1847 : « Notre système financier est à la science économique ce que sont les rouets des ménages aux machines des filatures. » Mais la crise a révélé aussi que l'État devait inévitablement intervenir. La multiplication des ateliers ouverts par les municipalités avec l'aide financière de l'État pour secourir les ouvriers en chômage sous-entendait le devoir de l'État de fournir du travail, au moment précisément où une partie de l'opinion bourgeoise rendait responsables des soulèvements populaires, épars dans le pays, les doctrines socialistes.

La crise morale et idéologique

Si un regroupement s'opère entre légitimistes et orléanistes conservateurs ou libéraux sur la défense de la propriété individuelle, on assiste, inversement, à une véritable mise en accusation des catégories dirigeantes. Déjà, au moment des élections de 1846, la dénonciation de la corruption autant que les pressions morales exercées par les électeurs et abondamment dénoncées par les journaux avaient usé le prestige de la classe politique. L'accusation de spéculer ou d'accaparer pendant la crise économique jeta le discrédit sur une bonne partie de la bourgeoisie d'affaires et fit entrer le terme de « capitaliste » dans le vocabulaire de la polémique. Plusieurs scandales vinrent en 1847 déconsidérer des membres de la Chambre des pairs, accusés de concussion, comme les anciens ministres Teste et Cubières, ou coupables d'assassinat, comme le duc de Choiseul-Praslin, qui avait tué sa femme. L'affaiblissement de la moralité touche toutes les classes, mais l'impression d'immoralité des classes dirigeantes amène les notables à douter eux-mêmes de la légitimité de leur pouvoir, premier signe d'une démission, inséparable du déclin de leur prestige devant les foules urbaines informées de ces incidents. La bourgeoisie avait ressenti à tous les niveaux et sous des formes diverses le malaise économique comme victime et comme témoin. Les transformations économiques bouleversaient la hiérarchie des valeurs, ce qui provoquait aussi la confusion des programmes politiques : l'opposition libérale prend la défense des principes conservateurs qu'elle accuse le ministère de discréditer ; les légitimistes sont déchirés dans des contradictions, les uns adhèrent au mouvement pour la liberté d'enseignement qui les rapproche d'une large fraction des conservateurs, tandis que d'autres rejoignent les radicaux et admettent, avec l'abbé de Genoude, le suffrage universel. Tocqueville déclare à la Chambre quelques semaines avant la révolution de Février : « Le sentiment de l'instabilité, ce sentiment précurseur des révolutions, existe à un degré très redoutable dans ce pays. »

La campagne des banquets

L'opposition dynastique a perdu tout espoir, après les élections de 1846, d'arriver au pouvoir avec la législation électorale en cours ; elle s'efforce en vain, en 1847, d'obtenir du Parlement une réforme électorale (par abaissement du cens) et parlementaire (par l'incompatibilité réclamée entre le mandat de député et les fonctions salariées). Au cours de l'été, elle relance la revendication dans le pays : des banquets associent la garde nationale et la bourgeoisie radicale dans des manifestations qui n'ont rien de révolutionnaire. Mais peu à peu les radicaux, et même des socialistes comme Louis Blanc, jouent un rôle prépondérant qui effraie les bourgeois libéraux et tempère leur opposition. Le ministère Guizot refuse toute concession, toute réforme et, en interdisant le banquet réformiste qui doit clôturer la campagne à Paris le 21 février 1848, il pense avoir réduit l'opposition à une capitulation sur le plan légal. Les chefs de l'opposition dynastique semblent s'y être résignés, presque avec soulagement, mais ils sont dépassés par leurs troupes, qui suivent désormais les mots d'ordre des plus radicaux. Le refus du dialogue parlementaire pousse l'opposition à se manifester dans la rue. La démission forcée de Guizot, le 23 février, devant les premières barricades ouvre une vacance de l'autorité qu'aggrave l'indécision de Louis-Philippe. Vieilli, passant d'un excès de confiance à une démoralisation complète, celui-ci abdique le 24 février. Dans une lettre du 7 novembre 1847 à Aumale, Joinville avait vu juste : « Le roi est arrivé à cet âge où l'on n'accepte plus les observations [...], mais où les forces manquent pour prendre une résolution virile. » En quelques heures, le régime de Juillet, qui hésitait à se défendre, s'est effacé faute de défenseurs.

la seconde République

1848-1852 Première expérience du suffrage universel, qui, d'un essai prématuré de république sociale, conduit en quatre ans au césarisme.

I.   LA RÉVOLUTION
ET LA RÉPUBLIQUE CONCILIATRICE

Février-Mai 1848

Les causes de la révolution

La seconde République restera dans notre histoire intimement liée à l'adoption définitive et aux expériences multiples du suffrage universel.

La grande Révolution s'en était bien passée, pourtant, en 1789. On pouvait croire alors que la justice et la liberté progressaient avant tout par les efforts des classes moyennes et que l'intervention des masses était, pour ces hautes valeurs, plus souvent menaçante qu'utile. Le petit peuple, alors, n'était pas seulement un danger d'anarchie, de violence incontrôlée, d'aspirations économiques rétrogrades ; il était aussi, entre deux bouffées de colère, éminemment accessible aux séductions et aux manœuvres des autorités traditionnelles et contre-révolutionnaires, noblesse ou clergé. Cette analyse, qui justifiait une interprétation de gauche de l'oligarchie censitaire, avait encore pu se répéter en l'an III, en l'an VIII, en 1814, à la rigueur en 1830. En 1848, elle est évidemment périmée. Depuis une génération au moins, l'absence de troubles intérieurs graves, un certain progrès des moyens de communication, les premiers effets de la loi Guizot sur l'instruction primaire, la diffusion, modeste sans doute, mais croissante, de la presse d'opinion ont amélioré l'éducation des masses. Et surtout l'oligarchie a fait ses preuves, négatives. Les 200 000 électeurs qui monopolisent la vie politique mettent trop évidemment ce pouvoir au seul service de leurs intérêts de classe. En outre, leur fractionnement en collèges électoraux, de villes, de cantons ou de circonscriptions législatives, qui groupent trop au plus quelques centaines de personnes, facilite trop l'esprit d'intrigue et de coterie aux dépens des luttes d'opinion. Bref, la moralité politique et la justice sociale conjuguent leurs exigences en faveur de la réforme électorale.

D'autant que la question sociale était pressante, ou plutôt les questions sociales. Dans les usines équipées de machines à vapeur et d'éclairage au gaz, des rythmes et des durées de travail jusque-là inconnus s'introduisent, contre lesquels l'ouvrier n'a aucun recours, puisque la liberté de l'entrepreneur, la non-intervention de l'État et l'interdiction des coalitions sont des dogmes. L'exploitation de la main-d'œuvre masculine, féminine, enfantine même, la compression des salaires, l'insécurité de l'emploi, et toutes les conséquences de cette misère, taudis, maladie, criminalité, atteignent dans les années 40 des degrés qui étaient — et qui resteront, en France du moins — inégalés. Mais la « question sociale » n'est pas seulement ouvrière. Dans les campagnes, qui n'ont jamais été aussi peuplées qu'elles le sont alors, subsistent, en dépit de la Révolution, bien des inégalités et bien des archaïsmes. Des ressources d'appoint (travail industriel à domicile) sont menacées par la grande industrie ; d'autres (droits d'usage divers : pâturage, cueillettes, prises gratuites de bois, etc., dans des forêts privées ci-devant seigneuriales, par exemple) sont contestées par les grands propriétaires, de plus en plus épris de liberté et de modernité agronomiques ; et l'État, avec le code forestier, va dans le même sens pour préserver les forêts des communes et du domaine. Bref, il existe encore en 48 une question paysanne.

Ce peuple souffrant, et que l'on connaît mieux, n'inspire pas que de la crainte ou que de la pitié. Le goût romantique de la nature, des forces primitives, du retour aux sources fait que les voyageurs cultivés découvrent avec sympathie les singularités rustiques et les folklores. Par un sentiment voisin de celui qui inspire ailleurs en Europe certains théoriciens des nationalités sujettes, plus d'un jeune bourgeois français voit dans le « peuple » un réservoir de valeurs et une chance de régénération.

Tels sont quelques éléments de ce mélange diffus d'aspirations révolutionnaires dont la crise de 1846-47 devait amener la rapide cristallisation. C'est d'abord une crise économique, ou plutôt la conjonction de deux crises ; l'une, typiquement capitaliste, de surproduction et spéculation ; l'autre, de nature archaïque, consistant en mauvaise récolte et disette alimentaire. La crise est d'ailleurs européenne, et ce n'est sans doute pas par hasard si l'Europe, alors, connaît une vague de troubles, de Pologne en Italie en passant par la Suisse. Mais tandis que la crise fait grandir les exigences mêlées de réforme politique et de mieux-être social, le gouvernement de Guizot, infatué par six ans de stabilité, ne voit de remède que dans le rapprochement diplomatique avec les puissances contre-révolutionnaires, et dans l'incorporation à sa majorité d'une partie de l'opposition de droite (élections de 1846). Contre Guizot, indéracinable et « immobile », une grande campagne d'opposition se forme en 1847 avec pour but la « réforme » et pour moyen les célèbres banquets. La révolution devait y trouver sa cause occasionnelle.

Les journées de Février à Paris

A la mi-février 1848, l'interdiction par le gouvernement de l'un de ces banquets déchaîne à Paris un mouvement de protestation dans lequel les organisateurs, opposants modérés, se disant eux-mêmes « dynastiques » (Odilon Barrot), sont vite débordés par les éléments les plus radicaux. Au banquet interdit se substitue, le 22 février, une manifestation de masse dans laquelle sont accourus les membres étudiants, artisans, ouvriers, etc., des sociétés secrètes républicaines. Les faits décisifs ont lieu le 23 : le petit bourgeois parisien, qui, sous l'habit de garde national, est le maître de l'ordre public à Paris, enfin lassé de l'exclusivisme oligarchique intransigeant de Guizot et des gros censitaires, se déclare pour la réforme. Cette défection de la garde nationale ouvre les yeux au vieux roi, qui accepte pour la première fois de sacrifier Guizot et de donner le pouvoir à Thiers et à Odilon Barrot. Concession trop tardive : les manifestations continuent, et l'une d'elles subit une collision fortuite mais sanglante avec un élément de force militaire sur le boulevard des Capucines. Alors, dans la nuit du 23 au 24 s'élèvent les barricades ; l'armée, commandée par Bugeaud, est débordée ; les ministres anciens et nouveaux sont en plein flottement ; le roi abdique et quitte le palais des Tuileries, puis Paris et la France, « comme Charles X »... Le jeune bénéficiaire de l'abdication, le comte de Paris, enfant de neuf ans, est aussitôt conduit par sa mère, la duchesse d'Orléans, à la Chambre des députés. Il y a été devancé par la foule des manifestants qui a envahi le Palais-Bourbon et qui exige un changement complet de régime. Les députés de l'opposition, qui seuls peuvent se faire entendre, suivent le courant et se prononcent pour la république, écartant la régence d'une princesse pourtant réputée libérale. Mais il ne s'agit pas que cette république soit dominée par les faubourgs et les quartiers plébéiens de Paris... Lamartine, Ledru-Rollin et leurs amis quittent donc en hâte le Palais-Bourbon pour se rendre à l'Hôtel de Ville, centre politique traditionnel du peuple parisien, où, au milieu d'une foule immense de manifestants, tout ce qui compte comme cadres républicains du mouvement a spontanément convergé. C'est là que s'élabore le Gouvernement provisoire, par la fusion (à dosage inégal) de deux listes concurrentes, celle qui avait été préparée dans les bureaux du *National*, journal républicain libéral et modéré, et à laquelle appartenaient les députés de l'extrême gauche, et celle qui sortait de *la Réforme*, journal républicain inclinant au socialisme et plus lié aux cadres non parlementaires. Les premiers, les plus bourgeois, ont la part du lion, avec sept membres (sans compter les deux acceptés par l'autre liste) ; les autres ne sont que quatre (y compris Flocon et Ledru-Rollin dont on vient de parler) ; encore l'écrivain socialiste Louis Blanc et l'ouvrier mécanicien Albert y sont-ils d'abord en position subalterne. Cette promotion absolument extraordinaire — symbolique ou scandaleuse, selon les opinions — d'un prolétaire dans le gouvernement ne pouvait longtemps faire oublier la prépondérance bourgeoise dans son sein. D'autant que si les onze dans leur ensemble formaient un chef d'État collectif, un exécutif qui délibérait en commun, certains d'entre eux, mais non pas tous, et surtout pas les socialistes, assumaient en plus la direction d'un département ministériel, tandis que les autres ministères étaient attribués à d'autres amis de la tendance majoritaire. Nous reviendrons sur ces hommes et sur ces tendances en les voyant à l'œuvre. Pour l'heure, dans la soirée du 24 et la journée du 25 février, dans un Hôtel de Ville grouillant et effervescent, assiégé en permanence par une foule enthousiaste et vigilante à la fois, le gouvernement provisoire compense en quelque sorte la modération de son équilibre interne par la hâte et la hardiesse de ses premières décisions de principe. Sans attendre que la nation entière ait été consultée, on proclame la république comme nouveau gouvernement de la France. L'assemblée qui sera appelée à la constituer sera élue au suffrage universel. L'esclavage est aboli dans les colonies. La peine de mort en matière politique est supprimée. Ainsi revenait-on, en quelques décrets, à ce que la première République avait fait de plus généreux, tout en répudiant la Terreur, qui en avait compromis le souvenir.

L'accueil de la province

La nouvelle de la république gagne rapidement la province grâce au télégraphe optique. Elle devance ainsi de beaucoup les premiers agents du nouveau pouvoir, qui, au trot des diligences, mettront quelques jours à gagner leurs chefs-lieux. Loin de Paris s'ouvrent ainsi des interrègnes, les préfets et sous-préfets hésitent, parfois se dérobent, et l'autorité reste en fait aux maires des communes, qui font face comme ils peuvent aux événements. Mais il y a peu d'événements, car de tous ceux qui pouvaient d'habitude soulever ici ou là des manifestations populaires, les républicains sont satisfaits... et les contre-révolutionnaires ne le sont pas moins : car pour beaucoup de légitimistes et de membres du clergé, que Louis-Philippe et Guizot, malgré tous leurs efforts, étaient bien loin d'avoir pu tous rallier, 1848 apportait à 1830 une revanche inespérée. La république bénéficie donc de nombreux ralliements, d'une neutralité largement bienveillante. Les vrais piliers de l'orléanisme, paisibles rentiers et fonctionnaires, entrepreneurs et marchands, l'innombrable et timide classe moyenne, ne sont pas hommes à élever des barricades, même en faveur de Louis-Philippe. Souvent, donc, maires ou sous-préfets de la monarchie déchue annoncent eux-mêmes la république, en assortissant leur proclamation d'un appel pressant à l'ordre public.

Près de Paris, à Neuilly et à Suresnes, les luxueuses résidences du roi Louis-Philippe et du banquier Rothschild sont envahies et pillées et incendiées. L'occasion était bonne, sans doute, pour des gens sans aveu, d'y faire de fructueuses razzias. Mais ce n'est sans doute pas la seule cause, car il existait bien d'autres maisons riches à voler en banlieue. La qualité des propriétaires donne aussi à penser qu'il y eut une part au moins d'exécution symbolique — sur les biens, à défaut des personnes — dans ces expéditions ; des équivalents suburbains du viol des Tuileries effectué en plein Paris (mais ici à peu près sans pillage) au cours même de la révolution.

En province, dans quelques villes, on brûle des registres d'octroi ou de l'impôt sur les boissons, comme on avait fait (plus souvent, semble-t-il) en 1830. Mais ce n'est pas encore là le plus intéressant.

On voit aussi des troubles en quelques villages reculés, où les masses paysannes de simples gens, engagées unanimement dans l'un de ces conflits forestiers dont nous avons parlé, voient d'abord dans la république l'espoir d'une solution favorable : ici l'on chasse le garde forestier, là on envahit le terrain litigieux, parfois on saccage les plantations prétendues usurpées, tout cela dans la liesse et au son du tambour. Veut-on profiter de l'affaiblissement des forces répressives en période de vacance du pouvoir ? A-t-on gardé un vague souvenir de la première République, où bien souvent les paysans faisaient ce qu'ils voulaient dans les bois contestés ? ou bien a-t-on déjà reçu (par quels canaux ?) l'idée que la république est par essence un pouvoir du peuple et que la satisfaction des humbles est sa raison d'être ? Dans cet état d'esprit, où l'on ne doute pas d'avoir raison, on anticipe sur la satisfaction espérée, directement et sans formalités. Ces faits sont sporadiques, et, en outre, assez peu graves en eux-mêmes ; l'ordre reviendra aisément à la première admonestation des autorités nouvelles, qui n'hésiteront pas à faire des promesses que l'avenir révélera bien imprudentes. C'est le symptôme qu'il faut en retenir. Déjà, dans certaines régions rurales de province, comme dans les faubourgs des villes, on ne conçoit la république qu'assortie d'un programme social avancé. Équivoque fondamentale, que nous retrouverons.

Le Gouvernement provisoire : les hommes

L'équivoque existe, d'ailleurs, au sein même du Gouvernement provisoire. Avec ceux que nous avons déjà nommés, les socialistes Louis Blanc et Albert, les républicains radicaux Ledru-Rollin et Flocon, avec Lamartine, il comprenait encore six républicains libéraux, les avocats Dupont (de l'Eure), Marie et Crémieux, l'astronome Arago, le négociant

Garnier-Pagès et le journaliste Armand Marrast. Une prééminence purement honorifique appartenait à l'octogénaire Dupont (de l'Eure), qui avait été déjà député sous la première Révolution, mais ses facultés affaiblies ne lui permettaient plus de jouer un rôle politique réel. L'ouvrier Albert, taciturne et peu cultivé, passait pour le double et l'écho de Louis Blanc, et Flocon pour être celui de Ledru-Rollin. Marie, Crémieux, Arago, Garnier-Pagès et Marrast formaient un bloc à peu près homogène, celui des républicains libéraux, c'est-à-dire franchement hostile au socialisme. Marie, en prenant le ministère des Travaux publics, et Garnier-Pagès (quelques jours après), en prenant celui des Finances, obtiennent aussitôt le moyen de veiller à l'orthodoxie économique. A l'extrême opposé, Louis Blanc représente et défend de son mieux l'idéal d'une république accompagnée de réformes sociales profondes ; sa position très minoritaire est plus forte qu'il ne paraît, dans la mesure où il passe pour le porte-parole des foules d'ouvriers et de chômeurs qui tiennent permanence sous les fenêtres du conseil. Le rôle clef est celui des deux hommes qui sont en position centrale, Ledru-Rollin et Lamartine. Ledru-Rollin avait été le principal orateur de la petite minorité de républicains que contenait la Chambre des députés sous Louis-Philippe. Avocat à succès, homme riche dont la fortune personnelle venait souvent au secours de la presse républicaine, il était l'homme le plus en vue et le moins exclusif du parti républicain ; sans adhérer le moins du monde au principe du socialisme, il acceptait assez de philanthropie légale pour se distinguer des purs libéraux et faire route parfois avec *la Réforme*. Pour achever de le définir, disons que le parti radical-socialiste, dans la première moitié du XXe siècle, se reconnaîtra explicitement en lui. Pour l'heure, il reçoit le ministère de l'Intérieur, ce qui l'identifie, lui, son entourage proche (où se distingue George Sand) et son personnel administratif, à toutes les missions et tribulations du nouveau régime, trop révolutionnaire pour les uns, pas assez pour les autres.

C'est la même position qu'occupe Lamartine, mais — si l'on peut dire — à l'étage supérieur. Personne ne doute que le poète ne soit le principal personnage du Gouvernement provisoire. Il est un peu au vénérable Dupont (de l'Eure) ce qu'était depuis 1840 Guizot au maréchal Soult, le chef réel auprès du chef nominal. Comme Guizot, Lamartine est d'ailleurs titulaire du portefeuille le plus prestigieux, celui des Affaires étrangères. Parmi ses collègues, il est le seul (avec le savant Arago) dont une part de notoriété ne doive rien à la politique. Il est, dans l'équipe, le seul à être un aristocrate, un diplomate de métier, un académicien, un homme du monde. Bref, il émerge — et aussi par le talent. C'est peut-être pour lui un prestige de plus d'être venu de si loin à la république, après avoir été pur royaliste jusqu'en 1830, et parce qu'il a jugé enfin l'Ancien Régime anachronique et le juste-milieu méprisable. Faut-il ajouter enfin que, grâce à sa gloire littéraire et grâce aussi à Henri Guillemin, Lamartine nous est infiniment mieux connu que ses collègues du Gouvernement provisoire ? . Une conclusion ressort, en tout cas, des travaux que nous venons d'évoquer : il faut bannir le cliché du « poète égaré dans la politique » : personne mieux que ce poète (ou ancien poète) n'a été alors aisé, et même habile, et, au besoin, manœuvrier, dans l'exercice de ce pouvoir périlleux. Contre le socialisme, bien sûr, qu'il jugeait impossible, et l'histoire retient à bon droit le fameux discours qui fit maintenir le drapeau tricolore (adorné seulement d'une rosette rouge à la hampe) comme drapeau de la France. Mais aussi contre l'étroitesse d'esprit et, bientôt, contre les désirs de réaction et de vengeance des conservateurs, et d'abord de ses collègues du groupe Marie. Étranger à la classe moyenne, étranger à son univers mental de rationalisme strict qui débouchait souvent alors sur la plus stricte orthodoxie économique, Lamartine, ancien chrétien, ancien romantique, un temps intéressé par le saint-simonisme, Lamartine homme de cœur, de curiosité, d'ouverture, était sans doute plus apte même que Ledru-Rollin à sentir que le socialisme humanitaire du temps représentait une valeur et méritait pour le moins des essais de conciliation. On sait ce qu'il en adviendra.

Le Gouvernement provisoire : œuvre sociale et politique

On ne peut entrer ici dans le détail des péripéties presque quotidiennes qui marquent la politique française dans les mois de mars et d'avril 1848. Tout se passe dans Paris et consiste en un échange complexe entre manifestations de rues et décisions du gouvernement. Tout s'ordonne, cependant, pour l'essentiel autour de deux problèmes : celui de la crise économique et sociale, celui de l'avenir politique du régime.

Antérieure à la révolution, la crise industrielle et bancaire lui survivait, aggravée même par les événements. La crainte de désordres, voire du socialisme, sapait la confiance chez tous les entrepreneurs. On disait alors que les riches « resserreraient leurs capitaux », ce qui compromettait les éléments de reprise possibles. Le marasme des affaires, déplorable en lui-même, pose de graves problèmes à l'État, dont il menace les ressources, et à la société, où le chômage s'étend. Contre le premier péril, la crise économique proprement dite, le gouvernement prend des mesures opportunes (cours forcé des billets de banque, création des petites coupures, encouragement aux comptoirs d'escompte qui se créent en province, où les établissements de crédit étaient fort inférieurs aux besoins). Contre le deuxième, ses difficultés de trésorerie, il choisit la solution techniquement facile, mais qui se révélera politiquement périlleuse, d'augmenter les impôts directs de 45 p. 100 (les fameux « quarante-cinq centimes »). Contre le troisième, enfin, le chômage qui met sur le pavé de Paris des dizaines et des dizaines de milliers d'hommes, il veut aussi agir, mais ici deux solutions s'opposent : ou bien la solution traditionnelle, qui consiste, en attendant que la crise passe, à occuper les chômeurs qu'on secourt à des travaux publics secondaires, tels que des réfections de voirie, c'est l'« atelier de charité » de tous les anciens régimes ; ou bien, selon le vœu de Louis Blanc, la solution socialiste, qui consiste à profiter de cette défaillance de l'industrie privée pour encourager les ouvriers (qui n'ont pas tous vocation de terrassiers!) à prendre en main leur propre métier par la coopération : ce serait les « ateliers sociaux ». Sous le nom d'« ateliers nationaux », c'est en fait la première solution qui est choisie ; l'exécution en est confiée à Marie, comme ministre des Travaux publics, et l'on commence aussitôt à enrôler largement les chômeurs parisiens, que l'on encadre par de jeunes élèves de l'École centrale. Marie semble avoir vu dans les ateliers nationaux ainsi conçus non seulement l'avantage de ne pas attenter aux droits du patronat privé, mais encore celui de soustraire un grand nombre de chômeurs parisiens aux séductions de la rue, des clubs politiques et des manifestations socialistes. Du côté socialiste, on perçut très tôt ce genre de manœuvres et l'orientation conservatrice du gouvernement. Une manifestation populaire vint exiger la création d'un ministère du Travail, c'est-à-dire la mise explicite des réformes sociales au rang des devoirs de l'État. Le gouvernement s'en tira en lui accordant beaucoup moins : la création d'une commission formée de délégués ouvriers qui siégeraient dignement au Luxembourg, dans les fauteuils des pairs de France, sous la présidence de Louis Blanc et d'Albert, naturellement, et qui étudieraient les problèmes sociaux. Comme l'écrira Karl Marx deux ans après, avec amertume, « pendant qu'au Luxembourg on cherchait la pierre philosophale, on frappait à l'Hôtel de Ville la monnaie qui avait cours... ». Certes, Louis Blanc restait membre de cet exécutif collectif suprême qu'était le Gouvernement provisoire, mais, enfin, outre qu'il y était minoritaire, il n'avait toujours pas de département ministériel à gérer, donc nulle prise sur une portion de réel. Au Luxembourg, on étudia effectivement les problèmes, on rendit quelques arbitrages utiles dans des conflits sociaux mineurs, et l'on exposa longuement et publiquement les diverses théories socialistes du temps, ce qui contribua beaucoup à effrayer le bourgeois.

Bien d'autres choses l'effrayaient, dans l'ordre de la politique pure. D'abord, la liberté intégrale de la presse et des réunions, avec sa profusion de journaux et de clubs, de toutes opinions sans doute, mais où l'on remarquait surtout les plus avancés : ceux des critiques sociaux les plus radicaux (Cabet, Raspail, Proudhon), ceux des éternels rebelles fraîchement sortis de prison (Barbès, Blanqui), ceux des femmes socialistes et féministes, etc. Autre sujet d'effroi, l'ordre public ; non qu'il soit menacé pour l'instant, Paris est tranquille et calme, mais on s'inquiète de voir un « farouche » républicain, Caussidière, occuper la préfecture de police et de voir les ouvriers s'enrôler dans la Garde nationale. En vérité, le « péril » réel n'était pas si grand : les ouvriers ne dominaient que dans un petit nombre de légions de la Garde nationale, Caussidière était beaucoup plus lié à Ledru-Rollin qu'à Louis Blanc, et surtout l'Intérieur avait imaginé de créer une « garde nationale mobile », permanente et soldée : autant de jeunes chômeurs mis à la haute paye, enlevés eux aussi à la rue et aux clubs, et qui seront une vraie police.

Tous ces conflits finissent par être éclipsés par un nouveau problème politique qui les résume tous : celui de la date des élections. Après tout, entre les deux camps, libéral et socialiste, qui se partagent ainsi Paris et le Gouvernement provisoire, et qui s'opposent à tout propos, c'est la province qui arbitrera par son vote. Or, on pressent très tôt que ce vote ne sera pas révolutionnaire et que l'arbitrage sera rendu, contre le socialisme, par les masses rurales incultes, ou guidées par les notables. Le mot d'ordre de la révolution devient donc : retarder les élections, pour laisser au peuple des campagnes le temps de s'éveiller. On sait comment entre mainte autre péripétie complexe la manifestation du 17 mars n'arracha au gouvernement qu'un report dérisoire, et comment celle du 16 avril fut repoussée. Les élections restèrent fixées au 23 avril, dimanche de Pâques.

La province sous le Gouvernement provisoire

Pendant ces deux mois de mars et d'avril, la province avait été prise en charge par les commissaires de la République. Ces personnages devaient remplacer les préfets de la monarchie, mais jouissaient, du fait des circonstances, de pouvoirs plus étendus qui faisaient presque songer à ceux des représentants en mission de la grande époque. Ledru-Rollin, qui, comme ministre de l'Intérieur, eut le principal rôle dans leur désignation, ne voulut prendre que des républicains convaincus, ce qui l'obligea à utiliser bien des hommes dont la compétence et l'expérience n'égalaient pas la conviction. Émile Ollivier, envoyé à Marseille, avait à peine vingt-trois ans ! Encore ce choix était-il bon, en lui-même. A ce futur ministre de l'Empire libéral faisait pendant, à l'autre bout de la France, Charles Delescluze, commissaire à Lille et futur dirigeant de la Commune. Ces hommes ont à faire face aux incidents locaux dont nous avons parlé ; ils ont à prendre les mesures d'urgence qu'appelle la détresse économique (beaucoup ouvrent ainsi des ateliers nationaux, sur le modèle de Paris) ; ils ont surtout à installer la république dans l'administration, en renouvelant les sous-préfets et en remplaçant, au moins dans les principales communes, les conseils municipaux par des commissions municipales provisoires, de recrutement plus populaire. Dans les autres branches de la fonction publique, ils n'avaient pas à procéder à de telles épurations, et, d'ailleurs, tout le monde s'y déclarait républicain. C'est alors qu'apparaît dans le langage politique la distinction entre les « républicains de la veille » (ceux qui se sont déclarés et qui ont lutté avant la révolution de Février) et les « républicains du lendemain ». Au premier rang de ces ralliés figure le clergé catholique.

On le voit bien à l'occasion des fêtes qui marquent un peu partout l'installation de la république. En bonne place dans ces cérémonies figure généralement la plantation d'un arbre de la liberté ; avec les défilés, les chants et les discours a lieu une bénédiction de l'arbre par le prêtre du pays. Le contraste est ici complet avec les lendemains de la révolution de juillet 1830, où l'on avait aussi planté des arbres, mais sans prêtres, et plutôt comme un symbole laïque opposé consciemment aux érections de croix de mission d'avant 1830. En 48, au contraire, l'arbre n'est plus une anticroix, il en serait plutôt, si l'on ose dire, une esquisse, une approche. Le changement s'explique, d'ailleurs. L'Église, en 48, bénéficiait des quelques tracasseries qu'elle avait subies sous la monarchie de Juillet ; certains de ses membres avaient su dénoncer le scandaleux accroissement de la misère ouvrière ; et surtout, du côté des jeunes républicains passés par le romantisme, un vague spiritualisme déiste avait souvent recouvert la culture voltairienne reçue de la génération précédente. Plus d'un aurait volontiers prolongé les fraternisations politiques de Février par un vrai syncrétisme idéologique. Moment fugace...

Tous les commissaires, cependant, n'ont pas les mêmes réactions, et l'expérience révèle finalement en eux un personnel assez peu homogène. Un premier test est fourni par la place qu'ils croient devoir accorder (ou refuser) aux « républicains du lendemain » dans leurs diverses nominations. Un second vient du socialisme : dans les villes où existe une population ouvrière et des clubs socialistes de quelque importance, le commissaire peut les protéger, comme ailes marchantes ou enfants de prédilection de la nouvelle république sociale ; ou bien il peut les combattre (discrètement encore, en leur suscitant des concurrents) au nom de l'ordre, maître mot déjà bien souvent prononcé. D'où un fourmillement de situations régionales fort diverses, parfois des conflits et même des révocations.

Mais très vite, comme à Paris, l'approche des élections envahit l'horizon politique.

Ledru-Rollin donne à ses commissaires, dont la tâche d'installation de la république s'était en somme terminée au mieux, une sorte de prolongement à leur mission en les invitant, par une circulaire fameuse, à éclairer l'opinion et (pratiquement) à favoriser l'élection de républicains de la veille. On sut ainsi bien clairement ce que le gouvernement souhaitait : contre les faubourgs, pas de socialisme, mais contre la province rurale, pas de réaction monarchiste. En fait, les propagandes électorales furent parfaitement libres, et c'est même dans une véritable profusion que chaque journal, chaque club, chaque groupement qui le voulut lança et diffusa des listes, où souvent, d'ailleurs, revenaient les mêmes noms.

Les premières élections : 23 avril

Pour rompre avec la politique de clocher et de coterie, la nouvelle loi électorale renonçait au vote uninominal effectué au niveau de l'arrondissement. On va voter dans le cadre du département, donc pour une liste de noms (mais la liste n'est pas « bloquée » : le décompte des voix restera individuel), et ces noms seront nombreux, car l'Assemblée aura quelque 900 membres, comme au temps de la Révolution. Autre signe d'esprit révolutionnaire : l'élu ne sera plus appelé « député », mais « représentant du peuple ». Et, surtout, il sera effectivement l'élu de tout le peuple (masculin) âgé d'au moins vingt et un ans. On n'a pas osé encore pousser la logique de la démocratie jusqu'à faire voter à la commune même : il faut se rendre au chef-lieu de canton (ou tout au plus dans une commune choisie comme chef-lieu d'une section de canton) ; mais en ce temps les hommes sont grands marcheurs, et si l'on émet quelques plaintes ce n'est pas pour le fait d'avoir à cheminer deux heures, mais parce qu'ici ou là un pont manque sur un torrent. On fait la route ensemble ; ce 23 avril est précisément le dimanche de Pâques, journée où la grand-messe fait l'unanimité. Le curé est, d'ailleurs, parfois avec le maire à la tête du cortège des villageois qui vont au bourg faire le premier usage de la liberté, parfois aussi il y a le châtelain, pour nous rappeler les limites concrètes de cette liberté... Mais on ne les sentit point trop en ce printemps presque partout encore conciliant. Les résultats sont difficiles à interpréter, précisément parce qu'il n'y avait guère encore de partis bien tranchés, du moins à l'échelle de la France entière. Des minorités se dégageront dans la nouvelle Assemblée, dite « nationale et constituante » : à droite, des conservateurs, souvent restés en réalité monarchistes, souvent d'ailleurs anciens députés des chambres censitaires ; à gauche, des socialistes. Mais il y a des échecs significatifs : à droite celui de Thiers, à gauche ceux de Raspail, Blanqui, Barbès. La France a voté conformément à la ligne de la majorité du Gouvernement provisoire : république libérale, sans révolution sociale ni réaction monarchique. Dans la Seine, les membres du gouvernement sont tous élus, Lamartine recueillant le plus de suffrages, suivi de ses collègues modérés, qui devancent eux-mêmes Ledru-Rollin et les socialistes. Cette ligne étant aussi celle du journal *le National*, ce nom sert quelquefois à désigner le groupe politique ainsi vainqueur des élections et qui va gouverner la France pendant plusieurs mois. Parmi les élus de province, on remarque un grand nombre de commissaires de la République, comme il est naturel puisqu'ils représentaient — ou du moins la plupart d'entre eux — à la fois l'administration en place et l'idéal de république rassurante. Les listes officieuses qu'ils conduisaient avaient cru devoir faire place à des ouvriers, pour symboliser jusqu'au bout la fraternité triomphante ; symbolisme prudent toutefois, on ne mettait guère plus d'un prolétaire par liste, et encore l'avait-on choisi parmi les ouvriers qui s'étaient un peu distingués de leur classe : tel théoricien d'un compagnonnage rénové, tel contremaître mécanicien autodidacte, tel portefaix-poète, gens dont la notoriété tenait aux voies de la promotion, non à celles de la lutte des classes. L'ouvrier-représentant, au printemps de 48, est aussi « centre-gauche » (comme nous dirions) que les innombrables avocats, médecins ou journalistes qui ont bien voulu l'adopter. A l'extrême gauche siégeront surtout des intellectuels, et aussi Lacordaire.

Le premier sang : Rouen

Le lendemain des élections voit les premières effusions de sang. Cela se produit, comme il est naturel, dans une grande ville industrielle ravagée par la crise : Rouen ; le chômage y était total et massif. Le commissaire de la République, Deschamps, qui avait organisé des ateliers nationaux pour secourir les ouvriers, était populaire parmi eux, et il était de ceux, rares, qui inclinaient au socialisme ; la bourgeoisie, dont le chef de file était le procureur général Sénard, républicain de la nuance du *National*, était exaspérée par les impôts nouveaux qui servaient à couvrir la dépense — à la vérité peu productive, sinon comme charité — des ateliers nationaux. Le compte se règle lors des élections : Sénard et les siens sont élus, Deschamps et ses amis battus, les votes de l'ensemble du département ayant aisément submergé ceux de la ville chef-lieu. Le 26, les résultats connus, une manifestation ouvrière se déroule devant la mairie. Les travailleurs voulaient-ils, comme on l'a dit, contester l'issue du scrutin, voire imposer la nomination de Deschamps ? ou, plus probablement, rappeler leurs besoins et protester préventivement contre la suppression des ateliers nationaux (leur unique ressource), suppression que la victoire des hommes d'ordre laissait prévoir ? Ils sont repoussés rudement par la garde nationale, restée de composition bourgeoise. Les coups confus portés dans la bousculade, puis les charges de cavalerie sont sentis comme une provocation par les ouvriers, qui, achevant alors leur manifestation centrale, refluent dans leurs quartiers où ils élèvent des barricades. Le soir et le lendemain, Sénard requiert la troupe, et même le canon, et les barricades sont balayées, sans perte pour les forces de l'ordre, mais au prix d'une dizaine de morts ouvriers.

Notre attention à cet événement n'est pas aussi disproportionnée qu'il paraît : c'est une chose importante en elle-même, non pas certes comme premier conflit entre républicains (le 16 avril à Paris en était bien un), mais comme premier conflit sanglant, qui rompe sur une ligne de lutte de classes l'euphorie de la fraternité nouvelle. Et c'est important aussi — on peut le dire par anticipation — parce que ce conflit né autour des ateliers nationaux préfigure celui qui va naître à Paris et se conclure de semblable façon, à la dimension près. Au lendemain des élections, fin avril, c'est bien une période de la république qui s'achève, la période heureuse et conciliante.

Fin du temps révolutionnaire

C'est une fin aussi, à d'autres égards, celle du régime provisoire. Car, avec les élections universelles et libres, une régularité et même une légitimité républicaine sont fondées. Aussi, quand se réunissent à Paris, le 4 mai, pour leur première séance, les représentants élus le 23 avril, ils se croient tenus de proclamer à nouveau la république. Ils le font unanimement dans leur salle, et même le refont ensuite sur les marches de leur palais, « à la face du soleil ». On assure que le cri de « Vive la république ! » y fut poussé en chœur jusqu'à dix-sept fois de suite. L'anecdote est connue. Ce qu'on sait moins, c'est l'importance qui devait être ultérieurement accordée à cette date. En 1849, 50 et 51, la fête officielle de la république sera célébrée le 4 mai, et non pas le 24 février. Toute une philosophie politique est incluse dans cette substitution : le régime veut être né dans une assemblée régulièrement élue, et non pas sur des barricades. Curieux recommencement : Louis-Philippe aussi minimisait l'anniversaire des Trois Glorieuses, et faisait de préférence célébrer la Saint-Philippe (qui tombait, opportunément d'ailleurs, le 1er mai, date folklorique propice). De juillet ou de février, les barricades sont mises à leur vrai rang par l'histoire, mais leurs bénéficiaires en ont quelquefois rougi.

II. FORMATION ET EXPÉRIENCES D'UNE RÉPUBLIQUE CONSERVATRICE

Mai 1848-Novembre 1851

La Commission exécutive et le tournant politique de mai

Comme au temps de la grande Révolution — référence constante —, l'Assemblée constituante va avoir deux missions : faire une Constitution et orienter, en attendant, la politique générale dont elle est la seule source possible. Comme la Convention — cette Constituante sans roi —, elle doit tirer de son sein un exécutif collégial, qui choisira et dirigera les ministres, considérés comme des techniciens spécialisés. Cette commission exécutive n'aura que cinq membres, ce qui exclut la reconduction générale des onze du gouvernement provisoire. Au reste, l'occasion est bonne pour faire le tri parmi eux, au profit de l'aile conservatrice. La rancœur des hommes du *National* (et à plus forte raison de la droite) s'étendait jusqu'à Ledru-Rollin, considéré comme trop avancé ; n'était-il pas le responsable, après tout, de la nomination d'un Deschamps à Rouen ? Mais Lamartine, qui admet qu'on sacrifie les socialistes purs, plaide pour Ledru-Rollin, dont l'exclusion serait une réaction trop significative. La majorité n'ose pas s'opposer à ce vœu du grand écrivain, pour qui le 23 avril avait été un véritable plébiscite personnel (élu en tête à Paris, il était élu aussi dans dix autres départements), et la Commission exécutive est finalement composée d'Arago, Marie, Garnier-Pagès, Lamartine et Ledru-Rollin (les nombres de voix obtenus par chacun s'échelonnant dans cet ordre significatif). Le gouvernement (les ministres) est composé à l'avenant. Louis Blanc n'est plus que le chef d'une opposition de gauche bien réduite.

La réaction contre le socialisme va d'ailleurs emprunter tout de suite d'étranges chemins, s'il faut en croire (et personne ne l'a véritablement démenti) l'explication que propose Henri Guillemin pour l'affaire du 15 mai. Le Paris populaire devait manifester ce jour-là en faveur de la Pologne. C'était, en effet (comme aux lendemains de 1830), un des griefs de la gauche révolutionnaire contre le nouveau pouvoir que la passivité de celui-ci en face de la lutte que livraient partout en Europe les nationalités aux empires. Lamartine lui-même, chef de notre diplomatie du 24 février au 4 mai, y avait contribué soit par pacifisme de principe, soit par réalisme, soit même par souci de l'intérieur... Il n'avait guère accordé d'attention — et encore circonspecte — qu'aux affaires italiennes, les plus voisines. A plus forte raison n'avait-il pris aucune initiative pour la Pologne ; et à plus forte raison encore, Bastide, son successeur au ministère des Affaires étrangères. Comme le sentiment de la solidarité des peuples en lutte était très fort au cœur des Parisiens, la manifestation polonophile pouvait être une bonne occasion de dresser la foule révolutionnaire contre une Assemblée qui paraissait retourner au conservatisme. Faut-il penser que cette foule voulait, plus généralement, venger l'échec électoral de ses leaders, dissoudre l'Assemblée, recommencer la Révolution ? Il y en eut toute l'apparence, puisque le Palais-Bourbon fut envahi et que Barbès eut le temps d'y proclamer un nouveau gouvernement provisoire, juste avant que les forces de l'ordre n'arrivent pour restaurer, disperser, arrêter... Mais, comme les socialistes n'avaient rien prémédité de semblable, comme les premières initiatives prises furent le fait de clubistes dont l'obédience policière est maintenant démontrée, comme le siège de l'Assemblée avait été laissé opportunément sans défense, il est bien permis de penser que Barbès, Blanqui, Albert et quelques autres étaient tombés dans une gigantesque provocation. Le piège faillit même se refermer aussi sur Louis Blanc, que des émeutiers avaient acclamé et porté en triomphe, à son corps défendant. Il put, de justesse, établir sa bonne foi. En attendant, tous les hommes d'action du socialisme, vétérans des sociétés secrètes, leaders de clubs parisiens avancés, se retrouvent en prison. Quant à Lacordaire, il abandonne volontairement, le 17, son siège de représentant.

Le changement complet d'atmosphère politique survenu depuis un mois est démontré par les élections complémentaires du 4 juin (rendues nécessaires par les nombreuses élections multiples du 23 avril). Elles ne sont plus centristes, mais polarisées : à droite comme à gauche, des battus du 23 avril retrouvent des sièges : Thiers et le général Changarnier, Caussidière et Proudhon, pour ne citer que les plus significatifs. Et parmi les nouveaux élus figure encore un singulier revenant, Louis Napoléon Bonaparte...

Les journées de Juin

A cette date, la liquidation des ateliers nationaux devient le principal souci de la majorité. D'abord, parce qu'elle veut en finir avec les expériences sociales, même dévoyées, et surtout quand elles coûtent cher. Ensuite, parce que leur fonction seconde de neutralisation politique joue de moins en moins : n'a-t-on pas vu des rapprochements s'opérer entre ouvriers des ateliers et ouvriers des clubs socialistes ? N'entend-on pas aussi, dans certains de leurs rassemblements, des cris de « Vive Napoléon ! » ? Enfin — troisième raison de crainte —, dans l'entourage de Lamartine certains avancent l'idée audacieuse de lier la question des ateliers nationaux à celle des chemins de fer : on utiliserait cette main-d'œuvre sur les chantiers ferroviaires interrompus par la crise, mais que l'État reprendrait à son compte. On pressent les mérites que trouvait le poète à cette solution : humanité (liquider sans trop de drame les ateliers) et progressisme économique (le grand œuvre des chemins de fer, pour lesquels il avait des sentiments quasi saint-simoniens). Mais la majorité de l'Assemblée ne voulait pas d'une nationalisation, qui eût un peu trop senti le socialisme ; peut-être aussi ne tenait-elle pas à éviter le drame.

Car, à lire certaines déclarations du temps, certains *Mémoires* ou *Souvenirs*, on peut bien avoir l'impression (à la suite, encore une fois, de Karl Marx ou d'Henri Guillemin) que le drame n'a pas été seulement accepté, mais provoqué : la dissolution des ateliers, la révolte quasi certaine qui s'ensuivrait et la répression qui viendrait à son tour, permettraient d'écarter définitivement les menaces de la rue et du socialisme. C'est en tout cas le plan qui va se dérouler. Le jeu est mené, au nom de la majorité de l'Assemblée — une majorité dont la droite monarchiste est l'aile marchante —, par une commission spéciale dont le rapporteur est le comte de Falloux. Du côté gouvernemental, on compte moins sur la Commission exécutive que sur les ministres, et notamment sur le nouveau ministre de la Guerre, le général Cavaignac. Ce personnage devient alors l'homme du jour. Militaire jusqu'au bout des ongles, farouchement antisocialiste et ami de l'ordre, il a sur les autres généraux l'avantage supplémentaire d'être, comme fils de Conventionnel et frère d'un ardent militant des années 30, nettement républicain. Or, compte tenu de la composition de l'Assemblée, la république est une caution dont l'ordre ne peut encore se passer.

Les événements sont bien connus : le 21 juin, dissolution des ateliers (aux ouvriers est laissée seulement la faculté de s'engager dans l'armée, ou de partir défricher la Sologne marécageuse), désespoir des ouvriers, qui s'exprime d'abord en rassemblements, défilés dans les rues, le 22 puis le 23 dans l'érection de barricades. S'engage alors une rude bataille de trois jours, le long de la ligne nord-sud qui, au niveau de l'Hôtel de Ville, sépare le Paris bourgeois de l'ouest du Paris ouvrier de l'est. La garde mobile, la garde nationale des quartiers bourgeois, l'armée surtout entrent en action, avec une lenteur peut-être calculée (dans une conversation privée rapportée par Victor Hugo dans ses *Choses vues*, Lamartine accuse nettement Cavaignac d'avoir laissé grossir l'émeute, comme pour pouvoir donner à la répression plus d'ampleur). Le 26, à midi, la bataille est gagnée, après de lourdes pertes, mais, comme toujours, inégalement partagées, d'autant que bien des insurgés ont été massacrés après le combat. Du côté de l'ordre, où l'on a voulu voir dans l'insurrection une explosion de brigandage et de sauvagerie, la bonne conscience est parfaite, et l'on impute aux ouvriers rebelles non seulement la mise à mort de deux généraux, mais aussi celle de l'archevêque de Paris, Mgr Affre, frappé au cours d'une tentative de médiation par une balle tirée d'une maison du faubourg par un inconnu isolé.

Les conséquences politiques sont aussitôt considérables : dès le 24, l'Assemblée a exigé la démission de la Commission exécutive et l'a remplacée par le général Cavaignac. Un nouveau lien est ainsi rompu avec les jours de Février.

Pendant que ce drame se jouait à Paris, la province attendait. Toutefois, en plusieurs villes, des gardes nationales se mobilisaient pour aller vers la capitale secourir l'ordre légal et battre l'anarchie parisienne et révolutionnaire. Il faut noter ce décalage entre Paris et la province, car il se modifiera bientôt singulièrement. En revanche, les « journées de Juin », qui ont aussi lieu à Marseille les 22 et 23, ne sauraient être considérées comme une révolte de solidarité avec celle du Paris ouvrier, qu'elles n'eurent pas le temps de connaître. Nées aussi dans les ateliers nationaux, elles eurent leur propre mode de déclenchement et s'apparenteraient plutôt à celles que nous avons vues à Rouen deux mois plus tôt. Elles sont réprimées aussi, mais elles donnent au pouvoir l'occasion de sanctionner le jeune préfet Émile Ollivier, coupable d'avoir eu trop d'indulgence sentimentale avec les prolétaires. Ollivier quittera ainsi la scène politique en même temps que son maître Lamartine, et, en somme, pour la même raison.

Le gouvernement de Cavaignac.
Réactions et consolidations mêlées

De juin à décembre, le pays va donc connaître une nouvelle forme de régime provisoire, ou préconstitutionnel : aux côtés de l'Assemblée constituante aux missions inchangées, le général Cavaignac est seul titulaire du pouvoir exécutif, faisant fonction à la fois de chef de l'État et de président du Conseil des ministres.

Il est bien connu que c'est une ère de réaction. Le personnel politique, des ministres aux préfets, reste, dans l'ensemble, républicain dans la ligne du *National*, mais on commence, pour entraver la propagande des révolutionnaires, à rogner sur les libertés. Premières lois restrictives sur la police des clubs, premières lois sur la presse, qui aggravent délibérément le coût du fonctionnement d'un journal (on connaît la traduction lapidaire donnée par La Mennais : « Silence aux pauvres! »). Une commission d'enquête sur les origines des troubles de Juin s'arrange pour en imputer fort abusivement la responsabilité morale et même pénale aux leaders du socialisme. Pour échapper à la prison, Louis Blanc prend le chemin de Londres ; la République, qui avait ses emprisonnés, a maintenant ses premiers exilés.

On ne saurait pourtant réduire le bilan de l'été 1848 à cette œuvre de réaction ; cette vue trop parisienne des choses a été récemment rééquilibrée par toute une historiographie « provinciale » (celle de Philippe Vigier, entre autres) sans l'apport de laquelle une clef manquerait à la suite des événements. En effet, pendant que la liberté d'expression recule, l'éducation démocratique n'en continue pas moins à avancer par le simple effet des institutions nouvelles. Ce mois d'août est aussi celui où le suffrage universel est appelé à renouveler les conseils généraux, conseils d'arrondissement et conseils municipaux. Il s'agissait de remplacer à la fois les élus d'avant 48, issus d'un vote censitaire anachronique, et les commissions municipales nommées, en février ou mars, à titre provisoire. La France entière vote donc à nouveau, en discrets comices. Si, bien souvent, les riches notables, par définition influents sur les masses, retrouvent leurs sièges aisément, il est aussi des régions où le suffrage populaire sait déjà se retourner contre eux, portant à la mairie le maréchal-ferrant au lieu du notaire, ou encore, de façon plus simple, le notaire « rouge » au lieu du notaire « blanc ». Car il y avait aussi, en ce temps, des notaires rouges. De toute façon, le suffrage entrait dans les mœurs.

Le troisième intérêt du moment, non le moindre, est enfin le travail constitutionnel de la Constituante. Le résultat en sera proclamé le 4 novembre. Une déclaration des droits précède les stipulations proprement juridiques. On y remarque toutes les libertés, y compris la liberté d'enseignement, et l'absence du « droit au travail », dont l'implication socialiste évidente était contraire au cours nouveau des choses. Le régime politique comprendra trois pouvoirs bien distincts : judiciaire, avec une haute cour ; législatif, avec une Assemblée unique élue pour trois ans au suffrage universel ; exécutif, avec un président (chef d'État et de gouvernement) élu pour quatre ans au suffrage universel et non rééligible. Sur le vote de ces dernières dispositions, évidemment décisives, planaient quelques ombres : celle de George Washington, bien sûr (et de tout le modèle américain, démocratie, liberté et civisme), mais aussi, ombres plus familières, celles des élus possibles.

L'élection présidentielle

Pour la plupart des constituants, le Washington français ne pouvait être que Cavaignac. Mais Cavaignac était républicain, et la plus grande partie des classes dirigeantes n'avait pas encore pris son parti de la république. La droite de l'Assemblée, se séparant cette fois des hommes du *National*, se constitue en un comité dit « de la rue de Poitiers » (lieu de ses réunions), et commence à monopoliser l'expression de parti de l'ordre ; pour ces hommes, légitimistes et orléanistes, d'autant plus facilement alliés qu'aucune des deux dynasties n'offrait de prétendant désireux ou capable de courir la chance du suffrage universel, la monarchie restait la clef de voûte nécessaire d'un système conservateur sérieux. On sait comment, sur la proposition de Thiers, le parti de l'ordre décide d'adopter pour candidat à la présidence de la République Louis Napoléon Bonaparte. Sa carrière d'aventurier, les dettes dont il était couvert, son apparence physique même, assez ingrate, et où rien ne révélait au premier abord ses aptitudes intellectuelles ni sa volonté — tout cela faisait croire qu'on aurait toujours barre sur lui. Et la popularité de son nom dans les masses, un peu inquiétante en elle-même, était en la circonstance évidemment avantageuse. Ce choix fait, Cavaignac ne pouvait avoir pour lui qu'une minorité des notables riches et influents — sauf dans certaines régions (provençale en particulier) où le souvenir du premier Empire était plutôt répulsif. Toutefois, il représentait le pouvoir établi, l'administration en place, la continuité, le connu. La partie la plus modérée de l'« intelligentsia » républicaine le soutenait, la presse, en particulier, lui était en grande partie favorable.

Mais il avait déjà trop fait dans le sens de la réaction pour rester le candidat de tous les républicains. C'est précisément la réaction commençante qui permet à Ledru-Rollin d'entamer une nouvelle carrière : alors qu'au printemps, ministre de l'Intérieur, il avait quelque peu contribué à contenir le socialisme, voici qu'à l'automne il fonde un mouvement intitulé « la Solidarité républicaine », qui fera une opposition de gauche au gouvernement Cavaignac, qui lui opposera sa propre candidature, et auquel certains socialistes amis de Louis Blanc viennent participer. La Solidarité républicaine est ainsi le point de départ d'une longue tradition politique de la démocratie française, l'alliance entre les plus avancés des républicains libéraux et les plus modérés des tenants du socialisme. Bien entendu (et ceci sera aussi une tradition), une fraction intransigeante du socialisme, ceux qu'on appelait parfois les « communistes », se refuse à ce regroupement ; pour l'élection, ils mettent en avant le nom de

Raspail. On sait que Lamartine, se jugeant à bon droit le meilleur des symboles des grandes heures de Février, tint à courir sa chance, en solitaire hautain... — *Vae soli...* Le 10 décembre 1848, les électeurs choisissaient Bonaparte par 5 434 000 voix ; suivaient Cavaignac (1 448 000), Ledru-Rollin (371 000), Raspail (37 000) et Lamartine (8 000).

C'est le 20 décembre que Cavaignac quitta le pouvoir et que le président de la République en prit possession. L'Assemblée constituante acclama le premier comme un nouveau Cincinnatus, et elle reçut avec une attentive gravité le serment officiel du second : Louis Napoléon Bonaparte jura solennellement de rester fidèle à la Constitution, cette Constitution qui l'obligeait de façon formelle à redevenir dans quatre ans un citoyen comme les autres. Au nombre des participants de la cérémonie se trouvait un représentant de la Seine, qui siégeait alors du côté droit, et qui avait voté pour Napoléon au 10 décembre : Victor Hugo...

Le nouveau président forme aussitôt un ministère. Il y appelle logiquement les hommes du parti de l'ordre. Les personnalités les plus marquantes en sont Odilon Barrot et le comte de Falloux. A tous les échelons, un véritable changement de personnel administratif s'effectue, bien plus complet que celui de l'été. En voici deux exemples complémentaires : le jeune préfet Émile Ollivier, que Cavaignac s'était contenté de déplacer de Marseille à Chaumont (Haute-Marne), est en janvier 1849 privé de tout emploi ; à la même date, le jeune baron Haussmann, sous-préfet sous Louis-Philippe, sans emploi depuis février 48, se voit nommer à une préfecture. La réaction n'est plus antisocialiste, elle est nettement antirépublicaine.

Les élections législatives et la crise de juin 49

Pour achever la mise en place des organes constitutionnels, il ne manquait plus que l'Assemblée législative. A vrai dire, la Constituante, dont la majorité républicaine s'inquiétait de la tournure des événements, se serait volontiers prolongée quelque temps encore pour en jouer le rôle. Mais, après tout, sa mission constituante étant remplie, cette intention était faiblement fondée, et elle finit par accepter de se dissoudre. Les élections législatives sont donc fixées au 13 mai 1849.

Il est devenu banal d'opposer aux élections du 23 avril 48, souvent unanimistes et confuses, ces élections du 13 mai 49 ; s'affrontent, en effet, pour la première fois deux grands « partis » organisés (encore que leur organisation n'ait rien de commun avec ce que nous appelons « parti » au XXe siècle : nos partis contemporains sont juridiquement des associations ; mais la liberté d'association n'était pas codifiée au XIXe siècle, elle était même mal vue de toute l'opinion libérale, toujours prompte à soupçonner de conspiration tout groupement à liens solides — c'est un problème majeur de l'époque, nous le retrouverons bientôt). « Parti de l'ordre » d'un côté, « parti » montagnard de l'autre sont des groupes sans statuts ni discipline formelle, mais consciemment rassemblés, à l'échelle nationale, autour de quelques leaders, de quelques journaux, de quelques principes. Les montagnards (nom emprunté à la Convention de 93) prolongent la Solidarité républicaine, qui avait été interdite après quelques semaines d'existence, précisément comme association. Leur idéal étant une république « démocratique et sociale », le public les appellera « démocsocs », et leurs ennemis les stigmatiseront du terme de « rouges ». Entre ces deux camps, les républicains modérés, qui ont en 1848 occupé presque toute la scène, se reclasseront, suivant leur penchant propre, soit vers l'ordre conservateur, soit vers la démocratie, ou bien, comme Lamartine, se retireront du débat. Rares seront ceux qui pourront, dans leur département, se faire élire en position centriste.

Car l'élection du 13 mai est une élection polarisée. Il est également devenu banal — mais il reste fort important — d'y voir naître la première carte géographique stable de l'opinion politique française, celle dont jusqu'à nos jours les commentateurs se plaisent à retrouver quelques linéaments aux lendemains des consultations populaires : stabilité d'une province « radicale » (au sens large du mot) dont les départements votent à l'extrême gauche même s'ils sont surtout ruraux, Var et Basses-Alpes, Lot-et-Garonne et Dordogne, Cher et Allier, et l'on en passe... Au total, cela ne fait qu'une minorité : environ 200 montagnards sont élus contre presque 500 conservateurs, et un centre qui n'atteint pas la centaine, sur un total de 750 représentants. Sur le moment, on ne pouvait savoir que cette géographie de la province rouge serait à peu près stable (et donc minoritaire) pour plusieurs dizaines d'années. On crut (pour s'en lamenter ou pour s'en réjouir) qu'il s'agissait seulement d'un début. On fut sensible au fait — qui, après tout, méritait bien d'être remarqué — que le socialisme pouvait séduire des électeurs au-delà des faubourgs prolétariens des villes. Qu'une version rurale de la démocratie sociale soit possible, c'est bien la grande révélation des élections de mai 1849 ; elle va marquer (comme Ph. Vigier l'a fortement et justement souligné) toute l'histoire de la seconde République. Et, sur le moment, l'effroi que cette découverte inspire aux conservateurs, comme l'espérance qu'elle suscite dans l'opposition, donne à la rentrée politique une singulière tension.

La première explosion jaillira, cependant, à propos de la politique extérieure. La réaction était apparue en ce domaine aussi ; en Italie, les républicains (Mazzini, Garibaldi) ayant triomphé à Rome, d'où Pie IX s'était enfui, une armée française s'y était rendue, d'abord, en principe, pour empêcher l'Autriche d'exploiter la situation à son profit. Mais voici que le nouveau gouvernement étend et aggrave la mission de notre corps expéditionnaire : il lui fait reprendre Rome sur les républicains et rétablir, avec le pape, le pouvoir anachronique des cardinaux. A l'Assemblée, la gauche montagnarde, par la voix de Ledru-Rollin, interpelle, mais en vain, puisqu'elle est minoritaire ; le 13 juin, la Montagne décide alors à la hâte une démonstration de rue, qui échoue piteusement ; Ledru-Rollin et ses collègues sont presque seuls sur les boulevards quand la troupe se présente. Ledru-Rollin, échappant de justesse à l'arrestation, peut gagner Londres, pour grossir le petit groupe de proscrits ; d'autres représentants sont emprisonnés. La Montagne, un peu réduite en nombre, passera sous la direction de personnages de second plan, l'avocat Michel (de Bourges) ou le maçon Martin Nadaud. Mais, déjà, grande différence avec juin 48, ce semblant de révolte parisienne a eu des échos en province. A Lyon, le 15 juin, la manifestation montagnarde aboutit à une bataille de rues qui fait en quelques heures plusieurs dizaines de morts dans chaque camp. Quelques autres villes, et même des villages (dans l'Allier), ont aussi remué.

1849-50. Au centre, croisade antisocialiste

L'état de siège est la réponse, en plusieurs départements. Car, de cet été de 1849 jusqu'à l'été de 1850, la politique est de plus en plus sous le signe de la répression. Le bilan de cette année, en dépit de quelques discordances mineures entre le président, ses ministères (Barrot puis d'Hautpoul) et la majorité de l'Assemblée, c'est une entente de tous les pouvoirs pour tenter d'étouffer l'opinion démocratique : épuration toujours plus complète du personnel administratif et du personnel enseignant ; vote d'une nouvelle loi sur les clubs ; procès intentés à la presse d'opposition, tout ce qu'on a appelé cyniquement à l'époque l'« expédition de Rome à l'intérieur ». C'est dans cet ensemble et dans ce climat que s'insère la célèbre loi Falloux : elle ne se propose pas seulement d'honorer une promesse libérale, la liberté d'enseignement, elle met aussi sous le contrôle des autorités administratives et « morales » (c'est-à-dire, en fait, de l'Église) l'ensemble des établissements laïques de l'Université. Cet aspect de la réaction ne va pas d'ailleurs sans chocs en retour : le débat sur la loi Falloux montre que la Montagne a gagné un nouvel orateur, prestigieux, sinon efficace, avec le ralliement de Victor Hugo à ses rangs.

Pour combler précisément ces rangs éclaircis par la répression consécutive au 13 juin 49, des élections complémentaires ont lieu les 10 mars et 28 avril 1850. Un certain nombre de montagnards ayant été élus à la place des emprisonnés, le parti de l'ordre s'en prend au suffrage universel : la loi du 31 mai 1850 met à l'inscription sur la liste électorale des conditions (inscription au registre des impôts directs, résidence fixe depuis trois ans) bien calculées pour éliminer les citoyens les plus pauvres. Moment décisif, comme nous le verrons.

On ne comprend ces mesures exorbitantes, ce retour à l'alliance du trône (si l'on peut dire) et de l'autel, ce retour au suffrage restreint, que si l'on se représente le véritable esprit de croisade morale qui animait alors la France conservatrice. « La Religion, la Famille et la Propriété » formaient une trinité sacrée dont toute vie civilisée était censée inséparable. Le socialisme, quand il critiquait l'extrême infériorité de la condition féminine dans le mariage bourgeois, était suspect de prôner la liberté sans freins, la polygamie ou la promiscuité ; quand il critiquait les abus de la richesse, il était censé faire l'apologie du vol ; considéré dans sa critique d'ensemble du monde présent, il devenait un retour à la barbarie. Il est vrai que le socialisme des « démocsocs » était confus, et d'ailleurs point homogène ; et, par exemple, la distinction classique entre propriété des moyens de production et propriété des biens de consommation était sentie sans doute, mais mal formulée, mal exposée, et cette absence rendait évidemment plus inquiets les propriétaires... Reste que ceux-ci ne faisaient pas grand effort de compréhension, et toutes les protestations que faisaient les « démocsocs » de leur moralité, de leur modération, de leur évangélisme même (car la plupart d'entre eux continuaient à répudier le matérialisme et à se réclamer du véritable esprit chrétien) passaient pour des démentis hypocrites, qui aggravaient plutôt leur cas.

Jamais, peut-être, le dialogue entre la droite et la gauche de la France politique n'a ressemblé davantage à un dialogue de sourds. Au reste, Flaubert a tout fait revivre de l'esprit de ce temps dans son admirable *Education sentimentale*.

1849-50. En province, les grandes espérances

Mais, encore une fois, l'essentiel est la province, et la province rurale.

Or, l'agriculture est en passe de devenir le secteur économique le moins favorisé. Non que la grande crise ait été entièrement surmontée ailleurs. L'absence d'institutions de crédit puissantes et modernes, l'incertitude aussi de la conjoncture politique font que les grands travaux publics et les chantiers de chemin de fer restent en panne, ce qui contribue à compromettre l'activité de la métallurgie, par exemple. Mais dans un grand nombre d'autres fabrications industrielles en 1849 et 50 la reprise a lieu, et l'activité commerciale se ranime. Au contraire, dans l'agriculture, le marasme persiste : les prix des céréales, des vins, pour ne citer que les principaux, restent au niveau le plus faible. Quoi qu'il en soit des causes (retard normal de l'évolution en ce secteur, effet particulièrement sensible ici du climat politique, production accrue grâce à de bonnes récoltes), le fait demeure : le revenu agricole est au plus bas. Or, la société rurale est — on s'en souvient — particulièrement vulnérable à cette époque où l'agriculture doit nourrir avec des techniques encore, pour l'essentiel, archaïques une population plus dense que jamais. La conséquence en est que l'endettement du paysan ne cesse de s'aggraver. Dans certaines régions, on commence à le percevoir comme le plus aigu des problèmes sociaux du moment.

Les démocrates, en tout cas, l'ont bien vu, et depuis 1849 ils ont entrepris de faire de grands efforts de propagande dans les campagnes, et de faire bonne place dans cette propagande à la dénonciation de l'usurier près de celle du « féodal ». Dans certaines régions (pas dans toutes — et l'histoire nous en dira quelque jour les raisons profondes — mais à l'époque on ne prévoyait pas les limites de ces conquêtes), dans certaines régions, donc, du sud, du centre ou de l'est de la France, le paysan apprend à mettre dans la « république démocratique et sociale » l'espoir du crédit à bon marché ou de la réduction de l'impôt indirect. Les gains électoraux que nous avons indiqués viennent pour une bonne part de ces convictions. C'est ce qui explique l'optimisme du parti montagnard. De décembre 48 à mai 49, et parfois de mai 49 à mars 50, les amis de Ledru-Rollin ont fait de tels progrès qu'ils croient pouvoir gagner les élections prévues de mai 1852. Échéance décisive : à cette date, en effet, expireront à la fois les pouvoirs de l'Assemblée, élue pour trois ans en 49, et ceux du président, élu pour quatre ans en 48. L'avènement pacifique d'une France socialiste par le seul bulletin de vote en 1852 fait de ce millésime un véritable symbole, d'espoir pour les uns, d'effroi pour les autres.

Cet espoir qui fait l'optimisme des Montagnards leur permet aussi de garder à peu près toujours un calme méritoire en face des innombrables provocations dont les accablent les pouvoirs publics : les procès de presse dont nous avons parlé ne sont que l'élément le plus voyant d'une incessante guerre de coups d'épingle (procès-verbal pour port d'une cravate rouge, procès-verbal pour avoir chanté une chanson sociale de Pierre Dupont, procès-verbal pour avoir fait lecture à haute voix d'un journal politique dans le local d'une société de secours mutuels, etc.). La gendarmerie accumule alors dans les villages une solide impopularité, et les braconniers ne seront pas les seuls, en 1851, à avoir des comptes à régler. Cette guérilla rustique est d'autant plus ardente que les villages d'alors grouillent de monde, que les gens y sont simples, naïfs, chaleureux, qu'ils se sont jetés dans la politique « rouge » avec des enthousiasmes de néophytes et qu'en même temps ils restent attachés à toutes leurs coutumes, fêtes et traditions. Entre la politique démocratique et le folklore se produisent alors des amalgames spontanés d'une rare saveur. Il arrive d'ailleurs, parfois, que les dirigeants de la Montagne orientent ces liaisons et cet enracinement. C'est sur un mot d'ordre de *la Feuille de village*, le journal de Joigneaux, représentant de l'Yonne et spécialiste rural du parti, qu'en bien des communes on peut voir, un dimanche matin, tous les hommes se rassembler pour aller piocher le champ d'un camarade blessé ou malade. Retrouvant et systématisant une pratique spontanée de solidarité populaire, les Montagnards voulaient ainsi démontrer que leur collectivisme était d'abord moral, généreux, fraternel. Hélas! comme les camarades exaltés par ce sentiment se rendaient au champ en cortège, en chantant les refrains de leur répertoire, et quelquefois derrière un drapeau rouge, la police verbalisait ces signes séditieux. Vous nous interdisez de faire acte moral, disaient les uns. Vous prenez prétexte de morale pour faire de l'agitation, disaient les autres — l'incompréhension était au plus haut degré. Nous l'avons déjà dit, mais ce n'est pas seulement une vérité de presse parisienne, c'est une expérience concrète universelle.

1850-51. En province, le temps des organisations

On devine le trouble apporté dans cette situation euphorique de conquête montagnarde par la loi du 31 mai 1850 : l'abolition de fait de ce suffrage universel qui portait tant d'espérances remet inévitablement la révolution à l'ordre du jour, soit qu'il y ait à reconquérir le droit de vote en 52, soit qu'il y ait, même avant cette date, à résister à d'autres réactions. C'est alors que certains démocrates, s'intitulant « la Nouvelle Montagne », entreprennent de grouper plus étroitement les militants les plus solides, et d'améliorer leurs communications de localité à localité, et même de département à département, par un réseau de sociétés secrètes. A vrai dire, il y avait eu dès avant 1848 quelques associations politiques, même populaires, et même provinciales, constituées sur le modèle des sociétés à initiation classique (franc-maçonnerie ou charbonnerie). Mais avec la république commençante, l'associationnisme politique s'était normalement exprimé en organisations ostensibles et légales, clubs, comités électoraux, cercles, sociétés de secours mutuels, etc. Puis était venue la réaction, proscrivant les clubs, interdisant aux cercles et mutuelles de sortir de leur rôle spécifique et les dissolvant à la moindre infraction. Vers 1850, il était devenu pratiquement impossible à un groupe de citoyens de se réunir pour parler d'affaires publiques, sinon dans un domicile privé, ou encore dans un café, mais avec quelle vigilance! On se réunissait quand même, bien entendu, surtout dans les régions méridionales de la France, où la sociabilité était enracinée dans la coutume. Mais il y fallait quelque discrétion. L'autorité répressive, quand elle en avait connaissance, dénonçait alors la « société secrète » là même où n'existait qu'un cercle inoffensif contraint à la dissimulation par la carence ou l'hostilité de la loi. Du fait que les pouvoirs publics voyaient ainsi des sociétés secrètes partout, avec d'évidentes exagérations, il est arrivé que des historiens républicains de tradition libérale — tombant dans un excès inverse — nient ou minimisent les véritables sociétés secrètes, comme pour laver les grands ancêtres du péché de conspiration. On voit mieux aujourd'hui la vérité, qui est moyenne.

Dès l'automne de 1850, l'arrestation à Lyon d'un important militant avignonnais, Alphonse Gent, qui faisait la liaison entre les sociétés du Midi et les proscrits de Genève ou de Londres, permet de découvrir un certain nombre de liens d'affiliation dans tout le sud-est de la France. C'est l'affaire dite « du complot de Lyon ». De nombreux militants influents du Gard, de la Drôme, des Basses-Alpes, du Var, des Bouches-du-Rhône notamment sont ainsi arrêtés jusqu'à la fin de l'année 50. Bien qu'on n'ait pu prouver que des liaisons, et point de préparatifs insurrectionnels concrets, les peines prononcées en août 51 seront lourdes : la déportation aux îles Marquises (à Nuku-Hiva) pour trois dirigeants, les forts de Belle-Ile pour une dizaine d'autres. Bien entendu, sociétés et réseaux se reconstituent, mais avec d'autres cadres, moins bien trempés peut-être.

Il ne faudrait pas se représenter, cependant, le parti démocrate et socialiste comme homogène et uniformément engagé dans des activités de politique défensive. Certains semblent avoir tiré de cette impossibilité présente d'user du bulletin de vote la tentation de se replier, hors de la lutte politique, vers la recherche d'améliorations sociales concrètes : restaurants ou boulangeries sociétaires, coopératives ouvrières de production connaissent, en effet, une certaine renaissance dans le courant de 1851. Mais le pouvoir ne cherche pas le moins du monde à exploiter la faille entre activisme politique et économisme ouvrier. Il ne veut voir dans ce dernier que l'atteinte apportée au patronat privé, à moins qu'il n'y soupçonne des camouflages de conspiration. Ses tracasseries aboutissent ainsi à maintenir l'unité du mouvement démocratique et populaire.

1850-51. Au centre, le temps de la confusion

Cependant, depuis cet été de 1850 et les mesures prises pour écarter le péril rouge, le camp conservateur pouvait envisager l'avenir pour son propre compte. Mais il ne pouvait plus, dès lors, rester uni : pour Louis Napoléon, le meilleur moyen d'éviter la crise en 1852 serait de se perpétuer au pouvoir ; il commence à cultiver sa popularité personnelle en visitant des casernes, en faisant des voyages en province, en s'efforçant de dégager, du sein de la majorité de l'Assemblée, un véritable « parti de l'Élysée ». Surtout, ses préfets incitent les conseils généraux à émettre des vœux, les citoyens à signer des pétitions en faveur d'une révision constitutionnelle qui abolirait notamment l'article sur la non-rééligibilité du président. Le succès en est mitigé. Mais il est clair que le président joue un jeu personnel qui mène à la dictature et à l'empire. Certains conservateurs s'en inquiètent, soit qu'ils tiennent aux institutions libérales, soit qu'ils restent fidèles à l'espoir de restaurer l'une des branches des Bourbons, soit que des conflits d'intérêt personnel ou économique les opposent aux coteries et aux groupes d'affaires qui ont misé sur le bonapartisme. Le parti de l'ordre est donc coupé en deux, du moins dans les hautes sphères politiques. Dès la fin de 1850, et pendant toute l'année de 1851, la politique nationale consiste dans la lutte entre le président et la fraction antibonapartiste (surtout animée par Thiers) de la majorité conservatrice de l'Assemblée. De ses nombreuses péripéties se dégage d'abord, au début de 1851, l'affaire Changarnier : le président ôte son commandement à ce général, l'un des espoirs de l'opposition conservatrice, qui avait interdit à ses soldats de crier Vive l'Empereur ! En revanche, en juillet, Bonaparte enregistre l'échec de la révision constitutionnelle. L'Assemblée ne pouvait en décider l'ouverture qu'à la majorité des trois quarts des voix ; or, les Montagnards et les conservateurs antibonapartistes font ensemble bien plus que le quart d'opposants requis.

Une sentinelle invisible

Survient alors, en octobre-novembre, l'habile manœuvre présidentielle qui annonce par avance l'un des éléments du coup d'État, et qui consiste à proposer l'abrogation de la loi du 31 mai 1850 ; il se trouve naturellement une majorité conservatrice pour la rejeter, c'est-à-dire pour maintenir la mutilation du droit de suffrage. L'essentiel est que la division entre opposants conservateurs et opposants démocrates soit réapparue, comme il était inévitable, en cette occasion. On s'explique ainsi l'affaire décisive de la proposition des questeurs. La révision rejetée, le président ne peut plus se maintenir au pouvoir en 52 que par un viol de la Constitution ; le coup d'État est donc probable, ses préparatifs sont patents. Les questeurs, liés au groupe des conservateurs antibonapartistes, proposent une loi qui permettrait à l'Assemblée d'organiser sa propre protection militaire. Mais ces conservateurs ont été, il y a peu, si réactionnaires et si antipopulaires que les Montagnards ont peine à croire à ce regain de libéralisme de leur part. Craignant un coup d'État... des amis de M. Thiers, la plupart des Montagnards votent avec le parti de l'Élysée et font rejeter la proposition des questeurs. Le principal auteur de cette erreur décisive de tactique parlementaire, Michel (de Bourges), l'avait justifiée par un discours fameux où il montrait l'Assemblée et la liberté suffisamment gardée par une « sentinelle invisible », le peuple. Cette solennelle sottise attribuait aux barricades, et aux appels qui les susciteraient, une vertu magique que l'expérience allait bien démentir.

III. L'ORDRE CONSERVATEUR CONTRE LA « BONNE » RÉPUBLIQUE

Décembre 1851-Décembre 1852

Préparation du coup d'État

Le président Louis Napoléon Bonaparte était... un bonapartiste : dans les discussions de la presse et de la tribune, il ne voyait que bavardage et confusion inutiles; quant aux aspirations populaires, il pouvait en sentir les motifs et les justifier, mais il exigeait qu'un pouvoir fort en ordonne (et en limite) les satisfactions. Le bonapartisme n'était pas seulement pour lui une doctrine ou un état d'esprit, c'était un héritage à restaurer, une sorte de mission familiale et personnelle à laquelle il paraît n'avoir jamais cessé de croire. Le choix du 2 décembre, jour anniversaire du sacre impérial de 1804 et de la victoire d'Austerlitz en 1805, comme date du coup d'État, prouve assez cette mystique et cette superstition. Idéologie et mystique n'excluent d'ailleurs pas la motivation sordide dont on a beaucoup parlé à l'époque: il est certain que le président avait, à titre personnel, des finances fort obérées et qu'un retour à la situation de simple particulier lui aurait été fort difficile.

Les mêmes mobiles se retrouvent, diversement dosés, dans l'entourage de familiers — certains déjà promus à des fonctions importantes, d'autres encore simples confidents — qui, à l'insu même de certains des ministres, aidaient depuis plusieurs semaines le président dans ses préparatifs: Morny, son demi-frère, Saint-Arnaud, général et ministre de la Guerre, Maupas, préfet de police, pour ne citer que les principaux. Avec les manœuvres parlementaires que nous avons dites, avec les opérations plus discrètes de séduction et d'épuration dans les cadres de l'armée, la promotion progressive de Maupas et de Saint-Arnaud aux postes clefs du maniement de la force avait constitué l'essentiel de la préparation. Morny en avait été le principal stratège, comme il allait être le véritable dirigeant de l'exécution le jour venu — ou plutôt la nuit venue...

Le coup d'État

Dans la nuit du 1er au 2 décembre, en effet, se déroulent les opérations essentielles: mise en place de troupes aux points stratégiques de la capitale; impression, dans l'Imprimerie nationale, mise sous bonne garde, d'affiches qui vont être immédiatement apposées; arrestation à leur domicile d'un certain nombre de représentants influents, parmi lesquels Thiers et Changarnier. Ces arrestations visent à priver de chefs l'opposition parlementaire, les affiches visent à neutraliser l'opposition populaire. Les proclamations dont elles reproduisaient le texte étaient destinées l'une à l'armée, l'autre à la population. Celle-ci était évidemment la principale. Elle annonçait de grandes décisions: dissolution de l'Assemblée législative, plébiscite, nouvelle Constitution; pour les justifier, au-delà des thèmes classiques du bonapartisme sur les mérites de l'œuvre du Consulat et les impuissances des Assemblées délibérantes, elle annonçait le rétablissement du suffrage universel par abrogation de la loi du 31 mai 1850. Ainsi, les hommes du coup d'État, préférant dans un premier temps la démagogie à la violence, se plaçaient-ils habilement plus à gauche que l'Assemblée dissoute.

Paris neutralisé — du moins l'espérait-on —, la province suivrait. Nous savons combien de cadres politiques se trouvaient déjà exilés ou emprisonnés ; d'autres, les élus, étaient rassemblés à Paris pour la session parlementaire. Le pouvoir était sûr de ses agents locaux : les généraux commandant les régions militaires et les départements suivraient les ordres du ministre de la Guerre. Quant aux préfets, ils allaient recevoir ceux de Morny, qui s'installe dès l'aube du 2 au ministère de l'Intérieur. Le nouveau chef de l'administration n'opère qu'un nombre limité de mutations : le corps préfectoral mis en place depuis 1849 l'avait souvent été (les *Mémoires* d'Haussmann en font foi) sous l'inspiration directe de l'Élysée, et l'allégeance bonapartiste y était déjà très fréquente. Et, surtout, en trois années de lutte acharnée contre la propagande « rouge », la plupart des préfets avaient pris des habitudes de vigueur dénuée de scrupules juridiques qui préparaient le coup d'État et déjà le préfiguraient. Pour tous ces fonctionnaires (et, nous le verrons, pour une partie de l'opinion) le pas était facile à franchir, de la république à la dictature, parce que cette république, faute notamment d'une législation valable sur les réunions, les associations ou la presse, était déjà assez peu libérale.

Résistance à Paris

Le matin du 2 décembre 1851, donc, la plupart des représentants qui n'ont pas été arrêtés, traversant les rues d'un Paris glacé où les rares passants qui lisent les affiches sont moins indignés que curieux, se rendent au Palais-Bourbon. Leur indignation à eux ne faisait pas de doute : leur mandat brisé, leurs collègues arrêtés dans des domiciles violés, et, par-dessus tout, en ces temps où la culture et l'éducation juridiques des bourgeois étaient hautes et solides, cette révélation de la forfaiture et du parjure du chef de l'État. Mais, au moment où la discussion s'organise, sous la molle présidence de Dupin, accablé de cette responsabilité, un régiment se présente pour faire évacuer la salle des séances. Le 2- Décembre ressemble ainsi de plus en plus à un 18 (ou 19)-Brumaire, mais ce nouvel épisode, qui ajoute un nouveau motif à l'indignation des représentants, en rend aussi l'expression moins aisée.

Les élus expulsés se retrouvent, au nombre de quelque 200, dans un lieu public voisin, la mairie du Xe arrondissement (actuels VIe et VIIe). Ils y délibèrent assez longuement pour chercher la meilleure parade juridique, mais sans envisager le moins du monde d'appeler, au service d'un bon droit évident, une force qui ne pourrait être que populaire, et par conséquent révolutionnaire. Lorsqu'à son tour la mairie du Xe, vers le milieu de la journée, voit arriver la force armée, les représentants protestent hautement, mais se laissent arrêter, avec — on l'a bien noté dès cette époque — une sorte de soulagement : l'arrestation manifestait qu'ils n'étaient pas complices du coup d'État, et elle leur ôtait le moyen d'aller — s'ils en avaient été tentés — rejoindre le camp de l'émeute. Ainsi étaient satisfaites d'un même coup leur conscience de libéraux et leur prudence de conservateurs. Le séjour à Mazas ne sera pas long ; après, tout au plus, un bref temps d'exil hors de France, l'aile droite de l'élite politique française s'apprête dignement à passer quelque vingt ans sur l'Aventin.

Plus d'un Parisien, même du petit peuple, était goguenard en voyant rouler les voitures qui menaient en prison ces graves messieurs de province. Pourquoi se battrait-on pour ces personnages qui, en juin 48, avaient fait traiter le prolétariat avec une incroyable dureté, et puis, en mai 50, lui avaient retiré le droit de vote ? La passivité immédiate des rues de Paris constitue un succès pour le coup d'État tel qu'il a été d'abord conçu, démagogique et antiparlementaire. C'est ce courant que va essayer de remonter un petit groupe de représentants de la Montagne échappés à l'arrestation et dédaigneux des palabres de leurs collègues : Michel (de Bourges), Victor Hugo, Victor Schœlcher (l'apôtre de l'émancipation des esclaves antillais) et d'autres moins célèbres forment un comité clandestin et décident d'appeler aux armes les travailleurs des vieux faubourgs révolutionnaires de l'Est. Dans la journée du 3, des barricades s'élèvent, en effet, rue Saint-Martin, quartier Beaubourg, faubourg Saint-Antoine, attestant qu'une avant-garde lucide refuse de laisser dissocier l'aspiration au bien-être populaire de l'aspiration au libéralisme politique traditionnel. Que tel soit bien le sens du dialogue difficile qui s'instituait alors entre ouvriers et notables républicains, c'est ce que veut illustrer l'anecdote, significative même si elle n'est pas exactement authentique, de la mort du représentant Baudin sur une barricade du faubourg Saint-Antoine. L'indemnité parlementaire étant de 25 francs par jour (alors qu'un ouvrier était fort bien payé lorsqu'il en gagnait 5), un homme du peuple aurait dit aux représentants qui l'appelaient à la lutte : « Nous ne voulons pas nous faire tuer pour vous garder vos 25 francs par jour ! — Vous allez voir, aurait dit Baudin, comment on peut mourir pour 25 francs. » Montant sur la barricade, Baudin essuie le feu des soldats qui s'avancent, et se fait tuer en effet. La mort de Baudin ou celle de Dussoubs, frère d'un autre représentant, donnent tout son poids à cette résistance de l'aile gauche de l'Assemblée. Et cette mort dans ces circonstances, érigée en symbole dès 1868 par les amis de Gambetta, indique l'idéal déjà naissant d'une république qui saurait être à la fois libérale et populaire. Dans l'immédiat, la bataille de rues dans l'est de Paris se poursuivait mollement, d'abord parce que les insurgés n'avaient pas réussi à entraîner de grandes masses derrière eux, ensuite aussi parce que Morny, selon un schéma classique, laissa grandir le mouvement jusqu'au milieu de la journée du 4 pour que la répression en soit plus étendue. Le plan ne réussit que trop bien. Au début de l'après-midi du 4, en effet, alors que les barricades populaires tenaient encore, la foule habituelle des promeneurs des Grands Boulevards s'était remise à circuler, curieuse d'une lutte que sa relative lenteur pouvait donner pour incertaine, plutôt hostile aux troupes qui passaient. Un incident, surgi on ne sait d'où, amena une unité de cavalerie à charger et à ouvrir le feu. Ainsi, le soir du 4, Paris était maté, mais, aux victimes habituelles fournies par les quartiers populaires, la « fusillade des Boulevards » avait ajouté un contingent plus bourgeois dont le souvenir devait durer.

Résistances en province

Au moment où s'achevait à Paris cette lutte difficile, et même équivoque, on apprenait que certaines régions, sortant de la passivité qui paraissait être depuis le début du siècle le lot de la province, prenaient les armes pour résister au coup d'État.

Mais non pas toutes les régions, et, dans les régions soulevées, non pas toutes les localités. Aux quatre coins du territoire national, de Lille à Lyon et à Marseille, de Bordeaux à Nancy et à Strasbourg, les grandes villes connaissent toutes, en réduction, le destin de Paris : comme elles sont bien garnies de troupes, les manifestations des républicains descendus dans la rue le 3 sont empêchées de se développer en émeutes. Presque aussitôt, au contraire, la police contre-attaque en arrêtant à domicile ou au siège des journaux les militants connus. Certains s'échappent et gagnent les localités environnantes, où ils contribuent — si cela est possible — à soulever la résistance. Celle-ci va donc caractériser les régions où le parti démocratique, loin de se réduire aux foules industrielles des grandes villes, avait su gagner à sa cause un nombre appréciable d'adeptes dans les petites villes, bourgs et villages. Cette résistance retrouve donc, et confirme, la géographie différentielle de l'opinion politique française dont les élections législatives du 13 mai 1849 avaient tracé la première image. On ne bouge pas dans les régions de plaines situées au nord de Paris, on ne bouge pas dans l'Ouest armoricain (sauf dans la frange républicaine du département de la Sarthe, où se soulève le bourg de La Suze), on ne bouge pas au cœur du Massif central, on ne bouge guère dans les provinces du Nord-Est, sauf en deux petites villes du Jura (Poligny, Arbois). La résistance est le fait de trois ensembles régionaux. L'un traverse le centre de la France, au nord du Massif central, de l'Ain et de Saône-et-Loire à la Haute-Vienne, en passant par l'Yonne, la Nièvre, le Loiret, l'Allier et le Cher. Il est loin, d'ailleurs, de couvrir l'ensemble de ces départements ; une seule sous-préfecture est occupée par les insurgés et connaît des incidents sanglants : Clamecy ; ailleurs, ce sont des rassemblements ruraux sporadiques, et qui sont dispersés avant d'avoir abordé les chefs-lieux. La seconde zone de soulèvements est celle du bassin d'Aquitaine : Tarn-et-Garonne, Lot, Lot-et-Garonne et Gers, et partiellement Dordogne et Aveyron. Là encore la zone est discontinue ; toutefois, plusieurs sous-préfectures, Nérac, Marmande, Mirande, etc., sont occupées, et peu s'en faut que les préfectures d'Agen et d'Auch ne le soient aussi. La dernière zone, et la plus importante, est celle du Sud-Est méditerranéen et alpin : Pyrénées-Orientales, Hérault et Gard, Var et Vaucluse, Basses-Alpes, Drôme et Ardèche. C'est là que le soulèvement fut parfois massif, notamment dans le centre de l'Hérault, la moitié ouest du Var, l'ouest et le sud des Basses-Alpes, le sud de la Drôme ; c'est là qu'il fut quelquefois marqué de violence (à Bédarieux, dans l'Hérault, notamment) ; c'est là qu'on vit non seulement de nombreuses sous-préfectures (Béziers, Brignoles, Sisteron, etc.), mais encore, cas unique en France, une préfecture, celle de Digne, occupées pendant quelques heures ou quelques jours. C'est là, enfin, que le rétablissement de l'ordre par les colonnes militaires parties des grandes villes donna lieu, les 9 et 10 décembre, à des semblants de batailles rangées, à Aups (Var), aux Mées (Basses-Alpes) et à Crest (Drôme).

La similitude et la simultanéité de ces événements sont frappantes. Mais c'est que le coup d'État était prévisible et prévu, et que tout militant républicain avait eu le temps d'en connaître et d'en faire connaître la parade juridique : l'article 68 de la Constitution, qui prévoyait explicitement sa violation par le président et qui stipulait pour cette éventualité sa déchéance, et l'article 111, qui, en termes plus généraux, confiait « la garde de la Constitution au patriotisme de tous les Français ». On pouvait en déduire assez naturellement que les autorités administratives qui continuaient à obéir au président Bonaparte au-delà du 2 décembre, étant complices de sa forfaiture, devaient être frappées de la même déchéance et remplacées par des citoyens résolus à respecter la Constitution et la république. Par une rencontre curieuse, il semble bien que Bonaparte lui-même ait involontairement renforcé ce courant en proclamant le suffrage universel rétabli. « Le peuple rentre dans ses droits », entendait-on dire dans les insurrections locales des 3, 4 et 5 décembre, et il est souvent difficile de discerner si cette traduction populaire de l'événement se rattachait à l'interprétation des articles 68 et 111 ou à l'abrogation de la loi du 31 mai. Quoi qu'il en soit, la notion d'un droit populaire, fondamentalement légitime, qu'il fallait rétablir et réexercer, est partout présente. Aussi le mouvement est-il partout, d'abord, municipal. L'on se rend à la mairie, et si le conseil en fonction refuse de prendre la tête du mouvement, on forme une commission municipale provisoire qui s'installe à sa place. Le mouvement n'est jamais si fort que lorsqu'il y avait déjà contestation du pouvoir municipal ; lorsque, par exemple, cas fréquent dans le Midi, une commune était administrée par un conseiller municipal conservateur qui avait été nommé maire par le préfet à la place d'un maire démocrate révoqué. Alors, l'insurrection consiste à rétablir en sa place le véritable élu du peuple. A regarder de près la genèse et surtout les antécédents locaux des mouvements, on s'aperçoit ainsi qu'ils ont été particulièrement vigoureux lorsqu'il y avait un contentieux local (politique ou — nous y reviendrons — social) à liquider, lorsque la résistance au coup d'État de Paris donnait l'occasion de prendre une revanche sur les mille et un coups d'État locaux que les préfets et certains notables avaient multipliés depuis quelques mois. Installés dans les mairies, les républicains songent avant tout à s'armer, avec un armement de fortune ou avec les fusils de la garde nationale s'ils peuvent s'en emparer (et l'on ne comprendrait pas l'ampleur de ces prises d'armes de décembre 51 et la bonne conscience juridique avec laquelle elles furent accomplies si l'on n'avait présente à l'esprit l'existence de cette institution fondamentale de l'époque qu'était la garde nationale) ; et ils songent aussi à désarmer leurs adversaires : la caserne de gendarmerie, s'il y en a une, est investie et envahie, les armes saisies ; les domiciles des bourgeois membres du parti de l'ordre sont souvent perquisitionnés aux mêmes fins. Plus rarement, l'on s'assure de la personne des gendarmes et des notables présumés les plus combatifs en les incarcérant. Après les mairies, l'échelon de pouvoir à conquérir pour faire obstacle au coup d'État se situe dans les sous-préfectures et préfectures. Conquête difficile : un chef-lieu possède souvent une petite garnison, et, surtout, autour des fonctionnaires, des bourgeois, des propriétaires, le parti de l'ordre y est, en général, singulièrement plus étoffé. C'est pour marcher sur les chefs-lieux que les démocrates, qui se sont hâtivement concertés, s'organisent en colonnes formées par les contingents de plusieurs villages. La marche sur La Palisse des villageois de l'Allier, la marche sur Digne des villageois bas-alpins, la marche à travers le Var de la colonne que Zola devait immortaliser, sous des pseudonymes sans mystère, dans *la Fortune des Rougon*, sont les plus spectaculaires. On en connaît les diverses fortunes.

Ce schéma universel, qu'il était nécessaire de rappeler parce qu'il donne l'essence du mouvement, se complète de circonstances locales plus diverses. Il s'en faut de beaucoup que le sang ait coulé partout ; lorsque cela eut lieu, ce fut le plus souvent quand les gendarmes tentèrent de résister à leur désarmement. Les rixes civiles et les meurtres de « bourgeois » furent plus rares encore (Clamecy, Béziers), épisodes qui devaient souvent rester mal élucidés et d'où l'on ne peut exclure l'hypothèse du malentendu ou même celle de la vengeance privée. A l'issue du mouvement, nous le savons, il y eut ici bataille rangée, là — plus souvent — dispersion spontanée. Dans le cours même des heures ou des journées du soulèvement, une autre variété vient de ce que quelquefois — mais non pas partout — il y eut des tentatives d'action immédiate sur les institutions (dans le Midi, par exemple, quelques proclamations hostiles à l'impôt des boissons, avec destruction des registres des « droits réunis ») ; quelquefois aussi, des actions colorées de revendication sociale (saccage d'une propriété, extorsion d'une amende), beaucoup moins, d'ailleurs, contre le patronat commercial ou industriel que contre tel ou tel usurier de village.

Faits de violence brute ou de rancœur économique, spectaculaires, certes, mais de caractère sporadique, et que, dans l'insurrection même, certains chefs tentèrent d'empêcher. Ils font ainsi deux fois contraste avec le caractère universel et unanime de l'action proprement politico-juridique.

Réinterprétations

Mais les faits locaux de violence et de rébellion sociale n'étaient pas seulement les plus remarquables par leur nature même, ils étaient les plus opportuns pour les propagandes antirépublicaines, et c'est pourquoi, immédiatement, ils vinrent occuper le devant de la scène. Cette insurrection, qui ne venait pas des grandes villes, mais des campagnes et du fond des provinces (et de quelles provinces! montagnes « farouches » des Alpes ou du Morvan, vieilles terres « fanatiques » de Provence et de Languedoc), ne pouvait être un mouvement de progrès, mais un symptôme d'arriération ; c'était la « jacquerie ». La « jacquerie » devient aussitôt le maître mot de la presse française en cet hiver de 1851-52. On feint d'y voir l'explosion de subversion et de rancœur, que les rouges étaient censés préparer sous le nom de « république démocratique et sociale » après leur victoire électorale redoutée de 1852. Nous avons déjà dit l'image caricaturale que le parti de l'ordre se faisait du socialisme. C'est cette image dont les conservateurs veulent voir la confirmation dans les journées provinciales de décembre. Il leur fallut pour cela — on le sait bien aujourd'hui, après un siècle d'historiographie critique — une prodigieuse déformation des faits : omission de tout le processus proprement politique, généralisation massive des quelques épisodes à caractère sanglant ou déprédateur, parfois invention pure et simple de détails sadiques ou scabreux, et surtout sortes de réinterprétations systématiques, la plus simple étant celle qui consistait à mettre sous la rubrique de « pillages » (donc de vol, donc... de socialisme) des agissements assez répandus mais de caractère réellement militaire, tels que saisies d'armes, réquisitions (soigneusement réglées) de pain et de vin dans les villages traversés, ou contrôle des dépêches dans les bureaux de postes. Dans cette légende de la jacquerie, qui fait irruption en décembre, sans être contredite (et pour cause!) par une presse de gauche réduite au silence, conservateurs libéraux et conservateurs bonapartistes rivalisent de zèle... et se réconcilient. Ce n'est pas, en effet, le moindre résultat — bien involontaire — du mouvement républicain que d'avoir reconstitué l'unité du parti de l'ordre. Le péril rouge justifie les uns d'avoir laissé faire le coup d'État et les autres de l'avoir fait. Car le mythe de la jacquerie permet à Louis Napoléon et à son entourage d'infléchir très habilement leur propagande : c'est pour sauver la société du péril révolutionnaire qu'il leur fallait consolider l'État. Ainsi, le coup d'État bonapartiste, qui comportait le 2 décembre, à Paris, une vague composante de gauche, est devenu vers le 10 décembre une entreprise radicalement conservatrice. Il faudra près de dix ans au bonapartisme pour retrouver son ambivalence spécifique.

Aboutissement et synthèse de quatre années effervescentes, l'insurrection républicaine de décembre 1851 est nécessairement complexe. La légende qui en faisait une « jacquerie » ne résistera pas à l'examen critique auquel se livreront, dès les années 60, les publicistes républicains, suivis (presque jusqu'à nos jours) par l'historiographie universitaire. Mise en lumière de la motivation juridique fondamentale, dénonciation des inventions calomnieuses, rétablissement de la vérité sur les épisodes contestables et juste appréciation de leur rareté, mise en valeur du légalisme, des scrupules et de la modération des chefs, tels seront les acquis définitifs de cette indispensable réaction historiographique. Mais les réactions vont souvent trop loin, et les « légendes roses » ne servent pas mieux l'intelligence historique que les « légendes noires ». C'est un fait : on ne s'est nulle part si ardemment battu pour l'article 68, le droit, et la république, que là où l'injustice avait le visage familier d'un hobereau, d'un notaire ou d'un commissaire de police abusifs et détestés. Mais parce que les conservateurs avaient, pour étayer le thème de la « jacquerie », abusé de l'explication par les antécédents locaux et par les luttes de classes, les républicains devaient pendant longtemps minimiser, voire nier ce genre de mobiles. De même que, les conservateurs ayant exagéré le rôle des sociétés secrètes, les républicains devaient aussi en réduire l'importance. Il n'y a pas si longtemps qu'une vision équilibrée des mouvements de Décembre s'élabore ; elle n'est, d'ailleurs, pas comme il peut le sembler à première vue une totalisation éclectique de l'apport utile des deux traditions en présence ; elle veut être une réflexion approfondie sur les rapports qu'entretiennent les aspirations économico-sociales avec les idéaux de politique pure.

Dans l'immédiat, cependant, journalistes et écrivains avaient un autre chapitre d'histoire à écrire, celui de la répression, et le principal thème de la défense présentée par les républicains fut de mettre en contraste la rareté de leurs violences (légitimes ou non) avec l'énorme ampleur de celles que l'Ordre commettait. Il y eut des morts dans les combats ; il y en eut (davantage sans doute) dans les obscures « chasses aux rouges » qui suivirent la dispersion des bandes, il y en eut, sous la guillotine, à la suite de procès haineux. Mais l'iniquité majeure fut la thèse implicite suivant laquelle, la « jacquerie » de Décembre étant l'aboutissement normal de la propagande « rouge », tout propagandiste était un complice moral des bandits insurgés. On poursuivit ainsi, en d'immenses rafles, quantité de républicains qui n'avaient même pas participé à l'insurrection, et que la répression qui suivit celle-ci fournit l'occasion de neutraliser pendant des années (ne serait-ce que par la forme bénigne de la mise sous surveillance policière ou de la mise en résidence forcée). Enfin, l'esprit juridique du siècle fut violemment choqué par l'instauration, pour trier cet énorme gibier, d'une juridiction exorbitante, les fameuses « commissions mixtes », où collaboraient trois pouvoirs, le judiciaire, le préfectoral et le militaire. Traduction en conseils de guerre, en cours d'assises, aux tribunaux correctionnels, déportation en Guyane, déportation en Algérie (avec ou sans résidence forcée), exil hors de France, degrés divers de surveillance en France — telle était la gamme des issues possibles. L'Angleterre, la Belgique, la Suisse, le Piémont virent ainsi affluer les militants, exilés ou fugitifs, dont le plus célèbre allait, par ses écrits, immortaliser la proscription. Car cette République de 1848 fut au moins romantique en cela qu'elle eut un Lamartine pour saluer son printemps et un Victor Hugo pour bercer son long hivernage.

Vers l'Empire

Le 21 décembre, un plébiscite de quasi-unanimité émis sous la terreur dans certains départements, et partout en l'absence complète de débats, ratifie le fait accompli. Il permet à Louis Napoléon Bonaparte de réaliser ses vœux constitutionnels : une république à prépondérance présidentielle, dont le chef (dit désormais le prince-président) n'aurait qu'un titre à changer pour se retrouver empereur. Dans les mois de janvier et février 1852, diverses lois restreignent de façon définitive ce qui restait des libertés de presse, de réunion et d'association.

Sur un point essentiel, cependant, on ne retourne pas au premier Empire : le régime reste moderne et populaire en ceci qu'il maintient le suffrage universel ; pour se prémunir contre d'éventuels résultats démocratiques, il compte sur deux ensembles de précautions : d'abord l'absence de toutes les garanties libérales, et aussi le retour au fractionnement de l'électorat. Comme au temps de Guizot, les députés, dont le nombre est réduit, sont élus, au scrutin uninominal, dans des circonscriptions opportunément découpées. Le système devait avoir dix ans d'efficacité quasi totale (cinq opposants élus seulement). Expérience considérable : le suffrage universel n'était donc pas une arme absolue contre les notables, et même pas contre les monarques ; il pouvait être assimilé par un conservatisme autoritaire, tout en lui donnant une caution de modernité. Plus encore que l'instauration du suffrage universel en février 48, son maintien en janvier 52 atteste que la politique française est entrée dans l'ère des masses, qui n'est pas nécessairement celle de la liberté.

Dans un tout autre domaine, un autre écart du régime au début de cette même année le montre quelque peu différent du conservatisme traditionnel, et même inquiète un temps les tenants de celui-ci. Il nationalise les biens de la famille d'Orléans, avec l'intention d'en doter des institutions charitables. C'est du « socialisme », commente Guizot, et Dupin traduit, d'un calembour amer, « c'est le premier vol de l'aigle... ». Les orléanistes n'avaient pas renoncé, comme on voit, à identifier le socialisme et le vol, ils se trompaient seulement en prenant pour du socialisme cet acte, resté d'ailleurs unique, où se mêlaient vengeance et démagogie. Dès le printemps de 1852, l'essor nouveau de la vie économique, dû en partie à la conjoncture mondiale, en partie à l'effacement de l'échéance rouge de « 1852 », en partie aux encouragements du pouvoir et de son entourage, atteste, au contraire, que le nouveau régime sera une ère faste pour le capitalisme libéral. Cette euphorie rapidement ressentie aide, d'ailleurs, certainement le second bonapartisme à se transformer en un second Empire. Louis Napoléon n'avait jamais cessé d'y songer. Une tournée en province jalonnée de gestes habiles (pose de la première pierre de la nouvelle cathédrale de Marseille, exemple entre bien d'autres) et de discours retentissants (Bordeaux : « L'Empire c'est la paix ») prépare cette restauration ; un nouveau plébiscite l'accepte (21 novembre) ; un nouveau 2-Décembre, enfin, celui de 1852, l'ajoute à la chaîne superstitieuse des anniversaires napoléoniens. Mais c'est le 2 décembre de 1851 qui devait rester dans notre histoire le « 2-Décembre » tout court.

Bilan de la République

Mais ce 2-Décembre est-il lui-même autre chose qu'un nouveau 18-Brumaire ? Karl Marx, l'un des premiers, fit un sort à cette analogie en intitulant *le Dix-Huit-Brumaire de Louis Bonaparte* la suite qu'il donna aux *Luttes de classes en France*. Le rapprochement pouvait aller plus loin, d'ailleurs. N'avait-on pas revu des « Montagnards » ? Pour le même Karl Marx, c'est l'ensemble de la seconde République — et pas seulement son épisode final — qui avait valeur de répétition bouffonne ; Ledru-Rollin après Robespierre, comme Badinguet après Napoléon, c'était la farce après la tragédie. On est aujourd'hui moins sévère, dans la mesure où l'on apprécie mieux ce que la seconde République a apporté de nouveau par rapport à la première : on pourrait dire un enracinement. L'idée républicaine a débordé les élites intellectuelles, celles des cadres bourgeois et petits-bourgeois organisés en sociétés post- ou néo-jacobines, pour gagner, dans quelques régions au moins, des sympathies populaires de masse qu'aucune terreur blanche ne pourrait effacer. Ce qui n'allait pas, du reste, sans compliquer le problème, car en gagnant le peuple, l'idée républicaine se combinait nécessairement avec les autres aspirations du peuple, aspirations sociales, aspirations au mieux-être. Dans l'explosion d'expressions spontanées qui accompagnait les insurrections de Décembre, une formule revenait souvent : la « bonne », la « bonne république », « Nous allons ramener la bonne république »... Qu'était-ce dire, sinon que la république qui avait régi la France de mai 48 à décembre 51 en maintenant le peuple dans ses difficultés usuelles de vie n'était pas la « bonne », pas la vraie, pas la véritable — autrement dit que la vraie république ne pouvait être qu'une république favorable aux petites gens ?

Or, dans ces mêmes années, les notables des anciens partis avaient commencé à découvrir qu'un régime républicain n'était pas toujours incapable de maintenir l'ordre établi, et qu'il offrait même l'avantage d'échapper aux exigences coûteuses de l'une ou l'autre dynastie. On sait comment, après le désastre du nouvel empire à Sedan, les conservateurs, derrière M. Thiers, seront amenés à reprendre cette expérience de 1849-50, celle d'une république conservatrice, et à s'y rallier, pour la plupart définitivement.

Ainsi naissent à la fois, dans les quatre ans que nous venons d'évoquer, deux notions, deux définitions antagonistes de la république ; l'une est purement négative : tout régime est républicain s'il n'est pas monarchique et s'il n'est pas exagérément dictatorial ; l'autre, plus vague quoique vivement sentie, est plus riche de contenu : on n'est vraiment en république que si l'aspiration démocratique et socialiste est reconnue comme visée principale.

Or, ce malentendu sur la chose, et d'abord sur le mot lui-même, déjà patent autour de 1850, n'est-il pas encore au premier rang de ceux qui départagent, au troisième quart de notre xxe siècle, la droite et la gauche de l'opinion française ?

En cela aussi, l'époque contemporaine s'ouvre bien au milieu du xixe siècle.

Chronologie

L'astérisque indique une date probable.
Les crochets indiquent des dates entre lesquelles
est compris le fait énoncé,
sans qu'une précision plus grande soit possible.
Le point d'interrogation indique
une date légendaire ou très incertaine.

Dynasties et révolutions, 1348-1852

1348   La peste noire.
      Jeanne de Naples vend Avignon au pape Clément VI.
1349   Philippe VI achète Montpellier.
1349-1387 Charles le Mauvais, roi de Navarre.
1351   25 mars. Affrontement de chevaliers français et anglais devant Ploërmel, en Bretagne.
      Avril. Fin de la trêve conclue entre la France et l'Angleterre le 28 septembre 1347.
1352-1363 Prédication de Guillaume de Bordes chez les vaudois du Dauphiné.
1354   8 janv. Assassinat de Charles d'Espagne.
1355   Sept. Traité de Valognes entre la France et l'Angleterre.
      Nov. Chevauchée du Prince Noir en Languedoc.
1356   Printemps. États généraux du Languedoc à Toulouse.
1356   5 avril. À Rouen, Jean le bon fait emprisonner Charles le Mauvais.
      Juillet. Le Prince Noir envahit le Poitou.
      19 septembre. BATAILLE DE POITIERS. Jean le Bon prisonnier.
1356-1357 Hiver. Étienne Marcel, prévôt des marchands de Paris, soulève le peuple contre la « mauvaise » monnaie.
1357   Les vaudois de Provence assassinent deux inquisiteurs. Le

dauphin Charles régent du royaume.
      Mars. Grande ordonnance monétaire.
      22 mars. Trêve de Bordeaux entre la France et l'Angleterre.
1358   Janv. Étienne Marcel soulève Paris contre le dauphin. Il s'allie aux Jacques.
      10 juin. Charles le Mauvais écrase les Jacques.
1358   Étienne Marcel ouvre Paris aux Anglais.
      Juillet. Le peuple de Paris chasse les Anglais et abat Étienne Marcel.
1359   Paix entre le dauphin et Charles le Mauvais. Les préliminaires de Londres sont rejetés par le dauphin.
1360   Innocent VI réforme l'ordre dominicain. Échec d'une chevauchée d'Édouard III en France.
1360   1er-9 mai. Négociations et traité de Brétigny.
      24 octobre. Paix de Calais.
1361   Jean le Bon héritier du duché de Bourgogne.
1362   6 avril. Les « Tard Venus » écrasent les troupes du roi et du comte de Forez au sud de Lyon.
1363   Installations de l'« étape » des laines à Calais. Philippe le Hardi duc de Bourgogne.
1363-1365 L'inquisiteur François Borel pourchasse les vaudois des alpes.
1363-1431 ? Vie de Christine de Pisan.

1364　8 avril. Mort de Jean le Bon à Londres.
Charles V roi.
16 mai. Duguesclin bat Charles le Mauvais à Cocherel.
29 septembre. Fin de la guerre de succession en Bretagne : bataille d'Auray.

1367　Urbain V quitte Avignon pour Rome.
Froissart : *l'Épinette amoureuse*.

1368　Hiver. Reprise de la guerre entre Français et Anglais.

1369　Mariage de l'héritière de Flandre avec Philippe le Hardi, duc de Bourgogne.

1370　Duguesclin connétable.
Reconquête du Limousin.
Urbain V rejoint Avignon.

1371　Duguesclin écrase Robert Knowles en Champagne.

1371-1372　Charles V reconquiert le Poitou, l'Aunis et la Saintonge.

1372　Les Anglais occupent la Bretagne.

1373　Froissard : *Chroniques* (livre Ier). Première manifestation du gothique flamboyant à la cathédrale d'Amiens.

1374　Dernière persécution contre les cathares à Toulouse.

1375　Le pape ménage la trêve de Bruges entre la France et l'Angleterre.

1377　Mort d'Édouard III, roi d'Angleterre.
Richard II lui succède.

1378　Charles V fait saisir les possessions normandes de Charles le Mauvais. Élections contradictoires des papes Urbain VI et Clément VII : début du grand schisme d'Occident.

1379　Clément VII, vaincu en Italie, s'installe en Avignon.

1380　Mort de Duguesclin. Mort de Charles V.
4 novembre. Sacre de Charles VI.

1381　L'Université de Paris demande la convocation d'un concile

œcuménique pour résoudre schisme.

1382　Le duc d'Anjou tente recueillir l'héritage de Jean de Naples en Provence, puis Italie.
Émeutes en France : les Ma lotins à Paris, la Hérelle Rouen, les Tuchins en Langu doc.

1384　Philippe le Hardi devie comte de Flandre.

1385　Mariage de Charles VI et d'I beau de Bavière.

1387-1392 ?　Froissart : *Chroniques* (livr II et III).

1388　Campagne de Philippe le H di contre le duc de Gueld:

1389　Pierre d'Ailly chancelier l'Université de Paris.

1391　Gerson demande à Charles de mettre fin au Gra Schisme.

1392　Folie de Charles VI. Ses onc reprennent le pouvoir.

1394　L'Université de Paris réclar de nouveau la fin du schism

1396　Gerson chancelier de l'Univ sité de Paris.
Début du conflit entre les du de Bourgogne et d'Orléans.

1404　Mort de Philippe le Har Jean sans Peur lui succède.

1407　23 nov. Jean sans Peur fa assassiner Louis d'Orléans.

1408-1416　Les frères de Limbourg : *Tr Riches Heures du duc de Ber*

1412　Naissance de Jeanne d'Arc. L Armagnacs traitent avec Anglais.

1413　États généraux à Paris. Émeu des Cabochiens.
Les Armagnacs chassent Bourguignons de Paris.

1414　Henri V, nouveau roi d'Ang terre, réclame l'héritage d Plantagenêts en France.

1415　Paix d'Arras entre les Arm gnacs et les Bourguignons.
25 octobre. BATAILLE D'AZI COURT.

1418 Mai. Les Parisiens ouvrent la ville aux partisans de Jean sans Peur.

Décembre. Le dauphin Charles, fils de Charles VI, se proclame régent.

1419 Henri V maître de la Normandie.

Meurtre de Jean sans Peur. Philippe le Bon duc de Bourgogne.

1420 21 mai. Philippe le Bon signe avec Henri V le TRAITÉ DE TROYES.

1422 31 août. Mort d'Henri V au château de Vincennes.

21 oct. Mort de Charles VI.

1428 Les Anglais mettent le siège devant Orléans.

1429 23 févr. Jeanne d'Arc rencontre le dauphin Charles à Chinon.

29 avril-8 mai. Délivrance d'Orléans.

1429 17 juillet. Charles VII est sacré à Reims.

1430 23 mai. Jeanne d'Arc capturée devant Compiègne.

1430?-1470? Vie de François Villon.

1431 30 mai. JEANNE D'ARC BRÛLÉE À ROUEN.

16 déc. Le régent anglais fait couronner Henri VI, fils de Henri V, roi de France.

1435 Traité d'Arras entre Charles VII et Philippe le Bon.

1436 Charles VII prend Paris.

1437 Siège de Montereau.

1437-1451 Construction de l'église Saint-Maclou, à Rouen.

1438 Pragmatique sanction de Bourges.

1439-1440 Échec des négociations de paix entre la France et l'Angleterre.

1440 Jacques Cœur « argentier du roi ».

Procès de Gilles de Rais.

1442 Révolte de Charles d'Orléans, aidé par le duc de Bourgogne Philippe.

1442 Jacques Cœur membre du conseil du roi.

L'*Annonciation* d'Aix-en-Provence.

1443 Fondation du parlement de Toulouse.

1444 Trêve entre Charles VII et les Anglais. Mariage d'Henri VI et de Marguerite d'Anjou.

1445 Charles VII institue les « compagnies de l'ordonnance du roi ».

1447 Le dauphin Louis se retire en Dauphiné.

1447?-1511 Vie de Philippe de Commynes.

1449 24 mars. Reprise des hostilités entre la France et l'Angleterre à Fougères.

1450 15 avril. Bataille de Formigny. Charles VII reconquiert la Normandie.

1450-1454 Construction du chœur du Mont-Saint-Michel.

1451 Arrestation de Jacques Cœur.

av. 1452 Arnould Gréban : *Passion*.

1452 Réforme de l'Université de Paris par le cardinal d'Estouteville.

1453 17 juillet. Bataille de Castillon. Charles VII reconquiert la Gascogne.

1453 Enguerrand Charonton : *le Couronnement de la Vierge* (Villeneuve-lès-Avignon).

1454 Grande ordonnance judiciaire de Montil-lès-Tours.

1456 Le dauphin Louis se réfugie en Bourgogne.

Réhabilitation de Jeanne d'Arc.

1461 Mort de Charles VII ; Louis XI lui succède.

1462 Louis XI se fait céder par Jean II d'Aragon le Roussillon et la Cerdagne. Il s'allie à Marguerite d'Anjou.

1463-1472 Agrandissement du château de Plessis-lez-Tours.

1465 16 juillet. Bataille indécise de Montlhéry entre Louis XI et l'armée de la ligue du Bien public. Traités de Conflans et de Saint-Maur.

1467-1540 Vie de Guillaume Budé.

1468 9-14 octobre. ENTREVUE DE PÉ-
RONNE entre Louis XI et
Charles le Téméraire. Assemblée de
1470 Novembre. Assemblée de
Tours ; Louis XI réoccupe les
villes de la Somme. La Sorbonne est dotée d'une imprimerie.
1472 Louis XI occupe la Picardie.
Siège de Beauvais par Charles
le Téméraire : Jeanne Ha-
chette.
Concordat avec le pape
Sixte IV, qui réserve le droit de
présentation du roi aux bénéfices majeurs.
1473 Entrevue de Trèves entre l'empereur Frédéric III et Charles
le Téméraire.
1474 Échec du siège de Neuss. Affaiblissement de la puissance
bourguignonne.
1475 13 septembre. Trêve entre le
duc de Bourgogne et Louis XI.
Conquête du Roussillon.
1477 5 janvier. Mort de Charles le
Téméraire à la bataille de
Nancy.
18 août. Marie, fille du duc de
Bourgogne, épouse Maximi-
lien de Habsbourg.
1479 7 août. Bataille de Guinegatte.
1480 Mort du roi René d'Anjou.
1481 Louis XI soumet la Franche-
Comté, acquiert la Provence et
le Maine.
1482 23 décembre. Négociations
d'Arras : Maximilien renonce
à la Bourgogne et à la Picardie.
1483 30 août. Mort de Louis XI.
Le *Décaméron* est imprimé
pour la première fois en
France.
1484 Les Beaujeu cèdent le Barrois
à René de Lorraine.
L'Anjou entre dans le domaine
royal. États généraux de Tours.
1488 Bataille de Saint-Aubin-du-
Cormier : fin de la « guerre
folle ».
1489-1490 Commynes rédige les six premiers livres de ses *Mémoires*.

1490 Mariage d'Anne de Bretagne
de Maximilien d'Autriche.
1491 Occupation de la Bretagne p
les Français. Annulation
mariage d'Anne av
Maximilien.
Décembre. Elle épou
Charles VIII.
1492 Mai. Alliance de Charles V
et de Ludovic Sforza, dit «
More ».
1493 Traité de Senlis ent
Charles VIII et Maximilie
Traité de Barcelone
Charles VIII restitue le Rou
sillon à Ferdinand d'Arago
Commission de Tours. R
forme du clergé régulier fra
çais.
1494 ?-1553 Vie de François Rabelais.
1494 Septembre. Charles VIII libè
Pise, sujette de Florence c
puis 1406.
1495 22 février. Charles VIII ent
à Naples portant le mante
impérial et la quadruple co
ronne de France, Naples, Jér
salem et Constantinople.
Mars. Constitution de la « lig
de Venise ».
5 juillet. Bataille de Fornou
1496 Février. Les Français battus
Naples.
1496-1544 Vie de Clément Marot.
1498 8 avril. Mort de Charles VI
Louis XII roi.
1499 Alliance de Louis XII av
Venise et Florence. Mariage
Louis XII et Anne de Bretagr
16 mars. Traité de Lucer
avec les Suisses.
1500 11 novembre. Traité de G
nade entre la France
l'Aragon.
1503 Rupture entre la France
l'Aragon.
1504 Les Français perdent Napl
Septembre. Traités de Blc
entre Louis XII et l'Empereu
1506 États généraux de Tours : fia
çailles de Claude de Fran
avec François d'Angoulêm

1507 ?-1573	Vie de Michel de l'Hospital.
1508	10 décembre. Ligue de Cambrai.
1509	Lefèvre d'Étaples : *Quintuplex psaltarium...*
1511	5 octobre. Le pape Jules II forme une Sainte Ligue contre Louis XII.
1512	11 avril. Bataille de Ravenne. Mort de Gaston de Fois. Maximilien abandonne Louis XII. Perte de l'Italie par les Français. Lefèvre d'Étaples édite les *Épîtres* de saint Paul.
1513	Louis XII traite avec Venise ; il signe une trêve avec Ferdinand.
1513-1593	Vie de Jacques Amyot.
1514	Guillaume Budé : *De asse.* Louis XII accorde à l'exportation l'exemption de la taxe douanière.
1515	Mort de Louis XII. Création du parlement de Normandie. 13 septembre. **Bataille de Marignan.** François Ier invite Léonard de Vinci. 14 décembre. Léon X fait la paix avec François Ier.
1515-1524	Construction de l'aile François-Ier à Blois.
1515 ?- av. 1568	Vie de Jean Goujon.
1516	« Paix perpétuelle » entre la France et les cantons suisses. 13 août. Traité de Noyon. Concordat.
1517	Reconstruction de Saint-Étienne-du-Mont, à Paris. 11 mars. Traité de Cambrai.
1519	François Ier candidat à la couronne impériale.
1520	7 juin. Entrevue du Camp du Drap d'Or.
1521	Bayard défend victorieusement Mézières devant les Impériaux.
1522	Les Français, battus à La Bicoque, sont chassés du Milanais.

1522-1560	Vie de Joachim du Bellay.
1523	François Ier crée le « Trésor de l'épargne ».
1524	Mort de Bayard en Piémont. Le duc de Bourbon, devenu lieutenant de Charles Quint, envahit la Provence.
1524-1585	Vie de Pierre de Ronsard.
1525	24 février. BATAILLE DE PAVIE : François Ier prisonnier.
1527	Démantèlement des possessions de la maison de Bourbon. Mai. Sac de Rome par les troupes de Charles Quint.
1529	Grande émeute à Lyon. 5 août. Paix de Cambrai. Exécution de Berquin, ami d'Érasme.
1530	Mise en exploitation de la route postale Paris-Boulogne. François Ier crée le Collège de France.
[1530-1540]	Reconstruction du château de Saint-Germain-en-Laye.
1531	Marguerite de Navarre : *Miroir de l'âme pécheresse.*
1532	Rabelais : *Pantagruel. Les Horribles et Épouvantables Faits...*
1533	François Ier exile les docteurs de Sorbonne. Entrevue de Marseille entre le roi de France et le pape. Mise en exploitation de la route postale Lyon-Marseille.
1533-1592	Vie de Michel de Montaigne.
1534-1543	Expéditions de Jacques Cartier.
1534	La Sorbonne intente un procès aux lecteurs royaux devant le parlement. Rabelais : *la vie... du grand Gargantua...* — Affaire des placards : la « Chambre ardente ».
1535	François Ier revendique le Milanais pour son fils.
1536	La Provence est occupée par les troupes de l'Empereur. L'ordonnance de Crémieu accroît les attributions des tribunaux, des bailliages et des sénéchaussées.

1538	Mise en exploitation de la route postale Lyon-Turin.
	14 juillet. Entrevue d'Aigues-Mortes entre François Ier et Charles Quint.
	Reprise de la persécution contre les réformés en France. Montmorency connétable.
1539	Août. Ordonnance de Villers-Cotterêts.
1541	Disgrâce de Montmorency. Marot traduit les Psaumes. L'*Institution* de Calvin traduite en Français.
1541-1544	Goujon et Lescot : jubé de Saint-Germain-l'Auxerrois à Paris.
1542-1560	Expédition française en Écosse.
1544	François Ier affranchit les serfs de ses domaines bourguignons (édit révoqué en 1545).
	13 avril. Bataille de Cérisoles.
	16 septembre. Traité de Crépy avec Charles Quint.
1545	Massacre des vaudois d'Avignon.
1546	Début de la reconstruction du Louvre.
	Rabelais : le *Tiers Livre*.
1547	Mort de François Ier. Marguerite de Navarre : *Les Marguerites de la Marguerite des princesses*.
1548-1549	Lescot et Goujon : fontaine des Innocents.
1549	Du Bellay : *Défense et illustration de la langue française*.
1550	Traité de paix franco-anglais : Boulogne rendue à la France. Ronsard : *Odes*.
1551	Henri II reprend la guerre en Italie contre le pape.
	Il désavoue officiellement le concile de Trente.
1552	Tombeau de François Ier à Saint-Denis.
1552-1553	Ronsard : *Amours*.
1555	Alliance d'Henri II avec le pape.
1557	10 août. Bataille de Saint-Quentin.

1558	Mariage de Marie Stuart et d Dauphin.
1559	3 avril. TRAITÉ DU CATEA CAMBRÉSIS.
	10 juillet. Mort d'Henri II.
	23 décembre. Exécution d conseiller Anne du Bourg. Éd d'Ecouen.
1560	Mars. Conjuration d'Amboise Mai. Édit de Romorantin.
	2 juillet. Michel de l'Hospita chancelier.
	21 août. Assemblée de Fonta nebleau.
	5 décembre. Mort de Fra çois II. Charles IX lui succède
1561	États généraux d'Orléans Synode des réformés Poitiers.
	Assemblée du clergé à Poiss États généraux de Pontois Septembre. Colloque d Poissy.
1562	Ronsard : *Discours sur les m sères de ce temps*.
	Janvier. Édit de Saint-Ge main. Février. Le parlement d Paris refuse de l'enregistre 1er mars. Massacre de Vassy Révolte des protestants.
	Siège de Rouen. Bataille d Dreux, 19 décembre.
1563	24 février. Assassinat de Fran çois de Guise. 19 mars. Pai d'Amboise.
1564	Publication du *Cinquième L vre* de Rabelais.
1564-1566	Voyage de Charles IX à traver la France.
1566	Ordonnance de Moulins.
1567	Nouvelle prise d'armes de protestants.
1568	23 mars. Paix de Longjumeau Disgrâce de Michel de l'Hospi tal.
1569	Combats de Jarnac, 13 mars et de Montcontour, 3 octobre Assassinat de Louis de Condé Troisième « guerre de Reli gion ».
1570	8 août. Paix de Saint-Germain

1571   Grève des imprimeurs à Paris et à Lyon.

1572   Ronsard : *la Franciade*.
24 août. LA SAINT-BARTHÉLEMY. Abjuration d'Henri de Navarre. Quatrième « guerre de Religion ».

1573   Catherine de Médicis fait la paix avec les protestants.

1573-1613   Vie de Mathurin Régnier.

1574   Mort de Charles IX.
30 mai. Henri III lui succède. Reprise de la guerre religieuse. Ronsard : *Sonnets pour Hélène*.

1576-81 ?-
1660   Vie de saint Vincent de Paul.

1576   Jean Bodin : *la République*. Constitution de la Sainte Ligue et sixième et septième « guerres de Religion ».

1580   Montaigne : *Essais* (1re édition).

1584   10 juin. Mort du duc d'Anjou.

1585   30 mars. Déclaration de Péronne. 9 septembre. Henri de Navarre déchu de ses droits à la couronne par Sixte Quint. Dernière « guerre de Religion ».

1588   12 mai. « Journée des Barricades ». États de Blois.
23-24 décembre. Assassinats du duc de Guise et du cardinal de Lorraine.

1589   Janvier. Mort de Catherine de Médicis. Réconciliation d'Henri de Navarre et d'Henri III. Mayenne chef de la Ligue. Monitoire de Sixte Quint à Henri III.

1589   2 août. MORT D'HENRI III. Henri IV lui succède.

1589   La Ligue fait du cardinal de Bourbon le roi Charles X. Henri IV s'empare de Dieppe. 20-21 septembre. Bataille d'Arques.

1590   14 mars. Bataille d'Ivry.

1591   Septembre. Le pape lève une armée contre Henri IV.
La Ligue fait régner la terreur

à Paris : exécution du président Brisson.

1593   17 mai. Henri IV est couronné à Chartres.
22 mars. Le gouverneur Brissac lui ouvre les portes de Paris. Le parlement de Paris bannit les jésuites.

1594-1665   Vie de Nicolas Poussin.

1595   15 juin. Henri IV sauve à Fontaine-Française la Bourgogne envahie par les Espagnols.
Septembre. Le pape fait la paix avec Henri IV. Fuentes s'empare de Cambrai.

1596-1650   Vie de René Descartes.

1597   25 septembre. Henri IV reprend Amiens.

1598   13 avril. PUBLICATION DE L'ÉDIT DE NANTES.
2 mai. Paix de Vervins avec les Espagnols.

1598-1666   Vie de François Mansart.

1600   Mariage d'Henri IV et de Marie de Médicis. Olivier de Serres : *Théâtre d'agriculture*.
18 septembre. Réforme de l'Université de Paris.

1600-1682   Vie de Claude Gellée, dit le Lorrain.

1601   Traité de Lyon.

1602   29 juillet. Exécution du maréchal de Biron.

1602-1674   Vie de Philippe de Champaigne.

1603   Henri IV réintroduit les jésuites en France.

1605-1606   Révolte du duc de Bouillon.

1606-1684   Vie de Pierre Corneille.

1607   Début de la construction de la place Dauphine à Paris.

1608   Saint François de Sales : *Introduction à la vie dévote*.

1609   Avril. Trêve entre les Provinces-Unies et l'Espagne : arbitrage d'Henri IV.

1610   14 mai. **Henri IV est assassiné par Ravaillac.**
Louis XIII roi.

1610-1660   Vie de Scarron.

de l'Imprimerie royale à Paris.
Corneille : *Horace*.

1641 Descartes : *Méditations*. Corneille : *Polyeucte*.

1642 Olier fonde la congrégation de Saint-Sulpice.
Complot et exécution de Cinq-Mars.
4 décembre. Mort de Richelieu.

1642-1648 François Mansart : château de Maisons.

1643 Mort de Louis XIII. Régence d'Anne d'Autriche. Mazarin. Premières remontrances du parlement et premières émeutes fiscales.

1643 19 mai. Bataille de Rocroi. Molière fonde l'Illustre Théâtre.

1644 Édit du Toisé, taxe des « aisés ». Descartes : *Principia philosophiae*.

1645 François Mansart commence la construction du Val-de-Grâce. Corneille : *Rodogune*.

1645-1648 Le Sueur : *Vie de saint Bruno*.

1645-1696 Vie de La Bruyère.

1646 Rotrou : *Saint Genest*.

1646-1708 Vie de Jules Hardoin-Mansart.

1647 Édit du Tarif à Paris. Pascal : *Expériences nouvelles touchant le vide*. Vaugelas : *Remarques sur la langue française*.

1647-1706 Vie de Pierre Bayle.

1647-1714 Vie de Denis Papin.

1648 30 janvier. Traité de La Haye. Batailles de Zusmarshausen, 17 mai, et de Lens, 20 août. Traités de Westphalie, 24 octobre. Arrêt d'union, 13 mai. Déclaration de la chambre Saint-Louis, 15 juin. Abolition des intendants, 13 juillet. Arrestation de Broussel : révolte parisienne, 26 août. Fuite de la régente. Fondation de l'Académie royale de peinture et de sculpture à Paris.

1649 5 janvier. La cour s'enfuit à Saint-Germain. Siège de Paris par le roi.
11 mars. Paix de Rueil. Révolte de Turenne.
Descartes en Suède.

1650 18 janvier. Arrestation de Condé, Conti et Longueville. La Tour : *Martyre de saint Sébastien*.

1651-1657 Scarron : *le Roman comique*.

1651 Mars. Les représentants des ordres privilégiés réclament la convocation des états généraux.

1651-1715 Vie de Fénelon.

1652 Avril. Condé, battu par Turenne, se réfugie à Paris.
21 octobre. Le roi rentre à Paris.

1659 7 novembre. Paix des Pyrénées.

1661 **Début du gouvernement personnel de Louis XIV.**
15 septembre. Institution du Conseil royal.

1662 Traité de Montmartre : la Lorraine cédée à la France.
6 février. Colbert fait racheter les rentes sur les « cinq grosses fermes ». Création d'hôpitaux généraux dans tout le royaume.
Alliance défensive de la France avec les Provinces-Unies.
Corneille : *Sertorius*. Molière : *l'École des femmes*.
Le Brun premier peintre du roi. Philippe de Champaigne : *la Mère Agnès et Sœur Catherine*.

1663 Mars. Le roi renouvelle la ligue du Rhin avec les princes rhénans.
Juillet. Le parlement d'Aix prononce la réunion à la Couronne du comtat Venaissin.

1663 Août. Occupation de la Lorraine.
19 décembre. Les intendants reçoivent l'administration des impôts indirects.

Colbert fonde l'Académie des inscriptions et belles-lettres.

1663 Molière : *la Critique de « l'École des femmes »*. *L'Impromptu de Versailles*.

1663-1664 Négociations franco-néerlandaises en vue du partage des Pays-Bas espagnols.

1664 Premier tarif douanier protecteur de Colbert.
Août. Dispersion des religieuses de Port-Royal de Paris.
20 décembre. Condamnation de Fouquet.
Colbert surintendant des Bâtiments. Fondation de l'ordre des Trappistes. Molière : première représentation de *Tartuffe*.

1665-1685 La Fontaine : *Contes*.

1665 Colbert contrôleur général des Finances.
La Rochefoucauld : *Maximes*.
Molière : *Dom Juan*.

1666 Janvier. Louis XIV interdit les remontrances au parlement de Paris.
Molière : *le Misanthrope*. Colbert fonde l'Académie des sciences.

1667 31 mars. Alliance franco-portugaise.
Mai. Campagne des Pays-Bas.

1668 19 janvier. Traité secret entre Louis XIV et l'empereur Léopold Ier.
23-24 janvier. Triple Alliance de La Haye.
2 mai. Traité d'Aix-la-Chapelle.
Guilleragues : *Lettres portugaises*. Racine : *les Plaideurs*.
Molère : *Amphitryon ; l'Avare*.

1669 1er février. Déclaration limitant la portée de l'édit de Nantes.
7 mars. Colbert secrétaire d'État à la Marine.
Bossuet : *Oraison funèbre d'Henriette de France*.

1671 Fondation de l'Académie d'architecture.

L'enseignement du cartésinisme est interdit à Paris.

1672 12 juin. Louis XIV et Cond passent le Rhin à Tolhuis.
Louvois entre au Conseil.

1672 Louis XIV s'installe à Ve sailles.
Molière : *les Femmes savante*
Fondation de l'Académie c musique.

1673 30 juin. Louis XIV et Vauba prennent Maëstricht.

1674 Rupture de la Diète avec] France.
Boileau : *l'Art poétique*.

1675 Louvois fixe la hiérarchie d grades et de l'ancienneté pa l'ordre du Tableau.

1675 Janvier. Victoire de Turenne Turckheim.

1675-1755 Vie de Saint-Simon.

1677 Racine : *Phèdre*.

1678 Traités de Nimègue : franc néerlandais, 10 avril, et franc espagnol, 17 septembre.
Madame de La Fayette : . *Princesse de Clèves*.

1679 Traités de Saint-Germai Création d'une chaire de dro français à l'Université de Pari

1680 Fondation de la Comédi Française.

1682 19 mars. Déclaration des qua tre articles.

1683 L'Espagne déclare la guerre la France.
Mort de Colbert.

1683-1764 Vie de Jean-Philippe Ramea

1684 15 août. Trêve de Ratisbonn

1684-1721 Vie de Watteau.

1685 18 octobre. RÉVOCATION D L'ÉDIT DE NANTES.

1686 Fontenelle : *Entretiens sur] pluralité des mondes*.

1688 La Bruyère : *les Caractères*.

1689-1755 Vie de Montesquieu.

1690 1er juillet. Victoire de Fleuru Fondation de la compagni d'Afrique.
Denis Papin : *Mémoire su l'emploi de la vapeur d'eau*.

1691 Racine : *Athalie*.

1692 Mai. Défaite de la Hougue.
Juin. Prise de Namur.

1694 Boileau : satire *Contre les femmes*.
Juin. Jean Bart bat les Hollandais. Parution du *Dictionnaire de l'Académie*.

1694-1778 Vie de Voltaire.

1695 Pourparlers de paix entre Louis XIV et les Pays-Bas.
18 janvier. Institution de la capitation.

1697 Traités de Ryswick, 20 septembre et 30 octobre.
Malebranche : *Traité de l'amour de Dieu*.

1698 Négociations franco-anglaises sur la succession d'Espagne.
Fondation de la compagnie de Chine.

1699 Janvier. Adoucissement des mesures contre les protestants.
Fénelon : *Télémaque*. Mansart surintendant des Bâtiments.

1699-1779 Vie de Chardin.

1700 1er novembre. Testament de Charles II en faveur du duc d'Anjou.
4 décembre. Louis XIV se fait remettre le gouvernement des Pays-Bas espagnols.

1701 27 août. Monopole français sur la traite négrière dans le Nouveau Monde.

1702-1704 Révolte des Camisards.

1703-1770 Vie de Boucher.

1704 Les Français occupent la Savoie.

1705 Les Français conquièrent Nice et le Piémont.

1707 Disgrâce de Vauban. Denis Papin construit un bateau à vapeur.

1707-1788 Vie de Buffon.

1708 Regnard : *le Légataire universel*.

1709 23 octobre. Louis XIV disperse les religieuses de Port-Royal des Champs.
Lesage : *Turcaret*.
11 septembre. Villars et Boufflers arrêtent une invasion à Malplaquet.

1710 28 avril. Destruction de Port-Royal des Champs.
14 octobre. Louis XIV établit l'impôt du dixième.
10 décembre. Le duc de Vendôme est vainqueur à Villaviciosa.
Fénelon : *Mémoire sur la situation déplorable de la France*.

1711 16 avril. Mort du Grand Dauphin.
8 octobre. Préliminaires de Londres.

1712 Mort du duc de Bourgogne, 18 février, et du duc de Bretagne, 8 mars.
Ouverture du congrès d'Utrecht, 29 janvier. Armistice franco-anglais, 17 juillet. Bataille de Denain, 24 juillet. Armistice franco-portugais, 7 novembre.
Fondation de la compagnie des Mers du Sud.

1712-1778 Vie de Jean-Jacques Rousseau.

1713 11 avril. TRAITÉS D'UTRECHT.
8 septembre. Bulle *Unigenitus*.

1713-1784 Vie de Diderot.

1714 Louis XIV force le parlement à enregistrer la bulle *Unigenitus*, 15 février.
6 mars. Traité de Rastatt.

1715 1er septembre. **Mort de Louis XIV.** Louis XV.
12 septembre. Le parlement annule le testament de Louis XIV. Lesage : *Gil Blas*.

1715-1747 Vie de Vauvenargues.

1716 2 mai. Law fonde la « Banque générale ».
Octobre. Association de la banque et de l'État.
Création du corps des Ponts et Chaussées.
Fénelon : *Lettre sur l'Académie*.

1717 Watteau : *l'Embarquement pour Cythère*.

1717-1783 Vie de D'Alembert.

1718 Mai. Refonte des monnaies.
4 septembre. Law rachète la ferme des tabacs.

1718 4 décembre. Sa banque devient établissement d'État et se substitue à la compagnie du Sénégal.

1719 La compagnie Law se substitue à celles des Indes et de Chine, 26 mai, et à celle d'Afrique, juillet.
9 janvier. Guerre franco-espagnole. 19 août. Prise de Saint-Sébastien.

1720 5 janvier. Law contrôleur général. 1er novembre.
L'État abandonne les billets de banque. 12 décembre.
Démission et fuite de Law.

1721 26 janvier. Enquête sur les opérations de Law.
27 mars. Réconciliation franco-espagnole.
Fondation de la première loge maçonnique en France.
Montesquieu : *Lettres persanes.*

1722 Voltaire : *Épître à Uranie.*

1723 Majorité de Louis XV. Le duc de Bourbon premier ministre.

1724 14 mai. Déclaration contre les protestants.
18 juillet. Ordonnance sur la mendicité.
Fondation de la Bourse de Paris.

1725 5 juin. Établissement de l'impôt du cinquantième.
15 août. Mariage de Louis XV et de Marie Leszczyńska.

1726 Disgrâce du duc de Bourbon : Fleury premier ministre, 12 juin. 19 août. Rétablissement de la ferme générale.

1726-1729 Voltaire en Angleterre.

1726-1730 Le Peletier des Forts contrôleur général.

1727 Début de l'affaire des convulsionnaires de Saint-Médard.

1727-1781 Vie de Turgot.

1730 Début de la célébrité du salon de Mme du Deffand.
Marivaux : *le Jeu de l'amour et du hasard.*

1730-1745 Orry contrôleur général.

1731 Dispersion du club de l'Entresol.
Dupleix gouverneur de Chandernagor.
Voltaire : *Charles XII.* Abbé Prévost : *Manon Lescaut.*

1732 Fleury fait fermer le cimetière de Saint-Médard, 29 janvier.
Voltaire : *Zaïre.* Marivaux : *les Serments indiscrets.*

1732-1799 Vie de Beaumarchais.

1732-1806 Vie de Fragonard.

1733 Établissement de l'impôt du dixième, 17 novembre.

1733 Campagne de Villars en Italie. 26 septembre. Traité franco-piémontais de Turin.
Voltaire : *le Temple du goût.* Rameau : *Hippolyte et Aricie.*

1734 Montesquieu : *Considérations.* Voltaire : *Lettres anglaises. Remarques sur les « Pensées » de Pascal.* 1er avril. L'empereur déclare la guerre à la France. Les Français prennent Philippsbourg.

1735 5 octobre. Préliminaires secrets franco-autrichiens.
Marivaux : *le Paysan parvenu.*

1735-1736 La Condamine et Maupertuis mesurent le méridien.

1735-1740 Lemoyne : décoration de l'hôtel de Soubise.
La Bourdonnais gouverneur de l'île de France.

1735-1741 Dumas directeur des établissements français dans l'Inde.

1736 13 avril. Convention franco-autrichienne.
28 août. Règlement de la question de Lorraine.

1737 20 février. Disgrâce de Chauvelin.
Institution des « Salons » de peinture. Marivaux : *les Fausses Confidences.* Rameau : *Castor et Pollux.*

1737-1814 Vie de Bernardin de Saint-Pierre.

1738 Ordonnance régularisant la corvée royale.

8 septembre. Traité franco-suédois.
Voltaire : *Éléments de la philosophie de Newton. Discours sur l'homme.*
Fondation de la manufacture de porcelaine de Vincennes (transférée à Sèvres en 1756).
1739 Bouchardon : fontaine de la rue de Grenelle à Paris.
1740 Ultimatum français à l'Angleterre, 8 juillet, et rupture, décembre. Négociations franco-prusso-bavaroises.
Chardin : *le Bénédicité.*
1741 La Tour : *le Président de Rieux.*
1741-1803 Vie de Choderlos de Laclos.
1741-1828 Vie de Houdon.
1742 15 mars. Alliance franco-danoise.
Voltaire : *Mahomet.* J. A. Gabriel premier architecte du roi.
Dupleix gouverneur général de l'Inde française.
1743 29 janvier. Mort de Fleury.
23 juin. Bataille de Dettingen.
Septembre. Les Français se replient en Alsace.
31 septembre. Guerre franco-sarde.
D'Alembert : *Traité de dynamique.*
1743-1757 Le comte d'Argenson secrétaire d'État à la Guerre.
1743-1794 Vies de Lavoisier et de Condorcet.
1744 15 mars. Louis XV déclare la guerre à l'Angleterre et à l'Autriche. Il fait envahir le Piémont et les Pays-Bas. Les Français prennent Fribourg.
1744-1747 Le marquis d'Argenson secrétaire d'État aux Affaires étrangères.
1745 Machault d'Arnouville contrôleur général. Début de la faveur de Mme de Pompadour.
11 mai. Bataille de Fontenoy.
Convention d'Aranjuez entre Louis XV, L'Espagne et Gênes.
Rameau : *le Temple de la Gloire.*

1746 21 février. Prise de Bruxelles par les Français.
21 mars. Traité franco-saxon.
Condillac : *Essai sur l'origine...*
Vauvenargues : *Maximes.* Diderot : *Pensées philosophiques.*
21 septembre. La Bourdonnais prend Madras, qu'il rend aux Anglais.
1746-1818 Vie de Monge.
1747 Disgrâce du marquis d'Argenson. Fondation par Trudaine de l'École des ponts et chaussées de Paris.
17 avril. Guerre franco-hollandaise. 2 juillet. Bataille de Lawfeld.
16 septembre. Prise de Bergen-op-Zoom par les Français.
1747 Voltaire : *Zadig.* La Tour : *Portrait de Monsieur de Saxe.*
1748 28 octobre. Traité d'Aix-la-Chapelle.
La Tour : *Portrait de Louis XV.*
1748-1822 Vie de Berthollet.
1748-1825 Vie de Louis David.
1748-1836 Vie de Jussieu.
1749 30 avril. Disgrâce de Maurepas. Édits imposant l'impôt du vingtième à toute la nation, mai, et établissant le contrôle royal sur les biens du clergé.
Buffon : *Théorie de la Terre.*
Diderot : *Lettre sur les aveugles.*
Septembre. Dupleix obtient des princes hindous des cessions territoriales.
1749-1791 Vie de Mirabeau.
1750 Lutte de Machault contre les privilégiés : dissolution des états du Languedoc et de l'Assemblée du clergé.
Émeute à Paris. Tentative de marche sur Versailles.
Machault garde des Sceaux.
Rousseau : *Discours sur les sciences et les arts.*
1750-1753 Voltaire à Berlin.
1751 Janvier. Accord provisoire franco-anglais sur l'Acadie.
23 décembre. Édit suspendant

l'application du vingtième au clergé.

PARUTION DU PREMIER VOLUME DE L'« ENCYCLOPÉDIE ».

Voltaire : *le Siècle de Louis XIV*.

1752   7 février. Première condamnation de l'*Encyclopédie*.
Affaire des « billets de confession ».
J. A. Gabriel commence la construction de l'École militaire à Paris.

1753   Avril. « Grandes Remontrances ». Exil, mai, et rappel, octobre, du parlement à propos de l'affaire des billets de confession.
Buffon : *Discours sur le style*.
La Tour : *Portrait de D'Alembert et de Rousseau*.

1753   Gabriel commence la construction de l'Opéra de Versailles.

1753-1821   Vie de Joseph de Maistre.

1754   Machault quitte le contrôle général pour la Marine.
Condillac : *Traité des sensations*.
Rousseau : *Discours sur l'origine de l'inégalité*.
Diderot : *Pensées sur l'interprétation de la nature*.
Gabriel commence la construction de la place Louis-XV à Paris.
Août. Dupleix quitte l'Inde.

1755   Greuze : *le Père de famille...*
La Tour : *Portrait de Mme de Pompadour*.

1756   21 août. Édit créant un nouveau vingtième. Octobre.
Encyclique mettant fin à la querelle des billets de confession. Agitation parlementaire.
15 mai. Guerre franco-anglaise. 28 juin. Prise de Minorque par les Français. 12 juillet. Traité franco-suédois.
Voltaire : *Essai sur les mœurs*.
Mirabeau : *l'Ami des hommes*.

Faillite du P. de La Valette a
Antilles.

1757   5 janvier. Attentat de Damier
Février. Disgrâce du com
d'Argenson et de Macha
d'Arnouville.
21 mars. Alliance franco-su
doise. Les Français prenne
Hanovre, 11 août, et Verde
23 août.
Diderot : *le Fils naturel*.
Rameau : *Les Surprises*
l'amour.
Décembre. Choiseul secrétai
d'État aux Affaires étrangèr
Diderot : *Le Père de famil*
Rousseau : *Lettre à d'Alembe*
Quesnay : *Tableau économi*
que.

1759   8 mars. Seconde condamn
tion de l'*Encyclopédie*.
Voltaire : *Candide*.

1760   Les Français occupent
Hesse-Cassel.

1760-1825   Vie du comte de Saint-Simo

1761   Choiseul secrétaire d'État a
Guerre, 27 janvier, et à
Marine, 15 octobre.
31 mars. Propositions fra
çaises de paix à l'Angleter
8 mai. Procès du P. de
Valette.
Juin-septembre. Négociatio
de Versailles.
Rousseau : *la Nouvelle Héloï*

1762   Procès et exécution de Cal
10 octobre. Le parlement
donne la suppression d
Jésuites.
Mars. Nouvelles négociatio
franco-anglaises.
Rousseau : *Émile. Du contr*
social.

1762-1768   Gabriel construit le Petit Tr
non.

1762-1794   Vie d'André Chénier.

1763   10 février. Traité de Paris.
Voltaire : *Traité sur la to*
rance.

1764   Mort de Mme de Pompado
15 avril. Début des affaires
Bretagne : La Chalotais con

d'Aiguillon, 5 juin. Dissolution des Jésuites, novembre.

1764-1780 Soufflot construit le Panthéon à Paris.

1765 9 mars. Réhabilitation de Calas. Démission du parlement de Rennes et arrestation de La Chalotais.

1766 23 février. Mort de Stanislas Leszczyński. Rattachement de la Lorraine à la France.

1766 Conflit avec le parlement de Paris à propos des affaires de Bretagne : séance de la flagellation, 3 mars. Procès et condamnation du chevalier de La Barre.
Turgot : *Réflexions sur la formation et la distribution des richesses.*

1766-1817 Vie de Mme de Staël.

1766-1824 Vie de Maine de Biran.

1767 Mai. Les Jésuites bannis de France.

1768 15 mai. Traité de Versailles : la France acquiert la Corse.

1768 Conflit de Clément XIII avec les Bourbons.
Saisie d'Avignon.

1769 15 août. Naissance de Napoléon Bonaparte.
22 décembre. Terray contrôleur général des Finances.

1770 16 mai. Mariage du Dauphin et de Marie-Antoinette.
Mai-octobre. Mission de Dumouriez en Pologne.
24 décembre. Disgrâce de Choiseul.

1771 20 janvier. Exil du parlement de Paris.

1772-1837 Vie de Fourier.

1773 Formation du Grand Orient de France.
21 juillet. Clément XIV dissout l'ordre des Jésuites.

1774 Mort de Louis XV, 10 mai. Louis XVI roi. Maurepas conseiller intime, 12 mai. Turgot à la Marine, 20 juillet, puis aux Finances, 24 août. Il rétablit le parlement, 12 novembre.

1775 Disette à Paris.
Beaumarchais : *le Barbier de Séville.*

1776 Suppression de la corvée, 5 janvier, et des corporations. Chute de Turgot, 12 mai. Rétablissement de la corvée et des corporations, 11 août.
Jouffroy fait naviguer un bateau à vapeur sur le Doubs. Construction des premiers rails en fer.

1777 La Fayette en Amérique.
Necker directeur général des Finances.
28 mai. Traité d'alliance entre la France et les Cantons.
Juin. Création de l'École de guerre.

1779 Suppression du servage sur les domaines royaux.
12 avril. Alliance franco-espagnole d'Aranjuez.

1780 24 août. Abolition de la question préparatoire.
Houdon : *Diane.*

1780-1867 Vie d'Ingres.

1781 19 mai. Démission de Necker. Mai. Édit réservant les grades militaires à la noblesse.

1782 Laclos : *les Liaisons dangereuses.*
Publication des *Confessions* de Rousseau.

1782-1854 Vie de Lamennais.

1783 10 novembre. Calonne contrôleur général des Finances. Lavoisier réalise l'analyse de l'eau. Ascensions de Montgolfier et Pilâtre de Rozier en ballon. Beaumarchais : *le Mariage de Figaro.*

1783-1842 Vie de Stendhal.

1784 Necker : *De l'administration des finances de la France.* Calonne recrée la Compagnie française des Indes.

1784-1855 Vie de Rude.

1785 David : *le Serment des Horaces.*

1785-1786 Affaire du Collier de la reine.

1786 20 août. Projets de réforme financière de Calonne.

26 septembre. Traité de commerce franco-anglais.
Première ascension du Mont-Blanc.

1786-1853 Vie d'Arago.
1787 8 avril. Chute de Calonne.
25 mai. Renvoi des notables.
27 juillet. Exil du parlement.
Émeutes à Paris. Rappel du parlement.
11 janvier. Traité de commerce franco-russe.
Bernardin de Saint-Pierre : *Paul et Virginie.*
David : *la Mort de Socrate.*

1788 1er mai. Abolition de la question préalable.
2 août. Convocation des états généraux.
25 août. Rappel de Necker.
27 décembre. Doublement du tiers état au Conseil.

1789 27 avril. Émeute du faubourg Saint-Antoine.
Mai. Guerre civile en Bretagne. 5 mai. OUVERTURE DES ÉTATS GÉNÉRAUX.
20 juin. Serment du Jeu de Paume.

1789 27 juin. Capitulation du roi devant le Tiers.
9 juillet. Proclamation de la Constituante.
11 juillet. Renvoi de Necker.
14 juillet. **Prise de la Bastille.**
16 juillet. Rappel de Necker.
La « Grande Peur » et la nuit du 4-Août.
20 août-1er octobre. Première discussion sur la Constitution.
26 août. Déclaration des droits de l'homme.
2 novembre. Les biens du clergé à la disposition de la nation.
14 décembre. Création des assignats.
14 et 22 décembre. Lois organisant les pouvoirs locaux.
Jussieu : *Genera plantarum...*
Lavoisier : *Traité de chimie.*
David : *le Serment du Jeu de Paume.*

1790 Janvier. Élection des municipalités.
15 mars. Décret organisant rachat des droits féodaux.
10 mai. Création de la commission des poids et mesures.
14 mai. Mise en vente des biens du clergé.
12 juillet. Vote de la Constitution civile du clergé.
14 juillet. Fête de la Fédération.
27 août. Transformation des assignats en papier-monnaie.
Jussieu organise le Jardin des Plantes à Paris

1790-1869 Vie de Lamartine.
1791 2-17 mars. Abolition des corporations.
2 avril. Mort de Mirabeau.
14 juin. Vote de la loi Le Chapelier.
22 juin. Le roi est arrêté à Varennes.
17 juillet. Fusillade au Champ-de-Mars.
14 septembre. Louis XVI jure fidélité à la Constitution. 1er octobre. Réunion de l'Assemblée législative.

1791 16 décembre. Discours de Robespierre contre la guerre.
14 septembre. Rattachement d'Avignon à la France.
29 novembre. Ultimatum à l'électeur de Trèves.

1792 25 avril. Rouget de Lisle compose *la Marseillaise.*
13 juin. Renvoi des ministres girondins.
16 juin. Démission de Dumouriez.
11 juillet. Proclamation de la patrie en danger. Un défilé militaire accompagne la publication du décret, le 22.
10 août. Suspension du roi.
10 août. Institution d'un tribunal révolutionnaire.
25 août. Abolition définitive des droits féodaux.

2-5 septembre. Massacres de Septembre.
21 septembre. Abolition de la royauté.
22 septembre. Début du calendrier révolutionnaire.
1792 29 novembre. Suppression du tribunal révolutionnaire. 11 décembre. Début du procès du roi.
25 janvier. Ultimatum français à l'Autriche. 20 avril. Déclaration de guerre. 20 septembre. BATAILLE DE VALMY. Les Français prennent Chambéry, 24 septembre, et Nice, 29 septembre.
6 novembre. Bataille de Jemmapes. Dumouriez conquiert la Belgique.
1792-1867 Vie de Victor Cousin.
1793 21 janvier. EXÉCUTION DE LOUIS XVI. 10 mars. Soulèvement de la Vendée. 6 avril. Création du Comité de salut public. 13 juillet. Assassinat de Marat. 27 juillet. Robespierre au Comité de salut public. 11 septembre. Création de l'armée révolutionnaire. Procès et exécution, 16 octobre, de Marie-Antoinette. 31 octobre. Exécution des Girondins. 24 novembre. Fermeture des églises.
1793 8 décembre. Robespierre fait décréter la liberté des cultes. 19 décembre. L'instruction primaire est déclarée gratuite et obligatoire.
31 janvier. La France annexe Nice. Mars-septembre. Formation de la première coalition. Victoire de Jourdan et Carnot à Wattignies, 16 octobre. 19 décembre. Reprise de Toulon sur les Anglais.
1794 27 janvier. Le français devient la langue obligatoire dans tous les actes publics. 10 mars. Arrestation des dantonistes. 24 mars [4 germinal]. Exécution des hébertistes. 5 avril.

Exécution des dantonistes. 27 juillet [9 thermidor]. **Chute de Robespierre.** 18 septembre. Séparation complète de l'État et des Églises.
30 octobre. Création de l'École normale supérieure.
19 novembre. Fermeture du club des Jacobins.
24 décembre. Abolition du maximum.
Mai. Les Français envahissent la Catalogne. Victoires de Jourdan à Tourcoing, 18 mai, et à Fleurus, 25 juin. Pichegru prend Anvers, 27 juillet.
22 novembre. Début des négociations de paix franco-prussiennes.
27 décembre. Les Français entrent en Hollande.
Condorcet : *Esquisse d'un tableau historique des progrès de l'esprit humain.*
1795 12-17 février. Négociations avec les chouans. 21 février. L'État abandonne l'Église institutionnelle. 8 mars. Rappel des Girondins. 31 mai. Suppression du tribunal révolutionnaire. La Terreur blanche. Réouverture des églises. 16 juin. Épuration de la garde nationale. 22 août. Vote de la Constitution de l'an III. 5 octobre.
1795 Journée du 13 vendémiaire : Bonaparte écrase les royalistes. Loi Lakanal sur l'enseignement. 26 octobre. Séparation de la Convention. Installation du Directoire. Avril-juillet. Traités de Bâle et de La Haye. Décembre. Armistice franco-autrichien.
1796 Février-mars. Répression de la chouannerie. Complot et, 10 mai, arrestation de Babeuf. 4 décembre. Loi rendant leurs droits civiques à certains contre-révolutionnaires. 2 mars. Bonaparte comman-

dant en chef de l'armée d'Italie. 14 mai. Prise de Milan. 5 août. Bataille de Castiglione. 15-17 novembre. Bataille d'Arcole. 19 décembre. Échec des négociations franco-anglaises.

1796-1875 Vie de Corot.

1797 Février-mai. Procès de Babeuf. Abolition des dernières mesures contre les Émigrés, 27 juin, et les prêtres réfractaires, 16 juillet. Fermeture des clubs, 26 juillet. 4 septembre. Coup d'État du 18 fructidor. 30 septembre. Banqueroute des deux tiers.
12-16 janvier. Bataille de Rivoli. 21 mars. Bonaparte prend Gorizia. 10 août. Traité de paix franco-portugais.
17 octobre. Traité de Campoformio.
Lamarck : *Mémoire de physique.*

1797-1799 Barruel : *Mémoire pour servir à l'histoire du jacobinisme.*

1798 Réunion de Mulhouse, 28 janvier, et de Genève, 26 mars, à la France. Élections jacobines de l'an VI, 9-18 avril. Coup d'État du 22 floréal, 11 mai. Loi Jourdan sur la conscription, 5 septembre. Création d'une administration spéciale des contributions directes, 12 novembre.
Rupture diplomatique entre la France et les États-Unis.

1798 Les Français imposent une Constitution à la Hollande, 22 janvier, et aux cantons suisses, 8 février. Prise de Rome par les Français. 19 mai. Départ de l'expédition d'Égypte. Prise de Malte, 10-12 juin, et d'Alexandrie, 1er juillet. 21 juillet. Bataille des Pyramides. 23 juillet. Prise du Caire. 1er août. Bataille d'Aboukir. Juillet-décembre. Formation de la seconde coalition. 15 septembre. Occupation de Turin par les Français. 9 décembre. Occupation complète du Piémont.
22 août. Bonaparte fonde l'Institut du Caire.
Gros : *le Pont d'Arcole.*

1798-1857 Vie d'Auguste Comte.
1798-1863 Vie d'Eugène Delacroix.
1798-1874 Vie de Jules Michelet.

1799 16 mai. Élection de Sieyès au Directoire. 18 juin. Coup d'État du 30 prairial des Conseils contre le Directoire. Fouché ministre de la Police. 6 juillet. 23 août. Reconstitution du club des Jacobins. 1er août. Abrogation des restrictions à la liberté de presse. 9 octobre. Retour de Bonaparte en France. 9 nov. **Coup d'État du 18-Brumaire.** 23 janvier. Championnet prend Naples. Février. Bonaparte envahit la Syrie. 16 avril. Bataille du Mont-Thabor. 20 mai. Échec de Bonaparte devant Saint-Jean-d'Acre. 22 août. Bonaparte abandonne l'Égypte. 26 septembre. Victoire de Masséna à Zurich.
Monge : *Traité de géométrie descriptive.*

1799-1850 Vie d'Honoré de Balzac.
1800 13 février. Création de la Banque de France.
28 février. Plébiscite sur la constitution de l'an VIII. 3 mars. Clôture de la liste des émigrés.

1800 24 décembre. Attentat de la rue Saint-Nicaise.
14 juin. BATAILLE DE MARENGO. 31 septembre. Traité franco-américain de Mortefontaine. 22 novembre. Reprise des hostilités franco-autrichiennes.
1er octobre. Restitution de la Louisiane à la France.
Bichat : *Recherches physiologiques sur la vie et la mort.*

1800-1805 Cuvier : *Leçons d'anatomie comparée.*

1801   5 janvier. Déportation des Ja-
       cobins. 15-16 juillet. Signature
       du Concordat.
       9 février. Traité de Lunéville.
       29 mai. Acte de Malmaison.
       1er octobre. Préliminaires de
       paix franco-anglais. 8 octobre.
       Traité franco-russe.
       28 octobre. Intervention mili-
       taire française en Suisse.
       Bichat : *Anatomie générale.*

1801   Bonald : *Essai analytique...*
       Madame de Staël : *De la littéra-
       ture...* Chateaubriand : *Atala.*

1802   Épuration, 18 janvier, et réor-
       ganisation du Tribunat,
       1er avril. 2 août. Bonaparte
       nommé consul à vie par
       plébiscite.
       4 août. Constitution de l'an X.
       13 septembre. Disgrâce de
       Fouché.
       24 décembre. Création des
       chambres de commerce. Bona-
       parte président de la Républi-
       que cisalpine, 24 janvier, qui
       devient République italienne,
       26 janvier. 25 mars. Traité
       d'Amiens. Annexion de l'île
       d'Elbe, août, du Piémont, sep-
       tembre, et de Parme, octobre.
       Bonald : *De la législation primi-
       tive.* Chateaubriand : *Génie du
       christianisme.* Maine de Biran :
       Influence de l'habitude. Gérard :
       Portrait de Mme Récamier.

1802-1885 Vie de Victor Hugo.

1802   12 avril. Interdiction des coali-
       tions ouvrières. Mai. Reprise
       de la chouannerie.

1803   Décembre. Complot de Pi-
       chegru.
       16 mai. Rupture de la paix
       d'Amiens. Bonaparte occupe le
       Hanovre. 27 septembre. Al-
       liance franco-suisse. 3 mai. Les
       États-Unis achètent la Loui-
       siane à la France. 19 novem-
       bre. Expulsion des Français à
       Saint-Domingue.
       J.-B. Say : *Traité d'économie
       politique.*

1803-1869 Vie de Berlioz.
1803-1870 Vie de Mérimée.
1804   Février-mars. Arrestation de
       Moreau, Pichegru et Cadoudal.
       Enlèvement, 15 mars, et exé-
       cution du duc d'Enghien,
       21 mars. PROMULGATION DU
       CODE CIVIL, 21 mars. Établisse-
       ment de l'Empire. 18 mai.
       Constitution de l'an XII.
       10 juillet. Fouché redevient
       ministre de la Police. 2 décem-
       bre. COURONNEMENT DE NAPO-
       LÉON.
       24 mai. Alliance défensive
       franco-russe.
       Septembre. Rupture diploma-
       tique franco-russe.
       Fourier : *Harmonie universelle*
       (publiée dans le *Bulletin de
       Lyon).*

1804-1869 Vie de Sainte-Beuve.
1805   18 mars. Napoléon roi d'Italie.
       Septembre. Début de la crise
       financière en France.
       6 juin. Annexion de Gênes.
       25 septembre. La Grande Ar-
       mée franchit le Rhin. 15 octo-
       bre. Capitulation d'Ulm. 21 oc-
       tobre. Bataille de Trafalgar.
       2 décembre. BATAILLE D'AUS-
       TERLITZ. 15 décembre. Traité
       franco-prussien de Schön-
       brunn. 26 décembre. Traité de
       Presbourg.
       Maine de Biran : *Mémoire sur
       la Décomposition de la pensée.*
       Chateaubriand : *René.*

1806   13 février. Napoléon rompt
       avec Pie VII. 10 mai. Création
       de l'Université impériale.

1806   15 février. Traité franco-prus-
       sien de Paris. Négociations de
       paix franco-russes, mai-sep-
       tembre, et franco-anglaises,
       juin-octobre. 14 octobre. Ba-
       tailles d'Iéna et Auerstaedt.
       21 novembre. Blocus continen-
       tal décidé par le décret de
       Berlin. 27 novembre. Napo-
       léon prend Varsovie.
       Ingres : *la Belle Zélie.* Début de

la construction de l'Arc de triomphe de l'Étoile à Paris.

1807 4 juillet. Exil de Chateaubriand. 9 août. Disgrâce de Talleyrand. 19 août. Suppression du Tribunat. Publication du Code de commerce. Rétablissement de la Cour des comptes. Début de la confection du cadastre.
8 février. Bataille d'Eylau.
14 juin. Bataille de Friedland.
25 juin. Début des négociations de Tilsit. 7 juillet. Alliance franco-russe. 18 août. Jérôme Bonaparte roi de Westphalie. 13 octobre. Décret de Fontainebleau. 23 novembre et 17 décembre. Décrets de Milan. Occupation de l'Espagne par les troupes françaises.
Études de Gay-Lussac sur la dilatation des gaz.
Maine de Biran : Mémoire sur l'Aperception immédiate. David : le Sacre.

1808 1er mars. Création de la noblesse impériale. Décembre. Conspiration de Talleyrand et de Fouché.
Murat roi de Naples, 6 juin. 30 novembre. Bataille de Somosierra.
4 décembre. Occupation de Madrid.
Girodet : Atala portée au tombeau.

1808-1855 Vie de Gérard de Nerval.
1808-1879 Vie d'Honoré Daumier.
1808-1889 Vie de Barbey d'Aurevilly.
1809 Nuit du 10 au 11 juin. Excommunication de Napoléon.
1809 6 juillet. Enlèvement du pape. 10 avril. Guerre franco-autrichienne. 13 mai. Napoléon prend Vienne. 14 octobre. Traité franco-autrichien de Schönbrunn.
1809-1865 Vie de Proudhon.
1810 Rétablissement de la censure, 5 février, et des prisons d'État,

3 mars. Mariage de Napoléo[n] et de Marie-Louise, 2 avr[il] Disgrâce de Fouché, 3 jui[n] Publication du Code pénal.
Les Français prennent Sévill[e] 1er février, et Malaga, 2 févri[er] J. de Maistre : Essai sur [le] principe générateur des cons[ti]tutions politiques.

1810-1857 Vie d'Alfred de Musset.
1811 20 mars. Naissance du roi [de] Rome.
1811-1872 Vie de Théophile Gautier.
1812 23 février. Napoléon déclare [le] concordat annulé. Juin. Il fa[it] transporter le pape à Fontain[e]bleau. Napoléon franchit [le] Niémen, 24 juin, et prend V[ien]na, 26 juin. 5-7 septembr[e] Bataille de la Moscova. 28-[29] novembre. Passage de la Bér[é]sina.
1813 25 janvier. Concordat de Fo[n]tainebleau. 24 mars. Rétrac[ta]tion du pape. 16 mars. [La] Prusse déclare la guerre [à] Napoléon. 12 août. L'Autrich[e] déclare la guerre à Napoléo[n] 8 octobre. Wellington envah[it] le midi de la France. 16-19 o[c]tobre. Bataille de Leipzig.
1813-1878 Vie de Claude Bernard.
1814 Le Sénat proclame la dé chéance de Napoléon, 2 avr[il] et fait appel à Louis XVI[II] 6 avril. Abdication de Nap[o]léon, 6 avril. Déclaration [de] Saint-Ouen, 2 mai. Publicati[on] de la Charte, 4 jui[n] Louis XVIII reconnaît les de[t]tes de l'Empire.
5 janvier. Trahison de Mura[t] 30-31 mars. Capitulation [de] Paris. 11 avril. Traité de Fo[n]tainebleau.
1814 1er octobre. Talleyrand fait ad mettre la France au fut[ur] congrès de Vienne.
Ingres : la Grande Odalisqu[e]
1815 1er mars. Retour de l'île d'Elb[e] 20 mars. Napoléon à Par[is] 1er juin. Acte additionne[l]

504

22 juin: Seconde abdication. 8 juillet. Louis XVIII rentre à Paris. Juillet-septembre. La Terreur blanche. 14-22 août. Élection de la « chambre introuvable ». Septembre. Renvoi de Talleyrand et de Fouché. 7 décembre. Exécution du maréchal Ney.
Traité d'alliance entre la France, l'Angleterre et l'Autriche, 3 janvier. 9 juin. ACTE FINAL DU CONGRÈS DE VIENNE. 18 juin. **Bataille de Waterloo.** 13 octobre. Murat est fusillé. 20 novembre. Traité de Paris.

1816 5 septembre. Dissolution de la « Chambre introuvable ».
Rétablissement de la Société des missions étrangères.
Cuvier : *le Règne animal...* Broussais : *Examen de la doctrine médicale.*
Benjamin Constant : *Adolphe.*

1817 Les Gallicans font repousser un projet de Concordat.
8 février. Loi Laîné sur les élections.
Lamennais : *Essai sur l'indifférence en matière de religion.*

1818 25 décembre. Retraite de Richelieu. Dessolles et Decazes. 12 mars. Loi Gouvion-Saint-Cyr sur la conscription.

1818-1859 Ministère de J.-B. M. Vianney, curé d'Ars.

1818-1893 Vie de Charles Gounod.

1818-1894 Vie de Leconte de Lisle.

1819 Mai-juin. Loi De Serre sur la presse. Novembre. Gouvernement Decazes.
Études de Gay-Lussac sur la solubilité des solides.
Laënnec : *De l'auscultation médiate.*

1819 J. de Maistre : *Du pape.* Géricault : *le Radeau de la Méduse.* Gérard : *Corinne au cap Misène.*

1819-1856 Vie de Chassériau.

1819-1877 Vie de Courbet.

1820 20 février. Le duc de Richelieu constitue un nouveau ministère après l'assassinat du duc de Berry.
Lamartine : *les Méditations poétiques.*
Ampère découvre l'électrodynamique. Arago réussit l'aimantation par l'électricité. Découverte de la quinine.

1821 5 mai. Mort de Napoléon. 13 décembre. Richelieu se retire du gouvernement.
Fondation de l'École des chartes.

1821-1880 Vie de Gustave Flaubert.

1822 Septembre. Exécution des quatre sergents de La Rochelle.
Fourier : *Traité de l'association domestique agricole.*
Stendhal : *De l'amour.*

1822-1890 Vie de César Franck.

1822-1895 Vie de Louis Pasteur.

1822-1896 Vie d'Edmond de Goncourt.

1823 Janvier. Rupture avec l'Espagne. 23 mai. Prise de Madrid. 31 août. Prise du Trocadéro.
Saint-Simon : *Catéchisme des industriels.* Delacroix : *Scènes des massacres de Scio.*

1824 Élection de la « Chambre retrouvée ». 9 juin. Promulgation de la loi de septennalité.
Mort de Louis XVIII.

1825 Mai. Sacre de Charles X à Reims.

1826 Vigny : *Poèmes antiques et modernes. Cinq-Mars.*

1827 Villèle dissout la Chambre : élections libérales, novembre.
Hugo : Préface de *Cromwell.* Victor Cousin : *Cours d'histoire de la philosophie.*

1828 3 janvier. Démission de Villèle.

1828-1893 Vie de Taine.

1829 8 août. Ministère Polignac. Hugo : *Orientales.*

1829 Mérimée : *Chronique du règne de Charles IX.*

1830 5 juillet. Prise d'Alger. 27, 28, 29 juillet. *Les Trois Glorieuses.*

2 août. Abdication de Charles X. 9 août. Louis-Philippe prête serment de fidélité à la charte.

25 février. Bataille d'*Hernani*.

1831 Révolte des canuts lyonnais.

1832 11 octobre. De Broglie, Thiers et Guizot au pouvoir.

1832-1883 Vie de Manet.

1833 Prise de Mostaganem. Création de la société des « Droits de l'homme ». Michelet commence la publication de l'*Histoire de France*. Balzac : *Eugénie Grandet*.

1833-1836 Rude : *la Marseillaise*.

1834 Avril. Soulèvements républicains à Lyon et à Paris.
Musset : *Lorenzaccio*. Lamennais : *Paroles d'un croyant*. Balzac : *le Père Goriot*.

1834-1917 Vie d'Edgard Degas.

1835 Septembre. Lois « scélérates » contre la propagande républicaine.
Hugo : *les Chants du crépuscule*. Vigny : *Chatterton*.

1835-1840 Tocqueville : *De la démocratie en Amérique*.

1835-1921 Vie de Saint-Saëns.

1836 Construction du chemin de fer Paris-Saint-Germain-en-Laye.

1839 Louis Blanc : *De l'organisation du travail*.
Stendhal : *la Chartreuse de Parme*.

1839-1906 Vie de Paul Cézanne.

1840 29 octobre. Ministère Soult-Guizot.
Proudhon : *Qu'est-ce que la propriété ?*
Hugo : *les Rayons et les Ombres*.

1840-1902 Vie d'Émile Zola.

1840-1926 Vie de Claude Monet.

1841-1919 Vie d'Auguste Renoir.

1842 13 juillet. Mort du duc d'Orléans.

1842-1898 Vie de Mallarmé.

1844-1896 Vie de Paul Verlaine.

1845-1918 Vie de Vidal de La Blache.

1846 Août. Élections législatives Crise économique.
Berlioz : *la Damnation de Faust*

1846 Fondation de l'École français d'Athènes.

1847 Guizot président du Conseil

1848 24 février. Chute de Louis Philippe.
25 février. **Proclamation de la République.** 17 mars. Les socialistes réclament l'ajournement des élections. 16 avril Échec d'une manifestation socialiste à Paris. 4 mai. Réunion de la Constituante. 15 mai Émeute à Paris. 22-26 juin JOURNÉES DE JUIN. 5 juillet Cavaignac président du Conseil. Lois sur les clubs 27 août, et sur la presse, 9 11 août. 12 novembre. Promulgation de la Constitution 10 décembre. Louis Napoléon élu président.

1849 26 mai. Dissolution de la Constituante. 19 juin. Suspension du droit d'association 2 novembre. Louis Napoléon constitue un ministère extraparlementaire.
27 novembre. Interdiction des grèves.

1849 Expédition française contre Rome, 24 avril. Prise de Rome par les Français, 1er juillet.
Courbet : *les Casseurs de pierres*.
George Sand : *la Petite Fadette*

1850 15 mars. Vote de la loi Falloux 31 mai. Loi contre le suffrage universel. Courbet : *l'Enterrement à Ornans*.
Millet : *le Semeur*.

1850-1893 Vie de Maupassant.

1850-1923 Vie de Pierre Loti.

1851 Mars. Organisation d'un comité pour la réélection de Louis Napoléon. 2 décembre **Coup d'État.**
4 décembre. Fusillade des boulevards. Suppression de la liberté de la presse.

1851	21 décembre. Plébiscite en faveur de Louis Napoléon.
1851-1854	Auguste Comte : *le Système de politique positive.*
1851-1862	Sainte-Beuve : *Causeries du lundi.*
1852	14 janvier. Promulgation de la nouvelle constitution française. 17 février. Instauration du régime des avertissements pour la presse.

Fondation du Crédit foncier, 10 décembre, et du Crédit mobilier, 18 novembre. Fondation du premier « grand magasin » de Paris : « Au Bon Marché ».
Auguste Comte : *Catéchisme positiviste.* Leconte de Lisle : *Poèmes antiques.* Rude : Tombeau de *Godefroy Cavaignac.*
2 décembre : RÉTABLISSEMENT DE L'EMPIRE.

INDEX

Bibliographie

Chapitre premier
LE MALHEUR DES TEMPS

Sources. Thomas Basin, *Histoire de Charles VII,* éd. Ch. Samaran (Les Belles Lettres, « les Classiques de l'histoire de France au Moyen Âge », n°s 15 et 21, Paris, 2e éd., 1964-1965, 2 vol.). – A. Chartier, *Œuvres latines* (éd. P. Bourgain-Hemerick Paris, 1977). – *Chronique des règnes de Jean II et de Charles V,* éd. R. Delachenal (Laurens et Champion, « Société de l'histoire de France », Paris, 1916-1920, 4 vol.). – J. Froissart, *Chroniques* (éd. S. Luce-G. Raynaud-L. et A. Mirot Renouard, Laurens et Klincksieck, « Société de l'histoire de France », Paris, 15 vol., parus de 1869 à 1976). – *Journal d'un bourgeois de Paris (1405-1449),* éd. A. Tuetey (Champion, « Société de l'Histoire de France », Paris, 1881). – J. Juvénal des Ursins, *Histoire de Charles VI,* dans Michaud et Buchon, *Choix de chroniques,* pp. 333-469 (Paris, 1829). – J. Juvénal des Ursins, *Écrits politiques,* éd. P.S. Lewis et A.M. Hayez (C. Klincksieck, « Société de l'Histoire de France », n° 489 et n° 496, Paris, 1979 et 1985, 2 vol. parus). – J. Le Fevre, *Journal,* éd. H. Moranvillé (Paris, 1887). – Chr. de Pisan, *le Livre des fais et bonnes meurs du sage roy Charles V,* éd. Solente (Champion, « Société de l'Histoire de France », Paris, 1936-1941, 2 vol.). – J. de Roye, *Journal dit Chronique scandaleuse,* éd. B. de Mandrot (Renouard, « Société de l'Histoire de France », Paris, 1894 et 1896, 2 vol.). – P.C. Timbal et coll., *la Guerre de Cent Ans vue à travers les registres du parlement (1337-1369)* [C.N.R.S., Paris, 1961]. – J. de Venette, *Continuation de Guillaume de Nangis (1300-1368),* t. II, éd. Géraud (Renouard, « Société de l'Histoire de France », Paris, 1844).

Généralités. Ch. Allmand, *la Guerre de Cent Ans,* trad. par Ch. Cler (Payot, 1989). – Ph. Contamine, *la Guerre de Cent Ans* (P.U.F., Paris, coll. « Que sais-je ? », n° 1309, 1968, 5e éd., 1989) ; *la Vie quotidienne pendant la guerre de Cent Ans, France et Angleterre* (Hachette, coll. « la Vie quotidienne », Paris, 1977) ; *la Guerre au Moyen Âge* (P.U.F., coll. « Nouvelle Clio », n° 24, Paris, 2e éd., 1986). – G. Duby et R. Mandrou, *Histoire de la civilisation française,* t. Ier (A. Colin, coll. « U », Paris, 7e éd., 1984). – *Histoire de France depuis les origines jusqu'à la Révolution,* sous la dir. d'E. Lavisse ; t. IV, Ire partie, A. Coville, *les Premiers Valois et la guerre de Cent Ans (1328-1422)* ; 2e partie, Ch. Petit-Dutaillis, *Charles VII, Louis XI et les premières années de Charles VIII (1422-1492)* [Hachette, Paris, 1911]. – A. Demurger, *Temps de crises, temps d'espoirs. XIVe-XVe siècles* (Le Seuil, coll. « Points » « Nouvelle Histoire de la France médiévale », t. 5, Paris, 1990). – J. Favier, *De Marco Polo à Christophe Colomb (1250-1492)* [Larousse, coll. « Histoire universelle », t. VII, Paris, nouv. éd., 1974]. – J. Favier, *La Guerre de Cent Ans, 1337-1453* (Fayard, 1980 ; Marabout, coll. « Marabout Université » n° 426, nouv. éd., Paris, 1983). – J. Favier, *le Temps des principautés (1000-1515)* [Fayard, coll. « Histoire de France », sous la dir. de J. Favier, t. II, Paris, 1984]. – R. Fédou, *Lexique historique du Moyen Âge* (A. Colin, coll. « U », Paris, 3e éd., 1989). – A. Leguai, *la Guerre de Cent Ans* (Nathan, Paris, 1974). – P. Lewis, *la France à la fin du Moyen Âge* (Hachette, Paris, 1977). – E. Perroy, *la Guerre de Cent Ans* (Gallimard, Paris, nouv. éd., 1976).

Structures politiques et événements. F. Autrand, *Naissance d'un grand corps de l'État. Les Gens du Parlement de Paris, 1345-1454* (Publications de la Sorbonne,

1981). – Fr. Autrand, *Charles VI* (Fayard, Paris, 1986). – J. d'Avout, *la Querelle des Armagnacs et des Bourguignons* (Gallimard, Paris, 1943) ; *31 juillet 1358, le meurtre d'Étienne Marcel* (Gallimard, coll. « Trente Journées qui ont fait l'histoire de France », n° 8, Paris, 1960). – R.-H. Bautier présente *la « France anglaise » au Moyen Âge* (C.T.M.S., « Actes du IIIᵉ congrès national des sociétés savantes [Poitiers, 1986], Paris, 1988. – R. Cazelles, *la Société politique et la crise de la royauté sous Philippe de Valois* (Librairie d'Argences, Paris, 1958) ; « Jean II le Bon. Quel homme ? Quel roi ? » (*Revue historique*, 1974, pp. 5-26). – R. Cazelles, *Société politique, noblesse, couronne sous Jean II le Bon et Charles V* (Genève, Droz, 1982). – R. Cazelles, *Étienne Marcel, champion de l'unité française* (Tallandier, coll. « Figures de proue », Paris, 1984). – Ph. Contamine, *Guerre, État et société à la fin du Moyen Âge* (Mouton, Paris-La Haye, 1972). – R. Delachenal, *Histoire de Charles V* (A. et J. Picard, Paris, 1909-1931, 5 vol.). – J. Deniau, *la Commune de Lyon et la guerre bourguignonne, 1417-1435* (Masson, Lyon, 1935). – B. Guenée, *l'Occident aux XIVᵉ et XVᵉ siècles. Les États* (P.U.F., coll. « Nouvelle Clio », n° 22, Paris, 3ᵉ éd., 1987). – B. Guenée et F. Lehoux, *les Entrées royales françaises, 1328-1515* (C.N.R.S., Paris, 1968). – J.B. Henneman, *Royal Taxation in fourteenth century France* (Princeton, 1971). – M. Jones, *Ducal Britanny, 1364-1399* (Oxford, 1970). – A. Leguai, *les Ducs de Bourbon pendant la crise monarchique du XVᵉ siècle* (Les Belles Lettres, Paris, 1962) ; *De la seigneurie à l'État. Le Bourbonnais pendant la guerre de Cent Ans* (Impr. réunies, Moulins, 1969). – F. Lehoux, *Jean de France, duc de Berri* (A. et J. Picard, Paris, 1966-1968, 4 vol.). – E. Le Roy Ladurie, *l'État royal de Louis XI à Henri IV, 1460-1610* (Hachette, coll. « Histoire de France-Hachette », 1987 ; coll. « Pluriel », 1990). – R. Pernoud et M.V. Clin, *Jeanne d'Arc* (Fayard, 1986). – J. Quillet, *Charles V, le roi lettré. Essai sur la pensée politique d'un règne* (Perrin, Paris, 1984). – M. Rey, *le Domaine du roi et les finances extraordinaires sous Charles VI (1388-1413)* [S.E.V.P.E.N., Paris, 1965] ; *les Finances royales sous Charles VI. Les causes du déficit (1388-1413)* [S.E.V.P.E.N., Paris, 1965]. – P. Tucoo Chala, *Gaston Fébus. Un grand prince d'Occident* (Marimpouey jeune, Pau ; Paris, diff. Touzot, 1976). – M.G.A. Vale, *English Gasconny, 1399-1453* (Oxford University Press, 1970) ; *Charles VII*, (Londres, 1974). – R. Vaughan, *Philip the Bold* (Longman, Londres, 1962) ; *John the Fearless* (Longman, Londres, 1966) ; *Philip the Good. The Apogee of Burgundy* (Longman, Londres, 1970).

Économie et société. É. Baratier, *la Démographie provençale du XIIIᵉ au XVIᵉ siècle* (S.E.V.P.E.N., Paris, 1961). – É. Baratier et F. Reynaud, *Histoire du commerce de Marseille*, t. II, *De 1291 à 1480* (Plon, Paris, 1951). – C. Billot, *Chartres à la fin du Moyen Âge* (E.H.E.S.S., Paris, 1987). – J. N. Biraben, *les Hommes et la peste en France et dans les pays méditerranéens* (Mouton, Paris-La Haye, 1975-76, 2 vol.). – G. Bois, *Crise du féodalisme* (Presses de la Fondation nationale des sciences politiques, Paris, 2ᵉ éd., 1981). – R. Boutruche, *la Crise d'une société. Seigneurs et paysans du Bordelais pendant la guerre de Cent Ans* (Les Belles Lettres, Paris, 2ᵉ éd., 1963). – M.-Th. Caron, *la Noblesse dans le duché de Bourgogne (1315/1477)* [Presses universitaires de Lille, Lille, 1987]. – E. Carpentier, « Autour de la peste noire : famines et épidémies dans l'histoire du XIVᵉ siècle », dans *Annales. Économies, Sociétés, Civilisations* (A. Colin, Paris, 1962, pp. 1062-1092). – E. Carpentier et J. Glénisson, « Bilans et Méthodes : la démographie française au XIVᵉ siècle », dans *Annales. Économies, Sociétés, Civilisations* (A. Colin, Paris, 1962). – R. Cazelles, *Paris de la fin du règne de Philippe Auguste à la mort de Charles V (1223-1380)* [Nouvelle Histoire de Paris, Paris, 1972]. – B. Chevalier, *Tours, ville royale, 1356-1520* (Vander/Nauwelaerts, Louvain-Bruxelles, Paris-Louvain, 1975) ;

« Pouvoir urbain et pouvoir royal à Tours pendant la guerre de Cent Ans » *Annales de Bretagne*, 1974 ; *les Bonnes Villes de France du XIVᵉ au XVIᵉ siècle* (Aubier, coll. « Historique », 1982). – Ph. Contamine (présentés par), *la Noblesse au Moyen Âge du XIᵉ au XVᵉ siècle, essais à la mémoire de R. Boutruche* (P.U.F., Paris, 1976). – R. Delort, *le Commerce des fourrures en Occident à la fin du Moyen Âge* (Rome-Paris, De Boccard, coll. « B.E.F.A.R. », fasc. 236, 1974-1980, 2 vol.). – H. Dubois, *les Foires de Chalon et le commerce dans la vallée de la Saône à la fin du Moyen Âge (vers 1280-vers 1430)* [Imprimerie nationale, coll. « Publications de la Sorbonne », série Sorbonne 4, Paris, 1976). – G. Duby, *l'Économie rurale et la vie des campagnes dans l'Occident médiéval. France, Angleterre, Empire, IXᵉ-XVᵉ siècle*, t. II (Aubier, Paris, 1962). – J. Favier, *Paris au XVᵉ siècle, 1380-1500* (Hachette, coll. « Nouvelle Histoire de Paris », Paris, 1974). – J. Favier, *les Finances pontificales à l'époque du Grand Schisme d'Occident* (De Boccard, coll. de la « B.E.F.A.R. », fasc. 211, Paris, 1966). – J. Favier, *François Villon*, (Fayard, Paris, 1982). – R. Favreau, *la Ville de Poitiers à la fin du Moyen Âge. Une capitale régionale* (Soc. des Antiquaires de l'Ouest, Poitiers, 1978, 2 vol.). – É. Fournial, *les Villes et l'économie d'échange en Forez aux XIIIᵉ et XIVᵉ siècles* (Klincksieck, Paris, 1967). – G. Fourquin, *les Campagnes de la région parisienne à la fin du Moyen Âge* (P.U.F., Paris, 1963). – B. Geremek, *le Salariat dans l'artisanat parisien, XIIIᵉ-XIVᵉ siècle* (Mouton, Paris-La Haye, 1969) ; *les Marginaux parisiens aux XIVᵉ et XVᵉ siècles* (Flammarion, coll. « l'Histoire vivante », Paris, 1976). – P. Gresser, *la Franche-Comté au temps de la guerre de Cent ans* (L'êtrg, Besançon, 1990). – B. Guillemain, *la Cour pontificale d'Avignon, 1309-1376, l'Étude d'une société* (De Boccard, coll. de la B.E.F.A.R., fasc. 201, Paris, 2ᵉ éd., 1966). – J. Heers, *l'Occident aux XIVᵉ et XVᵉ siècles, aspects économiques et sociaux* (P.U.F., coll. « Nouvelle Clio », n° 23, Paris, 5ᵉ éd., 1990). – A. Higounet-Nadal, *Périgueux aux XIVᵉ et XVᵉ siècles* (Fédération historique du Sud-Ouest, Bordeaux, 1978). – Ch. Higounet (sous la dir. de), *Histoire de Bordeaux*, t. III et IV (Fédération historique du Sud-Ouest, Bordeaux, 1965 et 1966). – F. Humbert, *les Finances municipales de Dijon du milieu du XIVᵉ siècle à 1477* (Publications de l'université de Dijon ; les Belles Lettres, Paris, 1962). – M. Kriegel, *les Juifs à la fin du Moyen Âge dans l'Europe méditerranéenne* (Hachette, Paris, 1979). – M.T. Lorcin, *les Campagnes de la région lyonnaise aux XIVᵉ et XVᵉ siècles* (l'auteur, Paris-Lyon, 1974). – M. Mollat, *les Pauvres au Moyen Âge. Étude sociale* (Complexe, coll. « Historique », nouv. éd., Bruxelles, 1984). – M. Mollat et Ph. Wolff, *Ongles bleus, Jacques et Ciompi* (Calmann-Lévy, Paris, 1970). – G. Sivery, *les Structures agraires et la vie rurale dans le Hainaut à la fin du Moyen Âge* (Lille, 1973). – L. Stouff, *Ravitaillement et alimentation en Provence aux XIVᵉ et XVᵉ siècles* (Mouton, Paris-La Haye, 1971). – M.R. Thielemans, *Bourgogne et Angleterre : les relations politiques et économiques entre les Pays-Bas bourguignons et l'Angleterre, 1435-1467* (Institut de sociologie de l'université libre, Bruxelles, 1966). – *Villages désertés et histoire économique* (S.E.V.P.E.N., Paris, 1965). – Ph. Wolff, *Commerces et marchands de Toulouse (vers 1350-vers 1450)* [Plon, Paris, 1954] ; « les Luttes sociales dans les villes du Midi français (XIIIᵉ-XVᵉ siècle) », dans *Annales* E.S.C. (A. Colin, Paris, 1947, pp. 443-454) ; *Regards sur le Midi médiéval* (Toulouse, 1978) ; *Automne du Moyen Âge ou printemps des temps nouveaux ? L'économie européenne aux XIVᵉ et XVᵉ siècles* (Aubier, coll. « Historique », Paris, 1986). – M. Zerner, « En Provence, une crise de mortalité au XVᵉ siècle » (*Annales*, E.S.C., 1979, n° 3).

Vie religieuse. Attitudes mentales. Histoire culturelle. L. Binz, *Vie religieuse et réforme ecclésiastique dans le diocèse de Genève, 1378-1450* (Jullien, Genève, 1973). – J. Chailley, *Histoire musicale du Moyen Âge* (P.U.F., « coll. Quadrige », n° 55,

Paris, nouv. éd., 1984). – A. Chiffoleau, *la Comptabilité de l'Au-delà. Les hommes, la mort et la religion dans la région d'Avignon à la fin du Moyen Âge (vers 1320-vers 1480)* [Palais Farnèse, « collection de l'École française de Rome », 1980). – E. Delaruelle, E.R. Labande et P. Ourliac, *l'Église au temps du Grand Schisme et de la crise conciliaire (1378-1449)*, dans *Histoire de l'Église*, fondée par A. Fliche et V. Martin, t. XIV (Bloud et Gay, Paris, 1962). – J. Delumeau, *la Peur en Occident (XIVe-XVIIIe siècle). Une cité assiégée* (Fayard, Paris, 1978). – G. Duby, *Fondements d'un nouvel humanisme, 1280-1440* (Skira, Genève, 1966) ; *le Temps des cathédrales : l'art et la société, 980-1420* (Gallimard, Paris, 1978). – B. Guenée, *Histoire et culture historique dans l'Occident médiéval* (Aubier, coll. « Historique », nouv. éd., 1991). – J, Huizinga, *le Déclin du Moyen Âge* (Payot, Paris, 1948) ; *l'Automne du Moyen Âge* [nouveau titre du précédent ouvrage] (Payot, Paris, 1977). – F. Lebrun (sous la dir. de), *Du christianisme flamboyant à l'aube des lumières (XIVe-XVIIIe siècle)* (Le Seuil, coll. « Histoire de la France religieuse » sous la dir. de J. Le Goff et R. Rémond, t. III, 1988). – E. Mâle, *l'Art religieux de la fin du Moyen Âge en France* (A. Colin, Paris, 1948). – H. Martin, *les Ordres mendiants en Bretagne, vers 1250-vers 1530* (Klincksieck, Paris, 1975). – M. Meiss, *French Painting in the Time of Jean de Berry* (Phaidon, Londres-New York, 1969, 2 vol.). – M. Parisse, *les Nonnes au Moyen Âge* (C. Bonneton, Paris, 1983). – D. Poirion, *le Poète et le prince* (Presses universitaires de Grenoble, Grenoble-Paris, 1965) ; *le Moyen Âge II, 1300-1480* (Littérature française, Arthaud, Paris, 1971). – F. Rapp, *l'Église et la vie religieuse en Occident à la fin du Moyen Âge* (P.U.F., coll. « Nouvelle Clio », n° 25, Paris, 3e éd., 1983). – A. Tenenti, *la Vie et la Mort à travers l'art du XVe siècle* (S. Fleury, coll. « la Mesure du temps », nouv. éd., 1982). – J. Toussaert, *le Sentiment religieux en Flandre à la fin du Moyen Âge* (Plon, Paris, 1963). – *Les Universités à la fin du Moyen Âge*, éd. par J. Paquet et J. Isewijn (Louvain, 1978). – A. Vauchez, *la Sainteté en Occident aux derniers siècles du Moyen Âge (1198-1431). Recherches sur les mentalités religieuses médiévales* (De Boccard, coll. de la B.E.F.A.R., fasc. 239, Rome-Paris, 1981). – A. Vauchez et M. Mollat du Jourdin (sous la dir. de), *Un temps d'épreuves : 1274-1449*, t. VI de l'*Histoire du christianisme des origines à nos jours* sous la dir. de J.-M. Mayeur, Ch. Piétri, A. Vauchez, M. Vénard (Fayard, Desclée, 1990). – J. Verger (sous la dir. de), *Histoire des universités en France* (Privat, coll. « Bibliothèque historique Privat, Toulouse, 1986).

Chapitre II
DE LA RECONSTRUCTION À L'EXPANSION

Textes. Thomas Basin, *Histoire de Louis XI*, éd. Ch. Samaran et M.-C. Garand (Les Belles Lettres, coll. « les Classiques de l'histoire de France au Moyen Âge », nos 26, 27 et 30, Paris, nouv. éd., 1963-1972, 3 vol). – Jean d'Auton, *Chronique de Louis XII* (S.H.F., Paris, 1889-1895, 4 vol.) ; *Affaires de Jacques Cœur. Journal du Procureur Dauvet*, éd. M. Mollat (S.E.V.P.E.N., Paris, 1952-53, 2 vol.). – Philippe de Commynes, *Mémoires*, éd. J. Calmette et G. Durville (Les Belles Lettres, coll. « les Classiques de l'histoire de France au Moyen Âge », nos 3, 5 et 6, Paris, nouv. éd., 1964-1965).

Généralités. J. Calmette et E. Déprez, *Histoire générale*, t. VII, *l'Europe occidentale de la fin du XIVe siècle aux guerres d'Italie : 2e partie, les Premières Grandes Puissances* (P.U.F., Paris, 1939). – B. Guenée, *l'Occident aux XIVe et XVe s. Les États* (P.U.F., coll. « Nouvelle Clio », n° 22, Paris, 3e éd., 1983). – P. Lewis, *la France à la fin du Moyen Âge* (Hachette, Paris, 1977). – M. Mollat, *Genèse médiévale de la France moderne, XIVe-XVe siècle* (Arthaud, Paris, 1970, rééd. Le Seuil, 1977).

– E. Perroy, *la Guerre de Cent Ans* (Gallimard, coll. « la Suite des temps », Paris, 1946 ; nouv. éd., 1976).

Vie politique et institutions. J. Bartier, *Charles le Téméraire* (Arcade, Bruxelles, 1970) ; *Légistes et gens de finances au XVᵉ siècle. Les conseillers des ducs de Bourgogne Philippe le Bon et Charles le Téméraire* (Académie royale, Bruxelles, 1955). – B. Chevalier, Ph. Contamine (sous la dir. de), *la France de la fin du XVᵉ siècle : renouveau et apogée, économie, pouvoirs, arts, culture et conscience nationale* (Centre d'études supérieures de la Renaissance, Tours, 3-6 octobre 1983, éd. du C.N.R.S., 1986). – P. Champion, *Louis XI* (Champion, Paris, 1927, 2 vol. ; Slatkine, Genève, nouv. éd., 1984). – P.-R. Gaussin, *Louis XI, roi méconnu* (A.-G. Nizet, Paris, 1976). – P.M. Kendall, *Louis XI* (trad. fr. Fayard, Paris, 1974). – Y. Labande-Mailfert, *Charles VIII, le vouloir et la destinée* (Fayard, Paris, 1986). – R. Philippe, *Agnès Sorel* (Hachette, Paris, 1983). – B. Quillet, *Louis XII* (Fayard, Paris, 1986). – M. G. Vale, *Charles VII* (Oxford University Press, Oxford, 1974). – R. Vaughan, *Charles the Bold, the Last Valois Duke of Burgundy* (Longman, Londres, 1973).

Économie et société. J. Bernard, *Navires et gens de mer à Bordeaux (vers 1400-vers 1550)* [S.E.V.P.E.N., Paris, 1968, 3 vol.]. – R. Boutruche et coll., *Histoire de Bordeaux*, t. IV, *Bordeaux de 1453 à 1715* (Fédération historique du Sud-Ouest, Bordeaux, 1966). – G. Caster, *le Commerce du pastel et de l'épicerie à Toulouse, 1450 environ à 1561* (Privat, Toulouse, 1962). – B. Chevalier, *Tours, ville royale, 1356-1520* (Vander-Nauwelaerts, Paris-Louvain, 1975). – Ph. Contamine, *Guerre, État et Société à la fin du Moyen Âge. Étude sur les armées des rois de France* (Mouton, Paris-La Haye, 1972). – J. Favier, *Paris au XVᵉ siècle, 1380-1500* (Hachette, coll. « Nouvelle Histoire de Paris », Paris, 1974). – R. Favreau, *la Ville de Poitiers à la fin du Moyen Âge. Une capitale régionale.* (Soc. des Antiquaires de l'Ouest, Poitiers, 1978, 2 vol.). – R. Fédou, *les Hommes de loi lyonnais à la fin du Moyen Âge. Étude sur les origines de la classe de robe* (Les Belles Lettres, Paris, 1964). – R. Fourquin, *les Campagnes de la région parisienne à la fin du Moyen Âge* (P.U.F., Paris, 1963). – R. Gandilhon, *Politique économique de Louis XI* (P.U.F., Paris, 1941). – B. Guenée, *Tribunaux et gens de justice dans le bailliage de Senlis à la fin du Moyen Âge (vers 1380-vers 1550)* [Les Belles Lettres, Paris, 1963]. – M. Mollat, *le Commerce maritime normand à la fin du Moyen Âge* (Plon, Paris, 1952) ; *les Pauvres au Moyen Âge. Étude sociale* (Ed. Complexe, coll. « Historique », Paris, nouv. éd., 1984) ; *Jacques Cœur ou l'Esprit d'entreprise* (Aubier, coll. « Historique », 1988). – H. Touchard, *le Commerce maritime breton à la fin du Moyen Âge* (les Belles Lettres, Paris, 1967). – Ph. Wolff, *Commerces et marchands de Toulouse (vers 1350-vers 1450)* [Plon, Paris, 1954].

Vie religieuse. R. Aubenas et R. Ricard, *l'Église et la Renaissance (1449-1517)*, dans *Histoire de l'Église*, fondée par A. Fliche et V. Martin, t. XV (Bloud et Gay, Paris, 1951). – P. Imbart de la Tour, *les Origines de la Réforme*, t. I, *La France moderne* ; t. II, *l'Église catholique, la crise et la renaissance* (Librairie d'Argences, Paris, 2ᵉ éd., 1946). – F. Lebrun (sous la dir. de), *Histoire des catholiques en France du XVᵉ siècle à nos jours* (Hachette, coll. « Hachette Pluriel », Paris, nouv. éd., 1985). – M.-T. Lorcin, *Vivre et mourir en Lyonnais à la fin du Moyen Âge* (C.N.R.S., Paris, 1981). – V. Martin, *les Origines du gallicanisme* (Bloud et Gay, Paris, 1939, 2 vol.). – F. Rapp, *l'Église et la vie religieuse en Occident à la fin du Moyen Âge* (P.U.F., coll. « Nouvelle Clio », n° 25, Paris, nouv. éd., 1983). – A. Renaudet, *Préréforme et humanisme à Paris pendant les premières guerres d'Italie, 1494-1517* (Librairie d'Argences, Paris, 2ᵉ éd., 1953).

Culture et vie artistique. J. Huizinga, *le Déclin du Moyen Âge,* trad., J. Bastin (Payot, Paris, 2ᵉ éd., 1948, rééd. sous le titre *l'Automne du Moyen Âge,* Paris, 1977). – É. Mâle, *l'Art religieux de la fin du Moyen Âge en France* (A. Colin, Paris, 1948). – A. Michel, *Histoire de l'art,* t. II, 2ᵉ partie, *Formation, expansion et évolution de l'art gothique* (A. Colin, Paris, 1906) ; t. III, 1ʳᵉ partie, *le Réalisme. Les débuts de la Renaissance* (A. Colin, Paris, 1907).

Chapitre III
RENAISSANCE ET DISCORDES RELIGIEUSES

Textes. On trouvera des listes de sources dans les nᵒˢ 30, 30 bis, 31 et 32 de la collection « Nouvelle Clio », respectivement pp. 9 (nᵒ 30), 27-29 et 33-35 (nᵒ 31) et 7-9 (nᵒ 32), dont les titres figurent ci-dessous.

Généralités. B. Bennassar, J. Jacquart, *le XVIᵉ siècle* (A. Colin, coll. « U », Paris, 2ᵉ éd., 1990). – F. Braudel, *la Méditerranée et le monde méditerranéen à l'époque de Philippe II* (A. Colin, Paris, 9ᵉ éd., 1990, 2 vol.) ; *Civilisation matérielle, économie et capitalisme, XVᵉ-XVIIIᵉ siècle* (A. Colin, nouv. éd., Paris, 1986, 3 vol.). – A. Croix, J. Jacquart et Fr. Lebrun présentent *la France d'Ancien Régime. Études réunies en l'honneur de Pierre Goubert* (Privat, Société de démographie historique, Toulouse, 1984, 2 vol.). – J. Delumeau, *la Civilisation de la Renaissance* (Arthaud, Paris, 1967). – J.-Cl. Margolin (sous la dir. de), *l'Avènement des Temps modernes* (P.U.F., coll. « Peuples et Civilisations », t. VIII, Paris, 1977). – M. Morineau, *le XVIᵉ siècle, 1492-1610* (Larousse, coll. « Histoire Universelle », t. VIII, Paris, nouv. éd., 1974). – R. Mousnier, *les XVIᵉ et XVIIᵉ siècles : les progrès de la civilisation européenne et le déclin de l'Orient (1492-1715)* [P.U.F., coll. « Histoire générale des civilisations », t. IV, Paris, 4ᵉ, 5ᵉ éd., 1967].

Travaux d'ensemble sur la France. J.-P. Babelon, *Henri IV* (Fayard, Paris, 1982). – B. Barbiche, *Sully* (Albin Michel, Paris, 1978). – P. Chevallier, *Henri III, roi shakespearien* (Fayard, Paris, 1985). – I. Cloulas, *Catherine de Médicis* (Fayard, Paris, 1980) ; *Henri II* (Fayard, Paris, 1985). – G. Dodu, *les Valois. Histoire d'une maison royale, 1328-1589* (Hachette, Paris, 1934). – J. Jacquart, *François Iᵉʳ* (Marabout, coll. « Marabout-Université » nᵒ 403, nouv. éd. en poche, Paris, 1984). – H. Lemonnier, *les Guerres d'Italie. La France sous Charles VIII, Louis XII et François Iᵉʳ (1492-1547),* dans *Histoire de France,* sous la direction d'E. Lavisse, t. V, 1ʳᵉ partie (Hachette, Paris, 1911). – J.-H. Mariejol, *la Réforme et la Ligue. L'édit de Nantes (1559-1598),* dans *Histoire de France...,* t. VI, 1ʳᵉ partie (Hachette, Paris, 1911). – H. Méthivier, *L'Ancien Régime* (P.U.F., coll. « Que sais-je ? », nᵒ 925, 10ᵉ éd., Paris, 1990). – H. Méthivier, *l'Ancien Régime, XVIᵉ-XVIIᵉ-XVIIIᵉ siècle* (P.U.F., coll. « Précis », Paris, 2ᵉ éd., 1991). – J. Meyer, *la France moderne, 1515-1789* (Fayard, coll. « Histoire de France », sous la dir. de J. Favier, t. III, Paris, 1985). – M. Mollat et J. Habert, *Giovanni et Girolamo Verrazano, navigateurs de François Iᵉʳ* (Imprimerie nationale, coll. « Voyages et découvertes », Paris, 1983). – J.-C. Sournia, *Blaise de Monluc, soldat et écrivain (1500-1577)* [Fayard, Paris, 1981]).

Vie politique et institutions. G. Cabourdin et G. Viard, *Lexique historique de la France d'Ancien Régime* (A. Colin, coll. « U », Paris, nouv. éd., 1990). – M. Devèze,

la Vie de la forêt française au XVIe siècle (S.E.V.P.E.N., Paris, 1961, 2 vol.).
– R. Doucet, *Étude sur le gouvernement de François Ier dans ses rapports avec le parlement de Paris (1525-1527)* [Champion, Paris, 1922-1926, 2 vol.] ; *les Institutions de la France au XVIe siècle* (A. et J. Picard, Paris, 1948, 2 vol.). – M. Fogel, *les Cérémonies de l'information dans la France du XVIe au XVIIIe siècle* (Fayard, Paris, 1989). – H. Lapeyre, *les Monarchies européennes du XVIe siècle ; les relations internationales* (P.U.F., coll. « Nouvelle Clio », n° 31, Paris, 1967 ; nouv. éd., 1973). – J.R. Major, *Representative Institutions in Renaissance France (1421-1559)* [Madison, 1960]. – G. Zeller et P. Magnard, *les Institutions de la France au XVIe siècle* (P.U.F., coll. « Dito », Paris, nouv. éd., 1987).

L'évolution économique et sociale. Y.-M. Bercé, *Histoire des Croquants* (Le Seuil, coll. « Historique », Paris, 1986). – F. Billacois, *le Duel dans la société française des XVIe et XVIIe siècles : essai de psychologie historique* (E.H.E.S.S., coll. « Civilisations et sociétés », n° 73, Paris, 1986). – M. Bloch, *les Caractères originaux de l'histoire rurale française* (A. Colin, Paris, 3e éd., 1988). – F. Braudel et E. Labrousse (sous la dir. de), *Histoire économique et sociale de la France (1450-1660)* [P.U.F., Paris, 1977, 2 vol., rédigés respectivement par P. Chaunu et R. Gascon et E. Le Roy Ladurie et M. Morineau]. – G. Chaussinand-Nogaret (sous la dir. de), J.-M. Constant, C. Durandin et A. Jouanna, *Histoire des élites en France du XVIe au XXe siècle. L'Honneur, le Mérite, l'Argent* (Tallandier, Paris, 1991). – G. Duby et R. Mandrou, *Histoire de la civilisation française*, t. Ier, *le Moyen Âge et le XVIe siècle* (A. Colin, coll. « U », Paris, 7e éd., 1984). – G. Duby et A. Wallon (sous la dir. de), *Histoire de la France rurale* (Le Seuil, Paris, 1975) : vol. II *(1340-1789)* dirigé par E. Le Roy Ladurie. – G. Fourquin, *les Campagnes de la région parisienne à la fin du Moyen Âge* (P.U.F., Paris, 1963). – P. Harsin, *les Doctrines monétaires et financières en France du XVIe au XVIIIe siècle* (Alcan, Paris, 1928). – A. Jouanna, *le Devoir de révolte. La noblesse française et la gestation de l'État moderne (1559-1660)* (Fayard, coll. « Nouvelles Études historiques », Paris, 1989). – J.-P. Labatut, *les Noblesses européennes de la fin du XVe à la fin du XVIIIe siècle* (P.U.F., Paris, 1978). – E. Le Roy Ladurie, *les Paysans de Languedoc* (S.E.V.P.E.N., Paris, 1966, 2 vol.). – Fr. Mauro, *le XVIe Siècle européen. Aspects économiques* (P.U.F., coll. « Nouvelle Clio », n° 32, Paris, nouv. éd., 1981). – J. Meyer, *la Noblesse française à l'époque moderne : XVIe-XVIIe siècle* (P.U.F., coll. « Que sais-je ? », n° 830, Paris, 1991). – G. Roupnel, *Histoire de la campagne française* (Grasset, Paris, 1955). – B. Schnapper, *Histoire d'un instrument de crédit : les rentes au XVIe siècle* (S.E.V.P.E.N., Paris, 1958). – H. Sée, *Histoire économique de la France* (A. Colin, t. Ier, Paris, 1948). – Fr. Spooner, *l'Économie mondiale et les frappes monétaires en France, 1493-1680* (Droz, Genève, et A. Colin, Paris, 1956). – P. de Vaissière, *Gentilshommes campagnards de l'Ancienne France* (Presses du Village, coll. « Terroirs de France », nouv. éd., Paris, 1986).

Les arts. L'Art de Fontainebleau (Ed. du C.N.R.S., Paris, 1975). – S. Béguin, *l'École de Fontainebleau* (Gonthier, Paris, 1960). – A. Blunt, *Art and Architecture in France, 1500-1700* (Penguin Books, Harmondsworth [Middlesex], 1957) ; *Philibert de l'Orme* (Julliard, Paris, 1963). – P. et G. Francastel, P. Tiné et M. Bex, *Histoire de la peinture française du XIVe au XVIIIe siècle* (Elsevier, Paris-Bruxelles, 1955, 2 vol.). – Fr. Gébelin, *les Châteaux de la Loire* (Alpina, Paris, 1957) ; *les Châteaux de la Renaissance* (Les Beaux-Arts, G. van Oest, Paris, 1927). – J. Hautecœur, *Histoire de l'art*, t. II, *De la réalité à la beauté* (Flammarion, Paris, 1959). – F. Herbet, *Fontainebleau* (Paris, 1937).

Les lettres. P. Barrière, *la Vie intellectuelle en France, du XVIe siècle à l'époque contemporaine* (A. Michel, Paris, 1961). – H. Chamard, *Origines de la poésie française de la Renaissance* (E. de Boccard, Paris, 1920) ; *Histoire de la Pléiade* (Didier, Paris, 1939, 4 vol.). – P. Faure, *la Renaissance* (P.U.F., coll. « Que sais-je ? », Paris, 9e éd., 1990). – P. Jourda, *Marguerite d'Angoulême, duchesse d'Alençon, reine de Navarre* (Champion, Paris, 1930, 2 vol.). – A. Lefranc, *Grands Écrivains français de la Renaissance* (Champion, Paris, 1914). – P. Mesnard, *l'Essor de la philosophie politique au XVIe siècle* (Vrin, Paris , 2e éd., 1952). – J. Plattard, *la Renaissance des lettres en France de Louis XII à Henri IV* (A. Colin, Paris, 3e éd., 1952).

Les mentalités et la vie quotidienne. A. Denieul-Cornier, *la France de la Renaissance (1488-1559)* [Arthaud, Paris, 1962]. – J. Delumeau, *la Peur en Occident (XIVe-XVIIIe siècle)* [Fayard, Paris, 1978]. – R. Mandrou, *Introduction à la France moderne, 1500-1640. Essai de psychologie collective* (A. Michel, coll. « l'Évolution de l'Humanité », t. LII., Paris, 1961 ; nouv. éd., n° 36, Paris, 1974). – R. Muchembled, *Culture populaire et culture des élites dans la France moderne, XVe-XVIIIe siècle* (Flammarion, Paris, 1978).

Philosophie, religion. H. Busson, *les Sources et le développement du rationalisme dans la littérature française de la Renaissance (1533-1601)* [Letouzey et Ané, Paris, 1922]. – L. Cristiani, *l'Église à l'époque du concile de Trente*, dans l'*Histoire de l'Église* d'A. Fliche et V. Martin, t. XVII (Bloud et Gay, Paris, 1948). – J. Delumeau, *Naissance et affirmation de la Réforme* (P.U.F., coll. « Nouvelle Clio », n° 30, Paris, 3e éd., 1988) ; *le Catholicisme entre Luther et Voltaire* (P.U.F., Paris, coll. « Nouvelle Clio », n° 30 bis, 3e éd., 1985). – L. Febvre, *le Problème de l'incroyance au XVIe siècle : la religion de Rabelais* (A. Michel, Paris, 1947) ; *Au cœur religieux du XVIe siècle* (Droz, Genève et S.E.V.P.E.N., Paris, 1957). – J. Garrisson, *les Protestants au XVIe siècle* (Fayard, coll. « Nouvelles Études historiques », Paris, 1988). – P. Imbart de la Tour, *les Origines de la Réforme* (Hachette, Paris, 1905-1914, 4 vol. ; t. II et III, nouv. éd., Librairie d'Argences, Paris, 1946 et 1948). – F. Lebrun, *Du christianisme flamboyant à l'aube des Lumières (XIVe-XVIIIe siècle)* [Le Seuil, coll. « Histoire de la France religieuse », sous la dir. de J. Le Goff et de R. Rémond, t. II, Paris, 1988]. – E.G. Léonard, *Histoire générale du protestantisme*, t. Ier, *la Réformation* (P.U.F., coll. « Quadrige », n° 101, nouv. éd., Paris, 1988). – G. Livet, *les Guerres de Religion, 1559-1598* (P.U.F., coll. « Que sais-je ? », n° 1016, Paris, 6e éd., 1988). – R. Mandrou, *Histoire de la pensée européenne. 3 : Des humanistes aux hommes de science, XVIe-XVIIe siècle* (Le Seuil, coll. « Points. Histoire », n° 8, Paris, 1973). – E. de Moreau, P. Jourda et P. Janelle, *la Crise religieuse du XVIe siècle*, dans l'*Histoire de l'Église* d'A. Fliche et V. Martin, t. XVI (Bloud et Gay, Paris, 1950). – R. Stauffer, *la Réforme* (P.U.F., coll. « Que sais-je ? », n° 1376, Paris, 4e éd., 1988).

Chapitre IV
LA FRANCE BAROQUE

Textes. Richelieu, *Testament politique ou les Maximes d'État de Monsieur le cardinal de Richelieu*, éd. D. Dessert (P.U.F., coll. « Historiques-Politiques », n° 63, Paris, 1990). – R. Mousnier, *Lettres et mémoires adressés au chancelier Séguier (1633-1649)* [P.U.F., Paris, 1964, 2 vol.].

Généralités. F. Bluche (sous la dir. de), *Dictionnaire du Grand Siècle (1589-1715)*, [Fayard, Paris, 1990]. – P. Chaunu, *la Civilisation de l'Europe classique* (Arthaud, coll. « les Grandes Civilisations/Poche », nouv. éd., Paris, 1984). – G. Durand, *États et institutions XVIᵉ-XVIIIᵉ siècle* (A. Colin, coll. « U », Paris, 1969). – P. Goubert et D. Roche, *Les Français et l'Ancien Régime* t. I, *La Société et l'État* ; t. II, *Culture et Société* (A. Colin, Paris, nouv. éd., 1990, 2 vol.). – H. Méthivier, *l'Ancien Régime* (P.U.F., coll. « Que sais-je ? » n° 925, 10ᵉ éd., 1990). – H. Méthivier, *l'Ancien Régime, XVIᵉ-XVIIᵉ-XVIIIᵉ siècle* (P.U.F., coll. « Précis », Paris, 2ᵉ éd., 1991). – H. Méthivier, *le Siècle de Louis XIII* (P.U.F., coll. « Que sais-je ? » n° 1138, Paris, 7ᵉ éd., 1990). – J. Meyer, *la France moderne, 1515-1789* (Fayard, coll. « Histoire de France » sous la dir. de J. Favier, t. III, Paris, 1985). – R. Mousnier, *les XVIᵉ et XVIIᵉ siècles*, dans *Histoire générale des civilisations*, t. IV (P.U.F., Paris, 1967). – V.L. Tapié, *la France de Louis XIII et de Richelieu* (Flammarion, Paris, nouv. éd., 1980).

Vie politique et institutions. D. Bitton, *The French Nobility in Crisis* (Stanford, 1969). – M. Carmona, *Marie de Médicis* (Fayard, Paris, 1981) ; *Richelieu. L'ambition et le pouvoir* (Fayard, Paris, 1983). – P. Chevallier, *Louis XIII, roi cornélien* (Fayard, Paris, 1979). – H. Duccini, *Concini. Grandeur et misère du favori de Marie de Médicis* (A. Michel, Paris, 1991). – E. Esmonin, *Études sur la France des XVIIᵉ et XVIIIᵉ siècles* (P.U.F., Paris, 1964). – P. Goubert, *Mazarin* (Fayard, 1990). – J.M. Hayden, *France and the Estates general of 1614* (Cambridge, 1974). – E. Kossmann, *la Fronde* (Leyde, 1954). – Sous la direction d'E. Lavisse, *Histoire de France depuis les origines jusqu'à la Révolution*, t. VI, 2ᵉ partie, J.H. Mariéjol, *le Règne de Louis XIII* (Hachette, Paris, 1911). – G. Livet, *la Guerre de Trente Ans* (P.U.F., coll. « Que sais-je ? », n° 1083, Paris, 5ᵉ éd., 1990). – A. Lloyd Moote, *Louis XIII, the Just* (Berkeley, Los Angeles, Londres, University of California Press, 1989). – H. Méthivier, *la Fronde* (P.U.F., coll. « L'Historien », n° 4, 1984). – R. Mousnier, *la Vénalité des offices sous Henri IV et Louis XIII* (Mégariotis Reprints, 1979) ; *14 mai 1610, l'assassinat d'Henri IV* (Gallimard, coll. « Trente Journées qui ont fait la France », n° 13, Paris, 1964) ; R. Mousnier et ses collaborateurs, *le Conseil du roi de Louis XII à la Révolution* (P.U.F., Paris, 1970). – G. Pagès, *la Guerre de Trente Ans* (Payot, coll. « Regard de l'histoire », Paris, 3ᵉ éd., 1979). – O. Ranum, *les Créatures de Richelieu, secrétaire d'État et surintendant des Finances, 1635-1642* (Pedone, Paris, 1966). – V.-L. Tapié, *la Guerre de Trente Ans* (S.E.D.E.S., coll. « les Cours de Sorbonne », nouv. éd., 1989).

Économie et société. Fr. Billacois, *le Duel dans la société française des XVIᵉ-XVIIᵉ siècles. Essai de psychologie historique* (E.H.E.S.S., coll. « Civilisations et Sociétés », 73, Paris, 1986). – M. Foisil, *la Révolte des Nu-pieds 1639* (P.U.F., Paris, 1970). – B. Carnot, *Société, cultures et genres de vie dans la France moderne, XVIᵉ-XVIIIᵉ siècle* (Hachette, coll. « Carré histoire », 1991). – P. Goubert, *Beauvais et le Beauvaisis. Contribution, l'histoire sociale de la France au XVIIᵉ siècle* (E.H.E.S.S., coll. « Démographie et Sociétés », n° 3, Paris, nouv. éd., 1983, 2 vol.). – H. Hauser, *la Pensée et l'Action économiques du cardinal de Richelieu* (P.U.F., Paris, 1944). – M. B. Porchnev, *les Soulèvements populaires en France de 1623 à 1648* (S.E.V.P.E.N., Paris, 1963).

Religion, mentalités, culture. A. Adam, *Histoire de la littérature française au XVIIᵉ siècle* (Domat-Montchrestien, Paris, 1951-1956, 5 vol.). – H. Bremond, *Histoire littéraire du sentiment religieux en France depuis la fin des guerres de Religion jusqu'à nos jours* (A. Colin, Paris, réimpress., 1967-68, 11 vol.). – A. Châtelet et J. Thuillier, *la Peinture française de Fouquet à Poussin* (Genève, Skira, 1963). – P. Coste, *Monsieur Vincent, le grand saint du grand siècle* (Desclée de Brouwer, Paris, 1935, 3 vol.). – L. Hautecœur, *Histoire de l'architecture classique en France*

(A. et J. Picard, Paris, 1943-1957, 7 vol.). – J. Le Goff, R. Rémond et F. Lebrun, *Du christianisme flamboyant à l'aube des Lumières, XVIᵉ-XVIIᵉ siècle* (Le Seuil, coll. « Histoire de la France religieuse », t. II, 1988). – E. G. Léonard, *Histoire générale du protestantisme* (P.U.F., coll. « Quadrige », n° 101, Paris, 1988, 3 vol.). – É. Mâle, *l'Art religieux de la fin du XVIᵉ siècle, du XVIIᵉ siècle et du XVIIIᵉ siècle* (A. Colin, Paris, 1951). – R. Mandrou, *Magistrats et sorciers en France au XVIIᵉ siècle* (Plon, Paris, 1968). – H. J. Martin, *Livres, pouvoirs et société à Paris au XVIIᵉ siècle* (Droz, Genève-Paris, 1969). – J. Morel, *la Tragédie* (A. Colin, Paris, 1964). – R. Mousnier, *Richelieu et la culture* (Éd. du C.N.R.S., Paris, 1987). – J. Orcibal, *les Origines du jansénisme* (Vrin, Paris, 1947-48, 3 vol.). – R. Pintard, *le Libertinage érudit dans la première moitié du XVIIᵉ siècle* (Boivin, Paris, 1943, 2 vol.). – V.-L. Tapié, *le Baroque* (P.U.F., coll. « Que sais-je ? », n° 923, Paris, 1991).

Chapitre V
L'ÂGE CLASSIQUE

Généralités. Fr. Bluche, *Louis XIV* (Fayard, Paris, 1986). – R. Bornecque (sous la dir. de), *la France de Vauban* (Arthaud, Paris, 1984). – A. Corvisier, *la France de Louis XIV, 1643-1715, Ordre intérieur et place en Europe* (S.E.D.E.S., coll. « Regards sur l'histoire », n° 33, Paris, 2ᵉ éd., 1981). – A. Corvisier, *Louvois* (Fayard, Paris 1983). – P. Goubert, *Louis XIV et vingt millions de Français* (Fayard, coll. « l'Histoire sans frontières », Paris, 1969 ; Hachette-Pluriel, coll. « Pluriel », Paris, 1977). – J.-P. Labatut, *Louis XIV, roi de gloire* (Imprimerie nationale, Paris, 1984). – F. Lebrun, *le XVIIᵉ siècle* (A. Colin, coll. « U », Paris, 9ᵉ éd., 1990). – R. Mandrou, *la France aux XVIIᵉ et XVIIIᵉ siècles* (P.U.F., « Nouvelle Clio », n° 33, Paris, 4ᵉ éd. augmentée par M. Cottret) ; *Louis XIV en son temps, 1661-1715* (P.U.F., « Peuples et Civilisations », t. X, Paris, 2ᵉ éd., 1978). – H. Méthivier, *le Siècle de Louis XIV* (P.U.F., « Que sais-je ? », n° 426, Paris, 11ᵉ éd., 1991). – J. Meyer, *la France moderne, 1515-1789* (Fayard, coll. « Histoire de France », sous la dir. de J. Favier, t. III, Paris, 1985). – S. Pillorget, *Apogée et société d'ordres, 1610-1787* (Larousse, coll. « Histoire universelle », t. IX, nouv. éd., Paris, 1973). – A. Rossel, *Histoire de France à travers les journaux du temps passé : le faux grand siècle, 1604-1715* (A. Colin, coll. « l'Arbre verdoyant », Paris, 1982).

Politique étrangère. Louis XIV et l'Europe (*XVIIᵉ Siècle*, numéro spécial 123, 1979). – Problèmes de politique étrangère sous Louis XIV (*XVIIᵉ Siècle*, numéro spécial 46-47, 1960). – L. Bély, *Espions et Ambassadeurs au temps de Louis XIV* (Fayard, coll. « Nouvelles Études Historiques », 1990). – Ch.-A. Jullien, *les Français en Amérique au XVIIᵉ siècle* (C.D.U., Paris, 1977).

Population. – J. Dupâquier, *la Population française aux XVIIᵉ et XVIIIᵉ siècles* (P.U.F., coll. « Que sais-je ? », n° 1786, Paris, 1ʳᵉ éd., 1979) ; *la Population rurale du Bassin parisien à l'époque de Louis XIV* (Presses universitaires de Lille et E.H.E.S.S., Paris, 1979). – J. Dupâquier (sous la dir. de), Annales de démographie historique (1985) : *Vieillir autrefois* (E.H.E.S.S. Paris, 1986, 2 vol.) ; *Histoire de la population française*, t. II, *De la Renaissance à 1789* (P.U.F., Paris, 1989).

Vie économique. Aspects de l'économie française au XVIIᵉ siècle (*XVIIᵉ Siècle*, numéro spécial 70-71, 1966). – P. Léon, « la Crise de l'économie française à la fin du règne de Louis XIV (1685-1715) », dans *l'Information historique*, t. XIII, n° 4, septembre-octobre 1956, pp. 127-137. – J. Meuvret, *Études d'histoire économique* (A. Colin, Paris, 1971) ; *le Problème des subsistances à l'époque de*

Louis XIV. La production des céréales dans la France du XVIIe et du XVIIIe siècle (Mouton, Paris-La Haye, 1977). – J. Meyer, J. Tanade, A. Rex-Goldzeiguer, J. Thobie, *Histoire de la France coloniale*, t. I, *De 1600 à 1914* (A. Colin, coll. « Histoires », 1991).

Vie sociale. Fr. Bluche et J.-F. Solnon, *la Véritable Hiérarchie sociale de l'ancienne France, le tarif de la première capitation (1695)* [Droz, Genève, 1983]. – J.-L. Flandrin, *Familles, parenté, maison, sexualité dans l'ancienne société* (Le Seuil, coll. « l'Univers historique », nouv. éd., Paris, 1984). – P. Goubert, D. Roche, *les Français et l'Ancien Régime*, t. I, *la Société et l'État ;* t. II, *Culture et Société* (A. Colin, Paris, 1990 et 1986, 2 vol.). – R. Mousnier, *les Hiérarchies sociales de 1450 à nos jours* (P.U.F., coll. « l'Historien », n° 1, Paris, 1969). [En particulier le chapitre VI.]. – R. Pillorget, *la Tige et le rameau. Famille anglaise et famille française aux XVIe-XVIIe siècles* (Calmann-Lévy, Paris, 1979).

Gouvernement et institutions, dans leurs rapports avec l'état social. L. André, *Michel Le Tellier et Louvois* (A. Colin, Paris, 1942). – J. Meyer, *Colbert* (Hachette, Paris, 1981). – R. Mousnier (sous la dir. de), *Un nouveau Colbert*, actes du colloque pour le tricentenaire de la mort de Colbert (C.D.U.-S.E.D.E.S., 1985). – I. Murat. *Colbert* (Fayard, Paris, 1980). – R. Mousnier, *les Institutions de la France sous la monarchie absolue, 1598-1789* (t. I, *Société et État ;* t. II, *les Organes de l'État et la Société*) [P.U.F., Paris, 2e éd., 1990 et 1re éd., 1980, 2 vol. ; coll. « Dito », 1990]. – *Serviteurs du roi. Quelques aspects de la fonction publique dans la société française du XVIIe siècle* (*XVIIe Siècle*, numéro spécial 42-43, 1959). – B. Pujo, *Vauban* (A. Michel, 1991). – J.-L. Thireau, *les Idées politiques de Louis XIV* (P.U.F., Paris, 1973).

Vie des provinces. G. Gabet, *la Naissance de Rochefort sous Louis XIV, 1666-1715 : une ville nouvelle et ses habitants au Grand Siècle* (Centre d'animation lyrique et culturel de Rochefort, 1986). – E. Le Roy Ladurie, *les Paysans de Languedoc* (S.E.V.P.E.N., Paris, 1966, 2 vol.). – G. Livet, *l'Intendance d'Alsace sous Louis XIV* (Les Belles Lettres, Paris, 1956). – R. Pillorget, *les Mouvements insurrectionnels de Provence entre 1596 et 1715* (Pedone, Paris, 1975).

Vie religieuse. Les Camisards, présentés par Ph. Joutard (Gallimard, coll. « Archives », Paris, 1976). – L. Cognet, *le Crépuscule des mystiques : le conflit Fénelon-Bossuet* (Desclée et Cie, Paris, 1958). – *Fénelon et son tricentenaire* [*XVIIe Siècle*, numéros spéciaux 12 (1951) et 14 (1952)]. – E. Labrousse, *la Révocation de l'édit de Nantes : une foi, une loi, un roi ?* (Payot, coll. « Petite Bibliothèque Payot », n° 34, Paris, nouv. éd., 1990). – *Missionnaires catholiques à l'intérieur de la France pendant le XVIIe siècle* (*XVIIe Siècle*, numéro spécial 41, 1958). – J. Orcibal, *Louis XIV et les protestants* (Vrin, Paris, 1951). – R. Taveneaux, *Jansénisme et politique* (A. Colin, coll. « U », Paris, 1965) ; *le Catholicisme dans la France classique (1610-1715)* [S.E.D.E.S., Paris, 1980].

Mentalités, vie intellectuelle et artistique. P. Bénichou, *Morales du Grand Siècle* (Gallimard, Paris, 1948). – L. Benoist, *Histoire de Versailles* (P.U.F. coll. « Que sais-je ? », n° 1526, Paris, 2e éd., 1980). – M. Bertaud, *le XVIIe Siècle. Littérature française* (Presses universitaires de Nancy, coll. « Phares », Nancy, 1990). – F. Bluche, *la Vie quotidienne au temps de Louis XIV* (Hachette, coll. « la Vie quotidienne », Paris, 1984). – Y. Bottineau, *Versailles, miroir des princes* (Arthaud, Paris, 1989). – *Comment les Français voyaient la France au XVIIe siècle* (*XVIIe Siècle*, numéro spécial 26, 1955). – J.-M. Constant, *la Vie quotidienne de la noblesse française aux XVI⁰ et XVII⁰ siècles* (Hachette, coll. « la Vie quotidienne », Paris, 1985). – P. Hazard, *la Crise de la conscience européenne, 1680-1715* (Fayard, Paris, nouv. éd., 1989). – R. Mandrou, *Magistrats et sorciers en France au XVII⁰ siècle. Une analyse psychologique historique* (Plon, Paris, 1968) ; *la Bibliothèque bleue. La littérature populaire en France du XVI⁰ au XIX⁰ siècle* (Gallimard, coll. « Archives », Paris, 1971). – V.-L. Tapié, *Baroque et classicisme* (Plon, Paris, nouv. éd., 1972). – B. Teyssèdre, *l'Art au siècle de Louis XIV* (Librairie générale française, Paris, 1967). – *Versailles et la musique française* (*XVII⁰ Siècle*, numéro spécial 34, 1957). – J. de Viguerie, *l'Institution des enfants. L'éducation en France, XVI⁰-XVIII⁰ siècle* (Calmann-Lévy, Paris, 1978).

Chapitre VI
LES LUMIÈRES

Textes. C.P. Duclos, *Considérations sur les mœurs de ce siècle*, éd. Green (Cambridge, 1939). – Montesquieu, *Lettres persanes*. – J.-J. Rousseau, *Julie ou la Nouvelle Héloïse ; Du contrat social*. – Voltaire, *Correspondance*, éd. Th. Besterman (Les Délices, Institut et musée Voltaire, Genève, 1953-1966, 107 fasc.).

Généralités. M. Denis et N. Blayau, *le XVIII⁰ siècle* (A. Colin, coll. « U », Paris, 6⁰ éd., 1990). – G. Durand, *États et institutions, XVI⁰-XVIII⁰ siècle* (A. Colin, coll. « U ». Paris, 1969). – L. Forestier, *XVIII⁰ Siècle français. Le siècle des lumières* (Seghers, Paris, 1961). – P. Goubert, *Initiation à l'histoire de France* (Tallandier, coll. « Approches », Paris, 1984). – J. Lough, *An Introduction to Eighteenth Century France* (Londres, 1960). – R. Mandrou, *la France aux XVII⁰ et XVIII⁰ siècles* (P.U.F., coll. « Nouvelle Clio », n⁰ 33, Paris, 4⁰ éd. augm. par M. Cottret, 1988). – H. Méthivier, *l'Ancien Régime* (P.U.F., coll. « Que sais-je ? », n⁰ 925, Paris, 10⁰ éd., 1990) ; *le Siècle de Louis XV* (P.U.F., « Que sais-je ? », n⁰ 1229, Paris, 7⁰ éd., 1991) ; *la Fin de l'Ancien Régime* (P.U.F., « Que sais-je ? », n⁰ 1411, Paris ; 6⁰ éd., 1991) ; *L'Ancien Régime, XVI⁰-XVII⁰-XVIII⁰ siècle* (P.U.F., coll. « Précis », Paris, 2⁰ éd., 1991). – J. Meyer, *la France moderne, 1515-1789* (Fayard, coll. « Histoire de France » sous la dir. de J. Favier, t. III, Paris, 1985). – R. Mousnier, E. Labrousse, *le Dix-Huitième Siècle, l'époque des Lumières, 1715-1815* (P.U.F., coll. « Quadrige », n⁰ 79, Paris, 1985). – S. Pillorget, *Apogée et Déclin des sociétés d'ordres 1610-1787* (Larousse, coll. « Histoire universelle Larousse », t. IX, nouv. éd., Paris, 1973). – A. Soboul, G. Lemarchand et M. Fogel, *le Siècle des Lumières*, t. I, *l'Essor (1715-1750)*, vol. 1 (P.U.F., coll. « Peuples et Civilisations », t. XI, Paris, 1977). – A. de Tocqueville, *l'Ancien Régime et la Révolution* (Gallimard, Paris, 1952 ; nouv. éd., coll « Folio », 1985).

Économie, société, État. M. Antoine, *le Conseil du roi sous le règne de Louis XV* (Droz, Genève, 1970) ; *Louis XV* (Fayard, Paris, 1991). – J.F. Bluche, *les Magistrats du parlement de Paris au XVIII⁰ siècle* (l'auteur, Paris, 1960). – F. Braudel et E. Labrousse, *Histoire économique et sociale de la France*, t. II, *Des derniers temps de l'âge seigneurial aux préludes de l'âge industriel, 1660-1789* (P.U.F., Paris, 1970). – G. Chaussinand-Nogaret, *Gens de finances au XVIII⁰ siècle* (Bordas, Paris, 1972 ; *la Noblesse au XVIII⁰ siècle : de la féodalité aux Lumières* (Complexe, coll. « Historique », n⁰ 7, Bruxelles, nouv. éd., 1990). – A. Corvisier, *l'Armée française, de la fin du XVII⁰ siècle au ministère de Choiseul. Le soldat* (P.U.F., Paris, 1964, 2 vol.). – A. Daumard et Fr. Furet, *Structures et relations sociales à Paris au XVIII⁰ siècle* (A. Colin, « Cahier des Annales », n⁰ 18, Paris, 1961). – P. Deyon et

J. Jacquart, *les Hésitations de la croissance, 1580-1730* (A. Colin, coll. « Histoire économique et sociale du monde », t. II, Paris, 1978). – J. Egret, *la Pré-Révolution française, 1787-1788* (P.U.F., Paris, 1962) ; *Louis XV et l'opposition parlementaire, 1715-1774* (A. Colin, Paris, 1970). – E. Faure, *12 mai 1776 la Disgrâce de Turgot* (Gallimard, coll. « Trente Journées qui ont fait la France », nº 16, Paris, 1961). – E. Faure, *7 juillet 1720, la Banqueroute de Law* (Gallimard, coll. « Trente Journées qui ont fait la France », nº 15, Paris, 1977). – N. Ferrier-Caverivière, *Le Grand Roi à l'aube des Lumières : 1715-1751* (P.U.F., Paris, 1985). – F.L. Ford, *Robe and Sword. The Regrouping of the French Aristocracy* (Harvard University Press, Cambridge [Mass.], 1953). – R. Forster, *The Nobility of Toulouse in the Eighteenth Century* (Baltimore, 1960). – M. Garden, *Lyon et les Lyonnais* (Flammarion, coll. « Champs », nouv. éd., Paris, 1984). – P. Goubert, *l'Ancien Régime*, t. I, *la Société* (A. Colin, coll. « U », 6e éd., 1979) ; t. II, *les Pouvoirs (id.,* 3e tirage, 1977). – P. Goubert, D. Roche, *les Français et l'Ancien Régime*, t. I, *la Société et l'État ;* t. II, *Culture et société* (A. Colin, Paris, nouv. éd., 1990, 2 vol.). – Ph. Haudière, *la Compagnie française des Indes, 1719-1795* (Librairie de l'Inde, 1989, 4 vol.). – F. Hincker, *les Français devant l'impôt sous l'Ancien Régime* (Flammarion, Paris, 1971). – J.-P. Labatut, *les Noblesses européennes de la fin du XVe siècle à la fin du XVIIIe siècle* (P.U.F., coll. « l'Historien », nº 33, Paris, 1978). – C.E. Labrousse, *Esquisse du mouvement des prix et des revenus en France au XVIIIe siècle* (Éditions des Archives contemporaines, coll. « Réimpressions », Paris, 1984). – C. Lefebvre, *Études orléanaises* (Bibl. nationale, Paris, 1963-64, 2 vol.). – J. Levron, *Madame de Pompadour. L'amour et la politique* (Perrin, Paris, 1973). – J. McManners, *French Ecclesiastical Society under the Ancien Régime. A Study of Angers in the Eighteenth Century* (Londres, 1960). – J. Meyer, *la Noblesse bretonne au XVIIIe siècle* (S.E.V.P.E.N., Paris, 1966, 2 vol. ; É.H.E.S.S., coll. « Bibliothèque générale », nouv. éd., Paris, 1985, 2 vol.) ; *Noblesses et pouvoirs dans l'Europe d'Ancien Régime* (Hachette, Paris, 1973) ; *le Régent : 1674-1723* (Ramsay, 1985). – M. Morineau, *les Faux-semblants d'un démarrage économique : agriculture et démographie en France au XVIIIe siècle* (A. Colin, coll. « Cahiers des Annales », Paris, 1971). – R. Mousnier, *les Institutions de la France sous la monarchie absolue, 1598-1789* (P.U.F., Paris, 2 vol., 2e éd., 1990 ; 1re éd., 1980, 2 vol.). – F. Olivier-Martin, *Histoire du droit français des origines à la Révolution* (Éd. du C.N.R.S., nouv. éd., Paris, 1984). – Ph. Sagnac, *la Formation de la société française moderne ;* t. II, *la Révolution des idées et des mœurs et le déclin de l'Ancien Régime (1715-1788)* [P.U.F., Paris, 1946]. – C. Saguez-Lovisi, *Les Lois fondamentales au XVIIIe siècle. Recherches sur la loi de dévolution de la Couronne* (P.U.F., coll. « Publications de l'Université de droit, d'économie et de sciences sociales de Paris, série : sciences historiques, Paris, 1984). – A. Soboul, *la France à la veille de la Révolution*, t. I, *Économie et Société* (C.D.U., Paris, nouv. éd., 1966). – R. Vaillot, *le Cardinal de Bernis : la vie extraordinaire d'un honnête homme* (Albin Michel, Paris, 1985). – G. Zeller, *les Temps modernes*, II, *De Louis XIV à 1789*, t. II de l'*Histoire des relations internationales* (Hachette, Paris, 1955). – G. Ziegler, *les Coulisses de Versailles*, t. II, *Louis XV et sa Cour* (Julliard, Paris, 1965).

Mouvement intellectuel et civilisation. S.M. Alsop, *les Américains à la cour de Louis XVI* (J.C. Lattès, Paris, 1983). – F. Bluche, *la Vie quotidienne de la noblesse française au XVIIIe siècle* (Hachette, coll. « la Vie quotidienne », Paris, 1973) ; *la Vie quotidienne au temps de Louis XVI* (Librairie gén. française, coll. « le Livre de poche, série vie quotidienne », nº 5 810, Paris, 1984). – E. Cassirer, *The Philosophy of the Enlightenment* (Princeton University Press, 1951). – R. Chartier, *les Origines culturelles de la Révolution française* (Le Seuil, Paris, 1990).

– A. Corvisier, *Arts et sociétés dans l'Europe du XVIIIᵉ siècle* (P.U.F., coll. « l'Historien », nº 34, Paris, 1978). – E. Dacier, *le Style Louis XVI* (Larousse, Paris, 1939). – N. Dufourcq (sous la direction de), *la Musique, les hommes, les instruments, les œuvres* (Larousse, Paris, 1965, 2 vol.). – M. Launay et J.M. Goulemot, *le Siècle des lumières* (Éd. du Seuil, Paris, 1968). – R. Mauzi, *l'Idée du bonheur au XVIIIᵉ siècle* (A. Colin, Paris, 1960). – L. Réau, *l'Art au XVIIIᵉ siècle en France. Époque Louis XVI* (Le Prat, Paris, 1952). – J. Starobinski, *l'Invention de la liberté (1700-1789)* [Skira, « Art, Idées, Histoire », Genève, 1962]. – M. Taillefer, *Une Académie interprète des Lumières : l'Académie des sciences, inscriptions et belles-lettres de Toulouse au XVIIIᵉ siècle* (Éd. du C.N.R.S., Paris, 1985). – V.-L. Tapié, *Baroque et classicisme* (Plon, Paris, nouv. éd., 1972). – P. Verlet, *le Style Louis XV* (Larousse, Paris, 1942). – J. Vier, *Histoire de la littérature française au XVIIIᵉ siècle* (A. Colin, Paris, 1965-1970, 2 vol.). – G. Weulersse, *La Physiocratie à l'aube de la Révolution : 1781-1792* (E.H.E.S.S., coll. « Bibliothèque générale de l'École des hautes études en sciences sociales », 1984).

Chapitre VII
LA RÉVOLUTION

Grands classiques. A. Aulard, *Histoire politique de la Révolution française* (A. Colin, Paris, 1901, réédit. 1926). – J. Jaurès, *Histoire socialiste* (nouv. éd. par A. Soboul, Éditions sociales, coll. « Bibliothèque du bicentenaire de la Révolution Française », Paris, 1983-1986, 6 vol.). – E. Lavisse, *Histoire de la France contemporaine*, t. I, *la Révolution (1789-1792)* par P. Sagnac, et t. II, *la Révolution (1792-1799)* par G. Pariset (Hachette, Paris, 1920). – A. Mathiez, *la Révolution française* (A. Colin, Paris, 1922-1927, réédit. 1959). – H. Taine, *les Origines de la France contemporaine* (Hachette, Paris, 1876-1893). – A. de Tocqueville, *l'Ancien Régime et la Révolution* (Lévy frères, Paris, 1856 ; éd. présentée par G. Lefebvre, Gallimard, Paris, 1952 ; nouv. éd., coll. « Idées », Paris, 1964).

Manuels. P. Caron, *Manuel pratique pour l'étude de la Révolution française* (A. et J. Picard, Paris, nouv. éd., 1947). – A. Soboul et collab., *Dictionnaire historique de la Révolution française* (P.U.F., Paris,1989). – J. Tulard, J.-F. Fayard et A. Fierro, *Histoire et dictionnaire de la Révolution Française* (Laffont, Paris, 1987). – G. Walter, *Répertoire de l'histoire de la Révolution française. Travaux publiés de 1800 à 1940*, t. I, *les Personnes ;* t. II, *les Lieux* (Bibl. nationale, Paris, 1941-1945).

Synthèses récentes. Fr. Bluche et St. Rials (sous la dir. de) *les Révolutions françaises* (Fayard, Paris, 1989). – Fr. Bluche, St. Rials et J. Tulard, *la Révolution française* (P.U.F., coll. « Que sais-je ? », nº 142, Paris, 2ᵉ éd., 1979). – M. Bouloiseau, *la République jacobine (10 août 1792-9 thermidor an II)* [Le Seuil, « Nouvelle Histoire de la France contemporaine », t. II, Paris, 1972]. – F. G. Dreyfus, *le Temps des révolutions, 1787-1870* (Larousse, coll. « Histoire universelle », t. X, nouv. éd., Paris, 1973). – F. Furet et D. Richet, *la Révolution française* (Fayard, Paris, nouv. éd., 1987). – F. Furet, *la Révolution de Turgot à Jules Ferry, 1770-1880* (Hachette, coll. « Histoire de France Hachette », t. IV, Paris, 1988 ; Hachette Pluriel, coll. « Pluriel », nº 8549 et 8550, Paris, 2 vol., 1990). – F. Furet et M. Ozouf, *Dictionnaire critique de la Révolution française* (Flammarion, 1888). – F. Gendron, *la Jeunesse sous Thermidor* (P.U.F., coll. « Histoires », nº 22, Paris, 1983). – J. Godechot, *les Révolutions (1770-1799)* [P.U.F., coll. « Nouvelle Clio », nº 36, Paris, 4ᵉ éd., 1986]. – G. Lefebvre, *la Révolution française* (P.U.F., « Peuples et Civilisations », XIII, Paris, nouvelle rédaction en 1951, coll. « Dito », 1987) ; *Études sur la Révolution française* (P.U.F., Paris, 1954, réédit. 1963) ; *la France sous le Directoire, 1795-1799* (Éditions sociales, coll. « Terrains », nouv. éd. présentée par J.-R. Suratteau, Paris, 1984). – C. Mazauric et alii, *Histoire de la France contemporaine*, t. I *(1789-1799)* [Éd. sociales, livre-club Diderot, Paris, 1979]. – R. Mousnier, E. Labrousse et M. Bouloiseau, *le XVIIIᵉ Siècle. Révolution intellectuelle, technique et politique (1715-1815)* [P.U.F., coll. « Quadrige », 1985]. – A. Soboul, *Précis d'histoire de la Révolution française* (Éd. sociales, Paris, 1962) ; *la Révolution française*, (Gallimard, coll. « Idées », nº 43 et 46, Paris, 1964, 2 vol.) ; *le Directoire et le Consulat* (P.U.F., coll. « Que sais-je ? », nº 1266, 3ᵉ éd., 1980) ; *la Civilisation et la Révolution française* (Arthaud, coll. « les Grandes Civilisations », Paris, 1982-1983, 3 vol. ; coll. « les Grandes Civilisations poche », 1988) ; *Dictionnaire historique de la Révolution Française* (P.U.F., 1984). – J. Tulard, *les Révolutions de 1789 à 1851* (Fayard, coll. « Histoire de France », sous la dir. de J. Favier, t. IV, Paris, 1985). – M. Vovelle, *la Chute de la monarchie, 1787-1792* (Seuil, « Nouvelle Histoire de la France contemporaine », t. I, Paris, 1972). – D. Woronoff, *la République bourgeoise de Thermidor à Brumaire, 1794-1799* (Le Seuil, « Nouvelle Histoire de la France contemporaine », t. III, Paris, 1972).

Les origines de la Révolution. E. Labrousse, *la Crise de l'économie française à la fin de l'Ancien Régime et au début de la Révolution* (P.U.F., Paris, coll. « Dito », nouv. éd., 1990) ; *Esquisse du mouvement des prix et des revenus en France au XVIIIᵉ siècle* (Éd. des Archives contemporaines, coll. « Réimpressions », Paris, nouv. éd., 1984, 2 vol.) – A. Soboul, *la France à la veille de la Révolution*, t. I, *Aspects économiques et sociaux* (C.D.U., Paris, 1961).

Déroulement et épisodes de la Révolution. P. Caron, *les Massacres de Septembre* (Maison du livre français, Paris, 1935). – J. Godechot, *la Prise de la Bastille* (Gallimard, coll. « Trente journées qui ont fait la France », nº 17, Paris, 1965). – G. Lefebvre, *la Grande peur de 1789* suivi de *les Foules révolutionnaires* (A. Colin, Paris, nouv. éd. présentée par J. Revel, 1988) ; *Quatre-vingt-neuf* (Éditions sociales, Paris, nouv. éd., 1970). – J. Massin, *Almanach de la Révolution française* (Club français du Livre, Paris, 1963). – A. Ollivier, *9 novembre 1799, le Dix-Huit Brumaire* (Gallimard, coll. « Trente Journées qui ont fait la France », nº 19, Paris, 1959). – R. Palmer, *le Gouvernement de la Terreur. L'année du Comité de salut public* (A. Colin, Paris, 1989). – M. Reinhard, *10 août 1792, la Chute de la royauté* (Gallimard, coll. « Trente Journées qui ont fait la France », nº 18, Paris, 1969).

Les hommes de la Révolution. Fr. Bluche, *Danton* (Perrin, Paris, 1984). – M. Bouloiseau, *Robespierre* (P.U.F., coll. « Que sais-je ? », nº 724, Paris, 6ᵉ éd., 1986). – M. Bruguière, *Gestionnaires et profiteurs de la Révolution : l'Administration des Finances françaises de Louis XVI à Bonaparte* (Orban, 1986). – G. Chaussinand – Nogaret, *Mirabeau* (Éd. du Seuil, coll. « Points », Paris, nouv. éd., 1984). – J.J. Chevallier, *Barnave ou les Deux faces de la Révolution* (P.U.G., Grenoble, nouv. éd., 1979). – J. Egret, *Necker, ministre de Louis XVI* (Honoré Champion, Paris, 1975). – B. Gainot, *Dictionnaire des membres du Comité de salut public* (Tallandier, Paris, 1990). – G. Maintenant, *les Jacobins* (P.U.F., coll. « Que sais-je ? », nº 190, Paris, 1ʳᵉ éd., 1984). – K. Margerison, *P.L. Roederer : Political throught and practice during the French Revolution*, (Philadelphia, 1983). – J. Massin, *Marat* (Club français du Livre, Paris, 1960). – A. Mathiez, *Études sur Robespierre* (A. Colin, Paris, 1918, nouv. éd., 1973, 2 vol.). – Cl. Mazauric, *Babeuf et la Conspiration pour l'égalité* (Éd. sociales, Paris, 1962). – A. Ollivier, *Saint-Just et la force des choses* (Gallimard, Paris, 1955). – M. Poniatowski, *Talleyrand et*

535

le Directoire, 1796-1800 (Perrin, Paris, 1982). – M. Reinhard, *le Grand Carnot* (Hachette, Paris, 1950-1952, 2 vol.). – A. Soboul, *Girondins et Montagnards* (Clavreuil, Paris, coll. « Bibliothèque d'histoire révolutionnaire », 1981).

Histoire des institutions. J. Godechot, *les Institutions de la France sous la Révolution et l'Empire* (P.U.F., Paris, 1951 ; 2ᵉ éd. revue et augmentée, 1968 ; coll. « Dito », 1989).

Histoire économique et sociale. P. Bois, *Paysans de l'Ouest. Des structures économiques et sociales aux options politiques depuis l'époque révolutionnaire dans la Sarthe* (Mouton, Paris, 1960 ; E.H.E.S.S., coll. « Sociétés, mouvements sociaux et idéologies, études », nouv. éd., Paris, 1984). – F. Gautier, *la Voie paysanne dans la Révolution française* (Maspero, Paris, 1977). – F. Hincker, *la Révolution française de l'économie. Décollage ou catastrophe* (Nathan, coll. « Circa », Paris, 1990). – G. Lefebvre, *les Paysans du Nord pendant la Révolution française* (réédit. A. Colin, Paris, 1972). – J.-C. Martin, *La Vendée de la France* (Le Seuil, coll. « Univers historique », Paris, 1987). – A. Mathiez, *la Vie chère et le mouvement social sous la Terreur* (Payot, Paris, 1927 ; nouv. éd., 1973, 2 vol.). – G. Rude, *The Crowd in the French Revolution* (Clarendon Press, Oxford, 1959). – R. Sécher, *le Génocide franco-français. La Vendée-Vengé* (P.U.F., coll. « Histoires », nouv. éd., 1989) ; *la Guerre de Vendée* (Tallandier, coll. « Guide Histoire », 1989). – A. Soboul, *les Sans-Culottes parisiens de l'an II : mouvement populaire et gouvernement révolutionnaire, 1793-1794* (Le Seuil, coll. « Points Histoire », 1979) ; *Problèmes paysans de la Révolution, 1789-1848* (La Découverte, coll. « Fondations », Paris, nouv. éd., 1983).

Idéologie révolutionnaire. P. Barbier et Fr. Vernillat, *l'Histoire de France par les chansons*, t. IV, *la Révolution* (Gallimard, Paris, 1957). – S. Bianchi, *la Révolution culturelle de l'An II. Élites et peuples, 1789-1799* (Aubier-Montaigne, coll. « Floréal », Paris, 1982). – F. Brunot, *Histoire de la langue française des origines à 1900*, t. IX, *la Révolution et l'Empire* (A. Colin, Paris, 1927, 2 vol.). – F. Furet, *Penser la Révolution française* (Gallimard, coll. « Folio Histoire », nᵒ 3, 1985) ; *l'Héritage de la Révolution française* (Hachette, 1989). – J. Godechot, *la Pensée révolutionnaire en France et en Europe (1789-1799)* [A. Colin, Paris, 1964]. – P. Goubert et M. Denis, *1789, Les Français ont la parole : les Cahiers de doléances des États généraux* (Gallimard, « Archives », nᵒ 1, nouv. éd., 1989). – Cl. Nicolet, *l'Idée républicaine en France, 1789-1924. Essai d'histoire critique* (Gallimard, coll. « Bibliothèque des histoires », Paris, 1982). – M. Ozouf, *la Fête révolutionnaire, 1789-1799* (Gallimard, Paris, 1976). – J. Starobinski, *1789, les Emblèmes de la Raison* (Flammarion, Paris, 1973). – M. Vovelle, *les Métamorphoses de la fête en Provence, 1750-1820* (Aubier-Flammarion, Paris, 1976).

Histoire religieuse. C. Cholvy, *la Religion en France de la fin du XVIIIᵉ siècle à nos jours* (Hachette, coll. « Carré Histoire », 1991). – A. Latreille, *l'Église catholique et la Révolution française* (Hachette, Paris, 1946-1950, 2 vol. ; nouv. éd., 1971). – Mᵍʳ J. Leflon, « la Crise révolutionnaire, 1789-1848 », dans *l'Histoire générale de l'Église* de A. Fliche et V. Martin, t. XX (Bloud et Gay, Paris, 1951). – B. Plongeron, *Conscience religieuse en révolution. Regards sur l'historiographie religieuse de la Révolution française* (A. et J. Picard, Paris, 1964). – B. Plongeron (sous la dir. de), *l'Église de France et la Révolution*, t. I, *l'Ouest* (Beauchesne, coll. « Bicentenaire de la Révolution », Paris, 1983). – M. Vovelle, *Religion et Révolution, la déchristianisation de l'an II* (Hachette, Paris, 1976).

L'expansion révolutionnaire. M. Acerra et J. Meyer, *Marines et révolutions* (Ouest-France, 1988). – J.-P. Bertaud, *la Révolution armée, les soldats-citoyens de la Révolution française* (R. Laffont, Paris, 1980). – R. C. Cobb, *les Armées révolutionnaires, instrument de la Terreur dans les départements* (Mouton, Paris, 1964, 2 vol.). – A. Fugier, « la Révolution française et l'Empire napoléonien », t. IV de l'*Histoire des relations internationales* (Hachette, Paris, 1954). – J. Godechot, *la Grande Nation. L'expansion révolutionnaire de la France dans le monde, 1789-1799* (Aubier-Montaigne, coll. « Historique », Paris, éd. refondue, 1983, 1 vol.) ; *la Contre-Révolution, doctrine et action (1799-1804)* [P.U.F., coll. « Quadrige », n° 63, Paris, 1984]. – G. Lefebvre, « Place de la Révolution française dans l'histoire du monde », dans *Annales. Économies. Sociétés. Civilisations*, 1948, pp. 257-266. – G. du Pontavice, *la Chouannerie* (P.U.F., coll. « Que sais-je ? », n° 2594, Paris, 1ʳᵉ éd., 1991). – A. Soboul, *les Soldats de l'an II* (Club français du Livre, Paris, 1959). – J. Tulard et B. Yvert, *la Contre-Révolution : origines, histoire et postérité* (Perrin, Paris, 1990). – J. Vidalenc, *les Émigrés français, 1789-1825* (Public. de la faculté des lettres et sciences humaines, Caen, 1963).

Chapitre VIII
L'EMPIRE

Ouvrages généraux. Colloque Napoléon (Paris, Sorbonne, et Ajaccio, octobre 1969), rapports et actes dans la *Revue d'histoire moderne et contemporaine* (A. Colin, Paris, 1970). – L. Bergeron, *l'Épisode napoléonien : 1799-1815, aspects intérieurs* (Éd. du Seuil, « Nouvelle Histoire de la France contemporaine », t. IV, Paris, 1972). – J.-P. Bertaud, *le Consulat et l'Empire 1799-1815* (A. Colin, coll. « Cursus », Paris, 1989) ; *la France de Napoléon 1799-1815* (Messidor-Éditions sociales, coll. « Histoire », 1987). – R. Dufraisse, *Napoléon* (P.U.F., coll. « Que sais-je ? », n° 2358, Paris, 2ᵉ éd., 1991). – J. Godechot, *l'Europe et l'Amérique à l'époque napoléonienne 1800-1815* (P.U.F., coll. « Nouvelle Clio », n° 37, Paris, 1967) ; *Napoléon* (A. Michel, « le Mémorial des siècles », Paris, 1969). – A. Latreille, *l'Ère napoléonienne* (A. Colin, coll. « U », Paris, 1974). – G. Lefebvre, *Napoléon* (P.U.F., coll. « Peuples et Civilisations », t. XIV, Paris, 5ᵉ éd. rev. et augm., 1969). – *Napoléon et l'Empire*, ouvrage collectif publié sous la direction de J. Mistler (Hachette, Paris, 1968, 2 vol.). – A. Soboul, *le Premier Empire 1804-1815* (P.U.F., coll. « Que sais-je ? », n° 1541, Paris, 2ᵉ éd., 1980) ; *la Civilisation et la Révolution Française*, t. III, *la France napoléonienne* (Arthaud, coll. « les Grandes Civilisations », Paris, 1983). – A. Thiers, *Histoire du Consulat et de l'Empire* (Lheureux, Paris, 1845-1862, 20 vol.). – J. Tulard, *Napoléon ou le mythe du sauveur* (Fayard, Paris, nouv. éd., 1986) ; *le Grand Empire 1804-1815*, (A. Michel, coll. « l'Évolution de l'humanité », Paris, 1982) ; *Dictionnaire Napoléon* (Fayard, nouv. éd., 1989).

Textes, mémoires, documents. J. Arnna, *Napoléon Iᵉʳ. Lettres au comte Mollien...* (Gay, Rochecorbon, 1965). – Chateaubriand, *Mémoires d'outre-tombe*, éd. Levaillant (Flammarion, Paris, 1964). – J. Damas-Hinard, *Dictionnaire ou Recueil alphabétique des opinions et jugements de Napoléon Iᵉʳ* (Club de l'honnête homme, Paris, 1965, 4 vol.), réédité sous le titre *Napoléon par Napoléon* (Club de l'honnête homme, Paris, 1965, 2 vol.). – A. Dansette, *Napoléon. Pensées politiques et sociales* (Flammarion, Paris, 1969). – E. de Las Cases, *Mémorial de Sainte-Hélène* ; trois éditions récentes, par les soins de M. Dunan (Flammarion, Paris, 1951) ; A. Fugier (Garnier, Paris, 1961) ; J. Tulard (Éd. du Seuil, Paris, 1968). – J. Massin, *Almanach du Premier Empire : du 9-Thermidor à Waterloo* (Encyclopædia Universalis, Paris, 1988). – Napoléon, *Correspondance. Six cents lettres de travail (1806-1810)*, éd.

M. Vox (Gallimard, Paris, 1943) ; *Lettres, ordres et apostilles. Extraits des archives Daru*, éd. S. d'Huart (Imprimerie nationale et S.E.V.P.E.N., Paris, 1965) ; *Œuvres littéraires et écrits militaires (1786-1815)*, préface de M. Dunan, appareil critique de J. Tulard (Société encyclopédique française, Paris, 1967, 3 vol.). – Exposition « Napoléon et la Légion d'honneur » (1968), *la Cohorte*, numéro spécial, Paris, 1968. – *Napoléon, l'œuvre et l'histoire*, 12 vol. de textes éd. par J. Massin (Club français du Livre, Paris, 1969 sqq.). – *Le Sacre de Napoléon Ier*, éd. H. Pinoteau (Les Seize. Éd. du Palais-Royal, Paris, 1969). – Exposition « Napoléon tel qu'en lui-même », Archives nationales (1969), catalogue. – A. Palluel, *le Dictionnaire de l'Empereur* (Plon, Paris, 1971). – Chancelier E.D. Pasquier, *Souvenirs, 1767-1862*, introduction et notes par R. Lacour-Gayet (Hachette, Paris, 1964). – Mme de Staël, *Dix Années d'exil*, réimpress. (Les Bibliophiles de France, Brie-Comte-Robert, 1957). – Général baron P. Thiébault, *Mémoires*, éd. R. Lacour-Gayet (Hachette, Paris, 1962).

Généalogies, biographies. T. Aronson, *les Bonaparte : histoire d'une famille* (Fayard, Paris, 1967). – L. Bergeron et G. Chaussinand-Nogaret (sous la dir. de), *Grands Notables du Premier Empire* (Éd. du C.N.R.S., Paris, 1978-1988, 18 vol. parus). – L. Chardigny, *les Maréchaux de Napoléon* (J'ai lu, coll. « J'ai lu l'histoire », n° 1621, Paris, nouv. éd., 1984). – J.M. Cornwall, *Masséna, l'enfant chéri de la victoire* (Plon, Paris, 1967). – G. Coutant le Saisseval, *les Maisons impériales et royales d'Europe* (Les Seize. Éd. du Palais-Royal, Paris, 1966). – N. Gotteri, *Grands Dignitaires, ministres et grands officiers du premier Empire : autographes et notices biographiques* (Nouvelles Éditions latines, Paris, 1990). – F.-G. Hourtoulle, *Ney, le brave des braves* (Lavauzelle, Paris, 1981). – H. de La Barre de Nanteuil, *le Comte Daru ou l'Administration militaire sous la Révolution et l'Empire* (Peyronnet, Paris, 1966). – L. Madelin, *Fouché, 1759-1821*, (Plon, Paris, 1955). – B. Melchior-Bonnet, *Un policier dans l'ombre de Napoléon, Savary, duc de Rovigo* (Perrin, Paris, 1962). – J. Orieux, *Talleyrand ou le sphinx incompris* (Flammarion, Paris, 1970). – F. Papillard, *Cambacérès* (Hachette, Paris, 1961). – J. Pigeire, *la Vie et l'Œuvre de Chaptal* (Spes, Paris, 1932). – M. Poniatowski, *Talleyrand et le Consulat* (Perrin, Paris, 1986). – D. Reichel, *Davout et l'art de la guerre* (Delachaux et Niestlé, Lausanne, 1975). – J.-P. Rioux, *les Bonaparte* (Complexe, coll. « Le Temps et les hommes », n° 11, Bruxelles, 1982). – P. Saint-Marc, *le Maréchal Marmont, duc de Raguse* (Fayard, Paris, 1957). – A. Soubiran, *le Baron Larrey, chirurgien de l'Empereur* (Fayard, Paris, 1966). – R. Szramkiewicz, *les Régents et censeurs de la Banque de France* (Droz, Paris-Genève, 1974). – E. Tarlé, *Napoléon* (Éd. du Progrès, nouv. éd., 1990) ; *Talleyrand* (Éd. en langues étrangères, Moscou, 1958). – J. Tulard, *Murat* (Hachette, Paris, 1983 ; Marabout, coll. « Marabout Université », n° 406, rééd., Paris, 1984). – J. Valynseele, *les Princes et ducs du premier Empire non maréchaux, leur famille et leur descendance* (l'auteur, Paris, 1959).

Institutions et vie politique. L. Bergeron et G. Chaussinand-Nogaret, *les Collèges électoraux du premier Empire* (Paris, 1978). – Fr. de Dainville et J. Tulard, *Atlas administratif de l'Empire Français d'après l'Atlas rédigé par ordre du duc de Feltre en 1812* (Droz, Genève, 1973). – C. Durand, *Études sur le Conseil d'État napoléonien* (P.U.F., Paris, 1949). – J. Godechot, *les Institutions de la Révolution et de l'Empire* (P.U.F., Paris, 2 éd., 1968 ; coll. « Dito », 1989). – B. Melchior-Bonnet, *la Conspiration du général Malet* (Del Duca, Paris, 1963). – M. Regaldo, *la Décade philosophique* (Atelier de reproduction des thèses, Lille, 1976). – J. Savant, *les Préfets de Napoléon* (Hachette, Paris, 1958). – J. Tulard, *l'Anti-Napoléon, la légende noire de l'Empereur* (Julliard, Paris, 1965) ; *Paris sous le Consulat et l'Empire*,

1800-1815 (Diffusion Hachette, coll. « Nouvelle Histoire de Paris », Paris, 1970 ; *Paris et son administration, 1800-1830* (Imprimerie municipale, Paris, coll. « Bibliothèque historique de la ville de Paris », 1976). – L. de Villefosse et J. Bouissounouse, *l'Opposition à Napoléon* (Flammarion, Paris, 1969). – J. Waquet, « la Société civile devant l'insoumission et la désertion à l'époque de la conscription », dans *Bibliothèque de l'École des chartes,* 1968.

Vie économique et sociale. L. Bergeron et G. Chaussinand-Nogaret, *les Masses de granit. Cent mille notables du Premier Empire* (E.H.E.S.S., coll. « Bibliothèque générale », 1979). – L. Bergeron, *Banquiers, négociants et manufacturiers parisiens, du Directoire à l'Empire* (Mouton, Paris-La Haye-New York, 1978). – J. Bouvier, *les Rothschild* (Complexe, coll. « le Temps et les Hommes », n° 16, Paris, nouv. éd., 1983). – C.-I. Brelot, *la Noblesse en Franche-Comté de 1789 à 1808* (Public. de la faculté des lettres, Besançon, 1972). – F. Caron, *Histoire économique de la France, XIXᵉ-XXᵉ siècle* (A. Colin, coll. « U », Paris, 2ᵉ éd., 1984). – B. de Jouvenel, *Napoléon Iᵉʳ et l'économie dirigée. Le Blocus continental* (La Toison d'or, Paris, 1942). – J. Labasse, *le Commerce des soies à Lyon sous Napoléon et la crise de 1811* (P.U.F., Paris, 1957). – M. Payard, *le Financier Ouvrard, 1770-1846* (Académie nat. de Reims, 1961). – R. Priouret, *la Caisse des dépôts. Cent cinquante ans d'histoire financière* (P.U.F., Paris, 1960). – J. Tulard, *Napoléon et la noblesse d'Empire avec la liste complète des membres de la noblesse impériale : 1808-1815* (J. Tallandier, coll. « Bibliothèque napoléonienne », Paris, nouv. éd., 1986) ; *la Vie quotidienne des Français sous Napoléon* (coll. « la Vie quotidienne », 1978 ; nouv. éd. Librairie gén. française, coll. « le Livre de poche », n° 5803, Paris, 1983).

Histoire religieuse, intellectuelle et artistique. A. Cabanis, *la Presse sous le Consulat et l'Empire (1799-1814),* [Société des Études robespierristes, coll. « Bibliothèque d'histoire révolutionnaire », série 3, 16]. – S. Delacroix, *la Réorganisation de l'Église de France après le Concordat (1801-1809)* [Éd. du Vitrail, Paris, 1962, 3 vol.]. – A. Francastel, *le Style Empire, du Directoire à la Restauration* (Larousse, Paris, 1939). – L. Hautecœur, *l'Art dans la Révolution et l'Empire en France* (Le Prat, Paris, 1953). – A. Latreille, *l'Église catholique et la Révolution française,* t. II, *l'Ère napoléonienne et la crise européenne (1800-1815)* [Hachette, Paris, 1950]. – J. Leflon, *la Crise révolutionnaire (1789-1848)* dans *l'Histoire générale de l'Église* d'A. Fliche et de V. Martin, t. XX (Bloud et Gay, Paris, nouv. éd., 1966). – E.-G. Léonard, *Histoire générale du protestantisme,* t. III, *Déclin et Renouveau* (P.U.F., coll. « Quadrige », n° 103, Paris, nouv. éd., 1988). – M. Leroy, *Histoire des idées sociales en France,* t. II, *De Babeuf à Tocqueville* (Gallimard, Paris, 1951). – B. Melchior-Bonnet, *Napoléon et le pape* (Amiot-Dumont, Paris, 1958). – F. Pietri, *Napoléon et les israélites* (Berger-Levrault, Paris, 1965). – D. Robert, *les Églises réformées de France* (1800-1830) [P.U.F., Paris, 1961]. – J. Tulard, *L'Histoire de Napoléon par la peinture* (Belfond, coll. « l'Histoire... par la peinture », Paris, 1991).

Armée et campagnes. M. Baldet, *la Vie quotidienne dans les armées de Napoléon* (Hachette, Paris, 1965). – R. Darquenne, *la Conscription dans le département de Jemappes (1798-1813). Bilan démographique et médico-social* (Mons, 1970). – J. Jourquin, *le Dictionnaire des maréchaux du premier Empire* (Tallandier, coll. « Bibliothèque napoléonienne », 1986). – H. Lachouque, *Iéna* (G. Victor, Paris, 1962) ; *Napoléon et la Garde impériale* (Bloud et Gay, Paris, 1956). – H. Lachouque et J. Tranié, *la Garde impériale* (Lavauzelle, coll. « les Grands Moments de notre histoire », Paris, 1982). – Ph. Masson et J. Muracciole, *Napoléon et la marine*

(Peyronnet, Paris, 1968). – J. Lovie et A. Palluel-Guillard, *l'Épisode napoléonien. Aspects extérieurs* (Éd. du Seuil, « Nouvelle Histoire de la France contemporaine », t. V, Paris, 1972). – J.-Cl. Quennevat, *Atlas de la Grande Armée. Napoléon et ses campagnes (1803-1815).* [Éd. Sequoia, Paris-Bruxelles, 1966]. – G. Six, *Dictionnaire biographique des généraux et amiraux français de la Révolution et de l'Empire* (Saffroy, Paris, 1934-1935, 2 vol.) – J. Tranié et J.-C. Carmignani, *Napoléon et la Russie : les années victorieuses, 1805-1807* (Copernic, Paris, 1980).

Napoléon, l'Europe et l'Orient. S. Askenasy, *Napoléon et la Pologne* (E. Leroux, Éd. du Flambeau, trad. par H. Grégoire, Paris, 1925). – F. Crouzet, *l'Économie britannique et le Blocus continental,* 1806-1813 (P.U.F., Paris, 1958, 2 vol.). – E. Driault, *Mohamed Aly et Napoléon (1807-1814). Correspondance des consuls de France en Égypte* (Champion, Paris, 1927). – M. Dunan, *Napoléon et l'Allemagne. Le système continental et les débuts du royaume de Bavière, 1806-1810* (Plon, Paris, 1942). – M. Dunan (sous la dir. de), *Napoléon et l'Europe* (Paris-Bruxelles, 1961). – A. Fugier, *Napoléon et l'Espagne* (1799-1803) [F. Alcan, Paris, 1930, 2 vol.]. ; *Napoléon et l'Italie* (Janin, Paris, 1947) ; *la Révolution française et l'Empire napoléonien* (Hachette, Histoire des relations internationales, t. IV, Paris, 1954). – C. de Grünwald, *Les Alliances franco-russes. Neuf siècles de malentendus* (Plon, Paris, 1965). – L. Madelin, *la Rome de Napoléon. La domination française à Rome, de 1809 à 1814* (Plon-Nourrit et Cie, Paris, 1906). – H. Nicholson, *le Congrès de Vienne, histoire d'une coalition, 1812-1822* (Hachette, nouv. éd., Paris, 1957). – J. H. Pirenne, *la Sainte Alliance et le traité de Vienne* (La Baconnière, Neuchâtel, 1946-1950, 2 vol.) – A. Sorel, *l'Europe et la Révolution française* (Plon, Paris, 1885-1904, 8 vol.). – J. Spellman *Napoléon et l'Islam* (S, s. l., 1970). – E. Tarlé, *le Blocus continental et le royaume d'Italie* (F. Alcan, Paris, 1928). – J. Tulard, *l'Europe de Napoléon* (Horvath, coll. « Histoire de l'Europe », Roanne, 1989).

Chapitre IX
LA FRANCE ROMANTIQUE

Textes et documents. H. de Balzac, *Correspondance 1819-1850* (Calmann-Lévy, Paris, 1876). – Chateaubriand, *Mémoires d'outre-tombe,* éd. Levaillant (Flammarion, Paris, 1949). – F. Guizot, *Mémoires pour servir à l'histoire de mon temps* (Lévy Frères, Paris, 1858-1967, 8 vol.) ; *Lettres de François Guizot et de la princesse de Lieven,* préface de J. Schlumberger (Mercure de France, Paris, 1963-64, 3 vol.). – Ch. de Rémusat, *Mémoires de ma vie,* éd. Ch.-H. Pouthas (Plon, Paris, 1958-1962, 4 vol.). – Ch. Sainte-Beuve, *Correspondance* (Lévy, Paris, 1877-78). – G. Sand, *Correspondance,* éd. Lubin (Garnier, Paris, en cours, 6 vol. parus, 1964-1970). – Stendhal, *Mémoires d'un touriste,* éd. V. del Litto (Rencontre, Lausanne, 1962). – A. de Tocqueville, *Correspondance avec le vicomte de Beaumont* (Gallimard, Paris, 1967, 3 vol.). – L. Veuillot, *Correspondance,* éd. Fr. Veuillot (Lethielleux, Paris, 1931-1933, 12 vol.). – J. Viennet, *Journal* (Amiot-Dumont, Paris, 1955). – A. de Vigny, *Mémoires inédits* (Gallimard, Paris, 1958). – A. de Villeneuve-Bargemont, *Économie politique chrétienne* (Paris, 1834, 3 vol.). – L. R. Villermé, *Tableau de l'état physique et moral des ouvriers employés dans les manufactures de coton, de laine et de soie* (Renouard, Paris, 1840, 2 vol.).

Études politiques et sociales. G. de Bertier de Sauvigny, *la Révolution de 1830 en France* (A. Colin, coll. « U2 », n° 117, Paris, 1970) ; *la France et les Français vus par les voyageurs américains, 1814-1848* (Flammarion, Paris, 1982) ; *Au soir de la monarchie. Histoire de la Restauration* (Flammarion, coll. « Histoire », nouv.

éd., Paris, 1983) ; *la Restauration* (Flammarion, coll. « Champs », n° 237, Paris, 1990). - Fr. Bluche, *le Bonapartisme : aux origines de la droite autoritaire (1800-1850)* [Nouvelles Éditions latines, Paris, nouv. éd., 1980] ; *le Bonapartisme* (P.U.F., coll. « Que sais-je ? », n° 1980, Paris, 1re éd., 1981). - L. Girard, *la Garde nationale, 1814-1871* (Plon, Paris, 1964). - A. Jardin et A.-J. Tudesq, *la France des notables : 1815-1848* (Le Seuil, coll. « Nouvelle Histoire de la France contemporaine », t. VI et VII, coll. Points, Paris, 1973). - J. Lhomme, *la Grande Bourgeoisie au pouvoir, 1830-1880* (P.U.F., Paris, 1960). - J.-J. Oeschlin, *le Mouvement ultra-royaliste sous la Restauration* (Libr. générale de droit et de jurisprudence, Paris, 1960). - F. Ponteil, *la Monarchie parlementaire (1815-1848)* [A. Colin, 2e éd., Paris, 1958] ; *les Institutions de la France de 1814 à 1870* (P.U.F., Paris, 1966). - R. Rémond, *la Vie politique en France depuis 1789*, t. I., *1789-1848* (A. Colin, coll. « U », Paris, 1965) ; *la Droite en France, de la Restauration à nos jours* (Aubier-Montaigne, coll. « Historique », Paris, nouv. éd., 1982). - St. Rials, *le Légitimisme* (P.U.F., coll. « Que sais-je ? », n° 2 107, Paris, 1re éd., 1983). - A.-J. Tudesq, *les Grands Notables en France 1840-1849* (P.U.F., Paris, 1964). - J. Vidalenc, *la Restauration, 1814-1830* (P.U.F., coll. « Que sais-je ? », 5e éd., 1983). - Ph. Vigier, *la Monarchie de Juillet* (P.U.F. coll. « Que sais-je ? », n° 1002, Paris, 6e éd., 1982). - E. de Waresquiel, *le Duc de Richelieu, 1766-1822. Un sentimental en politique* (Perrin, Paris, 1990).

Économie et société : études dans le cadre national. M. Augé-Laribé, *la Révolution agricole* (A. Michel, Paris, 1955). - A. Beetran et P. Griset, *la Croissance économique de la France (1815-1914)* [A. Colin, coll. « Cursus », 1988]. - F. Braudel et E. Labrousse (sous la dir. de), *Histoire économique et sociale de la France*, t. III. *De 1789 à 1880 : l'avènement de l'ère industrielle* (P.U.F., Paris, 1976). - F. Caron, *Histoire économique de la France, XIXe-XXe siècle* (A. Colin, coll. « U », Paris, 2e éd., 1984). - A. Dewerpe, *le Monde du travail en France (1800-1950)* [A. Colin, coll. « Cursus », 1989]. - G. Duby et A. Wallon (sous la dir. de), *Histoire de la France rurale*, t. III, *1789-1914* (Paris, 1976). - G. Duby (sous la dir. de), *Histoire de la France urbaine*, t. III et t. IV (Le Seuil, Paris, 1981-1982). - A.L. Dunham, *la Révolution industrielle en France, 1815-1848* (Rivière, Paris, 1953). - Cl. Fohlen, « Naissance d'une civilisation industrielle », t. III de l'*Histoire générale du travail* (Nouvelle Librairie de France, Paris, 1961). - B. Gille, *la Banque et le crédit en France de 1815 à 1848* (P.U.F., Paris, 1959). - L. M. Jouffroy, *l'Ere du rail* (A. Colin, Paris, 1953). - A. Soboul, *Problèmes paysans de la révolution, 1778-1848* (Maspéro, coll. « Fondations », Paris, 1983). - J. Vidalenc, *la Société française de 1815 à 1848* (Rivière, Paris, 1970).

Études dans un cadre régional. G. de Bertier de Sauvigny, (Paris sous) *la Restauration : 1815-1830* (Diffusion Hachette, coll. « Nouvelle Histoire de Paris », Paris, 1977). - L. Chevalier, *Classes laborieuses et classes dangereuses à Paris pendant la première partie du XIXe siècle* (Rivière, Paris, 1958). - A. Corbin, *Archaïsme et modernité en Limousin au XIXe siècle* (Rivière, Paris, 1975). - A. Daumard, *la Bourgeoisie parisienne de 1815 à 1848* (S.E.V.P.E.N., Paris, 1963). - G. Désert, *les Paysans du Calvados, 1815-1895*, (Université de Lille-III, 1975, 3 vol.). - G. Fayolle, *la Vie quotidienne en Périgord au temps de Jacquou le Croquant* (Hachette, Paris, 1977). - M. Gillet, *les Charbonnages du nord de la France au XIXe siècle* (Mouton, Paris-La Haye, 1973). - P. Leuilliot, *l'Alsace au début du XIXe siècle* (S.E.V.P.E.N., Paris, 1956-1961, 3 vol.). - P. Lévêque, *Une société provinciale*, t. I, *la Bourgogne sous la monarchie de Juillet* ; t. II, *Une société en crise : la Bourgogne au milieu du XIXe siècle (1846-1852)*, [E.H.E.S.S., Paris, 1983].

– G. Livet et Ch. Gras, *Régions et régionalisme en France du XVIIIe siècle à nos jours* (Colloque de Strasbourg, 1975) [P.U.F., Paris, 1976]. – G. Ribe, *l'Opinion publique et la vie politique à Lyon lors des premières années de la seconde Restauration, 1815-1822* (Sirey, Paris, 1958). – G. Thuillier, *Aspects de l'économie nivernaise au XIXe siècle* (A. Colin, Paris, 1967). – L. Trénard, *Lyon, de l'Encyclopédie au préromantisme* (P.U.F., Lyon, 1958, 2 vol.). – J. Vidalenc, *le Département de l'Eure sous la monarchie constitutionnelle (1814-1848)* [Rivière, Paris, 1952]. – Ph. Vigier, *Essai sur la répartition de la propriété foncière dans la région alpine : son évolution, des origines du cadastre à la fin du second Empire* (E.H.E.S.S., coll. « Les Hommes et la Terre », n° 8, 1963).

Vie religieuse et culturelle. H.R. d'Allemagne, *les Saint-Simoniens* (Gründ, Paris, 1930). – D. Bagge, *les Idées politiques en France sous la Restauration* (P.U.F., Paris, 1952). – C. Bellanger et J. Godechot (sous la dir. de), *Histoire générale de la Presse française*, t. II, *De 1815 à 1871* (P.U.F., Paris, 1969). – H. Clouzot, *le Style Louis-Philippe-Napoléon III* (Larousse, Paris, 1938). – A. Dansette, *Histoire religieuse de la France contemporaine*, t. I (Flammarion, Paris, 1948). – L. Epsztein, *l'Économie et la Morale aux débuts du capitalisme industriel en France et en Grande-Bretagne* (A. Colin, Paris, 1966). – H. Focillon, *la Peinture au XIXe siècle* (Laurens, Paris, 1928). – Ch. Gide et Ch. Rist, *Histoire des doctrines économiques* (Larose et Ténin, Paris, 1909). – Y.-M. Hilaire, *Une chrétienté au XIXe siècle. La vie religieuse du diocèse d'Arras (1840-1914)* [Presses universitaires, Lille, 1977]. – R. Huyghe, *la Peinture Française au XIXe siècle* (Flammarion, Paris, 1974-1976, 3 vol.). – Ch. Ledré, *la Presse à l'assaut de la monarchie, 1815-1848* (A. Colin, Paris, 1960). – M. Leroy, *le Socialisme des producteurs, Henri de Saint-Simon* (Rivière, Paris, 1923). – J. Lucas-Dubreton, *le Culte de Napoléon* (A. Michel, Paris, 1960). – P. Moreau, *le Romantisme*, t. VIII de l'*Histoire de la littérature française* (Del Duca, Paris, 1957). – R. Picard, *le Romantisme social* (Brentano's, Paris, 1947). – F. Ponteil, *Histoire de l'enseignement en France, 1789-1965* (Sirey, Paris, 1966). – Ch.-H. Pouthas, *l'Église et les questions religieuses sous la monarchie constitutionnelle* (C.D.U., Paris, 1942). – D. Robert, *les Eglises réformées en France, 1800-1830* (P.U.F., Paris, 1961). – L. J. Rogier, G. de Bertier de Sauvigny, J. Hajjar, *Siècle des Lumières, Révolutions, Restaurations* (Le Seuil, coll. « Nouvelle Histoire de l'Église », t. IV, 1966).

Études biographiques. P. Barbéris, *Balzac et le mal du siècle* (Gallimard, Paris, 1970, 2 vol.). – P. Barral, *les Périer dans l'Isère au XIXe siècle d'après leur correspondance familiale*, (P.U.F., Paris, 1964). – P. Bastid, *Benjamin Constant et sa doctrine* (A. Colin, Paris, 1966, 2 vol.). – G. de Bertier de Sauvigny, *Un type d'ultra-royaliste, le comte Ferdinand de Bertier, et l'énigme de la Congrégation* (Presses continentales, Paris, 1952 ; nouv. éd., 1958). – J. Bouvier, *les Rothschild* (Fayard, Paris, 1967, Ed. Complexe, coll. « le Temps et les hommes », n° 16. ; nouv. éd., Paris, 1983). – J. Cabanis, *Lacordaire et quelques autres. Politique et religion* (Gallimard, Paris, 1982). – J.M. Carré, *Michelet et son temps* (Perrin, Paris, 1926). – R. de Castries, *Louis-Philippe* (Tallandier, Paris, 1980). – A. Dansette, *Louis-Napoléon à la conquête du pouvoir* (Tallandier, Paris, 1980). – J.-R. Derré, *Lamennais, ses amis et le mouvement des idées à l'époque romantique (1824-1834)* [Klincksieck, Paris, 1962]. – E. Dolléans, *Proudhon* (Gallimard, Paris, 1948). – J. H. Donnard, *Balzac, les réalités économiques et sociales dans la « Comédie humaine »* (A. Colin, Paris, 1961). – J. Gouhier, *la Jeunesse d'Auguste Comte et la formation du positivisme* (Vrin, Paris, 1933-1941, 3 vol.). – H. Guillemin, *Lamartine et la question sociale* (La Palatine, Genève, 1946). – J.-Cl. Lamberti,

Tocqueville et les deux démocraties (P.U.F., coll. « Sociologie », Paris, 1983). – E. Lever, *Louis XVIII* (Fayard, Paris, 1988). – F. Ley, *Benjamin Constant, Chateaubriand, Bernardin de Saint-Pierre, Madame de Staël et Madame de Krüdener* (Aubier, Paris, 1967). – Ph. Mansel, *Louis XVIII*, traduit de l'anglais par D. Meunier (Pygmalion, Gérard Watelet, Paris, 1982). – P. Moreau, *Chateaubriand* (Hatier, Paris, 1956). – Ch.-H. Pouthas, *Guizot pendant la Restauration* (Plon, Paris, 1923). – M. Reclus, *Monsieur Thiers* (Plon, Paris, 1929). – V.L. Tapié, *Chateaubriand par lui-même* (Le Seuil, Paris, 1965). – J. Touchard, *la Gloire de Béranger* (A. Colin, Paris, 1968).

Politique extérieure et politique coloniale. J. Ancel, *Manuel historique de la question d'Orient* (Delagrave, Paris, 1927). – G. de Bertier de Sauvigny, *Metternich et la France après le Congrès de Vienne* (Hachette, Paris, 1968-1972, 3 vol.). – J. Droz, *Histoire diplomatique de 1648 à 1919* (Dalloz, coll. « Études politiques, économiques et sociales », Paris, 3ᵉ éd., 1972). – J.-B. Duroselle, *l'Europe du XIXᵉ siècle à nos jours : vie politique et relations internationales* (P.U.F., coll. « Nouvelle Clio », nᵒ 38, Paris, nouv. éd., 1988). – J.-P. Faivre, *l'Expansion française dans le Pacifique (1800-1842)* [Nouvelles Éditions latines, Paris, 1953]. – Ch.-A. Julien, *Histoire de l'Algérie contemporaine*, t. I, *la conquête et les débuts de la colonisation* (P.U.F. Paris, 1964). – J.-H. Pirenne, *la Sainte Alliance et le Traité de Vienne* (La Baconnière, Neuchâtel, 1946-1950, 2 vol.). – Ch.-H. Pouthas, *la Politique étrangère de la France sous la monarchie constitutionnelle* (C.D.U., Paris, 1948). – P. Renouvin, *Histoire des relations internationales*, t.V, *le XIXᵉ siècle*, vol. I : *De 1815 à 1871* (Hachette, Paris, 1954). – J. Tramond et A. Reussner, *Éléments d'histoire maritime et coloniale contemporaine (1815-1914).* [Sté d'Édit. géographiques, maritimes et coloniales, Paris, 1946-1948]. – Ch. Webster, *The Congress of Vienna* (Londres, 1934).

Chapitre X
LA RÉVOLUTION
ET LA RÉPUBLIQUE CONCILIATRICE

Les *mises au point* les plus récentes : M. Agulhon, *1848 ou l'apprentissage de la République, 1848-1852* (Le Seuil, coll. « Nouvelle Histoire de la France contemporaine », t. VIII, coll. « Points. Histoire », nᵒ 108, Paris, 1973) ; *les Quarante-huitards* (Gallimard, coll. « Archives », nᵒ 61, Paris, 1975) ; *1848 : les utopismes sociaux* (S.E.D.E.S., Paris, 1983). – G. de Bertier de Sauvigny, *la Révolution parisienne de 1848 vue par les Américains* (Bibliothèque historique de la Ville de Paris, coll. « Verte », 1984). – P. Dominique, *les Journées de Juin* (Berger-Levrault, Paris, 1967). – G. Duveau, *1848* (Gallimard, coll. « Idées », Paris, 1965). – L. Girard, *Naissance et mort de la IIᵉ République* (Calmann-Lévy, Paris, 1968). – F. Ponteil, *1848* (A. Colin, Paris, 3ᵉ éd., 1955). – A.-J. Tudesq, *l'Élection présidentielle de Louis-Napoléon Bonaparte, 10 décembre 1848* (A. Colin, coll. « Kiosque », Paris, 1965). – Ph. Vigier, *la Seconde République* (P.U.F., « Que sais-je ? », nᵒ 295, 5ᵉ éd., Paris, 1988) ; *la Vie quotidienne en province et à Paris pendant les journées de 1848* (Hachette, coll. « la Vie quotidienne », Paris, 1982). – L. Willette, *le Coup d'État du 2 décembre 1851* (Aubier-Montaigne, coll. « Floréal », Paris, 1982).
renvoient elles-mêmes :

a) soit à des *histoires anciennes* ayant plutôt un caractère de sources (Daniel Stern, Garnier-Pagès, E. Ollivier, Lamartine, etc.) ;

b) soit à des synthèses dépassées, mais riches de faits, telles que celle de

Ch. Seignobos au tome VI de l'*Histoire de France contemporaine* (Hachette, Paris, 1921) de É. Lavisse, celle de G. Renard au tome IX de l'*Histoire socialiste* (1906) dirigée par J. Jaurès, ou celle de P. de la Gorce, *Histoire de la Seconde République française* (1887), qui représentent bien respectivement les trois orientations classiques : républicaine, socialiste et conservatrice ;

c) soit à des *travaux particuliers* dont on trouvera une sélection dans les mises au point citées plus haut.

On retiendra seulement que les principaux *renouvellements récents* de points de vue sont venus :
a) d'une part, des beaux travaux néo-lamartiniens de H. Guillemin, *le Coup du 2-Décembre* (Gallimard, coll. « Trente journées qui ont fait la France », Paris, 1952) et *la Première Résurrection de la République, 24 février 1848* (Gallimard, coll. « Trente journées qui ont fait la France », Paris, 1967) ;

b) d'autre part, des thèses d'histoire sociale à cadre régional : Ph. Vigier, *la Seconde République dans la région alpine* (P.U.F., Paris, 1963, 2 vol.). – M. Agulhon, *la République au village : les populations du Var, de la Révolution à la IIe République* (Seuil, coll. « Univers historique », 1979) et *Une ville ouvrière au temps du socialisme utopique : Toulon de 1815 à 1851* (E.H.E.S.S., coll. « Publ. de l'École pratique des hautes études, Sorbonne. VIe section : Civilisations et Sociétés », no 18, nouv. éd., 1977). – A. Corbin, *Archaïsme et modernité en Limousin au XIXe siècle* (Rivière, Paris, 1975, 2 vol.), et la série n'en est pas close ;

c) d'une active historiographie sociale de langue anglaise, dont on peut retenir R. Price, comme auteur de *The French Second Republic, a social history* (Batsford, Londres, 1972), et comme « éditeur » de *Revolution and Reaction, 1848 and the Second French Republic* (CroomHelm, Londres, 1975), ainsi que J. Merriman, *The Agony of the Republic* (Yale University Press, 1978) ;

d) d'un récent regain d'intérêt pour l'histoire intellectuelle, dont émerge *le Temps des prophètes* de Paul Bénichou (Gallimard, Paris, 1977).

L'École française d'histoire ouvrière, celle d'E. Dolléans, de G. Duveau, d'E. Labrousse, s'exprime principalement dans *le Mouvement social*, revue trimestrielle (Éditions ouvrières, Paris). Elle a réalisé sous la direction de J. Maitron un *Dictionnaire biographique du mouvement ouvrier français*, 1re partie, *1789-1864* (Éditions ouvrières, Paris, 1965-1971, 3 vol.) où la plupart des « quarante-huitards » connus font l'objet de notices élaborées de première main.
Enfin la *Société d'histoire de la révolution de 1848*, qui avait naguère publié le périodique *Études, bibliothèque de la révolution de 1848* (interrompu depuis 1968), a donné en 1975 un utile numéro spécial aux *Annales historiques de la Révolution française* (« 1848 – et la Seconde République ») ; elle apporte aujourd'hui sa coopération à *Romantisme, revue du XIXe siècle* (trimestrielle, chez Champion).

Composition Maury, Malesherbes
Imprimerie New Interlitho
Dépôt légal Janvier 1987 – No de série Éditeur : 16236
Imprimé en Italie *(Printed in Italy)*. – 720212 – octobre 1991